# ICMS
## TEORIA E PRÁTICA

A Editora Fórum, consciente das questões sociais e ambientais, utiliza, na impressão deste material, papéis certificados FSC® (*Forest Stewardship Council*).

A certificação FSC é uma garantia de que a matéria-prima utilizada na fabricação do papel deste livro provém de florestas manejadas de maneira ambientalmente correta, socialmente justa e economicamente viável.

JOSÉ EDUARDO SOARES DE MELO

# ICMS
## TEORIA E PRÁTICA

16ª edição revista e atualizada

Belo Horizonte

2023

© 1995 1ª edição Dialética Editora
1996 2ª edição
1998 3ª edição
2000 4ª edição
2002 5ª edição
2003 6ª edição
2004 7ª edição
2005 8ª edição
2006 9ª edição
2008 10ª edição
2009 11ª edição
2012 12ª edição
© 2017 13ª edição Editora Livraria do Advogado
2018 14ª edição
2020 15ª edição
© 2023 16ª edição Editora Fórum Ltda.

É proibida a reprodução total ou parcial desta obra, por qualquer meio eletrônico, inclusive por processos xerográficos, sem autorização expressa do Editor.

## Conselho Editorial

Adilson Abreu Dallari
Alécia Paolucci Nogueira Bicalho
Alexandre Coutinho Pagliarini
André Ramos Tavares
Carlos Ayres Britto
Carlos Mário da Silva Velloso
Cármen Lúcia Antunes Rocha
Cesar Augusto Guimarães Pereira
Clovis Beznos
Cristiana Fortini
Dinorá Adelaide Musetti Grotti
Diogo de Figueiredo Moreira Neto (*in memoriam*)
Egon Bockmann Moreira
Emerson Gabardo
Fabrício Motta
Fernando Rossi
Flávio Henrique Unes Pereira

Floriano de Azevedo Marques Neto
Gustavo Justino de Oliveira
Inês Virgínia Prado Soares
Jorge Ulisses Jacoby Fernandes
Juarez Freitas
Luciano Ferraz
Lúcio Delfino
Marcia Carla Pereira Ribeiro
Márcio Cammarosano
Marcos Ehrhardt Jr.
Maria Sylvia Zanella Di Pietro
Ney José de Freitas
Oswaldo Othon de Pontes Saraiva Filho
Paulo Modesto
Romeu Felipe Bacellar Filho
Sérgio Guerra
Walber de Moura Agra

## FÓRUM
CONHECIMENTO JURÍDICO

Luís Cláudio Rodrigues Ferreira
Presidente e Editor

Coordenação editorial: Leonardo Eustáquio Siqueira Araújo
Aline Sobreira de Oliveira

Rua Paulo Ribeiro Bastos, 211 – Jardim Atlântico – CEP 31710-430
Belo Horizonte – Minas Gerais – Tel.: (31) 99412.0131
www.editoraforum.com.br – editoraforum@editoraforum.com.br

Técnica. Empenho. Zelo. Esses foram alguns dos cuidados aplicados na edição desta obra. No entanto, podem ocorrer erros de impressão, digitação ou mesmo restar alguma dúvida conceitual. Caso se constate algo assim, solicitamos a gentileza de nos comunicar através do *e-mail* editorial@editoraforum.com.br para que possamos esclarecer, no que couber. A sua contribuição é muito importante para mantermos a excelência editorial. A Editora Fórum agradece a sua contribuição.

Dados Internacionais de Catalogação na Publicação (CIP) de acordo com ISBD

M528i     Melo, José Eduardo Soares de

         ICMS: teoria e prática / José Eduardo Soares de Melo. - 16. ed. - Belo Horizonte : Fórum, 2023.

         528p. ; 17cm x 24cm.

         ISBN: 978-65-5518-521-8

         1. Direito. 2. Direito Tributário. 3. ICMS. 4. Legislação. 5. Doutrina. 6. Jurisprudência. 7. Direito Constitucional. I. Título.

CDD: 341.39
CDU: 34:336.2

2023-478

Elaborado por Vagner Rodolfo da Silva - CRB-8/9410

Informação bibliográfica deste livro, conforme a NBR 6023:2018 da Associação Brasileira de Normas Técnicas (ABNT):

MELO, José Eduardo Soares de. *ICMS*: teoria e prática. 16. ed. Belo Horizonte: Fórum, 2023. 528p. ISBN 978-65-5518-521-8.

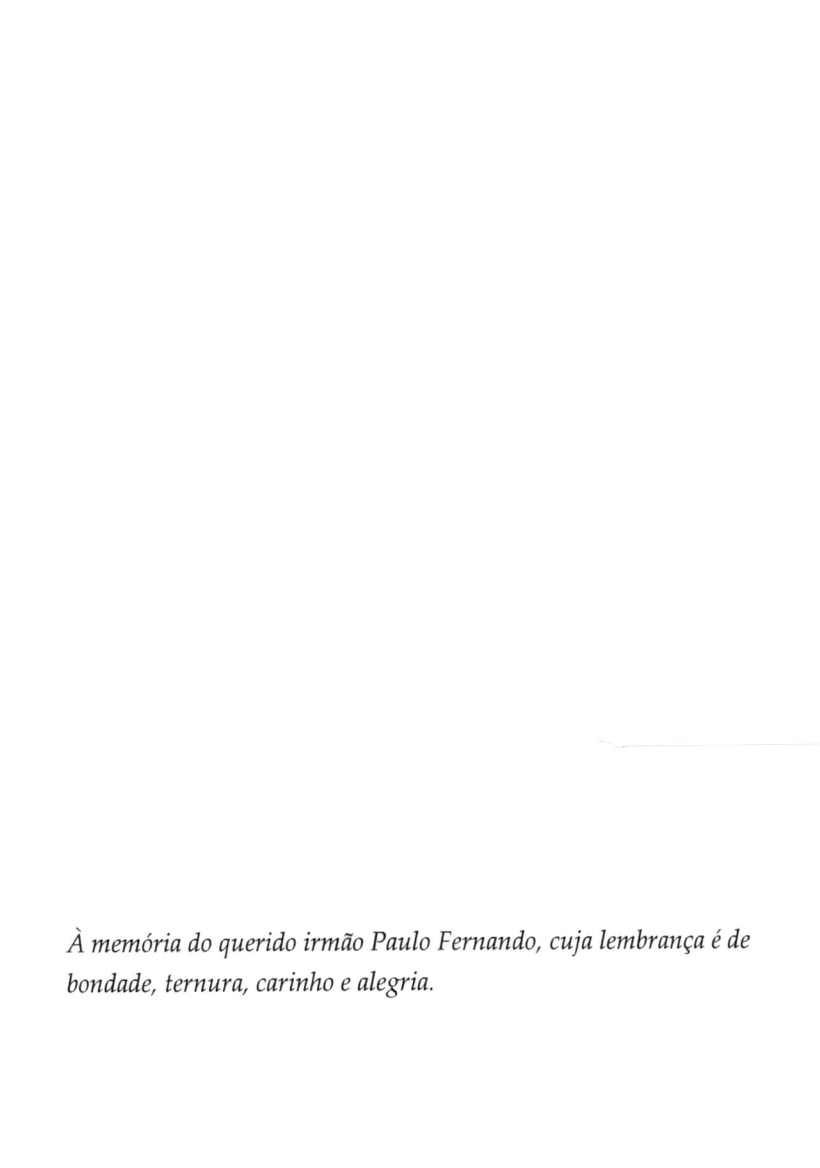

*À memória do querido irmão Paulo Fernando, cuja lembrança é de bondade, ternura, carinho e alegria.*

# SUMÁRIO

## CAPÍTULO I
## FATOS GERADORES ........................................................................... 15

| | | |
|---|---|---|
| 1 | Operações relativas à circulação de mercadorias ................ | 15 |
| 1.1 | Operações ............................................................................ | 15 |
| 1.2 | Circulação ........................................................................... | 18 |
| 1.3 | Mercadoria .......................................................................... | 19 |
| 1.4 | A saída e a entrada como aspecto temporal ....................... | 23 |
| 1.5 | O estabelecimento como aspecto espacial .......................... | 26 |
| 1.5.1 | Considerações básicas ....................................................... | 26 |
| 1.5.2 | Situação cadastral .............................................................. | 28 |
| 1.5.3 | *Sites* ..................................................................................... | 29 |
| 1.6 | Transferência ..................................................................... | 31 |
| 1.7 | Mudança de estabelecimento ............................................ | 34 |
| 1.8 | Venda da mercadoria ........................................................ | 35 |
| 1.9 | Venda do imobilizado ....................................................... | 36 |
| 1.10 | Mútuo, comodato, demonstração, doação e locação ......... | 38 |
| 1.11 | Troca e dação em pagamento ........................................... | 40 |
| 1.12 | Ativação de bens de fabricação própria ........................... | 41 |
| 1.13 | Venda de penhor mercantil .............................................. | 42 |
| 1.14 | Consignação mercantil, industrial e domiciliar ............... | 43 |
| 1.15 | Conferência de bens ao capital da sociedade .................. | 45 |
| 1.16 | Cisão, incorporação, fusão, transformação, e *drop down* .. | 47 |
| 1.17 | Salvados de sinistro .......................................................... | 49 |
| 1.18 | Fornecimento de refeições ............................................... | 51 |
| 1.19 | Industrialização e serviços .............................................. | 54 |
| 1.19.1 | Considerações gerais ....................................................... | 54 |
| 1.19.2 | Obrigações de dar e de fazer .......................................... | 57 |
| 1.19.3 | Confronto do IPI – ICMS – ISS ...................................... | 58 |
| 1.19.4 | Âmbito legal .................................................................... | 62 |
| 1.19.5 | Arrendamento mercantil ................................................ | 65 |
| 1.19.5.1 | Natureza jurídica ............................................................ | 65 |
| 1.19.5.2 | Operação no mercado interno ....................................... | 67 |
| 1.19.5.3 | Importação ..................................................................... | 69 |
| 1.19.6 | Comercialização de gases e manutenção de bens ......... | 71 |
| 1.19.7 | Construção civil ............................................................. | 73 |
| 1.19.7.1 | Conceito .......................................................................... | 73 |
| 1.19.7.2 | Empreitada ..................................................................... | 77 |

| | | |
|---|---|---|
| 1.19.7.2.1 | Civil | 77 |
| 1.19.7.2.2 | EPC | 79 |
| 1.19.7.2.3 | Industrial | 80 |
| 1.19.7.3 | Argamassa e concreto | 81 |
| 1.19.8 | Central telefônica | 84 |
| 1.19.9 | Filmes e *videotapes* | 85 |
| 1.19.10 | Gráficas | 86 |
| 1.19.11 | Programas de computador | 90 |
| 1.19.11.1 | *Software*. Download | 90 |
| 1.19.11.2 | *Software*. Computação na nuvem | 94 |
| 1.19.11.3 | Diretrizes jurisprudenciais | 96 |
| 1.19.12 | Propaganda e publicidade visual | 100 |
| 1.19.13 | Embalagens metálicas | 103 |
| 1.20 | Petróleo, lubrificantes, combustíveis líquidos e gasosos e energia elétrica | 103 |
| 1.20.1 | Normas gerais | 103 |
| 1.20.2 | Operações com petróleo | 105 |
| 1.20.3 | Fornecimento de energia elétrica | 107 |
| 1.20.3.1 | Demanda contratada | 108 |
| 1.20.3.2 | Serviços auxiliares | 110 |
| 1.20.4 | Operações com combustíveis | 110 |
| 1.21 | Importação de mercadorias, bens e serviços | 113 |
| 1.21.1 | Pressupostos | 113 |
| 1.21.2 | Aquisição, no país, de mercadoria e bem importado por contribuinte de outra unidade da Federação | 117 |
| 1.21.2.1 | Situação fática | 117 |
| 1.21.2.2 | Considerações preliminares | 118 |
| 1.21.2.3 | O momento da incidência do ICMS e o local da obrigação tributária | 118 |
| 1.21.3 | Importação de gás | 124 |
| 1.21.3.1 | Situação fática | 124 |
| 1.21.3.2 | Aspectos técnicos | 124 |
| 1.21.3.3 | Postura judicial | 125 |
| 1.21.4 | Importações por "conta e ordem de terceiros", e "por encomenda" | 127 |
| 1.22 | Fatos contábeis | 128 |
| 1.22.1 | Pressupostos | 128 |
| 1.22.2 | Situações atinentes ao ICMS | 129 |
| 2 | Serviços de transporte intermunicipal e interestadual | 131 |
| 2.1 | Aspectos gerais | 131 |
| 2.2 | Transmissão de energia elétrica | 134 |
| 2.3 | Fatos normativos | 135 |
| 2.4 | Transporte aéreo e ao mar territorial | 135 |
| 2.5 | Transporte interestadual de mercadoria, vendida sob cláusula FOB e realizada por autônomo, a destinatário de outro estado | 137 |
| 3 | Serviço de comunicação | 139 |
| 3.1 | Considerações gerais | 139 |
| 3.2 | Serviços de telecomunicação | 141 |

| | | |
|---|---|---|
| 3.2.1 | Relação de serviços | 145 |
| 3.3 | Radiodifusão – Televisão | 146 |
| 3.4 | Internet | 151 |
| 3.4.1 | Considerações gerais | 151 |
| 3.4.2 | Provedores | 153 |
| 3.4.2.1 | Acesso | 153 |
| 3.4.2.2 | Informação | 156 |
| 3.4.3 | *Cyber café* e *lan house* | 157 |
| 3.4.4 | Hospedagem de *site* (*hosting*) | 157 |
| 3.4.5 | *Streaming* | 158 |
| 3.5 | Telefonia e serviço móvel celular | 164 |
| 3.6 | Radiochamada (*paging*) | 170 |
| 3.7 | Serviços postais e serviços de telegrama | 171 |
| 3.8 | Operações com satélites e serviços especiais | 172 |
| 3.9 | Gerenciamento de rede (*outsourcing*) | 174 |
| 4 | Presunções, indícios e ficções | 174 |

## CAPÍTULO II
## SUJEITO PASSIVO ............ 179

| | | |
|---|---|---|
| 1 | Considerações gerais | 179 |
| 2 | Contribuinte | 180 |
| 3 | Sujeição passiva indireta | 184 |
| 3.1 | Transferência | 186 |
| 3.1.1 | Responsabilidades singulares | 188 |
| 3.1.2 | Responsabilidade de terceiros | 190 |
| 3.1.3 | Responsabilidade pessoal | 191 |
| 3.1.4 | Grupo econômico | 194 |
| 3.1.5 | Incidente processual de desconsideração da personalidade jurídica | 196 |
| 3.2 | Substituição | 197 |
| 3.3 | Legislação anterior à Emenda Constitucional nº 3/93 | 198 |
| 3.4 | Emenda Constitucional nº 3, de 17.3.93 | 199 |
| 3.4.1 | A violação de princípios constitucionais | 200 |
| 3.4.2 | A injuridicidade da tributação fundada em fatos inexistentes | 201 |
| 3.4.3 | A operacionalidade da substituição e a preservação do patrimônio | 202 |
| 3.4.4 | Críticas à substituição tributária | 203 |
| 3.4.5 | Diretriz jurisprudencial | 205 |
| 3.5 | Lei Complementar nº 87, de 13.9.96 – Sistemática | 208 |
| 3.5.1 | Base de cálculo | 210 |
| 3.5.2 | Restituição | 213 |
| 3.6 | Regime Optativo de Tributação | 217 |
| 3.7 | Peculiaridades operacionais do regime de substituição tributária | 217 |
| 3.8 | Devolução de mercadoria em virtude de garantia | 223 |
| 3.9 | Síntese conclusiva | 224 |

## CAPÍTULO III
## BASE DE CÁLCULO .................................................................................................. 227

| | | |
|---|---|---:|
| 1 | Noções gerais | 227 |
| 2 | Descontos | 230 |
| 3 | Seguros e frete | 231 |
| 4 | Multas | 232 |
| 5 | Correção monetária e reajustes | 233 |
| 6 | Energia elétrica | 234 |
| 7 | A integração do ICMS | 236 |
| 8 | Pautas | 237 |
| 9 | Juros | 239 |
| 9.1 | Mora | 239 |
| 9.2 | Acréscimos financeiros | 239 |
| 9.2.1 | Concessão de crédito | 240 |
| 9.2.2 | Vendas a prazo | 241 |
| 9.3 | Argumentação fazendária | 241 |
| 9.4 | A posição do fisco federal | 243 |
| 9.5 | A jurisprudência | 243 |
| 10 | Taxa de permanência | 245 |
| 11 | Exportação | 247 |
| 12 | Importação | 250 |
| 13 | IPI | 253 |
| 14 | Transferência de mercadoria | 255 |
| 15 | Falta de valor e de preço determinado. Arbitramento | 259 |
| 16 | Inclusão do ICMS na base de cálculo do PIS e da Cofins – Previsões normativas e medidas judiciais | 260 |

## CAPÍTULO IV
## ALÍQUOTA ................................................................................................................ 263

| | | |
|---|---|---:|
| 1 | Considerações gerais | 263 |
| 2 | Preceitos constitucionais | 264 |
| 2.1 | Constituição de 1988 | 264 |
| 2.2 | Emenda nº 33/01 | 265 |
| 2.3 | Emenda nº 87/15 | 266 |
| 3 | Específicas | 280 |
| 4 | Zero | 285 |
| 5 | Seletividade | 286 |

## CAPÍTULO V
## LOCAL DA OPERAÇÃO E DA PRESTAÇÃO .................................................. 289

| | | |
|---|---|---:|
| 1 | Considerações gerais | 289 |
| 2 | Situações operacionais | 290 |

## CAPÍTULO VI
## PRINCÍPIO DA NÃO CUMULATIVIDADE ..................................................................... 293

| | | |
|---|---|---|
| 1 | Aspectos básicos .................................................................................................... | 293 |
| 2 | Aplicação dos princípios da igualdade e da capacidade contributiva ................ | 295 |
| 3 | Imperatividade ....................................................................................................... | 296 |
| 4 | Natureza jurídica ................................................................................................... | 298 |
| 5 | ICMS "cobrado" significa ICMS "incidente" ....................................................... | 299 |
| 6 | Incidência monofásica ........................................................................................... | 301 |
| 7 | Lei complementar .................................................................................................. | 302 |
| 8 | A glosa de créditos em operações incentivadas .................................................. | 306 |
| 9 | A inidoneidade do contribuinte prejudicial ao crédito ...................................... | 308 |
| 10 | A desvinculação dos negócios jurídicos .............................................................. | 312 |
| 11 | Bens destinados ao ativo permanente ................................................................. | 317 |
| 11.1 | Sistemática no período de 1º.11.1996 a 31.7.2000 ............................................... | 317 |
| 11.2 | Sistemática vigente (após 1º.8.2000) .................................................................... | 319 |
| 12 | Bens destinados ao uso e consumo ...................................................................... | 323 |
| 13 | Energia elétrica ...................................................................................................... | 327 |
| 14 | Serviços de comunicação ...................................................................................... | 332 |
| 15 | Créditos decorrentes de situações específicas .................................................... | 333 |
| 16 | Diferimento ............................................................................................................ | 334 |
| 17 | Microempresa e empresa de pequeno porte (Simples Nacional) ....................... | 339 |
| 18 | Correção monetária ............................................................................................... | 340 |
| 19 | Transferência de créditos ...................................................................................... | 344 |
| 20 | Vigência e eficácia da Lei Complementar nº 102/2000 ...................................... | 347 |
| 20.1 | Considerações básicas ........................................................................................... | 347 |
| 20.2 | A necessidade de lei ordinária ............................................................................. | 348 |
| 20.3 | A exigência do ônus tributário a partir do exercício seguinte ........................... | 349 |

## CAPÍTULO VII
## SELETIVIDADE ............................................................................................................... 353

## CAPÍTULO VIII
## ISENÇÃO E INCENTIVOS FISCAIS .............................................................................. 359

| | | |
|---|---|---|
| 1 | Regime jurídico ...................................................................................................... | 359 |
| 2 | Características da isenção ..................................................................................... | 361 |
| 3 | Guerra fiscal ........................................................................................................... | 363 |
| 3.1 | Espécies de benefícios ........................................................................................... | 363 |
| 3.2 | Objeção jurisprudencial ........................................................................................ | 365 |
| 3.3 | Cade ........................................................................................................................ | 366 |
| 3.4 | Adquirente de bens incentivados de outros estados (e DF) .............................. | 367 |
| 3.5 | Importação por conta e ordem – Estado do Espírito Santo ............................... | 370 |
| 3.6 | Guerra dos portos ................................................................................................. | 371 |
| 3.7 | Comércio eletrônico .............................................................................................. | 372 |
| 3.7.1 | Sistemática e controvérsias jurídicas ................................................................... | 372 |
| 3.7.2 | Inconstitucionalidade ............................................................................................ | 374 |

| | | |
|---|---|---|
| 3.8 | Cobrança dos incentivos julgados inconstitucionais | 376 |
| 3.9 | Aspectos práticos na aplicação dos incentivos (Repetro) | 377 |
| 3.10 | Diretrizes fazendárias | 379 |
| 3.10.1 | Comunicado CAT nº 36/04-SP | 379 |
| 3.10.2 | Argumentos fazendários | 389 |
| 3.10.3 | Jurisprudência | 390 |
| 3.11 | Ação direta de inconstitucionalidade | 392 |
| 3.12 | Convalidação e reinstituição dos benefícios fiscais | 394 |
| 4 | A renúncia tributária em face da responsabilidade na gestão fiscal | 399 |
| 5 | *Drawback* | 401 |
| 6 | Acordos internacionais | 405 |
| 6.1 | Considerações genéricas | 405 |
| 6.2 | Integrações regionais | 409 |
| 6.3 | Espécies | 409 |
| 6.4 | ICMS | 412 |
| 6.5 | Jurisprudência | 414 |
| 7 | Microempresa e empresa de pequeno porte (Simples Nacional) | 416 |

## CAPÍTULO IX
## IMUNIDADES ........... 419

| | | |
|---|---|---|
| 1 | Considerações gerais | 419 |
| 2 | Interpretação das normas jurídicas imunizantes | 423 |
| 3 | Recíproca | 425 |
| 4 | Templos | 428 |
| 5 | Partidos políticos, suas fundações, entidades sindicais dos trabalhadores e instituições de educação e de assistência social | 430 |
| 5.1 | Finalidades e normas complementares | 430 |
| 5.2 | Entidades previdenciárias | 434 |
| 5.3 | Restrições | 435 |
| 5.4 | Importação de bens, serviços e atividades paralelas | 436 |
| 6 | Livros, jornais, periódicos e o papel destinado à sua impressão | 437 |
| 6.1 | "Livros". Evolução de seu significado e o abrangente conceito legal | 437 |
| 6.2 | Evolução jurisprudencial | 439 |
| 6.3 | A natureza pedagógica dos bens importados | 444 |
| 7 | Exportação de produtos industrializados, semielaborados, primários e mercadorias | 444 |
| 7.1 | Produto semielaborado (CF – redação original do art. 155, X, "a") | 444 |
| 7.2 | Produtos, mercadorias e serviços | 450 |
| 8 | Petróleo, lubrificantes, combustíveis e energia elétrica em operações interestaduais | 453 |
| 9 | Ouro | 457 |
| 10 | Transporte internacional | 459 |
| 10.1 | Mercadorias, produtos e serviços (após a LC nº 87/96) | 460 |
| 11 | Serviços internacionais de comunicação | 464 |
| 12 | Serviços de radiodifusão | 468 |
| 13 | Fonogramas e videogramas musicais | 469 |

CAPÍTULO X
OBRIGAÇÕES ACESSÓRIAS ........................................................................................... 471

CAPÍTULO XI
PENALIDADES ................................................................................................................. 479
1 Pressupostos ............................................................................................. 479
2 Multa moratória ....................................................................................... 480
3 Multa penal ............................................................................................... 481
4 Apreensão de bens ................................................................................... 483
5 Perdimento de bens ................................................................................. 484
6 Regime especial ........................................................................................ 485
7 Devedor remisso ...................................................................................... 486
8 Interdição de estabelecimento ............................................................... 487
9 Protesto da Certidão da Dívida Ativa e Serasa .................................... 487
10 Prisão (crimes tributários) ..................................................................... 491
10.1 Tipos penais .............................................................................................. 491
10.2 Prisão preventiva ..................................................................................... 492
10.3 Representação criminal .......................................................................... 493
10.4 Parcelamento ............................................................................................ 496
10.5 Apropriação indébita .............................................................................. 497
11 Sigilo e violação de dados ...................................................................... 501

CAPÍTULO XII
PLANEJAMENTO TRIBUTÁRIO ................................................................................... 507
1 Pressupostos ............................................................................................. 507
1.1 Elisão .......................................................................................................... 507
1.2 Evasão ........................................................................................................ 509
1.3 Interpretação econômica e planejamento tributário .......................... 510
1.4 A desconsideração da personalidade jurídica no direito privado e no âmbito tributário ............................................................................. 512
2 Caso prático .............................................................................................. 513

REFERÊNCIAS .................................................................................................................. 515

CAPÍTULO I

# FATOS GERADORES

## 1 Operações relativas à circulação de mercadorias

### 1.1 Operações

O ICMS incide sobre "operações relativas à circulação de mercadorias" (art. 155, II, da CF/88), envolvendo negócio jurídico mercantil, e não sobre simples mercadorias ou quaisquer espécies de circulação.

A Lei Complementar nº 87, de 19.9.96, e alterações (a última pela LC nº 194, de 23.6.22) introduziram modificações no âmbito do tributo.

Os elementos integrantes da regra-matriz do ICMS (na mesma diretriz do antigo ICM) devem ser analisados e aplicados de modo coerente, e harmônico, para poder se encontrar a essência tributária; em especial a materialidade de sua hipótese de incidência.

Geraldo Ataliba e Cleber Giardino analisaram o significado de "operações" que configura o verdadeiro sentido do fato juridicizado, a prática de ato jurídico como a transmissão de um direito (posse ou propriedade).

Pioneiramente fora analisado o significado de "operações", que, embora possam ser compreendidas num sentido econômico, físico ou jurídico, para o intérprete do direito só interessa o sentido jurídico.[1]

Esclarecem os autores: "Operações são atos jurídicos; atos regulados pelo Direito como produtores de determinada eficácia jurídica; são atos *juridicamente relevantes; circulação e mercadorias* são, nesse sentido, adjetivos que restringem o conceito substantivo de operações".[2]

---

[1] ATALIBA, Geraldo; GIARDINO, Cleber. Núcleo da definição constitucional do ICM. *Revista de Direito Tributário*, São Paulo, v. 25/26. p. 104.

[2] ATALIBA, Geraldo; GIARDINO, Cleber. Núcleo da definição constitucional do ICM. *Revista de Direito Tributário*, São Paulo, v. 25/26. p. 105.

E alertam que:

> Os autores que vêem no ICM um imposto *sobre circulação* ou *sobre mercadorias* estão ignorando a Constituição; estão deslocando o cerne da hipótese de incidência do tributo, da operação – aí posta pelo próprio Texto Magno – para seus aspectos adjetivos, com graves conseqüências deletérias do sistema.[3]

Preleciona Paulo de Barros Carvalho: "Operações, no contexto, exprimem o sentido de atos ou negócios hábeis para provocar a circulação de mercadorias. Adquire, neste momento, a acepção de toda e qualquer atividade, regulada pelo Direito, e que tenha a virtude de realizar aquele evento".[4]

Acrescentando que:

> [...] soa estranho, por isso mesmo, que muitos continuem a negar ao vocábulo "operações" a largueza semântica peculiar das "operações jurídicas" para entendê-lo como qualquer ato material que anime a circulação de mercadorias. Eis aqui o efeito jurídico sem a correspondente causa jurídica, a eficácia do Direito desvinculada de algo investido de juridicidade.[5]

O vocábulo "operações" também fora captado em suas diversas acepções nas doutrinas nacional e estrangeira, no sentido de que:

> Não apresentam préstimos para interpretação do Direito Constitucional e Tributário do Brasil sobre ICM as invocações da legislação comparada européia, norte-americana ou do Mercado Comum Europeu, Comunidade do Aço e do Carvão, etc., pois a estrutura jurídica-constitucional do sistema brasileiro, gradualmente construída desde 1981, senão desde o Ato Adicional de 1834 e da Lei 99/1835, é uma e inconfundível com seu elenco de limitações constitucionais ao Fisco, discriminação inflexível de competências, integração da Constituição Federal por leis complementares, etc.[6]

Souto Maior Borges reconhece:

> A operação – fato gerador do imposto – pode ser jurídica, embora não deva ser necessariamente uma compra e venda, como acontecia com o velho IVC, que, aliás, fora estendida à troca e à empreitada,[7] o que nos parece bem difícil – talvez impossível – é que a mercadoria seja objeto de operação econômica legítima sem que ocorra ato ou negócio jurídico. Cremos que o legislador ampliou o IVC dos negócios jurídicos de venda para quaisquer atos jurídicos que transfiram o domínio sobre mercadorias entregues à circulação econômica.[8]

---

[3] ATALIBA, Geraldo; GIARDINO, Cleber. Núcleo da definição constitucional do ICM. *Revista de Direito Tributário*, São Paulo, v. 25/26. p. 106.

[4] CARVALHO, Paulo de Barros. *Regra matriz do ICM*. Tese (Livre-Docência) – Faculdade de Direito, PUC-SP, 1981. p. 170.

[5] CARVALHO, Paulo de Barros. *Regra matriz do ICM*. Tese (Livre-Docência) –Faculdade de Direito, PUC-SP, 1981. p. 174-175.

[6] BALEEIRO, Aliomar. ICM sobre importação de bens de capital. *In*: X *Curso de Especialização de Direito Tributário*. São Paulo: Resenha Tributária, 1983. p. 14.

[7] BORGES, José Souto Maior. O fato gerador do ICM e os estabelecimentos autônomos. *Revista de Direito Administrativo*, São Paulo, v. 103. p. 33.

[8] BORGES, José Souto Maior. *Direito tributário atual*, p. 582, citado pelo autor na *Revista de Direito Administrativo*, v. 103. p. 35.

Pontes de Miranda anota que: "O imposto sobre circulação a que alude o art. 23, nº II da Constituição Federal de 1967, pode incidir sobre quaisquer negócios jurídicos de compra e venda ou outro negócio de circulação, qualquer que seja o objeto do negócio jurídico".[9]

Conquanto tenha observado inicialmente que "a operação a que se refere a Constituição é qualquer ato voluntário que impulsione mercadorias da fonte de produção até o consumo, tenha ou não natureza de negócio jurídico", Alcides Jorge Costa enfatiza que "operação relativa à circulação de mercadorias é, pois, um ato jurídico, no sentido de ato material ou não negocial que consiste na imediata realização de uma vontade, no caso a de promover a circulação de mercadorias para levá-las da fonte de produção ao consumo", e que "[...] em conclusão, a operação a que se refere o art. 23, II, da Constituição é qualquer negócio jurídico ou ato material, que seja relativo à circulação de mercadorias".[10]

Ataliba ressalta:

> É a operação – e apenas esta – o fato tributado pelo ICMS. A circulação e a mercadoria são conseqüências e meros aspectos adjetivos da operação tributada. Prestam-se, tão-só, a qualificar – dentro do universo possível das operações mercantis realizáveis – aquelas que ficam sujeitas ao tributo, *ex vi* de uma eficaz qualificação legislativa. Não é qualquer operação realizada que se sujeita ao ICMS. Destas, apenas poderão ser tributadas as que digam respeito à circulação atinente a uma especial categoria de bens: as mercadorias.[11]

A venda mercantil constitui o negócio jurídico significativo e usual que gera a incidência do imposto, conforme delineado no item 1.8.

A LC nº 87/96 dispõe:

> Art. 2º [...].
> §2º A caracterização do fato gerador independe da natureza jurídica da operação que o constitua.

Questionável o mencionado preceito na medida em que diversas operações não compreendem mercadorias, como é o caso de alienação de salvados de sinistros pelas seguradoras (Súmula Vinculante nº 32, do STF; e LC nº 194/22); do comodato (Súmula nº 573 do STJ); da demonstração (REsp nº 34.594-0); da doação (art. 155, I, da CF); do fornecimento de água (ADIN nº 2.224-5); dos negócios societários (fusão, cisão, incorporação – art. 3º, VI, da LC nº 87/96).

Diretriz firmada pelo STF no sentido de que somente pode incidir o ICMS no caso de realização de ato de mercancia, sendo necessária a prática de operação jurídica com tramitação de posse e propriedade de bens (ARE nº 1.255.885 – Min. Dias Toffoli – j. 14.8.2020 – Tema nº 1.099 de Repercussão Geral).

---

[9] MIRANDA, Pontes de. *Comentários à Constituição Federal de 1967, com a Emenda nº 1 de 1969*. Rio de Janeiro: Forense, 1970. t. II. p. 507.

[10] COSTA, Alcides Jorge. *ICM na Constituição e na lei complementar*. São Paulo: Resenha Tributária, 1978. p. 91; 93; 96.

[11] ATALIBA, Geraldo. ICMS. Incorporação ao ativo – Empresa que loca, oferece em 'leasing' seus produtos – Descabimento do ICMS. *Revista de Direito Tributário*, São Paulo, v. 52. p. 74.

## 1.2 Circulação

"Circulação" é passagem das mercadorias de uma pessoa para outra, sob o manto de um título jurídico, equivale a declarar, à sombra de um ato ou de um contrato, nominado ou inominado. Movimentação, com mudança de patrimônio.[12]

Ataliba e Cleber Giardino entenderam que: "*Circulação* é expressão que deve ser entendida juridicamente. Do ponto de vista econômico, o termo é vago e impreciso: é, pois, imprestável para assegurar a objetividade e segurança específicas do direito".[13]

Claramente fora precisado que:

> *Circular* significa, para o Direito, *mudar de titular*. Se um bem ou uma mercadoria mudam de titular, *circula* para efeitos jurídicos. Convenciona-se designar por *titularidade de uma mercadoria* à circunstância de alguém deter poderes jurídicos de disposição sobre a mesma, *sendo ou não seu proprietário* (disponibilidade jurídica).[14]

E completam o raciocínio:

> Não só a transferência da propriedade *stricto sensu* importa circulação. Também a mera transferência de posse a título negocial produz "circulação", quando implique transferir poderes jurídicos atípicos do domínio, conferindo ao transmitido a *disponibilidade jurídica* sobre a mercadoria.[15]

Oportuna lição de Souto Maior Borges que "não há identidade entre circulação física ou econômica (inapreensível juridicamente) e circulação jurídica. Tanto é assim que, juridicamente, os imóveis circulam e, no entanto, fisicamente não podem fazê-lo". Por isso ressalta: "Uma coisa é a operação de que resulta a circulação de mercadoria. Outra bem diferente é a circulação dela resultante",[16] enquanto Alcides Jorge Costa aduz que "uma reflexão elementar mostra que a circulação não é possível sem a tutela do direito; quanto à cessão, não tanto sua exequibilidade, mas sua própria existência exige uma regulamentação jurídica".[17]

Lapidarmente Carvalho de Mendonça oferece conceito de "circulação":

> As mercadorias, passando por diversos intermediários no seu percurso entre os produtores e os consumidores, constituem objeto de variados e sucessivos contratos. Na cadeia dessas transações dá-se uma série continuada de transferência da propriedade ou posse das mercadorias. Eis o que se diz circulação de mercadorias.[18]

---

[12] CARVALHO, Paulo de Barros. *Regra matriz do ICM*. Tese (Livre-Docência) – Faculdade de Direito, PUC-SP, 1981. conclusão 26ª p. 74.

[13] ATALIBA, Geraldo; GIARDINO, Cleber. Núcleo da definição constitucional do ICM. *Revista de Direito Tributário*, São Paulo, v. 25/26. p. 109.

[14] ATALIBA, Geraldo; GIARDINO, Cleber. Núcleo da definição constitucional do ICM. *Revista de Direito Tributário*, São Paulo, v. 25/26. p. 111.

[15] ATALIBA, Geraldo; GIARDINO, Cleber. Núcleo da definição constitucional do ICM. *Revista de Direito Tributário*, São Paulo, v. 25/26. p. 112.

[16] BORGES, José Souto Maior. *Direito tributário atual*, citado pelo autor na *Revista de Direito Administrativo*, v. 103. p. 36.

[17] COSTA, Alcides Jorge. *ICM na Constituição e na lei complementar*. São Paulo: Resenha Tributária, 1978. p. 80.

[18] MENDONÇA, Carvalho de. *Tratado de direito comercial brasileiro*. 3. ed. Rio de Janeiro: Freitas Bastos, [s.d.]. v. V. Parte I.

A existência de mercadorias em estoque, por ocasião do encerramento das atividades do estabelecimento, por si só, sem que tenha ocorrido a efetiva transmissão da propriedade, não configura nenhuma espécie de circulação, inexistindo fato tributário. (STF – Ag.Reg no RE com Agravo nº 763.332/Ceará – j. 3.9.14 – *DJe* 6.8.14, p. 42)

Relativamente à incidência do ICMS, não deveria ter significação a *circulação física* (mero trânsito de bens pelas vias públicas); e a *circulação econômica* (alteração nas fases da produção, circulação e consumo); mas, exclusivamente, a *circulação jurídica* (movimentação da titularidade dos bens e das mercadorias).

Os singelos *fatos físicos* como:

Avarias, extravios, furtos, deterioração, etc., não acarretam circulação jurídica de mercadorias e, por isso mesmo, são intributáveis a título de ICMS. Para que haja obrigação de recolher tal tributo é imprescindível a existência de prova cabal, a cargo da Fazenda, da saída de mercadorias, decorrente de operações mercantis efetivamente realizadas.[19]

O STJ entendera que:

A mera *reposição de peças em bem locado pelo contribuinte* não representa circulação jurídica da mercadoria, porquanto não induz à transferência da propriedade ou da posse da coisa. Trata-se apenas da manutenção indispensável do bem, sem a qual o objeto de locação perde sua utilidade, constatando-se, ao fim, que a propriedade permanece incólume pelo locador. Não há, portanto, troca de titularidade a ensejar o fato gerador do ICMS. (REsp nº 1.364.869-MG – 2ª T. – Rel. Min. Humberto Martins – j. 2.5.13 – *DJe* 16.5.13)

## 1.3 Mercadoria

Embora os fatos tributários consubstanciem substrato econômico, considerando a riqueza envolvida e o postulado da capacidade contributiva (no que tange aos impostos), o texto constitucional compreende unicamente circulação jurídica, atrelada à "mercadoria", como espécie do gênero "produtos", como "bem econômico que alguém, com o propósito deliberado de lucro, produz para vender ou compra para revender".[20]

Exemplificando, o *Chief Justice* argumentava que:

A máquina motriz ou operatriz (máquina-ferramenta) é mercadoria do vendedor, do atacadista e do retalhista, e até na operação deste com o industrial que a compra para sua fábrica. Mas nesta ou a caminho para esta é um bem indireto, bem de produção, bem instrumental, bem de capital fixo, porque não será mais vendida com lucro. Saiu da circulação e entrou na produção. Não é mais mercadoria.[21]

---

[19] CARRAZZA, Roque Antonio. *ICMS*. 17. ed. São Paulo: Malheiros, 2015. p. 216.
[20] BALEEIRO, Aliomar. ICM sobre importação de bens de capital para uso do importador. *Revista Forense*, Rio de Janeiro, v. 250. p. 143.
[21] BALEEIRO, Aliomar. ICM sobre importação de bens de capital para uso do importador. *Revista Forense*, Rio de Janeiro, v. 250. p. 7-8.

Carvalho de Mendonça ensina:

> As coisas quando objeto de atividade mercantil, por outra quando objeto de troca de "circulação econômica", tomam o nome de mercadorias. *Commercium quasi commutatio mercium*. A coisa, enquanto se acha na disponibilidade do industrial, que a produz, chama-se produto, manufato ou artefato; passa a ser mercadoria logo que é objeto de comércio do produtor ou do comerciante por grosso ou a retalho, que a adquire para revender a outro comerciante ou ao consumidor; deixa de ser mercadoria logo que sai da circulação comercial e se acha no poder ou propriedade do consumidor.[22]

De longa data, fora questionada a incidência do imposto estadual sobre bens que não tenham a natureza jurídica de "mercadorias", justificando que: "Não é qualquer bem que pode ser juridicamente qualificado como mercadoria. Essa qualificação depende de dois fatores, a saber: (1) a natureza do promotor da operação que a tem por objeto e (2) a destinação comercial que a ela dá o seu titular".[23]

Geraldo Ataliba e Cleber Giardino pontificaram que:

> Só há mercadoria para o Direito, onde existam regras jurídicas que a definam e dêem critérios para o seu reconhecimento (mercadorias são coisas qualificadas pelo Direito, em função de sua destinação); destarte, inexiste mercadoria onde inexista ato juridicamente regrado.[24]

Na mesma tônica, Paulo de Barros Carvalho:

> A natureza mercantil do produto não está, absolutamente, entre os requisitos que lhe são intrínsecos, mas na destinação que se lhe dê. É mercadoria a caneta exposta à venda entre outras adquiridas para esse fim. Não o será aquela que mantenho em meu bolso e se destina a meu uso pessoal. Não se operou a menor modificação na índole do objeto referido. Apenas sua destinação veio a conferir-lhe atributos de mercadorias.[25]

*Mercadoria* é bem (corpóreo ou virtual) da atividade empresarial do produtor, industrial, e comerciante, tendo por objeto a sua distribuição para consumo, compreendendo-se no estoque da empresa, e distinguindo-se das coisas que tenham qualificação diversa, considerando, ainda, o fornecimento de energia elétrica conforme previsto no art. 155, §3º, CF.

Os bens negociados ou transmitidos por particulares, prestadores de serviços de qualquer natureza, financeiras etc. – sem implicar mercancia, e não sendo transacionados com habitualidade –, não são qualificados como mercadoria. Exemplo: o automóvel vendido por particular não é mercadoria, enquanto o mesmo veículo negociado por fabricante ou concessionária caracteriza-se como mercadoria.

---

[22] MENDONÇA, Carvalho de. *Tratado de direito comercial brasileiro*. 3. ed. Rio de Janeiro: Freitas Bastos, [s.d.]. v. V. p. 18. Nº 14, parte I.

[23] ATALIBA, Geraldo. ICMS. Incorporação ao ativo – Empresa que loca, oferece em 'leasing' seus produtos – Descabimento do ICMS. *Revista de Direito Tributário*, São Paulo, v. 52. p. 78.

[24] ATALIBA, Geraldo; GIARDINO, Cleber. Núcleo da definição constitucional do ICM. *Revista de Direito Tributário*, São Paulo, v. 25/26. p. 105.

[25] CARVALHO, Paulo de Barros. *Regra matriz do ICM*. Tese (Livre-Docência) – Faculdade de Direito, PUC-SP, 1981. p. 206/207.

Não pode ser acolhida no âmbito de incidência do ICMS a assertiva do STJ do seguinte teor: "O imóvel é um bem suscetível de transação comercial, pelo que se insere no conceito de mercadoria" e que:

> Não se sustém, *data venia*, nos dias que correm a interpretação literal do disposto no artigo 191 do Código Comercial e do artigo 19, §1º, do Regulamento nº 737. Em épocas de antanho, os imóveis não constituíam objeto de ato de comércio. (EDiv em REsp nº 156.384-RS – 1ª Seção – Rel. Min. Franciulli Netto – j. 22.11.2000 – *DJU* 1 de 26.3.2001, p. 361)

O referido julgado ateve-se à exclusiva incidência da Cofins (Contribuição Social para o Financiamento da Seguridade Social), instituída pela Lei Complementar nº 70, de 30.12.91, relativamente às operações realizadas por empresas de construção e sociedades incorporadoras, caracterizadas como comerciais (leis federais nºs 4.068/62 e 4.591/64).

Nesse sentido, Marco Aurélio Greco ponderara que:

> Um exame da Constituição mostra nitidamente que os imóveis não se enquadram no conceito de "mercadoria". De fato, os imóveis são objeto de tributos com perfil próprio, como a transmissão *inter vivos* (artigo 156, II). Ou seja, as operações de transferência de propriedade que tenham por objeto imóveis, estarão sujeitas a este imposto e não ao ICMS. Disto pode-se extrair que o conceito utilizado de ICMS ("mercadoria") não alcança os imóveis.[26]

Importante examinar se ficou superado o tradicional conceito de mercadoria, diante da circunstância de o art. 191 do Código Comercial ter sido revogado pelo novo Código Civil (art. 2.045).

Percuciente estudo apura que, mediante a comparação entre o art. 1.122 do anterior CC, e o art. 481 do novo CC, os critérios relativos ao contrato de compra e venda não foram alterados, sendo que referida revogação não afeta diretamente o espectro de incidência do imposto estadual, porque a competência outorgada desde a instituição do ICM não foi para onerar apenas as relações jurídicas originadas de contrato de compra e venda mercantil, mas de toda e qualquer operação, jurídica, que importe a transferência da propriedade de uma mercadoria.[27]

O *download* (transporte de arquivos da internet para outro computador, ou transferência de dados de um micro a outro micro, como é o caso de fornecimento de produtos, bens e serviços de diversificada natureza, passagens aéreas, publicidade, leilões, banco eletrônico, consultorias, filmes, revistas, músicas etc.) não caracterizaria "mercadoria". Na *web* (área multimídia da internet) é possível a realização de serviços centralizadores (as informações são baixadas pelo provedor para o usuário), ou possibilitar que o usuário obtenha os elementos diretamente dos micros onde estejam os produtos (filmes, músicas etc.), de seu interesse.

No primeiro caso, o computador solicita serviços a um servidor, que dispara pesquisas em outros servidores, vindo (o mesmo computador) a receber as respostas que o servidor obteve. Na segunda situação (sistema *peer-to-peer* – colega a colega, ou

---

[26] GRECO, Marco Aurélio. *Internet e direito*. São Paulo: Dialética, 2000. p. 86.
[27] LUNARDELLI, Pedro Guilherme Accorsi. A não-cumulatividade do ICMS – Uma visão crítica da posição do STF. *Revista Dialética de Direito Tributário*, São Paulo, n. 103. p. 145.

"entre partes"), o computador envia pesquisa para a rede; as máquinas ligadas à rede respondem se podem atendê-lo; o usuário escolhe uma conexão e recebe a resposta.

Trata-se de *bens digitais*

> constituídos por um conjunto organizado de instruções, na forma de linguagem de sobrenível, armazenados em forma digital e que podem ser interpretados por computadores e outros dispositivos assemelhados, que produzem funcionalidades predeterminadas, tendo como diferença específica sua existência não-tangível de forma direta pelos sentidos humanos e que, por não estarem aderidos a um suporte físico, transitam por ambientes de rede teleinformática.[28]

Este bem "digital" não consubstanciaria as características de âmbito legal e constitucional (art. 155, II e §3º), de mercadoria, além do que o respectivo *software* representaria um produto intelectual, objeto de cessão de direitos, de distinta natureza jurídica, o que tornaria imprescindível alteração normativa.

Os conceitos de "circulação", "operação" e "mercadoria" permanecem vinculados, devendo os intérpretes, e os destinatários do ICMS, compreendê-los na sua concepção jurídica para efeito de caracterização de sua incidência.

A LC nº 87/96 afastou da tributação as "operações decorrentes de *alienação fiduciária em garantia*, inclusive a operação efetuada pelo credor em decorrência do inadimplemento do devedor" (inc. VII do art. 3º), mantendo diretriz anterior (Decreto-Lei nº 406/68, art. 1º, §3º, II).

Singularmente, a "água" será considerada (ou não) como mercadoria, dependendo da sua utilização, conforme interessante colocação jurídica:

> [...] a água mineral, quando engarrafada e vendida, por empresa comercial, a consumidor final, é mercadoria e, destarte, a operação com ela realizada é perfeitamente tributável por meio do ICMS. Também são tributáveis, por via do ICMS, a importação de água mineral (mercadoria) e a operação mercantil praticada com água que passou por um processo de industrialização (*v.g.*, a água oxigenada).[29]

Em contraposição, não se tributa (ICMS) a água em estado bruto (bem público não destinado a comércio); a água utilizada no preparo de alimentos, higiene etc., e a água encanada e tratada (sujeita à taxa); embora o Convênio ICMS nº 98, de 24.10.89, tenha disposto sobre a isenção no fornecimento de água natural canalizada, evidenciando que poderia (à falta de convênio) ser objeto de tributação.

A jurisprudência do STJ firmou entendimento no sentido de que o fornecimento de água potável por empresas concessionárias deste serviço público não está sujeito ao ICMS (AgRg no REsp nº 10.80.699-RJ – 1ª T. – Rel. Min. Benedito Gonçalves – j. 2.3.2010 – *DJe* de 15.3.2010).

O STF entende não ser a água canalizada mercadoria sujeita ao ICMS por tratar-se de serviço público (ADIn nº 2.224-5 – Pleno – Rel. Min. Néri da Silveira – j. 30.5.2001 – *DJU* 1 de 13.6.2003, p. 8), havendo firmado a diretriz seguinte:

---

[28] EMERENCIANO, Adelmo da Silva. *Tributação no comércio eletrônico*. São Paulo: Síntese e Thomson IOB, 2003. Coleção de Estudos Tributários. p. 150.
[29] CARRAZZA, Roque Antonio. *ICMS*. 13. ed. São Paulo: Malheiros, 2009. p. 146.

Tributário. ICMS. Fornecimento de água tratada por concessionária de serviço público. Não incidência. Ausência de fato gerador. 1. O fornecimento de água potável por empresas concessionárias desse serviço público não é tributável por meio do ICMS. 2. As águas em estado natural são bens públicos e só podem ser exploradas por particulares mediante concessão, permissão ou autorização. 3. O fornecimento de água tratada à população por empresas concessionárias, permissionárias ou autorizadas não caracteriza uma operação de circulação de mercadoria. 4. Precedentes da Corte. Tema já analisado na liminar concedida na ADI nº 567, de relatoria do Ministro *Ilmar Galvão* e na ADI nº 2.224-5-DF, Relator o Ministro *Néri da Silveira*. 5. Recurso extraordinário a que se nega provimento. (RE nº 607.056-RJ – Plenário – Rel. Min. Dias Toffoli – j. 10.4.2013 – *DJe* de 16.5.2013, p. 19)

Do manancial às torneiras, a água passa por vários processos.[30]

Entende-se que nos *leilões dos bens da massa falida* não se realiza o fato gerador do ICMS, uma vez que perdem a condição de mercadoria, porque o devedor fica desapossado em razão de medida interventiva, não ocorrendo operação relativa à circulação de mercadorias.[31]

## 1.4 A saída e a entrada como aspecto temporal

A *saída* – eleita pelo legislador como elemento do fato gerador (LC nº 87/96 – art. 12, I) – compreende o aspecto de tempo previsto na norma, uma vez que os fatos imponíveis ocorrem em determinado momento, porque, nesse instante, nasce o direito subjetivo para a pessoa de direito público e, correlatamente, uma obrigação para o sujeito passivo.

A norma contém a descrição genérica de um fato, que se verifica numa precisa circunstância de tempo e deve ser considerado uno e incindível, embora possa ser integrado por outros elementos.

Ataliba define o aspecto temporal da hipótese de incidência: "como a propriedade que esta tem de designar (explícita ou implicitamente) o momento em que deve se reputar consumado (acontecido, realizado) um fato imponível".[32]

Paulo de Barros Carvalho ensina:

> Compreendemos o critério temporal da hipótese tributária, como o grupo de indicações, contidas no suposto da regra, e que nos oferecem elementos para saber, com exatidão, em que preciso instante acontece o fato descrito, passando a existir o liame jurídico que

---

[30] "1) Captação do manancial e bombeamento para a Estação de Tratamento de Água, na qual passará por vários processos químicos; 2) Pré-cloração para facilitar a retirada de matéria orgânica e metais; 3) Ajuste do *ph* mediante a adição de cal ou soda; 4) Coagulação, com a adição de sulfato de alumínio, cloreto férrico ou outro coagulante, seguido de uma agitação violenta da água para provocar a desestabilização das partículas de sujeira, facilitando sua agregação; 5) Floculação, recebendo substância química chamada sulfato de alumínio, fazendo que com as impurezas se aglutinem, formando flocos que são removidos com mais facilidade; 6) Decantação com o depósito no fundo do tanque; 7) Filtração com carvão ativado, areia e cascalho, para retirada de flocos menores que não ficaram retidos na decantação; 8) Cloração para eliminar microorganismos; 9) Fluoretação para colaborar com a redução da incidência da cárie na população; 10) Armazenamento; 11) Remessa a tubulações maiores (adutoras), e às redes de distribuição, até chegar às casas, escritórios, empresas, comércio, indústrias, etc." (*Estadão – Projetos Especiais*, sob o patrocínio da Sabesp, dez. 2015).

[31] MACHADO, Schubert de Farias. A não-incidência do ICMS nos leilões dos bens de massa falida. *Revista Dialética de Direito Tributário*, São Paulo, n. 122. p. 89.

[32] ATALIBA, Geraldo. *Hipótese de incidência tributária*. São Paulo: Malheiros, 1993. p. 87.

amarra o devedor e credor, em função de um objeto – o pagamento de uma certa prestação pecuniária.[33]

Ao legislador compete estabelecer o momento em que se deve considerar acontecida a materialidade do tributo, previsto constitucionalmente. O instante do nascimento da obrigação tributária deve guardar efetivo vínculo com a matéria objeto de tributação, eis que todos os aspectos da norma são intrinsecamente vinculados.

Assim, elegendo a "saída" (circulação pela via pública, estranha aos limites físicos do estabelecimento do contribuinte) como o momento em que nasce o fato gerador do ICMS, é de todo irrelevante perquirir-se a respeito de situações ocorridas antes de tal evento, ou mesmo sobre circulações internas dentro da própria empresa (ex.: remessa de bens da área fabril para o pátio, ou de um andar para outro, do mesmo prédio).

A simples *estocagem*, para guarda e conservação, não caracteriza a circulação de mercadoria, necessária para que ocorra o fato gerador do ICMS (STJ – AgRg no REsp nº 278.843-MG – 1ª T. – Rel. Min. Humberto Gomes de Barros – j. 6.12.2001 – *DJU* 1 de 4.3.2002, p. 190).

*A diferença entre as contagens física e contábil dos estoques* não corresponde a uma efetiva saída ou entrada de mercadoria, não caracterizando fato gerador do ICMS, de modo que não há que se falar em emissão de nota fiscal.[34]

Constata-se que a "saída", além de não estar explicitada no texto constitucional, por si só, não constitui situação exclusiva e fundamental para a compreensão do tributo, pois se torna imprescindível a anterior realização do negócio jurídico mercantil.

Pondera-se a respeito de situações em que a mera saída de bens do estabelecimento não tem o condão de obrigar ao lançamento do tributo, como argutamente observado:

> Se a saída de mercadorias fosse realmente a hipótese de incidência do imposto em pauta, o comerciante furtado em mercadorias – como frisa Aliomar Baleeiro – teria não só que suportar os prejuízos, como pagar o ICMS devido por elas. E, mais: se não levasse a "notitia criminis" ao conhecimento da autoridade fazendária estaria praticando uma evasão tributária já que estaria escondendo ao fisco a ocorrência do fato imponível do ICMS.
> Vejamos outro exemplo: um incêndio ameaça destruir o estabelecimento comercial. Para evitar que o fogo consuma as mercadorias, o comerciante, ajudado por seus empregados e por transeuntes, providência para que elas sejam postas na rua. Houve a saída das mercadorias. É devido o ICMS por isso? Parece-nos claro que não.[35]

E conclui:

> Outro exemplo, para extirpar de vez a propalada idéia de que o fato imponível do ICMS é a saída da mercadoria: durante uma inundação, mercadorias são levadas para fora do estabelecimento comercial, não por mãos humanas, mas pela força das águas (motivo de força maior). O comerciante deve pagar o ICMS por este fato? É evidente que não.[36]

---

[33] CARVALHO, Paulo de Barros. *Curso de direito tributário*. 24. ed. São Paulo: Saraiva, 2012. p. 331.
[34] Consulta nº 584/15, de 7.9.15.
[35] CARRAZZA, Roque Antonio. *ICMS*. 13. ed. São Paulo: Malheiros, 2009. p. 46-47, nota de rodapé nº 19.
[36] CARRAZZA, Roque Antonio. *ICMS*. 13. ed. São Paulo: Malheiros, 2009. p. 30.

Não se ignoram os negócios de venda para entrega futura, ou os casos de transmissão de propriedade de mercadorias, ou título que as represente, sem que as mesmas mercadorias transitem pelo estabelecimento do alienante, ou do destinatário, ou mesmo transmissão a terceiro de mercadoria depositada em armazém-geral, ou em depósito fechado, no estado do transmitente (LC nº 87/96, art. 12, III e IV).

Perspicaz a observação de que: "A saída de mercadoria que apenas vai ser mostrada a um cliente com automóveis, no denominado 'test drive', não é relevante para o ICMS".[37]

Tem equivalência à saída – para fins de consideração do fato gerador – o "fornecimento" de mercadorias com prestação de serviços: a) não compreendidos na competência tributária dos municípios; e b) compreendidos na competência dos municípios e com indicação expressa de incidência do imposto de competência estadual, como definido na LC nº 87/96 (art. 12, VIII).

Examina-se situação em que contribuinte adquire diversos itens de propaganda e *marketing* (cartazes, *displays*, gôndolas, adesivos, cantoneiras, faixas), com a única finalidade de promover e apresentar os seus produtos nos estabelecimentos que comercializam suas mercadorias (supermercados, padarias, mercados de bairro, restaurantes etc.). Esses itens são registrados pelo seu estabelecimento como aquisição de material de uso e consumo, sem crédito de ICMS, e enviados aos clientes a título gratuito, e que não retornam para seu estabelecimento, pois são reutilizados pelos destinatários ou descartados, quando necessário.

A Fazenda paulista entende que não se trata de saída de mercadoria, não ocorre o fato gerador do imposto, não ensejando a emissão de nota fiscal.[38]

A LC nº 190/22 dispôs como fato gerador do imposto:

> XVI - a saída, de estabelecimento de contribuinte, de bem ou mercadoria destinados a consumidor final não contribuinte do imposto domiciliado ou estabelecido em outro Estado.

Demais saídas que não implicam incidência do ICMS são apontadas nos tópicos seguintes, em que se examinam diversas situações, sem conteúdo jurídico, ou negócios desprovidos de natureza mercantil.

A *entrega* da mercadoria também constitui elemento fundamental para a plena caracterização do fato gerador do ICMS, compreendendo as diversas espécies de "tradição" (real, simbólica, consensual ou convencional).

A LC nº 190/22 passou a prever como fato gerador as situações seguintes:

> Art. 12. [...]
> XV - a *entrada* no território do Estado de bem ou mercadoria oriundos de outro Estado adquiridos por contribuinte do imposto e destinados ao seu uso ou consumo ou à integração ao seu ativo imobilizado.

---

[37] MACHADO, Hugo de Brito. *Aspectos fundamentais do ICMS*. São Paulo: Dialética, 1997. p. 43.
[38] Consulta nº 2.938/14, de 30.4.14.

## 1.5 O estabelecimento como aspecto espacial

### 1.5.1 Considerações básicas

Os fatos imponíveis ocorrem sempre em determinado lugar, cumprindo ao legislador fixar o local (terrestre, marítimo ou aéreo) em que, uma vez acontecida a materialidade tributária, se repute devida a obrigação respectiva.

Ataliba designa como aspecto espacial "a indicação de circunstância de lugar – contida explícita ou implicitamente na h.i. – relevante para a configuração do fato imponível".[39]

Paulo de Barros Carvalho procura estabelecer um critério científico no trato da matéria, *verbis*:

> Acreditamos que os elementos indicadores da condição de espaço, nos supostos das normas tributárias, hão de guardar uma dessas três formas compositivas, diretriz que nos conduz a classificar o gênero tributo na conformidade do grau de elaboração do critério espacial da respectiva hipótese tributária:
> a) hipótese cujo critério espacial faz menção a determinado local para a ocorrência do fato típico;
> b) hipótese em que o critério espacial alude a áreas específicas, de tal sorte que o acontecimento apenas ocorrerá se dentro delas estiver geograficamente contido;
> c) hipótese de critério espacial bem genérico, onde todo e qualquer fato, que suceda sob o manto da vigência territorial da lei instituidora, estará apto a desencadear seus efeitos peculiares.[40]

Aplicando-se os conceitos doutrinários à regra-matriz constitucional, depreende-se a figura do

> estabelecimento, que significa o próprio local ou edifício em que a *profissão* vai ser exercida ou o *negócio* vai ser instalado, de modo que passa a compreender todo um conjunto de instalações e aparelhamentos necessários ao desempenho da profissão ou negócio, inclusive o próprio edifício em que se instala.[41]

Estabelecimento é o complexo de bens, materiais ou imateriais, que constituem o instrumento utilizado pelo comerciante para a exploração de determinada atividade mercantil.[42]

Por isso que também se entende que estabelecimento, ou fundo de comércio, é o instrumento de atividade do empresário.[43]

Considerando que a CF/88 utilizou o termo "estabelecimento" para as operações de importação (art. 155, §2º, IX, "a", redação original), não poderia norma inferior alargar seu conceito, equiparando-o a domicílio, que, por sua vez, mantém estrita atinência a regras civis, ou seja, "o lugar onde a pessoa natural estabelece a sua residência com ânimo definitivo" (Código Civil, art. 70).

---

[39] ATALIBA, Geraldo. *Hipótese de incidência tributária*. São Paulo: Malheiros, 1993. p. 97.
[40] CARVALHO, Paulo de Barros. *Curso de direito tributário*. 24. ed. São Paulo: Saraiva, 2012. p. 170-171.
[41] SILVA, De Plácido e. *Vocabulário jurídico*. Rio de Janeiro: Forense, 1966. v. II. p. 1.963.
[42] BARRETO FILHO, Oscar. *Teoria do estabelecimento comercial*. [s.l.]: [s.n.]: 1966. p. 75.
[43] REQUIÃO, Rubens. *Curso de direito comercial*. 18. ed. São Paulo: Saraiva, 1988. v. 1. p. 203-204.

No estabelecimento é que são efetuadas as operações mercantis, negócios com mercadorias; na residência tem-se o local destinado à moradia (ainda que excepcionalmente possa ser exercida atividade profissional).

A LC nº 87/96 (art. 11) estabelece o seguinte:

§3º Para efeito desta Lei Complementar *estabelecimento* é o local, privado ou público, edificado ou não, próprio ou de terceiro, onde pessoas físicas ou jurídicas exerçam suas atividades em caráter temporário ou permanente, bem como onde se encontrem armazenadas mercadorias, observado, ainda, o seguinte:
I - na impossibilidade de determinação do estabelecimento, considera-se como tal o local em que tenha sido efetuada a operação ou prestação, encontrada a mercadoria ou constatada a prestação [...].

A importância do conceito de "estabelecimento" é indiscutível, haja vista que a mesma lei complementar a ele faz inúmeras referências para efeito de incidência (art. 2º, I); sujeição passiva (art. 7º); local da operação ou da prestação (art. 11, I, "a", "c", "d", III, "b", "c", "c-1", IV, V, "a", "b", §3º, I, II, III, IV, §5º); fato gerador (art. 12, I, II, IV, XVI); base de cálculo (arts. 13, §4º, III, §5º, art. 15, I, II, III §1º, I, §2º, e 17); não cumulatividade (arts. 20, *caput*, §§1º, 2º, 3º, 5º I, 20-A, 21, III, 23, 25, *caput*, §1º, §2º, I, art. 26, III, 32, II, 33, I, II, III).

O Código Civil considera estabelecimento todo complexo de bens organizado, para exercício da empresa, por empresário, ou por sociedade empresária (art. 1.142), compreendendo elementos materiais e imateriais.

A LC nº 102/00 estabelece que, relativamente ao serviço de comunicação prestado por meio de satélite, para efeito de cobrança do imposto, será considerado como local da prestação "o do estabelecimento ou domicílio do tomador do serviço" (acréscimo da alínea "c-1" ao art. 11 da LC nº 87/96).

Também dispõe que, tratando-se de prestação de serviços de comunicação não medidos que envolvam localidades situadas em diferentes unidades da Federação e cujo preço seja cobrado por períodos definidos, o imposto será recolhido em partes iguais para as unidades da Federação onde estiverem localizados o prestador e o tomador (acréscimo do §6º ao art. 11 da LC nº 87/96).

O STJ proferira a decisão seguinte:

TRIBUTÁRIO. ICMS. SERVIÇO DE TELECOMUNICAÇÃO VIA SATÉLITE. COMPETÊNCIA TRIBUTÁRIA. ART. 11, §6º, DA LEI COMPLEMENTAR 87/96. IMPOSTO RECOLHIDO EM PARTES IGUAIS PARA AS UNIDADES DA FEDERAÇÃO EM QUE ESTIVEREM LOCALIZADOS O PRESTADOR E O TOMADOR.
1. Discute-se nos autos a competência para a cobrança de ICMS sobre serviços de comunicação via satélite na modalidade TV por assinatura cujos fatos geradores ocorreram posteriormente á vigência da Lei Complementar 102/2000.
2. Nos termos do art. 11, inciso III, alínea "c-1", da Lei Complementar 87/96 (com redação da Lei Complementar 102/2000), regra geral, para os serviços de comunicação via satélite, cobrança do ICMS compete à unidade da Federação em que está situado o domicílio do tomador. Todavia, o §6º do referido artigo traz uma exceção para os casos de serviços não medidos e cujo preço seja cobrado por períodos definidos.
3. Nos serviços de televisão por assinatura, o pagamento não é variável pelo tempo de utilização. O assinante paga por um pacote de canais e por ele pagará um valor fixo

mensalmente. Logo, entende-se que o serviço prestado pela recorrente não é medido e o preço será cobrado por períodos definidos, qual seja mensal. Desse modo, aplica-se ao caso dos autos o disposto no art. 11, §6º, da Lei Complementar 87/96, segundo o qual se deve recolher o ICMS em partes iguais para as unidades da Federação em que estiverem localizados o prestador e o tomador.
(REsp nº 1.497.364-GO – Segunda Turma – Rel. Min. Humberto Martins – j. 3.9.15).

A LC nº 190/22 preceituou o seguinte:

Art. 11. [...]
V - tratando-se de operações ou prestações interestaduais destinadas ao consumidor final, em relação à diferença entre a alíquota interna do Estado de destino e a alíquota interestadual:
a) o do estabelecimento do destinatário, quando o destinatário ou o tomador for contribuinte do imposto;
b) o do estabelecimento do remetente ou onde tiver início a prestação, quando o destinatário ou tomador não for contribuinte do imposto.
§7º Na hipótese da alínea "b" do inciso V do caput deste artigo, quando o destino final da mercadoria, bem ou serviço ocorrer em Estado diferente daquele em que estiver domiciliado ou estabelecido o adquirente ou o tomador, o imposto correspondente à diferença entre a alíquota interna e a interestadual será devido ao Estado no qual efetivamente ocorrer a entrada física da mercadoria ou bem ou o fim da prestação do serviço.
§8º Na hipótese de serviço de transporte interestadual de passageiros cujo tomador não seja contribuinte do imposto:
I - o passageiro será considerado o consumidor final do serviço, e o fato gerador considerar-se-á ocorrido no Estado referido nas alíneas "a" ou "b" do inciso II do caput deste artigo, conforme o caso, não se aplicando o disposto no inciso V do caput e no §7º deste artigo; e
II - o destinatário do serviço considerar-se-á localizado no Estado da ocorrência do fato gerador, e a prestação ficará sujeita à tributação pela sua alíquota interna.

Revoga a alínea "c", do inc. II, do *caput* do art. 11 da LC nº 87/96.

### 1.5.2 Situação cadastral

A inscrição tem sido considerada nula pela legislação ordinária, a partir da data de sua concessão ou de sua alteração, quando, mediante processo administrativo, for constatada: I) simulação de existência do estabelecimento ou da empresa; II) simulação do quadro societário da empresa; III) inexistência do estabelecimento; IV) indicação incorreta da localização do estabelecimento; V) indicação de outros dados cadastrais falsos.

A eficácia da inscrição poderá ser cassada ou suspensa nas seguintes situações: I) inatividade do estabelecimento para o qual foi obtida a inscrição; II) prática de atos ilícitos que tenham repercussão no âmbito tributário; III) indicação incorreta ou não indicação dos dados de identificação dos controladores ou beneficiários de empresas de investimento sediadas no exterior, que figurem no quadro societário ou acionário da empresa envolvida em ilícitos fiscais; IV) inadimplência fraudulenta; V) práticas sonegatórias que levem ao desequilíbrio concorrencial; VI) falta de comunicação de reativação das atividades ou de apresentação de pedido de baixa de inscrição, após decorridos 12 meses contados da data da comunicação da interrupção temporária das atividades; VII) falta de solicitação de renovação da inscrição no prazo estabelecido ou indeferimento do pedido de renovação da inscrição; VIII) cancelamento ou não da obtenção do registro, autorização ou licença necessária para o exercício da atividade, nos termos da legislação pertinente.

A Fazenda paulista examinou as implicações concernentes a *estabelecimentos diversos localizados no mesmo endereço*, na forma seguinte:

> I. Para a existência de dois ou mais estabelecimentos situados dentro de uma mesma área física é condição necessária que sejam distintos e inconfundíveis. Cada um deve conservar a sua individualidade, mediante perfeita identificação dos insumos das mercadorias, do ativo imobilizado, do material de uso ou consumo e de seus elementos de controle (livros, documentos fiscais, e demais documentos).
> II. Compete ao Posto Fiscal de vinculação do contribuinte averiguar, "in loco", se necessário, se não há óbices para a constituição de estabelecimentos diversos dentro de um mesmo espaço físico, verificando referida condição de independência entre os estabelecimentos para que, só então, seja ou não aprovada a situação pretendida.[44]

### 1.5.3 *Sites*

Os modernos meios eletrônicos tornaram possível a celebração de negócios jurídicos mediante a utilização de novos instrumentos, que dificultam precisar o local das efetivas realizações, trazendo incerteza quanto à configuração do estabelecimento.

Trata-se de uma nova realidade – *site* – que:

> Corresponde a um arquivo de computador onde se encontra uma sequência de instruções a serem seguidas pelo computador do visitante, tais como copiar determinadas figuras que se encontram armazenadas em certo local, colocar na tela do usuário em determinada posição o que foi copiado deixando uma distância específica entre cada uma delas; colocar na tela determinados textos; copiar certos "softwares" que se encontram armazenados em determinados endereços, etc., como adequadamente esclarecido.[45]

O *site* físico consiste na instalação dos equipamentos onde se armazenam (hospedam) as páginas e todos os elementos digitais que as compõem. O *site* intangível compreende o conjunto de arquivos e páginas codificados em linguagem de programação (*site* lógico), sua apresentação visual gráfica (*site* virtual), e suas características mercadológicas, técnicas de *design* etc. (*site* mídia), conforme precisa elucidação.[46]

Realizam diversas atividades:

• *divulgação de banners* – ou seja, a disponibilização de um espaço para divulgação de determinada publicidade. Ressaltando, ainda, que o *site* poderá, além de realizar o serviço de divulgação, conectar o usuário ao *site* do *banner* divulgado;

---

[44] Consulta nº 18.361/18, de 31.10.18.
[45] GRECO, Marco Aurélio. *Internet e direito*. São Paulo: Dialética, 2000. p. 141.
[46] YAMASHITA, Fugimi. Sites na internet e a proteção jurídica de sua propriedade intelectual. Internet e tributação. São Paulo: IOB, 2000. Separata. p. 4-6.

- *salas de Chat* – atividade onde os *sites* disponibilizam espaços virtuais para que várias pessoas troquem informações reciprocamente;
- *criação de site* – serviço no qual empresa provedora, ou não, desenvolve o *design* de criação do *site*, ou seja, a disponibilização dos *banners*, os serviços, os *links*, enfim toda a diagramação do *site*;
- *Webmail* – permite ao usuário a visualização do seu *e-mail* em qualquer parte do mundo, desde que o computador esteja conectado à rede;
- *phonemail* – disponibiliza ao usuário o acesso ao seu *e-mail* por telefone, escutando as informações contidas em seu endereço;
- *faxmail* – permite ao usuário a recepção de uma cópia do *e-mail* via fax, através de um número previamente determinado;
- *videoconferência* – permite ao usuário comunicar-se com outras pessoas determinadas, utilizando recursos de áudio e vídeo, permitindo que o conferencista e participantes visualizem-se.[47]

Nesse sentido, foram vislumbradas quatro realidades distintas:

a) o "site" enquanto tal e os "softwares" que se encontram acessíveis, através do "site", ou podem ser obtidos mediante "download";

b) o computador que hospeda este "site";

c) a pessoa jurídica (por exemplo, provedor de hospedagem) que coloca "no ar" o "site", tornando-o acessível aos internautas; e

d) o conteúdo disponibilizado no "site".[48]

A participação do *site* é bem variada, pois pode consistir num elemento de mera difusão de serviços e bens; como no recebimento de solicitações pelos possíveis clientes; e, ainda, na efetiva aceitação do pedido, emissão de ordens de pagamento e concretização dos negócios (como é o caso do nominado *site inteligente*).

A diversificada utilização e a flexibilidade de seu desempenho, por si só, não permitem caracterizar o *site* como um autêntico estabelecimento, para todos os fins e efeitos tributários no caso de representar um mero local (espaço virtual) que atue como um estabelecimento administrativo, sem promover qualquer circulação de bens.

Embora nos negócios mercantis o *site* possa implicar ampla *performance*, concretizando uma venda, o fato é que, na maioria das vezes, o objeto *mercadoria* representa um bem corpóreo, que se encontra em um determinado local físico, distinto do próprio *site*.

Apesar de o fato gerador do ICMS materializar-se com a realização do negócio mercantil, é inegável que a situação física – no caso, por exemplo, a saída das mercadorias – usualmente deve ocorrer dentro de um espaço físico (e não virtual), tornando-se imprescindível o seu respectivo controle (entradas, saídas, estoques) para assegurar o cumprimento de obrigação tributária.

---

[47] RODRIGUES, Marcelo de Carvalho. Os serviços no ambiente internet e a Lei Complementar n. 116. *In*: MACHADO, Rodrigo Brunelli (Coord.). *ISS na Lei Complementar n. 116/2003*. São Paulo: Quartier Latin e IPT, 2004. p. 211-212.

[48] RODRIGUES, Marcelo de Carvalho. Os serviços no ambiente internet e a Lei Complementar n. 116. *In*: MACHADO, Rodrigo Brunelli (Coord.). *ISS na Lei Complementar n. 116/2003*. São Paulo: Quartier Latin e IPT, 2004. p. 141-142.

Nos *serviços de comunicação*, a utilização dos instrumentos eletrônicos torna difícil a caracterização do local em que foram efetivamente prestados, como é o caso de as pessoas participantes estarem situadas em distintas áreas geográficas (estabelecimento do prestador, provedor que hospeda o *site* e usuário/cliente), como no exemplo apontado:

> [...] pessoa jurídica A, com sede no Estado de São Paulo, que contrata com a pessoa jurídica B, com sede no Rio de Janeiro, para que ela hospede seu *site* inteligente. Ocorre que os computadores de B estão localizados em Santa Catarina, onde, portanto, está o espaço de memória em que o *site* permanecerá gravado e operando.[49]

Diante da intrincada situação fática, o mestre questiona: se, a partir deste *site* (cujo titular é uma pessoa jurídica situada em São Paulo), for realizada uma operação de *download* de *software* (que está armazenado no computador de Santa Catarina), mas para um cliente que se encontra em São Paulo, esta será uma operação interna ou interestadual? E se o cliente estiver no Rio de Janeiro? Ou em Santa Catarina?

Provavelmente, cada um dos estados indicados entenderá que os serviços são praticados em seus respectivos territórios, em razão do que é razoável conceber a necessidade de edição de lei complementar para dirimir os conflitos de competência, mediante a adequada consideração do(s) estabelecimento(s) prestador(es) de serviço(s).

## 1.6 Transferência

O fato físico "saída" de mercadorias do estabelecimento, por si só, é irrelevante para tipificar a hipótese de incidência do ICMS.

As transferências de quaisquer espécies de coisas corpóreas, inclusive de mercadorias, entre estabelecimentos da mesma empresa, não podem constituir fatos geradores de ICMS, apesar de haver sido, de longa data, consagrada a autonomia dos estabelecimentos, nos termos do DL nº 406/68 (art. 6º, §2º):

> Os Estados poderão considerar como contribuinte autônomo cada estabelecimento comercial, industrial, ou produtor, permanente ou temporário, do contribuinte, inclusive veículos utilizados por este no comércio ambulante.

É elementar o entendimento de que "não há negócio (operação) consigo mesmo, porque a relação jurídica envolve obrigatoriamente a participação de, no mínimo, duas pessoas".

Arnoldo Wald é categórico:

> Não se deve confundir nem identificar a circulação econômica com a saída física, o transporte dentro da mesma empresa mediante a remessa de armazém a filial ou de um para outro estabelecimento da firma, como a transferência de bens para terceiros, pois somente ocorre a circulação quando a mercadoria é transferida, passando de um patrimônio para outro, qualquer que seja a motivação jurídica.[50]

---

[49] GRECO, Marco Aurélio. *Internet e direito*. São Paulo: Dialética, 2000. p. 155.
[50] WALD, Arnoldo. Base de cálculo para a cobrança do ICM, nas transferências de armazéns para filiais da mesma empresa. *Revista de Direito Público*, São Paulo, v. 19. p. 236.

Pondera Paulo de Barros Carvalho que:

> Por defluência do princípio da autonomia do estabelecimento, adquire esta capacidade para realizar o fato imponível, nunca para ser sujeito passivo da obrigação tributária. O nivelamento legal se arma para credenciá-lo a promover a concretização do fato tributário, não para fazê-lo cumprir a prestação pecuniária, em próprio nome, o que seria impossível juridicamente, visto que o estabelecimento filial, por exemplo, não tem, individualmente considerada personalidade consagrada pelas regras do Direito Privado.[51]

O STF, há mais de três décadas, decidiu o seguinte:

> O simples deslocamento de coisas de um estabelecimento para outro, sem transferência de propriedade, não gera direito à cobrança de ICM. O emprego da expressão "operações", bem como a designação do imposto, no que consagra o vocábulo "mercadoria" são conducentes à premissa de que deve haver o envolvimento de ato mercantil e este não ocorre quando o produtor simplesmente movimenta frangos. (AI nº 131.941-1 – Rel. Min. Marco Aurélio – un. – *DJU* 1 de 19.4.91, p. 4.583)

O STJ firmou a diretriz seguinte:

> Não constitui fato gerador do ICMS o simples deslocamento de mercadoria de um para outro estabelecimento do mesmo contribuinte. (Súmula nº 166)

A inexistência de mutação patrimonial não materializa o ICMS por não tipificar a realização de "operações jurídicas", mas simples circulações físicas que sequer denotam relevância para o direito.

Os tribunais mantiveram referido entendimento, inclusive nas transferências interestaduais, a saber:

> STF. Agravo Regimental no Agravo de Instrumento. Tributário. Transferências de Mercadorias de um Estabelecimento para Outro: Mesma Titularidade. Não Incidência do ICMS. Precedentes. (Ag. Reg. no Agravo de Instrumento nº 8.127.643-RJ – 1ª T. – Rel. Min. Cármen Lúcia – j. 10.5.2011 – *DJe* de 27.5.2011, p. 21)
> STJ. Tributário. Recurso Especial. ICMS. Transferência de Bens do Ativo Fixo entre Estabelecimentos do Mesmo Titular (Filial e Matriz). Não-constituição do Fato Gerador. Restituição do Indébito Tributário. Artigo 166, do CTN. Prova da não Repercussão do Encargo Financeiro. Inexistência. Compensação na Escrita Fiscal regulada por Legislação Local. Atendimento dos Requisitos. Inexistência de Óbice da Fazenda Estadual ao Creditamento efetuado pelo Contribuinte. Acórdão Calcado em Interpretação de Direito Local. Súmula 280/STF. Aplicação. 1. A configuração da hipótese de incidência do ICMS sobre realização de operações relativas à circulação de mercadorias, reclama a ocorrência de ato de mercancia, vale dizer, a venda da mercadoria (Precedentes: AgRg no REsp 601.140/MG, Primeira Turma, DJ de 10.04.2006; AgRg no Ag 642.229/MG, desta relatoria, Primeira Turma, DJ de 26.09.2005; e REsp 659.569/RS, Relator Ministro Costa Meira, Segunda Turma, DJ de 09.05.2005). 2. Deveras, consoante abalizada doutrina, "tal circulação só pode ser jurídica (e, não, meramente física)", a qual pressupõe "a transferência

---

[51] CARVALHO, Paulo de Barros. *Regra matriz do ICM*. Tese (Livre-Docência) – Faculdade de Direito, PUC-SP, 1981. p. 402.

(de uma pessoa para outra) da posse ou da propriedade da mercadoria" (Roque Antonio Carrazza, in ICMS, 9ª ed., Malheiros Editores, 2003, São Paulo, pág. 36). Desta sorte, inexistindo mudança da titularidade da mercadoria, a tributação pelo ICMS inocorre. 3. A jurisprudência cristalizada no âmbito do STJ é no sentido de que *"não constitui fato gerador de ICMS o simples deslocamento de mercadoria de um para outro estabelecimento do mesmo contribuinte"* (Súmula 166), restando assente, em diversos julgados, a irrelevância dos estabelecimentos situarem-se em Estados distintos (Precedentes do STJ: AgRg no REsp 601.140/MG, Primeira Turma, publicado no DJ de 10.04.2006; REsp 659.569/RS, Segunda Turma, publicado no DJ de 09.05.2005; AgRg no Ag 287.132/MG, Primeira Turma, publicado no DJ de 18.12.2000; e REsp 121.738/RJ, Primeira Turma, publicada no DJ de 01.09.1997). 4. *In casu*, os autos retratam hipótese de transferência interestadual de *bens do ativo fixo e de materiais de uso e consumo* da filial da empresa, situada no Estado do Rio de Janeiro, para sua sede localizada na Zona Franca de Manaus (saída da filial e entrada na matriz), fato que refoge à regra-matriz de incidência do ICMS, razão pela qual não merece prosperar a pretensão recursal fazendária, no particular. (REsp nº 772.891-RJ – 1ª T. – Rel. Min. Luiz Fux – j. 15.3.2007 – *DJU* 1 de 26.4.2007, p. 219)

Permanece a não incidência do ICMS, "ainda que ocorra agregação de valor à mercadoria ou sua transformação. (Ag. Reg. no RE 765.486 – 2ª T. – Rel. Min. Ricardo Lewandowski – j. 13.5.14 – *DJe* 4.6.14, p. 69/70)".

Em agosto de 2020 decidira o seguinte:

Não incide o ICMS no deslocamento de bens de um estabelecimento para outro do mesmo contribuinte localizado em estados distintos, visto não haver a transferência da titularidade ou a realização de ato de mercancia. (ARE nº 1.255.885, j. 14.08.2020 – Tema nº 1.099 de repercussão geral)

Decretara a inconstitucionalidade de preceitos da LC nº 87/96 em razão dos fundamentos básicos seguintes:

Ementa: DIREITO CONSTITUCIONAL E TRIBUTÁRIO. AÇÃO DECLARATÓRIA DE CONSTITUCIONALIDADE. ICMS. DESLOCAMENTO FÍSICO DE BENS DE UM ESTABELECIMENTO PARA OUTRO DE MESMA TITULARIDADE. INEXISTÊNCIA DE FATO GERADOR. PRECEDENTES DA CORTE NECESSIDADE DE OPERAÇÃO JURÍDICA COM TRAMITAÇÃO DE POSSE E PROPRIEDADE DE BENS. AÇÃO JULGADA IMPROCEDENTE.
1. Enquanto o diploma em análise dispõe que incide o ICMS na saída de mercadoria para estabelecimento localizado em outro Estado, pertencente ao mesmo titular, o Judiciário possui entendimento no sentido de não incidência, situação esta que exemplifica, de pronto, evidente insegurança jurídica na seara tributária. Estão cumpridas, portanto, as exigências previstas pela Lei n. 9.868/1999 para processamento e julgamento da presente ADC.
2. O deslocamento de mercadorias entre estabelecimentos do mesmo titular não configura fato gerador da incidência de ICMS, ainda que se trate de circulação interestadual. Precedentes.
3. A hipótese de incidência do tributo é a operação jurídica praticada por comerciante que acarrete circulação de mercadoria e transmissão de sua titularidade ao consumidor final.
4. Ação declaratória julgada procedente, declarando a inconstitucionalidade dos artigos 11, §3º, II, 12, I, no trecho "ainda que para outro estabelecimento do mesmo titular", e 13, §4º, da Lei Complementar Federal n. 87, de 13 de setembro de 1996. (ADC nº 49 – Plenário – Rel. Min. Edson Fachin – Sessão Virtual de 19.4.21 – *DJe* de 4.5.21)

A vista fora concedida em 9.5.22 (sem decisão até dezembro de 2022).

*Efeitos tributários concernentes às transferências de mercadorias*:

a) não-incidência – obrigaria o estorno dos respectivos créditos do imposto relativos às operações anteriores (art. 155, §2º, II, *b*, da CF). Caso a alíquota tenha sido de 18% o estorno causará prejuízo ao contribuinte, porque sobre a saída da mercadoria (operação tributada) pode incidir o ICMS com alíquota menor (ex: 4%);

b) incidência: o fisco poderia questionar o crédito que venha ser escriturado pelo estabelecimento destinatário da mercadoria (art. 155, b, 2º, II, *a*, da CF), na medida em que a legislação disponha sobre a não-incidência do imposto.

Embargos declaratórios: no voto-vista do Min. Roberto Barroso, fora dado provimento para (a) modular os efeitos do acórdão de mérito proferido na ação para que tenha eficácia a partir do início do exercício financeiro de 2022, estando ressalvados os processos administrativos e judiciais pendentes de conclusão até a data de publicação da respectiva ata de julgamento. Exaurido o prazo sem que os Estados disciplinem a transferência de créditos de ICMS entre estabelecimentos de mesmo titular, fica reconhecido o direito dos sujeitos passivos de transferirem tais créditos; e (b) esclarecer pontualmente o acórdão de mérito para afirmar a declaração de inconstitucionalidade parcial, sem redução de texto, do art. 11, §3º, II, da Lei Complementar nº 87/1996, excluindo do seu âmbito de incidência apenas a hipótese de cobrança do ICMS sobre as transferências de mercadorias entre estabelecimentos do mesmo titular.

Após o voto-vista do Min. Dias Toffoli, que divergia do Min. Edson Fachin (Relator) para acolher os embargos de declaração e propor, a título de modulação de efeitos, que a decisão de mérito tenha eficácia após o prazo de 18 (dezoito) meses, contados da data da publicação da ata de julgamento dos presentes embargos de declaração, ficando ressalvadas as ações judiciais propostas até a data de publicação da ata de julgamento do mérito caso os sujeitos passivos partes dessas ações optem ou já tenha optado por não destacar e recolher o ICMS nas operações de transferência de mercadorias entre estabelecimentos da mesma titularidade, tal como a sistemática anterior permitia, e fazia esclarecimento pontual do acórdão de mérito para reafirmar a declaração de inconstitucionalidade parcial, sem redução de texto, do art. 11, §3º, II, da Lei Complementar nº 87/96, excluindo de seu âmbito de incidência apenas a hipótese de cobrança do ICMS sobre as transferências de mercadorias entre estabelecimentos de mesmo titular, no que foi acompanhado pelo Ministro Ricardo Lewandowski, que acompanhava o Relator, *pediu vista dos autos o Ministro Nunes Marques*. Plenário, Sessão Virtual de 29.4.2002 a 6.5.2002.

## 1.7 Mudança de estabelecimento

A mudança da sede, filial etc., de um local para outro (ambos do mesmo contribuinte) não constitui fato imponível do ICMS, embora represente saída de bens (produtos acabados, matérias-primas, materiais de embalagem, secundários, ativo fixo etc.), na trilha esposada pela CT (Consultoria Tributária) da Fazenda paulista:

> Cuidando-se de simples mudança de local, dentro do Estado, a operação não é sujeita à tributação, conforme reiteradamente tem sustentado este órgão consultivo. Na verdade, nestes casos não ocorre uma saída efetiva de mercadorias, e, sim, transferência de todo o estabelecimento. O que se desloca, integralmente, é o próprio estabelecimento.[52]

---

[52] Consulta nº 10.376, de 17.12.76, *Boletim Tributário*, v. 108, p. 391-4.

A saída de mercadorias e bens, por motivo de mudança de endereço do estabelecimento, não está no campo de incidência do ICMS por não ser operação relativa à circulação de mercadorias.[53]

Também entendera que:

A movimentação interna de mercadorias integrantes do estoque e de quaisquer outros bens, por motivo de mudança de endereço do estabelecimento não está no campo de incidência do ICMS. Entretanto, a mudança de Município implica a geração de um novo número de inscrição estadual para o estabelecimento e o cancelamento do número anterior, nos termos do §1º, do artigo 12 do Anexo III, da Portaria CAT-92/1988.[54]

O Tribunal de Impostos e Taxas da Secretaria da Fazenda de São Paulo (TIT) adotara a mesma postura:

Mudança de endereço – Transferência das mercadorias e bens do ativo fixo para novo endereço, já inscrito – Operação não sujeita ao ICM, exigido pelo Fisco – AIIM insubsistente. De acordo com o direito aplicável, a melhor doutrina e a jurisprudência, a transferência de mercadorias, por mudança, de um local para outro, no âmbito da mesma empresa, não é operação de cunho econômico, não constituindo circulação econômica, de modo a ensejar a incidência do ICM (acórdão de 23.4.71, do STF, no Recurso Extraordinário nº 70.631, SP). (Proc. DRT nº 1-69.792/72 – 2ª C. – j. 13.9.76 – *Ementário do TIT*, 1977, ementa 551, p. 191)
Mudança de estabelecimento – Fechamento de uma localidade e abertura em outra – Inocorrência de fato gerador do tributo, exigido no AIIM – Apelo provido. Não há incidência do ICM no caso de mudança de estabelecimento. Este é que se transfere de um local para outro. Da mesma sorte que a lei estabelece casos de saída ficta, pode-se dizer que, na mudança há uma "permanência ficta" das mercadorias no mesmo estabelecimento. Se se levar ao extremo a "saída a qualquer título", como determinante do fato gerador do ICM, a simples remoção temporária de mercadorias para fora do estabelecimento – nos casos de incêndio, enchente, etc. – também implicaria na exigência do imposto. (Proc. DRT nº 1-41.684-73 – 5ª C. – j. 17.4.75 – *Ementário do TIT*, 1977, ementa 552, p. 192)

A transferência de todo o acervo patrimonial, de um contribuinte para outro, não caracteriza incidência do ICMS, como se colhe das diretrizes fazendárias (CT e TIT).

## 1.8 Venda da mercadoria

A venda mercantil constitui o negócio jurídico significativo e usual, que gera a incidência do ICMS, cujas características estão disciplinadas no Código Civil (arts. 481 a 532), compreendendo a transferência do domínio de certa coisa (mercadoria) mediante o pagamento do preço em dinheiro (regra geral).

Distingue-se da venda realizada por particulares (não empresários), e de determinadas espécies de bens (integrantes do ativo imobilizado), que não se inserem no âmbito do ICMS.

---

[53] Consulta nº 24.565/2021, de 28.10.21, *site* da Sefaz, em 29.10.21.
[54] Consulta nº 5.828/15, de 1.10.15.

Nesta temática, interessante estudo[55] delineou as espécies de vendas:
a) *venda para entrega imediata*, que consiste na entrega direta (de pronto) ao comprador, mediante a respectiva tradição;
b) *venda para entrega futura*, em que a entrega da mercadoria é realizada em momento posterior à efetivação (formal) do negócio jurídico (art. 483 do Código Civil).

Trata-se de venda de mercadoria que ainda está sendo elaborada (não existe), como é o caso de fabricação e fornecimento de elevadores sob encomenda, para entrega após dois anos da contratação; ou de mercadoria já existente, mas que apenas será entregue em momento ulterior ao contratado.

Preocupa a determinação do momento da incidência do ICMS, ou seja, a celebração do contrato ou a entrega da mercadoria. Acompanho o entendimento de que o negócio estará concluído, e apto a produzir seus efeitos tributários, quando houver a efetiva transferência da titularidade da coisa comercializada, tratando-se de condição suspensiva (art. 117 do CTN). Não se pode cogitar de recomposição da base de cálculo e cobrança da diferença do imposto, se com o passar do tempo a mercadoria tiver seu valor original alterado no momento da transferência, sem que tenha sido pactuado reajuste.

O vendedor não estará obrigado a emitir nota fiscal no ato da celebração do contrato, ou do recebimento das parcelas contratuais, enquanto não for efetuado o fornecimento da mercadoria, ou de seus componentes. Nesta situação – que não constitui fato gerador do ICMS –, tem cabimento a emissão de simples recibo.

Em termos operacionais, o legislador ordinário prevê a emissão de duas notas fiscais, em dois momentos distintos: a primeira, denominada de *simples faturamento*, que pode (faculdade do contribuinte) ser emitida no momento da celebração do acordo, vedado o destaque do ICMS (não há exigência de pagamento do imposto); a segunda, denominada *remessa de mercadoria*, obriga o destaque do imposto, reportando-se à nota fiscal de simples faturamento (Convênio s/nº de 15.12.1970).

c) *venda à ordem*, em que a mercadoria comprada é entregue diretamente a um terceiro, diferente do comprador original. Embora o negócio seja realizado entre duas pessoas, o comprador autoriza o vendedor a entregar a mercadoria por sua conta e ordem a um terceiro, alheio ao negócio original.[56]

A entrega da mercadoria a terceiro pode dar-se a título de operação mercantil, situação em que ocorrem duas vendas, e respectivas incidências do ICMS; ou, remessa de natureza distinta, para industrialização, ou prestação de serviço (construção civil etc.).

## 1.9 Venda do imobilizado

A *alienação do estabelecimento*, com a permanência do patrimônio no mesmo endereço, ou mesmo transferido para local de terceiro, não é fato tributável, uma vez que os respectivos bens não têm modificada sua natureza, travestindo-se em mercadorias (TIT – Proc. DRT nº 10.994/91 – 7ª C. – j. 25.6.92 – *Ementário do TIT*, ementa 21, 1993, p. 40/1).

---

[55] COSTA, Eliud José Pinto da. *ICMS mercantil*. São Paulo: Quartier Latin, 2008. p. 142-149.
[56] COSTA, Eliud José Pinto da. *ICMS mercantil*. São Paulo: Quartier Latin, 2008. p. 148.

A Fazenda paulista (CT), todavia, só excluía o ICMS "quando, no mesmo local, exercerá o adquirente a mesma atividade".[57]

A *venda de bens do ativo fixo* da empresa também nunca poderia acarretar exigência do ICMS, porquanto não se enquadra no conceito de mercadorias, por não serem coisas comercializadas, habitualmente, com o fim de lucro, além de estarem fora do âmbito das atividades usuais dos contribuintes, desde o início da produção até o consumo final.

*Ativo imobilizado* ou *ativo fixo* são expressões sinônimas que, na linguagem contábil, identificam o agrupamento de contas onde se registram os recursos investidos em direitos que tenham por objeto bens necessários à exploração do objeto social (capital fixo). As expressões são utilizadas em oposição a ativo circulante. Os bens integrantes do ativo imobilizado destinam-se, pois, a manter a própria fonte produtora dos rendimentos, enquanto os bens do ativo circulante representam dinheiro, créditos, ou bens que serão transformados em dinheiro durante o ciclo operacional. É o emprego do bem o elemento essencial à sua classificação contábil e legal. Todavia, o elemento tempo também é essencial para efeitos tributários, como prelecionara Nilton Latorraca.[58]

Ademar Franco registra que:

> São classificados no Ativo Imobilizado bens e direitos que tenham por objeto bens sempre destinados à manutenção das atividades da companhia e da empresa ou exercidos com essa finalidade, inclusive os direitos de propriedade industrial ou comercial. É o que prevê o artigo 179, inciso IV da Lei nº 6.404/76. É, talvez, a mais simples das classificações do Ativo. De acordo com pronunciamento do Ibracon, classificam-se no imobilizado os direitos representados por bens tangíveis ou intangíveis, utilizados ou a serem utilizados na manutenção das atividades da entidade, cuja vida útil econômica, em praticamente todos os casos, seja igual ou superior a um ano e que não estejam destinados a venda ou transformação em numerário.[59]

No plano contábil, ativo imobilizado é o item tangível que (i) é mantido para uso na produção ou fornecimento de mercadorias e serviços, para aluguel a outros, ou para fins administrativos, e (ii) se espera utilizar por mais de um período.

Corresponde aos direitos que tenham por objeto corpóreos destinados à manutenção das atividades da entidade ou exercidas com essa finalidade, inclusive os decorrentes de operações que transferiram a ela os benefícios, os riscos e o controle desses bens (Pronunciamento Técnico CPC nº 27, de 26.9.09).

À época da CF/67, o STF já decidira que:

> O ICM não incide sobre venda ocasional estranha à atividade profissional do vendedor e não realizada com o fim de lucro.[60]

O advento da CF/88 apenas trouxe modificação no conceito de mercadoria, ao dispor sobre a incidência do ICMS no fornecimento de energia elétrica, como apontado anteriormente, razão pela qual é elementar entender-se que tais bens imobilizados não

---

[57] Consultas nºs 12.105, de 20.6.78, e 496, de 28.7.81, *Boletins Tributários*, p. 304; 351.
[58] LATORRACA, Nilton. *Direito tributário* – Imposto de Renda das empresas. 13. ed. São Paulo: Atlas, 1992. p. 375.
[59] FRANCO, Ademar. *Imposto de Renda das pessoas jurídicas*. São Paulo: Atlas, 1986. p. 227.
[60] *RTJ*, v. 531, p. 191.

compreendem atividades costumeiras do contribuinte, não podendo o fato em comento ser objeto de ICMS.

O STJ firmou que:

> Não constituindo mercadoria, na definição da legislação tributária, o ICM não incide na operação de venda ou transferência do ativo fixo, desde que não foi adquirido para ser vendido, como objeto do negócio da empresa. (REsp nº 43.057-7 – 1ª T. – Rel. Min. Demócrito Reinaldo – j. 8.6.94 – *DJU* 1 de 27.6.94, p. 16.910)

O relator do acórdão salienta que:

> O conceito de mercadoria é antes subjetivo que objetivo. O bem adquirido com a finalidade de ser vendido, ainda que depois de industrializado, é mercadoria. Não o é, entretanto, aquele que é comprado para compor o ativo fixo e depois é vendido. Fixado o conceito de mercadoria, pode se concluir que toda operação relativa à circulação (econômica ou jurídica) de bens identificáveis como mercadorias pode ser tributada. Tal colocação explica porque o *ICM não incide no comodato, na venda esporádica de bens inservíveis, na transferência de material de consumo, de um para outro estabelecimento da mesma empresa, nas vendas ou transferências do ativo fixo e na importação para uso próprio. É que, em todas essas hipóteses, os bens não se destinam a ser vendidos, e, em conseqüência, não são mercadorias.*

O STF palmilhou pelo mesmo caminho jurídico:

> ICMS. Venda de Bens do Ativo Fixo da Empresa. Não-incidência do Tributo. A venda de bens do ativo da empresa não se enquadra na hipótese de incidência determinada pelo art. 155, II, da Carta Federal, tendo em vista que, em tal situação, inexiste circulação no sentido jurídico-tributário: os bens não se ajustam ao conceito de mercadorias e as operações não são efetuadas com habitualidade. Recurso extraordinário não conhecido. (RE nº 194.300-9 – 1ª T. – Rel. Min. Ilmar Galvão – j. 29.4.97 – *DJU* 1 de 12.9.97, p. 437.371)

A jurisprudência da Corte é firme no sentido de que não há incidência de ICMS em operações não habituais de alienação de bens do ativo fixo (Ag. Reg. no Agravo de Instrumento nº 835.104 – 2ª T. – Rel. Min. Ayres Britto – j. 7.02.2012 – *DJe* de 19.3.2012, p. 20).

A LC nº 87/96 instituiu nova sistemática para as operações com bens destinados ao ativo permanente (direito ao crédito), conforme examinado no Capítulo V, item 11.

## 1.10 Mútuo, comodato, demonstração, doação e locação

*Mútuo* significa o empréstimo gratuito de coisas fungíveis (bens móveis que podem substituir-se por outros da mesma espécie, qualidade e quantidade) – Código Civil, art. 586 – não constituindo fato gerador do ICMS.

*Comodato* corresponde ao empréstimo gratuito de coisas não fungíveis (os móveis que podem substituir-se por outros da mesma espécie, qualidade e quantidade) – Código Civil, art. 570 – que não tipifica operação mercantil.

Em razão desta peculiar situação jurídica, o STF assentou o entendimento de que:

Não constitui fato gerador do imposto de circulação de mercadorias a saída física de máquinas, utensílios e implementos a título de comodato. (Súmula nº 573).

O fisco paulista entendera que, na hipótese de situação cadastral irregular que impeça o estabelecimento comodatário, estabelecido em outro Estado, de emitir Nota Fiscal de retorno de bem recebido em comodato, o estabelecimento comodante paulista fica autorizado a emitir Nota Fiscal de entrada para amparar a operação de transporte e retorno desse bem, desde que a saída de bem do ativo imobilizado tenha sido a título de comodato e, portanto, amparada pela não incidência do imposto e, ainda, que o contribuinte não tenha dado causa à irregularidade fiscal de seu cliente.[61]

*Demonstração* não passa de simples remessa para exame e divulgação de um bem, suas características, qualidades e funcionamento, que poderá (ou não) vir a ser comercializado, quando, então, essa futura destinação o caracterizará como mercadoria.

O STJ já se manifestou sobre a matéria:

> Tributário. Saída e posterior retorno de produtos destinados à demonstração. Não-configuração de fato gerador do ICM. A simples saída de mercadoria integrante do ativo imobilizado do contribuinte – com o seu posterior retorno –, para simples demonstração, não importa na incidência do ICM. Recurso improvido. (REsp nº 34.594-0 – 1ª T. – Rel. Min. Cesar Asfor Rocha – j. 11.4.94 – *DJU* 1 de 9.5.94, p. 10.811)

O relator do aresto cita Baleeiro, ao comentar o art. 1º do DL nº 406/68, no sentido de que:

> A saída das mercadorias, para voltar ou para outro estabelecimento do dono do mesmo local, não é operação, reiterando, ao estudar o motivo jurídico da saída, que não pode ser, em nossa opinião, fato material ou físico a simples deslocação da mercadoria para fora do estabelecimento, permanecendo na propriedade e posse direta do contribuinte seja para depósito, custódia, penhor, comodato ou reparos.[62]

*Doação* pode ser desconsiderada como sujeita à incidência do ICMS, em razão de esse negócio implicar manifesta ausência de capacidade contributiva, além do fato de não se tratar de efetiva mercadoria, diante da ausência de transação mercantil.

Nessa linha de raciocínio, fora argumentado o seguinte:

> A doação destina bens para fora do comércio. Apenas diante disso, já podemos dizer que, se mercadorias são "bens móveis que tenham sido adquiridos para serem revendidos", e se doação nunca se confunde com a revenda de bens móveis, logo, é forçoso concluir que mercadorias em estoque deixam de ser mercadorias a partir do momento em que são destinadas para doação. Nesses termos o ICMS não pode incidir sobre doações.[63]

Realmente, a Constituição dispôs que sobre a *doação* incide imposto específico (ITCMD), apesar de a competência tributária ser também conferida aos estados e ao Distrito Federal (art. 155, I). Assim, na transmissão de bens patrimoniais corpóreos,

---

[61] Consulta nº 24.563/2021, de 28.10.21.
[62] BALEEIRO, Aliomar. *Direito tributário brasileiro*. 10. ed. Rio de Janeiro: Forense, 1990. p. 219; 223.
[63] YAMASHITA, Douglas. *ICMS – IVA – Princípios especiais*. São Paulo: IOB, 2000. p. 31.

realizada com liberalidade (art. 538 do Código Civil), não deve ser cogitada a incidência do ICMS.

Há que se compatibilizar as materialidades pertinentes ao ITCMD (doação de bens), e ao ICMS (operações relativas à circulação de mercadorias), face aos negócios sobre os quais incidem; não sendo o caso de jamais se cogitar de dupla incidência tributária no caso de se tratar de transações mercantis gratuitas.

É possível supor que, ao promover a doação de um bem registrado em seu ativo circulante (automóvel, no caso de fábrica de veículos), o comerciante emita nota fiscal com incidência do ICMS, considerando o custo como base de cálculo. Nessa situação, estará neutralizando o ônus tributário (compensação de crédito/débito), e terá cumprido suas obrigações acessórias (emissão de documento fiscal, escrituração de livros, GIA etc.).

Caso entenda devido o ITCMD, o contribuinte terá que efetuar o respectivo recolhimento (se ultrapassar os limites isencionais), não ficando desonerado de cumprir os deveres documentais pertinentes à legislação do ICMS, além de poder sujeitar-se à glosa fiscal por não haver lançado esse imposto.

*Locação* (art. 565 do CC) não deveria implicar a tributação do ICMS pelo fato de não ocorrer a circulação jurídica do bem locado, e transferência de sua propriedade, porque deverá ser restituído pelo locatário ao locador.

Todavia, o STF – relativamente à "venda realizada por locadoras de veículos" – firmara o entendimento seguinte:

> Ementa: Constitucional e Tributário. Tema 1012 da Repercussão Geral. Incidência Legítima do ICMS sobre a venda de automóveis, por empresas locadoras de veículos, antes de um ano de sua aquisição das montadoras. Recurso extraordinário improvido".
> [...] 2. É legítima a incidência do ICMS sobre a operação de venda, realizada pela locadora de veículos de automóvel com menos de 12 (doze) meses de aquisição da montadora, uma vez que, nessa hipótese, os bens perdem a característica de ativo imobilizado, passando a assumir o caráter de mercadoria, nos termos do Decreto Estadual 28.831-2006, que tratou apenas de regulamentar internamente as disposições aprovadas pelo Convênio Confaz 64-2006 [...]
> [...] 3. Fixação da seguinte tese de julgamento: *"É constitucional a incidência do ICMS sobre a operação de venda, realizada por locadora de veículos, de automóvel com menos de 12 (doze) meses de aquisição da montadora"*. (RE nº 1.025.986 – Pernambuco – Plenário – Red. Ac/Min. Alexandre de Moraes, j. 5.8.20)

## 1.11 Troca e dação em pagamento

*Troca* é tributável pelo ICMS na medida em que a permuta de bens mercantis seja equivalente (coisas corpóreas com idênticos valores), uma vez que a desigualdade econômica dá lugar à doação na parte que exceder o valor, ou compra e venda.

A troca não se confunde com a doação, pois não se vislumbra liberalidade, mas vontade de extinguir a obrigação; como também não se trata de troca, porque pressupõe a existência de dívida pretérita. Todavia, não me parece nítida a existência de operação mercantil no caso de a dação compreender a entrega de mercadoria.[64]

---

[64] COSTA, Eliud José Pinto da. *ICMS mercantil*. São Paulo: Quartier Latin, 2008. p. 173-175.

Embora se verifique a transferência de titularidade de um bem por outro, não tipifica efetiva operação mercantil.

*Dação em pagamento* constitui modo de extinção de obrigação, em que o credor consente em receber prestação diversa da que lhe é devida (Código Civil, art. 356).

Não se trata de um autêntico negócio mercantil, haja vista os requisitos intrínsecos, a saber: a) existência de uma dívida vencida; b) entrega de coisa diversa da devida; c) consentimento do credor; e d) ânimo de solver.

## 1.12 Ativação de bens de fabricação própria

Este procedimento empresarial não tem a mínima condição jurídica de configurar operação mercantil, uma vez que inexiste operação jurídica, circulação e mercadoria.

Ataliba examina minuciosamente a questão, concluindo que:

> Além de ser impossível reconhecer operação jurídica de circulação de mercadoria, sem que existam dois sujeitos de direito, a pretensão estadual esbarra ainda com as exigências do princípio da capacidade contributiva, hoje objeto de disposição constitucional expressa (art. 145, §1º). Só pode ser objeto de tributação por meio de imposto fato que revele capacidade contributiva do sujeito passivo.[65]

Nesse estudo, assevera:

> É, portanto, por todos os títulos, absolutamente inconstitucional a pretensão de fazer incidir ICMS sobre o ato de ativação (incorporação ao ativo fixo) de bem próprio.
> Deveras:
> I) não há operação (na medida em que não se transferem direitos de disposição sobre o bem);
> II) não há as figuras do transmitente e do adquirente, sendo impossível presumir transferência de direitos sem que haja dois sujeitos de direito, o que transmite e o que adquire;
> III) o bem ativado não é mercadoria, pois o ato que se pratica não é ato de comércio;
> IV) a ativação de bem próprio não tem conteúdo econômico, não revelando capacidade contributiva, necessária à identificação de ato passível de ser eleito como fato imponível.

A tributação do "autoconsumo" também é injurídica porque não há fundamento para tributar-se circulação de natureza contábil, equiparando à saída, para efeitos tributários, o uso, o consumo ou a integração no ativo fixo de bem adquirido para industrialização ou comercialização, ou mesmo produzida pelo próprio estabelecimento.

A Fazenda paulista entendera que:

> A utilização de partes ou peças do estoque de contribuinte na manutenção ou conserto de seus próprios equipamentos (bens do seu ativo imobilizado), que se encontram em estabelecimentos de terceiros, em virtude de contrato de locação, caracteriza hipótese de autoconsumo, não estando sujeita à incidência do imposto.[66]

---

[65] ATALIBA, Geraldo. ICMS. Incorporação ao ativo – Empresa que loca, oferece em 'leasing' seus produtos – Descabimento do ICMS. *Revista de Direito Tributário*, São Paulo, v. 52. p. 84.
[66] Consulta nº 18.421/18, de 9.10.2018.

O TIT decidiu que, fazendo o imposto incidir sobre mercadorias em estoque, a legislação (art. 2º, §2º, da Lei nº 6.374, de 1º.3.89, do Estado de São Paulo) culminou por criar um imposto de circulação de mercadoria sobre um estado de fato que denuncia não circulação.

Ponderou que:

> No caso da tributação de autoconsumo, na hipótese, p. ex., da incidência sobre a mercadoria "produzida pelo próprio fabricante", está-se frente a um verdadeiro imposto sobre a produção, papel que, como é cediço, cabe ao IPI, aqui defrontamo-nos com um vero tributo sobre a propriedade ou posse, também com indiscutível desvio da repercussão do ICMS. Não pode o Estado submeter à tributação a não-circulação de mercadorias, que a tanto equivale a pretendida incidência do ICMS sobre o estoque. (Proc. DRT 4-5.208/91 – 1ª C. – j. 18.8.92 – *DOE* de 12.9.92)

A LC nº 87/96 não erige esta atividade como fato gerador do imposto, razão pela qual fica totalmente prejudicada a legislação estadual que preveja a exigência tributária.

O STF decidiu que não incide o ICMS sobre operações de integração, ao ativo fixo de empresa, de equipamentos de sua própria fabricação (RE nº 158.834-SP – Plenário – Rel. Min. Sepúlveda Pertence – j. 23.10.2002 – *DJU* 1, de 5.9.2003, p. 32).

## 1.13 Venda de penhor mercantil

A alienação de bens dados em penhor mercantil, realizada por instituição financeira, de mercadoria havida por execução de contrato dessa natureza, merece acurada reflexão.

Esta situação decorre da entrega, pelo devedor, ou terceiro (dador), ao credor pignoratício, de uma coisa móvel (como mercadorias, títulos, ações e até mesmo estabelecimento), em segurança e garantia de obrigação mercantil (art. 271 do Código Comercial).

O inadimplemento contratual permitiria a venda judicial, em nome do vendedor, e, com o resultado da venda, seria procurado reaver o valor emprestado que não fora pago.

O procedimento fiscal adequado, sem criar entraves à financeira, seria a emissão de nota fiscal, com destaque do ICMS, pela detentora da mercadoria (devedora inadimplente), consignando, como destinatário da mercadoria, aquele que a adquiriu.

Entretanto, parecendo inviável tal ocorrência, em razão de a vendedora ter sido expropriada da mercadoria, e não pretender colaborar com a cobertura documental, a Consultoria Tributária (na vigência da CF/67) entendeu que, em se tratando de operação esporádica, não seria o caso de exigir que o banco se inscrevesse como contribuinte de ICM e emitisse notas fiscais.

Assinalara que, se a mercadoria fosse retirada pelo comprador, deveria ser acompanhada durante o transporte, por nota fiscal de entrada por ele emitida, mencionando-se, nesse documento, as circunstâncias em que se deu a operação. Se a retirada, o transporte e a entrega fossem feitos pelo banco (ou por sua conta e ordem), as mercadorias deveriam ser acompanhadas pelos documentos relativos à execução do contrato de penhor mercantil e de memorando contendo a discriminação dessas mercadorias e a indicação da origem e do destino delas, tendo o destinatário que emitir nota fiscal de entrada, no ato do recebimento.

Ressaltara que, em quaisquer dos casos, o ICM deveria ser recolhido pelo banco, por guia especial, não havendo imposto a ser abatido em relação à operação anterior, sendo o comprador solidariamente responsável pelo pagamento do imposto.[67]

Todavia, não se trata de autêntico "negócio jurídico mercantil"; os bancos não são contribuintes do ICMS; além do que deve ser resguardado o direito ao crédito (imposto da operação originária), não constituindo fator impeditivo a falta de emissão de nota fiscal pelo anterior titular da mercadoria (mutuária inadimplente) – nesta circunstância especial – em obediência ao postulado constitucional da não cumulatividade.

## 1.14 Consignação mercantil, industrial e domiciliar

O Código Civil dispõe que "pelo contrato estimatório, o consignante entrega bens móveis ao consignatário, que fica autorizado a vendê-los, pagando àquele o preço ajustado, salvo se preferir, no prazo estabelecido, restituir-lhe a coisa consignada" (art. 534).

Este negócio, de natureza atípica, tem suscitado divergências no que tange à exigência do ICMS, na medida em que possa configurar (ou não) duas operações mercantis.

Amilcar de Araújo Falcão ensinara que:

> Entende-se por consignação mercantil o contrato pelo qual uma pessoa – consignador ou consignante – entrega a outra – consignatário – mercadorias, a fim de que esta ultime as vendas por conta própria e em seu próprio nome, prestando o consignatário ao consignante o preço entre ambos, ajustado para a operação, qualquer que seja o valor alcançado pela venda feita a terceiros.[68]

Pontes de Miranda observara semelhante conceito:

> Na consignação o comerciante remete a outro a mercadoria, com a menção do preço (por um dos modos porque pode ser determinado), e declara que o consignatário pode adquiri-la por aquele preço, dentro de certo prazo, ou sem prazo (até que o consignante revogue a declaração), à semelhança do que se passa com o mandato. Entende-se que a venda pelo consignatário implica aquisição pelo preço estipulado. Não se deve assimilar o negócio jurídico de consignação à compra-e-venda condicional, nem à comissão; há, apenas, oferta da compra-e-venda.[69]

A *consignação mercantil* apresenta contornos jurídicos diversos do *mandato* e da *comissão* porque, embora o mandatário aja em nome do mandante, o consignatário age em seu próprio nome, o que difere de ambos porque, enquanto o mandatário e o comissário agem por conta, respectivamente, do mandante e do comitente, o consignatário o faz por conta própria.

---

[67] Consulta nº 548/84, de 19.9.84, *Boletim Tributário*, v. 360, p. 1.011-1.013.
[68] Citado por LARANJEIRA, Álvaro Reis. *Respostas da consultoria tributária*. São Paulo: LTr, 1984. v. 2. p. 139-143.
[69] Citado por LARANJEIRA, Álvaro Reis. *Respostas da consultoria tributária*. São Paulo: LTr, 1984. v. 2. p. 139-143.

Assim, tem-se: a) no mandato mercantil – atuação em nome alheio e por conta alheia; b) na comissão mercantil – atuação em próprio nome, mas por conta alheia; e c) na consignação mercantil – atuação em próprio nome e por conta própria.

O consignante remete mercadoria de sua propriedade para o consignatário que, por sua conta e risco, promoverá sua venda, mediante prévio ajuste de prazo. Se a venda não ocorre, a mercadoria é devolvida ao consignante.

Na apontada remessa, ocorre mera entrega física da mercadoria ao consignatário, inexistindo operação jurídica (muito menos de natureza mercantil), nem tradição e mudança de titularidade. A efetiva venda (do consignatário ao consignante) só se positivará modo automático, no instante em que o consignatário realizar a venda a terceiros.

Roberto de Siqueira Campos argutamente observou:

> [...] A conseqüência jurídica na consignação mercantil é que o consignatário adquire a condição de fiel depositário da coisa que, um dia, poderá ser objeto de comércio.
>
> Ora, nestas condições, a consignação mercantil não pode ser considerada como uma "operação", e muito menos "relativa a circulação de mercadorias", pois, até que a venda venha se realizar, não há ato mercantil, não há transferência da propriedade, não há preço praticado entre as partes envolvidas, dados estes que corporificam os elementos adjetivos da hipótese de incidência e que são indispensáveis para a materialização do nascimento da obrigação tributária.[70]

Diversamente, a Fazenda paulista se pronunciou:

> A consignação tem a peculiaridade de ser uma operação em conta própria e que, ajustado entre consignante e consignatário o valor líquido da operação, pouco importa o preço pelo qual o consignatário efetua a venda a terceiro e que seu será o lucro, como seu será o prejuízo, senão só o preço que foi ajustado para a consignação.[71]

Na *consignação industrial*, ocorre remessa de mercadoria com a finalidade de integração ou consumo em processo industrial, em que o faturamento será realizado à época da utilização desta mercadoria pelo destinatário.

Examina-se o caso em que os veículos são recebidos das pessoas físicas para consignação por parte da pessoa jurídica, com a finalidade de comercialização. Entende-se que não se cogita de intermediação (aproximação de duas ou mais pessoas que desejam negociar, mediante remuneração, conhecida como corretagem), mas de recebimento de mercadorias em estoque, colocadas à venda, sem direito a crédito, e configuração de negócio mercantil com incidência do ICMS.[72]

---

[70] CAMPOS, Roberto de Siqueira. ICMS. Consignação mercantil. *Revista de Direito Tributário*, São Paulo, v. 57. p. 107-115.
[71] Consulta nº 9.619, de 24.2.77 (LARANJEIRA, Álvaro Reis. *Respostas da consultoria tributária*. São Paulo: LTr, 1984. v. 2. p. 139-143).
[72] Consulta nº 311/2006, de 15.8.06.

O Fisco paulista esposou o entendimento seguinte:

ICMS – Consignação industrial – Operações com partes, peças e acessórios para serem empregados em máquinas e equipamentos industriais (ativo imobilizado). Impossibilidade.[73]

Assinalara que a sistemática da consignação industrial se aplica somente às operações com mercadorias destinadas à integração, ou consumo em processo industrial, ou seja, operações com insumos industriais (matéria-prima ou material secundário), excluindo-se as operações com mercadorias destinadas à integração no ativo imobilizado ou de uso e consumo do estabelecimento.

Na *consignação domiciliar* é promovido o envio de mercadorias (cartões de natal, por exemplo), para as residências (consumidores finais). Caso seja realizada a sua aquisição, o comerciante procede ao respectivo faturamento.

Entretanto, o aspecto principal da questão consiste na circunstância de que na original remessa – do consignante ao consignatário – não se pode cogitar de venda, mas de "simples remessa", desprovida de qualquer natureza jurídica. Não se trata de alienação da mercadoria, não havendo embasamento jurídico para proceder-se a tal contabilização com as decorrentes cargas tributárias.

Como apontado pela doutrina: "A transferência da posse do bem é totalmente gratuita, sem qualquer ônus por parte do consignatário. Não há, no caso, fato econômico tributável, na medida em que a operação mercantil, até esse momento, é apenas potencial".[74]

É questionável a diretriz fazendária concernente a lançamento de ICMS na remessa da mercadoria em consignação (do consignante ao consignatário), bem como em seu eventual retorno,[75] pelo singelo fato de que *o imposto não incide sobre simples saídas e retornos*.

Somente por ocasião da venda do consignatário ao terceiro é que ocorrerá a dupla incidência do ICMS, assentada em dois fatos geradores distintos, um relativo a esta venda e, outro, à efetiva concretização do negócio entre consignante e consignatário (a despeito da regra contida no Ajuste Sinief nº 2/93, com eficácia a partir de 1º.1.94).

## 1.15 Conferência de bens ao capital da sociedade

Os negócios societários, compreendendo a transferência da posse ou propriedade de bens, não são tributados pelo ICMS, ainda que transitem pelas vias públicas.

A integralização de bens de capital de uma empresa (nova ou já existente), mediante cessão de máquinas e equipamentos industriais etc., não configura hipótese de tributação.

O legislador foi categórico em precisar que nem toda circulação estaria abrangida no tipo disposto no art. 155, II, da CF/88, mas, unicamente, aquelas efetivas circulações de mercadorias, e nunca coisas de natureza diversa, como no caso de acervo patrimonial.

---

[73] Consulta nº 209/05, de 12.5.05.
[74] CARRAZZA, Roque Antonio. *ICMS*. 13. ed. São Paulo: Malheiros, 2009. p. 111.
[75] Consulta nº 469/92, de 12.8.92, *Boletim Tributário*, v. 481, p. 397.

O ICMS só pode recair sobre operações (negócios jurídicos) relativas às circulações (jurídicas) de mercadorias (bens inseridos no ciclo mercantil).

A "conferência de bens" nunca foi objeto de acurado estudo doutrinário, de modo a clarificar a matéria e alcançar seus efeitos jurídicos, especialmente no âmbito tributário.

Assevera-se que: "A conferência de capital não é compra e venda nem permuta, não tanto pela ausência de preço em dinheiro, mas pela diversidade de objeto entre os contratos, que lhes atribui naturezas jurídicas distintas".[76]

E complementa-se:

> Objeto da compra e venda ou da troca mercantis é a aquisição da plena propriedade de coisa móvel definida como mercadoria, contra pagamento de preço em dinheiro ou alienação de outra mercadoria que lhe faça às vezes. Objeto do contrato de sociedade é a criação de uma entidade jurídica autônoma, dotada de patrimônio próprio e destinada à exploração de uma atividade em cujos resultados, positivos ou negativos, participem os sócios "pro rata" de suas contribuições para o patrimônio social. Isto posto a ação (ou, conforme o caso), a quota de capital subscrita numa sociedade, não é mercadoria adquirida por compra numa sociedade, não é mercadoria adquirida por compra (*apport* em dinheiro) ou por troca (*apport* em bens), mas título representativo do *status* jurídico de sócio, com os direitos e obrigações daí decorrentes.[77]

O TIT decidira o seguinte:

> Conferência de Bens Móveis – Para integralização de capital social. Operação não sujeita à incidência do ICM – Improcedente acusação fiscal de ter ocorrido encerramento de atividades – Recurso provido – Decisão unânime. (Proc. DRT nº 1-6.459/81 – 5ª C. – j. 10.10.84 – *Ementário do TIT*, 1990, ementa 183, p. 96)

A Fazenda paulista já examinara as operações de integralização de bens ao capital, na forma seguinte:

> O oferecimento de bens ou mercadorias, para integralização de capital de sociedade, não contém, em si mesmo, os pressupostos legais do fato gerador do ICM.[78]
> [...] assim, se em decorrência da integralização não ocorrem os aludidos pressupostos, como aqueles que consubstanciem a circulação de mercadorias, não surgirá o fato gerador, e, por conseqüência, não haverá hipótese de incidência.[79]

E o TJSP decidiu que "a integralização da cota de capital com bens móveis não está sujeita à incidência do ICM, por não se referir à operação relativa à circulação de mercadorias" (Ap. Civ. nº 254.662-2 – 8ª C.C. de Férias de janeiro de 1995 – *JTJ*, v. 170, Lex, p. 92).

---

[76] SOUSA, Rubens Gomes de. *Pareceres I* – Imposto de Renda. São Paulo: Resenha Tributária, 1975. p. 44.
[77] SOUSA, Rubens Gomes de. *Pareceres I* – Imposto de Renda. São Paulo: Resenha Tributária, 1975. p. 44, menção a Ascarelli – *Sociedades y Asociaciones Comerciales* – tradução argentina, Buenos Aires, 1947, p. 91, 143 e 271, e outros autores citados na *Revista Forense*, v. 204, p. 59-62.
[78] Consulta nº 8.954, de 26.11.75, *Boletim Tributário*, v. 89, p. 291-292.
[79] Consulta nº 12.938, de 30.1.79, *Boletim Tributário*, v. 171, p. 743-744.

## 1.16 Cisão, incorporação, fusão, transformação, e *drop down*

*Cisão* é a operação pela qual a companhia transfere parcelas do seu patrimônio para uma ou mais sociedades, constituídas para esse fim ou já existentes, extinguindo-se a companhia cindida, se houver versão de todo o seu patrimônio, ou dividindo-se o seu capital, se parcial a versão (art. 229 da Lei nº 6.404, de 15.12.76, que regra as sociedades por ações).

Muitas vezes, é natural que um complexo industrial (ou comercial), constituído por diversos estabelecimentos, promova a divisão de seus negócios, passando um (ou mais) estabelecimento a constituir uma nova empresa, que sucederá (o referido estabelecimento) em todos os seus direitos e obrigações, especialmente no que atina a efeitos fiscais.

Nesse sentido, a empresa detentora do referido estabelecimento (a cindir) promove a respectiva integralização desses bens, incluindo máquinas, estoques de matérias-primas, insumos, produtos (acabados e semiacabados), juntamente com terceiros. Em decorrência, o patrimônio pertinente ao aludido estabelecimento passa a integrar uma nova empresa.

A Fazenda paulista responderá: "a) não ocorreria incidência tributária estadual; b) não haveria obrigatoriedade de emissão de documento fiscal; c) os livros e documentos fiscais seriam transferidos para a nova sociedade".[80]

Essa diretriz estabelecera plena e integral sucessão da nova empresa, dando continuidade aos negócios do antigo estabelecimento, sem qualquer solução de continuidade, inclusive no que toca à manutenção dos créditos do imposto, escriturados nos livros fiscais.

Para tanto, partiu-se da premissa de que não ocorria nenhuma circulação física, ou seja, todo o patrimônio permaneceria estático no estabelecimento cindido.

Entretanto, em momento ulterior afirmou que – no caso de "cisão parcial" – inexistindo saída das mercadorias, nem se caracterizando qualquer uma das saídas fictas previstas legalmente, não ocorrerá exteriorização do fato gerador; as mercadorias já se encontram no local onde vão continuar permanecendo até que ocorra uma futura e efetiva saída. A alteração de situação das mercadorias é meramente escritural.[81]

Assim se manifestara:

> ICMS – Cisão parcial – Transferência de propriedade de estabelecimento que permanecerá no mesmo local, em sua integralidade, sem interrupção das atividades.
> I. Para a legislação do ICMS, não importa o modelo comercial adotado para a reestruturação da sociedade (cisão, fusão, incorporação, etc.), mas sim o que acontece de fato com o estabelecimento.
> II. Não há incidência do imposto estadual quando o estabelecimento for transferido na sua integralidade (artigo 3º, inciso VI, da Lei Complementar 87/1996).
> III. Na cisão parcial, quando o estabelecimento, integralmente transferido, permanecer em total atividade, os créditos existentes na escrita fiscal devem continuar válidos e passíveis de aproveitamento sob a titularidade da empresa sucessora.

---

[80] Consulta nº 8.954, de 26.11.75, *Boletim Tributário*, v. 89, p. 291-292; Consulta nº 1.195/2013, de 6.2.13.
[81] Consulta nº 14.855/2017, de 25.5.17, *site* da Sefaz, em 30.5.17.

IV. Tendo em vista que, devido à transferência de titularidade do estabelecimento, é necessário alterar tanto a inscrição do estabelecimento no Cadastro Nacional de Pessoas Jurídicas do Ministério da Fazenda (CNPJ), quanto sua Inscrição Estadual (IE) no Cadastro de Contribuintes do ICMS, o contribuinte, antes de qualquer alteração, deverá obter, junto ao Posto Fiscal de vinculação desse estabelecimento, orientação sobre os procedimentos a serem seguidos para o aproveitamento dos créditos pela empresa incorporadora.

V. As transações efetuadas anteriormente à transferência de propriedade do estabelecimento, que ainda não foram concluídas ou que terão efeitos após essa transferência (ex: importação, devolução de mercadorias, etc.), serão assumidas pela empresa sucessora.

Ante os diversos fundamentos anteriormente esposados, creio que se mantém a plena desoneração tributária independente da circulação física, pelas vias públicas, dos bens compreendidos no estabelecimento cindido.

*Incorporação* é a operação pela qual uma ou mais sociedades são absorvidas por outra, que lhes sucede em todos os direitos e obrigações (art. 227 da Lei federal nº 6.404/76 e art. 1.116 do Código Civil).

A Fazenda paulista entende que não há incidência do imposto na transferência de titularidade, nem há obrigação de emissão de nota fiscal relativamente à mercadoria e bens do ativo permanente.[82]

Assinala que, em regra, os negócios jurídicos que envolvem alterações de natureza e da forma de sociedades empresárias não têm repercussão para o ICMS, pois cuidam mais propriamente de questões civis, ligadas ao patrimônio social, do que de circulação de mercadorias. Na incorporação de empresas, ocorre uma reorganização societária que frequentemente envolve a transferência integral de um estabelecimento da empresa incorporada para a empresa incorporadora. O estabelecimento transferido, contanto que seja preservado como unidade autônoma e funcional, para fins da legislação do ICMS, tem alterada meramente a sua titularidade.[83]

*Fusão* é a operação pela qual se unem duas ou mais sociedades para formar sociedade nova, que lhes sucederá em todos os direitos e obrigações, enquanto a *transformação* é a operação pela qual uma sociedade passa, sem dissolução e liquidação, de um tipo para outro (arts. 222, 228, 232, 233 e 234 da Lei federal nº 6.404/76 e arts. 1.113 a 1.115 e 1.119 do Código Civil).

O STJ decidiu o seguinte:

I – Transformação, incorporação, fusão e cisão constituem várias facetas de um só instituto: a transformação das sociedades. Todos eles são fenômenos de natureza civil, envolvendo apenas as sociedades objeto da metamorfose e os respectivos donos de cotas ou ações. Em todo o encadeamento da transformação não ocorre qualquer operação comercial.

II – A sociedade comercial – pessoa jurídica corporativa – pode ser considerada um condomínio de patrimônios ao qual a ordem jurídica confere direitos e obrigações diferentes daqueles relativos aos condôminos (Kelsen).

III – Os cotistas de sociedade comercial não são, necessariamente, comerciantes. Por igual, o relacionamento entre a sociedade e seus cotistas é de natureza civil.

---

[82] Consulta nº 1.218/3, de 18.2.13.
[83] Consulta nº 23.852/21, de 30.7.2021.

IV – A transformação em qualquer de suas facetas das sociedades não é fato gerador de ICMS. (REsp nº 242.721-SC – 1ª T. – Rel. p/ acórdão Min. Humberto Gomes de Barros – j. 19.6.2000 – *DJU* 1 de 17.9.2001, p. 112)

A LC nº 87/96 (art. 3º, VI) assinala a não incidência do imposto "nas operações de qualquer natureza de que decorra a transferência da propriedade de estabelecimento industrial, comercial ou de outra espécie".

Embora esta redação não prime por absoluto rigor jurídico, uma vez que resvala na materialidade do imposto sobre transmissão *inter vivos*, de competência municipal (art. 156, III), é de se entender que compreende a realização de autênticos negócios societários, implicadores da transferência, a terceiros, de bens móveis integrantes do estabelecimento do contribuinte.

*Drop down* consiste na transferência de um conjunto de bens (corpóreos ou incorpóreos) para integralizar, ou aumentar, o capital social de outra empresa, recebendo em troca participação societária (cotas ou subscrição de ações).

Este modelo societário pode ser assim compreendido: "Uma operação de transferência de ativos, no plano vertical, neles incluídos bens tangíveis e intangíveis, utilizando-se do mecanismo de aumento de capital na sociedade receptora e consequente redução de capital na sociedade cedente".[84]

> O *drop down* significa negócio jurídico (*atípico* porque não encontra regulação específica) por meio do qual uma sociedade transfere um conjunto de elementos de seu patrimônio (que reúnam as características de um *estabelecimento*), para a integralização de um capital de uma sociedade constituída para esse fim (a qual pode ser uma subsidiária integral da sociedade transferente), ou para a integralização do aumento de capital de uma sociedade existente. A sociedade transferente recebe, como contrapartida pela transferência do estabelecimento (ou de um de seus estabelecimentos), ações/quotas da sociedade receptora.[85]

Embora se trate de figura sem previsão no ordenamento jurídico nacional, inexiste óbice para a plena validade, e eficácia, deste modelo societário, em atendimento aos princípios constitucionais da legalidade (art. 5º, II), e da livre iniciativa (art. 170).

## 1.17 Salvados de sinistro

Não há fundamento constitucional na incidência do ICMS (operações mercantis) relativamente a negócios jurídicos pertinentes a seguro, de competência federal.

A finalidade da tributação sobre operações de seguro resulta do disposto no *caput*, e nos incs. I e VII do art. 22, e do *caput* e inc. V do art. 153 da Constituição Federal.

O legislador constituinte teve por fim atribuir uma regulação nacionalmente uniforme da matéria, e impedir que a cobrança de tributos estaduais (sobre alíquotas mais altas em um Estado, mais baixas em outros, e com isenção em um terceiro Estado) interfira de modo indireto mais efetivamente na uniformidade da regulação nacional do seguro.

---

[84] VERÇOSA, Haroldo Duclerc; BARROS, Zanon de Paula. A recepção do "drop down" no direito brasileiro. *Revista de Direito Mercantil – Industrial, Econômico e Financeiro*, São Paulo, v. 41, n. 125, p. 41-47.

[85] BROTEL, Sergio. *Fusões e aquisições*. São Paulo: Saraiva, 2012. p. 175.

Não é juridicamente possível que os estados tributem operação de seguro, ainda nos casos em que estas operações impliquem operações relativas à circulação de mercadorias, o que não ocorre no caso dos salvados.

O órgão competente para disciplinar a matéria relativa a seguros, nos termos dos arts. 35 a 38, do Decreto-Lei nº 73, de 21.11.66, firmou o entendimento de que o produto da venda dos salvados é contabilizado como recuperação de indenizações a segurados. O lucro operacional não é divisível, não sendo permitido tal registro por se tratar de ressarcimento de despesa referente à operação de seguros que é própria e única.

Relativamente à origem e natureza dos "salvados", a legislação atribui ao segurado o direito de receber, em certos casos, indenização superior ao dano ocorrido. Se, em decorrência do sinistro, determinado bem perde mais de 75% do valor segurado, a companhia de seguros é obrigada a pagar ao segurado 100% do valor segurado. Nesta situação, por ato unilateral, o bem passa à propriedade da seguradora; e, com sua alienação, a companhia de seguros, em tese, recupera a parcela da indenização que haja superado o dano ocorrido.

A alienação de salvados não representa uma atividade correlata da seguradora. Se a seguradora deixasse de alienar salvados, reduziria a liquidez da rentabilidade de seu patrimônio. A venda de salvados minimiza o custo do seguro, na medida em que reduz o valor das indenizações pagas.

Os salvados não são produzidos nem comprados pelas seguradoras; mas, pelo contrário, são adquiridos sub-rogatoriamente por ato unilateral da vontade do segurado, não sendo qualificados como mercadorias.

As seguradoras não podem abster-se de receber salvados sub-rogatórios, a menos que abandonem todas as operações de seguros de bens corpóreos. Como não podem acumular coisas que sejam para elas inúteis, têm de alienar os salvados, porque todo administrador de empresa tem de ser diligente na proteção do patrimônio empresarial.

A tributação de salvados gravaria mais do que duplamente a operação de seguro, porque a União já tributa todos os prêmios recebidos, e não seria concebível tributar as indenizações pagas e muito menos a parcela excessiva delas que corresponde aos salvados.

A incidência é incompatível com o sistema tributário, especialmente no que se refere ao princípio da não cumulatividade, na medida em que a seguradora não teria como praticar o abatimento tributário de valores pertinentes à aquisição dos bens sinistrados.

O STF firmou a diretriz seguinte:

> O ICMS não incide sobre a alienação de salvados de sinistro pelas seguradoras. (Súmula Vinculante nº 32)

A Lei Complementar nº 194, de 23.06.2022, inseriu dispositivo na LC nº 87/96, relativo à não incidência do ICMS, a saber:

> Art. 3º [...]
> IX - operações de qualquer natureza de que decorra a transferência de bens móveis salvados de sinistro para companhias seguradoras.

## 1.18 Fornecimento de refeições

Essa atividade possui natureza complexa, pois compreende misto de fornecimento de mercadorias com prestação de serviços, o que caracterizaria materialidades tributárias distintas, de competência dos estados (e Distrito Federal) e dos municípios.

O art. 155, §2º, IX, "b", da CF/88 estabelece que o ICMS incidirá, também, sobre o total da operação, quando mercadorias forem fornecidas com serviços não compreendidos na competência tributária dos municípios.

O art. 156, III, da mesma CF, a seu turno, estatui que compete aos municípios instituir impostos sobre serviços de qualquer natureza, não compreendidos no art. 155, IX, "b", definidos em lei complementar.

Em consequência, defluiria a competência privativa dos municípios para instituir impostos sobre todos os tipos e espécies de serviços, salvo os de transporte (interestadual e intermunicipal), e de comunicações, face à expressa previsão do art. 155, IX, "b", *in fine* (de competência estadual).

A CF/88 definiu duas classes de serviços: os compreendidos na competência estadual e os da competência municipal. A divisão é de ordem constitucional. Somente os serviços relacionados no art. 155, II, são de competência estadual; todos os demais estão englobados na alçada municipal.

É cediço que a menção à lei complementar (no inc. III do art. 156 da CF/88) não constitui nenhum tipo de condicionante, entrave ou empecilho ao pleno exercício da competência tributária conferida aos municípios, no tocante à instituição do imposto sobre serviços.

O fato de um serviço não se encontrar eventualmente referido na lei complementar não poderia representar impedimento à atuação municipal, muito menos significa que a competência tributária foi transferida para os estados, ou União.

A função da lei complementar é apenas clarificar, explicitar a dicção constitucional, pois os municípios não poderiam ficar adstritos (dependentes) à atuação do Congresso Nacional, com comprometimento de sua capacidade financeira, mormente na hipótese de o legislador nacional revelar-se omisso, lacônico, listando insignificante número de serviços tributáveis.

Nem teria sentido tal postura (preeminência da lei complementar sobre a lei municipal). No caso de serviços médicos não estarem relacionados na lista, a cirurgia que demandasse a instalação de válvula no coração estaria sujeita, apenas, ao ICMS, pois, no caso, haveria fornecimento de mercadoria (válvula) concomitantemente com a prestação de serviços de médico (cirurgia). E, pasmem, os "serviços" médicos estariam sujeitos ao ICMS.

A CF/88 é categórica:

Art. 30. Compete aos Municípios: [...]
III - instituir e arrecadar os tributos de sua competência.

A competência tributária é intransferível e indelegável, constituindo princípio dogmático a rígida partilha das competências conferidas às pessoas jurídicas de direito público interno. Tal discriminação, ínsita ao federalismo, determina que cada ente público legisla sobre matéria que lhe seja especificamente afeta.

Há muito tempo, o STF já havia firmado posição sobre a incidência tributária das atividades em pauta:

> No fornecimento de bebidas, alimentação, etc., em bares e restaurantes, há venda de mercadorias e prestação de serviços, tais como provenientes da utilização de mesa, toalha, guardanapo, gelo, trabalho de garçons, porteiro, cozinheiro, etc. A lei estadual deve distinguir o preço das mercadorias, erigindo esta em base de cálculo do ICM. Ausência de legislação neste sentido, torna impossível a cobrança do mencionado tributo.[86]

E, com referência ao citado art. 8º, §2º, do DL nº 406/68, frisara que:

> E porque a prestação de serviços, em si mesma, não é tributável pelos Estados, sendo-o apenas o fornecimento de mercadorias que ela envolve, parece igualmente claro que, na base de cálculo do ICM, o valor das mercadorias fornecidas ou empregadas não pode ser acrescido do preço dos próprios serviços prestados.[87]

O STJ – ambas as Turmas – também repudiava a exigibilidade do imposto:

> I – É ilegítima a cobrança do ICM se a lei estadual não distingue, em sua base de cálculo, o fornecimento de mercadorias e a prestação de serviços. II – Recurso provido. (REsp nº 4.998 – 1ª T. – Rel. Min. Geraldo Sobral – j. 19.6.91 – DJU 1 de 26.8.91, p. 11.378)

> Recurso Especial. Tributário. Imposto sobre Circulação de Mercadorias. Fornecimento de alimentos e bebidas em restaurantes, bares, cafés e similares. Definição da base de cálculo. Inexistindo na legislação estadual a definição da base de cálculo, torna-se ilegítima a cobrança do tributo. Recurso não conhecido. (REsp nº 5.496 – 2ª T. – Rel. Min. Hélio Mosimann – j. 29.5.91 – DJU 1 de 1º.7.91, p. 9.777)

O STF encerrou a controvérsia:

> Tributário. ICMS. Acórdão do Tribunal de Justiça de São Paulo que considerou legítima a exigência do tributo na operação de fornecimento de alimentos e bebidas consumidas no próprio estabelecimento do contribuinte, de conformidade com a Lei nº 6.374, de 1º de março de 1989. Alegada afronta aos arts. 34, §§5º e 8º do ADCT/88, 146, III; 150, I, 155, I, b e §2º, IX e XII; e 156, IV, do texto permanente da Carta de 1988.
> Alegações improcedentes.
> Os dispositivos do inc. I, e do §2º, inc. IX, do art. 155 da CF/88 delimitam o campo de incidência do ICMS: operações relativas à circulação de mercadorias, como tais também consideradas aquelas em que mercadorias forem fornecidas com serviços não compreendidos na competência tributária dos Municípios (caso em que o tributo incidirá sobre o valor total da operação).
> Já o art. 156, IV, reservou à competência dos Municípios o Imposto sobre Serviços de Qualquer Natureza (ISS), não compreendidos no art. 155, I, b, definidos em lei complementar.

---

[86] *Revista Trimestral de Jurisprudência*, v. 109, p. 721.
[87] *Revista Trimestral de Jurisprudência*, v. 88, p. 295.

Conseqüentemente, o ISS incidirá tão-somente sobre serviços de qualquer natureza que estejam relacionados na lei complementar, ao passo que o ICMS, além dos serviços de transporte, interestadual e intermunicipal, e de comunicações, terá por objeto operações relativas à circulação de mercadorias, ainda que as mercadorias sejam acompanhadas de prestação de serviço, salvo quando o serviço esteja relacionado em lei complementar como sujeito a ISS.

Critério de separação de competências que não apresenta inovação, porquanto já se achava consagrado no art. 8º, §§1º e 2º do Decreto-Lei nº 406/68. Precedente da 2ª Turma, no RE 129.877-4-SP.

O Estado de São Paulo, por meio da Lei nº 5.886/87, havia legitimamente definido, como base de cálculo das operações em tela, o valor total cobrado do adquirente. Fixada, todavia, pela Carta de 1988, a exigência de que a definição desse elemento deveria ser feita por meio de lei complementar federal (art. 146, III, *b*), as unidades federadas, enquanto no aguardo da iniciativa do legislador federal, valendo-se da faculdade prevista no art. 34, §8º, do ADCT/88, regularam provisoriamente a matéria por meio do Convênio nº 66/88.

Com apoio no referido documento, editaram os legisladores paulistas a nova Lei nº 6.374/89, por meio do qual ficou o Estado habilitado à tributação das operações em referência, inexistindo espaço para arguições de inconstitucionalidade ou ilegalidade.

Recurso não conhecido. (RE nº 144.795-8 – 1ª T. – Rel. Min. Ilmar Galvão – j. 19.10.93 – *RJSTF*, v. 183, p. 242/251)

Observando esta postura, o STJ firmou a diretriz seguinte:

O fornecimento de mercadorias com a simultânea prestação de serviços em bares, restaurantes e estabelecimentos similares constitui fato gerador do ICMS a incidir sobre o valor total da operação. (Súmula nº 163)

A LC nº 87/96 (arts. 2º, I, e 12, II) expressamente dispôs sobre a incidência do ICMS no fornecimento de alimentação em bares, restaurantes e estabelecimentos similares, para que essa específica materialidade se contenha apenas no âmbito da legislação estadual.

A propósito, o conceito de alimentação é sobremodo vago e genérico, abrangendo as coisas sólidas e líquidas que tenham por finalidade restaurar as energias ou criar satisfação às pessoas, animais etc. Por outro lado, o vocábulo "similares", apesar de criticável em termos de tipicidade tributária, equivale a padarias, confeitarias, *rotisseries* etc.

Singularmente, o STJ decidiu o seguinte:

Tributário – ICMS – Alimentação fornecida pela construtora de usina a seus operários em região agreste – Não-incidência do tributo. O fornecimento de alimentação aos operários pela empresa que constrói hidroelétrica em região agreste não é fato gerador de ICMS. (RO em MS nº 11.502-SE – 1ª T. – Rel. Min. Humberto Gomes de Barros – j. 5.12.2000 – *DJU* 1 de 1º.4.2002, p. 168)

## 1.19 Industrialização e serviços

### 1.19.1 Considerações gerais

A postura científica consiste em captar os lineamentos dos impostos, nas normas constitucionais, que estabelecem as competências tributárias e as respectivas materialidades, sendo o ponto inicial para conhecer-se qualquer tributo.

Somente os princípios e as regras constitucionais é que têm a virtude normativa de fundamentar a edição das normas inferiores, em plena compatibilização vertical, e iluminar a sua compreensão.

As leis e os atos administrativos devem guardar conformidade com as diretrizes constitucionais, respeitando os âmbitos de tributação conferidos a União, estados, Distrito Federal e municípios.

Nesta trilha, constata-se que o legislador constitucional foi extremamente lacônico no tocante à previsão do IPI e do ISS, não agindo com a mesma prodigalidade no que se refere ao ICMS.

São parcos os preceitos que tratam do IPI, tornando difícil a tarefa de desvendar seu aspecto nuclear, sua essência, o que não significa que seu conceito e suas características devam ser extraídas de normas inferiores à Constituição.

A primeira referência à matéria tributável encontra-se no art. 153, IV, da CF/88, que outorga competência à União para instituir o imposto sobre "produtos industrializados", o que leva a perquirir se a hipótese normativa é suficiente para traçar o âmbito material da expressão citada, e a sua real dimensão na compostura da regra de tributação.

Conceituar "produto industrializado" constitui espinhoso empreendimento em que se empenharam poucos juristas. Indaga-se: o hermeneuta tem que se pautar por elementos técnicos, físicos, operacionais (e mesmo empresariais), ou a característica da industrialização deve ser compreendida em termos jurídicos? Sob este último aspecto, as definições legais constituiriam autênticos dogmas para os aplicadores das normas? Pode o legislador alterar a realidade natural das coisas, definindo como "industrialização" atividades que não possuam tal natureza?

A resposta para tais perguntas imporia o afastamento, ou cogitação, da análise dos textos infraconstitucionais, porque qualquer legislação deveria ater-se aos parâmetros da CF/88, limitando-se a explicitá-los. E nada mais!

Para tornar precisa a materialidade do IPI, com razoável segurança, não é suficiente concentrar-se unicamente nas questões apontadas, impondo-se o exame sistemático das normas constitucionais, inclusive a regra da não cumulatividade.

A composição do IPI obriga ao exame da existência das demais materialidades dispostas na CF/88, que com ela possa se confrontar, ou delimitar seu âmbito de incidência (como é o caso do ISS e do ICMS).

É importante meditar a respeito dessas questões e proceder às digressões face às notas peculiares de "produto industrializado", ou "industrialização de produtos", que devem arranjar-se juridicamente com os conceitos de "mercadorias" e "prestação de serviços".

Em precioso parecer, Baleeiro analisou exaustivamente o conceito de "mercadorias", à luz do direito positivo (pátrio e alienígena), e doutrina universal, como espécie do gênero "produtos" ou "bens" (como assinalado em tópico anterior), esclarecendo que elas compreendem não todos os bens ou todos os produtos, mas apenas os produtos e bens na fase em que são mercadorias.

"Mercadoria", no seu entender, é o bem econômico que alguém, com o propósito deliberado de lucro, produz para vender ou compra para revender. O fito de lucrar, mediante venda posterior do que se produziu ou se adquiriu, é inseparável do conceito econômico, jurídico e léxico do vocábulo "mercadoria".

Estudo pioneiro sobre IPI encontra-se em parecer de Rubens Gomes de Sousa, para quem este tributo "passara a ser sobre circulação de mercadorias na fase de produção", guardando identidade com o ICM, só que este, além de abranger a fase de produção, prossegue na fase subsequente da circulação mercantil. Assinala tratar-se de "imposto incidente sobre produtos e não propriamente sobre atos jurídicos ou operações mercantis".[88]

Pérsio de Oliveira Lima focalizara o ponto jurídico seguinte: "O IPI é um imposto que tem três características principais: a existência de um produto, a saída de um produto do estabelecimento produtor, e que esta saída seja causada por um negócio jurídico".[89]

Embora ponderáveis as análises jurídicas, traz como elemento primacial de seu estudo regras do CTN que permitiriam delinear o IPI, firmando as seguintes considerações:

a) destarte, como corolário das considerações *retro*, podemos concluir que o IPI é um imposto sobre a circulação de mercadorias, porém esta circulação não é necessariamente impulsionada por um negócio jurídico;
b) é, portanto, um tributo semelhante ao ICM, apenas que enquanto o ICM incide sobre qualquer bem, em circulação, o IPI só incide se esta circulação for de um produto industrializado;
c) o único reparo à análise da doutrina é que não é um imposto que incide sobre a circulação de mercadorias na fase de produção, mas que pode incidir sobre qualquer circulação de produto industrializado, pois, quando o legislador ordinário restringiu a incidência do imposto à fase de produção, não esgotou a sua competência constitucional, porque não afrontaria a Constituição nem o CTN, se a lei ordinária exigisse o imposto também na fase de comercialização do produto industrializado, quando da saída do estabelecimento atacadista ou varejista.

Percorrem via jurídica assemelhada os estudos de Eduardo Bottallo[90] e Américo Lacombe:[91]

Oportunas as lições de Paulo de Barros Carvalho, ao verberar que:

> A definição do CTN não satisfaz plenamente, eis que dúvidas podem surgir a respeito do que venha a ser, em cada caso concreto "natureza" ou "aperfeiçoe". Talvez, por isso, outras definições tenham sido propostas, nenhuma, porém, suficientemente forte a ponto de eliminar a "zona cinzenta" que permite enganos e incertezas quanto a ser ou não industrializado determinado produto.[92]

---

[88] SOUSA, Rubens Gomes de. O ICM, o ISS, o IPI e a construção civil. *Revista de Direito Público*, São Paulo, v. 22. p. 291-309.
[89] LIMA, Pérsio de Oliveira. Hipótese de incidência do IPI. *Revista de Direito Tributário*, São Paulo, v. 7/8. p. 192-193.
[90] BOTTALLO, Eduardo Domingos. Linhas básicas do IPI. *Revista de Direito Tributário*, São Paulo, v. 13/14. p. 195/202.
[91] LACOMBE, Américo. IPI – Sua estrutura normativa. *Revista de Direito Tributário*, São Paulo, v. 27/28. p. 109-113.
[92] CARVALHO, Paulo de Barros. Introdução ao estudo do Imposto sobre Produtos Industrializados. *Revista de Direito Público*, São Paulo, v. 11, 1970. p. 76.

Ao traçar os contornos de "produtos industrializados", Antonio Maurício de Cruz esclarece:

> Serem aqueles obtidos pelo esforço humano aplicado sobre móveis quaisquer, em qualquer estado, com ou sem uso de instalações ou equipamentos. Haverá produto industrializado se, do esforço sobre bem móvel, resultar acréscimo ou alteração de utilidade, pela modificação de qualquer de suas características. Inocorrendo tal efeito, tratar-se-á de simples prestação de serviços.[93]

Não se poderia aceitar, em absoluto, solução estribada em comando estranho à Constituição, pois esta – repito e enfatizo – tem que ser o ponto de partida e o ponto de chegada de qualquer interpretação ou intelecção das normas jurídicas.

Após contemplar a delimitação das incidências de ISS, IPI e ICM (na CF/67), Marçal Justen Filho distingue industrialização e prestação de serviços, a seu ver, noções incoincidentes e díspares, a saber:

> *Industrialização* consiste em atividades materiais de produção ou beneficiamento de bens, realizadas em massa, em série, estandardizadamente; os bens industrializados surgem como espécimes dentro de uma classe de uma série intensivamente produzida (ou produtível, "denotando homogeneidade não-personificada, nem personificável de produtos").
> *Industrializar*, em suma, é conceito que reúne dois requisitos (aspectos) básicos e necessários, quais sejam: a) alteração da configuração de um bem material; b) padronização e massificação.
> *Prestação de Serviços* é a produção de utilidades (materiais ou não), específicas, peculiares e inconfundíveis de regras irrepetíveis (no sentido da impossibilidade de, uma vez esgotado o serviço, ser ele reiterado de modo exatamente idêntico).
> A distinção prende-se à intrínseca natureza da prestação de serviços, que se vincula à noção de atuação personificada e individualizada, de atuação artesanal, não-massificada mas que, contemporaneamente, ocorre estruturação empresarial na prestação de serviços, que passa a demandar a utilização de métodos empresariais, com tendência a uma padronização em seu conteúdo, passando a identificarem-se, no plano econômico, as figuras do comerciante, do industrial e do prestador de serviços – unificando-se tudo sob o contorno do empresário.
> O ponto fulcral da distinção (jurídica) reside não na forma de estruturação da atividade, considerada como um todo, da pessoa, mas na natureza específica de cada atuação, considerada isoladamente, enfocada.
> *A nota característica do serviço* é a sua individualidade, onde cada serviço é um serviço, na acepção de haver em cada oportunidade, uma identidade inconfundível e irrepetível; enquanto que "cada produto industrializado" é uma espécie de um gênero que se destina a ser ilimitada quantitativamente.[94]

Cleber Giardino anotava:

> Todas as empresas que produzem grandes equipamentos, são empresas que, paralelamente à construção da própria máquina, projetam, na verdade, esse equipamento. E aí se coloca o problema: ou vendem mercadorias simplesmente, ou as entregam como resultado desse projeto e dessa elaboração que manifesta um "fazer" da empresa.

---

[93] CRUZ, Antonio Maurício. *O IPI* – Limites constitucionais. São Paulo: RT, 1984. p. 55.
[94] JUSTEN FILHO, Marçal. *O Imposto sobre Serviços na Constituição*. São Paulo: RT, 1985. p. 115.

Em primeiro lugar, o problema é saber se a indústria que projetou, e que construiu essa máquina, exerceu serviços em relação aos quais a entrega da máquina é uma simples conseqüência, decorrência ou resultado. Mas não o cumprimento de uma "obrigação de dar". Quer dizer, o projeto, estudo, análise e a própria elaboração dessa máquina, na verdade, constitui desenvolvimento de uma atividade de prestação de serviço. Ou se, ao contrário, a indústria que projeta, constrói a máquina, a entrega ao cliente, em verdade, vende máquinas, muito embora para realizar essa venda, deva projetar o produto, estudá-lo, etc.[95]

As colocações expostas servem para mostrar que aspectos relativos à padronização, massificação, escala, personificação e maquinários utilizados, por si só, não permitem formar convicção segura sobre a matéria porque, em verdade, forradas de preconceitos hauridos em concepções estranhas ao direito e à realidade natural das coisas.

## 1.19.2 Obrigações de dar e de fazer

Importante adentrar no exame de duas questões fundamentais, repletas de conceitos vagos e imprecisos, como é o caso da natureza das obrigações de "dar" ou de "fazer", e a distinção (dentro da ótica jurídica) entre "industrialização" e "prestação de serviços".

Embora não se tribute "operação de industrialização", mas "operação jurídica", há que se distinguir o que seja industrialização, e discernir entre produtos resultantes de uma atividade industrial e bens resultantes de uma atividade de serviço.[96]

Para Clóvis, a obrigação de dar pode ser conceituada como aquela cuja prestação consiste na entrega de uma coisa móvel ou imóvel, para a constituição de um direito real (venda, doação etc.), a concessão de uso (empréstimo, locação), ou a restituição ao dono. Já as de fazer, conquanto se definam em geral de modo negativo, são todas as prestações que não se compreendem entre as de dar; têm, na verdade, por objeto, um ou mais atos, ou fatos, do devedor, como trabalhos materiais ou intelectuais.[97]

Washington de Barros Monteiro põe a indagar quanto a se "dar ou entregar é ou não consequência do fazer", respondendo assim,

> se o devedor tem de dar ou entregar alguma coisa, não tendo, porém, de fazê-lo previamente, a obrigação é de dar; todavia, se primeiramente, tem ele de confeccionar a coisa para depois de entregá-la, se tem de realizar algum ato, do qual será mero corolário o de dar, tecnicamente, a obrigação é de fazer.[98]

Em congresso de direito tributário, realizado em São Paulo, em 1981, já se haviam firmado as conclusões seguintes:

> a) a prestação de serviços consiste numa obrigação tendo por objeto um fazer, a obrigação mercantil consubstancia um dar;

---

[95] GIARDINO, Cleber. Conflitos de competência entre ICM, ISS e IPI. *Curso de Direito Tributário III – PUC/SP, Revista de Direito Tributário*, São Paulo, v. 7/8. p. 119.
[96] ATALIBA, Geraldo; GIARDINO, Cleber. Hipótese de incidência do IPI. *Revista de Direito Tributário*, São Paulo, v. 37. p. 148.
[97] BEVILAQUA, Clóvis. *Código Civil comentado*. Rio de Janeiro: Livraria Francisco Alves, 1943. v. IV. Art. 863.
[98] MONTEIRO, Washington de Barros. *Direito das obrigações*. São Paulo: Saraiva, 1965. p. 95.

b) o fato de a prestação de serviços requerer emprego de materiais, e/ou equipamentos, não descaracteriza a obrigação de fazer; esta obrigação é unidade incindível, não decomponível em serviço (puro) e materiais ou aparelhos;

c) as obrigações de fazer cujo conteúdo é a prestação de serviços, portanto, são tributáveis exclusivamente pelo ISS, e não o podem ser pelo ICM.[99]

Em estudo versando sobre os distintos âmbitos de incidência do IPI e do ISS, Cleber Giardino entendera que no processo de industrialização encontrava-se implicada a realização de "serviços".[100] Concluíra com Ataliba pela impossibilidade de dado serviço configurar simultaneamente materialidade de hipótese de incidência do IPI e de ISS, partindo da premissa de que o ISS (art. 24, I, da CF/67) não alcançava demais serviços compreendidos na competência tributária da União e dos estados (§1º do art. 24), ou seja, daqueles contemplados nos arts. 21 e 23 da CF/67.

Não se grava um "fazer", simplesmente; a incidência não recai sobre o ato de elaboração, posto que a Constituição tipifica a realização de "operações".

Essas operações (jurídicas) têm produto industrializado por objeto, em razão do que para a compostura jurídica do IPI, podem ser apontados os requisitos seguintes: a) existência de um produto industrializado, e b) existência de razão jurídica. Isoladamente, o termo "operações" e a expressão "produto industrializado" nada significam, não podendo tais situações fáticas sozinhas irradiar efeito jurídico algum.

Ao adjetivar o produto como "industrializado", o legislador excepcionou o meio ou resultado positivo, apartou todos os demais tipos de produtos que não resultem de processo de industrialização. Todos os esforços humanos realizados sobre bens imateriais – quer perfaçam o produto, e que não decorram ou se vinculem a "atos de indústria". As produções artesanais, naturais, intelectuais, artísticas e científicas, ainda que sejam corporificadas e tangíveis, não se classificam como industriais.

De forma fulminante, alegam Ataliba e Cleber Giardino que:

> À falta de operação inexiste fato imponível de IPI. Por isso, o que seja produto industrializado, e eventualmente saída do estabelecimento produtor, sem constituir-se em objeto de uma "operação", não é tributável, porque tal singela saída, em si mesma considerada, não configura exteriorização de um processo legalmente qualificado: o processo exige (1) a produção (2) a prática do ato negocial e o conseqüente (3) impulso à circulação (que se exterioriza pela "saída"). *Na operação está o cerne da incidência do IPI, como consagrada constitucionalmente.*[101]

### 1.19.3 Confronto do IPI – ICMS – ISS

A problemática existente em torno das distinções (jurídicas) dos dois tributos (IPI e ISS) radica na circunstância de que, além de se buscar na legislação ordinária tal distinção (marcante equívoco em razão da supremacia da Constituição), apenas se procurou examinar o âmbito do ISS, relegando-se os contornos do IPI.

---

[99] *Revista de Direito Tributário*, v. 19/20, p. 61.
[100] GIARDINO, Cleber. ISS e IPI – Competências tributárias inconfundíveis. *Revista de Direito Tributário*, São Paulo, v. 6. p. 197-199.
[101] ATALIBA, Geraldo; GIARDINO, Cleber. Hipótese de incidência do IPI. *Revista de Direito Tributário*, São Paulo, v. 37. p. 147.

Com felicidade, Ataliba e Cleber Giardino ponderaram que:

> Lamentavelmente os escritores que discorreram sobre o tema – em época na qual a inexistência do imposto sobre serviços não requeria tanto rigor no trato do IPI – incidiram em grave equívoco, talvez influenciados pela legislação ordinária do IPI, profundamente infeliz e equivocada. É que tentaram buscar em noções tecnológicas os traços diferenciais de conceitos cuja qualificação jurídica só o direito poderia dar. Isso provocou o que aí está: a mais incrível perplexidade em assunto que, há séculos, o Direito Civil já superou.[102]

Essas considerações, salvo raras exceções, ainda não mereceram profundas meditações em se cogitando de tema tão importante, em que se impõe um critério científico para delimitar os exclusivos campos dos impostos (IPI e ISS).

Ataliba verifica as materialidades tributárias no contexto constitucional:

> Quando se introduz o ICM e o ISS no sistema, necessariamente se modificou o conceito de "produto industrializado", para efeito de tributação. É evidente que o IPI, depois da Emenda 18, não é o mesmo IPI de antes [...]. A norma jurídica que ingressa no sistema imediatamente ocupa o seu lugar, acomoda-se às normas superiores, sofre a influência das normas superiores, e só pode ser entendida em função dos desígnios contidos nas normas superiores.[103]

Por conseguinte, na CF/88, sendo distintas as materialidades do IPI e do ISS, deve-se encontrar o núcleo e as notas características de cada um desses tributos, não sendo crível admitir-se que ambos tratem de simples atividades humanas, na elaboração de esforço pessoal, na inexistência ou não de materiais (produtos), na preeminência ou não de equipamentos para sua elaboração, massificação, padronização etc.

Não se pode compreender, jamais, que as duas materialidades envolvam fundamentalmente um "fazer", de maior ou menor intensidade, que – no caso do IPI – seria mais significativa e se traduziria num bem corporificado; e – no caso do ISS – compreenderiam atos decorrentes de menor desempenho material e nem sempre materializados.

Esclarece Ataliba que, no caso de conflitos ou divergências sobre aplicação ou execução de contratos, tendo em vista sua real natureza:

> Os tribunais serão obrigados a aplicar as regras ou o regime jurídico da "obrigação de fazer" ou "de dar", segundo as lições da doutrina que, por sua vez, busca extrair esses critérios das normas jurídicas, e não das designações que as partes tenham adotado. Ora, se é assim eu penso que nós juristas, que estudamos Direito Tributário, podemos repousar na mesma suposição, e, portanto, usar o mesmo instrumental e seguir a mesma orientação. Quando estamos diante de um caso – parece-me nítido – em que a Constituição diz que é preciso haja operação mercantil (e eu sei que isso é inquestionável) a operação mercantil configura obrigação "de dar"; e, num outro caso, a Constituição dá a outra pessoa constitucional, competência para tributar um tipo de obrigação "de fazer" (que é o contrato de locação de serviços) estou muito tranquilo ao dizer: onde eu encontrar na

---

[102] ATALIBA, Geraldo; GIARDINO, Cleber. Hipótese de incidência do IPI. *Revista de Direito Tributário*, São Paulo, v. 37. p. 147.

[103] ATALIBA, Geraldo. Conflitos entre ICM-ISS-IPI. *Revista de Direito Tributário*, São Paulo, v. 7/8. p. 125.

teoria do direito civil, instrumental para reconhecer a obrigação "de fazer", tenho que dizer "não cabe ICM, pode caber ISS". Onde eu encontre obrigação "de dar", direi "não cabe ISS, pode caber ICM".[104]

Em estudo sobre a matéria, firmei a conclusão seguinte:

No IPI, a obrigação tributária decorre da realização de "operações", no sentido jurídico (ato de transmissão de propriedade ou posse), de um bem anteriormente elaborado (esforço humano que consistiu na sua transformação ou criação de uma nova utilidade). A obrigação consiste num "dar um produto industrializado" pelo próprio realizador da operação jurídica. Embora este, anteriormente, tenha produzido um bem, consistente em seu esforço pessoal, sua obrigação consiste na entrega desse bem, no oferecimento de algo corpóreo, materializado, e que não decorra de encomenda específica do adquirente.[105]

A distinção entre IPI e ICMS reside na circunstância de que, neste último tributo, há obrigação "de dar" um bem, sem que necessariamente tenha decorrido de uma anterior elaboração, gravando-se todo o ciclo mercantil de operações, ao passo que, no IPI, só se grava a "operação" realizada pelo próprio elaborador (industrial) do bem, na fase de sua produção.

IPI e ICMS distinguem-se pela circunstância de que o primeiro não consiste, unicamente, num "dar", mas também num "fazer".

Num plano constitucional, Ataliba e Aires Barreto conceituaram *serviço tributável* como o "desempenho de atividade economicamente apreciável, produtiva de utilidade para outrem, porém sem subordinação, sob regime de direito privado, com o fito de remuneração".[106]

Relativamente aos conflitos com o ICM (cujas lições são importantes para o deslinde da natureza do IPI, pois ambos envolvem obrigações "de dar"), observam que, em certos casos, "implicam o emprego de materiais",[107] sob pena de não poderem ser prestados. "Tais materiais são elementos concretos envolvidos na prestação; por ela requeridos ou exigidos, sob pena de se tornar impossível o resultado".[108]

Entendem que os bens "materiais" não são verdadeiras mercadorias, porque são bens sujeitos ou destinados ao comércio, ao revés, são mero ingredientes, insumos, componentes, elementos integrantes do serviço.[109]

O cerne da distinção emerge da característica, do conceito, da nota fundamental, do ato ou situação plasmada materialmente na Constituição. A "prestação de serviço" demanda esforço humano, pessoal (personalizado), que pode (ou não) traduzir-se em

---

[104] ATALIBA, Geraldo. Conflitos entre ICM-ISS-IPI. *Revista de Direito Tributário*, São Paulo, v. 7/8. p. 122.
[105] MELO, José Eduardo Soares de. O Imposto sobre Produtos Industrializados (IPI) na Constituição de 1988. São Paulo: RT, 1991. p. 124.
[106] ATALIBA, Geraldo; BARRETO, Aires. Serviço tributável. *In: Curso de Especialização em Direito Tributário*. São Paulo: Resenha Tributária, 1983. p. 158.
[107] ATALIBA, Geraldo; BARRETO, Aires. ISS – ICMS – Conflitos. *In: Curso de Especialização de Direito Tributário*. São Paulo: Resenha Tributária, 1983. p. 252.
[108] ATALIBA, Geraldo; BARRETO, Aires. ISS – ICMS – Conflitos. *In: Curso de Especialização de Direito Tributário*. São Paulo: Resenha Tributária, 1983. p. 253.
[109] ATALIBA, Geraldo; BARRETO, Aires. ISS – ICMS – Conflitos. *In: Curso de Especialização de Direito Tributário*. São Paulo: Resenha Tributária, 1983. p. 254.

um bem corpóreo ou mesmo implicar a utilização de materiais, sem que tolha ou desvirtue sua efetiva natureza (obrigação "de fazer").

O IPI não se distingue do ISS pela qualificação, dificuldade, grandeza ou espécie de esforço humano, mas fundamentalmente pela prática de "operações" jurídicas (de cunho tecnológico), implicando obrigação "de dar" um bem (a exemplo do ICMS), objeto de anterior elaboração.

Os mestres classificam os serviços da forma seguinte:

a) prescindem da utilização de instrumental e não requerem aplicação de material.

São os serviços puros, consistentes exclusivamente no esforço humano (ex.: consulta médica, serviço de advogado limitado a respostas verbais).

b) exigem a utilização de instrumental.

É o caso do sapateiro (com sua máquina de costura), engenheiro (com seus teodolitos).

Também podem consubstanciar uma coisa material entregue ao beneficiário (chapa de raios-X, laudo do agrimensor).

c) implicam o emprego de materiais.

Os materiais – elementos concretos envolvidos na prestação – não se confundem com mercadorias (ex.: manutenção de elevadores, utilizando óleos, graxas).[110]

Os âmbitos de incidência dos estados (ICMS) e dos municípios (ISS) foram delineados pelo STJ relativamente à atividade *de manipulação de medicamentos*, *verbis*:

> Constitucional. Tributário. Delimitação da Competência Tributária entre Estados e Municípios. ICMS e ISSQN. Critérios. Serviços Farmacêuticos. Manipulação de Medicamentos. Serviços Incluídos na Lista Anexa à LC 116/03. Incidência de ISQN.
> 1. Segundo decorre do sistema normativo específico (art. 155, II, §2º, IX, *b*; art. 156, III, da CF; art. 2º, IV, da LC 87/96; e art. 1º, §2º, da LC 116/03), a delimitação dos campos de competência tributária entre Estados e Municípios, relativamente à incidência de ICMS e ISSQN, está submetida aos seguintes critérios: (a) sobre operações de circulação de mercadorias e sobre serviços de transporte interestadual e internacional (*sic*) e de comunicações incide ICMS; (b) sobre operações de prestação de serviços compreendidos na lista de que trata a LC 116/03, incide ISSQN; e (c) sobre operações mistas, assim entendidas as que agregam mercadorias e serviços, incide o ISSQN sempre que o serviço agregado não estiver previsto na referida lista. Precedentes de ambas as turmas do STF.
> 2. Os serviços farmacêuticos constam do item 4.07 da lista anexa à LC 116/03 como serviços sujeitos à incidência do ISSQN. Assim, a partir da vigência dessa Lei, o fornecimento de medicamentos manipulados por farmácias, por constituir operação mista que agrega necessária e substancialmente a prestação de um típico serviço farmacêutico, não está sujeita a ICMS, mas a ISSQN. (REsp nº 881.035-RS – 1ª Seção – Rel. Min. Teori Albino Zavascki – j. 6.3.2008 – *DJe* de 25.3.2008)

O STF firmara a postura seguinte:

EMENTA
Recurso Extraordinário. Repercussão geral. Direito Tributário. Incidência do ICMS ou do ISS. Operações mistas. Critério objetivo. Definição de serviço em lei complementar.

---

[110] ATALIBA, Geraldo; BARRETO, Aires. ISS – ICMS – Conflitos. *In*: *Curso de Especialização de Direito Tributário*. São Paulo: Resenha Tributária, 1983. p. 252-254.

Medicamentos produzidos por manipulação de fórmulas, sob encomenda, para entrega posterior ao adquirente, em caráter pessoal. Subitem 4.07 da lista anexa à LC nº 116/03. Sujeição ao ISS. Distinção em relação aos medicamentos de prateleira, ofertados ao público consumidor, os quais estão sujeitos ao ICMS.

1. A Corte tradicionalmente resolve as ambiguidades entre o ISS e o ICMS com base em critério objetivo: incide apenas o primeiro se o serviço está definido por lei complementar como tributável por tal imposto, ainda que sua prestação envolva a utilização ou o fornecimento de bens, ressalvadas as exceções previstas na lei; ou incide apenas o segundo se a operação de circulação de mercadorias envolver serviço não definido por aquela lei complementar.

2. O critério objetivo pode ser afastado se o legislador definir como tributáveis pelo ISS serviços que, ontologicamente, não são serviços ou sempre que o fornecimento de mercadorias seja de vulto significativo e com efeito cumulativo.

3. Á luz dessas diretrizes incide o ISS (subitem 4.07 da Lista anexa à LC nº 116/03) sobre as operações realizadas por farmácias de manipulação envolvendo o preparo e o fornecimento de medicamentos encomendados para posterior entrega aos fregueses, em caráter pessoal, para consumo; incide ICMS sobre os medicamentos de prateleira ofertados ao público consumidor e produzidos por farmácias de manipulação.

4. Fixação da seguinte tese para o Tema nº 379 da Gestão por temas de repercussão geral: "Incide ISS sobre as operações de venda de medicamentos preparados por farmácia de manipulação sob encomenda. Incide ICMS sobre as operações de venda de medicamentos por elas ofertados aos consumidores em prateleiras. (RE nº 605.552 – Rio Grande do Sul – Plenário – Rel. Min. Dias Toffoli – j. 5.8.2020)

## 1.19.4 Âmbito legal

O critério jurídico para a configuração dos tributos, assentado em premissas constitucionais, entretanto, nem sempre é obedecido pelo legislador ordinário, que procura seguir diferentes diretrizes. Para tanto, creio oportuno trazer a conhecimento a legislação ordinária básica, regradora dos tributos em foco.

*IPI*

Decreto federal nº 7.212, de 15.6.2010 (Regulamento)

Art. 4º Caracteriza industrialização qualquer operação que modifique a natureza, o funcionamento, o acabamento, a apresentação ou a finalidade do produto, ou o aperfeiçoe para o consumo, tal como (Leis nºs 4.502/64, art. 3º, parágrafo único, e 5.172/66, art. 46, parágrafo único)

I - a que, exercida sobre matéria-prima ou produto intermediário, importe na obtenção de espécie nova (*transformação*); [Exemplo: preparação de sorvetes; confecção de toalhas; fabricação de ferramentas; trituração de refugos plásticos, solas de sapatos velhos, ou rasgados, através de moagem, obtendo-se grãos destinados à venda para industrialização]

II - a que importe em modificar, aperfeiçoar ou, de qualquer forma, alterar o funcionamento, a utilização, o acabamento ou a aparência do produto (*beneficiamento*); [Exemplo: bordado feito em toalhas, corte, biselamento, galvanização, decapagem, trepanação efetuada em tubos de aço; gravação pelo processo de serigrafia (*silk screen*) em produtos de terceiros (vidros, tecidos, etc.); plastificação; colocação de fechaduras; gravação de fita virgem]

III - a que consista na reunião de produtos, peças ou partes e de que resulte um novo produto ou unidade autônoma, ainda que sob a mesma classificação fiscal (*montagem*); [Exemplo: colocação de carroçarias em chassis de veículos; aparelhos eletrônicos; aplicação de lentes de contato; montagem de elevador fora do estabelecimento industrial]

IV - a que importe em alterar a apresentação do produto, pela colocação de embalagem, ainda que em substituição da original, salvo quando a embalagem, colocada se destine apenas ao transporte da mercadoria (*acondicionamento* ou *reacondicionamento*); ou [Exemplo: engarrafamento de vinho; enlatamento de azeite e óleos vegetais, adquiridos a granel; colocação de chocolate ou outros produtos semelhantes, quando reacondicionados em pequenos sacos plásticos, com nome e endereço do responsável pelo reacondicionamento]
V - a que, exercida sobre produto usado ou parte remanescente do produto deteriorado ou inutilizado, renove ou restaure o produto para utilização (*renovação* ou *recondicionamento*). [Exemplo: recauchutagem, recapeamento de pneus, salvo para uso do próprio executor ou encomendante; reformas e serviços executados em semirreboques, carroçarias e cavalos mecânicos usados, com o fim de aperfeiçoá-los para a finalidade a que se propõem]
Parágrafo único. São irrelevantes, para caracterizar a operação como industrialização, o processo utilizado para obtenção do produto, a localização e condições das instalações ou equipamentos empregados.

*ISS*
Emenda Constitucional nº 37, de 12.6.2002.
Decreto-lei nº 406, de 31.12.68 (com a redação do Decreto-lei nº 834, de 8.9.69).
Lei Complementar nº 116, de 31.7.2003 (com a redação das Leis Complementares nº 157, de 23.12.16, nº 175, de 23.9.20, e nº 183, de 22.9.21).
Leis Municipais.
*ICMS*
Emendas Constitucionais nºs 33, de 11.12.2001, 42, de 19.12.2003, e 87, de 16.04.2015.
Resoluções do Senado nºs 22, de 19.5.90, 95, de 13.12.96, e 13 de 2012 (alíquotas).
Leis Complementares nºs 87, de 13.9.96, 92, de 23.12.97, 99, de 22.12.99, 102, de 11.7.2000, 114, de 16.12.2002, 115, de 26.12.2002, 116, de 31.7.2003, 120, de 29.12.2005, 122, de 12.12.2006, 138, de 29.12.10, 171, de 27.12.2019, 190, de 5.01.2022, 192, de 11.03.2022, e 194 de 5.07.2022.
Em São Paulo, vigoram a Lei nº 6.374, de 1º.3.89 (com alterações), e o Decreto nº 45.490, de 30.11.2000 (Regulamento do ICMS, com alterações).

A Consultoria Tributária tem assentado que a transformação de chapas, barras e tubos de aço, ferro e bronze em novos produtos (porcas, eixos, engrenagens, roldanas), bem como a usinagem de peças de aço, ferro ou bronze, como última etapa da elaboração de um produto sob encomenda, realizada sob produto intermediário, implicam o pagamento do ICM.[111]

Os conceitos de "transformação" e "beneficiamento" devem observar a legislação do IPI, tendo o Parecer Normativo CST nº 398/71 registrado que:

> A diferença mais marcante entre essas duas operações encontramo-la na própria definição fiscal, pois *transformação* importa na obtenção de espécie nova (havendo o deslocamento do produto primitivo, como matéria-prima ou produto intermediário) para nova classificação fiscal (posição ou inciso diferente); no *beneficiamento* o produto sofre apenas um melhoramento, sem que a sua classificação fiscal se altere.

---
[111] Consulta nº 11.928, de 11.5.78 (LARANJEIRA, Álvaro Reis. *Respostas da consultoria tributária*. São Paulo: LTr, 1984. v. 2. p. 182-185).

A LC nº 87/96 (art. 2º) dispõe que o imposto incide sobre:

IV - fornecimento de mercadorias com prestação de serviços não compreendidos na competência tributária dos Municípios;

V - fornecimento de mercadorias com prestação de serviços sujeitos ao imposto sobre serviços de competência dos Municípios, quando a lei complementar aplicável expressamente o sujeitar à incidência do imposto estadual.

Observa-se que o inc. IV praticamente harmoniza-se com a diretriz constitucional (alínea "b", inc. IX, art. 155), no sentido de que o ICMS incidirá, também, "sobre o valor total da operação, quando mercadorias forem fornecidas com serviços não compreendidos na competência tributária dos Municípios".

Assim, pode-se entender que é vedado aos municípios tributar: a) os serviços afetos exclusivamente aos estados (transporte interestadual, intermunicipal e comunicações); b) os serviços que não estejam relacionados em lei complementar (nº 116/03), como é o caso do fornecimento de refeições, em que naturalmente transparecem "serviços" (um autêntico fazer) no atendimento pessoal, na elaboração específica de uma refeição etc.

Relativamente ao inc. V, deve-se atender ao disposto na extensa lista anexa à LC nº 116/03, como é o caso dos serviços seguintes:

1.09 – Disponibilização, sem cessão definitiva, de conteúdos de áudio, vídeo, imagem e texto por meio da internet, respeitada a imunidade de livros, jornais e periódicos (exceto a distribuição de conteúdos pelas prestadoras de Serviço de Acesso Condicionado, de que trata a Lei nº 12.485, de 12 de setembro de 2011, sujeita ao ICMS).

7.02 – Execução, por administração, empreitada, subempreitada, de obras de construção civil, hidráulica ou elétrica e de outras obras semelhantes, inclusive sondagem, perfuração de poços, escavação, drenagem e irrigação, terraplanagem, pavimentação, concretagem e a instalação e montagem de produtos, peças e equipamentos (exceto o fornecimento de mercadorias produzidas pelo prestador de serviços fora do local da prestação de serviços, que fica sujeito ao ICMS). [...]

7.05 – Reparação, conservação e reforma de edifícios, estradas, pontes, portos e congêneres (exceto o fornecimento de mercadorias produzidas pelo prestador dos serviços, fora do local da prestação dos serviços, que fica sujeito ao ICMS).

13.05 – Composição gráfica, inclusive confecção de impressos gráficos, fotocomposição, clicheria, zincografia, litografia e fotolitografia, exceto se destinados a posterior operação de comercialização ou industrialização, ainda que incorporados, de qualquer forma, a outra mercadoria que deva ser objeto de posterior circulação, tais como bulas, rótulos, etiquetas, caixas, cartuchos, embalagens e manuais técnicos e de instrução, quando ficam sujeitos ao ICMS. [...]

14.01 – Lubrificação, limpeza, lustração, revisão, carga e recarga, conserto, restauração, blindagem, manutenção e conservação de máquinas, veículos, aparelhos, equipamentos, motores, elevadores, ou de qualquer objeto (exceto peças e partes empregadas, que ficam sujeitas ao ICMS). [...]

14.03 – Recondicionamento de motores (exceto peças e partes empregadas, que ficam sujeitas ao ICMS). [...]

17.11 – Organização de festas e recepções; bufê (exceto o fornecimento de alimentação e bebidas, que fica sujeito ao ICMS).

Entretanto, nos casos de barbeiros, manutenção de imóveis e limpeza de chaminés (itens 6.01 e 7.10 da aludida lista), em que normalmente são aplicados materiais para a realização dos serviços, inocorrerá a incidência do ICMS sobre tais bens, pela singela circunstância de inexistir a referida ressalva.

A LC nº 87/96 é categórica ao determinar que não há incidência sobre "operações relativas a mercadorias que tenham sido ou que se destinem a ser utilizadas na prestação, pelo próprio autor da saída, de serviço de qualquer natureza definido em lei complementar como sujeito ativo do imposto sobre serviços de competência, ressalvadas as hipóteses previstas na mesma lei complementar" (item V do art. 3º).

Em realidade, não se trata de "operações" nem de "mercadorias", mas de bens corpóreos utilizados em serviços passíveis de ISS.

Examina-se questão suscitada por empresa dedicada ao transporte de cargas em mudanças intermunicipais e interestaduais, envolvendo serviços de mão de obra (carga, descarga, embalagem, desembalagem, arrumação, guarda de bens, içamento etc.), sujeitos à incidência do ISS; celebração de seguros para a cobertura dos serviços municipais; obtenção de documentos para mudanças para o exterior; e adiantamentos por conta dos clientes para pagamento de taxas alfandegárias e portuárias, fretes marítimos ou aéreos.

O STJ decidiu o seguinte:

> Tributário. Transporte Interestadual e Intermunicipal de Mudanças. Fato Gerador. Preço do Serviço. Incidência do ICMS. Atividade Mista. Princípio da Preponderância. Art. 8º, §§1º e 2º, do Decreto-lei nº 406/68.
> I – O serviço de transporte interestadual e intermunicipal de mudanças, por constituir a atividade-fim da empresa, ensejará a incidência do ICMS, e não do ISS, tomando como base de cálculo o preço do serviço ofertado, aí se incluindo todos os demais serviços de que se vale a empresa para bem prestar sua atividade-fim.
> II – Nas chamadas atividades mistas, como sói acontecer no caso em exame, há de ser aplicado o Princípio da Preponderância, ou seja, a verificação de quais atividades/serviços prestados pela empresa se sobrepõem aos outros, com o fito de se perquirir se se dará a incidência da norma tributária estadual ou municipal ao caso.
> III – Posicionamento do Tribunal de origem em harmonia com o desta Corte Superior. (REsp nº 258.121-PR – 1ª T. – Rel. Min. Francisco Falcão – j. 21.10.2004 – *DJU* 1 de 6.12.2004, p. 193)

### 1.19.5 Arrendamento mercantil

### 1.19.5.1 Natureza jurídica

O negócio jurídico – denominado *leasing* (disciplinado pela Lei federal nº 6.099, de 12.9.74, com as alterações da Lei federal nº 7.132, de 26.10.83, Lei Complementar nº 105, de 10.1.2001, e resoluções do Banco Central do Brasil) – mantém conotações com a compra e venda, locação, e crédito, denotando características especiais devido à triangularidade, intermediação de um agente que financia a operação, como também em razão de tríplice opção conferida ao arrendatário.

Essa modalidade contratual somente pode ser realizada por pessoas jurídicas que tenham como objeto societário principal a prática do arrendamento mercantil, pelos bancos múltiplos com carteira específica, e pelas instituições financeiras que estejam autorizadas a contratar as operações com o próprio vendedor do bem, ou com pessoas jurídicas a ele coligadas ou interdependentes.

O arrendamento mercantil *financeiro* (*financial lease*) deverá observar o seguinte:
a) as contraprestações e demais pagamentos previstos no contrato, devidos pela arrendatária, serão normalmente suficientes para que a arrendadora recupere o custo do bem arrendado durante o prazo contratual da operação, e, adicionalmente, obtenha um retorno sobre os recursos investidos;
b) as despesas de manutenção, assistência técnica e serviços correlatos à operacionalidade do bem arrendado serão de responsabilidade da arrendatária;
c) o preço para o exercício da opção de compra será livremente pactuado, podendo ser, inclusive, o valor de mercado do bem arrendado.

O arrendamento mercantil *operacional* (*renting*) deverá atender ao seguinte:
a) as contraprestações a serem pagas pela arrendatária devem contemplar o custo do arrendamento do bem e os serviços inerentes à sua colocação à disposição da arrendatária, não podendo o total dos pagamentos da espécie ultrapassar 75% (setenta e cinco por cento) do custo do bem arrendado;
b) as despesas de manutenção, assistência técnica e serviços correlatos à operacionalidade do bem arrendado serão de responsabilidade da arrendadora ou da arrendatária;
c) o preço para o exercício da opção de compra será o valor de mercado do bem arrendado.

A distinção básica entre tais modalidades reside na circunstância de que o *operacional* guarda similaridade com a locação, com pagamentos de aluguéis por um período predeterminado, preço correspondente ao valor de mercado, e pagamento ao final do contrato no caso de aquisição, com limite de 75% do custo do bem; enquanto o *financeiro* constitui alternativa de investimento de longo prazo, com preço livremente acertado pelos contratantes, pago de forma antecipada, diluída, ou ao final, e contraprestações de valor integral.

Os contratos de arrendamento mercantil devem conter determinadas especificações (prazo, valor de cada contraprestação por períodos determinados, não superiores a um semestre) opção de compra ou renovação de contrato, como faculdade do arrendatário; preço para opção de compra ou critério para sua fixação, quando for estipulada essa cláusula.

As operações de arrendamento mercantil contratadas com o próprio vendedor do bem ou com pessoas jurídicas a ele vinculadas, mediante quaisquer das relações previstas entre as partes contratantes, poderão também ser realizadas por instituições financeiras expressamente autorizadas pelo Conselho Monetário Nacional.

A aquisição pelo arrendatário de bens arrendados em desacordo com as disposições legais será considerada operação de compra e venda à prestação. O preço de compra e venda será o total das contraprestações pagas durante a vigência do arrendamento, acrescido da parcela paga a título de preço de aquisição.

Os contratos de arrendamento mercantil celebrados com entidades domiciliadas no exterior serão submetidos ao registro no Banco Central do Brasil, podendo o Conselho Monetário Nacional estabelecer normas para a concessão dos registros, observando as seguintes condições: a) razoabilidade da contraprestação e de sua composição;

b) critérios para fixação do prazo de vida útil do bem; c) compatibilidade do prazo de arrendamento do bem e com a sua vida útil; d) relação entre o preço internacional do bem e o custo total do arrendamento; e) cláusula de opção de compra ou renovação do contrato; e f) outras cautelas ditadas pela política econômico-financeira nacional.

Ao término do contrato, a arrendatária poderá adquirir o bem, renovar o contrato ou efetuar sua devolução. A prática tem demonstrado que, usualmente, ocorre a opção de compra do bem, uma vez que o preço pactuado é ínfimo em relação ao valor de mercado do bem.

Fabio Comparato argumenta:

> Sobre o *leasing* não incide o imposto federal sobre operações financeiras. Sem dúvida, o *leasing* pode representar economicamente uma operação de financiamento na aquisição do equipamento industrial ou comercial de uma empresa. Juridicamente, porém, a operação é veiculada nos moldes de uma locação com opção unilateral de compra [...].[112]

### 1.19.5.2 Operação no mercado interno

Essas operações ficaram sujeitas ao ISS, pelo fato de constarem da lista de serviços anexa à LC nº 56/87: "79 – Locação de bens móveis, inclusive arrendamento mercantil".
O STF já havia decidido:

> ISS. Arrendamento Mercantil de coisas móveis (*leasing*).
> Incidência do imposto sobre serviços. Subsunção no item 52 da Lista de Serviços. Razoável o entendimento de que a prestação habitual pela empresa de serviço consubstanciado no arrendamento mercantil (*leasing*) de bens móveis, está sujeito ao ISS, em correspondência à categoria prevista no item 52 da Lista. (RE nº 106.047-2 – Rel. Min. Rafael Mayer – *RTJ*, v. 116, p. 181)

O STJ firmou diretriz no sentido de que:

> O ISS incide na operação de arrendamento mercantil. (Súmula nº 138)

Desnecessário expender considerações complementares ante a postura dos Tribunais, cabendo anotar estudo de Roberto de Siqueira Campos.[113]

A LC nº 87/96 (art. 3º, VIII) expressa a não incidência do imposto nas "operações de arrendamento mercantil, não compreendida a venda do bem arrendado ao arrendatário".

Criticável a parte final do preceito transcrito, porquanto o negócio jurídico compreende-se no exclusivo âmbito tributário municipal, sem nenhuma ressalva, além do que desprovida de fundamento a cisão desta espécie contratual. Em realidade, não se trata de operação mercantil típica, mas de operação (jurídica) de natureza diversa, com peculiar alienação do bem (de caráter eventual), totalmente absorvida no negócio principal.

---

[112] COMPARATO, Fabio. Contrato de leasing. *Revista Forense*, Rio de Janeiro, v. 250. p. 711.
[113] CAMPOS, Roberto de Siqueira. Não-incidência de ICMS nas importações amparadas em contratos de arrendamento mercantil. *Repertório IOB de Jurisprudência*, São Paulo, n. 5, 1994. Caderno 1. p. 86-91.

O fato de a nova incidência do ICMS com operações de *leasing* decorrer de LC (nº 87/96), por si só, não pode significar revogação (parcial) de anterior LC nº 56/87, escudada na simples assertiva de tratarem de normas situadas no mesmo plano hierárquico (o convênio ICMS nº 4/97 dispõe sobre a isenção na operação de venda do bem objeto do contrato de arrendamento mercantil, decorrente do exercício da opção de compra pelo arrendatário).

Também na vigência da LC nº 87/96, o STJ repeliu a incidência do ICMS na importação de bens a título de *leasing*, a saber:

> A jurisprudência desta Corte é iterativa, no sentido de que a importação de mercadorias mediante contrato de arrendamento mercantil (*leasing*) não caracteriza fato gerador do ICMS. (AGA nº 343.438-MG – Rel. Min. Peçanha Martins – *DJU* de 30.6.2003)

Durante o arrendamento, a titularidade do bem arrendado é do arrendante, admitida a sua transferência futura ao arrendatário. Não há, até o término do contrato, transmissão de domínio, razão pela qual se entende que não existiu circulação do bem para fins de cobrança do ICMS. Nesse diapasão, estabelece o art. 3º, inc. VIII, da LC nº 87/96 que:

> O imposto não incide sobre operações de arrendamento mercantil, não compreendida a venda do bem arrendado ao arrendatário. (RE nº 542.379-SP – 2ª T. – Rel. Min. Franciulli Netto – j. 16.9.2003 – *DJU* 1 de 13.10.2003, p. 356-357)

O STJ estabelecera que:

> A cobrança antecipada do valor residual (VRG) descaracteriza o contrato de arrendamento mercantil, transformando-o em compra e venda a prestação. (Súmula nº 263)

Entretanto, esta súmula fora cancelada pelo STJ (recursos especiais nºs 443.143-60 e 470.632-SP – 2ª S. – j. 27.8.2003 – *DJU* 1 de 24.9.2003, p. 216).

Além disso, considerando que a LC nº 116/03 reiterou a incidência do ISS sobre o *leasing* (item 15.09), sem nenhuma ressalva da incidência do ICMS, pode-se entender que teria implicitamente revogado o preceito da LC nº 87/96 (art. 3º, VIII), que dispusera sobre a tributação estadual no tocante à alienação do bem arrendado.

Entretanto, se não forem observadas as específicas normas da legislação federal, poderá ser descaracterizado o *leasing*, e o preço da operação será o total das contraprestações pagas durante a vigência do arrendamento, incluída a parcela recebida a título de preço de aquisição, acarretando implicações no âmbito tributário (imposto de renda, imposto sobre serviços e sobre operações relativas à circulação de mercadorias), como apontei em estudo sobre a matéria.[114]

---

[114] MELO, José Eduardo Soares de. 'Leasing' – ISS e ICMS? *In*: ROCHA, Valdir de Oliveira (Coord.). *ICMS, a LC 87/96 e questões jurídicas atuais*. São Paulo: Dialética, 1997. p. 199-209.

## 1.19.5.3 Importação

O STF decidiu que:

a) incide o ICMS sobre a entrada de mercadoria importada independentemente da natureza do contrato internacional que motive a importação, apontando os fundamentos seguintes: a) o negócio jurídico ensejador da importação fora realizado no exterior, fora do alcance do Fisco brasileiro, não sendo disciplinado pelas leis brasileiras, mas tendo o constituinte optado por sujeitar ao ICMS o resultado do ajuste; b) a transferência da posse do bem, do arrendatário brasileiro de volta para o arrendador sediado no exterior, encontra obstáculos naturais, físicos e fáticos, numa indicação de que essa operação talvez não albergue a precariedade da posse sobre o bem; c) o art. 3º, VIII, da LC 87/96 aplica-se somente a operações internas de arrendamento mercantil, pelo fato de que a opção de compra constante do contrato internacional não está no âmbito de incidência do ICMS, nem o arrendador sediado no exterior é contribuinte; d) por ocasião da opção de compra, a possibilidade da tributação em ICMS estará exaurida, isto porque o bem já terá entrado no País em momento anterior; e e) admite-se a incidência do ICMS sobre a entrada de mercadoria importada, qualquer que seja a natureza do ajuste internacional motivador da importação (RE nº 206.069-1-SP – Rel. Min. Ellen Gracie – j. 1º.9.2005 – *Informativo*, n. 399)

Em decorrência, o STJ entendera o seguinte:

Tributário. Recurso Especial. Importação de Aeronaves Mediante *Leasing*. ICMS. Incidência. Alteração do Entendimento do STJ em face de Pronunciamento do STF sobre o Tema.
1. O STJ, por jurisprudência uniforme, firmou o entendimento de que, em se tratando de importação de mercadoria (aeronave) mediante o negócio jurídico denominado leasing, não incidiria o ICMS. Precedentes: REsp 146.389/SP (Rel. Min. João Otávio Noronha, julgado 07/12/2004, *DJ* de 13/06/2005, p. 217); REsp 436.173/RJ (Rel. Min. Eliana Calmon, *DJ* de 30.06.2004, p. 295); AgRg no Ag 385.174/RJ (Rel. Min. Castro Meira, *DJ* de 15.03.2004, p. 223), entre outros.
2. As decisões do STJ interpretavam e aplicavam o art. 3º, VIII, da LC nº 87/96.
3. O Supremo Tribunal Federal, contudo, ao apreciar o RE nº 206.069-1, São Paulo, considerando a EC nº 33/01 (estatui que incide o ICMS em mercadoria importada desde que ocorra a sua entrada no estabelecimento comercial, industrial ou produtor, seja para consumo ou uso próprio do importador, seja para integrar o seu ativo), que deu nova redação ao art. 155, "a", da CF, entendeu que incide o ICMS *"sobre a entrada de bem ou mercadoria importada do exterior por pessoa física ou jurídica, ainda que não seja contribuinte habitual do imposto, qualquer que seja a sua finalidade..."*, independentemente do tipo de negócio jurídico celebrado.
4. A orientação do STF foi tomada por maioria pelo Pleno, em face de importação decorrente de contrato de leasing, assim, também, a mudança de orientação da jurisprudência adotada pelo STJ deve ser realizada.
5. Recurso da Fazenda Estadual de São Paulo provido para fazer incidir ICMS sobre mercadoria importada com base em contrato de *leasing*. (REsp nº 822.868-SP – 1ª T. – Rel. Min. José Delgado – j. 16.5.2006 – *DJU* 1 de 8.6.2006)

O STF modificou seu entendimento na forma seguinte:

Recurso Extraordinário. ICMS. Não-incidência. Entrada de Mercadoria Importada do Exterior. Art. 155, II da CB. *Leasing* de Aeronaves e/ou Peças ou Equipamentos de Aeronaves. Operação de Arrendamento Mercantil.

1. A importação de aeronaves e/ou peças ou equipamentos que as componham em regime de *leasing* não admite posterior transferência ao domínio do arrendatário.
2. A circulação de mercadoria é pressuposta de incidência do ICMS. O imposto – diz o artigo 155, II da Constituição do Brasil – é sobre "operações relativas à circulação de mercadorias e sobre prestações de serviços de transporte interestadual e intermunicipal e de comunicação, ainda que as operações e as prestações se iniciem no exterior".
3. Não há operação relativa à circulação de mercadoria sujeita à incidência do ICMS em operação de arrendamento mercantil contratado pela indústria aeronáutica de grande porte para viabilizar o uso, pelas companhias de navegação aérea, de aeronaves por ela construídas.
4. Recurso Extraordinário do Estado de Estado de São Paulo a que se nega provimento e Recurso Extraordinário de TAM – Linhas Aéreas S/A que se julga prejudicado. (RE nº 461.968-7-SP – Plenário – Rel. Min. Eros Grau – j. 30.5.2007 – *DJU* 1 de 24.8.2007, p. 56)

O relator asseverou que não se aplicava o precedente do RE nº 206.069 (Rel. Min. Ellen Gracie), no bojo do qual se verificava a circulação mercantil, pressuposto da incidência do ICMS, ou seja, importação destinada ao ativo fixo da empresa, situação na qual a opção do arrendatário pela compra do bem ao arrendador era mesmo necessária.

O aresto firmara as posturas seguintes:

a) o art. 155, IX, *a*, da CF interpreta-se no sentido de que o ICMS incide sobre qualquer entrada de bem ou mercadoria importada do exterior – *desde que atinente a operação relativa à circulação desse mesmo bem ou mercadoria* – por pessoa física ou jurídica, ainda que não seja contribuinte habitual do imposto, qualquer que seja a sua finalidade;
b) o referido preceito constitucional não instituiu um imposto sobre a entrada de bem ou mercadoria importada do exterior por pessoa física ou jurídica;
c) o acórdão do RE nº 206.069-1, que decidira pela incidência do ICMS, tratara de distinta situação (importação de equipamento destinado ao ativo fixo de empresa), ocorrendo a necessária opção de compra do bem pelo arrendatário;
d) existem duas hipóteses de "leasing", ou seja, o arrendamento que termina como venda e o que não termina em venda; e
e) a natureza jurídica da operação de "leasing" não se confunde com a compra e venda mercantil, em que há uma efetiva circulação de mercadorias; no caso de um arrendamento, não há transferência pura do domínio desse bem do arrendante para o arrendatário.

Também fora decidido que:

Não incide o ICMS na operação de arrendamento mercantil internacional, salvo na hipótese de antecipação da opção de compra, quando configurada a transferência da titularidade do bem. Consectariamente, se não houver aquisição de mercadoria, mas mera posse decorrente do arrendamento, não se pode cogitar de circulação econômica. *In casu*, o contrato de arrendamento mercantil internacional trata de bem suscetível de devolução, sem opção de compra. (RE nº 540.829 – Plenário – Rel. p/acórdão Min. Luiz Fux – j. 11.9.14 – *DJe* 18.11.14, p. 60)

O STF consolidara o entendimento concernente à importação de bem estrangeiro a título de *leasing*, no sentido de que não basta que, no respectivo contrato, haja previsão de compra pelo arrendatário, mas que essa condição seja efetivamente complementada.

No mesmo sentido também decidira no caso de "contrato de arrendamento mercantil internacional tratando de bem suscetível de devolução, sem opção de compra", asseverando que:

> Os conceitos de direito privado não podem ser desnaturados pelo direito tributário, na forma do art. 110 do CTN, à luz da interpretação conjunta do art. 146, III, combinado com o art. 155, inciso II, e §2º, IX, "a", da CF/88. (RE nº 540.829 – SP – Plenário – Red. do acórdão Min. Luiz Fux – j. 11.9.14)

Todavia, fora reconhecida repercussão geral nos termos seguintes:

> Incidência do ICMS na importação de mercadoria por meio de arrendamento mercantil internacional. (Tema nº 297 no RE nº 540.829 – Plenário – Rel. Min. Gilmar Mendes)

Destarte, decorrem as posturas seguintes:
a) *não incidência do ICMS* se não for prevista a opção de compra do bem; ou, mesmo se referida opção estiver disposta no negócio jurídico, não for efetivamente implementada; e
b) *incidência do ICMS* no caso do efetivo exercício da opção de compra do bem importado.

## 1.19.6 Comercialização de gases e manutenção de bens

A empresa promove a comercialização de gases que são transportados em cilindros, ou caminhões especiais para a carga de tanques estacionários, instalados no estabelecimento adquirente dos gases.

Os cilindros e os tanques, de propriedade da empresa fornecedora, permanecem em poder do adquirente dos gases, mediante comodato e locação.

A vendedora presta, ainda, serviços diversos aos adquirentes dos gases, como manutenção e conservação dos equipamentos concernentes, entre outros, a limpeza, regravação, pintura, recolocação/substituição de válvulas, regulagens de registros e medidores.

Tais serviços, segundo consta, são necessários para garantia e segurança dos usuários dos equipamentos (classificados como produtos perigosos), pelo constante manuseio deles, evitando combustão espontânea do acetileno e explosão do cilindro, riscos de contaminação, incêndio e asfixia.

Os serviços sujeitam-se ao ISS. Anteriormente encontravam-se relacionados nos itens 79 (locação), 72 (pintura), 69 (conserto e restauração) e 68 (lubrificação etc.) da LC nº 56/87. Atualmente estão previstos nos itens 14.05 (pintura) e 14.01 (lubrificação, carga e descarga, conserto) da LC nº 116/03.

Trata-se de duas situações nitidamente distintas, compreendendo obrigação de dar (gases) e fazer (serviços relativos à conservação, manutenção etc.).

À luz dos institutos e categorias do direito civil, a venda de gases (ICMS) não se pode confundir, em absoluto, com os serviços realizados nos aludidos cilindros e tanques (ISS), com a consequente distinção de competências tributárias (estados, Distrito Federal e municípios).

O fato de os serviços serem prestados em bens de propriedade da empresa fornecedora de gases não tem o condão de afastar a tributação municipal. Os serviços são, efetivamente, prestados a terceiros (adquirentes de gases), que mantêm os referidos bens em sua posse, decorrentes de títulos jurídicos (comodato e locação).

A vendedora de gases perde a posse direta dos bens (cilindros, equipamentos etc.), e nos termos do Código Civil se constata o seguinte:

> Art. 569. O locatário é obrigado:
> I - a servir-se da coisa alugada para os usos convencionados, ou presumidos, conforme a natureza dela e as circunstâncias, bem como a tratá-la com o mesmo cuidado como se sua fosse.

Por conseguinte, a empresa loca e cede bens não fungíveis de sua propriedade, perdendo a posse dos mesmos bens.

Os serviços de conservação e manutenção são realizados a outrem (comodatário e locatário dos tanques, cilindros, tubulações, válvulas e equipamentos), que detém sua posse, ante a transferência amparada por título jurídico.

Não se cogita de serviço realizado para o próprio prestador, o que só teria condição de ocorrer no caso de os bens permanecerem na "posse" da própria empresa, sem qualquer tipo de vínculo jurídico com terceiros.

O tomador dos serviços encontra-se caracterizado e configurado como terceiro, que necessita da prestação de tais serviços.

O Judiciário conferira diversidade de tratamento, conforme consta de discrepantes arestos:

> STJ. Tributário. ICM/ISS. Fabricação e comercialização de gases industriais e comerciais. Acondicionamento de gases em cilindros de terceiros. Operação denominada "carga rápida" ou "enchimento especial".
> I – Está sujeita ao ICM, e não ao ISS, porquanto o acondicionamento de gases em cilindros, sejam estes de propriedade da vendedora ou de propriedade dos adquirentes, constitui operação idêntica; se num caso é parte do custo de venda das mercadorias – gases – da mesma forma o será no outro, porque constitui operação indispensável à realização das próprias vendas, independente de quem sejam os proprietários dos recipientes.
> II – Ofensa ao art. 8º, §1º do Decreto-lei nº 406, de 1968, não caracterizada. Dissídio pretoriano não demonstrado com observância do art. 255 e parágrafos do Regimento Interno desta Corte.
> III – Recurso Especial não conhecido. (REsp nº 31.543-1 – un. – 2ª T. – Rel. Min. Pádua Ribeiro – j. 28.9.94 – *DJU* de 31.11.94, p. 29.484/5)

> Tributário. ICMS. Gases fornecidos em cilindros de aço. Pretensão em face da diversidade das operações (fabricação, acondicionamento e venda) de recolher separadamente o IPI, ISS e ICM. Decreto-lei 406/68 (art. 8º, §2º – Lista anexa – itens 40, 41 e 47) – Decreto-lei 834/69.
> 1 – Na comercialização dos gases (oxigênio, argônico, acetileno, etc.) necessariamente acondicionados em cilindros de aço, não se dissocia o preço de venda daquele apropriado aos "serviços", contemplando uma única realidade, atraindo a incidência do ICMS, tendo como base de cálculo o "valor da operação", abrangendo aqueles serviços incluídos na "circulação das mercadorias".
> 2 – Precedente jurisprudencial.

3 – Recurso improvido. (REsp nº 37.291-7-SP – 1ª T. – Rel. Min. Milton Luiz Pereira – j. 22.3.95 – *DJU* 1 de 23.4.95, p. 10.836)

STF. ICMS. Faturamento de mercadoria e serviço.

Se a hipótese versa sobre faturamento de mercadoria e serviço – fornecimento de gás e conservação de cilindros, com acondicionamento em enchimento especial – há de se atentar para a lista de que cogita o Decreto-Lei nº 406/68. Não consta desta os citados serviços como sujeitos à incidência do Imposto sobre Serviços, descabe cogitar de dupla tributação ou de invasão de competência tributária reservada ao município. (Ag. Rg. em AG nº 166.138-1-SP – 2ª T. – Rel. Min. Marco Aurélio – j. 15.12.95 – *DJU* 1 de 8.3.96, p. 6.225)

## 1.19.7 Construção civil

## 1.19.7.1 Conceito

A conceituação de uma obra como "construção civil", para fins de responsabilidades e obrigações (civis e tributárias), deve ser pesquisada e aplicada de conformidade com a legislação que regra as atividades de engenharia.

O Confea (Conselho Federal de Engenharia e Arquitetura) apresenta relação de atividades consideradas trabalhos ou obras de engenharia, arquitetura ou agrimensura, que deve ser utilizada como diretriz para consideração dos respectivos efeitos fiscais.

Bernardo Ribeiro de Moraes ensina que:

A expressão "construção civil" foi originada para fazer-se a distinção da engenharia em si, outrora entendida apenas como a engenharia militar, das demais. A História registra que a engenharia de guerra deu corpo a certa atividade técnica dedicada à construção de "engenhos", equipamentos bélicos ou militares. Mais tarde, a engenharia distinguiu outros tipos de construções, como as edificações de casas, fábricas, pontes, estradas, etc., qualificadas, então, de "civis".

Com o passar dos tempos, a expressão "engenharia civil", acompanhando a necessidade de especialização e de seus novos setores, desmembrou-se em vários campos técnicos especializados (civil, naval, mecânico, elétrico, químico, eletrônico, telecomunicações, industrial, de minas, etc.).

Procedendo à análise da *legislação tributária*, expôs que:

A expressão "e outras obras de engenharia" já constava da lista de serviços baixada pelo Decreto-lei nº 406, de 1968 (item VI). O Decreto-lei nº 834, de 1969, ao dar nova redação ao item examinado, preferiu utilizar a expressão "e outras obras semelhantes" (item 19). Trata-se de expressão genérica, que inclui no campo de incidência do ISS as demais obras de engenharia (conceito genérico de construção civil).

Esclarece que:

Obras semelhantes, citadas no item 19, referem-se a obras semelhantes às capituladas no referido item, isto é, a obras de construção civil e obras hidráulicas. Com tal expressão, o legislador não deixou de fora do campo de incidência do imposto municipal nenhuma obra da construção civil (sentido genérico). O item em apreço abrange, assim, as demais obras de construção civil, assim resumidas:

a) *as obras de terra,* assim entendidas as sondagens, as fundações e as escavações. São as obras de exame e preparo do terreno, trabalhos topográficos e geofísicos, fundação (parte integrante da construção, destinada a transmitir cargas ao terreno), refundação (substituição de uma fundação por outra), estaqueamento (fundação de estacas), escavações de desmontes, sondagem de reconhecimento etc.;

b) *as obras de construção de estradas e de logradouros públicos.* São as obras relativas à estrada de ferro (ferrovias), estrada de rodagem (rodovias), aberturas de caminhos, arruamentos, loteamentos, praças etc.;

c) *as obras de arte.* São construções relativas a pontes, viadutos, túneis, muros de arrimo (construção destinada a manter em equilíbrio o talude de terreno), mirantes, decorações arquitetônicas etc.;

d) *as obras de terraplenagem e de pavimentação.* São as obras de aterros, desaterros, pavimentação em geral (de estradas, ruas, praças ou qualquer outro espaço urbano ou rural) etc.

Relativamente às *atividades tangenciais à industrialização,* aponta como obras de engenharia:

e) *as obras de instalações e de montagem de unidades industriais e de estruturas em geral.* São as obras assentadas ao solo ou fixadas em edificações (incorporadas ao imóvel ou imobilizadas), tais como: instalações de máquinas, equipamentos ou aparelhos (fixação em certo local sem que percam a sua individualidade mesmo quando funcione em conjunto ou conectadas com outros elementos individuais, com o fim de colocar, interligar ou de dispor para funcionar um complexo ou unidade industrial).

As montagens de unidades industriais (reunião de diversos componentes, partes, peças, produtos individuados – para a formação de um produto novo ou unidade autônoma); e as estruturas em geral, tais como de madeira, metálicas ou de concreto armado. *O que traça de maneira incisiva o perfil de tais obras como categoria de construção (e não de industrialização) é o fato da operação fixar algo ao solo e ser efetuado fora do estabelecimento industrial* (Parecer Normativo nº 57 de 1973 da CST).[115]

A legislação do IPI, fundamentando-se na Portaria GB nº 80/70 do Ministro da Fazenda, estabelecera que o tributo não incide:

VII - na operação efetuada fora do estabelecimento industrial, consistente na reunião de produtos, peças ou partes e de que resulte:
a) edificação (casas, edifícios, pontes, hangares, galpões e semelhantes e suas coberturas);
b) instalações de oleodutos, usinas hidrelétricas, torres de refrigeração, estações e centrais telefônicas ou outros sistemas de telecomunicações e telefonia, estações, usinas e redes de distribuição de energia elétrica e semelhantes;
c) fixação de unidades ou complexos industriais ao solo. (RIPI, art. 5º)

A legislação nacional que dispõe sobre a lista de serviços tributáveis pelo ISS (LC nº 116/03) prevê:

7.02 – Execução, por administração, empreitada ou subempreitada, de obras de construção civil, hidráulica ou elétrica e de outras obras semelhantes, inclusive sondagem, perfuração

---

[115] MORAES, Bernardo Ribeiro de. *Doutrina e prática do ISS.* São Paulo: RT, 1984. p. 243-245.

de poços, escavação, drenagem e irrigação, terraplanagem, pavimentação, concretagem e a instalação e montagem de produtos, peças e equipamentos (exceto o fornecimento de mercadorias produzidas pelo prestador de serviços fora do local da prestação dos serviços, que fica sujeito ao ICMS); [...]
7.04 – Demolição;
7.05 – Reparação, conservação e reforma de edifícios, estradas, pontes, portos e congêneres (exceto o fornecimento de mercadorias produzidas pelo prestador dos serviços, fora do local da prestação dos serviços, que fica sujeito ao ICMS); [...]
7.17 – Escoramento, contenção de encostas e serviços congêneres.

O RICMS/SP/2000 (Anexo XI) dispôs o seguinte:

Art. 1º Considera-se empresa de construção civil, para fins de inscrição e cumprimento das demais obrigações fiscais previstas neste regulamento, toda pessoa, natural ou jurídica, que executar obras de construção civil, promovendo a circulação de mercadorias em seu próprio nome ou no de terceiro.
§1º Entendem-se por obras de construção civil, dentre outras, as adiante relacionadas, quando decorrentes de obras de engenharia civil:
1 – construção, demolição, reforma, ou reparação de prédios ou de outras edificações;
2 – construção e reparação de estradas de ferro ou de rodagem, incluindo os trabalhos concernentes às estruturas inferior e superior de estradas e obras de arte;
3 – construção e reparação de pontes, viadutos, logradouros públicos e outras obras de urbanismo;
4 – construção de sistemas de abastecimento de água e de saneamento;
5 – obras de terraplenagem, de pavimentação em geral;
6 – obras hidráulicas, marítimas ou fluviais;
7 – obras destinadas a geração e transmissão de energia, inclusive gás;
8 – obras de montagem e construção de estruturas em geral.
§2º O disposto neste anexo aplica-se também aos empreiteiros e subempreiteiros, responsáveis pela execução da obra, no todo ou em parte.

Relativamente à questão tributária, estabeleceu o seguinte:

Art. 2º O imposto não incide sobre (Decreto-Lei Federal 406/68, art. 8º, itens 32 e 34 da Lista de Serviços, na redação da Lei Complementar federal 56/87):
I – a execução de obra por administração sem fornecimento de material;
II – o fornecimento de material adquirido de terceiro pelo empreiteiro ou subempreiteiro para aplicação na obra;
III – a movimentação de material a que se refere o inciso anterior entre estabelecimentos do mesmo titular, entre estes e a obra ou de uma para outra obra;
IV – a saída de máquina, veículo, ferramenta ou utensílio para prestação de serviço em obra, desde que deva retornar ao estabelecimento do remetente.

O fato de as legislações estaduais, eventualmente, cuidarem da construção civil de modo diferente, ou mais sucinto, do que as resoluções do Confea, não apresentam maior problema no tocante à aplicação do ISS-ICMS-IPI, porque o conceito e os critérios técnicos embasam-se no respectivo órgão de classe, sendo certo, ademais, que não podem sobrepor-se à LC nº 116/03 (com *status* de lei nacional).

Em princípio, o ICMS não deverá incidir em quaisquer movimentações de bens relativos, ou necessários, às atividades da construção civil (como máquinas, equipamentos, ativo fixo etc.), salvo se forem produzidos pelo prestador de serviços fora do local da obra, isto é, no estabelecimento do próprio prestador ou em qualquer outro local.

Enquadram-se, nessa situação, o fornecimento para o canteiro de obras e a utilização nos serviços de construção civil, de quaisquer espécies de materiais (alvenaria, aço, madeira), e artigos (pisos, ladrilhos, vasos sanitários, chuveiros, pias, vidros para janelas, divisórias, box para banheiro, cozinha etc.).

Destaco posturas firmadas pela Fazenda paulista:
a) *lajes pré-moldadas de fabricação própria* – incidência do ICM sobre o valor total cobrado (despesas preliminares realizadas com medições, projetos estruturais, cálculos e desenhos), quer o produto seja fabricado em "linha", isto é medida *standard* (comum, sem nenhuma característica especial), quer elaborado sob encomenda, com características próprias;[116]
b) *poços artesianos* – não incidência do ICM, salvo quando ocorrer o fornecimento de mercadorias produzidas fora do local da obra pelo prestador do serviço;[117]
c) *vidro* – a venda de vidro com colocação se sujeita ao ICM; enquanto a colocação de vidro resultante da execução de contrato de empreitada ou subempreitada formalmente celebrado não é objeto de incidência do ICM, salvo quando o fornecedor tiver produzido fora do local da prestação do serviço;[118]
d) *abrigo e cobertura para autos* – não incidência do ICM se referida obra observou os seguintes requisitos: a) aprovação do projeto pelo órgão municipal competente; b) existência de contrato de empreitada ou subempreitada; e c) observância dos arts. 60 e 61 da Lei federal nº 5.194, de 24.12.66;[119]
e) *paredes divisórias* – incidência do ICM sobre a colocação dos referidos bens, com ou sem estantes, por não constituir serviço auxiliar ou complementar de construção civil, na medida em que não constam das plantas dos prédios.[120]
f) *construção civil – incorporação direta* – não há circulação de mercadoria tributável por ICMS, na incorporação imobiliária em que o incorporador realiza materialmente a execução da obra em terreno próprio ("obra própria") com a finalidade de futura alienação de unidades autônomas, assumindo os riscos pela venda da unidade pronta, ainda que haja a produção de materiais fora do local da obra pelo construtor/incorporador direto, uma vez que são destinados à obra própria.[121]

Importante considerar que a legislação (nacional, federal, estadual) não trata de incidência do ICMS sobre o montante dos bens fornecidos para a obra. O critério legal para exigência deste imposto reside exclusivamente no local em que fora produzido o bem aplicado na mencionada obra de construção civil.

---

[116] Parecer Normativo ICM nº 1/76.
[117] Consulta nº 8.415/75.
[118] Consulta nº 9.919/76.
[119] Consulta nº 13.699, de 12.11.79.
[120] Consulta nº 350, de 14.4.81.
[121] Consulta nº 18.461/18, de 10.12.18.

É até compreensível que, para um leigo em matéria jurídica, possa parecer estranho que uma obra integrada por materiais de relevância financeira não seja tributada pelo ICMS.

Acontece que o legislador caracteriza tais obras como de construção civil (sujeitas basicamente ao ISS), não conferindo relevância aos bens aplicados. É o que ocorre com os contratos de empreitada envolvendo aplicação de materiais e prestação de serviços, com a característica de "obrigação de fazer" (ISS), e não "obrigação de dar" (ICMS), como delineado em tópico anterior.

O TIT solucionou lide versando sobre tributação em fornecimento de linhas de transmissão, com instalação de postes que são fixados ao solo, com a colocação de cabos, ligando-os nos locais previamente acordados, e energizando-os, ou ligando-os, à rede de telefonia, afastando tal atividade do âmbito do ICM (Proc. DRT-5-5.876/88 – 5ª C. – sessão de 10.5.94 – *DOE* de 11.6.94).

As instalações e montagens (item 14.06 da lista anexa à LC nº 116/03) também podem sujeitar-se à exclusiva incidência do ISS – mesmo que as operações não sejam realizadas por empresa de construção civil –, desde que sejam observados os requisitos neles contidos.

### 1.19.7.2 Empreitada

### 1.19.7.2.1 Civil

O Código Civil de 1916 (arts. 1.237 e 1.247) e o Código Comercial (arts. 231 a 240) disciplinaram a empreitada, mas não a definiram, tendo o art. 610 do Código Civil de 2002 disposto que "o empreiteiro de uma obra pode contribuir para ela só com seu trabalho, ou com ele e os materiais".

Os demais preceitos (arts. 1.243, 1.245 e 1.246 do Código Civil de 1916, que correspondem aos arts. 616, 618 e 619 do Código Civil de 2002; e o arts. 231 a 240 do Código Comercial) permitem delinear o conceito de *empreitada* como sendo o contrato em que o empreiteiro se obriga a fazer, ou mandar fazer certa obra, fixando retribuição, mediante a execução do seu trabalho, ou este com os materiais indispensáveis.

Esta postura encontra o embasamento seguinte:

> No contrato de empreitada a sua finalidade não é de aquisição de materiais, mas a fabricação, a atividade do empreiteiro ou de quem trabalhe para ele, a obra. A intenção do comitente é a obtenção da obra, incluída a propriedade do material, ou se integrou na obra, ou a ela se ligou como pertença.[122]

> Locação de obra ou empreitada é o contrato pelo qual um dos contratantes (empreiteiro) se obriga, sem subordinação ou dependência, a realizar, pessoalmente (ou por meio de terceiro), certa obra para outro (dono da obra ou comitente), com material próprio ou por este fornecido, mediante remuneração determinada ou proporcional ao trabalho executado.[123]

---

[122] MIRANDA, Pontes de. *Tratado de direito privado*. Rio de Janeiro: Borsoi, 1963. t. XLIV. p. 375 e seguintes.
[123] DINIZ, Maria Helena. *Curso de direito civil brasileiro*. São Paulo: Saraiva, [s.d.].

A empreitada concerne a uma obrigação de "fazer" (executar) determinada obra (perfeita e acabada), mediante encomenda, com o emprego de mão de obra, e (em muitos casos) a aplicação e utilização de bens materiais, revelando natureza específica e infungível.

A *empreitada* não se confunde com a simples *prestação de serviços* (mera atividade prometida pelo prestador); nem com a *compra e venda* e com o *fornecimento*, que configuram obrigações de "dar", em que os bens são genéricos e fungíveis, e a qualidade dos serviços é secundária.[124]

Parecem nítidas e distintas as figuras da "empreitada" e da "compra e venda", pois, no primeiro negócio, evidencia-se uma *obrigação de fazer* (prestação de serviços), apesar de poderem ser fornecidos materiais; enquanto no segundo negócio salienta-se a *obrigação de dar* (operação mercantil), mediante a entrega de mercadorias, ainda que tenham sido objeto de elaboração.

Tendo em vista as repercussões tributárias, foram apontadas as finalidades seguintes:

> No contrato de empreitada, a motivação do contrato é a realização da obra. As partes contratantes concentram seus esforços, um na execução da obra, o outro na obtenção de recursos para pagá-la e recebê-la. Na compra e venda mercantil a motivação do contrato é a transferência do domínio da coisa móvel (mercadoria). Assim, na empreitada a obrigação inerente ao contrato é uma obrigação de fazer, ou seja, um serviço a que se obriga o empreiteiro. Na compra e venda mercantil, a obrigação do vendedor é uma obrigação de dar, ou seja, transferir o domínio da coisa (mercadoria) ao comprador.[125]

As diversas modalidades desse negócio jurídico, incluindo as formas de pagamento, compreendem o seguinte:
 a) *empreitada de material*, em que o empreiteiro concorre com a mão de obra e os materiais, correndo ambos por sua conta;
 b) *empreitada de lavor*, em que o empreiteiro entra exclusivamente com o trabalho, recebendo do dono da obra os materiais;
 c) *contrato misto* (empreitada de material, lavor e administração) é aquele em que se conjugam essas duas espécies de ajuste;
 d) *empreitada por preço global* é aquela em que ocorre a fixação antecipada do custo da obra para a sua totalidade, podendo o pagamento ser realizado parceladamente nas datas ou etapas indicadas no contrato;
 e) *empreitada por preço unitário* é aquela em que se contrata a execução de unidades ou etapas de uma obra, por remuneração certa para essas frações ou partes do todo;
 f) *empreitada integral* é aquela na qual se contrata a empreitada em sua integralidade, abrangendo todas as etapas da obra, serviços e instalações necessárias, sob inteira responsabilidade do contratado até a sua entrega ao contratante em condições de entrada em operação.[126]

---

[124] VENOSA, Silvio dos Santos. *Manual dos contratos e obrigações unilaterais de vontade*. São Paulo: Atlas, 1997. p. 151-152.
[125] CAMPOS, Roberto de Siqueira. Empreitada de construção civil com fornecimento fora do local da obra. Inconstitucionalidade e ilegalidade da incidência do ICM sobre o material. *Revista de Direito Tributário*, São Paulo, v. 45. p. 237-320.
[126] MEIRELLES, Hely Lopes. *Direito de construir*. 2. ed. São Paulo: RT, 1965.

## 1.19.7.2.2 EPC

No sistema de realização de obra pública tem sido previsto o

*gerenciamento* para os grandes e complexos empreendimentos, o qual consiste na retenção das funções decisórias e de custeio pela Administração Pública, e na transferência de todas as atividades executivas e técnicas necessárias à realização da obra a uma empresa especializada, que cuidará dos projetos, contratações e acompanhamento da execução até a conclusão dos trabalhos objetivados, possibilitando a combinação de vários regimes de execução, principalmente a empreitada e a administração contratada.[127]

Essas atividades assemelham-se ao *mandato* (art. 1.288 do Código Civil de 1916, e art. 653 do Código Civil de 2002), qualificado como o negócio em que alguém recebe de outrem (dono da obra) poderes para, em seu nome, praticar atos ou administrar interesses. Não se caracterizaria o mandato mercantil pelo fato de o mandante não agir na qualidade de comerciante.

O EPC (*Engineering, Procurement and Contracts Construction*), previsto no direito estrangeiro, tem sido utilizado para a construção de obras de grande porte, compreendendo a realização de diversas relações contratuais, entre o dono da obra, o empreiteiro, demais prestadores de serviços (mão de obra), e fornecedores de bens, envolvendo multiplicidade de direitos e obrigações.

O *engineering* é o contrato pelo qual um dos contratantes (empresa de engenharia) se obriga não só a apresentar projeto para a instalação de indústria, mas também a dirigir a construção dessa indústria a pô-la em funcionamento, entregando-a ao outro (pessoa ou sociedade interessada), que, por sua vez, se compromete a colocar todos os materiais e máquinas à disposição da empresa de engenharia a lhe pagar os honorários convencionados, reembolsando, ainda, as despesas feitas.[128]

Como modalidade, encontra-se o *commercial engineering*, que abrange, além da etapa de estudo, uma fase de execução, ou seja, a construção e a entrega de uma instalação industrial em funcionamento; trata-se dos chamados contratos de *turn key* ou *clé en main*. É um contrato de compra e venda de equipamento industrial já instalado, acionado, testado e agilizado na produção, pois o vendedor deverá, além de entregar o referido equipamento vendido, fornecer a tecnologia de sua utilização, treinar o pessoal do contratante e prestar assistência técnica.[129]

O *EPC* apresenta certa similaridade com os contratos de empreitada, divergindo quanto à distribuição de obrigações e riscos, porque na empreitada global o empreiteiro fornece materiais e mão de obra, enquanto no *EPC* certas obrigações podem ser assumidas (parcialmente) pelo dono da obra, relativamente a específicos fornecimentos de materiais etc. (exemplo: na usina térmica, o dono da obra se obriga a fornecer certos materiais e equipamentos pertinentes às turbinas de geração, ao passo que ao empreiteiro competiria o fornecimento de demais bens e mão de obra, atribuindo-se as obrigações e garantias respectivas).

No *EPC* pode ser entendido que o epicista (contratado) desempenha complexas atividades (demandando inúmeras relações jurídicas), que poderiam qualificá-lo como

---

[127] MEIRELLES, Hely Lopes. *Direito de construir*. 2. ed. São Paulo: RT, 1965. p. 161.
[128] DINIZ, Maria Helena. *Tratado teórico e prático dos contratos*. 4. ed. São Paulo: Saraiva, 2002.
[129] DINIZ, Maria Helena. *Tratado teórico e prático dos contratos*. 4. ed. São Paulo: Saraiva, 2002. p. 66.

empreiteiro por obrigar-se a construir uma obra de grande porte; proceder à montagem e ao fornecimento dos equipamentos (desenho, projeto, construção, fornecimento).

O Código Civil de 2002 não regula o *EPC*, tratando-se de negócio atípico (ou inominado), constituído por elementos originais, ou resultante da função de elementos característicos de outros contratos, acarretando certas combinações, em que resultam os chamados contratos mistos, que aliam a tipicidade à atipicidade.

### 1.19.7.2.3 Industrial

Significativo estudo específico a respeito das *empreitadas industriais*, em caso de fornecimento sob encomenda de artefatos mecânicos, com a obrigação de efetuar a montagem e instalação no local do prédio, onde devam ser definitivamente utilizados.

Nesse sentido, fora assinalado que o contratante não possuía linha padronizada de produtos, sendo cada artefato (elevador, ponte rolante, escada rolante) especialmente projetado e executado para se adaptar às peculiaridades do prédio, obra ou instalação em que se integra, firmou a convicção de que se caracterizava como autêntica "empreiteira", eis que não vende, propriamente, os produtos, mas trabalha estritamente sob encomenda, na forma de *empreitada de fabricação, montagem e instalação*, entregando o bem, em funcionamento, no imóvel a cujos usuários servirá.[130]

Repele orientação doutrinária já superada em face do direito positivo, calcada no critério ou *standard* da preponderância da utilidade fornecida: se de materiais, trata-se de compra e venda; se serviço, "empreitada", totalmente insegura, repleta de dificuldades, subordinada ao subjetivismo das partes. E, com clareza, assevera que:

> As partes se irmanam numa unidade de propósitos, que é o de alienação da coisa (venda) ou de produção da obra (empreitada). Serviços e materiais constituem em ambas, uma unidade funcional e indestrutível. De *per si*, destacados os serviços e os bens não interessam a nenhuma, nem teria, em princípio, qualquer utilidade econômica para o fim visado. Reunidos, passando a integrar uma nova realidade, material ou intelectual, é que adquirem significado perante as partes.

Pondera, por fim, que:

> A intenção das partes, tanto da consulente, quanto dos seus comitentes, é a da produção dos materiais que a integram (as chapas de aço, a fiação elétrica, os motores, os cabos, as portas, os trilhos e as demais peças componentes dos produtos, os materiais), são, pois, nesta hipótese, os meios necessários à consecução do resultado e não, considerados, em si mesmos, o objeto da construção.[131]

De tudo resulta que a aplicação dos materiais nos contratos de empreitada é de todo irrelevante para caracterizar venda de mercadorias, uma vez que o objeto principal consiste na "prestação de serviço", um "fazer" determinado, específico, infungível, sob encomenda.

---

[130] DÓRIA, Antônio Roberto Sampaio. Empreitadas industriais e regime de apuração de lucros. *Revista de Direito Público*, São Paulo, v. 19. p. 336-355.

[131] DÓRIA, Antônio Roberto Sampaio. Empreitadas industriais e regime de apuração de lucros. *Revista de Direito Público*, São Paulo, v. 19. p 351.

A natureza jurídica da atividade "serviço" não é alterada pelo tipo de maquinário utilizado, pela eventual vultuosidade dos bens utilizados, pelas instalações do contratante, havendo fundamento jurídico para se afirmar que os bens elaborados sob encomenda específica, como elevadores, escadas rolantes, pontes rolantes, motores marítimos e laminadores não deveriam se sujeitar à incidência do IPI, porque o encomendante não procura uma coisa pronta e acabada, mas uma utilidade corpórea, específica e infungível.

Infelizmente, os preceitos, as regras contidas na legislação ordinária, e em meros regulamentos, tolhem a visão científica decorrente dos princípios e normas constitucionais, caracterizando como sujeitas ao IPI típicas atividades de prestação de serviços.

### 1.19.7.3 Argamassa e concreto

I – Aspectos técnicos

A *argamassa* compreende-se nos serviços auxiliares ou complementares da construção civil, consistente na preparação, dosagem e mistura (durante o trajeto e na própria obra), transporte efetuado em caminhão betoneira e aplicação na obra.

Como referido em qualquer dicionário, enciclopédia ou obra especializada, *concreto* é uma mistura de componentes heterogêneos – água, cimento, pedra, areia etc. (*como assemelhado à argamassa*).[132]

Tendo em vista a diversidade de forma que pode assumir, sua preparação deve ser especializada, pois existem "concretos plásticos ou hidrocarbonados", "concretos rígidos ou hidráulicos", subdivididos em "concretos comuns", "ciclópicos", "leves" (celular ou poroso), e "armados" (simples e protendido), com ou sem aderência, variando, também, "o traço ou dosagem", a consistência ou trabalhabilidade, qualidade dos agregados, atividade do cimento. Também massas úmidas (argamassas), "gorda" ou "magra", na dependência da relação entre ligantes e agregados (*vide* ampla bibliografia técnica demonstrando a influência respectiva das várias formas assumidas pelo concreto e dos vários fatores técnicos citados na qualidade do serviço e na resistência final da obra).[133]

A mistura dos componentes é procedida em moedeiras próprias, acopladas sobre carretas ou caminhões especiais que efetivam a agitação, por meio de constante movimento circular, para compor o concreto (argamassa) fresco, evitando sua estabilização no trajeto entre a usina (onde são colhidos os materiais saídos e separados nas proporções tecnicamente determinadas) e a obra, como são conhecidos os caminhões-betoneira. Nesses veículos é processada a mistura dos componentes sólidos, aos quais é agregada, na ocasião própria (geralmente momentos antes da utilização da massa e água necessária).[134]

---

[132] AULETE, Caldas. *Dicionário Contemporâneo da Língua Portuguesa*. Rio de Janeiro: Delta, 1958. v. 2. p. 1.075; SILVA, Antonio de Morais. *Grande Dicionário da Língua Portuguesa*. [s.l.]: Confluência, 1951. v. 3. p. 359; *Grand Larousse Encyclopedique*. [s.l.]: Larousse, 1960. v. 2. p. 107; e *Encyclopedia Britânica*. Chicago: Universidade de Chicago, 1966. v. 6. p. 263.

[133] LEMOS, Maurício Cardoso; PAULO, João Evangelista de. *Concretos hidráulicos*. [s.l.]: [s.n.], 1961. p. 8 e seguintes; SILVA JUNIOR, Jayme Ferreira da. *Contribuição para o estudo da dosagem dos concretos*. [s.l.]: [s.n.], 1954. p. 2-4; VAN LANGENDONCK, Telemaco. *Cálculo de concreto armado*. [s.l.]: [s.n.], 1954. p. 140 e seguintes.

[134] Estudo de TORRES, Ary F.; ROSMAN, Carlos Eduardo. *Método para dosagem racional do concreto*. [s.l.]: [s.n.], 1956, p. 12 e seguintes.

Assim, destaca-se o aspecto do serviço designado como "fixação da relação água-aglomerante", ou seja, adequada dosagem da água necessária à obtenção da massa correspondente à específica aplicação do concreto. Desta relação, concluída no canteiro da obra, tendo em vista o tipo de equipamento utilizado, decorre a consistência da mistura (seca, plástica ou fluida), relacionada à resistência desejada em cada obra.

A massa úmida é retirada da betoneira para sujeitar-se à hidratação (reação química entre o aglomerante e a água), com a consequente solidificação da massa. Após a aplicação desta, ocorre o período da "pega" (duração de várias horas), com a fase de "endurecimento", quando se considera terminada a "cura".

Cabe uma última citação:

> A tecnologia do concreto comum é um ramo da engenharia dos materiais ... um concreto adequado para pequenos reparos canteiros podem ser feito por amadores; mas o planejamento e a construção de estruturas de concreto é uma combinação de ciência, arte e experiência, que só deve ser praticada por profissionais habilitados na tecnologia do concreto.[135]

Trata-se de atuação auxiliar na execução da obra, substituindo com técnica mais avançada serviços que tradicionalmente eram executados unicamente no canteiro de obras.

Ademais, envolve a responsabilidade da prestadora dos serviços no tocante às especificações técnicas e qualidade do material, ressaltando o trabalho (preparação da massa) sobre o resultado material, sendo necessário o controle dos órgãos governamentais (Crea, Confea) que sempre consideram estas empresas prestadoras de serviços como empresas de engenharia.

*Argamassa*, assim como o correspondente *concreto*, é definida como mistura, em proporções adequadas, para o caso de um ligante (cimento, cal etc.), e de alguns agregados (areia, pedra), adicionando-se água aplicada de acordo com recomendações técnicas (Normas para Execução e Cálculo de Concreto Armado – Decreto-Lei nº 2.773, de 11.11.40).

Tais bens não são, normalmente, elaborados e vendidos fora do local da obra, uma vez que sua preparação começa na usina (com a mistura dos componentes), completando-se na obra, pelo processo de aplicação e cura. Nesse ínterim, há tão só massa úmida sem características definidas.

O objeto da contratação é, basicamente, o trabalho técnico, o serviço das empresas, caracterizando-se um autêntico "fazer", levando-se em consideração a prestação ou fruição de uma utilidade a alguém, o resultado do trabalho.

É induvidoso tratar-se de uma autêntica empreitada – obrigação de fazer – mediante retribuição, obra determinada, com fornecimento de trabalho materializado (argamassa ou concreto), de conformidade com o art. 1.237 do Código Civil.

II – Doutrina

Eminentes tributaristas entenderam que a concretagem sempre se sujeita à incidência do ISS, o que se aplica integralmente à argamassa, como se observa das

---

[135] *Encyclopedia Britânica*, verbete "concreto".

lições seguintes: "Em verdade, a concretagem não é mercadoria, mas um serviço (típico de Construção Civil) técnico, reconhecido por lei federal e executado somente por profissionais registrados no Conselho Regional de Engenharia e Arquitetura";[136] "A concretagem, portanto, é uma etapa ou fase da construção civil, a que as normas tributárias aludem com freqüência e a sujeita exclusivamente ao I.S.S";[137] "A atividade exercida pela consulente (empresa de concretagem) quer pela sua natureza, quer pela qualificação da legislação, tanto profissional como fiscal, é tipicamente de venda de serviço e não venda de mercadoria" e[138]

> Na hipótese versada neste parecer, afigura-se claro que o objeto de contrato de empreitada é, essencialmente, o fornecimento de serviços técnicos especializados, vale dizer, a composição convenientemente dosada e misturada de certos materiais, e não os materiais em si (cimento, pedra, areia e água), que, isoladamente, não atendem às exigências específicas do comitente. [...]
> E o objeto, que resulta desta atuação de serviços sobre materiais, não tem a natureza de mercadoria, que pudesse ser gravada pelo I.C.M.[139]

III – Jurisprudência

O Judiciário, de longa data, repeliu a incidência do ICM/ICMS sobre as atividades pertinentes ao concreto, tendo o STJ fixado a diretriz seguinte:

> o fornecimento de concreto, por empreitada, para construção civil, preparado no trajeto até a obra em betoneiras acopladas a caminhões, é prestação de serviço, sujeitando-se apenas à incidência do ISS. (Súmula nº 167)

O TJSP observou o critério seguinte:

> Imposto – Circulação de mercadorias – Fornecimento de argamassa para construção civil – Prestação de serviços técnicos – Sujeição ao ISS – Sentença confirmada – Recurso não provido. [...] a situação retratada nos autos não difere daquela concernente à não incidência do ICM sobre o fornecimento de concreto para a construção civil, preparado em betoneiras acopladas em caminhões, firmando-se a jurisprudência, inclusive do Supremo Tribunal Federal, que atividade dessa natureza, ainda que prestada por empresa especializada, envolve prestação de serviços e não está sujeita ao ICM, mas apenas ao ISS (*RTJ* vols. 77/959, 94/393, 95/689 e 97/925, Tribunal de Justiça de São Paulo, Apelações nºs 42.872-2 e 14.291-2). O fato de se tratar de fornecimento de argamassa não modifica os dados da equação, pois a atividade tributada indevidamente continua sendo a prestação de serviços técnicos (exata dosagem da mistura de cal e areia), apenas diferindo das hipóteses de fornecimento de concreto porque nestas há o acréscimo de mais dois ingredientes à massa (cimento e brita), inexistentes na argamassa. Contudo, a atividade essencial é a prestação de serviços, consistentes na adequada dosagem dos materiais componentes da

---

[136] MORAES, Bernardo Ribeiro de. *Doutrina e prática do ISS*. São Paulo: RT, 1984. p. 248-249.
[137] MEIRELLES, Hely Lopes. Imposto devido por serviços de concretagem. *Revista dos Tribunais*, São Paulo, v. 453. p. 45.
[138] NOGUEIRA, Ruy Barbosa. Prestação de serviços e venda de mercadorias. *Revista de Direito Público*, São Paulo, v. 8. p. 79-87.
[139] LEAL, Vítor Nunes. Incidência do ISS, com exclusão do ICM, nos serviços de concretagem por empreitada. *Revista de Direito Tributário*, São Paulo, v. 7/8. p. 29.

massa, em atinência às especificações técnicas recomendadas para cada caso. (Ap. Civ. nº 149.711-2 – 16ª C.C. – Rel. Des. Marcello Mota – j. 7.3.90 – *RJTJESP*, v. 124, p. 122/3)

O STJ também afastou o ICMS:

Tributário – ISS – Construção civil – Fornecimento de argamassa (DL 406/68 – Tabela anexa – item 32). O preparo e fornecimento de argamassa para construção civil, mediante empreitada, é serviço da mesma natureza jurídica que a elaboração de concreto, em iguais circunstâncias. A suposta qualificação técnica diferenciada, no fornecimento de concreto é irrelevante, para fins de incidência do ISS (Tabela anexa ao DL 406/68 – item 32). (REsp nº 11.979-0-SP – 1ª T. – un. – Rel. Min. Humberto Gomes de Barros – j. 28.4.93 – *DJU* de 24.5.93, p. 9.080)

A Fazenda paulista firma posição de que o fornecimento da mercadoria (argamassa comum), que não tem qualquer relação com a execução de empreitada ou subempreitada, ou de serviços auxiliares ou complementares à construção civil, ou não seja produzida e fornecida no local da prestação de serviços, representa simples circulação de mercadorias, sujeita ao ICMS.[140]

## 1.19.8 Central telefônica

A instalação de uma central telefônica suscitou acirrada controvérsia, em termos de natureza jurídica para fins de incidência tributária (ISS ou ICM-IPI), à luz dos conceitos técnicos (ou industriais), de referida atividade, e de conformidade com a legislação vigente à época (DLs nºs 406/68 e 834/69).

A *montagem* era caracterizada como processo de industrialização consistente na reunião de componentes, partes e peças, objetivando um produto novo, autônomo e com funcionamento e finalidade diversas de cada um dos bens que o integraram.

A *instalação* compreendia atividade posterior à montagem, consistente na colocação ou fixação dos bens necessários para uma certa obra, demandando um projeto de engenharia específico.

Relativamente à central telefônica, argumentou-se que tal obra exigia para sua execução um projeto específico, visando seu dimensionamento em função do tráfego previsto e limites toleráveis de congestionamento, previsão de demanda de assinantes, cálculos de transmissão, interligação com as redes adjacentes ou de longa distância e uma série de projetos complementares (plantas de localização, de ferragens, suprimento e distribuição de corrente contínua e de sinalização, cálculo de acumuladores etc.).[141]

O TJSP decidiu o seguinte:

Imposto – Circulação de mercadorias – Instalação de centrais telefônicas e outros sistemas de telecomunicações e telefonia – Atividade definida como construção civil – Considerações a respeito – Enquadramento no item 19 da lista anexa ao Decreto-lei Fed. nº 834, de 1969 – ISS como tributo devido – Recurso não provido. (Ap. Civ. nº 46.898-2 – 14ª C.C. – Rel. Des. Dinio Garcia – j. 6.9.83 – *RTJESP*, v. 86, p. 219/222)

---

[140] Decisão Normativa CAT nº 3, de 16.8.2002.
[141] AKSELRAD, Moisés. *Conceitos, estudos e prática de direito tributário*. São Paulo: LTr, 1980. p. 189-198.

O acórdão assentou que a empresa, ao mesmo tempo em que vendia equipamentos vários aos concessionários de serviços telefônicos, com eles contratava prestação de serviços atinentes à instalação de centrais telefônicas, ou a ampliação de unidades já existentes, estabelecidos separadamente, o preço da venda e a retribuição dos serviços, e recolhidos sobre aquele o ICM e sobre o último o ISS.

O TJSP asseverou ser

> perfeitamente possível que à compra e venda de determinados bens se acrescente contrato de locação de serviços referentes à instalação, conservação ou alteração desses mesmos bens (cf. Pontes de Miranda, "Tratado de Direito Privado", 39/45 e seguintes) ou mesmo contrato de empreitada (cf. Pontes de Miranda, ob. cit., 44/378). A opção entre a compra e venda, em que a empreitada ou a prestação de serviços constitua simples acessório, e o ajuste de contratos separados de compra e venda e de locação de serviços, ou empreitada, está reservada à autonomia de vontade que desfruta o contribuinte.

Seguem as lições de Hely Lopes Meirelles, *verbis*: "*Construção* é o gênero do qual a *edificação* é a espécie. Construção, como realização material, é toda obra executada intencionalmente pelo homem; edificação é a obra destinada à habitação, trabalho, culto, ensino ou recreação".[142]

## 1.19.9 Filmes e *videotapes*

As atividades relativas aos bens em epígrafe têm implicado controvérsia jurisprudencial, na medida em que se compreendam como serviços ou comercialização.

A lista de serviços (anexa à LC nº 56/87) estabelecera:

> 63 – Gravação e distribuição de filmes e videotapes.

O STJ (ambas as Turmas) decidira na forma constante das ementas seguintes:

> ICMS – Distribuição e gravação de filmes e vídeos – Impossibilidade de sua incidência. A gravação e distribuição de filmes e vídeos estão incluídas no item 63 da lista de serviços tributados pelo ISS constante da Lei Complementar nº 56/87, sendo ilegítima a incidência do ICMS. Recurso improvido. (REsp nº 40.121-6 – 1ª T. – Rel. Min. Garcia Vieira – j. 6.12.93 – *DJU* de 21.2.94, p. 21.401)

> Tributário. Gravação e distribuição de filmes e videotapes. Incidência do ISS e não do ICMS. Estando a atividade ligada à gravação e distribuição de filmes e videotapes incluída na competência dos municípios, não pode sofrer a incidência do ICMS. (REsp nº 35.876-0 – 2ª T. – Rel. Min. Helio Mosimann – j. 8.6.94 – *DJU* de 1º.8.94, p. 18.615)

Em decorrência, assentou a diretriz seguinte:

> O ICMS não incide na gravação e distribuição de filmes e videotapes. (Súmula nº 135, aprovada pela 1ª S. – *DJU* 1 de 16.5.95, p. 13.549)

---

[142] MEIRELLES, Hely Lopes. *Direito de construir*. 2. ed. São Paulo: RT, 1965. p. 170.

A gravação, a distribuição e a locação de filmes e *videotapes* seriam caracterizadas como prestação de serviço em razão do que o vocábulo "distribuição" não teria nenhuma incompatibilidade com a comercialização dos filmes, distribuídos por meio de fitas gravadas (incidência exclusiva do ISS).

O STJ, interpretando a Súmula nº 135, entendeu que as fitas de vídeo produzidas em série e vendidas ao público em geral caracterizam-se como mercadorias, incidindo, assim, o ICMS na venda de cada fita. Contudo, quando produzidas por encomenda para atender a um cliente específico, aí sim, tem-se uma prestação de serviço, devendo incidir o ISS. Precedentes citados do STF: RE nº 191.732-SP – *DJU* de 18.6.99; do STJ: REsp nº 226.794-SP – *DJU* de 8.10.2001; REsp nº 472.984-SP – 2ª T. – Rel. Min. Eliana Calmon – j. 13.4.2004 – *Informativo STJ*, n. 205, de 12 a 16.4.2004, p. 2.

No Projeto da Lei Complementar nº 116, de 31.7.2003, o Presidente da República vetou a inclusão do item "31.01 (produção, gravação, edição, legendagem e distribuição de filmes, *videotapes*, discos, fitas cassete, *compact disc, digital video disc* e congêneres)".

Na Mensagem nº 362 da mesma data, o presidente argumentou que:

> O STF, no julgamento dos RREE nº 179.560-SP, nº 194.705-SP e nº 196.856-SP, cujo relator foi o Ministro Ilmar Galvão, decidiu que é legítima a incidência do ICMS sobre comercialização de filmes para videocassete, porquanto, nesta hipótese, a operação se qualifica como de circulação de mercadoria [...].

A comercialização, por outro lado, significa a compra de filmes e vídeos, tipificando autêntico ato mercantil, inclusive a venda de máquinas e outros equipamentos, esta sim tributada pelo ICMS.

### 1.19.10 Gráficas

Referidas atividades encontravam-se relacionadas na lista de serviços (DL nº 406/68), na forma seguinte:

> 53 – Composição gráfica, clicheria, zincografia, litografia e fotolitografia.

O STF pacificou aparente conflito tributário no sentido de que "os serviços de composição gráfica (feitura e impressão de notas fiscais, talões, cartões etc.) sujeitam-se apenas ao ISS", ressaltando que:

> Nos casos de tipografia, posto que empreguem nos seus serviços tintas, papel e ingredientes outros, ficam eles absorvidos com a impressão realizada; perdem o seu valor comercial; não são eles vendidos como bens corpóreos, merecendo, pois, ser tributado o serviço prestado, o qual, como é expressa a lei, afasta a incidência dos outros. (RE nº 84.387-SP – 2ª T. – Rel. Min. Thompson Flores – j. 18.6.76)

A Fazenda paulista, considerando diretriz firmada no sentido da incidência do ICM nas saídas de impressos gráficos (Decisão Normativa CAT nº 2, de 16.11.78), e a postura da municipalidade (SP), relativamente à incidência do ISS, nos fornecimentos dos denominados "impressos personalizados", patenteando-se conflito de competências, expediu Portaria (CAT nº 54, de 16.10.81), estabelecendo o seguinte:

Art. 1º O Imposto sobre Circulação de Mercadorias deixará de ser exigido nas saídas, efetuadas por estabelecimentos gráficos de impressos personalizados, assim entendidos aqueles que se destinam a uso exclusivo do autor da encomenda, tais como talonários de notas fiscais e cartões de visitas.

Art. 2º Não se consideram impressos personalizados, para os efeitos do artigo anterior, aqueles que, mesmo contendo o nome do encomendante, se destinem a consumo na industrialização ou na comercialização, tais como rótulos, etiquetas e materiais de embalagem, ou para posterior distribuição, ainda que a título gratuito.

Mediante a celebração do Convênio ICM nº 11/82, a inexigibilidade do imposto estadual passou a ser considerada em todo o território nacional.

O STF, ainda, decidiu que:

A feitura de rótulos, fitas, etiquetas adesivas e de identificação de produtos e mercadorias, sob encomenda, e personalizadamente, é atividade de empresa gráfica sujeita ao ISS, o que não se desfigura por utilizá-los o cliente e encomendante na embalagem de produtos por ele fabricados e vendidos a terceiros. (RE nº 106.069-7 – 1ª T. – Rel. Min. Rafael Mayer – j. 11.10.85 – *RTJ*, v. 99, p. 398/400)

O advento da LC nº 56/87 praticamente não introduziu alteração na tributação das atividades gráficas, uma vez que o item 77, que trata das atividades em causa, apenas veio incluir a "fotocomposição" como sujeita à incidência exclusiva do ISS.

O STJ assentou a posição seguinte:

A prestação de serviço de composição gráfica personalizada e sob encomenda, ainda que envolva fornecimento de mercadorias, está sujeita, apenas ao ISS. (Súmula nº 156, aprovada pela 1ª S. – *DJU* 1 de 29.3.96, p. 9.546)

O STJ elucidou que:

Nos serviços de composição gráfica, inexiste distinção legal entre os personalizados encomendados e os genéricos destinados ao público, pelo que incide o ISS, considerando, outrossim, que, não obstante a Súm. n. 156-STJ, a personalização é sempre presumida. Precedentes citados: REsp 142.339-SP, *DJ* 26/3/2001; REsp 61.914-RS, *DJ* 22/5/1995, e REsp 89.385-SP, *DJ* 18/5/1988. (REsp nº 486.020-RS – 2ª T. – Rel. Min. Eliana Calmon – j. 1º.4.2004 – *Informativo STJ*, n. 204 de 29.3 a 9.5.2004, p. 1)

O TJSP também tem direcionado a questão sob os seguintes enfoques:
a) impressos personalizados compreendem as capas de disco, etiquetas e rótulos que se prestam ao uso exclusivo dos encomendantes, sendo irrelevante (como atividade de prestação de serviço) o fato de virem a incorporar-se a produtos que são comercializados (Ap. Civ. nº 128.587 (reexame) – 9ª C. C. – Rel. Des. Ferreira da Cruz – j. 14.4.88 – *Revista dos Tribunais*, v. 635, p. 209/210; e Ap. Civ. nº 98.916-2 – 16ª C. C. – Rel. Des. Nelson Schiesari – j. 18.12.85 – *RJTJESP*, v. 100, p. 133 e 134);
b) impressão gráfica aplicada sob encomenda em caixas para embalagem constitui trabalho gráfico que não pode ser considerado coisa acessória em relação à matéria-prima que o recebe, sobrepujando, na hipótese, o comércio

da caixa, com sujeição ao ISS, e não ao ICM (Embargos Infringentes nº 79.989-2 – 16ª C. C. – Rel. Des. Joaquim de Oliveira – j. 21.8.85 – *RJTJESP*, v. 97, p. 337/340).

No último aresto é salientado que:

> Embora a pintura em relação à tela, a escultura em relação à matéria-prima, ou o trabalho gráfico em relação à matéria-prima que os recebem, sejam, a rigor, acréscimos realizados pelo homem para melhorar o principal, o legislador civil não quis admitir fossem essas coisas havidas como acessórias, e, portanto, integrantes da categoria de benfeitoria. Em face da legislação civil, portanto, o trabalho gráfico não pode ser considerado coisa acessória em relação à matéria-prima que o recebe.

Acentua, outrossim, que:

> O encomendante é atraído pela execução do serviço gráfico e se transforma em consumidor final das coisas impressas, tanto que a imperfeição na execução do trabalho gráfico conduz à imprestabilidade do material, isto é, da caixa, da matéria-prima em que o trabalho é aplicado.

c) serviços sob encomenda e gratuita distribuição de embalagens, etiquetas, cartuchos, folhetos e similares, apesar de acompanharem mercadorias em revenda, sujeitam-se apenas ao ISS (Ap. Civ. nº 223.308-2 – 9ª C. C. – Rel. Des. Aldo Magalhães – j. 24.2.94 – *RJTJESP*, v. 153, p. 77/79).

A jurisprudência paulista também resolveu que:

> As operações realizadas por empresa que fornece produtos de *litografia*, feitos sob encomenda e personalizados, consistentes em placas ou plaquetas de metal destinadas a servir de rótulos ou etiquetas, para identificação da marca comercial e do produto fabricado pela empresa encomendante ou para indicação, orientação ou esclarecimentos de seus respectivos usuários, estão sujeitos tão somente ao ISS, excluídas, assim, da incidência do ICM. (Ap. Civ. nº 233.543-2 – 12ª C. C. – Rel. Des. Erix Ferreira – j. 31.5.94 – *Revista dos Tribunais*, v. 707, p. 70/74)

Todavia, manteve exigência do ICMS nas atividades de:

> Construção de peças, encomendadas por terceiros, destinadas a vincar e cortar papelão de modo a possibilitar a confecção de caixas, que serão impressas com as marcas dos encomendantes. (Ap. Civ. nº 223.779-2 – 9ª C. C. – Rel. Des. Mesquita de Paula – j. 3.3.94 – *RJTJESP*, v. 15, p. 501)

A Fazenda paulista entendera que "os talonários de cheques", como impressos personalizados, também se sujeitam ao ISS, e não ao ICMS, o mesmo não se verificando com a "serigrafia", por não se incluir entre os processos de impressão, sujeitos ao ISS, que deve ser considerada como industrialização na modalidade de "transformação", quando o estabelecimento procede à elaboração completa da faixa, cartaz ou placa, quer na forma de "beneficiamento", quando se der apenas a impressão (PN-CST nº 157/71).[143]

---

[143] Consulta nº 1.357/90, de 17.12.91, *Boletim Tributário*, v. 440, p. 439-442.

A LC nº 116/03 basicamente reproduziu as atividades constantes da LC nº 56/87 (item 77), especificando os serviços de "composição gráfica, fotocomposição, clicheria, zincografia, litografia, fotolitografia" (item 13.05).

Entretanto, os municípios interpretam o texto controvertido de modo a considerar permitida a tributação dos serviços de composição gráfica a título de ISS, ainda que a atividade represente mera etapa intermediária de processo produtivo de embalagens.

Diversas empresas contratam a produção de embalagens personalizada para acondicionamento de mercadorias. Além de atender a questões ligadas à logística, ao transporte e à propaganda, as embalagens muitas vezes também devem observar regulamentos estabelecidos por entidades técnicas e regulatórias, como a Agência Nacional de Vigilância Sanitária – Anvisa – e o Instituto Nacional de Metrologia, de Normalização e Certificação de Qualidade – Inmetro.

Os municípios cindem a composição gráfica do processo de industrialização e comercialização para fazer incidir o ISS de modo autônomo.

O STF, em âmbito cautelar, manifestou o entendimento seguinte:

> Constitucional. Tributário. Conflito entre Imposto sobre Serviços de Qualquer Natureza e Imposto sobre Operação de Circulação de Mercadoria e Serviços de Comunicação e de Transporte Intermunicipal e Interestadual. Produção de Embalagens sob Encomenda para posterior Industrialização (Serviços Gráficos).
> Ação Direta de Inconstitucionalidade Ajuizada para dar interpretação Conforme ao Art. 1º, *caput* e §2º, da Lei Complementar 116/2003 e o Subitem 13.05 da Lista de Serviços Anexa. Fixação da Incidência do ICMS e não do ISS.
> Medida Cautelar Deferida.
> Até o julgamento final e com eficácia apenas para o futuro (*ex nunc*), concede-se medida cautelar para interpretar o art. 1º, *caput* e §2º, da Lei Complementar 116/2003 e o subitem 13.05 da lista de serviços anexa, para reconhecer que o ISS não incide sobre operações de industrialização por encomenda de embalagens, destinadas a integração ou utilização direta em processo subsequente de industrialização ou de circulação de mercadoria. Presentes os requisitos constitucionais e legais, incidirá o ICMS. (Medida Cautelar na ADIn nº 4.389-DF – Plenário – Rel. Min. Joaquim Barbosa – j. 13.4.2011 – *DJe* de 24.5.2011)

A lide fora encerrada da forma seguinte:

> Ementa: DIREITO CONSTITUCIONAL. DIREITO TRIBUTÁRIO. AÇÃO DIRETA DE INCONSTITUCIONALIDADE. PERDA DO OBJETO. EXTINÇÃO DA AÇÃO SEM RESOLUÇÃO DO MÉRITO.
> 1. A jurisprudência do Supremo Tribunal Federal se firmou no sentido de que a revogação ou alteração substancial, que implique exaurimento da eficácia dos dispositivos questionados, resulta na perda de objeto da ação.
> 2. Perda superveniente do objeto. Extinção do processo sem resolução de mérito. (ADIn nº 4.389 – DF – Rel. Min. Luis Roberto Barroso – j. 6.2.18)

Em decorrência, decidira a respeito dos serviços de composição gráfica e customização de embalagens meramente acessórias à mercadoria, dispondo sobre obrigação de dar manifestamente preponderante sobre a obrigação de fazer, levando à conclusão de que o ICMS deve incidir na espécie:

[...] 2. A verificação da incidência nas hipóteses de industrialização por encomenda deve obedecer a dois critérios básicos: (i) verificar se a venda se opera a quem promoverá nova circulação do bem e (ii) caso o adquirente seja consumidor final, avaliar a preponderância entre o dar e o fazer mediante a averiguação de elementos de industrialização.
3. À luz dos critérios propostos, só haverá incidência do ISS nas situações em que a resposta ao primeiro item for negativa e se no segundo item o fazer preponderar sobre o dar.
4. A hipótese dos autos não revela a preponderância da obrigação de fazer em detrimento da obrigação de dar. Pelo contrário. A fabricação de embalagens é a atividade econômica específica explorada pela agravante. Prepondera o fornecimento dos bens em face da composição gráfica, que se afigura meramente acessória. Não há como conceber a prevalência da customização sobre a entrega do próprio bem. (Ag. Reg. no Agravo de Instrumento nº 803.296-SP – 1ª T. – Rel. Min. Dias Toffoli – j. 9.4.13 – DJe 7.6.13, p. 45)

A LC nº 157/16 (alterando a redação da LC nº 116/03), passou a dispor o seguinte:

Item 13.05 – Composição gráfica, inclusive confecção de impressos gráficos, fotocomposição, clicheria, zincografia, litografia e fotolitografia, exceto se destinados a posterior operação de comercialização ou industrialização, ainda que incorporados, de qualquer forma, a outra mercadoria que deva ser objeto de posterior circulação, tais como bulas, rótulos, etiquetas, caixas, cartuchos, embalagens e manuais técnicos e de instrução, *quando ficarão sujeitos ao ICMS.*

Importante destacar que o STJ sempre reconhecera a exclusiva incidência do ISS nos serviços de composição gráfica – especialmente na elaboração dos cartões magnéticos e de crédito (personalizados e sob encomenda), excluindo-se a incidência do ICMS (EDcl no AgRg no AREsp nº 103.409/RS – 2ª T. – Rel. Min. Humberto Martins – j. 12.6.12 – DJe de 18.6.12).

Nesse sentido, não descaracterizam a existência de um serviço gráfico:
a) a natureza física específica do suporte material, que tanto pode ser de papel, ou qualquer outro material de função similar;
b) o fato de o suporte material ser objeto de uma operação de beneficiamento, com a finalidade de aperfeiçoá-la para o desempenho de certas funcionalidades, como sucede com a aposição de tarja magnética, ou com a aposição de um *chip* eletrônico, destinados a permitir a leitura ou a interpretação de símbolos gravados no suporte por parte de terceiros;
c) a função do suporte material sobre o qual exerce a atividade gráfica, quer se trate de documentos (como sucede nos contratos sob exame), quer de livros, jornais, folhetos, rótulos, embalagens, etc., desde que a função em causa não faça perder o objeto a sua natureza de coisa infungível;
d) o processo técnico da aposição dos símbolos.

## 1.19.11 Programas de computador

### 1.19.11.1 *Software. Download*

A Lei federal nº 7.646, de 18.12.87, define o *software* como expressão de um conjunto organizado de instruções em linguagem natural ou codificada, contida em suporte físico de qualquer natureza, de emprego necessário em máquinas automáticas

de tratamento da informação, dispositivos, instrumentos ou equipamentos periféricos, baseados em técnica digital, para fazê-los funcionar de modo e fim determinados.
Registra-se que:

> Na área da informática, a computação exige o processamento de programas cuja elaboração pessoal requer do programador criatividade, isto é, um esforço intelectual, original em sua composição e em issa expressão. O conjunto de procedimentos necessários ao processamento de dados no computador, universalmente conhecido como *software*, indispensável ao seu funcionamento, depende de programas elaborados por especialistas e transmitidos ao computador em linguagem de máquina como comandos, em seqüência lógica de instruções e dados destinados a informar o usuário ou utente.[144]

Os programas de computador são protegidos pela Lei nº 9.610, de 19.2.98, art. 7º, XII, que regula os direitos autorais, considerando-se, ademais, que:

> Esse trabalho é atividade criativa de quem o executa e que o seu resultado é uma obra (serviço), original, que exige esforço intelectual da personalidade do seu criador. Admitido, como é, de resto, que a criação, na obra intelectual, pode consistir na forma de expressão, no padrão intelectual, assim como na coleta, seleção, subdivisão e arranjo criativo da matéria apresentada.[145]

A edição de *software* pode ser composta de: a) pagamento de direitos autorais ao criador do *software*, b) composição gráfica do manual para uso do *software*, c) encadernação do manual, d) serviços de processamento eletrônico de cópia do *software* em suporte magnético e proteção da cópia, e) acondicionamento dos materiais utilizados e f) garantia ao usuário final da legitimidade e perfeito funcionamento do *software* editado.

A atividade negocial pode se dar das formas seguintes:
a) fornecimento de *software* específico ou generalizado, comercial, industrial, educacional ou de uso pessoal, seja esse usuário pessoa física ou jurídica, tendo contratado ou não a implantação do referido *software* para uso em computador profissional ou pessoal;
b) colocação de *software* em estabelecimentos cuja finalidade é a de comercializar produtos de informática (computadores, formulários, acessórios), tendo esse estabelecimento contratado ou não os serviços de edição, para que seja divulgado o trabalho final a que se destina tal *software* (comercial, industrial, educacional ou de uso pessoal), e que a venda seja realizada para tal estabelecimento comercial ou usuário final, seja essa pessoa física ou jurídica, tendo tal estabelecimento incluído seus custos de divulgação no preço final ao usuário.

A Administração fazendária (SP) entendeu que as atividades descritas no item *a* se encontravam alcançadas pelo ISS (item 13 do DL nº 834/69), relativas à "programação".[146]

---

[144] GOMES, Orlando. *A proteção jurídica do software*. Rio de Janeiro: Forense, 1985.
[145] GOMES, Orlando. *A proteção jurídica do software*. Rio de Janeiro: Forense, 1985.
[146] Consulta nº 691/86, de 1º.6.87, *Boletim Tributário*, v. 458, p. 192-6.

Ao segundo tipo de *software* entendera existir característica de mercadoria a ser colocada no mercado para comercialização, em razão do que a saída desse *software* do estabelecimento fornecedor, gravado em suporte físico adequado (disco, fita, disquete etc.), seria tributada pelo ICM; o mesmo ocorrendo com o material de edição (manual, folhetos de apresentação, divulgação ou instrução relativos ao produto), que, eventualmente, acompanhasse a mercadoria.

Em outra oportunidade, firmara que, para efeito de determinação de base de cálculo do ICMS, o fornecedor deve considerar o valor total cobrado do adquirente do equipamento de telecomunicações, abrangendo o valor do sistema de *software* para utilização do computador nele integrado.[147]

A legislação (LC nº 56/87) tipificara referidas atividades no âmbito da prestação de serviços:

> Item 22 – Assessoria ou consultoria de qualquer natureza, não contida em outros itens desta Lista, organização, programação, planejamento, assessoria, processamento de dados, consultoria técnica, financeira ou administrativa. [...]
> Item 24 – Análises, inclusive de sistemas, exames, pesquisas e informações, coleta e processamento de dados de qualquer natureza.

O STF decidiu o seguinte:

> [...] II – RE: questão constitucional âmbito de incidência possível dos impostos previstos na Constituição: ICMS e mercadoria.
> Sendo a mercadoria o objeto material da norma de competência dos Estados para tributar--lhe a circulação, a controvérsia sobre se determinado bem constitui mercadoria é questão constitucional em que se pode fundar o recurso extraordinário.
> III – Programa de computador ("software"): tratamento tributário: distinção necessária.
> Não tendo por objeto uma mercadoria, mas um bem incorpóreo, sobre as operações de "licenciamento ou cessão do direito de uso de programas de computador – matéria exclusiva da lide –, efetivamente não podem os Estados instituir ICMS: dessa impossibilidade, entretanto, não resulta que, desde logo, se esteja também a subtrair do campo constitucional de incidência do ICMS a circulação de cópias ou exemplares dos programas de computador produzidos em série e comercializados no varejo – como a do chamado "software de prateleira" (*off the shelf*) –, os quais, materializando o *corpus mechanicum* da criação intelectual do programa, constituem mercadorias postas no comércio. (RE nº 176.626-3-SP – Rel. Min. Sepúlveda Pertence – 1ª T. – 10.11.98 – *DJU* 1 de 11.12.98, p. 10 e 11)

A tipificação tributária condicionara-se ao negócio jurídico realizado, ou seja, programa *standard* (produto acabado) – ICMS –, ou programas por encomenda, ou adaptado ao cliente – ISS.

A LC nº 116/03 contempla os "serviços de informática" (item 1), compreendendo atividades específicas (1.01 – análise e desenvolvimento de sistemas; 1.04 – elaboração de programas de computadores), que se afastam do âmbito de incidência do ICMS.

---

[147] Consultas nºs 719/90, de 28.5.93, *Boletim Tributário*, v. 501, p. 601-3, e 12.119/92, de 3.8.93, *Boletim Tributário*, v. 511, p. 660-2.

Neste âmbito deve ser considerado o seguinte:

*– Hardware*

Conjunto de componentes físicos (material eletrônico, placas, monitor, equipamentos periféricos etc.) de um computador.[148] Trata-se de equipamento em que os programas de computador (*software*) são executados. O computador qualifica-se como mercadoria, sujeitando-se à incidência do ICMS.

*– Mídia*

Consiste em qualquer método de armazenagem de dados digitais (conhecido como "suporte físico"), que serão lidos e processados pelo computador. Representa o meio físico de transporte e armazenagem do *software*.

Considerando que não existe *software* "pairando no ar", ou "em suspensão atmosférica"; a figura da mídia deve estar presente na cessão dos direitos intelectuais (salvo no caso de *download*) para se tornar perceptível e possuir funcionalidade.

O fornecimento do suporte físico não deveria ter relevância tributária, porque não está sendo realizada a venda de mercadoria, mas cedendo o direito ao uso do programa; como também não tem significação econômica em virtude de seu valor ser inexpressivo.

*– Instalação*

Compreende a atividade realizada em momento posterior à elaboração de um produto, consistente na colocação ou fixação dos bens necessários para certa obra, demandando projeto técnico específico (incidência do ISS, e, por exceção, ao ICMS relativamente às peças acaso aplicadas).

A LC nº 116/03 confunde os conceitos de "instalação" e "montagem", mas deixa claro que a condição determinante para a incidência do ISS é a prestação do serviço (designada "montagem" ou "instalação") ao usuário final (encomendante do produto), exclusivamente com material (se for o caso) por ele mesmo fornecido.

Inversamente, se a própria empresa industrializa o bem e realiza referidos atos (sejam denominados "montagem" ou "instalação"), com aplicação de materiais de sua propriedade, estará se cogitando de uma etapa final de industrialização (incidiria o IPI e o ICMS, excluindo-se o ISS).

As sujeições tributárias (IPI e ICMS; ICMS; ICMS e ISS) dependerão, exclusivamente, das atividades efetivamente realizadas (industrialização, fornecimento de mercadorias e prestação de serviços), em conjunto ou isoladamente, por pessoas distintas.

A denominada instalação efetuada pelo fornecedor, que tem por objetivo manter o servidor ligado, representa atividade intimamente vinculada ao fornecimento do produto, em razão do que deveria sujeitar-se ao ICMS, observando o mesmo tratamento tributário do produto (mercadoria).

A operação denominada "customização" (verificação da instalação) estará sujeita ao ISS se for realizada por pessoa jurídica que não promoveu o fornecimento do produto (mercadoria).

---

[148] HOUAISS, Antônio. *Dicionário Houaiss da Língua Portuguesa*. Rio de Janeiro: Objetiva, 2001. p. 1.506.

*– Garantia e suporte*

A assunção de responsabilidades inerentes aos produtos (fabricação, quantidade, qualidade, acondicionamento, desempenho, segurança etc.), e aos serviços, com a estipulação e cobrança de valores, seguirão o tratamento aplicável ao produto (mercadoria) e ao serviço prestado.

Desse modo, relativamente ao equipamento fornecido com incidência do ICMS, o valor da garantia acarretará tributação pelo ICMS; e, no que concerne aos serviços onerados com ISS, o valor da garantia também ocasionará incidência do ISS.

A LC nº 157/17 passou a contemplar as atividades previstas nos itens seguintes:

1.03. Processamento, armazenamento ou hospedagem de dados, textos e imagens, vídeos, páginas eletrônicas, aplicativos e sistemas de informação, entre outros formatos, e congêneres.
1.04. Elaboração de programas de computadores, inclusive de jogos eletrônicos, independentemente da arquitetura construtiva da máquina em que o programa será executado, incluído *tablets*, *smartphones* e congêneres.
1.09. Disponibilização, sem cessão definitiva, de conteúdos de áudio, vídeo, imagem e texto por meio da internet, respeitada a imunidade de livros, jornais e periódicos (exceto a distribuição de conteúdos pelas prestadoras de Serviço de Acesso Condicionado, de que trata a Lei nº 12.485, de 12 de setembro de 2011, sujeita ao ICMS).

### 1.19.11.2 *Software*. Computação na nuvem

O National Institute of Standards and Technology – NIST apresenta a definição seguinte:

> Computação em nuvem é um modelo para permitir o acesso de forma conveniente a uma rede compartilhada de recursos de computação configuráveis (por exemplo, redes, servidores, armazenamento, aplicativos e serviços), que podem ser rapidamente provisionados e liberados com o mínimo de esforço de gerenciamento ou interação de provedor de serviços.

*Cloud computing* (computação na nuvem) é um modelo de disponibilização de *softwares* e de infraestrutura de processamento e armazenamento de dados por meio de uma rede (internet). O princípio da nuvem é de virtualização total e de máxima disponibilidade dos dados, sendo irrelevante o local de acesso e o dispositivo utilizado. Ou seja, desafia o modelo jurídico atual, ainda baseado em fronteiras físicas.[149]

Envolve a disponibilização de utilidades (*e.g. software*, infraestruturas de processamento, armazenamento de dados) que antes eram armazenadas no *hardware* de cada usuário, em um ambiente virtual, havendo a desnecessidade de manutenção de *data center*.[150]

---

[149] PINHEIRO, Pratícia Peck. Aspectos legais do cloud computing. *In*: PINHEIRO, Pratícia Peck. *Direito digital aplicado*. São Paulo – Intelligence, 2012. p. 131.
[150] FREITAS, Rodrigo; OYAMADA, Bruno Akio. Operações de cloud computing – SaaS, IaaS, PaaS, etc. ICMS x ISS. *In*: FARIA, Renato Vilela; SILVEIRA, Ricardo Maitto da; MONTEIRO, Alexandre Luz Moraes do Rêgo (Coord.). *Tributação da economia digital*. São Paulo: Saraiva Jur, 2018. p. 376-377.

São três as *modalidades de negócios* segundo as quais a operação pode se estruturar:

I – *IaaS (Infraestrutucture as a Service)*

Contratação virtual de espaço para armazenamento e processamento de dados, de acordo com a demanda específica e imediata do usuário. O objeto contratado pode ser desde o armazenamento e processamento de dados até outros serviços e aplicações ofertados.

O consumidor não aluga um disco rígido de memória digital específico e fisicamente identificável, mas sim um *espaço determinado por uma medida binária (megabytes, gigabytes, terabytes* etc.), pagando mais conforme mais dessa medida ocupa. O fornecedor, de sua parte, compromete-se a armazenar os dados e mantê-los em segurança e acessíveis.[151]

Entende-se que "o contrato de *IaaS*" possui as seguintes características básicas:[152]

- objeto contratado varia de acordo com a demanda do usuário pela infraestrutura;
- a disponibilização ocorre em ambiente virtual localizado fisicamente na empresa fornecedora ou em local físico de seu conhecimento;
- fornecedor e responsável por garantir o espaço contratado, sua acessibilidade e a segurança dos dados armazenados;
- pagamento ocorre de acordo com espaço efetivamente utilizado; e
- usuário não tem acesso ao *hardware* nem ao gerenciamento pleno do sistema virtual do fornecedor, mas somente ao conteúdo virtual a ser inserido no espaço efetivamente contratado.

Os autores vislumbram a existência e/ou semelhança com alguns institutos jurídicos mais precisamente disciplinados no direito privado, tais como locação, cessão de direito de uso, depósito e prestação de serviços [153]

II – *PaaS (Plataform as a Service)*

O usuário, além de contratar a infraestrutura, adiciona a ela uma plataforma que permite o desenvolvimento de *softwares* com a adição de um banco de dados, aplicações de interpretação de código de programa e servidores de interface de comunicação. Fornece um sistema operacional, linguagens de programação e ambientes de desenvolvimento para as aplicações, auxiliando a implementação de sistemas de *softwares*.[154]

---

[151] PONS, Marcos Caleffi; BITTENCOURT, Bruno Chaves. A tributação do cloud computing pelo Imposto sobre Serviços: exame sob o enfoque da regra de competência do tributo. *In*: CORREA, Alessandra Costa Beber *et al. ISS – Questões práticas – 10 anos da Lei Complementar n. 116/2003*. Porto Alegre: Paixão Editores, 2013. p. 64.

[152] BRANDÃO, Salvador Cândido; PIAZZA, Beatriz Antunes; LARA, Daniela Silveira; ALVARENGA, Christiane Alves; BOSSA, Gisele Barra. Computação na nuvem: modelos possíveis. *In*: PISCITELLI, Tathiane (Org.); BOSSA, Gisele Barra (Coord.). *Tributação na nuvem*. São Paulo: Thomson Reuters; Revista dos Tribunais, 2018. p. 33.

[153] BRANDÃO, Salvador Cândido; PIAZZA, Beatriz Antunes; LARA, Daniela Silveira; ALVARENGA, Christiane Alves; BOSSA, Gisele Barra. Computação na nuvem: modelos possíveis. *In*: PISCITELLI, Tathiane (Org.); BOSSA, Gisele Barra (Coord.). *Tributação na nuvem*. São Paulo: Thomson Reuters; Revista dos Tribunais, 2018. p. 33

[154] MACHADO, Javam. Computação em nuvem: conceitos, tecnologias, aplicações e desafios. *II Escola Regional de Computação: Ceará, Maranhão e Piauí – ERCEMAPI*, 2009. p. 157.

Conclui-se que:

a plataforma na nuvem, utilizando como base a infraestrutura, viabiliza a hospedagem e o gerenciamento de recursos, permitindo que o seu usuário, qual seja o programador, desenvolva o determinado programa de computador sem ter que se preocupar com a obtenção dos recursos necessários e a segurança da informação que está inserindo na nuvem.[155]

III – *SaaS (Software as a Service)*

O fornecedor de *software* disponibiliza um programa de computador ao consumidor final por meio de uma aplicação instalada em dada plataforma, que utiliza determinada infraestrutura, viabilizando ao usuário acesso ao *software* via internet. Tal acesso pode ser feito através do navegador *web*, tal como o Internet Explorer.[156]

Trata-se do mesmo programa de computador produzido para atingir um número indeterminado de consumidores (*software* de prateleira ou *off the shelf*), mas, em vez de disponibilizado por mídia física ou *download* para instalação na máquina do cliente, ele está hospedado na nuvem e é acessado pelos clientes do provedor, por aplicações de comunicação com a internet, como um navegador.[157]

As atividades examinadas têm se enquadrado em diversas modalidades de negócios jurídicos, como locação de bens, cessão de uso de espaço, depósito – *não incidência do ISS* (ausência de fazer); e *não incidência do ICMS* (inexistência de mercadoria e de prestação de serviço de comunicação).

Somente no caso de positivar-se autêntica prestação de serviços é que pode tipificar-se a *incidência do ISS*.

## 1.19.11.3 Diretrizes jurisprudenciais

O STF firmou entendimentos relativos aos negócios jurídicos realizados com *software*.

> Ação direta de inconstitucionalidade. Direito Tributário. Lei nº 6.763/75 e Lei Complementar Federal nº 87/96. Operações com programa de computador (*software*). Critério objetivo. Subitem 1.05 da lista anexa à LC nº 116/03. Incidência do ISS. Aquisição por meio físico ou meio eletrônico (*download, streaming, etc.*). Distinção entre *software* sob encomenda ou padronizado. Irrelevância. Contrato de licenciamento de uso de programas de computador. Relevância do trabalho humano desenvolvido. Contrato complexo ou híbrido. Dicotomia entre obrigação de dar e obrigação de fazer. Insuficiência. Modulação dos efeitos da decisão. [...]
> 1. A tradicional distinção entre *software* de prateleira (padronizado) e por encomenda (personalizado) não é mais suficiente para a definição da competência para a tributação dos negócios jurídicos que envolvam programa de computador em suas diversas modalidades. Diversos precedentes da Corte têm superado a velha dicotomia entre obrigação de fazer e obrigação de dar, notadamente nos contratos tidos por complexos (*v.g.* leasing financeiro, contratos de franquia).

---

[155] MELL, Peter; GRANCE, Thimoty. *Computação em nuvem*. Modelos possíveis. [s.l.]: [s.n.], [s.d.]. p. 34-35.
[156] MELL, Peter; GRANCE, Thimoty. *Computação em nuvem*. Modelos possíveis. [s.l.]: [s.n.], [s.d.].
[157] VERAS, Manoel. *Computação em nuvem*. Rio de Janeiro: Brasport, 2015. p. 160.

2. A Corte tem tradicionalmente resolvido as indefinições entre ISS, e do ICMS, com base em critério objetivo: incide apenas o primeiro se o serviço está definido por lei complementar como tributável por tal imposto, ainda que sua prestação envolva a utilização ou o fornecimento de bens, ressalvadas as exceções previstas na lei; ou incide apenas o segundo se a operação de circulação de mercadorias envolver serviços não definido por aquela lei complementar; [...]

6. Ação direta julgada parcialmente prejudicada, nos termos da fundamentação, e, quanto à parte subsistente, julgada procedente, dando-se ao art. 5º da Lei nº 6.763/75, e ao art. 1º, I e II, do Decreto nº 43.080/02, ambos do Estado de Minas Gerais, bem como ao art. 2º, da Lei Complementar nº 87/96, interpretação conforme a Constituição Federal, excluindo-se das hipóteses de incidência do ICMS o licenciamento ou a cessão do direito de uso de programa de computador, tal como previsto no subitem 1.05 da lista de serviços anexa à Lei Complementar nº 116/03.

Modulação dos efeitos da decisão, atribuindo a ela eficácia *ex nunc*, a contar da publicação da ata de julgamento do mérito em questão, para a) impossibilitar a repetição de indébito do ICMS incidente sobre as operações com *software* em favor de quem recolheu esse imposto até a véspera da data da publicação da ata de julgamento do mérito, vedando, nesse caso, que os municípios cobrem o ISS em relação aos mesmos fatos geradores; b) impedir que os estados cobrem o ICMS em relação aos fatos geradores ocorridos até a véspera da data da publicação da ata de julgamento do mérito. Ficam ressalvadas (i) as ações judiciais em curso, inclusive de repetição de indébito e execuções fiscais em que se discutam a incidência do ICMS, e (ii) as hipóteses de comprovada bitributação, caso em que o contribuinte terá direito à repetição do indébito do ICMS. Por sua vez, incide o ISS no caso de não recolhimento do ISS em relação aos fatos geradores ocorridos até a véspera da data de publicação da ata de julgamento do mérito. (ADIn nº 5.659-MG – Plenário – Rel. Min. Dias Toffoli – sessão de 24.2.21)

EMENTA: Ação direta de inconstitucionalidade. Direito Tributário. Lei nº 7.098, de 30 de dezembro de 1998, do Estado do Mato Grosso. ICMS-comunicação. Atividades-meio. Não incidência. Critério para definição de margem e valor agregado. Necessidade de lei. Operações com programa de computador (*software*). Critério objetivo. Subitem 1.05 da lista anexa à LC nº 116/03. Incidência do ISS. Aquisição por meio físico ou por meio eletrônico (*download, streaming* etc). Distinção entre *software* sob encomenda e padronizado. Irrelevância. Contrato de licenciamento de uso de programas de computador. Relevância do trabalho humano desenvolvido. Contrato complexo ou híbrido. Dicotomia entre obrigação de dar e obrigação de fazer. Insuficiência. Modulação dos efeitos da decisão.

1. Consoante jurisprudência da Corte, o ICMS-comunicação "apenas pode incidir sobre a atividade-fim, que é o serviço de comunicação, e não sobre a atividade-meio, ou intermediária, como são aquelas constantes na Cláusula Primeira do Convênio ICMS nº 69/98" (RE nº 570.020/DF, Tribunal Pleno, Rel. Min. Luiz Fux).

2. Os critérios para a fixação da margem de valor agregado para efeito de cálculo do ICMS em regime de substituição tributária progressiva devem ser disciplinados por lei estadual, em sentido formal e material, não sendo possível a delegação em branco dessa matéria, a ato normativo infralegal, sob pena de ofensa ao princípio da legalidade tributária.

3. A tradicional distinção entre *software* de prateleira (padronizado) e por encomenda (personalizado) não é mais suficiente para a definição da competência para tributação dos negócios jurídicos que envolvam programa de computador em suas diversas modalidades. Diversos precedentes da Corte têm superado a velha dicotomia entre obrigação de fazer e de dar, notadamente nos contratos tidos por complexos.

4. O legislador complementar, amparado especialmente nos arts. 146, I, e 156, III, da Constituição Federal, buscou dirimir conflitos de competência em matéria tributária envolvendo *softwares* elencando, no subitem 1.05 da lista de serviços tributáveis pelo

ISS anexa à LC nº 116/03, o licenciamento e a cessão de direito de uso de programas de computação. É certo, ademais, que, conforme a Lei nº 9.609/98, o uso de programa de computador no País é objeto de contrato de licença.

5. Associa-se a isso a noção de que *software* é produto de engenho humano, é criação intelectual. Ou seja, é imprescindível a existência de esforço humano direcionado para a construção de um programa de computador (obrigação de fazer), não podendo isso ser desconsiderado quando se trata de qualquer tipo de *software*. A obrigação de fazer também e encontra presente nos demais serviços prestados ao usuário, como, v.g., o *help desk* e a disponibilização de manuais, atualizações e outras funcionalidades previstas no contrato de licenciamento.

6. Igualmente há prestação de serviço no modelo denominado *software-as-a-Service* (SaaS), o qual se caracteriza pelo acesso do consumidor a aplicativos disponibilizados pelo fornecedor na rede mundial de computadores, ou seja, o aplicativo utilizado pelo consumidor não é armazenado no disco rígido do computador do usuário, permanecendo *on line* em tempo integral, daí por que se diz que o aplicativo está localizado na nuvem, circunstância atrativa da incidência do ISS.

7. Ação direta não conhecida no tocante aos arts. 2º, §3º, 16, §2º, e 22, parágrafo único, da Lei nº 7.098/98 do Estado de Mato Grosso; julgada prejudicada em relação ao art. 3º, §3º, da mesma lei; e, no mérito, julgada parcialmente procedente, declarando-se a inconstitucionalidade (i) das expressões "adesão, acesso, disponibilização, ativação, habilitação, assinatura" e "ainda que preparatórios", constantes do art. 2º, §2º, I, da Lei nº 7.098/98, com a redação dada pela Lei nº 9.226/09; (ii) da expressão "observados os demais critérios determinados pelo regulamento", presente no art. 13, §4º, da Lei nº 7.098/98; (iii) dos arts. 2º, §1º, VI; e 6º, §6º, da mesma lei.

8. Modulam-se os efeitos da decisão nos termos da ata do julgamento.

ACÓRDÃO [...]

Acórdão os Ministros, por maioria, em modular os efeitos da decisão, atribuindo a ela eficácia *ex nunc*, a contar da publicação da ata de julgamento do mérito da questão para: a) impossibilitar a repetição do indébito incidente sobre operações com softwares em favor de quem recolheu esse imposto até a véspera da data da publicação da ata de julgamento do mérito, vedando, nesse caso, que os municípios cobrem o ISS em relação aos mesmos fatos geradores; b) impedir que os estados cobrem o ICMS em relação aos fatos geradores ocorridos até a véspera da data da publicação da ata de julgamento do mérito. Ficam ressalvadas (i) as ações judiciais em curso, inclusive de repetição de indébito e execuções fiscais em que se discuta a incidência do ICMS e (ii) as hipóteses de comprovada bitributação, caso em que o contribuinte terá direito à repetição do indébito do ICMS. Por sua vez, incide o ISS no caso de não recolhimento do ICMS ou do ISS, em relação aos fatos geradores ocorridos até a véspera da data da publicação da ata de julgamento do mérito. Por fim, acordam os Ministros, por maioria, em modular os efeitos da decisão para também se atribuir eficácia *ex nunc*, a partir da data da publicação da ata de julgamento do mérito à declaração de inconstitucionalidade das expressões "adesão, acesso, disponibilização, ativação, habilitação, assinatura", e "ainda que preparatórios", constantes do art. 2º, §2º, I, da Lei nº 7.098/98, com a redação dada pela Lei nº 9.226/09, nos termos do voto do Ministro Dias Toffoli. (ADIn nº 1.945/Mato Grosso – Plenário – Red. p/acórdão Min. Dias Toffoli – j. 24.2.2021)

O STF apreciou ação promovida por entidade de classe objetivando a declaração de inconstitucionalidade do Convênio ICMS nº 106, de 29.9.2017, e a declaração de inconstitucionalidade parcial, sem redução de texto, do art. 2º, I, da LC 87/96, para afastar qualquer possível interpretação que permitisse a incidência do ICMS sobre operações de transferência eletrônica de *softwares* e congêneres.

Aduzira o seguinte:

a) a cláusula terceira do convênio violou o art. 155, §2º, VII e VIII, da CF ao prever que, em operações envolvendo "bens e mercadorias digitais" comercializados por meio de transferência eletrônica de dados, o recolhimento do imposto estadual caberá integralmente ao Estado de destino;

b) a cláusula quarta do mesmo convênio contrariou os arts. 146, III, a, e 155, §2º, XII, a, do texto constitucional, pois teria fixado quem seria o contribuinte do ICMS, nas operações com bens e mercadorias digitais comercializados por tal meio;

c) as normas constitucionais preceituaram caber à lei complementar, e não a um convênio celebrado no Confaz, determinar a responsabilidade pelo pagamento do tributo;

d) a consideração como internas de todas as operações com bens e mercadorias digitais, comercializados por meio de transferência eletrônica de dados, violou a competência do Senado Federal para definir as alíquotas interestaduais do tributo (art. 155, §2º, IV, da CF);

e) a LC 116/03 estabeleceu a incidência do ISS sobre o licenciamento ou a cessão de direito de uso de programas de computador, sendo que, com a edição da LC 157/16, ficara mais evidente a sujeição das operações com *software* ao imposto municipal.

O STF decidira que, havendo sido julgado, em controle abstrato que, pela interpretação constitucional do art. 2º da LC 87/96, não incide o ICMS em licenciamento ou cessão de direito de uso de programas de computador, ficara prejudicado o pedido deduzido na ação direta de declaração de inconstitucionalidade parcial, sem redução de texto, daquele preceito legal.

Assinalara que – embora não tenha sido objeto expresso da decisão proferida na ADI 5659 – esta ADI (5958) perdera eficácia jurídica desde aquele julgamento, por se tratar de ato regulamentar do art. 2º, da LC 87/1996, editado com base na interpretação tida como inconstitucional pelo STF. (ADI nº 5.958 – Rel. Min. Cármen Lúcia – j. 8.3.21)

Ementa. Direito constitucional e *tributário*. Ação direta de inconstitucionalidade. Incidência de ISS ou ICMS sobre o licenciamento ou cessão do direito de uso de programa do computador: [...]

5. O Plenário deste Supremo Tribunal Federal, ao apreciar as ADIs 1.945 e 5.659 (j. em 24.2.21) entendeu que as operações relativas ao licenciamento ou cessão do direito de uso de *software*, seja ele padronizado ou elaborado por encomenda, devem sofrer a incidência do ISS, e não do ICMS. Tais operações são mistas ou complexas, já que envolvem um *dar* e um *fazer* humano na concepção, desenvolvimento, e manutenção dos programas, além do *help desk*, disponibilização de manuais, atualizações tecnológicas e outras funcionalidades previstas no contrato. Nesse contexto, o legislador complementar buscou dirimir o conflito de competência tributária (art. 146, I, da CF), no subitem 1.05 da lista de serviços tributáveis pelo ISS anexa à Lei Complementar nº 116/03, prevendo o "licenciamento ou cessão do direito de uso de programas de computação". Com isso, nos termos do entendimento atual desta Corte, essas obrigações não são passíveis de tributação pelo ICMS, independentemente do meio de disponibilização do programa.

6. Pedido conhecido em parte, e, nesta parte, julgado procedente, para dar interpretação conforme a Constituição ao art. 2º da Lei Complementar nº 87/1996 e ao art. 1º da Lei do Estado de São Paulo nº 6.374/1989, de modo a impedir a incidência do ICMS sobre o licenciamento ou cessão do direito de uso de programas de computador.

7. Modulação dos efeitos desta decisão, para atribuir eficácia *ex nunc*, a contar de 3.03.2021, data em que publicada a ata de julgamento das ADIs 1.945 e 5.659, ressalvadas as seguintes situações: a) as ações já ajuizadas e ainda em curso em 2.03.2021; b) as hipóteses de bitributação relativas a fatos geradores ocorridos até 02.03.2021, nas quais servirá a restituição do ICMS recolhido, respeitado o prazo prescricional, independentemente da propositura de ação judicial até aquela data; c) as hipóteses relativa a fatos geradores ocorridos até

02.03.2021 em que não houve o recolhimento do ISS ou do ICMS, nas quais será devido o pagamento do imposto municipal, respeitados os prazos decadencial e prescricional
8. Fixação da seguinte tese de julgamento. *"É inconstitucional a incidência do ICMS sobre o licenciamento ou cessão do direito de uso de programas de computador"*. (ADI nº 5.576/São Paulo – Plenário – Rel. Min. Roberto Barroso, sessão de 25 de junho a 2 de agosto de 2021)

## 1.19.12 Propaganda e publicidade visual

Esta modalidade de prestação de serviços (sujeitos à exclusiva incidência do ISS) merece um exame jurídico mais acurado, em razão de suas implicações (aparentes) com as operações mercantis e serviços de comunicação (estes passíveis do ICMS).

A *publicidade exterior* é aquela realizada fora da residência (ou do estabelecimento), compreendendo a "identificativa" (praticada em determinado local) e a "publicitária" (existente nos espaços locados por empresas a terceiros para veicular anúncios), em diversas modalidades (painéis urbanos, mobiliários urbanos e painéis publicitários aplicados em veículos e semoventes).

Os *painéis urbanos* são todas as manifestações que podem ser vistas dos logradouros públicos, e constantes em *back lights* (caixas iluminadas por dentro com anúncios nas faces externas), *front lights* (telas de vinil com iluminação frontal), *painel trifásico* (telas de vinil fatiadas que giram no eixo de um suporte triangular ao mudar imagens), além de *busdoor*, totem, até decoração de pontos de táxi.

Em geral, as empresas exibidoras tomam em locação espaços de terrenos, coberturas de edifícios, ou empenas cegas – com a utilização de tubulões – até pequenos espaços livres de imóveis edificados. Tendo o direito de uso desses espaços, as empresas constroem seus engenhos (desde tabuletas para colocação de *outdoors*, até imensas estruturas metálicas em topo de edifícios para instalação de luminosos) onde são exibidas as publicidades comerciais, promocionais ou institucionais.

O *imobiliário urbano* é cedido pelas autoridades municipais, em troca de benefícios para a comunidade, para que também possa ser explorado (conjunto de vias e logradouros públicos, abrigo de ônibus, relógios digitais, mostradores de temperatura, informativo de poluição de ar, protetores de árvores, cestos de lixo, bancos de praça, cabines telefônicas etc.).

Além de as empresas doarem os equipamentos às municipalidades, usualmente ficam compelidas a fazer sua manutenção preventiva e de emergência, pagando taxas de veiculação das publicidades, e, em alguns casos, parcela do seu faturamento a título de uso do espaço público.

Mediante a celebração dos contratos de concessão, ou permissão, as empresas iniciam a colocação e buscam anunciantes, diretamente ou via agência de publicidade. É elaborado contrato de veiculação, com (ou sem) a locação de espaço para a referida divulgação publicitária.

Os *painéis publicitários aplicados em veículos* compreendem a realização de contratos com empresas de coletivos, metrôs, taxistas autônomos, e mesmo carretinhas (*trailers*) puxadas por automóveis estacionados próximos a locais onde estejam ocorrendo eventos com concentração de público.

Já na vigência da Constituição anterior, tais atividades enquadravam-se na lista de serviços anexa à LC nº 56/87, nos itens seguintes:

85. Propaganda e publicidade, inclusive promoção de vendas, planejamento de campanhas ou sistemas de publicidade, elaboração de desenhos, textos e demais materiais publicitários (exceto sua impressão, reprodução ou fabricação).
86. Veiculação e divulgação de textos, desenhos e outros materiais de publicidade, por qualquer meio (exceto em jornais, periódicos, rádios e televisão).

Embora se sujeitassem exclusivamente ao ISS – salvo as referidas exceções que não eram alcançadas por tributação –, os estados passaram a exigir o ICMS relativamente aos materiais utilizados na elaboração gráfica da publicidade, tendo o STJ se pronunciado da forma seguinte:

> Processo Civil e Tributário. Serviços de Publicidade e Propaganda. ICMS. Incidência.
> I – Esta Corte possui entendimento no sentido de que, sobre os serviços de publicidade e propaganda, incide o ICMS, e não o ISS. Precedentes: REsp n. 114.171/SP, Rel. Min. Humberto Gomes de Barros, *DJ* de 25/08/1997, e REsp n. 895.84/SP, Rel. Min. Demócrito Reinado, *DJ* de 29/10.1996.
> II – Agravo Regimental improvido. (AgRg no REsp nº 737.263-SP – 1ª T. – Rel. Min. Francisco Falcão – j. 20.4.2006 – *DJU* de 26.6.2006)

A Fazenda paulista entende que o ICMS incide na operação de saída de faixas, *banners* e cartazes publicitários do seu estabelecimento, bem como dos painéis luminosos.[158]

Penso que ocorre a exclusiva incidência do ISS. A LC nº 56/87 relaciona os serviços sujeitos ao tributo municipal, sendo que, em diversos itens (32, 34, 38, 42, 68, 69, 70), dispusera expressamente que o fornecimento de peças, materiais etc., fica sujeito ao ICMS. Entretanto, no que tange ao item 85 (propaganda e publicidade) – ao estabelecer que não se incluem na incidência do ISS *impressão, reprodução* ou *fabricação* –, não fazia referência expressa à incidência do ICMS.

Acresce notar que os aludidos materiais não se qualificam como mercadorias (atividade mercantil), mas apenas constituem meros elementos (ou meios) para a execução da atividade-fim (serviços de publicidade), conforme elucidado:

> Alvo de tributação é o esforço humano prestado a terceiro *como fim ou objeto*. Não as suas *etapas, passos ou tarefas intermediárias*, necessárias à obtenção do fim. Não a ação desenvolvida como requisito ou condição do *facere* (fato jurídico posto no núcleo da hipótese de incidência do tributo).
> As etapas, passos, processos, tarefas, obras, são feitas, promovidas, realizadas "para" o próprio prestador e não "para terceiros", ainda que estes os aproveitem (já que, aproveitando-se do resultado final, beneficiam-se das condições que o tornaram possível).[159]

Esta postura – haurida da teoria geral do direito e embasada no texto constitucional – não significa a aplicação de um critério de preponderância, com o objetivo de apurar e mensurar o custo pertinente à prestação do serviço, e aos bens aplicados. O que importa considerar é o negócio jurídico objetivado pelas partes (prestador do serviço e respectivo tomador), uma vez que o ISS incide sobre negócios, e não sobre bens, isoladamente.

---

[158] Consulta nº 29/01 de 20.2.2001, *Boletim Tributário*, abr. 2001.
[159] BARRETO, Aires. ISS – Atividade-meio e serviço-fim. *Revista Dialética de Direito Tributário*, n. 5, 1996. p. 83.

Do mesmo modo, não há juridicidade na pretensão tributária (ICMS) sob o argumento de que, após a edição da vigente Constituição, tais atividades estariam caracterizadas como serviços de comunicação, afastando-se a incidência do ISS.

Os serviços de publicidade e propaganda, bem como a locação de painéis publicitários (item 79 da LC nº 56/87), não tipificavam a imprescindível "relação comunicativa" (suporte da tributação estadual), porque inexiste a necessária interação entre prestador/tomador do serviço.

A LC nº 116/03 trata dos "serviços de programação e comunicação visual, e congêneres" (item 23.01), ou seja, distintas atividades de propaganda e publicidade (item 17.06).

Considerando que a jurisprudência do STJ se ateve à aplicação de preceitos contidos em legislação revogada (Decreto-Lei nº 406/68 e Lei Complementar nº 56/87), não poderá ser considerada a partir da LC nº 116/03.

A Fazenda paulista manifestou o entendimento seguinte:

> ICMS – Veiculação onerosa de publicidade por meio da Internet – Prestação de serviço de comunicação – Incidência do imposto – Obrigatoriedade de inscrição no Cadastro de Contribuintes.[160]

Examinando a legislação (LC nº 87/96, art. 2º, III; e LC nº 116/03, item 17.06), entendera que o ICMS incide na veiculação ou divulgação de publicidade, por qualquer meio, caracterizando prestações de serviço de comunicação sujeitas ao ICMS; enquanto as atividades de criação da propaganda, elaboração artística, planejamento da divulgação, e tudo o que for relativo à propaganda e publicidade, sujeitam-se ao ISS.

Situação peculiar tratara da atividade de confecção sob encomenda, de produtos de "comunicação visual", tais como:

> painéis Indicativos, Totens Corporativos e Promocionais, Letras de diversos tipos e materiais, Logomarcas, Faixas, Banners, Sinalização Viária, Sinalização Urbana Direcional, Adesivos. Pôsteres, Bandeiras, Rótulos Indicativos, Luminosos, Testeiras Internas e Externas e congêneres.

Nestas atividades são empregados materiais, demais insumos e mão de obra, sendo produzidos sob encomenda, seguindo as especificações tanto técnicas quanto de personalização e de utilização de materiais fornecidos pelo encomendante, e destinados ao uso exclusivo deste, sendo os projetos, as orientações técnicas e especificações enviados sob termo de confidencialidade, não podendo ser repassados ou reproduzidos a terceiros. Os produtos são destinados ao usuário final, não se destinando à revenda nem caracterizados como produtos de prateleira.

As empresas que produzem placas e letreiros para comercialização, ainda que por encomenda, além da realização de "procedimentos artísticos de criação", executam processos com a utilização de máquinas, como curvar e desempenar chapas, cortar, dobrar, polir, soldar, pintar, realizar a montagem final e embalar – que convertem matérias-primas em produtos substancialmente diversos, caracterizados como industrialização ("transformação").

---

[160] Consulta nº 186/2005, de 10.11.2005.

A Fazenda paulista entendera que o fato de um produto ser fabricado de forma personalizada, por encomenda ao usuário final, não transforma a atividade de industrialização em serviço. O produto, ainda que personalizado, continua sendo mercadoria, objeto de uma obrigação de dar/entregar. Não obstante o disposto nos subitens 17.06 e 24.01 da lista de serviços anexa à LC nº 116/03, entende ocorrer industrialização e hipótese de incidência do ICMS.[161]

## 1.19.13 Embalagens metálicas

A elaboração dos bens de modo personalizado acarretava conflitos de competência do ICMS com o ISS, tendo o STJ decidido o seguinte:

> Constitucional. Tributário. Delimitação da Competência Tributária entre Estados e Municípios. ICMS. ISQN. Critérios. Confecções de Embalagens Metálicas Personalizadas. Serviços Incluídos na Lista Anexa ao DL 406/68. Incidência de ISS. Súmula 156/STJ.
> 1. A delimitação dos campos de competência tributária entre Estados e Municípios, relativamente à incidência de ICVMS e ISQN, está submetida aos seguintes critérios: (a) sobre operações de circulação de mercadorias e sobre serviços de transporte interestadual e internacional (sic) e de comunicações incide ICMS; (b) sobre operações (sic) de prestações de serviços compreendidos na lista de que trata o DL 406/68 e da LC 116/03, incide ISQN; e (c) sobre operações mistas, assim entendidas as que agregam mercadorias e serviços, incide ISQN sempre que o serviço agregado estiver compreendido na referida lista e ICMS sempre que o serviço agregado não estiver previsto na referida lista. Precedentes de ambas as Turmas do STF.
> 2. No caso, os fatos se passaram à época em que vigia a LC 56/87, que regulamentou o Decreto-Lei 406/68, referindo-se aos serviços indicados no item 77 da Lista anexa ao citado Decreto-Lei, ou seja, "composição gráfica, fotocomposição, clicheria, zincografia, litografia e fotolitografia", o que afasta a incidência do ICMS. Aplica-se ao caso a Súmula 156/STJ, segundo a qual a prestação de serviço de composição gráfica, personalizada e sob encomenda, ainda que envolva fornecimento de mercadorias, esta (sic) sujeita, apenas, ao ISS. (REsp nº 882.526-RS – 1ª T. – Rel. Min. Teori Albino Zavascki – j. 4.11.2008 – *DJe* de 19.11.2008)

## 1.20 Petróleo, lubrificantes, combustíveis líquidos e gasosos e energia elétrica

### 1.20.1 Normas gerais

Ao suprimir os impostos únicos federais, a CF/88 permitiu a incidência do ICMS sobre operações relativas à energia elétrica, serviços de telecomunicações, derivados de petróleo, combustíveis e minerais do país (art. 155, §3º).

A LC nº 87/96 (art. 3º, III) dispôs que o ICMS não incide sobre operações interestaduais relativas à energia elétrica e petróleo, inclusive lubrificantes e combustíveis líquidos e gasosos, dele derivados, quando destinados à industrialização ou à comercialização.

---
[161] Consulta nº 1.265/13, de 25.2.13.

Também dispôs (LC nº 194/22) sobre a não incidência (art. 3º, X) sobre serviços de transmissão e distribuição e encargos setoriais vinculados às operações com energia elétrica.

Entretanto, estabeleceu (art. 2º, §1º, III) que o ICMS também incide:

> Sobre a entrada, no território do Estado destinatário, de petróleo, inclusive lubrificantes e combustíveis líquidos e gasosos dele derivados, e de energia elétrica quando não destinados à comercialização ou à industrialização, decorrentes de operações interestaduais, cabendo o imposto ao Estado onde estiver localizado o adquirente.

Em decorrência, estatuiu que o local da operação, para os efeitos da cobrança, é o Estado onde estiver localizado o adquirente (art. 11, I, "g").

Esta diretriz afronta norma constitucional (art. 155, X, "b"), que reza que o ICMS "não incidirá sobre operações que destinarem a outros Estados petróleo, inclusive lubrificantes, combustíveis líquidos e gasosos dele derivados, e energia elétrica".

O legislador complementar objetivou bipartir a operação interestadual com referidas mercadorias, entendendo (implicitamente) que a imunidade constitucional estaria circunscrita unicamente à remessa do estado de origem até a fronteira do estado destinatário; passando a ocorrer o fato gerador do ICMS na "entrada" no território deste último estado (art. 12, XII).

Estranhamente, cindiu uma única operação mercantil, vilipendiando o regime jurídico tributário estabelecido pela CF, que prestigiou as operações com os aludidos produtos, a fim de eliminar a carga tributária. Sutilmente, desprezou a imunidade constitucional, ao consubstanciar o entendimento de que se trataria de dois negócios jurídicos distintos.

Em verdade, conferiu o ICMS aos estados destinatários dos referidos bens, sem qualquer arrimo constitucional, uma vez que a única hipótese em que tal situação é autorizada é aquela pertinente às alíquotas incidentes em específicas operações/prestações interestaduais, quando o destinatário for contribuinte do imposto, a saber: "caberá ao Estado da localização do destinatário o imposto correspondente à diferença entre a alíquota interna e a interestadual" (inc. VIII do art. 155).

Em síntese, tem-se que essa disposição normativa, em realidade, elimina a desoneração tributária (de índole constitucional), pois acaba tributando os produtos apontados.

Os argumentos que fundamentam tal posicionamento jurídico são ofertados em tópico específico deste livro (Capítulo VIII, item 7), tornando-se despicienda sua reprodução.

Cabe mencionar a diretriz do STF no sentido de que o consumidor final é contribuinte do ICMS (RE nº 198.088-5-SP – 1ª T. – Rel. Min. Ilmar Galvão – j. 17.5.2000 – *DJU* 1 de 5.9.2003, p. 32), reafirmando que a benesse fiscal (imunidade) é outorgada às operações que destinem petróleo e seus derivados a outros estados, mas não àquelas operações interestaduais realizadas pelo consumidor final (Ag. Reg. no RE nº 414.588-0-SP – 1ª T. – Rel. Min. Eros Grau – j. 31.5.2005 – *DJU* 1 de 24.6.2005, p. 37).

## 1.20.2 Operações com petróleo

As atividades petrolíferas demandam a operacionalidade seguinte:

a) navios-plataforma – funcionam como refinarias flutuantes, separando óleo, gás, água e detritos que sobem do campo petrolífero;
b) dutos flexíveis ("risers") – transportam o óleo do subsolo para a plataforma. A separação e o tratamento são feitos na própria plataforma. Três produtos são separados: a) *óleo*: passa por vários estágios até ser armazenado nos tanques de carga do FPSO e passado para o navio aliviador através de bombas de alta vazão; b) *gás*: será utilizado, em parte, na própria operação, para ser injetado nos poços e para geração de energia da plataforma. O excedente será mandado para o continente através de um gasoduto; e c) *água*: é separada e tratada, depois é descartada para o mar;
c) árvores de natal – conjunto de válvulas que controlam a saída de óleo e gás do poço;
d) petroleiros – retiram óleo das plataformas, principalmente quando os campos ficam longe da costa, como no pré-sal;
e) navios de apoio – abastecem as plataformas com suprimentos, realizam manutenção, retiram peças de lixo, etc.;
f) sondas de perfuração (realizam a perfuração de poços no solo marinho). No pré-sal, a coluna de perfuração alcança 7.000 metros de comprimento;
g) chapas de aço (usadas na fabricação de embarcações e inúmeros equipamentos do setor).

A não incidência do ICMS sobre a extração de petróleo fora objeto de percuciente estudo, firmando as conclusões seguintes:

A extração de petróleo não é operação relativa à sua circulação. A extração é atividade material e não negócio jurídico. Não implica transferência de propriedade ou posse do petróleo. O petróleo é adquirido originariamente pelo concessionário; não há transmissão de propriedade do petróleo entre a União e Concessionário. Portanto, não há circulação jurídica de mercadoria.
A extração não encaminha o petróleo em direção ao consumo. Para haver encaminhamento em direção ao consumo é indispensável que exista o respectivo objeto. A extração não é a primeira etapa do ciclo econômico. Ela "dá vida" ao objeto que só em momento posterior (quando for promovida a sua saída) é que poderá se falar em encaminhamento em direção ao consumo, mesmo assim nem sempre sujeito à tributação pelo ICMS. O bem produzido no estabelecimento do contribuinte é produto que só adquire a natureza de mercadoria quando encaminhado a terceiro em direção ao consumo.
Em suma, qualquer que seja a teoria que se acolha (da operação que acarrete circulação jurídica ou econômica), a conclusão é que a extração de petróleo não se insere no âmbito material da competência tributária prevista no artigo 155, II, da CF/88.[162]

A *extração de petróleo* não pode constituir hipótese de incidência do ICMS em razão da decisão proferida em ação proposta por entidade de classe, face à legislação do estado do Rio de Janeiro, sob os fundamentos básicos seguintes:
a) ofensa à Lei nº 7.183/2015, e ao art. 155, II, da CF.

---

[162] GRECO, Marco Aurélio. ICMS – Exigência em relação à extração do petróleo. *Revista Dialética de Direito Tributário*, São Paulo, n. 100. p. 144-145.

Inexiste operação mercantil entre a concessionária e a União, porque se trata apenas de atividades de extração, desenvolvimento, e exploração de petróleo, não se cogitando de compra e venda.

A exclusiva atividade "extrativista" constitui aquisição originária da propriedade do petróleo, não se confundindo "recursos minerais" (propriedade da União), com "produto da lavra" (propriedade da concessionária).

b) ofensa aos arts. 146, III, "a", e 155, §2º, XXII, da CF, pela ausência de lei complementar;
c) ofensa ao art. 150, VI, "a", da CF, em razão da imunidade recíproca (União e estado);
d) incompatibilidade da base de cálculo (preço de referência do produto atinente à venda – valor da operação seguinte) com o fato gerador (aquisição de propriedade);
e) ofensa ao art. 152 da CF que veda aos estados estabelecer diferença tributária entre bens e serviços, de qualquer natureza, em razão de sua procedência;
f) incompetência territorial do estado para instituir e cobrar ICMS sobre as atividades em alto mar, que não se confunde com plataforma continental, mar territorial, ou zona econômica exclusiva;
g) ofensa ao art. 146, I, da CF, por inexistência de lei complementar.

O STF julgou procedente o pedido nos termos básicos seguintes:

EMENTA
Ação direta de inconstitucionalidade. Preliminares afastadas. Tributário. ICMS. Leis nºs 4.117/03 (Lei Noel) e 7.183/15 (nova Lei Noel) do Estado do Rio de Janeiro. Extração de petróleo. Inconstitucionalidade. Ausência dos elementos "operação" e "circulação", necessários para a incidência válida do imposto. Aplicação da imunidade tributária recíproca caso o vício anterior seja considerado inexistente. [...]
2. As leis impugnadas incidiram em inconstitucionalidade, pois os fatos geradores do ICMS por elas descritos não retratam a existência de ato ou negócio jurídico que transfira a titularidade de uma mercadoria.
3. Seja no regime de concessão (Lei nº 9.478/97), seja no regime de partilha (Lei nº 12.351/10), a legislação estipula que o concessionário ou o contratado adquire, de modo originário, a propriedade do petróleo extraído ou a parcela dele.
4. Ainda que se considerasse que a União efetivamente transfere a propriedade do petróleo para o concessionário ou para o contatado por meio de um negócio ou de um ato de natureza mercantil, o tributo continuaria a ser indevido, em razão da imunidade tributária recíproca.
5. Ação direta julgada procedente, declarando-se a inconstitucionalidade das Leis nºs 4.117, de 29 de dezembro de 2015, e 4.117, de 27 de junho de 2003, do Estado do Rio de Janeiro.
6. Modulação dos efeitos da decisão, estabelecendo-se que ela produza efeitos *ex nunc* a partir da publicação da ata de julgamento do mérito. Acolhendo proposta formulada pelo Ministro Roberto Barroso, ficam ressalvadas:
"(i) as hipóteses em que o contribuinte não recolheu o ICMS;
(ii) os créditos tributários atinentes á controvérsia e que foram objeto de processo administrativo, concluído ou não, até a véspera da publicação da ata de julgamento do mérito;
(iii) as ações judiciais atinentes à controvérsia e pendentes de conclusão, até a véspera da publicação da ata de julgamento do mérito.
Em todos esses casos, dever-se-á observar o entendimento desta Corte e os prazos decadenciais e prescricionais". (ADI nº 5.481 – Plenário – Rel. Min. Dias Toffoli – j. 29.03.21)

## 1.20.3 Fornecimento de energia elétrica

Esclarecimento relativo às atividades operacionais:

Um sistema de energia elétrica pode ser subdividido em meios de produção, meios de transporte e meios de consumo.

Os meios de produção são representados pelos diversos mecanismos necessários para a geração de energia elétrica em escala industrial. No Brasil, de forma específica, são utilizados de maneira mais expressiva a geração hidrelétrica, onde a energia elétrica é gerada a partir da transformação da energia potencial de cursos d'água, e, em menor escala, as usinas termelétricas, onde a eletricidade é resultante da transformação de energia cinética de gases e vapores em expansão, aquecidos pela queima de combustíveis.

Após a geração é necessária a condução deste "produto" aos diversos consumidores, o que se faz através das linhas de transmissão, subestações e distribuição de energia elétrica, e que correspondem aos meios de transporte.

Finalmente, o conjunto de cargas, equipamentos, instalações, etc., dos mais diversos consumidores correspondem aos meios de consumo.[163]

Os serviços de *energia elétrica* foram regulamentados pela Lei federal nº 9.074, de 7.7.95, tendo sido criada a ANEEL (Agência Nacional de Energia Elétrica), pela Lei federal nº 9.427, de 26.12.69 (com alterações), com a finalidade de regular, fiscalizar a produção, transmissão, distribuição e comercialização de energia. Fora também criado o MAE (Mercado Atacadista de Energia) e o ONS (Operador Nacional do Sistema Elétrico), pela Lei nº 9.648, de 27.5.98 (com alteração), com o objetivo de coordenar e controlar os fluxos físicos de despacho e de entrega de energia e viabilizar as transações de compra e venda de energia nos sistemas interligados.

A Câmara de Comercialização de Energia Elétrica – CCEE – sucede o MAE, e tem por objetivo viabilizar a comercialização de energia elétrica (Lei federal nº 10.848/04).

O novo sistema elétrico possibilita a realização de diversos negócios jurídicos, que implicam a incidência do ICMS (comercialização nos ambientes de contratação regulada e contratação livre); ou se encontram fora da tributação estadual (contratos de compartilhamento de instalações, conexão ao sistema de distribuição, de constituição de garantia, de uso do sistema de distribuição, de conexão ao sistema de transmissão, de uso do sistema de transmissão, de intermediação na compra e venda).

À ANEEL compete promover leilões de compra de energia elétrica provenientes de empreendimentos existentes, fixando a forma de participação, em que os potenciais vendedores devem encaminhar à CCEE suas intenções de vendas (quantidades anuais de energia elétrica que pretendem negociar), devendo os geradores termelétricos apresentar documento que comprove a disponibilidade de combustível.

A Lei federal nº 14.300, de 6.02.2022, instituiu o marco legal da microgeração e minigeração distribuída, o Sistema de Compensação de Energia Elétrica, e o Programa de Energia Renovável Social (PERS).

É importante trazer a lume peculiar questão examinada pelo TIT (processo DRT-1-19.425/91, Câmaras Reunidas, j. 11.11.97), relativamente à ação fiscal instaurada contra contribuinte, que havia adquirido energia elétrica na tensão de 138.000 volts, e, após a

---

[163] CARNEIRO, Daniel de Araujo. *Tributos e encargos do setor elétrico brasileiro.* Curitiba: Juruá, 2001. p. 76.

realização de suas atividades operacionais, procedeu à entrega a diversos consumidores na tensão de 220 volts. A Fazenda do Estado exigira ICMS (diferido), sob o suposto de que a referida exigência caracterizava consumo tributado.

O TIT acolheu o entendimento de que as referidas perdas significam diferença entre a potência ativa total de entrada e a potência de saída, em dado instante, ou ainda, a diferença entre a energia disponível de um concessionário, medida num ponto especificado, e a energia faturada.

Considerou que duas são as formas de perdas (ativas e reativas). A primeira é caracterizada pela resistência da linha de transmissão e/ou distribuição em função direta do material empregado, do comprimento da linha e da seção transversal do cabo (bitola). A corrente elétrica, ao circular por um fio que possui resistência elétrica, produz dois efeitos: queda de tensão (voltagem) e aquecimento (perda de energia). A segunda só ocorre em sistemas elétricos com corrente elétrica alternada devido à indutância, fenômeno que se caracteriza pela transferência de carga elétrica em "campos" sem contato físico (perda de energia).

Asseverou o TIT que vários são os fatores de significativa importância que influenciam a perda de energia, como linhas aéreas e enterradas, qualidade do material empregado nos cabos de transmissão e distribuição, tipos e qualidades das entradas construídas pelos consumidores, quantidade de consumidores industriais, comerciais e residenciais. As perdas, dadas suas características, não podem ser consideradas naturais, já que da qualidade do projeto, do material empregado, e da destinação da energia, entre outros fatores, poderá minimizar significativamente seu valor.

### 1.20.3.1 Demanda contratada

O STJ decidiu questão relativa ao limite de incidência do ICMS sobre a demanda contratada de potência de energia elétrica. Apurou que a tarifa de energia elétrica de grandes consumidores (caso das indústrias) – diferentemente da tarifa cobrada dos consumidores –, é formada por dois elementos (binômio):

a) consumo: refere-se ao que é efetivamente consumido e é medido em kw/h (quilowatts/hora);

b) potência: concerne à garantia de utilização do fluxo de energia, sendo medida em quilowatts. Trata do perfil do consumidor e visa a dar confiabilidade e segurança ao fornecimento de energia para os grandes consumidores, que têm exigência diferenciada de qualidade de serviço. Essa demanda de potência é estabelecida em contrato com a distribuidora.

Os elementos estabelecem a "demanda contratada" significando a demanda de potência ativa a ser obrigatória e continuamente disponibilizada pela concessionária, no ponto de entrega, conforme valor e período de vigência fixados no contrato e que deverá ser integralmente paga, seja ou não utilizada durante o período de faturamento, expressa em quilowatts.

A determinação da quantidade de potência elétrica a ser utilizada no consumo da energia decorre das necessidades do consumidor, que podem demandar pequenas ou maiores quantidades, menores ou maiores intensidades.

O consumidor de grande porte, geralmente industrial, não pode correr o risco de ficar sem o fornecimento de energia elétrica, necessária à movimentação de suas máquinas e à realização da própria atividade. A demanda ostenta a natureza de seguro;

e que, à semelhança dos seguros convencionais em que deve ser pago o valor ajustado independentemente de ocorrer o sinistro, no caso da demanda contratada, o montante acordado também deve ser pago independentemente do consumo integral da energia reservada.

A simples disponibilização da potência elétrica no ponto de entrega, ainda que gere custos com investimentos e prestação de serviços para a concessionária, pode constituir fato gerador da tarifa de serviço público de energia, mas sem ocasionar qualquer efeito tributário.

O consumo de energia elétrica pressupõe produção (usinas e hidrelétricas) e distribuição (empresas concessionárias ou permissionárias), não havendo condição de a energia ser depositada ou armazenada para revenda.

Entretanto, o fato gerador do ICMS não é a simples contratação da energia ou o seu tráfico jurídico, mas o seu efetivo consumo (fornecimento de energia) correspondendo à "demanda medida", independentemente de ser menor, igual, ou maior do que a "demanda contratada".

O STJ firmou a diretriz seguinte:

O ICMS incide sobre o valor da tarifa de energia elétrica correspondente à demanda de potência efetivamente utilizada. (Súmula nº 391).

A jurisprudência do STJ é firme no sentido de que não incide ICMS sobre as tarifas de uso do sistema de distribuição de energia elétrica, já que o fato gerador do imposto é a saída da mercadoria, ou seja, no momento em que a energia elétrica é efetivamente consumida pelo contribuinte, circunstância não consolidada na fase de distribuição e transmissão, incidindo a Súmula 166 (AGRg no REsp nº 1.075.223-MG – 2ª T. – Rel. Min. Eliana Calmon – j. 4.6.13 – *DJe* 11.6.13)

O ICMS incide sobre o valor da tarifa de energia elétrica correspondente à demanda contratada de potência efetivamente utilizada. (RMS 19.064/RS, 2ª T., Rel. Min. Eliana Calmon, j. 17.5.2005, *DJU* 20.6.2005, p. 175/6)

O STF consolidou a postura seguinte:

RECURSO EXTRAORDINÁRIO. REPERCUSSÃO GERAL. DIREITO TRIBUTÁRIO. IMPOSTO SOBRE OPERAÇÕES RELATIVAS À CIRCULAÇÃO DE MERCADORIAS E SOBRE PRESTAÇÕES DE SERVIÇOS DE TRANSPORTE INTERESTADUAL E INTERMUNICIPAL E DE COMUNICAÇÃO-ICMS. ENERGIA ELÉTRICA. BASE DE CÁLCULO. VALOR COBRADO A TÍTULO DE DEMANDA CONTRATADA OU DE POTÊNCIA. [...].

2. À luz do atual ordenamento jurídico, constata-se que não integram a base de cálculo do ICMS incidente sobre a energia elétrica valores decorrentes de relação jurídica diversa do consumo de energia elétrica.

3. Não se depreende o consumo de energia elétrica somente pela disponibilização de demanda de potência ativa. Na espécie, há clara distinção entre a política tarifária do setor elétrico e a delimitação da regra matriz do ICMS.

4. Na ótica constitucional, o ICMS deve ser calculado sobre o preço da operação final entre fornecedor e consumidor, não integrando a base de cálculo eventual montante relativo a negócio jurídico consistente na mera disponibilização de demanda de potência não utilizada.

5. Tese: *A demanda de potência elétrica não é passível, por si só, de tributação via ICMS, porquanto somente integram a base de cálculo desse imposto os valores referentes àquelas operações em que haja efetivo consumo de energia elétrica pelo consumidor.* (Tema nº 176 de repercussão geral. RE nº 593.824-SC – Plenário – Rel. Min. Edson Fachin – Sessão virtual de 17 a 24.4.2020)

## 1.20.3.2 Serviços auxiliares

As concessionárias de energia elétrica também realizam atividades acessórias ao fornecimento de energia elétrica, consistentes na ligação de unidade consumidora, incluída a vistoria que efetuar a aprovação, aferição de medidor, verificação do nível de tensão, religação de unidade consumidora, emissão de segunda via de conta e reaviso de vencimento de conta.

Essas atividades caracterizam serviços autônomos em relação ao fornecimento de energia, não devendo sofrer a imposição do ICMS. A circunstância de não estarem previstas na LC nº 116/03, e poder ser questionada a exigência do ISS em razão da taxatividade da lista de serviços (STF – Pleno – RE nº 77.183-SP – Rel. Min. Aliomar Baleeiro – j. 19.4.74 – *RTJ*, v. 73/490), não significa que os estados (e DF) possam usurpar a competência municipal.

## 1.20.4 Operações com combustíveis

A Lei Complementar nº 192, de 11.03.2022, define os combustíveis sobre os quais incidirá uma única vez o ICMS, ainda que as operações se iniciem no exterior, destacando-se o seguinte:

A – *Incidência monofásica*, qualquer que seja a sua finalidade para gasolina e etanol anidro combustível; diesel e biodiesel, e gás liquefeito de petróleo, inclusive o derivado de gás natural.

B – A *incidência* observará o seguinte:

I – não se aplicará o disposto na alínea "b" do inc. X do §2º, do art. 155 da CF, que trata da não incidência sobre operações que destinem a outros estados petróleo, inclusive lubrificantes, combustíveis líquidos e gasosos derivados;

II – nas operações com os combustíveis derivados de petróleo, o imposto caberá ao estado onde ocorrer o consumo;

III – nas operações interestaduais entre contribuintes, com combustíveis não incluídos no inc. II deste *caput*, o imposto será repartido entre os estados de origem e de destino, mantendo-se a mesma proporcionalidade que ocorre nas operações com as demais mercadorias;

IV – nas operações interestaduais com combustíveis não incluídos no inc. II deste *caput*, destinadas a não contribuinte, o imposto caberá ao estado de origem;

V – as alíquotas do imposto serão definidas mediante deliberação dos estados e do Distrito Federal, nos termos da alínea "g" do inc. XII do §2º do art. 155, da CF, observado o seguinte:

a) serão uniformes em todo o território nacional e poderão ser diferenciadas por produto;

b) serão específicas (*ad rem*) por unidade de medida adotada, nos termos do §4º do art. 155, da CF;

O Convênio ICMS nº 16, de 24.3.2022 disciplina a incidência única do ICMS sobre o óleo diesel, e define as alíquotas aplicáveis, autorizando as unidades federadas a utilizar instrumentos de equalização tributária.

c) poderão ser reduzidas e restabelecidas no mesmo exercício financeiro, observado o disposto na alínea "c" do inc. II do *caput* do art. 150 da CF.

C – *Contribuintes* do ICMS: produtor e aqueles que lhe sejam equiparados, e o importador dos combustíveis, alcançando inclusive as pessoas que produzem combustíveis de forma residual, os formuladores de combustíveis por meio de mistura mecânica, as centrais petroquímicas e as bases das refinarias de petróleo.

D – *Fato gerador* no momento:

I – da saída dos combustíveis de que trata o art. 2º do estabelecimento do contribuinte de que trata o art. 4º, desta lei complementar, nas operações ocorridas no território nacional; e

II – do desembaraço aduaneiro dos combustíveis de que trata o art. 2º desta lei complementar, nas operações de importação.

E – *Convênios* dos estados e DF disciplinarão o disposto nesta LC, mediante deliberação, nos termos da alínea "g" do inc. XII do §2º do art. 155 da CF.

Serão admitidas:

I – equiparações a produtores dos combustíveis referidos para fins de incidência do ICMS;

II – atribuição, a contribuinte do imposto ou a depositário a qualquer título, da responsabilidade pela retenção e pelo recolhimento do ICMS.

Os incentivos fiscais sobre as operações com combustíveis referidos, inclusive aquelas não tributadas ou isentas do imposto, serão concedidos nos termos da LC nº 24/75.

Na definição das alíquotas deverá ser previsto um intervalo mínimo de 12 (doze) meses entre a primeira fixação e o primeiro reajuste dessas alíquotas, e de 6 (seis) meses para reajustes subsequentes, observado o disposto na alínea "c" do inc. III do *caput* do art. 150 da CF. Os estados e o DF observarão as estimativas de evolução do preço dos combustíveis de modo que não haja ampliação do peso proporcional do tributo na formação do preço final ao consumidor.

F – *Substituição tributária* – Enquanto não disciplinada a não incidência do ICMS, nos termos da LC nº 192/22, a base de cálculo do imposto, para fins deste regime em relação às operações com diesel, será, até 31.12.2022, em cada estado e no DF, a média móvel dos preços médios praticados ao consumidor final nos 60 (sessenta) meses anteriores à sua fixação.

A base de cálculo do imposto, para fins de substituição tributária em relação às operações com diesel, será, até 31.12.2022, em cada estado e no Distrito Federal, a média móvel dos preços médios praticados ao consumidor final nos 60 (sessenta) meses anteriores à sua fixação (art. 8º, da LC nº 192/22, na redação da LC nº 194/22).

O Convênio ICMS nº 16, de 24.3.2022 (com previsão de produção de efeitos a partir de 1.7.2022), estabelecera alíquotas do ICMS, nas operações realizadas com combustíveis, e a forma de destinação a cada estado e ao Distrito Federal.

O STF decidiu ADI ajuizada pelo presidente da República, tendo por objeto as cláusulas quarta e quinta, bem como o respectivo Anexo II, do Convênio ICMS nº 16/2022, sob os fundamentos básicos seguintes:
  i) compete ao Congresso Nacional fixar o regime de alíquotas, se específicas ou *ad valorem*, por meio de lei complementar de escopo nacional;
  ii) compete aos estados e DF, mediante convênio no âmbito do Confaz, estabelecer as regras necessárias à aplicação do regime monofásico da gasolina, etanol anidro combustível, diesel, biodiesel e gás liquefeito de petróleo, inclusive o derivado do gás natural;
  iii) no que toca à margem de conformação de alíquotas do ICMS-combustível imputada a esse colegiado, há limites normativos claros.
  Fixara orientação judicial no sentido de que, no exercício das competências previstas na CF (art. 155, §5º) e na LC nº 192/22 (art. 6º), as alíquotas de ICMS-combustível sejam:
   a) uniformes em todo o território nacional (arts. 150, V, 152 e 155, §4º, IV, "a" da CF);
   b) seletivas, na maior medida possível, em função da essencialidade dos produtos e de fins extrafiscais, de acordo com o produto (arts. 145, §1º, e 155, §4º, IV, "a", *in fine*, da CF);
   c) *ad rem* ou específicas, por unidade de medida adotada (art. 155, §4º, IV, "b", da CF, c/c art. 3º, V, "b", da LC nº 192/22);
   d) a definição das alíquotas pelo Confaz considera um intervalo mínimo de 12 (doze) meses entre a primeira fixação e o primeiro reajuste dessas alíquotas, e de 6 (seis) meses para os reajustes subsequentes (art. 6º, §4º, LC nº 192/22);
   e) observe o princípio da anterioridade nonagesimal quando implicar em aumento do tributo (art. 6º, §4º, in fine, LC nº 192/2022);
   f) não amplie o peso proporcional do ICMS na formação do preço final ao consumidor, tendo em consideração as estimativas de evolução do preço dos combustíveis (art. 6º, §5º, da LC nº 192/2022);
   g) a definição do aspecto quantitativo do ICMS-combustível deve observar o princípio da transparência, de maneira a proporcionar, mediante medidas normativas e administrativas, o esclarecimento dos consumidores acerca dos impostos que incidam sobre mercadorias e serviços (art. 150, §5º, da CF).

E concluíra o seguinte:

Defiro *in totum* o pedido e, por consequência, suspendo a eficácia da íntegra do Convênio ICMS 15/2022, editado pelo CONFAZ. (ADI nº 7.164/MC/DF – Rel. Min. André Mendonça, j. 17.6.2022)

O Convênio ICMS nº 16/22 fora revogado pelo Convênio ICMS nº 80/22, com efeitos a partir de 23.06.22.

A respeito da incidência sobre combustível, julgado do STF decidira que a dilatação volumétrica do combustível não constitui fato gerador do ICMS (REsp nº 1.884.431-PB – 1ª T. – Rel. Min. Benedito Gonçalves, j. 8.9.2020).

Fundamentos contidos no acórdão:

PROCESSO CIVIL. TRIBUTÁRIO. VIOLAÇÃO DO ART. 1.022 DO CPC/2015. NÃO OCORRÊNCIA. ICMS. COMBUSTÍVEIS. VARIAÇÃO DE TEMPERATURA DE CARREGAMENTO E DESCARREGAMENTO. DILATAÇÃO VOLUMÉTRICA DE COMBUSTÍVEL. FENÔMENO FÍSICO. INEXISTÊNCIA DE FATO GERADOR TRIBUTÁRIO. NÃO INCIDÊNCIA DE ICMS SOBRE A DILATAÇÃO VOLUMÉTRICA [...].
2. A entrada a maior do combustível, em razão da variação da temperatura ambiente de carregamento e descarregamento se constitui em um fenômeno físico de dilatação volumétrica.
3. A fenomenologia física de dilatação volumétrica do combustível não se amolda à descrição normativa hipotética que constitui o fato gerador do ICMS.
4. Na hipótese, se o volume de combustível se dilatou ou se retraiu, não há se falar em estorno ou cobrança a maior do ICMS, uma vez que, na hipótese, não há que se qualificar juridicamente um fenômeno da física, por escapar da hipótese de incidência tributária do imposto. Nesse sentido: "Não procede o reclamo de creditamento de ICMS em razão da evaporação do combustível, pois a sua volatilização constitui elemento intrínseco desse comércio, a ser, portanto, considerados pelos seus agentes para fins de composição do preço final do produto. Esse fenômeno natural e previsível difere, em muito, das situações em que a venda não ocorre em razão de circunstâncias inesperadas e alheias à vontade do substituído. Ademais, o STJ, analisando questão análoga, concernente á entrada de cana-de-açúcar na usina para produção de álcool, já se pronunciou no sentido de que a quebra decorrente da evaporação é irrelevante para fins de tributação do ICMS" (REsp 1.122.126/RS, Rel. MINISTRO Benedito Gonçalves, PRIMEIRA TURMA, julgado em 22/6/2010, DJe 1/7/2010).
5. Não há novo fato gerador ocorrido com a variação volumétrica de combustíveis líquidos, uma vez que não se está diante de uma nova entrada, ou saída intermediária não considerada para o cálculo do imposto antecipado, mas de mera expansão física de uma mercadoria volátil por natureza [...]. (REsp nº 1.884.431-PB – Rel. Min. Benedito Gonçalves – j. 8.9.2020)

## 1.21 Importação de mercadorias, bens e serviços

### 1.21.1 Pressupostos

A CF/88 (redação original) estabelecera que o ICMS incidirá:

sobre a entrada de mercadoria importada do exterior, ainda quando se tratar de bem destinado a consumo ou ativo fixo do estabelecimento, assim como sobre o serviço prestado no exterior, cabendo o imposto ao Estado onde estiver situado o estabelecimento destinatário da mercadoria ou do serviço. (Art. 155, §2º, IX, "a")

Reproduziu, basicamente, a EC nº 23/83, mas que sofrera alteração do Convênio ICM nº 66/88 (art. 2º, I), ao dispor que o fato gerador também ocorre no "recebimento", pelo importador, de mercadoria ou bem importado do exterior, que se caracteriza com a declaração firmada pelo importador no documento em que se tiver processado o desembaraço aduaneiro.

Assim, revelava-se injurídica a regra estabelecendo que:

o importador só poderá desembaraçar as mercadorias e bens importados após o recolhimento do ICMS" (IN-SRF-27, de 25.4.94), porque este simples ato de importar não é representativo do aspecto temporal da hipótese de incidência do ICMS. O momento da positivação do fato tributário era representado pelo efetivo recebimento das mercadorias, ou bens importados, quando de sua "entrada no estabelecimento do contribuinte.

A Súmula nº 577 do STF também determinava o seguinte:

Na importação de mercadoria do exterior, o fato gerador do ICM ocorre no momento de sua entrada no estabelecimento do importador.

O STJ – já na vigência da CF/88 – fulminara a exigência fazendária, como se colhe de arestos de suas duas Turmas:

Tributário – Importação de matéria prima – ICMS – Momento do fato gerador – Antecipação de recolhimento – C.F., art. 146, III, *a*, ADCT, art. 34, §8º, Decreto-lei 406/68 (arts. 1º e 3º, §1º), Convênio ICM 66/88 – Súmula 577 STF.
1. Sem Lei Complementar apropriada ao ICMS, persistem as disposições do Decreto-Lei 406/68 (arts. 1º e 3º, §1º), recepcionado pela Constituição Federal, com base em Convênio, ilegitimando-se a exigência fiscal de antecipação do recolhimento, modificando a ocorrência do fato gerador para o momento do desembaraço aduaneiro de mercadoria importada. Prevalece a compreensão de que o fato gerador ocorre por ocasião da entrada de mercadoria no estabelecimento importador.
2. Recurso provido. (REsp nº 31.782 – 1ª T. – Rel. Min. Milton Pereira – j. 17.11.93 – *DJU* 1 de 6.12.93, p. 26.467)

Tributário. Importação. ICMS. Recolhimento. Momento do fato gerador. Convênio ICM 66/88, art. 34, §8º do Ato das Disposições Transitórias. Dec.-lei 406/68, art. 1º.
Não prevalece, diante do que preceitua o art. 1º do Dec.-lei 406/68, diploma legal recepcionado pela atual Constituição Federal, a exigência do recolhimento do tributo em questão por ocasião do desembaraço aduaneiro, introduzida pelo Convênio acima aludido.
Recurso provido. (REsp nº 19.750 – 2ª T. – Rel. Min. Américo Luz – j. 10.6.92 – *DJU* 1 de 3.8.92)

A importância de ser disciplinado fundamental momento pertinente ao ICMS não se prende exclusivamente à data em que deve ser recolhido o tributo, mas também ao próprio surgimento do fato gerador.

Realmente, poderá até ocorrer o recebimento alfandegário, sem que venha a se concretizar a entrada das mercadorias, ou bens, no estabelecimento importador, no caso de ficarem depositadas em estabelecimentos de terceiros (recintos alfandegados, entrepostos, armazéns), ocorrer furto, ou mesmo perda por destruição ou deterioração, antes do ingresso físico na empresa do contribuinte.

Todavia, o STF pacificou a controvérsia, como se contém do aresto seguinte:

Incidente sobre Mercadorias Importadas. Fato Gerador. Elemento Temporal. CF/88. Art. 155, §2º, IX, *a*.

Afora o acréscimo decorrente da introdução de serviços no campo da abrangência do imposto em referência, até então circunscrito à circulação de mercadorias, duas alterações foram feitas pelo constituinte no texto primitivo (art. 23, §11, da Carta de 1969), a primeira, na supressão das expressões: "a entrada, em estabelecimento comercial, industrial ou produtor"; e, a segunda, em deixar expresso caber "o imposto ao Estado onde estiver o estabelecimento destinatário da mercadoria".

Alterações que tiveram por conseqüência lógica a substituição da entrada da mercadoria no estabelecimento do importador para o do recebimento da mercadoria importada, como aspecto temporal do fato gerador do tributo, condicionando-se o desembaraço das mercadorias ou do bem importado ao recolhimento, não apenas dos tributos federais, mas também do ICMS incidente sobre a operação.

Legitimação dos Estados para ditarem norma geral, de caráter provisório, sobre a matéria, de conformidade com o art. 34, §8º, do ADCT/88, por meio do Convênio ICM 66/88 (art. 2º, I) e, conseqüentemente, do Estado de São Paulo para fixar o novo momento da exigência do tributo (Lei nº 6.347/89, art. 2º, V).

Acórdão que, no caso, dissentiu dessa orientação.

Recurso conhecido e provido. (RE nº 192.711-9 – Pleno – Rel. Min. Ilmar Galvão – j. 23.10.96 – *DJU* 1 de 18.4.97, p. 13.789/90)

O próprio STF também entendeu que a Súmula nº 577 não se aplica às importações de mercadorias realizadas a partir do advento da nova Constituição (RE nº 192.625-2-SP – 1ª T. – Rel. Min. Ilmar Galvão – j. 19.11.96 – *DJU* 1 de 7.2.97, p. 1.359).

Em decorrência, o STF adotou a postura seguinte:

Na entrada de mercadoria importada do exterior, é legítima a cobrança do ICMS por ocasião do desembaraço aduaneiro. (Súmula Vinculante nº 48)

A LC nº 87/96 (alterada pela LC nº 114/02) preceituou que o tributo incide "sobre a entrada de mercadoria ou bem importados do exterior" (art. 2º, §1º, I), e que o local da operação, para efeitos de cobrança do imposto e definição do estabelecimento responsável, é o estabelecimento onde ocorrer a entrada física (art. 11, I, *d*), o domicílio do adquirente quando não estabelecido (art. 11, I, *e*), ou aquele em que seja realizada a licitação, no caso de arrematação de mercadoria ou bem importados do exterior e apreendidos ou abandonados (art. 11, I, *f*).

Considerou como fato gerador o momento do "desembaraço aduaneiro" (art. 12, IX), e estabeleceu que, após a ocorrência deste, a entrega pelo depositário, de mercadoria ou bem importado do exterior, deverá ser autorizada pelo órgão responsável pelo referido desembaraço, que somente se fará mediante a exibição do comprovante do pagamento do ICMS incidente no ato do despacho aduaneiro, salvo disposição em contrário (art. 12, §2º).

Dispôs que, na hipótese de entrega de mercadoria ou bem importado do exterior antes do desembaraço aduaneiro, se considera ocorrido o fato gerador neste momento, devendo a autoridade responsável, salvo disposição em contrário, exigir a comprovação do pagamento do imposto (inserção de §3º, ao art. 12, da LC nº 87/96, pela LC nº 114/02).

A condição de só ser liberado o bem importado, mediante o prévio recolhimento do ICMS, foi alçada à dignidade de lei complementar, uma vez que tal exigência apenas se continha em convênio celebrado pelos estados e Distrito Federal com a Receita Federal.

Creio que para a autoridade aduaneira (federal) esta nova postura normativa em nada modificará seu tradicional comportamento, porque já obedecia ao ato administrativo (instrução normativa), de conformidade com o princípio da hierarquia, que permeia a Administração Pública.

Considera-se ocorrido o fato gerador do imposto no momento da aquisição em licitação pública de mercadorias ou bens importados do exterior (LC nº 87/96, art. 12, XI).

Apenas para efeito de fixação de responsabilidade é que a LC nº 87/96 trata de locais (estabelecimento e domicílio) distintos do porto, ou aeroporto, onde legalmente se promove o desembaraço de coisas importadas.

É inaplicável à importação o sistema de *conta gráfica*, em que os produtos estrangeiros entram no ciclo de produção e comercialização interna, sendo considerados os créditos já apurados no regime de apuração mensal (STJ – REsp nº 78.704-SP – 1ª T. – Rel. Min. Ari Pargendler – j. 7.3.96 – *DJU* 1 de 1º.4.96, p. 9.901/2; e REsp nº 6.074-5-SP – 2ª T. – Rel. Min. Antônio de Pádua Ribeiro – j. 20.2.97 – *DJU* 1 de 17.3.97, p. 7.462).

Registre-se que a fixação do "domicílio" como local tributário dizia respeito à eleição da pessoa física como contribuinte do imposto, estranha aos quadrantes constitucionais que apenas cogitam de "mercadorias" e bens destinados a "consumo ou ativo fixo do estabelecimento", ou seja, elementos de exclusiva natureza empresarial, em que pese a diretriz sumulada pelo STJ.

Por derradeiro, deve ser examinada com atenção a fixação do destino do bem/mercadoria importada como local de operação, por manter íntima conotação com o titular da competência impositiva (estado destinatário). Com efeito, será demonstrado que o ICMS não compete, singelamente, ao estado da destinação física do produto, mas de sua destinação jurídica (estabelecimento importador).

A EC nº 33, de 11.12.2001, dispôs que o ICMS incidirá

> sobre a entrada de bem ou mercadoria importados do exterior por pessoa física ou jurídica, ainda que não seja contribuinte habitual do imposto, qualquer que seja a sua finalidade, assim como sobre o serviço prestado no exterior, cabendo o imposto ao Estado onde estiver situado o domicílio ou o estabelecimento do destinatário da mercadoria, bem ou serviço. [Nova redação à alínea "a", do inc. IX do §2º do art. 155 da CF]

A modificação objetivou abranger todas as espécies de importação, na medida em que o texto original era circunscrito à importação de "mercadoria e bem destinado a consumo ou ativo fixo do estabelecimento", tendo o novo preceito suprimido a referida destinação ao dispor sobre a incidência tributária independente da finalidade da mercadoria ou do bem.

Portanto, o imposto deverá ser exigido sem considerar a destinação da coisa importada (mercancia, industrialização, prestação de serviço, integração no ativo fixo, consumo, uso particular etc.). Em consequência, também poderá haver o ônus tributário mesmo nos casos de admissão temporária concernente a bens que devam permanecer no país durante prazos determinados em razão de diversificadas situações, como feiras, exposições, congressos, pesquisas científicas, espetáculos artísticos, competições esportivas, promoções, reposição e conserto em virtude de garantia (o convênio ICMS nº 58/99 estabeleceu específica isenção do ICMS).

Arguta a observação:

> Não basta, também, que bens ou mercadorias ingressem em território nacional para que se vislumbre a incidência do ICMS. É necessário que o ingresso decorra de importação. Desse modo, não são alcançados pelo imposto os bens que apenas transitam pelo território nacional com destino a outro país, seja pela via aérea, como as aeronaves que aterrissam em aeroportos nacionais para serem abastecidas; embarcações estrangeiras que aportam para o mesmo fim ou para captarem passageiros; transportes ferroviários ou rodoviários que cruzam o território brasileiro. Enfim, os bens ou serviços que não se destinam ao Brasil não poderão ser tributados. Simples movimentos físicos de mercadorias não satisfazem a regra de incidência do imposto.[164]

Penso desnecessária a edição de lei complementar para possibilitar aos estados, e ao Distrito Federal, a edição da competente lei ordinária porque simplesmente reproduziria os novos comandos constitucionais. A modificação da LC nº 87/96 apenas é conveniente para adaptar-se aos novos ditames constitucionais.

Relativamente ao *serviço prestado no exterior*, somente pode ocorrer a incidência do ICMS no caso do serviço de transporte iniciado e finalizado (prestado) no exterior, não havendo base constitucional para o imposto incidir sobre os serviços iniciados no exterior e prestados (concluídos) no país, considerando-se as normas do Código Civil (arts. 597, 730 e 749) e Lei federal nº 9.611, de 19.11.98, que regula o denominado *transporte multimodal de cargas*.[165]

Considera-se ocorrido o fato gerador do imposto no momento "do recebimento, pelo destinatário, de serviço prestado no exterior" (LC nº 87/96, art. 12, X).

No tocante ao serviço de comunicação, a CF é categórica ao preceituar a incidência do ICMS nas prestações realizadas exclusivamente no exterior.

## 1.21.2 Aquisição, no país, de mercadoria e bem importado por contribuinte de outra unidade da Federação

### 1.21.2.1 Situação fática

Empresa com estabelecimento no estado *A* celebra contrato de alienação de bens importados, com empresa localizada no estado *B*. Promove a respectiva importação e realiza o desembaraço físico dos bens em outro estado (*C* ou mesmo *B*).

A importadora (do estado *A*) recolhe os tributos aduaneiros (inclusive o ICMS) no estado *A*, emite nota fiscal de entrada, consequente nota fiscal de saída, com lançamento de ICMS, tendo como destinatário o cliente do estado *B*.

Cumpre examinar se pode ser cobrado ICMS da empresa do estado *B*, pela circunstância de se tratar da destinatária dos bens importados, ou ainda pelo fato de a circulação física se verificar exclusivamente neste último estado.

---

[164] COSTA, Eliud José Pinto da. *ICMS mercantil*. São Paulo: Quartier Latin, 2008. p. 157.
[165] LUNARDELLI, Pedro Guilherme Accorsi. O ICMS e os serviços de transporte internacional. *Revista Dialética de Direito Tributário*, São Paulo, n. 109. p. 107-120.

## 1.21.2.2 Considerações preliminares

A sistemática das importações estabelece procedimentos flexíveis para permitir uma intensa operacionalidade do comércio internacional, desde que exista amparo documental. Possibilita que bens importados por empresa estabelecida em um estado possam ingressar (fisicamente) em porto (ou aeroporto) de outro estado, e, ainda, destinarem-se a um terceiro estado.

O Regulamento Aduaneiro (Decreto federal nº 6.759, de 5.2.2009) dispõe que o documento-base do despacho de importação é a declaração de importação, que, normalmente, deve ser instruída como conhecimento de carga, ou documento equivalente, fatura comercial e comprovante de pagamento de tributos.

Embora se preveja a necessidade de fatura comercial, sua exibição – à época do despacho – pode ser postergada, o que evidencia irrelevância da real titularidade do importador.

Com a implantação do Siscomex (Sistema Integrado de Comércio Exterior), a partir de 1º.1.97 (Decreto federal nº 660/92, Portaria Interministerial nº 291, de 12.12.96, e instruções normativas SRF nºs 69/96 e 70/96), foi introduzida a informatização do despacho aduaneiro com a simplificação documental.

Por conseguinte, e desde que exista embasamento documental, é viável a nacionalização dos bens independentemente da sua titularidade. Esta situação representa racionalidade das operações de importação, objetivando maior eficácia, evitando-se dispêndios desnecessários.

Em termos objetivos, não haveria sentido – na situação enfocada – que uma empresa situada no estado *A* tivesse que adotar um dos procedimentos seguintes:
   a) desembaraçar os bens importados em seu estado (*A*), fazê-los ingressar fisicamente em seu estabelecimento; e, depois, promover sua remessa para empresa do estado *B*; ou
   b) abrir estabelecimento no estado *B*, desembaraçar os bens (também em *B*), ingressá-los fisicamente no mesmo estabelecimento, para, então, remetê-los à empresa sediada no mesmo estado (*B*).

As duas hipóteses não ensejariam nenhum tipo de questionamento fiscal, posto que os fatos físicos estariam consentâneos com as operações mercantis, ficando perfeitamente delineada a territorialidade.

Entretanto, tais práticas são onerosas, desnecessárias e incompatíveis com as dinâmicas empresariais; e, além de tudo, impertinentes para fins tributários, que devem considerar a realização de "operações jurídicas", e não meras "circulações físicas".

## 1.21.2.3 O momento da incidência do ICMS e o local da obrigação tributária

Existem aspectos fundamentais a serem considerados, com o escopo de precisar o momento em que se deve reputar acontecido o denominado "fato gerador", e o respectivo "local", em que deve ser satisfeita a obrigação afeta ao ICMS.

Como as coisas importadas são remetidas do exterior à empresa estabelecida no estado *A*, a esta compete efetuar sua liberação e atender às exigências tributárias (emissão de documentos, lançamento e recolhimento do ICMS). A empresa pratica, sem dúvida, negócio relativo à importação, sendo induvidosa sua sujeição passiva tributária.

Ademais, é fácil compreender a finalidade da expressão "cabendo o imposto ao Estado onde estiver situado o domicílio, o estabelecimento destinatário da mercadoria, bem ou serviço".

Certamente, o ICMS não incide sobre a mera entrada de bem no país, e não se torna devido pela simples liberação aduaneira, sendo correto que a titularidade do imposto (sujeito ativo da relação jurídico-fiscal) não cabe singelamente ao estado onde ocorreu o mero ato físico do desembaraço aduaneiro, mas ao Estado onde se localiza o sujeito passivo do tributo, isto é, aquele que juridicamente promoveu o ingresso dos bens estrangeiros no país, e para onde se destinam.

No caso em tela, é no estado A em que se situa o estabelecimento de destino das mercadorias ou bens, na forma prevista, normalmente, em documento de importação. Constata-se que o importador (obrigado ao ICMS) encontra-se estabelecido no estado A, e é àquele estado A (da destinação dos bens) que deve ser recolhido o ICMS relativamente ao ingresso no país.

Ainda que o importador tenha contratado a revenda dos bens e mercadorias importadas para clientes de outros estados (B, C etc.), esta situação não é causa suficiente para ser entendido que o estado onde se encontra o estabelecimento destinatário (para fins do desígnio constitucional) seja unicamente o estado B (C etc.), onde deveriam ser liquidadas as obrigações tributárias.

Além de o preceito constitucional não se referir (nem se restringir), especificamente, a estabelecimento destinatário final, várias situações podem ocorrer para que os bens importados não venham a ter por destino (transitório ou final) o Estado B, a saber:

a) o importador (A) promove a liberação dos bens que, afinal, nem chegam a ser remetidos ao destinatário final (B);
b) o importador (A), em razão de ulteriores avenças com destinatário (B), efetua a remessa dos bens a estabelecimento localizado em terceiro estado (C etc.), sem que transite por B;
c) o importador (A) remete os bens ao destinatário contratado (B), que, por sua vez, os reenvia a pessoa localizada em outro estado (D etc.).

Destarte, percebe-se que não há nenhuma segurança de que o estabelecimento destinatário seja efetivamente o estabelecimento do cliente localizado no estado B.

A Fazenda paulista entendeu devido o ICMS ao estabelecimento paulista (na condição de destinatário);[166] entretanto, o Convênio ICMS nº 3/94, que estabelecera que "na operação de importação de mercadoria, ou bem, quando destinada a unidade federada diversa do domicílio do importador, o ICMS caberá ao Estado da destinação física do produto", veio a ser revogado pelo Convênio ICMS nº 2, de 4.4.95.

Em suma, ressalto que o fato de os bens importados transitarem, unicamente, no estado destinatário (devido à exclusiva facilidade de trânsito ou economia de frete), não é motivo jurídico para se cogitar de exclusiva incidência do ICMS neste estado, visto que a *circulação jurídica* é concretizada com sujeito passivo localizado em outro estado (importador), sendo inconsistente a regra que fixa como local da operação "o do estabelecimento onde ocorrer a entrada física" (LC nº 87/96, art. 11, I, "d").

Analisando o alcance do art. 11 da LC nº 87/96, em aparente desacordo com a CF, a Procuradoria-Geral da Fazenda Nacional busca compatibilizar os dispositivos,

---

[166] Consulta nº 1.152, de 20.11.91, *Boletim Tributário*, v. 4653, p. 250-259.

entendendo que a regra inserta no art. 11 deve ser compreendida apenas para fixação de responsabilidade, salientando o seguinte:

> 8. Fica evidente que o estabelecimento destinatário da mercadoria ou serviço é aquele que efetivamente praticou o fato jurídico, ou seja, aquele que realizou a importação.
>
> É irrelevante que a entrada das mercadorias tenha se dado em Estado diverso. Um importador do Estado *A* pode efetivar importações através de Porto situado no Estado *B*. O imposto sempre será devido ao Estado destinatário, no caso, o Estado *A*... [...]
>
> 10. Não é cabível que os efeitos jurídicos da importação fiquem condicionados ao ingresso físico da mercadoria no estabelecimento destinatário, para que, então, seja fixado a qual Estado é devido o imposto. A circulação que interessa ao legislador é meramente jurídica...
>
> 11. Não há como translar a figura do contribuinte descrita na LC (importador) e o momento da concretização da hipótese de incidência (desembaraço aduaneiro), para um terceiro evento (entrada física), que não possui relevância jurídica, a não ser através de razoável interpretação dos dispositivos da LC 87/96, como adiante será levado a efeito.
>
> 15. Na verdade, o imposto é devido no momento do desembaraço aduaneiro (geralmente no porto ou aeroporto) e deve ser recolhido ao Estado da localização do importador, aquele que juridicamente promoveu a entrada dos bens ou mercadorias no território nacional (Estado destinatário da importação).
>
> 16. A figura da responsabilidade aparece no cenário do direito tributário por diversos fatores que são definidos pelo legislador ao fixar a sujeição tributária. Após a definição do fato gerador (desembaraço da mercadoria) e, naturalmente, localizar a pessoa que deve ocupar o pólo passivo da obrigação tributária na condição de contribuinte (importador), o legislador pode ignorar ou não esse personagem elegendo como sujeito passivo outra pessoa.
>
> Esse terceiro não participa do binômio fisco-contribuinte. A eleição desse terceiro decorre de razões que vão da conveniência até a necessidade.
>
> 17. Cremos que este é o tipo de responsabilidade a que se refere a LC 87/96. O estabelecimento onde se verificar a entrada física da mercadoria só assume a obrigação de pagar o imposto quando deixar de adotar alguma providência a que esteja obrigado por lei. Se isto ocorrer, a lei o responsabiliza solidariamente no que respeita ao cumprimento do dever de recolher o tributo.

E firma as conclusões seguintes:

> a) destinatário da mercadoria ou do bem, na importação, é o próprio estabelecimento importador, cujo domicílio fiscal define a unidade da Federação competente para cobrar o ICMS nessa operação; e
>
> b) a designação contida na alínea *d* do inciso I do art. 11 da Lei Complementar nº 87/96 simplesmente determina a fixação de responsabilidade tributária, de que tratam os arts. 121 a 134 do Código Tributário Nacional. (Lei nº 5.172, de 25.10.66 – Parecer PGFN/CAT/ nº 1.093/97, de 9.7.97)

Destaco julgado do Tribunal de Justiça de São Paulo, do teor seguinte:

> Embargos Infringentes – ICMS – Importação de mercadoria por empresa com sede no Estado do Espírito Santo, embora desembarcada no Porto de Santos, e no Estado de São Paulo subseqüentemente vendida a empresa paulista – Compra e venda que somente ocorreu após o desembaraço da mercadoria, com regular recolhimento do ICMS no Estado capixaba – Operações distintas e bem separadas no tempo, ausente qualquer prova de

simulação entre as empresas envolvidas em ambas as negociações – Imputação penal tributária contra a empresa paulista adquirente do produto – Inadmissibilidade – Conclusão majoritária, lançada no v. acórdão embargado, nesse sentido mantida – Inacolhimento da argumentação exposta no r. voto minoritário – Embargos infringentes rejeitados. (Embargos Infringentes nº 40.315.5/0-01 – 7ª C. de Direito Público – Rel. Des. Lourenço Abba Filho – j. 21.2.2000 – *DJSP* de 5.3.2000, p. 34)

O STF julgou a controvérsia no sentido de que:

O sujeito ativo da relação jurídico-tributária do ICMS é o Estado onde estiver situado o domicílio ou o estabelecimento do destinatário jurídico da mercadoria (alínea "a" do inciso IX do §2º do art. 155 da Carta de Outubro); pouco importando se o desembaraço aduaneiro ocorreu por meio de ente federativo diverso. (RE nº 299.079-RJ – 1ª T. – Rel. Min. Carlos Britto – j. 30.6.2004 – *DJU* de 16.6.2006)

Tratou-se de importação de álcool anidro por empresa sediada em Pernambuco, para vendê-lo à Petrobras, com sede no Rio de Janeiro. Visando à economia e praticidade, preferiu que a mercadoria fosse entregue diretamente à Petrobras de Duque de Caxias (RJ), local onde ocorreu o desembaraço aduaneiro.

O STF – em sede de "repercussão geral" – assinalara o seguinte:

Tributário. ICMS. Importação. Sujeito ativo. Destinatário jurídico. Propriedades. Importação de matéria-prima. Estabelecimento comercial varejista localizado em SP. Desembaraço aduaneiro em São Paulo. Posterior remessa para estabelecimento industrial localizado em MG para industrialização. Retorno ao estabelecimento paulista. Art. 155, §2º, IX, *a*, da Constituição. Proposta pelo reconhecimento da repercussão geral da matéria. Tem repercussão geral a discussão sobre qual é o sujeito ativo constitucional do Imposto sobre Circulação de Mercadorias, incidente sobre operação de importação de matéria-prima que será industrializada por estabelecimento localizado no Estado de Minas Gerais, mas, porém, é desembaraçada por estabelecimento sediado no Estado de São Paulo e que é o destinatário do produto acabado, para posterior comercialização. (ARE 665.134/MG – Rel. Min. Joaquim Barbosa – j. 10.2.12).

O STF fixou as diretrizes seguintes:
RECURSO EXTRAORDINÁRIO COM AGRAVO. REPERCUSSÃO GERAL RECONHECIDA. DIREITO TRIBUTÁRIO. IMPOSTO SOBRE CIRCULAÇÃO DE MERCADORIAS E SERVIÇOS. ICMS. IMPORTAÇÃO. ART. 155, §2º, IX, "A" DA CONSTITUIÇÃO DA REPÚBLICA. ART. 11, I, "D" E "E", DA LEI COMPLEMENTAR 87/96. ASPECTO PESSOAL DA HIPÓTESE DE INCIDÊNCIA. DESTINATÁRIO LEGAL DA MERCADORIA. DOMICÍLIO. ESTABELECIMENTO. TRANSFERÊNCIA DE DOMÍNIO. IMPORTAÇÃO POR CONTA PRÓPRIA. IMPORTAÇÃO POR CONTA E ORDEM DE TERCEIRO. IMPORTAÇÃO POR CONTA PRÓPRIA, SOB ENCOMENDA.
Fixação da seguinte tese jurídica ao *Tema 520* da sistemática de repercussão geral: "O sujeito ativo da obrigação tributária de ICMS incidente sobre mercadoria importada é Estado-membro no qual está domiciliado ou estabelecido o destinatário legal da operação que deu causa à circulação da mercadoria, com a transferência de domínio". (ARE nº 665.134/MG. Plenário. Rel. Min. Edson Fachin. Sessão de 27.4.20. Publicação em 19.5.20).
*Fundamentos.*
1. Modalidades de Importação e Destinatários Legais.
O julgado trata das obrigações das pessoas jurídicas relativas ao ICMS, tendo em vista as distintas espécies de importação, entendendo que na "importação por conta e ordem

de terceiro" o destinatário jurídico é quem dá causa efetiva à operação, ou seja, a parte contratante de prestação de serviço consistente na realização de despacho aduaneiro, em nome próprio por parte da importadora contratada.

*Comentários*

A qualificação da importação "por conta e ordem" contida no julgado, toma como amparo a IN RFB nº 225, de 2002, que se encontrava revogada expressamente pela IN RFB nº 1.861, de 27.12.18 (art. 12, inciso I).

Ainda que se considere referida espécie de importação como prestação de serviços (ou estranhamente como simples despacho alfandegário), o fato é que o importador também fica sujeito à exigência do ICMS no desembaraço aduaneiro (como encargo da *trading*).

O STF havia decidido que existente duas operações distintas, ambas são tributadas (a primeira *ex vi do* AI nº 653654 Ag/Rg, 2ª T., Rel. Min. Joaquim Barbosa, j. 14.9.10, *DJe* 190 de 7.10.20).

2. Inconstitucionalidade parcial, sem redução de texto, ao art. 11, I, "d", da LC 87/96.

*Comentários*

O preceito inconstitucional estabelecera o seguinte:

"Art. 11. O local da operação ou da prestação, para os efeitos da cobrança do imposto e definição do estabelecimento responsável, é:

I – tratando-se de mercadoria ou bem: [...];

d) importado do exterior, o do estabelecimento onde ocorrer a entrada física".

O STF objetivou, expressamente, "afastar o entendimento de que o local da operação ou da prestação, para os efeitos da cobrança do imposto e definição do estabelecimento responsável pelo tributo, é apenas e necessariamente o da entrada física de bem importado".

Assim, também as legislações estaduais deverão revogar referida norma para não mais exigirem o ICMS no caso de mera entrada física, podendo acarretar os efeitos seguintes:

a) as ações fiscais, promovidas face aos contribuintes mediante a cobrança do ICMS, carecem de embasamento jurídico para serem mantidas:

b) os contribuintes, que recolheram o ICMS nos Estados em que as mercadorias tenham ingressado fisicamente, poderão pleitear a respectiva restituição;

c) os Estados que deixaram de receber o ICMS relativo à importação, pelo fato de o contribuinte haver efetuado o recolhimento em outros Estados (entrada física), poderão pleitear a respectiva cobrança do valor do impostado do importador que promovera a importação e o mencionado pagamento.

3. Caso concreto (RE 665.1354/MG) trata de matéria específica: compra de matéria-prima importada, por empresa de SP, com remessa para MG, para fim específico de industrialização, com posterior retorno a SP.

*Comentários*

A lide não tem correspondência com "importações por conta e ordem", e "importações por encomenda", inexistindo participação de *trading*.

Face à decisão do STF foram opostos Embargos de Declaração pelo contribuinte, assinalando que não se pode confundir destinatário econômico com jurídico, concluindo-se que (i) a destinação da mercadoria importada, após o desembaraço aduaneiro, não interfere na definição do sujeito ativo do ICMS incidente sobre a operação; e (ii) não se verificou, no caso concreto, qualquer indício de importação indireta que justificasse o deslocamento da sujeição ativa para o contribuinte a que a mercadoria foi destinada, por se tratar de simples remessa para industrialização, envolvendo filiais da mesma empresa.

O negócio jurídico internacional de compra e venda fora celebrado com o contribuinte localizado em SP, enquanto a remessa da mercadoria para MG se dera no âmbito de industrialização, que poderia até ser contratada com terceira empresa, que sequer possuiria qualquer vinculação societária com o importador.

O STF proferiu nova decisão:

EMENTA: EMBARGOS DE DECLARAÇÃO NO RECURSO EXTRAORDINÁRIO COM AGRAVO. DIREITO TRIBUTÁRIO. IMPOSTO SOBRE CIRCULAÇÃO DE MERCADORIAS E SERVIÇOS – ICMS. IMPORTAÇÃO. ART. 155, §2º, IX, "A", DA CONSTITUIÇÃO DA REPÚBLICA. ART. 11, I, "D" E "E", DA LEI COMPLEMENTAR 87/96. ASPECTO PESSOAL DA HIPÓTESE DE INCIDÊNCIA. DESTINATÁRIO LEGAL DA MERCADORIA. DOMICÍLIO. ESTAELECIMENTO. TRANSFERÊNCIA DE DOMÍNIO. IMPORTAÇÃO ENVOLVENDO MAIS DE UM ESTABELECIMENTO DA MESMA EMPRESA. SITUAÇÃO ABRANGIDA PELAS HIPÓTESES DEFINIDA NO ACÓRDÃO EMBARGADO. IMPORTAÇÃO POR CONTA PRÓPRIA. IMPORTAÇÃO POR CONTA E ORDEM DE TERCEIRO. IMPORTAÇÃO POR CONTA PRÓPRIA, SOB ENCOMENDA. INEXISTÊNCIA DE OMISSÃO, CONTRADIÇÃO OU OBSCURIDADE. REJEIÇÃO DOS EMBARGOS. HOMOLOGAÇÃO DE RENÚNCIA À PRETENSÃO FORMULADA NA AÇÃO (ART. 487, III, C, DO CPC/2015). IMPOSSIBILIDADE DE JULGAMENTO DO CASO CONCRETO. CONTRADIÇÃO VERIFICADA. EMBARGOS ACOLHIDOS EM PARTE.

1. Tese jurídica fixada para o Tema 520 da sistemática da repercussão geral: *"O sujeito ativo da obrigação tributária de ICMS incidente sobre mercadoria importada é o Estado-membro no qual está domiciliado ou estabelecido o destinatário legal da operação que deu causa à circulação da mercadoria, com a transferência de domínio".*

2. Em relação ao significante "destinatário legal", para efeitos tributários, a disponibilidade jurídica precede a econômica, isto é, o sujeito passivo do fato gerador é o destinatário legal da operação da qual resulta a transferência de propriedade da mercadoria. Nesse sentido, a forma não prevalece sobre o conteúdo, sendo o sujeito tributário quem dá causa à ocorrência da circulação da mercadoria, caracterizada pela transferência do domínio. Ademais, não ocorre a prevalência de eventuais pactos particulares entre as partes envolvidas na importação, quando da definição dos polos da relação tributária.

3. Pela tese fixada, são os destinatários legais das operações, em cada hipótese de importação, as seguintes pessoas jurídicas: a) na importação por conta própria, a destinatária econômica coincide com a jurídica, uma vez que a importadora utiliza a mercadoria em sua cadeia produtiva; b) na importação por conta e ordem de terceiro, a destinatária jurídica é quem dá causa efetiva à operação de importação, ou seja, a parte contratante de prestação de serviço consistente na realização de despacho aduaneiro de mercadoria, em nome próprio, por parte da importadora contratada; c) na importação por conta própria, sob encomenda, a destinatária jurídica é a sociedade empresária importadora (*trading company*), pois é quem incorre no fato gerador do ICMS com o fito de posterior revenda, ainda que mediante acerto prévio, após o processo de internalização.

4. Hipóteses de importação definidas no acórdão embargado que abrangem as importações envolvendo mais de um estabelecimento de uma mesma sociedade empresarial. Inexistência de omissão.

5. Independência nos provimentos jurisdicionais prestados por esta Corte no julgamento do feito em questão, no que diz respeito a resolução do mérito do caso concreto, com a homologação do pedido de renúncia à pretensão formulada na ação, de um lado, e o julgamento do mérito em abstrato da questão jurídica com repercussão geral reconhecida, de outro.

6. Impossibilidade jurídica da aplicação da tese fixada em repercussão geral para o caso concreto. Contradição verificada.

7. Embargos de declaração da empresa acolhidos Embargos de declaração do ente estatal acolhido em parte. (EmbDecl. no RE com Agravo nº 665.134 – Rel. Min. Edson Fachin, sessão de 11.11.2020)

## 1.21.3 Importação de gás

### 1.21.3.1 Situação fática

O STF examinou questão tributária posta em ação judicial promovida por Mato Grosso do Sul face ao Estado de São Paulo, relativa à importação de gás natural procedente da Bolívia realizada pela Petrobras (Corumbá-MS), através do gasoduto da empresa Transportadora Brasileira Gasoduto Bolívia-Brasil (TGB).

O estabelecimento da importadora (adquirente Petrobras), em Corumbá (MS), promove o desembaraço aduaneiro mediante o registro de uma única declaração de importação, relativamente à quantidade total que ingressa no país, com posterior distribuição comercial.

O gás importado é transferido para demais estabelecimentos da importadora, e vendido às distribuidoras de gás localizadas em demais estados (o próprio Mato Grosso do Sul, São Paulo, Paraná, Santa Catarina e Rio Grande do Sul), em que ocorre a respectiva comercialização.

O gás adquirido pela importadora (ocupando a extensão e a capacidade totais do gasoduto, e permitindo fluxos e refluxos à vista da demanda contratada com as distribuidoras) é transportado, em operação interestadual, por um terceiro (proprietário dos ativos de transporte), até os *city gates* (estações de entrega) existentes ao longo do duto, para outros postos da importadora, adentrando cada um dos estados. As distribuidoras do gás recebem o gás natural a partir dos *city gates* da TGB, ou das companhias distribuidoras de gás natural.

Assim, em São Paulo, pode chegar gás natural nacional proveniente do próprio estado (Campo de Merluza, Bacia de Campos), por meio do Gasan (Capuava-Cubatão), para abastecimento da Baixada Santista e do Rio de Janeiro (Bacia de Campos), pelo Gaspal, para abastecimento da Região Nordeste de São Paulo; e gás importado, do Gasbol, que faz conexão com o Gaspal (em Guararema – SP), para abastecimento das demais áreas, inclusive parte da Baixada Santista (SP).

A rede de gasodutos tem ramificações e interligações em que o gás importado pode misturar-se com o gás nacional, antes da entrega ao destinatário. É injetado gás no duto para manter a pressão, sendo que parte do gás fica armazenada no gasoduto (gás de empacotamento).

### 1.21.3.2 Aspectos técnicos

As atividades relativas ao monopólio da União sobre o gás natural encontravam-se disciplinadas na Lei federal nº 9.478, de 6.8.97, abrangendo a importação e o transporte por meio de conduto, destacando-se os aspectos seguintes:

- Definições Técnicas
Art. 6º Para os fins desta Lei e de sua regulamentação, ficam estabelecidas as seguintes definições: [...]
II - Gás natural ou gás: todo hidrocarboneto que permaneça em estado gasoso nas condições atmosféricas normais, extraído diretamente a partir de reservatórios petrolíferos ou gaseíferos, incluindo gases úmidos, secos, residuais e gases raros; [...]
V - Tratamento ou Processamento de Gás Natural: conjunto de operações destinadas a permitir o seu transporte, distribuição e utilização; [...]

VII - Transporte: movimentação de petróleo e seus derivados ou gás natural em meio ou percurso considerado de interesse geral;
VIII - Transferência; movimentação de petróleo, derivados ou gás natural em meio ou percurso considerado de interesse específico e exclusivo do proprietário ou explorador das facilidades.
- Transporte de Gás Natural
Art. 56. Observadas as disposições das leis pertinentes, qualquer empresa, ou consórcio de empresas, que atender ao disposto no art. 5º, poderá receber autorização da ANP para construir instalações e efetuar qualquer modalidade de transporte de petróleo, seus derivados e gás natural, seja para suprimento interno ou para importação e exportação. [...]
Art. 58. Facultar-se-á a qualquer interessado o uso dos dutos de transporte e dos terminais marítimos existentes ou a serem construídos, mediante remuneração adequada ao titular das instalações.
Art. 59. Os dutos de transferência serão reclassificados pela ANP como dutos de transporte, caso haja comprovado interesse de terceiros em sua utilização, observadas as disposições aplicáveis deste Capítulo.

A Lei federal nº 14134, de 8.04.2021, veio disciplinar as atividades de transporte de gás, escoamento, tratamento, processamento, estocagem subterrânea, acondicionamento, liquefação, regaseificação e comercialização de gás natural.

### 1.21.3.3 Postura judicial

O Estado do Mato Grosso do Sul justificara a necessidade de instauração de medida judicial com o objetivo de pacificar a controvérsia travada com o Estado de São Paulo (um dos destinatários físicos do gás importado), ao lançar contra o importador o ICMS tanto na importação como na operação posterior (que considerou interna), basicamente porque, em sua visão, a entrada física da mercadoria no estabelecimento fixaria a competência para a cobrança do tributo.

Asseverara que, a partir do momento em que a mercadoria ingressou no âmbito nacional, qualquer circulação que seja objeto após a ocorrência da importação será estranha a esta. Isto é, qualquer circulação posterior da mercadoria importada será objeto de outra, nova, e distinta operação de circulação passível de tributação por ICMS. Nesta hipótese, haverá ocorrência de novo fato gerador.

A título de exemplo, tem-se que se uma mercadoria importada em determinado estado da Federação for comercializada em outro, haverá tributação por ICMS em dois momentos distintos. Primeiro, quando da importação, que é o *primeiro fato gerador do imposto* (FG 1), cabendo o recolhimento do ICMS para o estado onde estiver estabelecido o importador. Após, caso seja necessário o transporte da mercadoria importada, este será um novo e *segundo fato gerador* (FG 2), incidindo o ICMS sobre o próprio transporte. Por fim, quando da sua comercialização propriamente dita, haverá nova incidência de ICMS, já que ela corresponde a um novo e *terceiro fato gerador* (FG 3).

Desta forma, no primeiro momento, o destinatário da mercadoria é o importador, motivo pelo qual deve o ICMS ser recolhido no local do seu estabelecimento, o que não se confunde com o imposto incidente nos momentos seguintes da cadeia produtiva. Verifica-se que há três fatos geradores distintos para a incidência do ICMS, cada qual correspondendo a um ato jurídico específico: importação (FG 1), transporte (FG 2) e comercialização (FG 3). Em todos os casos, o que é relevante para determinar a incidência do imposto é o aspecto jurídico envolvido na operação, pois é somente ato desta natureza que tem o condão de definir domínio e propriedade de bens ou mercadorias.

As peculiaridades técnicas do produto inviabilizam, e até mesmo impedem, que o estabelecimento importador esteja situado em local diverso do município de Corumbá (MS). Realmente, o gás natural apresenta variação de volume em razão do aumento ou da diminuição de temperatura e pressão, além da constante adição de outros gases que ocorre durante o transporte, apresentando alterações de quantidade e qualidade do produto. Esta complexa situação impossibilitaria a aferição exata do volume importado após a sua entrada no país.

A decisão judicial leva em consideração parecer de Paulo de Barros Carvalho, destacando-se os ensinamentos seguintes: (item 1) estabelecimento importador é a pessoa que promove a entrada jurídica de bens estrangeiros no país com o objetivo de permanência. Trata-se do sujeito que realiza a operação de importação, consistindo, no caso concreto, na empresa Petrobras, situada em Corumbá/MS; (item 2) tendo em vista que a Petrobras, importadora do gás natural, situa-se dentro dos limites territoriais do MS, é essa a unidade da Federação competente para exigir o ICMS relativo à importação daquele produto; (subitem 2.4) não obstante o gás natural seja transportado em fluxo contínuo, não comportando armazenamento ou estocagem pelo próprio importador, o desembaraço aduaneiro, com medição do volume do produto importado, ocorre em Corumbá (MS). É nesse instante e local que se tem a entrada em território nacional, tanto jurídica como fisicamente; (subitem 2.5) o adquirente, consumidor do gás, não realiza o fato jurídico previsto no critério material da regra-matriz do ICMS-importação. Não é ele, portanto, o destinatário do produto importado, sendo inadmissível pretender deslocar o critério espacial do gravame em análise para o local em que se opera o consumo.

Considerando o disposto no art. 155, §2º, IX, "a", *in fine*, da Constituição – a que se associam os documentos alfandegários –, tornam-se pertinentes as lições doutrinárias invocadas e os precedentes jurisprudenciais mencionados, o que confere relevo jurídico à asserção de que seria o Estado de Mato Grosso do Sul a entidade política que dispõe de legitimidade constitucional para exigir o ICMS incidente sobre a operação de importação de gás boliviano, eis que o destinatário jurídico do produto boliviano é o estabelecimento importador que a Petrobras mantém no município de Corumbá, situado em território sul-matogrossense.

O STF deferiu o pedido de antecipação dos efeitos de tutela para determinar ao Estado de São Paulo, até final julgamento da ação, que se abstenha de proceder a qualquer tipo de autuação ou lançamento tributário do ICMS incidente sobre as operações de importação de gás natural advindo da Bolívia, e realizadas pela Petrobras de Corumbá/MS (Tutela Antecipada em Ação Cível Originária nº 854-2-MS – Rel. Min. Celso de Mello – decisão de 15.5.2006 – *DJU* 1 de 19.5.2006, p. 45/47).

Esta postura foi mantida em questões de idêntica natureza (ACO nº 1.076-MS – Autor Estado do Mato Grosso do Sul e Réu Estado de Santa Catarina – Plenário – Rel. Min. Ricardo Lewandowski – j. 16.10.2007 – *DJU* 1 de 16.10.2007; e ACO nº 1.093-MS – Autor Estado do Mato Grosso do Sul e Réu Estado do Rio Grande do Sul – Plenário – Rel. Min. Celso de Mello – j. 4.12.2007 – *DJU* 1, de 12.12.2007).

O STF decidira o seguinte:

Ações Cíveis Originárias. ICMS. Importação. Art. 155, §2º, IX, a, da Constituição Federal. 2. Sujeito ativo. Estado em que localizado o domicílio ou o estabelecimento do destinatário jurídico da mercadoria importada. Precedentes. 3. Aspecto material do fato gerador do ICMS incidente na importação é a circulação de mercadoria, caracterizada pela transferência do domínio (compra e venda) (RE 540.829 RG, Redator p/acórdão Min. Luiz Fux, Tribunal Pleno, DJe 18.11.2014). 4. Gás natural oriundo da Bolívia. Irrelevância da impossibilidade de estocagem ou armazenamento pela transferência gasosa de modo contínuo. Importação em nome próprio, sob encomenda, pela Petrobrás. ARE 665.134 RG, Rel. Min. Edson Fachin, Pleno, DJe 19.5.2020. 5. Análise fático-contratual: duas operações de compra e venda, sendo a primeira entre a empresa boliviana e a Petrobrás, com sujeição ativa do ICMS devido na importação correspondente ao Estado do destinatário jurídico da importação do gás, qual seja, Mato Grosso do Sul. Posterior transferência do domínio jurídico às empresas estatais dos Entes Federativos subnacionais em segunda operação de compra e venda de gás natural já internalizado, com nova incidência tributária de ICMS. 6. Ações julgadas procedentes [...].
ACÓRDÃO (ACOs 854, 1976 e 1093 apregoadas em conjunto) manteve os pedidos das presentes demandas para, reconhecendo a sujeição passiva exacional do Estado de Mato Grosso do Sul, envolvendo os atuais contratos de importação de gás natural da Bolívia do gasoduto Gasbol, determinar aos Estados de Santa Catarina, de São Paulo e do Rio Grande do Sul que se abstenham de: i) formular qualquer tipo de autuação ou lançamento tributário do ICMS incidente sobre as operações de importação de gás natural advindo da Bolívia e realizada pela Petrobras – Corumba/MS; e ii) prosseguirem com as cobranças já iniciadas [...]. (Rel. Min. Gilmar Mendes – sessão de 22.10.2020)

## 1.21.4 Importações por "conta e ordem de terceiros", e "por encomenda"

Considera-se *importação por conta e ordem de terceiro* aquela em que a pessoa jurídica importadora é contratada para promover, em seu nome, o despacho aduaneiro de importação de mercadoria estrangeira, adquirida no exterior por outra pessoa jurídica.

Adquirente de mercadoria estrangeira importada é a pessoa jurídica que realiza transação comercial de compra e venda da mercadoria no exterior, em seu nome e com recursos próprios, e contrata o importador por conta e ordem para promover o despacho aduaneiro de importação.

O objeto principal da relação jurídica é estipulado legalmente como a prestação de serviço de promoção do despacho aduaneiro de importação, realizada pelo importador, em razão de contrato previamente firmado, que poderá compreender, ainda, outros serviços relacionados com a operação de importação, como a realização de cotação de preços, a intermediação comercial e o pagamento ao fornecedor estrangeiro.

Considera-se *importação por encomenda* aquela em que a pessoa jurídica importadora é contratada para promover, em seu nome e com recursos próprios, o despacho aduaneiro de importação de mercadoria estrangeira por ela adquirida no exterior para revenda a encomendante predeterminado.

Encomendante é a pessoa jurídica que contrata o importador para realizar a transação comercial de compra e venda de mercadoria estrangeira a ser importada, o despacho aduaneiro de importação, e a revenda ao próprio encomendante predeterminado.

O objeto principal da relação jurídica é a transação comercial de compra e venda de mercadoria nacionalizada, mediante contrato previamente firmado pelo importador encomendante, podendo este participar ou não das operações comerciais relativas à aquisição da mercadoria no exterior.

Recursos próprios do importador significam os valores recebidos do encomendante predeterminado a título de pagamento, total ou parcial, da obrigação, ainda que ocorrido antes da realização da operação de importação ou da efetivação da transação comercial de compra e venda.

## 1.22 Fatos contábeis
### 1.22.1 Pressupostos

A *contabilidade* objetiva registrar os eventos concernentes às atividades empresariais em função de sua configuração econômica, sem cogitar o substrato jurídico de tais atividades. Auxilia na apresentação das demonstrações financeiras, balanço patrimonial, apuração dos lucros ou prejuízos acumulados e do resultado do exercício, e os fluxos de caixa.

O *direito tributário* tem por finalidade constatar os efeitos decorrentes dos resultados societários das empresas, a respectiva natureza jurídica (independente da aparência econômica), e sua adequação (ou não) às normas de incidência tributárias. As técnicas contábeis constituem elementos auxiliares para apuração de uma específica situação tributária (como é o caso do lucro real, prejuízo fiscal, no âmbito do Imposto de Renda).

A questão nuclear consiste na aplicação (ou não) das novas normas contábeis em face da legislação tributária; ou se deve considerar se referidas normas têm por escopo fundamentar, ou modificar, os efeitos previstos na legislação tributária.

Primorosas as assertivas seguintes:

> [...] a contabilidade nada cria, pois apenas deve registrar, através de métodos científicos e confiáveis, e segundo a linguagem das partidas dobradas, os fatos tais como se encontram na realidade fenomênica, a qual lhe é externa [...].[167]
>
> a) a ciência contábil trabalha com a essência econômica;
>
> b) a partir da edição da Lei n. 11.638/07, consagrou-se, em definitivo, a distinção entre os princípios que norteiam as relações econômicas, para fins de registro contábil, e aqueles que norteiam as relações jurídicas, na atividade empresarial;
>
> c) os novos padrões contábeis não foram incorporados ao Direito Tributário;
>
> d) a prática contábil é nula, para efeitos de solução de conflito envolvendo o Direito;
>
> e) a primazia da essência sobre a forma deve ser concebida como técnica, ou recurso, com vistas a tornar os relatórios contábeis mais eficientes na sua função de servir de instrumento para análise prospectiva, não podendo, isoladamente, ser fundamento para aferição de vícios jurídicos.[168]

Na realidade, e em termos de competência, a contabilidade não estabelece regras de tributação, e não pode alterar a fisionomia dos negócios jurídicos. Do mesmo modo,

---

[167] OLIVEIRA, Ricardo Mariz de. *Fundamentos do Imposto de Renda*. São Paulo: Instituto Brasileiro de Direito Tributário, 2020. v. I. p. 117.

[168] BIFANO, Elidie Palma. Contabilidade e direito: a nova relação. *In:* MOSQUERA, Roberto Quiroga; LOPES, Alexsandro Broedel (Coord.). *Controvérsias jurídico-contábeis* – Aproximações e distanciamentos. São Paulo: Dialética, 2010. p. 116-117.

o direito tributário não pode traçar diretrizes relativas a lançamentos contábeis, classificação de contas etc., sequer interferir nos princípios que regram a contabilidade.[169]

A apuração dos tributos decorre da realização de atos, negócios, estados e situações de natureza jurídica, bem como atividades governamentais, de conformidade com as materialidades delineadas na Constituição Federal. A exigência tributária deflui da subsunção dos fatos ocorridos com as previsões normativas. Podem ocorrer deformações tributárias (ficções etc.) no caso de serem consideradas as exclusivas regras tributárias.

## 1.22.2 Situações atinentes ao ICMS

A legislação paulista (Lei nº 13.918, de 22.12.2009) contempla situações relativas às presunções, com conotações contábeis, a saber:

> Art. 74-A. Presume-se a ocorrência de omissão de operações e prestações de serviços tributáveis, realizadas sem o pagamento do imposto nas seguintes hipóteses:
> I - a existência de *saldo credor de caixa*;
> II - constatação de *suprimentos a caixa não comprovados;*
> III - manutenção, no *passivo*, de *obrigações já pagas ou inexistentes.*
> IV - constatação de *ativos ocultos*;
> V - existência de entrada de mercadorias não registradas;
> VI - declaração de vendas pelo contribuinte em valores inferiores às informações recebidas por instituições financeiras e administradoras de cartões de crédito ou débito. [...]
> §2º Diante da presunção de que trata este artigo, caberá ao contribuinte o ônus da prova da não ocorrência dos fatos geradores ou do pagamento do imposto.

Analiso as situações seguintes:
– *Saldo credor de caixa*: valor relativo às atividades do contribuinte, num determinado período de tempo, podendo significar a insuficiência de numerário para satisfazer gastos.

Presunção de falta de pagamento de imposto, caracterizado pela omissão de valores no registro de receita, ressalvada ao contribuinte a prova da improcedência da exigência.

– *Passivo fictício*: permanência entre os débitos relacionados no balanço do exercício social, de compromissos resgatados no decorrer do exercício.

Significa o valor indevidamente acrescido ou diminuído a crédito de terceiros, geralmente nas contas de fornecedores, duplicatas a pagar; conta corrente, e outros da mesma natureza. Implica a elevação ou diminuição irreal de dívidas da sociedade, acarretando a subavaliação ou superavaliação ativa.

Pode presumir a falta de pagamento do imposto. Todavia, as dívidas nem sempre geram a conclusão segura de sonegação e vendas, ou de receitas omitidas porque podem decorrer de simples irregularidades de escrituração, sem reflexo no âmbito tributário, como nos casos seguintes:

---

[169] MELO, José Eduardo Soares de. Direito tributário. Implicações com o ordenamento jurídico e a interdisciplinaridade. *In*: TAKANO, Caio Augusto; BARRETO, Simone Rodrigues Costa (Coord.). *Direito tributário e interdisciplinaridade*. Homenagem a Paulo Ayres Barreto. São Paulo: Noeses, 2021. p. 295.

a) pagamento de débitos realizados com recursos pessoais dos sócios, cujo ingresso de numerário na empresa não tenha sido contabilizado;
b) engano em razão de permanência de débito saldado na conta de fornecedores devido a lapso contábil referente à falta de baixa do título quitado. Se as receitas contabilizadas e os saldos de caixa existentes, no dia do pagamento, forem suficientes para saque da importância, não há como se conceber a existência de receita omitida e a sonegação de impostos.

O STF, de longa data, repudiara a ampla exigência tributária assentada na referida situação contábil:

> A existência de passivo fictício é relevante para o Imposto de Renda, mas não funciona em relação ao Imposto de Circulação de Mercadorias (ICM), que demanda a prova de uma operação mercantil com seu fato gerador próprio.
>
> Simples suprimentos de caixa não acarretam a circulação de mercadorias, e, por isso mesmo, não são tributáveis, tanto mais em relação a eles não se pode falar de valor agregado. Não havendo prova cabal da saída de mercadorias.[170]

Concluindo: "A solução melhor será sempre a de que nenhum imposto é devido, não permitindo qualquer interpretação distinta e exegese máxima do STF".

– *Ativo oculto*: bem patrimonial de propriedade ou posse do contribuinte, sem registro nos livros contábeis ou fiscais, apurado mediante fiscalização, cuja aquisição presume seja realizada com recursos omitidos à tributação, implicando incidências tributárias.

Entretanto, pode ocorrer que o pagamento dos débitos no exercício anterior tenha sido efetuado com recursos próprios e que apenas esse ingresso de numerário na empresa não tenha sido contabilizado.

– *Depósitos bancários injustificados*: valores creditados em montantes superiores aos contabilizados pelas sociedades, ou declarados pelas pessoas físicas.

Acontece que os referidos valores, por si só, não autorizam o lançamento do imposto porque podem decorrer de variados motivos estranhos ao tributo, a saber:

a) os depósitos representarem bens de terceiros que não teriam ingressado no patrimônio do contribuinte;
b) os depósitos corresponderiam a ingressos financeiros não tributáveis. Ex.: valores pagos por clientes face à aquisição de bens isentos do imposto;
c) os depósitos decorreriam de atividades sujeitas à incidência tributária, mas que já teriam sido oferecidas à tributação.

Precisas as considerações seguintes:

> Presunções tributárias, ficções legais, pautas fiscais, arbitramentos tributários, substituições "para frente" e outros expedientes de semelhante jaez, quando utilizados desnecessariamente, operando como autêntico "atalho", ao dever de investigação, conculcam o primado da verdade material, e, muitas vezes, sequer satisfazem a verdade formal.[171]

---

[170] *Apud* MARTINS, Ives Gandra da Silva. Presunções no direito tributário. *Caderno de Pesquisas Tributárias*, São Paulo, n. 9, 1984. p. 44-45.
[171] MARINS, James. Direito processual tributário brasileiro (administrativo e judicial). 8. ed. São Paulo: Dialética, 2015. p. 175.

## 2 Serviços de transporte intermunicipal e interestadual

### 2.1 Aspectos gerais

O ICMS incide sobre serviços prestados em *regime de direito privado* (por particular, empresas privadas, empresas públicas ou sociedades de economia mista), que não se confundem com aqueles outros – ditos *serviços públicos*, submetidos, em sua prestação, a regime jurídico diverso, ou seja, a "prestação de utilidade material, fruível individualmente, sob regime de direito público".[172] [173] Ademais, os serviços públicos são remunerados por taxas (art. 145, II, da CF).

A legislação regula o transporte rodoviário de cargas por conta de terceiros (Lei federal nº 11.442, de 5.1.2007); o transporte de passageiros (Lei federal nº 8.987, de 13.2.95, e Decreto nº 2.521, de 20.3.98); o transporte aquaviário (Lei federal nº 9.432, de 8.1.97); o transporte ferroviário (Decreto federal nº 1.832, de 4.3.96); e o transporte multimodal de cargas (Lei federal nº 9.611, de 19.2.98), que compreende, além do transporte em si, os serviços de coleta, unitização, desunitização, movimentação, armazenagem e entrega de carga ao destinatário, bem como a realização dos serviços correlatos que forem contratados entre a origem e o destino, inclusive os de consolidação e desconsolidação documental de cargas.

É evidente que só se pode cogitar de "prestação de serviço" quando existem duas (ou mais) pessoas (físicas ou jurídicas) nas qualidades de prestador e tomador (ou usuário) dos serviços, sendo uma heresia pensar-se em "serviço consigo mesmo", como, aliás, já foi pontificado pelo antigo TFR ao decretar a inconstitucionalidade do extinto ISTR (Imposto sobre Serviços de Transporte Rodoviário, previsto no art. 3º, III, do Decreto-Lei nº 1.438/75, com a redação do Decreto-Lei nº 1.582/76), em transporte de carga própria (Arguição de Inconstitucionalidade em MS nº 89.825-RS – Rel. Min. Carlos Velloso).[174]

Assim, incabível ICMS no transporte, pelo próprio contribuinte, tendo por objeto meras transferências a seus estabelecimentos.

Assinala-se que:

> O mesmo se dá com o serviço de transporte interestadual ou intermunicipal em que o empregado presta ao seu empregador (como *v.g.*, "motorista da empresa de ônibus ou empresa transportadora"). Tal serviço, ademais de se desenvolver com um vínculo de subordinação, está fora do comércio ("res extracommercium"). Ainda observa que não há fato imponível no serviço de transporte sem significação econômica (como o filantrópico, o familiar, o de mera cortesia, etc.).[175]

Em diversas ocasiões, a Fazenda paulista manifestou-se no sentido de que "não há incidência do ICMS uma vez que não ocorre uma efetiva execução de serviços de transporte, pois ninguém presta serviços a si próprio";[176] e, de modo mais explícito:

---

[172] CARRAZZA, Roque Antonio. *ICMS*. 13. ed. São Paulo: Malheiros, 2009. p. 222.
[173] BANDEIRA DE MELLO, Celso Antônio. *Prestação de serviços públicos e Administração indireta*. 2. ed. São Paulo: RT, 1979.
[174] Revista de Direito Administrativo, v. 151, p. 49-79.
[175] CARRAZZA, Roque Antonio. *ICMS*. 13. ed. São Paulo: Malheiros, 2009. p. 224.
[176] Consulta nº 1.380/1991, de 8.5.92, *Boletim Tributário*, v. 475, p. 333-7.

Como adquirente ou como vendedor, quando o próprio consulente realizar o transporte da mercadoria correspondente à operação efetuada, não estará configurada a prestação de serviço, e, por conseqüência, não há que se falar em documento fiscal de frete, tampouco em crédito.[177]

As atividades de "transporte" e "agenciamento" de serviços de transporte têm ensejado polêmicas, tendo procedido à devida distinção para manifestar-se sobre a incidência do ICMS no caso em que a empresa é contratada para retirar a encomenda no estabelecimento do cliente e encaminhá-la ao aeroporto, retirando este as encomendas destinadas ao mesmo cliente. Neste caso, assume a responsabilidade de coletar as encomendas e entregá-las ao destinatário por sua conta, risco e ordem.

Entende o órgão fazendário ser irrelevante a realização, direta ou indireta, da prestação de serviços, por tal coleta e entrega nos locais contratados, ou mesmo de ocorrer mera responsabilidade secundária quando, por exemplo, a prestação envolva empresas de transporte aéreo, ou rodoviário, contratados pela mesma empresa.[178]

Pertinente o entendimento de que mesmo a prestação de serviço de transporte rodoferroviário de contêineres vazios é fato gerador do ICMS.[179]

Situações peculiares foram examinadas pela Fazenda paulista:

a) ICMS – Transporte interestadual de carga destinada a estabelecimento localizado em território paulista – Trajeto dividido em três trechos, sendo o primeiro interestadual por meio rodoviário, o segundo interno por meio aquaviário e o terceiro interno por meio rodoviário – Em cada trecho o serviço é prestado por uma transportadora diferente de forma independente das demais – Três prestações distintas entre si – Não há caracterização do transporte multimodal de cargas;[180]

b) ICMS – Contratação de duas transportadoras para o transporte de mercadoria até o destinatário, cada uma realizando, de forma independente, o transporte de um trecho do trajeto – Prestações independentes e distintas entre si;[181]

c) ICMS. Prestação de serviço de transporte de carga, com início em território paulista, realizada por transportador autônomo ou por empresa transportadora estabelecida fora do território paulista e não inscrita no Cadastro de Contribuintes do ICMS deste Estado;[182]

d) ICMS – Transportadora paulista – Prestação de serviço de transporte rodoviário de cargas com início no Estado de São Paulo e término no Estado do Pará – Travessia do veículo transportador sobre balsa, em trecho do percurso, no Estado do Pará.

I – A prestação de serviço de transporte rodoviário, relativa à carga acomodada dentro do veículo transportador, não é alterada pelo fato de a movimentação do veículo, em certo trecho, ocorrer por meio de balsa, uma vez que a carga, por si só, em nenhum momento é transferida para a empresa que explora o serviço regular de travessia por balsa.

II – A travessia do veículo transportador por balsa não tem, a princípio, relação com a prestação de serviço de transporte interestadual da carga nele carregada, iniciada em São Paulo. Trata-se de prestações distintas entre si, contratadas independentemente.[183]

---

[177] Consulta nº 1.052/1990, de 11.12.92, *Boletim Tributário*, v. 469, p. 268-72.
[178] Consulta nº 240/1991, de 10.5.91, *Boletim Tributário*, v. 451, p. 129-135.
[179] Consulta nº 161/2001, de 26.3.01, *Boletim Tributário*, maio 2001, p. 323-324.
[180] Consulta nº 676/2005, de 11.4.2006.
[181] Consulta nº 366/2006, de 11.9.2006.
[182] Consulta nº 222/2006, de 20.4.2006.
[183] Consulta nº 5.200/2015, de 3.8.15.

e) ICMS – Coleta e estadia das mercadorias para consolidação e otimização da carga em estabelecimento pertencente à empresa transportadora.

I. A permanência da carga no estabelecimento transportador para que possa ser separada, acondicionada e consolidada, faz parte da atividade da empresa transportadora, não existindo, na legislação paulista relativa ao imposto estadual, limite de tempo para essa estadia.

II. A inexistência de limite temporal para a estadia inerente ao serviço de transporte não permite sua utilização para encobrir negócios jurídicos de outra natureza. A estadia deve se dar por tempo razoável e ser inerente à prestação de serviços de transporte.

III. Sendo previamente definidos o destinatário jurídico (adquirente) e o destino físico final (local da entrega) das mercadorias (distintos da transportadora) em, sendo o tempo de estadia no estabelecimento da transportadora razoavelmente curto, a estadia não se reveste nas características de depósito e armazenagem, sendo apenas condição inerente à prestação de serviço de transporte.

IV. Eventuais valores cobrados a título de estadia, bem como outros valores cobrados do tomador do serviço de transporte, devem fazer parte da base de cálculo do ICMS e, quando conhecidos de antemão pelo transportador, constar expressos no Conhecimento de Transporte.[184]

O Fisco entendeu que o consulente deverá exigir do transportador autônomo, ou da empresa transportadora estabelecida em outro estado, a guia de recolhimento do imposto, ainda que represente via adicional ou cópia reprográfica, sob pena de responsabilidade solidária.

O *transporte de gás canalizado* (dutoviário) passou a ser disciplinado pela Lei nº 14.134, de 8.4.2021, sendo considerado "gasoduto de transporte" aquele que atende a, pelo menos, um dos seguintes critérios:

I – gasoduto com origem ou destino nas áreas de fronteira do território nacional, destinado à movimentação de gás para importação ou exportação;

II – gasoduto interestadual destinado à movimentação de gás natural;

III – gasoduto com origem ou destino em terminais de GNL e ligado a outro gasoduto de transporte de gás natural;

IV – gasoduto com origem em instalações de tratamento ou processamento de gás natural e ligado a outro gasoduto de transporte de gás natural;

V – gasoduto que venha a interligar um gasoduto de transporte ou instalação de estocagem subterrânea a outro gasoduto de transporte;

VI – gasoduto destinado à movimentação de gás natural, cujas características técnicas de diâmetro, pressão e extensão superem limites estabelecidos em regulação da ANP.

Em razão da análise dos contornos dos negócios jurídicos atinentes à "distribuição" de gás, executados pelas concessionárias e remunerados por tarifa, é possível entender que as atividades se enquadram à figura de "transporte de bens", mediante a movimentação de quantidade de gás, canalizado dos pontos de recepção aos pontos de entrega a usuários livres.

---

[184] Consulta nº 24.187/2021, de 12.11.2021.

## 2.2 Transmissão de energia elétrica

A transmissão não pode ser considerada "transporte" de mercadorias, para fins de incidência do ICMS, como já se verificara relativamente à cobrança pelo Paraná na transmissão de energia de Itaipu para Furnas.

Anoto peculiar situação decidida pelo STJ:

> Processual Civil e Tributário. Mandado de Segurança. ICMS. Energia Elétrica. Operação Interestadual de Geração e Remessa de Energia à Distribuidora da Mesma Titularidade. Não-ocorrência de Fato Gerador. Inexistência de Direito ao Cômputo dos Valores Referentes à Operação no IV/FPM. Precedente.
> 1. A simples transmissão da energia elétrica da Usina São Simão, no Estado de Goiás, onde é gerada, para a sua distribuidora, localizada no Estado de Minas Gerais, ambas da Cemig, não constitui fato gerador de ICMS. E "se a energia elétrica gerada em São Simão é transferida para a Cemig, a fim de ser ali comercializada, não incidindo, por isso, o ICMS, não há como estabelecer-se o IVA-FPM (Índice do Valor Adicionado do Fundo de Participação dos Municípios) [...]". (RMS 9.704, 2ª T., Min. Peçanha Martins, DJ de 28.10.2002). (RMS nº 18.191-GO – 1ª T. – Rel. Min. Teori Albino Zavascki – j. 17.8.2006 – *DJU* 1 de 31.8.2006, p. 196)

Assevera-se, nos meios técnicos, que a transmissão de energia elétrica é transporte, porque se trata da transferência da energia até locais próximos do consumo, por meio de linhas de transmissão, para ser distribuída.

Em alentado estudo, a Fazenda paulista (Decisão Normativa CAT nº 4, de 3.11.2004, *DOE*, de 4.11.2004) assinalara que uma empresa transmissora de energia elétrica, no sistema desverticalizado, colocou-se entre a empresa geradora e a distribuidora, ou a comercializadora, ou o consumidor livre, situados em qualquer lugar do Brasil, elevando a tensão ao nível de transmissão, nas subestações, transmitindo a energia elétrica em alta tensão e reduzindo a tensão para níveis próximos do de consumo, geralmente entregando-as para as linhas de distribuição de outra empresa. Enfatiza que geração, transmissão, distribuição e consumo de energia elétrica acontecem praticamente no mesmo momento (item 18).

Esclarece que ao fluxo financeiro dos usuários para a rede básica das empresas transmissoras normalmente não corresponde uma prestação pessoal destas para com aqueles de entregar determinada energia adquirida das geradoras. Se um distribuidor de energia, ou um consumidor livre, contrata a compra de energia elétrica de determinado gerador, então, pelas características do Sistema Elétrico Brasileiro, não se pode dizer que aquele gerador é que vai realmente gerar a energia e quanto será transportado por qual determinada linha de transmissão. É o Operador Nacional do Sistema quem determina o que vai fisicamente ocorrer e quem vai assegurar ao comprador a energia contratada (item 23).

Carvalho de Mendonça sublinha que não há "contrato de transporte", "negócio econômico e jurídico de caráter transeunte e precário" (item 24); enfatizando que a energia elétrica não é estocada e não tem um lugar fixo no espaço. É transmitida, mas não é transportada. Energia química é estocada na gasolina, numa pilha etc. Seu lugar é macroscopicamente determinável. Mas não a energia elétrica. Esta somente é fornecida, tanto na geração como na transmissão, na distribuição e a comercialização. Seu fornecimento, seja pela geradora, transmissora, distribuidora, comercializadora, corresponde a um fato gerador do ICMS, pela saída da mercadoria. Nunca pelo transporte. As características do Sistema Elétrico Brasileiro reforçam esse entendimento (item 32).

E exemplifica: assim como uma usina hidroelétrica não produz energia se não houver um lago, que recebe constante atenção e manutenção da empresa geradora, uma empresa de transmissão de energia elétrica não entrega energia se não tiver linhas de transmissão. Mas se o que ocorre no lago não diz respeito às operações de circulação de mercadoria da geradora, então tampouco o que ocorre na linha de transmissão diz respeito às operações de circulação de mercadoria da empresa transmissora (item 39).

## 2.3 Fatos normativos

A LC nº 87/96 dispôs que são fatos geradores:
a) início da prestação de serviços de transporte interestadual e intermunicipal, por qualquer via, de pessoas, bens, mercadorias e valores; ou a utilização por contribuinte, de serviço cuja prestação se tenha iniciado em outro estado, e não esteja vinculado à operação ou prestação subsequente (arts. 2º, II, e 12, V e XIII);
b) o ato final do transporte iniciado no exterior, no caso de serviço prestado no exterior, ou cuja prestação se tenha iniciado no exterior (arts. 2º, II, e 12, VI).

Observo que o fato imponível da alínea "a" contém uma descrição de elementos mais explícita do que aquela contida na CF, mas que se reveste de juridicidade.

No tocante à alínea "b", trata de situação contemplada na CF, não colhendo o argumento da extraterritorialidade no que atina aos serviços prestados no exterior, porque a própria Carta Magna milita neste sentido.

Dispõe, também, sobre os locais que devem ser considerados para efeito da cobrança do imposto e definição do estabelecimento responsável (art. 11, II, alíneas "a" e "b").

Embora a CF não restrinja a hipótese de incidência para os serviços onerosos (como na forma prevista para os serviços de comunicação), o fato é que a LC nº 87/96 (art. 13, III) dispõe que a base de cálculo é o "preço" do serviço. Assim, no plano da eficácia jurídica, somente os serviços de transportes onerosos é que poderão ser considerados fatos geradores do ICMS.

A LC nº 190/22 passou a contemplar como fato gerador o momento do "início da prestação de serviço de transporte interestadual, nas prestações não vinculadas a operação ou prestação subsequente, cujo tomador não seja contribuinte do imposto domiciliado ou estabelecido no Estado de destino" (inc. XIV, do art. 12).

## 2.4 Transporte aéreo e ao mar territorial

O STF declarou a inconstitucionalidade do ICMS sobre a prestação de serviço de *transporte aéreo* de passageiros intermunicipal, interestadual, internacional e de transporte aéreo internacional de cargas pelas empresas aéreas nacionais, enquanto persistirem os convênios de isenção por empresas estrangeiras (ADIn nº 1.600-8 – Rel. p/ o acórdão Min. Nelson Jobim – Plenário – j. 26.11.2001 – *DJU* 1 de 17.12.2001, p. 1 e *DJU* 1 de 20.6.2003, p. 56).

A questão relativa às operações mercantis ocorridas no âmbito do *mar territorial* ou *da Zona Econômica Exclusiva*, em locais que não se configurem como ilhas artificiais, fora exaustivamente examinada, sendo firmadas as conclusões seguintes:

> a) em relação ao mar territorial, os Estados estão investidos de uma competência tributária *pro indiviso* até que sobrevenha legislação complementar especificando a fração que poderá ser alcançada pela legislação de cada Estado da Federação (lindeiros ou não), bem como defina sua amplitude e os critérios de seu exercício (transforme em competência *pro diviso*). Até então, nenhum Estado está habilitado a cobrar o ICMS-interno por operações realizadas no mar territorial;
> b) o ICMS não incide sobre a venda de mercadorias ocorridas na Zona Econômica Exclusiva (ZEE). Zona Econômica Exclusiva e águas internacionais não fazem parte do território brasileiro;
> c) para fins de trânsito de navios, a ZEE submete-se ao regime jurídico do alto-mar; vale dizer, a venda de mercadorias ocorrida a bordo em tais circunstâncias não é alcançada pela soberania brasileira;
> d) nas atividades realizadas na ZEE (que não interfiram com os recursos naturais nem ocorram em ilhas artificiais) não incide legislação interna brasileira, e, por consequência, não se aplica a legislação tributária de nenhum Estado-membro;
> e) o Tribunal Internacional do Direito do mar já decidiu que a legislação tributária de um País não se aplica a vendas ocorridas na sua Zona Econômica Exclusiva.[185]

O Código Civil dispôs que "aos contratos de transporte em geral são aplicáveis, quando couber, desde que não contrariem as disposições deste Código, os preceitos constantes da legislação especial e de tratados e convenções internacionais" (art. 732).

Caso anômalo concerne à previsão legal de incidência do ICMS no *transporte de pessoas e cargas do continente para pontos situados no mar territorial, sobre a plataforma continental, zona econômica exclusiva, ilhas oceânicas da União, navios surtos e fundeados ao longo dos portos e do litoral* (e vice-versa), ou entre um ponto e outro do mar territorial, por empresas de táxi aéreo.

Esta situação pode ser entendida como violação à CF, por (a) ofender bens da União (art. 20, V e VI), ultrapassando o âmbito da competência do Estado (arts. 22, I, e 155, II); (b) desrespeitar o princípio da imunidade recíproca entre as pessoas políticas (art. 150, VI, "a", e "c") e (c) invadir competência reservada ao direito nacional – lei complementar tributária (arts. 146, I, III, "a", e 155, §2º, XIII, "d").

O STF firmara o entendimento seguinte:

> Ação direta de inconstitucionalidade. 2. Art. 194, §5º, da Constituição do Estado do Rio de Janeiro, e art. 31, §4º, da Lei estadual 2.657/1996. 3. Inclusão, para fins tributários, das porções do mar territorial da plataforma marítima continental e da zona econômica exclusiva no território do Estado do Rio de Janeiro e dos Municípios do litoral. Medida cautelar indeferida pelo Plenário desta Corte. Distinção entre propriedade da União e território do Estado. 6ª Ação direta de inconstitucionalidade julgada improcedente. (ADIn nº 2.080 – RJ – Plenário – Rel. Min. Gilmar Mendes – j. 18.10.19 – *DJU* de 18.2.2020)

---

[185] GRECO, Marco Aurélio. Impossibilidade de cobrar ICMS em operações ocorridas no mar territorial e na zona econômica exclusiva. *Revista Dialética de Direito Tributário*, n. 133. p. 79.

## 2.5 Transporte interestadual de mercadoria, vendida sob cláusula FOB e realizada por autônomo, a destinatário de outro estado

Interessante questão decorrera da aplicação do Convênio ICMS nº 25/90, que estabelecera:

> Na prestação de serviço de transporte de carga por transportador autônomo ou por empresa transportadora de outra unidade da Federação, não inscrita no cadastro de contribuintes do Estado de início da prestação, a responsabilidade pelo pagamento do imposto devido poderá ser atribuída:
> I - ao alienante ou remetente da mercadoria, exceto se produtor rural ou microempresa, quando contribuinte do ICMS. (Cláusula segunda)

A alienação da mercadoria poderá ser realizada sob cláusula FOB (*free on board*), contemplada nos *Incoterms*, que constituem normas internacionais para interpretar os principais termos usados em comércio exterior, publicados pelas Câmaras de Comércio Internacional.

Objetivam definir as obrigações das partes contratantes de modo preciso, fundamentar as regras nos usos e costumes internacionais, e disciplinar que o preço contratual compreenderia um mínimo de obrigações para o vendedor, ficando as partes livres para estipular demais condições.

Em razão da cláusula FOB, o vendedor obriga-se a entregar a mercadoria de acordo com o contrato de venda, colocando a mercadoria a bordo do navio indicado pelo comprador, no porto de embarque designado, compreendendo, assim, a entrega em seu próprio estabelecimento.

Nesta situação, encontram-se caracterizados dois contratos distintos: 1) compra e venda de mercadorias (envolvendo vendedor e comprador), e 2) serviço de transporte de mercadorias (abrangendo o prestador do serviço e o respectivo tomador).

A venda reputa-se perfeita e acabada mediante o pagamento do preço e entrega da mercadoria posta na fábrica, ou no estabelecimento do vendedor, exaurindo-se todas suas responsabilidades, inclusive a pertinente ao ICMS, mediante lançamento na nota fiscal.

O segundo negócio jurídico – prestação de serviço de transporte – é totalmente estranho ao vendedor das mercadorias, uma vez que vincula, única e exclusivamente, o prestador (autônomo ou empresa) e o contratante (tomador), que, no caso, é o próprio comprador.

Nesta circunstância, o adquirente das mercadorias corresponde, rigorosamente, ao próprio remetente e ao mesmo destinatário, implicando nova incidência do ICMS (serviço de transporte), totalmente distinta da anterior operação jurídica (alienação).

É de se considerar que, além de fixar o limite da responsabilidade mercantil do vendedor, a cláusula FOB mantém implicação no serviço de transporte, ao estabelecer a responsabilidade do adquirente na retirada das mercadorias do estabelecimento do vendedor.

Deflui o inexorável entendimento de que o vendedor passa a não ter condição jurídica de providenciar, ou promover, a efetiva remessa das mercadorias ao destinatário (comprador). Esta cabe, exclusivamente, ao mesmo comprador, na qualidade de tomador do serviço de transporte.

É preciso expurgar o enganoso entendimento de que a simples entrega da mercadoria – pelo vendedor ao transportador – constitui ato caracterizador de remessa, pois nem o transportador pode, livremente, adentrar o estabelecimento do vendedor, nem este colocará tais mercadorias à disposição do comprador (ou transportador), na porta de seu estabelecimento.

Argutamente já se ponderou:

4.1.3 – Na compra e venda de mercadoria, sob cláusula FOB, verifica-se a tradição simbólica. O recebimento da mercadoria pelo comprador ocorre no lugar da tradição simbólica, isto é, na fábrica. Obviamente, o momento do recebimento coincide com a tradição simbólica, ou seja, com a aceitação da fatura pelo comprador, *ex vi* do inciso III, do art. 200, do Código Comercial. Assim, desde a fatura, a mercadoria vendida incorpora-se ao patrimônio do comprador.

4.1.4 – Concretizada a operação mercantil sob cláusula FOB com aceitação da fatura pelo comprador, ocorre uma situação sutil. De um lado, o comprador adquire um direito real, sobre a mercadoria, conforme opinião de J. X. Carvalho de Mendonça.

4.1.5 – [...] embora a mercadoria esteja fisicamente na fábrica do vendedor, essa mesma mercadoria já está incorporada ao patrimônio do comprador, por tradição simbólica ocorrida quando da fatura.[186]

Há que se ter em conta que a cláusula FOB representa uma legítima condição mercantil, verdadeiro instituto ou conceito de direito privado, que não pode ser objeto de alteração por lei tributária (art. 110 do CTN). Inaplicável o art. 123 do CTN, pois não se trata de convenção particular objetivando modificar responsabilidade tributária, uma vez que a referida cláusula não colimou essa finalidade.

Finalmente, impossível estatuir-se responsabilidade fiscal do vendedor das mercadorias, pelo fenômeno da substituição, tendo em vista ser figura totalmente estranha à prestação de serviço de transporte de mercadoria. Não tem nenhuma vinculação com o prestador do serviço (este apenas mantém direitos e obrigações com o adquirente das mercadorias, ou seja, o autêntico tomador de tais serviços).

É lógico e elementar que deve existir vínculo (jurídico) entre o substituto e o substituído (no caso, o vendedor e o transportador, respectivamente). Tal liame deve decorrer do mesmo e único fato imponível, para que o legislador possa atribuir a responsabilidade tributária a quaisquer das partes integrantes da relação jurídica, de natureza privada.

É necessária a existência de nexo que permita ao substituto indenizar-se do imposto que pagou; vale dizer, o substituto deve ter a possibilidade de obter do substituído, ou de outrem, o que pagou pelo fato da substituição. Esta possibilidade poderá ser jurídica ou meramente econômica, mas precisará existir.[187]

Na situação em tela, o vendedor das mercadorias não tem meios de obter o referido reembolso por não ter ciência do preço do serviço contratado, enlaçando unicamente o transportador e o comprador.

Não há sustentação no argumento pertinente ao deslocamento da responsabilidade ao vendedor, pois choca-se com o princípio da capacidade contributiva (art. 145, §1º,

---

[186] TIT – Proc. DRT-2-2.377/90, voto do Juiz Luiz Baptista Pereira de Almeida Filho, Ementário do TIT, 1996, p. 339.
[187] TIT – Proc. DRT-2-2.377/90, voto do Juiz Sergio Freitas Costa.

da CF/88), uma vez que o substrato econômico ínsito ao negócio jurídico do serviço de transporte é totalmente estranho ao mesmo vendedor, porque sua capacidade econômica decorre do único negócio que realizara (venda das mercadorias).

Portanto, carece de embasamento jurídico a exigência dirigida ao vendedor relativamente ao imposto decorrente dos serviços de transporte, que só vincula (juridicamente) transportador e prestador de serviço.

A Fazenda paulista firmara o entendimento seguinte:

> ICMS – Venda de mercadorias sob cláusula FOB com conseqüente contrato de serviço de transporte dessas mercadorias pelo próprio estabelecimento vendedor – O preço referente ao frete integra o valor total da operação.[188]

## 3 Serviço de comunicação

### 3.1 Considerações gerais

A *prestação de serviços de comunicação* constitui o cerne da materialidade da hipótese de incidência tributária, compreendendo um negócio (jurídico) pertinente a uma obrigação "de fazer", de conformidade com os postulados do direito privado.

O imposto incide sobre a prestação de serviços de comunicação em *regime de direito privado* (por particulares, empresas privadas, empresas públicas ou sociedades de economia mista), que não se confunde com os *serviços públicos* específicos e divisíveis, submetidos a *regime de direito público*, cuja remuneração é realizada por meio de taxas (art. 145, II, da CF).

O conceito de *comunicação* constitui o aspecto fundamental para se precisar a essência da materialidade tributária (pertinente e integrada pela prestação de serviços), apresentando o *significado comum* a saber:

> Comunicação (do latim *communicatione*) S.F. 1. Ato ou efeito de comunicar(-se). 2. Ato ou efeito de emitir, transmitir e receber mensagens por meio de método e/ou processos convencionados, quer através de linguagem falada ou escrita, quer de outros sinais, signos ou símbolos, quer de aparelhamento técnico especializado, sonoro e/ou visual [...] 11. Eng. Eletrôn. Transmissão de informação de um ponto a outro por meio de sinais em fios, ou de ondas eletromagnéticas. 12. Teor. Inf. Transmissão de mensagens entre uma fonte e um destinatário.[189]

> Comunicação: ato ou efeito de comunicar-se. 1. Ação de transmitir uma mensagem e, eventualmente, receber outra mensagem como resposta (*a c. entre uma base terrestre e um míssil*) [...] 1.1. processo que envolve a transmissão e a recepção de mensagens entre uma fonte emissora e um destinatário receptor; no qual as informações, transmitidas por intermédio de recursos físicos (fala, audição, visão, etc.), ou de aparelhos e dispositivos técnicos, são codificadas na fonte e decodificadas no destino com o uso de sistemas convencionais de signos ou símbolos sonoros, escritos, iconográficos, gestuais, etc.[190]

---

[188] Consulta nº 741/2005, de 9.2.2006.
[189] FERREIRA, Aurélio Buarque de Holanda. *Novo Dicionário Aurélio da Língua Portuguesa*. 2. ed. Rio de Janeiro: Nova Fronteira, 1986. p. 443.
[190] HOUAISS, Antônio. *Dicionário Houaiss da Língua Portuguesa*. Rio de Janeiro: Objetiva, 2001. p. 78.

Os *significados técnico* e *legal* apresentam o teor seguinte:

> Comunicações 1. Transferência (ou movimento) de informação entre usuários e processos, de acordo com convenções preestabelecidas. 2. Ramo da tecnologia relacionado com a representação, transferência, interpretação e processamento de dados entre pessoas, lugares e máquinas.[191]

O *significado jurídico* de "comunicação" – para fins e efeitos tributários – mantém prévia implicação com a realização do *serviço*, que só tem condição de ser configurado mediante a existência de duas (ou mais) pessoas (físicas ou jurídicas), nas qualidades de prestador e tomador (usuário) do serviço, constituindo heresia jurídica pensar-se em serviço consigo mesmo.

O exame da sistemática tributária implicou as considerações seguintes: "*A hipótese de incidência possível* do ICMS em pauta é prestar a terceiros (um tomador e um receptor), em caráter negocial, um serviço de comunicação".[192]

Naturalmente, na comunicação, torna-se necessária a participação de elementos específicos (emissor, mensagem, canal e receptor), podendo ocorrer (ou não) a compreensão pelo destinatário, cabendo considerar o desdobramento seguinte:

> De um modo geral, pode-se dizer que, onde quer que uma informação seja transmitida de um emissor para um receptor, tem-se aí um ato de comunicação. Não há, portanto, comunicação sem informação. Mas não há também transmissão de informação sem um canal ou veículo através do qual essa informação transite, assim como não há comunicação ou ligação entre um emissor e um receptor se estes não compartilharem, pelo menos parcialmente, do código através do qual a informação se organiza na forma de mensagem.[193]

Apesar de ter sido asseverado que "comunicação é diálogo entre pessoas, de modo a colocá-las uma perante a outra, embora se encontrem distanciadas no tempo (fusos horários) e no espaço (lugares)";[194] de modo perspicaz, ponderou-se que a relação comunicativa se dá independentemente de o emissor e o receptor manterem diálogo, porque, se esta situação ocorrer, estar-se-á diante de uma nova relação.[195]

A materialidade (fato gerador) do imposto não ocorre pelo simples ato que torna possível a comunicação (disponibilização de informações), sendo necessária a *prestação de serviços de comunicação*, em que os sujeitos desta relação negocial (prestador e tomador – devidamente determinados) tenham uma efetiva participação.

Argutamente procede-se à distinção seguinte:

> A prestação do serviço de comunicação prescinde do conteúdo da mensagem transmitida, tipificando-se como a simples colocação à disposição do usuário dos meios e modos para a transmissão e recepção das mensagens. Os partícipes da relação comunicativa "não prestam serviço" um para o outro, nem para terceiros. Eles apenas se comunicam. Presta

---

[191] *Glossário de Termos de Telecomunicação*, do Federal Standard 1.037C americano, tradução livre.
[192] CARRAZZA, Roque Antonio. *ICMS*. 17. ed. [s.l.]: [s.n.], [s.d.]. p. 253.
[193] SANTAELLA, Lúcia. *Cultura das mídias*. 2. ed. São Paulo: Experimento, 2000. p. 31-32.
[194] COÊLHO, Sacha Calmon Navarro. Tributação na internet. *In*: MARTINS, Ives Gandra da Silva (Coord.). *Pesquisas tributárias* – Nova Série, n. 7 (Tributação na internet). São Paulo: RT, 2001. p. 114.
[195] SANTOS FILHO, Walter Gazzano dos. *Tributação dos serviços de comunicação*. São Paulo: Cenofisco, 2004.

o serviço, isto sim, a empresa que mantém em funcionamento o sistema de comunicações consistente em terminais, centrais, linhas de transmissão, satélites, etc.[196]

Entretanto, o critério jurídico para a configuração dos tributos, assentado em premissas constitucionais e conceituais, nem sempre é observado pelo legislador ordinário, disciplinando o assunto de modo impreciso, *verbis*:
Entende-se que face

> à trilogia de etapas, *transmissão, emissão e recepção*, como medidas de identificação dos serviços de comunicação, não podem ser eleitos como hipóteses autônomas de incidência, mas possibilidades a considerar pelo legislador, para os fins de colher aquela que, mediante interação comunicacional, preste-se à melhor possibilidade para a exigibilidade do tributo, na medida em que a legislação confere atribuição de *relevância jurídico-administrativa a cada uma das três etapas* em que a atividade de telecomunicação pode ser desdobrada.[197]

> LC 87/96. [...]
> Art. 2º O imposto incide sobre: [...]
> III - prestação onerosa de serviços de comunicação, por qualquer meio, inclusive a geração, a emissão, a recepção, a transmissão, a retransmissão, a repetição e a ampliação de comunicação de qualquer natureza.

A definição legal comete algumas impropriedades ao extravasar o conceito de comunicação – como é o caso da mera geração, e a possibilidade de aplicar-se a qualquer natureza – como será positivado mediante o exame específico das principais atividades comunicativas.

Considera-se ocorrido o fato gerador do imposto no momento das prestações onerosas de serviços de comunicação. Nessa hipótese, quando o serviço for prestado mediante pagamento em ficha, cartão ou assemelhados, considera-se ocorrido o fato gerador quando do fornecimento desses instrumentos ao usuário (LC nº 87/96, art. 12, VII, e §1º).

## 3.2 Serviços de telecomunicação

Telecomunicação é conceituada legalmente (Lei nº 9.472/97) da forma seguinte:

> Art. 60. [...]
> §1º Telecomunicação é a transmissão, emissão ou recepção de símbolos, caracteres, sinais, escritos, imagens, sons ou informações de qualquer natureza por fio, radioeletricidade, meios óticos, ou qualquer outro eletromagnético.
> §2º Estação de telecomunicações é o conjunto de equipamentos ou aparelhos dispositivos e demais meios necessários à realização de telecomunicações, seus acessórios e periféricos e, quando for o caso, as instalações que os abrigam e complementam inclusive terminais portáteis.

---

[196] ZONARI, Anna Paula; GRECO, Marco Aurélio. ICMS. Materialidade e princípios constitucionais. *In*: MARTINS, Ives Gandra (Coord.). *Curso de direito tributário*. 2. ed. São Paulo: Cejup, 1993. v. 2. p. 157.
[197] TÔRRES, Heleno Taveira. *Direito tributário das telecomunicações e satélites*. São Paulo: Quartier Latin, 2007. p. 60-61.

Anteriormente, o Convênio Internacional de Telecomunicações (Nairobi, Kenia, 1982 – Anexo II) havia conceituado telecomunicações como

> toda transmisión, emisión o recepción sonidos o informaciones de cualquier naturaleza por hilo, radioelectricidad, medios ópticos u otros sistemas eletrogmagnéticos; levando-se em conta, como se vê, todos os meios capazes de permitir a telecomunicação, desde o semáforo de sinais até a transmissão por raio laser, por impulso elétrico por cabos ou pelo uso do respectivo radioelétrico.[198]

As redes de telecomunicação

> constituem a infra-estrutura, o meio físico, radioelétrico ou óptico através do qual fluem os símbolos, caracteres, sinais, escritos, imagens, sons ou informações de qualquer natureza que caracterizam uma telecomunicação; sem elas, esta simplesmente não se materializa.[199]

A operacionalidade das redes ocorre por

> comutação *automática*, quando realizada por equipamentos controlados autonomamente, através de programa lógico armazenado e acionado por meios eletromecânicos; comutação por *circuito*, quando o circuito estabelecido é mantido até o final da comunicação; comutação por *pacote*, que consiste na técnica de encaminhamento dinâmico de elementos padronizados de informação, endereçados separadamente, enviados por circuitos diversos e recompostos no destino, de modo a formar uma comunicação.[200]

A interconexão das redes concerne à

> central de comunicação da prestadora de Serviço Telefônico Fixo Comutado, a partir da qual uma chamada é entregue a outra prestadora de serviço de telecomunicações, para ser encaminhada ao destinatário ou, a partir da qual, uma chamada é recebida por prestadora de serviço de telecomunicações para ser encaminhada ao destino.[201]

Diante de tais conceitos de serviço de telecomunicação, envolvem-se duas questões básicas: "O conteúdo do que se transmite, emite ou recebe (símbolos, caracteres, sinais, escritos, imagens, sons, informações); e o meio pelo qual a operação se realiza (fio, radioeletricidade, meios óticos, satélites ou qualquer outro processo eletromagnético)".[202]

A telecomunicação é *analógica* quando

> realizada com emprego de técnica que permite a codificação da informação pela variação contínua de qualquer característica em relação ao tempo. Analógica é a palavra comumente empregada para caracterizar aparelhos eletrônicos que trabalham com variações contínuas de sinais elétricos, variações essas que, em geral, são proporcionais (análogas) a outros fenômenos (ex.: variações na pressão do ar, provocadas por sons).

---

[198] RODRIGUES PERDOMO, Matias; BASTÓN MAIO, Carlos. *Marco jurídico y formas de gestión en telecomunicaciones*. Montevideo: Fundación de Cultura Universitaria, 1991. p. 11.
[199] AZULAY NETO, Messod; LIMA, Antônio Roberto Pires de. *O novo cenário das telecomunicações no direito brasileiro*. Rio de Janeiro: Lumen Juris, 2000. p. 237.
[200] ESCOBAR, J. C. Mariense. *O novo direito de telecomunicações*. Porto Alegre: Livraria do Advogado, 1999. p. 34.
[201] ESCOBAR, J. C. Mariense. *O novo direito de telecomunicações*. Porto Alegre: Livraria do Advogado, 1999. p. 36.
[202] ESCOBAR, J. C. Mariense. *O novo direito de telecomunicações*. Porto Alegre: Livraria do Advogado, 1999. p. 22.

Haverá telecomunicação *digital* quando: "Realizar-se mediante emprego de técnica que permite a codificação da informação pela variação descontínua de qualquer característica de um sinal, estando a informação contida na diversidade das descontinuidades sucessivas".[203]

Quanto à forma de telecomunicação empregada, temos a seguinte classificação: *telefonia*, caracterizada pela transmissão de voz e de outros sinais audíveis; *telegrafia*, caracterizada pela transmissão de matéria escrita destinada a ser apresentada através de sinais gráficos, utilizando um código digital adaptado a baixas velocidades de transmissão; *comunicação de dados*, forma caracterizada pela especialização na transferência de dados de um ponto a outro; *transmissão de imagens*, como a televisão, caracterizada pela transmissão de imagens transientes, animadas ou fixas, reproduzíveis em tela optoeletrônica à medida de sua recepção.[204]

Os serviços públicos de telecomunicações são aqueles explorados diretamente pela própria União, ou mediante concessão ou permissão, destinados ao público em geral (Serviço Telefônico Fixo Comutado), segundo regime de direito público; enquanto os serviços privados (não sujeitos à universalização e continuidade) podem ser explorados pelos particulares, mediante autorização (Serviço Móvel Celular), sob regime privado (autonomia da vontade, liberdade de contratação).

O Regulamento Geral dos Serviços de Telecomunicações (aprovado pelo Conselho Diretor da Agência Nacional de Telecomunicações – Anatel – objeto da Resolução nº 73, de 25.11.98) destaca (art. 3º) que:

> Não constituem serviços de telecomunicações, o provimento de capacidade de satélite, a atividade de habilitação ou cadastro de usuário, e de equipamento, para acesso a serviços de telecomunicações, nem os denominados serviços de valor adicionado.

O *Serviço de Comunicação Multimídia* é um serviço fixo de telecomunicações de interesse coletivo, prestado em âmbito nacional e internacional, no regime privado, que possibilita a oferta de capacidade de transmissão, emissão e recepção de informações multimídia, utilizando quaisquer meios, a assinantes dentro de uma área de prestação de serviço (Resolução nº 272, de 9.8.2001, da Anatel).

Distinguem-se do Serviço de Comunicação Multimídia o Serviço Telefônico Comutado destinado ao uso público em geral (STFC) e os serviços de comunicação eletrônica de massa, como o Serviço de Radiodifusão, o Serviço de TV a Cabo, o Serviço de Distribuição de Sinais Multiponto Multicanal (MMDS), e o Serviço de Distribuição de Sinais de Televisão e de Áudio por Assinatura Via Satélite (DTH).

Nas atividades de gerenciamento desempenhadas pela integradora dos sistemas condominiais, pode ocorrer a emissão, transmissão ou recepção de sinais entre as dependências dos condôminos-usuários e a sala operacional do condomínio.

Entretanto, entende-se que não constituem atividade-fim, mas mero meio para o provimento de acesso dos condôminos-usuários aos serviços externos de telecomunicações prestados pelas operadoras. Tais valores recebidos pela integradora, a título de reembolso das despesas por essa incorridas para pagamento às operadoras dos

---

[203] ESCOBAR, J. C. Mariense. *O novo direito de telecomunicações*. Porto Alegre: Livraria do Advogado, 1999. p. 24-25.
[204] ESCOBAR, J. C. Mariense. *O novo direito de telecomunicações*. Porto Alegre: Livraria do Advogado, 1999. p. 18.

usuários, não constituem contraprestação pela prestação de serviços próprios e, por conseguinte, não são passíveis de tributação pelo ICMS.[205]

As atividades de implantação e exploração de infraestruturas de rede, enquanto insumos da prestação de serviços de telecomunicações, implicam o surgimento de um mercado de "capacidade de transmissão de telecomunicações", de atacado.

A comercialização dessa capacidade por parte de empresas detentoras de infraestruturas de telecomunicações, junto a prestadores de serviços ao público, envolve, predominantemente, a mera locação dos bens, que não configura a hipótese de incidência do ICMS.[206]

Em razão da natural e crescente evolução tecnológica, há muito tempo vislumbrara-se a configuração de uma sociedade em que ocorrerá a fusão da informação/informática/processamento/transmissão de dados, resultando nos tipos básicos de telecomunicação:

> 1) as residências e locais de trabalho serão dotados de um terminal receptor/transmissor fixo, interligado por cabo, quase que com certeza de fibra ótica, que receberá e encaminhará som, imagens, vídeos, dados, etc., tudo reduzido à simplicidade de um fluxo digital, simples mas poderoso, capaz de transmitir e receber, exibir, interagir, gravar ou imprimir conversações, consultas, jornais, revistas, livros, filmes, mensagens, dados etc.
> 2) as pessoas contarão com um terminal portátil individual, que se conectará por ondas hertzianas, destinado às comunicações individuais de baixa densidade (voz, dados etc.), e que se interligará indistintamente a satélites ou estações terrenas, para receber ou escoar seu fluxo.[207]

Impera a alta velocidade ("banda larga") nas operações com a internet, em que o usuário interagirá em tempo real, com alguém, em videoconferência, ou misturas de mídias (TV, áudio, realidade virtual), inserido num paraíso cibernético. O acesso dos celulares à internet representa a terceira geração de telefonia móvel, com a característica principal de navegação na rede, utilizando um *soft* próprio. Um único aparelho de conexão à rede mundial oferece serviços eletrônicos *pager* e *e-mail* por comunicação sem fio.

Essa constante revolução tecnológica (que já se verificara da passagem da fase *eletromecânica* para a fase *digital* e *microeletrônica*), certamente, obrigará o operador do direito a proceder à adequação da situação fática, não só no que tange ao conceito de "telecomunicação", mas também à efetiva caracterização dos serviços prestados, para fins de incidência tributária.

Contudo, argumenta-se que nem todos os atos de telecomunicações são espécies de "serviço de comunicação", pelos fundamentos seguintes:

> Os dois conceitos não se encontram, portanto, numa relação de gênero e espécie, mas numa relação de mera intersecção ou sobreposição parcial. Trata-se de realidades secantes,

---

[205] XAVIER, Helena de Araújo Lopes. A tributação da 'revenda' de serviços de telecomunicações. *In*: TÔRRES, Heleno Taveira (Coord.). *Direito tributário das telecomunicações*. São Paulo: Abetel e Thomson IOB, 2004. p. 274.
[206] RAMIRES, Eduardo A. de Oliveira. Regime jurídico da comercialização de capacidade de transmissão de telecomunicações. *In*: TÔRRES, Heleno Taveira (Coord.). *Direito tributário das telecomunicações*. São Paulo: Abetel e Thomson IOB, 2004. p. 302-303.
[207] AZULAY NETO, Messod; LIMA, Antônio Roberto Pires de. *O novo cenário das telecomunicações no direito brasileiro*. Rio de Janeiro: Lumen Juris, 2000. p. 198.

pois, por um lado, só a comunicação entre dois sujeitos que, para se realizar, careça da prestação, por terceiro de serviços de transmissão, emissão e recepção envolve uma prestação de serviços de comunicação; e, por outro lado, simetricamente, só as atividades de telecomunicações que assegurem e se esgotem na transmissão, emissão e recepção, têm por escopo o estabelecimento de uma relação comunicativa, e constituem pois a prestação de um serviço de comunicação.[208]

## 3.2.1 Relação de serviços

A Lei nº 9.472/97 (Anexo III, referente ao Anexo I da Lei nº 5.070, de 7.7.66, alterado pela Lei nº 9.691/98) especifica as atividades seguintes:

1. Serviço Móvel Celular
2. Serviço Telefônico Público Móvel Rodoviário/ Telestrada
3. Serviço Radiotelefônico Público
4. Serviço de Radiocomunicação Aeronáutica Público – Restrito
5. Serviço Limitado Privado
6. Serviço Limitado Móvel Especializado
7. Serviço Limitado de Fibras Óticas
8. Serviço Limitado Móvel Privativo
9. Serviço Limitado Privado de Radiochamada
10. Serviço Limitado de Radioestrada
11. Serviço Limitado Móvel Aeronáutico
12. Serviço Limitado Móvel Marítimo
13. Serviço Especial para Fins Científicos ou Experimentais
14. Serviço Especial de Radiorrecado
15. Serviço Especial Radiochamada
16. Serviço Especial de Frequência Padrão
17. Serviço Especial de Sinais Horários
18. Serviço Especial de Radiodeterminação
19. Serviço Especial de Supervisão e Controle
20. Serviço Especial de Radioautocine
21. Serviço Especial de Boletins Meteorológicos
22. Serviço Especial de TV por Assinatura
23. Serviço Especial de Canal Secundário de Radiodifusão de Sons e Imagens
24. Serviço Especial de Música Funcional
25. Serviço Especial de Canal Secundário de Emissora de FM
26. Serviço Especial de Repetição de Televisão
27. Serviço Especial de Repetição de Sinais de TV via Satélite
28. Serviço Especial de Retransmissão de TV
29. Serviço Suportado por Meio de Satélite
30. Serviço de Distribuição Sinais Multiponto Multicanal
31. Serviço Rádio Acesso

---

[208] XAVIER, Helena de Araújo Lopes. O conceito de comunicação e telecomunicação na hipótese de incidência do ICMS. *Revista Dialética de Direito Tributário*, n. 72, 2001. p. 81.

32. Serviço de Radiotáxi
33. Serviço de Radioamador
34. Serviço Rádio do Cidadão
35. Serviço de TV a Cabo
36. Serviço de Distribuição de Sinais de TV por Meios Físicos
37. Serviço de Televisão em Circuito Fechado
38. Serviço de Radiodifusão Sonora em Ondas Médias
39. Serviço de Radiodifusão Sonora em Ondas Curtas
40. Serviço de Radiodifusão Sonora em Ondas Tropicais
41. Serviço de Radiodifusão Sonora em Frequência Modulada
42. Serviço de Radiodifusão de Sons e Imagens
43. Serviço Auxiliar de Radiodifusão e Correlatos – Transmissão Programas, Reportagem Externa, Comunicação de Ordens, Telecomando, Telemando e Outros
43.1. Radiodifusão Sonora
43.2. Televisão
43.3. Televisão por Assinatura
44. Serviço Telefônico Fixo Comutado (STFC)
45. Serviço de Comunicação de Dados Comutado
46. Serviço de Comutação de Textos
47. Serviço de Distribuição de Sinais de Televisão e de Áudio por Assinatura via Satélite (DTH)
48. Serviço Móvel Pessoal

## 3.3 Radiodifusão – Televisão

As atividades desenvolvidas pelas emissoras de rádio e de televisão implicam distintas situações tributárias, de conformidade com a conceituação técnica assentada no ordenamento jurídico.

O Código Brasileiro de Telecomunicações – CBT (Lei nº 4.117 de 27.8.62) – havia estabelecido o seguinte:

> Art. 4º Para efeitos desta Lei constituem serviços de telecomunicações a transmissão, emissão ou recepção de símbolos, caracteres, sinais escritos, sons ou rádio, eletricidade, meios óticos ou qualquer outro processo eletromagnético. [...]
> Art. 6º Quanto aos fins a que se destinam as telecomunicações assim se classificam: [...]
> d) *serviço de radiodifusão*, destinado a ser recebido direta e livremente pelo público em geral, compreendendo a radiodifusão sonora e televisão. [...]
> f) serviço especial, relativo a determinados serviços de interesse geral, não aberto à correspondência pública [...].

O Regulamento do CBT (Decreto nº 52.026, de 20.5.93, art. 41) relacionara como serviço de telecomunicações (além da telefonia pública, telegrafia pública, restrita, especiais, limitada, interior e radioamador) o *serviço de radiodifusão*.

Na mesma trilha, o Decreto nº 52.795, de 31.10.63 – regulamentador dos serviços de radiodifusão –, ao tratar dos "serviços de radiodifusão, compreendendo a transmissão de sons (radiodifusão sonora) e a transmissão de sons e imagens (televisão), a serem direta e livremente recebidas pelo público em geral".

Aliás, o Regulamento de Radiocomunicação da União Internacional de Telecomunicações – UIT (Genebra, 1994) – também se posicionara no sentido de que "Serviços de radiocomunicação são aqueles que implicam transmissão, emissão ou recepção de ondas radioelétricas, para fins específicos de telecomunicações".[209]

A radiodifusão e televisiva gratuita encontram-se imunes ao tributo estadual, consoante a EC nº 42, de 19.12.2003, ao dispor que o ICMS não incide "nas prestações de serviço de comunicação nas modalidades de radiodifusão sonora e de sons e imagens de recepção livre e gratuita" (art. 155, X, "d", da CF/88).

O *Serviço Especial por Assinatura* (*TVA*) possui elementos distintos da apontada radiodifusão gratuita (*vide* exame no Capítulo VIII, item 11), uma vez que constitui prestação de serviço especial a assinante, mediante remuneração, consistente na distribuição de sons e imagens por sinais codificados, com a utilização de canais do espectro radioelétrico.

A regulamentação desse Serviço (Decreto nº 95.744, de 23.2.88, alterado pelo Decreto nº 95.815, de 10.3.88) tratara dos pontos básicos seguintes:

> Art. 3º [...]
> II - assinante é a pessoa que adquire o direito à recepção dos sinais da TVA;
> III - assinatura é o contrato oneroso de prestação de serviços, celebrado entre o assinante, individual ou coletivamente considerado, e a entidade exploradora da TVA; [...]
> Art. 28. [...]
> Parágrafo único. Dada a licença de funcionamento, a entidade poderá iniciar a cobrança das assinaturas e exploração do serviço. [...]
> Art. 48. O TVA é remunerado por preços, que poderão ser diferenciados em assinaturas individuais e coletivas.

O Consultor-Geral da República definira a radiodifusão como o serviço aberto ao público em geral, distinguindo-se da TVA, de cunho elitista, na medida em que só é acessível a quem por ela pode pagar, inclusive quanto ao uso e manutenção do codificador de sinais.[210]

A *Comunicação Audiovisual de Acesso Condicionado* (Lei nº 12.485, de 12.9.11) – excluindo do campo de aplicação os serviços de radiodifusão sonora e de sons e imagens – constitui um complexo de atividades que permite a emissão, transmissão e recepção, por meios eletrônicos quaisquer, de imagens, acompanhadas ou não de sons, que resulta na entrega de conteúdo audiovisual exclusivamente a assinantes (art. 2º, VI).

O mencionado serviço corresponde ao serviço de telecomunicações de interesse coletivo prestado no regime privado, cuja recepção é condicionada à contratação remunerada por assinantes, e é destinado à distribuição de conteúdos audiovisuais na forma de pacotes, de canais nas modalidades avulsa de programação e avulsa de conteúdo programado e de canais de distribuição obrigatória, por meio de tecnologias, processos, meios eletrônicos e protocolos de comunicação quaisquer.

Essa modalidade de comunicação televisiva também possui elementos distintos da radiodifusão, tendo como ponto marcante a fruição de específicos e diferenciados

---

[209] ESCOBAR, J. C. Mariense. *O novo direito de telecomunicações*. Porto Alegre: Livraria do Advogado, 1999. p. 41.
[210] Parecer SR-93, de 21.6.89, Processo nº 400.00012/89-7, *DOU* de 23.6.89, p. 10.180.

serviços, prestados de modo oneroso a tomadores identificados e materializados em contrato. Essas características operacionais e legais permitem vislumbrar que apenas as comunicações televisivas – "assinatura e a cabo" – tipificam autênticos serviços de comunicação, sujeitando-se ao ICMS.

Sob esse enfoque, registro julgado do STJ:

> Tributário. ICMS. Televisão a Cabo. Lei Complementar 87/96, art. 2º, II. Lei 8.977/95, arts. 2º e 5º. Incidência. Taxa de Adesão. Não-incidência. [...]
> 
> 2. O serviço de TV a cabo consiste, por expressa disposição normativa (Lei 8.977/95, artigos 2º e 5º), em serviço de comunicação (da espécie de "telecomunicação"), prestado por operadora que, utilizando um conjunto de equipamentos, instalações e redes, de sua propriedade ou não, viabiliza a recepção, o processamento, a geração, e a distribuição aos assinantes de programação e de sinais próprios ou de terceiros. A prestação onerosa desse serviço caracteriza a hipótese de incidência do ICMS.
> 
> 3. Apreciando a questão relativa à legitimidade da cobrança do ICMS sobre o procedimento de habilitação de telefonia móvel celular, ambas as Turmas integrantes da 1ª Seção firmaram entendimento no sentido da inexigibilidade do tributo, à consideração de que a atividade de habilitação não se incluía na descrição de serviço de telecomunicação constante do art. 2º, III, da Lei Complementar 87/96, por corresponder a "procedimento tipicamente protocolar [...], cuja finalidade prende-se ao aspecto preparatório e estrutural da prestação do serviço", serviços "meramente acessórios ou preparatórios à comunicação propriamente dita", "meios de viabilidade ou de acesso aos serviços de comunicação" (REsp 402.047/MG, 1ª Turma, Min. Humberto Gomes de Barros, *DJU* de 09.12.2003, e do Edcl no AgRg no REsp 330.130/DF, 2ª Turma, Min. Castro Meira, *DJ* de 16.11.2004).
> 
> 4. Adotando-se a linha de orientação traçada nesses julgados, e diante do caráter igualmente acessório ou preparatório à prestação do serviço de telecomunicação propriamente dito de que se revestem as atividades remuneradas pela taxa de adesão da televisão a cabo, deve ser reconhecida a inexigibilidade do ICMS sobre esses valores. (REsp nº 418.594-PR – 1ª T. – Rel. Min. Teori Albino Zavascki – j. 17.2.2005 – *DJU* 1 de 21.3.2005, p. 218)

Os serviços acessórios ou suplementares ao serviço de comunicação, como, *v.g.*, a locação de aparelhos, a manutenção das estações rádio-base, das torres de transmissão, dos *softwares* de gerenciamento e outros serviços similares, têm a função de proporcionar as condições materiais necessárias à implementação do serviço comunicacional, bem como a sua manutenção, não encerrando fatos geradores de incidência do ICMS, porquanto, por si sós, não possibilitam a emissão, transmissão ou recepção de informações, razão pela qual não se enquadram no conceito de serviço comunicacional, mas, antes, ostentam a natureza de atos preparatórios ou posteriores à atividade tributada, conforme precedentes do STJ (REsp nº 760.230-MG – 1ª S. – Rel. Min. Luiz Fux – j. 27.5.2009 – *DJe* de 1º.7.2009).

Todavia, existe certa insegurança sobre o assunto, uma vez que nas comunicações veiculadas por

> TV a cabo, ou TV por assinatura, em que o destinatário das mensagens é identificado, e remunera a atividade ... embora seja razoável entender-se que se trata de radiodifusão, e, portanto, não incide o ICMS, é razoável também entender-se que o imposto incide, porque se trata de comunicação onerosa, ou remunerada.[211]

---

[211] MACHADO, Hugo de Brito. O ICMS e a radiodifusão. *Revista Dialética de Direito Tributário*, São Paulo, n. 23. p. 60.

Nesta específica atividade também se tem vislumbrado serviços de publicidade, ou de propaganda (item 17.06 da lista anexa à LC nº 116/03, sujeito ao ISS) – vinculando agência de publicidade e anunciante.

Registro a posição adotada pela Fazenda paulista no sentido de que incide o ICMS no caso de empresa – contratada pelo anunciante ou cliente para dar a conhecer o produto comercial (tornar público, difundir determinado produto ou serviço com a finalidade de intensificar o seu consumo ou uso), por intermédio de televisão e/ou rádio – produzir sinais de telecomunicação de forma a propiciar a sua "transmissão" para serem recepcionados, via de regra, por receptores domésticos.

Nesse sentido, declarou ser irrelevante se os sinais (sons e/ou imagens), codificados ou não, captados pelos referidos receptores, são ou não decorrentes do cumprimento de contratos firmados com os assinantes, sendo canal fechado ou aberto, respectivamente.[212]

Pugnando pela não incidência do ICMS fora enfatizado o seguinte:

> [...] o assinante não se comunica nem com a empresa, nem com terceiros. Apenas *assiste* à programação. Ele, por assim dizer, *adere* à programação, *vendo* os filmes, documentários, entrevistas, partidas de futebol etc., que a empresa prestadora do serviço de *TV por assinatura* coloca no ar. Sobremais, não participa da feitura desta mesma programação, nem nela interfere.
>
> O que estamos tentando significar é que na atividade típica das chamadas *TVs por assinatura* não há nem transmissão, nem recebimento de mensagens, por parte do usuário. Nela não se vislumbra a prestação de nenhum serviço de comunicação. Daí esta atividade não poder ser alcançada pelo ICMS.[213]

Lapidarmente fora demonstrado que não teria fundamento se exigir ICMS em razão de simples difusão de imagens, sons etc., como se colhe do ensinamento seguinte:

> Realmente, *difundir* é propagar uma mensagem, enviando-a a um número indeterminado ou, pelo menos, determinável de pessoas. Assim, na difusão, inexiste interação entre o emissor e os receptores (público-alvo) e, por via de consequência, não há nenhuma remuneração entre eles, para que a mensagem circule.
>
> Já na comunicação que enseja tributação por meio de ICMS, o receptor da mensagem, com ser determinado, está apto a interagir com o emissor. Presente, aqui, também, a remuneração diretamente relacionada com esta interação.[214]

Entende-se que o conceito de "comunicação" tem como núcleo incontroverso a interação entre emissor e receptor determinados a propósito de uma mensagem, que ambos compreendem; sendo que comunicação sem destinatário certo não é comunicação.

O sistema de *banda larga* (denominado Virtua) vale-se de uma mídia preexistente (telefonia, TV a cabo, rádio ou satélite), com a qual compartilha o suporte físico da transmissão. O cabeamento é seccionado em duas partes, cada qual denominada

---

[212] Consulta nº 624/96, *Boletim Tributário*, p. 533-534.
[213] CARRAZZA, Roque Antonio. *ICMS*. 13. ed. São Paulo: Malheiros, 2009. p. 315.
[214] CARRAZZA, Roque Antonio. 20 Anos da tributação dos serviços de comunicação pelos estados – O incompreendido perfil constitucional do ICMS-comunicação – Questões conexas. *In*: SCHOUERI, Luis Eduardo (Coord.). *Direito tributário – Homenagem a Paulo de Barros Carvalho*. São Paulo: Quartier Latin, 2008. p. 388.

"banda", e que apresenta frequências diferentes: uma mais estreita para o trânsito dos impulsos de áudio e vídeo da TV a cabo (ou dos sinais de voz da telefonia), e a outra mais larga, destinada à conexão com a internet.

Em razão de os sinais da TV a cabo e de a internet utilizarem frequências distintas, reconhecidas e decodificadas por meio de um *cable modem*, é possível ao usuário assistir à TV ao mesmo tempo em que navega na rede mundial de computadores, sem que exista qualquer tipo de interferência entre os dois serviços.

O serviço de *banda larga* não se confunde com aquele realizado pelos provedores de acesso à internet. Este último viabiliza a conexão com a internet, enquanto o primeiro apresenta-se como etapa antecedente, que propicia o suporte físico necessário à conexão, substituindo com vantagens as outras mídias preexistentes, já que possibilita uma navegação mais rápida, eficiente e segura, ao tempo em que permite a desobstrução da linha telefônica do usuário.

Também não se confunde o sistema *banda larga* com o *serviço de TV a cabo*. Embora se utilizem do mesmo cabeamento, e da mesma estrutura de fios e fibras óticas, os serviços destinam-se a finalidades diversas.

Mediante tais fundamentos, o STJ proferiu a decisão seguinte:

> Tributário – ICMS – Acesso à Internet – Sistema *Virtua* – Benefício Fiscal de Redução da Base de Cálculo Devido às Empresas de TV por Assinatura – RICMS/96 de Minas Gerais – não Incidência.
>
> 1. O Sistema denominado *Virtua*, fornecido pela empresa NET de Belo Horizonte aos seus assinantes como meio físico de comunicação, que proporciona o acesso aos provedores da *Internet* "banda larga", representa serviço distinto do serviço de TV a cabo prestado na forma da Lei 8.977/95 e da Resolução da Anatel 190/99.
>
> 2. Serviço que também não se confunde com o de "prestação de serviço de provedor" de acesso à *Internet*, serviço de valor adicionado (art. 61 da Lei 9.472/97) isento da tributação do ICMS, conforme precedente da Segunda Turma do STJ, de minha autoria (REsp 456.650/PR).
>
> 3. Tratando-se de serviço novo, não goza do benefício fiscal de redução da base de cálculo previsto no Anexo IV, item 36, do RICMS/96, do Estado de Minas Gerais para os serviços de TV a cabo. (Recurso Ordinário em MS nº 16.767-MG – 2ª T. – Rel. Min. Eliana Calmon – j. 5.10.2004 – *DJU* de 17.12.2004)

O STJ decidiu peculiar situação:

> Mandado de Segurança Preventivo. *Produtora de Programas para TV a Cabo*. Hipótese de Incidência. ICMS. Inexistente.
>
> 1. As produtoras de programas para TV a cabo ou comerciais que efetivamente não distribuem tais programas por nenhum meio físico ao público em geral, mas apenas contratam com a operadora/distribuidora de sinais de TV, não estão sujeitas ao recolhimento de ICMS, uma vez que os serviços que prestam não estão previstos na Lei Complementar n. 87/96.
>
> 2. Os serviços de comunicação a que se referem os arts. 2º, III, e 12, VII, da Lei Complementar n. 87/96 são os relativos às atividades de transmissão/recepção de sinais de TV. (REsp nº 726.103-MG – 2ª T. – Rel. Min. João Otávio de Noronha – j. 26.6.2007 – *DJU* 1 de 8.8.2007, p. 365 e REsp nº 799.927-MG – 1º T. – Rel. Min. Francisco Falcão – j. 11.3.2008 – *DJe* de 30.4.2008)

*O serviço de TV via satélite DTH* é considerado serviço de telecomunicação, seja do ponto de vista material, disponibilização de modo oneroso, de meios (ou canais) necessários à comunicação a distância, seja por expressa disposição legal, arts. 60 e 170 da Lei nº 9.472/97 e Resolução nº 20/2000, o que implica a incidência do ICMS. O valor pago a título de adesão ao serviço, por se tratar de atividade meramente preparatória à comunicação, não é objeto de incidência do ICMS (REsp nº 677.108-PR – 2ª T. – Rel. Min. Castro Meira – j. 28.10.2008 – *DJe* de 1º.12.2008).

## 3.4 Internet

### 3.4.1 Considerações gerais

*Internet* é nome genérico que designa o conjunto de redes, os meios de transmissão e comutação, roteadores, equipamentos e protocolos necessários à comunicação entre computadores, bem como o *software* e os dados contidos nestes computadores.[215]

O acesso à internet tem implicado a utilização conjugada de alguns equipamentos – computador, *modem*, linha telefônica, fibra ótica, TV a cabo ou um micro de mão (*palmtop*) – e um provedor de serviços, por meio de um programa (*software*, *Internet Explorer*, *Netscape Navigator*) instalado no computador de qualquer pessoa, procedendo ao roteamento da ligação por canais contratados pela Embratel, que se conecta a uma empresa estrangeira, além de oferecer diversas outras comodidades (disposição de aparelhos, equipamentos, senhas etc.).

Objetivamente, é elucidado que:

> A interligação de computadores é possível graças à ocorrência da utilização de determinados protocolos (padronização da linguagem técnica a viabilizar a transmissão de dados); os sinais sonoros transmitidos pelo sistema de telefonia ou rádio são reconhecidos pelo *modem* do computador e receptor e assim por diante, gerando imensa rede de comunicação e disponibilização de informações e conhecimento.[216]

Para o funcionamento desse sistema, é procedido um compartilhamento de cabos, em que a transferência de dados entre os computadores ocorre por "pacotes" (pedaços), ao invés de fluxo contínuo (telefônico), sendo esclarecido que:

> A comutação de "pacotes" permite que muitas operações aconteçam simultaneamente, sem que uma aplicação precise esperar por todas as outras para se completar. Como conseqüência, sempre que um usuário transfere dados pela Internet, o *software* de rede dentro do computador de envio divide os dados em "pacotes", e o *software* de rede na máquina recebedora irá reagrupar os "pacotes" para produzir os dados [...].[217]

---

[215] Portaria nº 148, de 31.5.95, do Ministro das Comunicações.
[216] PEREIRA NETO, Miguel. Os documentos eletrônicos utilizados como meio de prova para a constituição de título executivo extrajudicial e judicial. *In*: SCHOUERI, Luís Eduardo (Org.). *Internet* – O direito na era virtual. Rio de Janeiro: Forense, 2001. p. 18.
[217] OLIVEIRA, Júlio Maria de. *Internet e competência tributária*. São Paulo: Dialética, 2001. p. 113.

Não se pode confundir a internet (rede das redes de computadores) com a *World Wide Web*, que constitui um de seus serviços mais populares, acessível por aquela. O protocolo de aplicação que faz a *WWW* funcionar é o *HTTP* (*Hyper Text Transfer Protocol*), razão pela qual a maioria dos endereços das páginas da rede se inicia com "http://".[218]

De modo específico, confira-se o conceito esposado em estudo norte-americano, com a tradução livre seguinte:

> *O que é a Teia de Rede Mundial?* É um componente da Internet, que é fácil para usar um hipertexto e potenciais da multimídia. O hipertexto permite aos usuários da Rede acessarem documentos relacionados, mediante um simples toque numa palavra-chave de interesse no documento que estão vendo. Cada documento pode ser conectado para documentos relacionados criando uma "rede" de documentos. Isto permite aos usuários da Rede, literalmente, saltar entre os documentos, como desejarem. As potencialidades da Rede de multimídia possibilitam aos documentos da Rede mesclar e combinar a interação de textos, gráficos, imagens, vídeo e áudio. Vendo um documento da Rede, os usuários são capazes de olhar quadros ou videoclipes, ou prestar atenção ao áudio, os quais podem prover informações adicionais ao documento que está sendo visto.[219]

A demanda da internet tem sido a mais ampla possível (fins de segurança, educação, pesquisa, e comerciais – estes denominados *internet service providers*), mencionando diversas espécies de trocas de informações, a saber:

a) correio eletrônico (*e-mail*) – mensagem de texto, digitada de um teclado de computador e enviada a outro usuário, através da rede, possibilitando a participação em listas de debates (*mailing-lists*), que constituem locais de discussões, sem interação (participação comunicativa);
b) salas de bate-papo (*chat*) – intercâmbio de informações entre duas ou mais pessoas;
c) FTP – transferência de arquivos;
d) *new groups* – mensagens enviadas a um grupo de pessoas ao mesmo tempo, por meio de um sistema denominado *Usenet*.

Considerando que o objetivo central da análise desse meio de comunicação é examinar a implicação tributária decorrente dos negócios jurídicos que as partes podem realizar, não é o caso de ser desenvolvido um amplo exame das operações tecnológicas, que não poderiam ter a virtude de alterar a natureza dos negócios jurídicos realizados de modo a implicar incidências tributárias diversificadas.

De modo atilado, fora observado o seguinte:

> *11.20* Como nos outros serviços, a Internet não altera a natureza jurídica dos serviços prestados: correio eletrônico (*eletronic mail*), salas de bate-papo (*chats*), foruns de debates--transmissão de eventos, consultoria eletrônica, jogos eletrônicos (*games*), banco de dados (biblioteca, arquivos, jurisprudência ...), comércio eletrônico (*e. commerce/e. delivery*), publicidade (*banners*), transmissão de programas de rádio e televisão, banco eletrônico no ambiente de Internet etc. Há evidentemente, algumas novas obrigações que são criadas:

---

[218] NEVES, Fernando Crespo Queiroz. *O Imposto sobre a Prestação de Serviços de Comunicação e a Internet*. Dissertação (Mestrado) – Pontifícia Universidade Católica de São Paulo, São Paulo, 2002. p. 4.
[219] SMITH, James K. Lawmaker's Guide State Taxation of Eletronic Comerce Executive: Summary. *Journal of State Taxation*, v. 17, 1998. p. 2. Tradução livre.

responsabilidade pela segurança dos dados, o que implica a utilização de sistemas seguros a estelionatários, ou a agentes do ilícito (*hackers*); responsabilidade pela utilização das informações pessoais dispostas em sinais eletrônicos e outras.[220]

## 3.4.2 Provedores

### 3.4.2.1 Acesso

Na realização dessas atividades podem participar os *provedores de acesso*, possibilitando a ligação com o mundo virtual, cuja atividade é que será (ou não) caracterizada como prestação de serviço de comunicação, tributável pelo ICMS, ou ISS, ou ainda sem precisa tipificação legal.

O *provedor de acesso* realiza um "serviço de valor adicionado", isto é,

> atividade que acrescenta a uma rede preexistente de um serviço de telecomunicações, meios ou recursos que criam novas utilidades específicas, ou novas atividades produtivas, relacionadas com o acesso, armazenamento, movimentação e recuperação de informações.[221]

O Regulamento Geral dos Serviços de Telecomunicações (aprovado pelo Conselho Diretor da Agência Nacional de Telecomunicações – Anatel –, e objeto da Resolução nº 73, de 25.11.98) destacara (art. 3º, III) que os serviços de valor adicionado não constituem serviços de telecomunicações.

Participam a *operadora* (entidade exploradora do STFC, ou SMC, em dada localidade ou região) e o *provedor* (pessoa que provê o serviço através de rede pública de telecomunicações), mediante oferecimento de *Facilidade Suplementar do STFC* (recursos de códigos de acesso específicos e o fornecimento do registro das chamadas destinadas aos provedores).

A propósito de sua efetiva participação, fora apurado o seguinte:

> [...] os usuários podem prescindir dos Provedores Nacionais de Serviços Internet, conectando os seus computadores diretamente a uma empresa estrangeira e arcando com os elevados custos de uma ligação internacional ou, então, valendo-se do uso dos serviços de *call back*, ou de números 0800 (discagem gratuita), para acessarem as redes de telecomunicações (*back-bones*) de empresas estrangeiras.
>
> As atividades dos provedores também não são suficientes uma vez que, sem a prestação dos serviços de telecomunicações pelas concessionárias, parte deles contratados diretamente pelos clientes, os provedores de serviços Internet não conseguem possibilitar e realizar qualquer comunicação.[222]

Não se ignora a acirrada controvérsia instaurada sobre a tributação dessas atividades, *verbis*:

---

[220] OLIVEIRA, Júlio Maria de. *Internet e competência tributária*. São Paulo: Dialética, 2001. p. 159.
[221] Portaria nº 148/95, do Ministro das Comunicações; e Lei nº 9.472/97, art. 61.
[222] LAVIÉRI, João Vicente. Internet: incidência do ICMS ou ISS? *Revista Jurídica Consulex*, Brasília, v. 13. p. 54.

*Não incidência do ICMS*

[...] os provedores de acesso à Internet não configuram o "canal" realizador da comunicação; não colocam à disposição do usuário os meios e modos necessários à transmissão e recepção de mensagens. Sua tarefa, por conseguinte, não é prestar serviço de comunicação, mas tornar mais eficiente o serviço comunicacional prestado por outra empresa. É simplesmente, um serviço de valor adicionado, ou seja, serviço agregado a outro serviço, este sim de comunicação. Não pode, por tais motivos, ser objeto de tributação pelo ICMS.[223]

O provedor de *acesso* realiza uma liberação do espaço virtual, para possibilitar, então, a comunicação entre duas pessoas. Embora seja a chave que destranca a porta da Internet, não é realidade virtual, sendo incabível a incidência do ICMS.[224]

12.2 O provimento de acesso à Internet pode ser considerado como uma prestação de serviço que utiliza, necessariamente, uma base de comunicação (mídia) preexistente e que viabiliza o acesso aos serviços prestados na rede mundial, por sistemas específicos de tratamento de informações.

12.3 Os Estados e o Distrito Federal não detêm competência tributária para instituir o imposto sobre prestação de serviços de comunicação que incida sobre a prestação de serviços de provimento de acesso à Internet.[225]

*Incidência do ICMS*

O serviço prestado pelo provedor de acesso é diferente do serviço prestado pela empresa de telefonia, pois a conexão à internet permite uma multiplicidade de conexões e uma multiplicidade de caminhos para a transmissão de mensagens. Sob este ângulo, o provedor de acesso atua como um instrumento, ou meio, para que o usuário possa ter acesso a um sistema de transferência de mensagens com tal flexibilidade. No âmbito da internet, só haverá transmissão de mensagem se houver um endereço lógico de origem e de destino e este endereço não é fornecido ao usuário pela empresa de telefonia. Portanto, o provedor fornece "algo mais" do que o viabilizado pela telefonia e algo que se insere como um meio diferenciado de realização de transmissão de mensagens.[226]

O serviço de acesso prestado pelo provedor não se restringe apenas a agilizar, facilitar, maximizar a atividade comunicativa entre duas partes, mas efetivamente promover a comunicação. O serviço de comunicação prestado pelo provedor ao seu cliente assemelha-se ao exemplo da transportadora, que continua prestando serviço de transporte ao seu cliente, ainda que não o faça pessoalmente durante todo o itinerário. É de se concluir, portanto, que se diversas pessoas compõem o *iter* comunicacional para transmitir a mensagem em alguma etapa definida do processo, tais pessoas prestam serviços de comunicação.[227]

A Procuradoria da Fazenda Nacional firmara a conclusão seguinte:

21. Toda a estrutura que o provedor possui é voltada unicamente à finalidade de realização da comunicação via internet. O fato de alguém ter acesso a um terminal telefônico comum e, através dele, à rede pública de telecomunicações, não constitui, por si só, a possibilidade de interligação à internet. O serviço oferecido pelo provedor é absolutamente necessário para que a comunicação ocorra por intermédio desse meio. [...]

---

[223] CARVALHO, Paulo de Barros. Não-incidência do ICMS nas atividades dos provedores de acesso à internet. *Revista Dialética de Direito Tributário*, São Paulo, n. 73. p. 4.
[224] FERREIRA SOBRINHO, José Wilson. Perfil tributário do provedor da internet. In: *6º Simpósio Nacional IOB de Direito Tributário*. São Paulo: IOB, 1997. p. 21.
[225] OLIVEIRA, Júlio Maria de. *Internet e competência tributária*. São Paulo: Dialética, 2001. p. 160.
[226] GRECO, Marco Aurélio. *Internet e direito*. São Paulo: Dialética, 2000. p. 132.
[227] ANGEIRAS, Luciana. Tributação dos provedores de acesso à internet. In: *XIV Congresso Brasileiro de Direito Tributário*. São Paulo: Instituto Geraldo Ataliba – Idepe, 2000.

23. Diante do exposto é forçoso concluir que os serviços prestados pelos provedores de acesso ou informações, desde que tenham caráter oneroso (negocial/comercial), estão incluídos na hipótese descrita no inciso III do art. 2º da Lei Complementar nº 87, de 13 de setembro de 1996, na modalidade de serviço de comunicação.[228]

O STJ assentou a diretriz seguinte:

Embargos de Divergência. Recurso Especial. Tributário. Serviço Prestado pelos Provedores de Acesso à Internet. Artigos 155, II, da Constituição Federal, e 2º, II, da LC n. 87/96. Serviço de Valor Adicionado. Artigo 61 da Lei n. 9.472/97 (Lei Geral de Telecomunicações). Norma n. 004/95 do Ministério das Comunicações. Proposta de Regulamento para o Uso de Serviços e Redes de Telecomunicações no Acesso a Serviços Internet, da Anatel. Artigo 21, XI da Constituição Federal. Não-incidência do ICMS.

Da leitura dos artigos 155, inciso II, da Constituição Federal, e 2º, inciso III, da Lei Complementar n. 87/96, verifica-se que cabe aos Estados e ao Distrito Federal tributar a prestação onerosa de serviços de comunicação. Dessa forma, o serviço que não for prestado de forma onerosa e que não fora considerado pela legislação pertinente como serviço de comunicação não pode sofrer a incidência de ICMS, em respeito ao princípio da estrita legalidade tributária. [...]

O serviço prestado pelo provedor de acesso à Internet não se caracteriza como serviço de telecomunicação, porque não necessita de autorização, permissão ou concessão da União, conforme determina o artigo 21, IX, da Constituição Federal.

Não oferece, tampouco, prestações onerosas de serviços de comunicação (art. 2º, III, da LC n. 87/96), de forma a incidir o ICMS, porque não fornece as condições e meios para que a comunicação ocorra, sendo um simples usuário dos serviços prestados pelas empresas de telecomunicações. [...]

O serviço prestado pelos provedores de acesso à Internet cuida, portanto, de mero serviço de valor adicionado, uma vez que o prestador se utiliza da rede de telecomunicações que lhe dá suporte para viabilizar o acesso do usuário final à Internet, por meio de uma linha telefônica. [...]

Nesta vereda, o insigne Ministro Peçanha Martins, ao proferir voto-vista no julgamento do recurso especial embargado, sustentou que a provedoria via Internet é serviço de valor adicionado, pois *"acrescenta informações através das telecomunicações. A chamada comunicação eletrônica, entre computadores, somente ocorre através das chamadas linhas telefônicas de qualquer natureza, ou seja, a cabo ou via satélite. Sem a via telefônica impossível obter acesso à Internet. Cuida-se, pois, de um serviço adicionado às telecomunicações, como definiu o legislador. O provedor é usuário do serviço de telecomunicações. Assim o diz a lei."*

Concluiu-se, portanto, que, nos termos do artigo 110 do Código Tributário Nacional, não podem os Estados ou o Distrito Federal alterar a definição, o conteúdo e o alcance do conceito de prestação de serviços de conexão à Internet, para, mediante Convênios Estaduais, tributá-la por meio do ICMS.

Como a prestação de serviços de conexão à Internet não cuida de prestação onerosa de serviços de comunicação ou de serviços de telecomunicação, mas de serviços de valor adicionado, em face dos princípios da legalidade e da tipicidade fechada, inerentes ao ramo do direito tributário, deve ser afastada a aplicação do ICMS pela inexistência na espécie do fato imponível.

Segundo salientou a douta Ministra Eliana Calmon, quando do julgamento do recurso especial ora embargado, *"independentemente de haver entre o usuário e o provedor ato negocial, a tipicidade fechada do Direito Tributário não permite a incidência do ICMS"*.

---

[228] Parecer PGFN/CT nº 2.042/97, aprovado em 5.11.97.

Embargos de divergência improvidos. (Embargos de Divergência em Recurso Especial nº 456.650-PR – Rel. p/ acórdão Min. Franciulli Netto – 1ª S. – j. 11.5.2005 – *DJU* 1 de 20.3.2006)

Assim, o STJ consolidou a jurisprudência seguinte:

O ICMS não incide no serviço dos provedores de acesso à internet. (Súmula nº 334)

Cabe ponderar que o provedor cria novas utilidades relacionadas ao acesso cibernético, consistentes em armazenamento, apresentação, movimentação e recuperação de informações, possibilitando os meios de perfazimento da comunicação.

Entretanto, não se vislumbram típicos serviços de comunicação, mas atividades que permitem que os usuários se comuniquem com o mundo virtual. Os provedores nada comunicam porque não detêm os conhecimentos constantes da realidade virtual, mas apenas criam condições para que ocorra a ligação entre dois pontos. Referidos serviços

> caracterizam-se como serviços de monitoramento do acesso do usuário à rede, colocando à disposição do cliente equipamentos e *softwares* que irão facilitar sua navegação pelo sistema, além de outros serviços, tais como armazenamento de informações, contagem de tempo de uso; porém nenhum destes consiste em dar condições para que a comunicação se efetive, pois ambos, tanto o usuário quanto o provedor, são tomadores do serviço de telecomunicações.[229]

Ademais, a circunstância de existirem peculiaridades nos serviços de telefonia, e de provimento de acesso (endereços físicos e lógicos; conexão física e pelo melhor caminho na rede; fluxo contínuo e por pacotes; controles de erro, aspecto tarifário), não constitui fundamento suficiente para implicar autênticos serviços de comunicação.

### 3.4.2.2 Informação

O *provedor de informação*, também qualificado legalmente como prestador de serviço de valor adicionado (Portaria nº 148/95 do Ministério das Comunicações), e denominado vulgarmente como "hospedeiro", alimenta a rede com dados, tendo por objetivo criar e manter páginas na internet para terceiro interessado.

Nesse sentido

> desenvolve atividades assemelhadas às do publicitário, na medida em que planeja campanhas com o objetivo de introduzi-las no sistema Internet. Este é que constitui o serviço de comunicação, ao propiciar a transmissão à distância do pensamento humano, em razão do que não pode incidir o ICMS sobre o planejamento (introdução de informações no circuito da Internet, nem a própria inserção de 15.2.2017).[230]

---

[229] CHIESA, Clélio. A tributação dos serviços de 'internet' prestados pelos provedores: ICMS ou ISS. *Revista de Direito Tributário*, São Paulo, v. 74. p. 203.
[230] FERREIRA SOBRINHO, José Wilson. Perfil tributário do provedor da internet. In: *6º Simpósio Nacional IOB de Direito Tributário*. São Paulo: IOB, 1997. p. 21-24.

Nesta trilha fora entendido que: "O provedor de informações não se sujeitará ao ICMS no tocante aos serviços consistentes no planejamento da *home page* ou veículo publicitário, consistentes na criação, preparação e programação de divulgação (atividade típica de prestação de serviços)".[231]

### 3.4.3 *Cyber café* e *lan house*

Trata-se de atividade desenvolvida por estabelecimentos comerciais, consistente na disponibilização de computadores e máquinas conectadas à internet para utilização de programas e de jogos eletrônicos em rede, mediante remuneração devida em razão do tempo utilizado.

Em termos jurídicos, fora apurado que não se trata de locação de bens móveis (inexistência de entrega da coisa móvel para os contratantes, mas apenas permissão para usufruir de uma utilidade que os equipamentos apresentam, para permitir a "navegação" pela internet); não se trata de serviço de comunicação (a relação comunicação se instaura unicamente entre o provedor de acesso e o *cyber* café, porque o contrato celebrado entre o *cyber* e o seu frequentador não implica efetiva comunicação). Na realidade, configura "cessão temporária de direito de uso, cuja remuneração integrará os rendimentos do locatário".[232]

### 3.4.4 Hospedagem de *site* (*hosting*)

A atividade de *hosting* consiste em "colocar à disposição de um usuário pessoa física, ou de provedor de conteúdo, espaço em equipamento de armazenagem, ou servidor, para divulgação das informações que esses usuários ou provedores queiram ver exibidos em seus *sites*".[233]

Em termos negociais, compreende o seguinte:

> O *hosting* (serviço de hospedagem) é um contrato mediante o qual o prestador do serviço concedeu ao seu co-contratante, gratuitamente ou por um pagamento de um preço em dinheiro, *o direito ao alojamento* de arquivos informáticos em um servidor [...] que ficam à disposição do público. *Existem, portanto, duas relações diversas: a do alojamento do arquivo (entre o prestador e o introdutor da página) e a de acesso à informação (do público ao servidor), conectadas assim ao introdutor, interessado em dar-lhe a extensão do público.*[234]

Primoroso estudo evidenciou que a hospedagem de *sites*, em si mesma considerada, não possibilita o acesso direto dos servidores *hospedeiros* (armazenadores de *sites*) à internet pública. Esse serviço é também conhecido por *collocation*, que possibilita ao contratante utilizar o servidor também para outras finalidades (armazenamento

---

[231] Secretaria da Fazenda do Estado do Paraná, Consulta nº 168/98, publicada no 6º Simpósio Nacional IOB de Direito Tributário, p. 24-26.
[232] SANTOS FILHO, Walter Gazzano dos. *Tributação dos serviços de comunicação*. São Paulo: Cenofisco, 2004. p. 159-163.
[233] BARBAGLO, Érica B. Aspectos de responsabilidade civil dos provedores de serviços na internet. *In*: LEMOS, Ronaldo; WASBERG, Ivo (Coord.). *Conflitos sobre nomes de domínios*. São Paulo: RT e FGV, 2002. p. 346-347.
[234] BARBAGLO, Érica B. Aspectos de responsabilidade civil dos provedores de serviços na internet. *In*: LEMOS, Ronaldo; WASBERG, Ivo (Coord.). *Conflitos sobre nomes de domínios*. São Paulo: RT e FGV, 2002. p. 346-347.

de banco de dados, arquivo, sendo que o local em que os servidores operam recebe o nome de *data center*).[235]

Elucidam os autores que não cabe ao provedor de serviços de *hosting* possibilitar a comunicação entre pessoas, pois apenas armazena informações, correspondendo à atividade que desempenham os armazéns gerais, como depositário de bens de terceiros, ressaltando o seguinte:

> Tão absurdo como pretender cobrar, de referidos armazéns, o imposto por operações de venda das mercadorias depositadas, assim também se mostra pretender cobrar do hospedeiro o *ICMS-comunicação*, quando é certo que a divulgação das informações apenas armazenadas (divulgação esta que, em tese, irá aperfeiçoar o processo de "comunicação" tributável pelo *ICMS*) não é feita por ele, hospedeiro, assim como não resulta necessariamente dos serviços prestados, até porque nem todos os usuários da Internet (pessoas físicas ou provedores) carecem dos serviços de hospedagem.[236]

A LC nº 157/16 incluiu na lista de serviços (item 10) a atividade de "hospedagem de dados, textos, imagens, vídeos, páginas eletrônicas, aplicativos e sistemas de informação, entre outros formatos, e congêneres", que passam a ser tributados pelo ISS.

### 3.4.5 *Streaming*

A LC nº 157/16 introduziu, na lista de serviços anexa à LC nº 116/03, as atividades seguintes:

> 1.09. Disponibilização, sem cessão definitiva, de conteúdos de áudio, vídeo, imagem e texto por meio da internet, respeitada a imunidade de livros, jornais e periódicos (exceto a distribuição de conteúdos pelas prestadoras de Serviço de Acesso Condicionado, de que trata a Lei nº 12.485, de 12 de setembro de 2011, *sujeita ao ICMS*). (Grifos nossos)

*Streaming* (fluxo de mídia) é a tecnologia que permite a transmissão de dados e informações, utilizando a rede de computadores, de modo contínuo. Esse mecanismo é caracterizado pelo envio de dados por meio de pacotes, sem a necessidade de que o usuário realize *download* dos arquivos a serem executados.

No *streaming* de música, por exemplo, não se usa a memória física do computador (HD), mas, sim, a conexão à internet para transmissão dos dados necessários à execução do fonograma.

Desse modo, a tecnologia permite a transferência de áudio ou vídeo em tempo real, sem que o usuário conserve uma cópia do arquivo digital em seu computador, e é exatamente nesse ponto que reside mudança do paradigma, pois, diferentemente do que acontecia há poucos anos, o que importa é o acesso, e não mais a propriedade ou a posse da mídia física (seja vinil, CD, ou qualquer outra forma de corporificação da obra), ou virtual.

---

[235] BOTTALLO, Eduardo Domingos; TURCZYN, Sidnei. A atividade de hospedagem de sites e seu regime tributário. *In*: TÔRRES, Heleno Taveira (Coord.). *Direito tributário das telecomunicações*. São Paulo: Abetel e Thomson IOB, 2004. p. 504.

[236] BOTTALLO, Eduardo Domingos; TURCZYN, Sidnei. A atividade de hospedagem de sites e seu regime tributário. *In*: TÔRRES, Heleno Taveira (Coord.). *Direito tributário das telecomunicações*. São Paulo: Abetel e Thomson IOB, 2004. p. 505.

É o gênero que se subdivide em várias *espécies* (REsp nº 1.559.264-RJ – 2ª Seção – Rel. Min. Ricardo Villas Bôas Cueva, j. 8.2.2017, *DJe* de 15.02.2017):
   a) *simulcasting*: transmissão simultânea de determinado conteúdo por meio de canais de comunicação diferentes (rádio e televisão, simultaneamente), via internet:
   b) *webcasting* (o conteúdo oferecido pelo provedor é transmitido pela internet, havendo a possibilidade ou não de intervenção do usuário na ordem de execução).

A interatividade é outro critério de classificação das modalidades de *streaming*, a saber:
   a) *não interativo*: a recepção de conteúdos pelo usuário se dá em tempo real, contínuo, da programação ou do evento disponibilizado na rede, em tempo e modo predeterminados pelo transmissor da obra. Não há nenhuma possibilidade de interferência do usuário no conteúdo, na ordem, ou no tempo da transmissão;
   b) *interativo*: o fluxo de informação depende da ação do usuário, que determina o tempo, o modo e o conteúdo a ser transmitido. No caso de músicas, por exemplo, o usuário tem à sua disposição uma grande base de dados de obras musicais e pode escolher aquelas músicas que gostaria de ouvir; a ordem e o momento, montando listas de reprodução próprias, sem a vinculação de uma programação predeterminada pelo provedor do conteúdo, como ocorre normalmente nas transmissões radiofônicas.

Modalidades:
   a) *YouTube* – *site* de compartilhamento de vídeos musicais, programas de televisão, filmes, enviados pelos usuários. A ideia seria idêntica à televisão em que existem vários canais disponíveis, com a diferença de que os canais são criados pelos próprios usuários;
   b) *Netflix* – provedora global de filmes e séries de televisão, cuja empresa surgiu como um serviço de entrega de DVDs pelo correio;
   c) *Spotify* – serviço de música e vídeo em comercial, *streaming*, *podcast*, que fornece conteúdo provido de restrição de direitos digitais, de gravadoras e empresas de mídia. Possui biblioteca digital sob demanda em que os usuários podem criar *playlists*;
   d) *Deezer* – aplicativo que permite aos seus usuários desfrutar, ilimitadamente, seus diversos rádios temáticos, bem como ouvir diversas outras, formadas por músicas de seus artistas favoritos.

Natureza jurídica: os mencionados bens não revestem a natureza de produto, mercadoria – que implicariam um "dar" –, e, muito menos, serviços que teriam que se traduzir num "fazer".

Na realidade compreendem a "cessão de direitos autorais".

O próprio texto legal (item 1.09 da LC nº 157/16) refere-se à "disponibilização, sem *cessão* definitiva [...]", enquadrando-se no âmbito dos direitos autorais (Lei federal nº 9.610/98), estipulando as modalidades de utilização da obra (artística, musical etc.).

O STJ decidira que "a tecnologia *streaming* enquadra-se nos requisitos de incidência normativa, configurando-se, portanto, modalidade de exploração econômica de obras musicais a demandar autorização prévia e expressa pelos titulares do direito"; e que, a exploração por meio da internet, distingue-se das outras formas de uso de obras musicais e fonogramas (ex.: rádio e TV) tão somente pelo modo de transmissão, tratando-se, rigorosamente, da utilização do mesmo bem imaterial, o que implica a incidência de idêntica disciplina jurídica (REsp nº 1.559.264-RJ).

## ISS

As atividades descritas no item 1.09, da lista de serviços anexa à LC nº 116/2003 (incluída pela LC nº 157/16) – sob os aspectos formais e materiais –, passarão a sujeitar-se à incidência do ISS.

Entretanto, não caracterizam negócio jurídico relativo a um *fazer*, tratando-se de *cessão de direitos*, considerada como a patente obrigação de transferir, a outrem, créditos, pretensões, ações, faculdades e direitos potestativos. Suas facetas são as mais variadas: sucessões universais (*causa mortis*), sucessões contratuais, doações, cessões de créditos, sub-rogações, fusões, incorporações.[237]

Significa negócio jurídico com acentuada amplitude, em razão das mais variadas espécies de cessão de direitos relativos à (i) promessa de venda e compra; (ii) contrato de confissão de dívida; (iii) direitos minerários; (iv) participação societária; (v) créditos decorrentes de condenação judicial; (vi) administração e exploração comercial de imóvel; (vii) intermediação em negócio de caráter exclusivo; (viii) *direitos autorais*; (ix) herança etc., conforme estudo que elaborei em obra específica.[238]

O exame da matéria jurídica implicara o entendimento de que, no subitem 1.09, o que há é o licenciamento ao usuário do acesso a um conteúdo digital (vídeo, áudio, imagem, texto etc.) que está armazenado em um servidor; não há transferência definitiva ao usuário do conteúdo digital que integra o acervo da empresa responsável pelo licenciamento, que é o provedor de conexão e não a empresa que disponibiliza o conteúdo.[239]

O autor oferece as precisas conclusões:[240]

> Pois bem, os arquivos digitais que compõem o conteúdo ao qual o usuário tem acesso integram o gênero "obra intelectual", e os direitos que sobre eles podem ser exercidos constituem direitos autorais.
>
> Enquanto bens incorpóreos ou imateriais, tanto os arquivos digitais como os direitos patrimoniais a eles relativos podem ser transmitidos mediante cessão.
>
> O licenciamento dos direitos autorais relativos aos arquivos digitais corresponde a uma cessão parcial dos direitos relativos a esses bens incorpóreos. No licenciamento da empresa para os usuários é cedido apenas o direito de uso. Trata-se, portanto, de uma simples cessão do uso.
>
> E a cessão de uso, como se viu, envolve uma típica obrigação de dar.
>
> Diga-se que a própria reação do subitem 1.09, ao se referir à "disponibilização", e à "cessão", evidencia que se está diante de uma obrigação de dar e não de uma obrigação de fazer.

---

[237] SCHARLACK, José Rubens. ISS e cessões de direitos na LC 116/2003. *In*: PEIXOTO, Marcelo de Magalhães; MARTINS, Ives Gandra da Silva (Org.). *ISS – Lei Complementar 116/2003*. Curitiba e São Paulo – Juruá e APET, 2004. p. 314.

[238] MELO, José Eduardo Soares de. *Contratos e tributação*: noções fundamentais. São Paulo: Malheiros, 2015. p. 108.

[239] LUMMERTZ, Henry Gonçalves. Lei contraria perfil constitucional do ISS ao tributar áudio e vídeo na internet. *Conjur*, 14 jan. 2017. Disponível em: www.conjur.com.br. Acesso em: 15 dez. 2017.

[240] LUMMERTZ, Henry Gonçalves. Lei contraria perfil constitucional do ISS ao tributar áudio e vídeo na internet. *Conjur*, 14 jan. 2017. Disponível em: www.conjur.com.br. Acesso em: 15 dez. 2017.

Por conseguinte, plenamente questionável a previsão de incidência do ISS sobre a "disponibilização, sem cessão definitiva, de conteúdos de áudio, vídeo, imagem e texto por meio da internet".

## ICMS

O preceito normativo (item 1.09) estabelecera que fica sujeita ao ICMS a distribuição de conteúdo pelas prestadoras de Serviço de Acesso Adicionado, de que trata a Lei nº 12.485, de 12.09.2011.

Examina-se a mencionada lei federal (nº 12.485), que dispôs sobre a comunicação audiovisual de acesso condicionado, extraindo os dispositivos de maior interesse:

> Art. 2º Para os efeitos desta lei considera-se: [...]
> VI - Comunicação Audiovisual de Acesso Condicionado: complexo de atividades que permite a emissão, transmissão e recepção, por meios eletrônicos quaisquer, de imagens, acompanhadas ou não de sons, que resulta na entrega de conteúdo audiovisual exclusivamente a assinantes;
> VII - Conteúdo Audiovisual: resultado da atividade de produção que consiste na fixação ou transmissão de imagens, acompanhadas ou não de som, que tenha a finalidade de criar a impressão de movimento, independentemente dos processos de captação, do suporte utilizado inicial ou posteriormente para fixá-las ou transmití-las, ou dos meios utilizados para sua veiculação, reprodução, transmissão ou difusão: [...]
> XXIII - Serviço de Acesso Condicionado: serviço de telecomunicações de interesse coletivo prestado no regime de direito privado, cuja recepção é condicionada à contratação remunerada por assinantes e destinado a distribuição de conteúdos audiovisuais na forma de pacotes, de canais de distribuição obrigatória, por meio de tecnologias, processos, meios eletrônicos e protocolos de comunicação qualquer. [...]
> Art. 92. A atividade de distribuição é regida pela Lei nº 9.472, de 16-7-97, e na regulamentação editada pela Agência Nacional de Telecomunicações – Anatel.

O provedor de acesso realiza um *serviço de valor adicionado*, possibilitando a ligação com o mundo virtual, tendo o Regulamento Geral dos Serviços de Telecomunicações destacado (art. 3º) que os referidos serviços não constituem serviços de telecomunicações, conforme examinado (tópico 3.4.2.1).

Primoroso estudo sobre referidas atividades houve por bem concluir o seguinte:

> Os serviços de *over-the-top* disponibilizados por meio de *streaming* não estão sujeitos à incidência de ISS, ICMS-Mercadorias ou ICMS-Comunicação, por não se subsumirem à materialidade estabelecida nos arquétipos constitucionais dos referidos tributos. A disponibilização de conteúdo de áudio e vídeo sem cessão definitiva não caracteriza obrigação de fazer, porque não há transferência de titularidade dos conteúdos de multimídia aos contratantes; e, finalmente, não há serviço de comunicação, porque não há relação comunicativa entre o cedente e o cessionário, ou seja, entre a empresa que disponibiliza o conteúdo e o assinante que o contrata.[241]

---

[241] GRUPENMACHER, Betina Treiger. Tributação do streaming e serviços over-the-top. *In*: PISCITELLI, Tathiane; LARA, Daniela Silveira (Coord.). *Tributação da economia digital*. São Paulo: Thomson Reuters e Revista dos Tribunais, 2018. p. 344.

O Convênio ICMS nº 106, de 29.09.2017, disciplinara os procedimentos de cobrança do imposto incidente nas operações com bens e mercadorias digitais comercializadas por meio de transferência eletrônica de dados, concedendo isenção nas saídas anteriores à saída destinada ao consumidor final.

Destacam-se os aspectos seguintes:

> Cláusula primeira. As operações com bens e mercadorias digitais, tais como *softwares*, programas, jogos eletrônicos, aplicativos, arquivos eletrônicos e congêneres, que sejam padronizados, ainda que tenham sido ou possam ser adaptados, comercializadas por meio de transferência eletrônica de dados observarão as disposições contidas neste convênio. [...];
>
> Cláusula terceira. O imposto será recolhido nas saídas internas e nas importações realizadas por meio de site ou plataforma eletrônica que efetue a venda ou a disponibilização, ainda que por intermédio de pagamento periódico, de bens e mercadorias digitais mediante transferência eletrônica de dados, na unidade federada onde é domiciliado ou estabelecido o adquirente do bem ou mercadoria digital.
>
> Cláusula quarta. A pessoa jurídica detentora de site ou de plataforma eletrônica que realize a venda ou a disponibilização, ainda que por intermédio de pagamento periódico, de bens e mercadorias digitais mediante transferência eletrônica de dados, é o contribuinte da operação e deverá inscrever-se nas unidades federadas em que praticar as saídas internas ou de importação destinados a consumidor final, sendo facultada, a critério de cada unidade federada [...].
>
> Cláusula sétima. Este convênio entra em vigor na data da publicação de sua ratificação nacional no *Diário Oficial da União* (ocorrida em 26.10.2017), produzindo efeitos a partir do primeiro dia do sexto mês subsequente ao da sua publicação.

O convênio procurara regular a incidência do ICMS nas operações com bens e mercadorias digitais comercializadas por meio eletrônico, o que parece aceitável pela circunstância de o imposto também abranger as operações mercantis com bens virtuais.

Todavia, também tratara da tributação estadual no caso de disponibilização de bens constantes de plataforma eletrônica (programas, jogos eletrônicos, aplicativos etc.), o que parece ser questionável, não só porque poderia invadir âmbito de competência municipal (LC nº 116/2003, com a redação da LC nº 157/2016), e ser objetado por tipificar negócio jurídico distinto ("cessão de direitos").

Ação direta de inconstitucionalidade, com pedido de medida cautelar, fora ajuizada pela BRASSCOM – Associação Brasileira das Empresas de Tecnologia da Informação e Comunicação – ante o STF, objetivando a declaração de inconstitucionalidade do Convênio ICMS nº 106/2017, e a declaração de inconstitucionalidade parcial, sem redução de texto, do art. 2º, I, da LC nº 87/96, para afastar "qualquer possível interpretação que permita a incidência do ICMS sobre operações de transferência eletrônica de *softwares* e congêneres" (ADI nº 5.958, de 8.6.2018).

A medida judicial apresentara os argumentos básicos seguintes:

a) inaplicabilidade do entendimento contido no RE nº 176.626/SP, pois a diferenciação entre *software* de prateleira, e customizável, não seria adequada do ponto de vista legislativo, nem seria suficiente para solucionar desafios surgidos com o desenvolvimento tecnológico;

b) violação ao art. 155, §2º, VII e VIII, da CF, ao prever que, em operação envolvendo "bens e mercadorias digitais" comercializados por meio de transferência eletrônica de dados, o recolhimento do imposto estadual caberá integralmente

ao estado de destino. Ignorara a regra que determina a aplicação da alíquota interestadual em tais operações;
c) alteração indevida da sistemática de distribuição de receita referida no inc. VII do §2º, do art. 155, da CF;
d) fixação de quem seria o contribuinte do ICMS em operações com bens e mercadorias digitais comercializadas, com a intenção de criar hipótese não prevista no ordenamento constitucional;
e) violação aos arts. 170, *caput*, e parágrafo único; e 152, da CF, porque restringiu a comercialização de bens com consumidores de outros estados;
f) ofensa aos arts. 146, III, e 155, §2º, XII, "d", da CF, porque não cabe a um convênio celebrado no Confaz determinar a responsabilidade pelo pagamento do tributo, cuja competência é outorgada à lei complementar;
g) violação da competência do Senado Federal para definir as alíquotas interestaduais do tributo (art. 155, §2º, IV, da CF), na medida em que o convênio considerara como internas todas as operações com bens e mercadorias digitais comercializados por meio de transferência eletrônica de dados;
h) desrespeito ao art. 155, §2º, XII, "g", do texto constitucional, que limita a competência do Confaz às questões relativas à concessão de isenções, benefícios e incentivos fiscais.

Entendo que não há fundamento jurídico, técnico e jurisprudencial para se considerar a incidência do ICMS nas atividades previstas no item 1.09 da lista de serviços anexa à LC nº 116/2003 (objeto da LC nº 157/2016).

O STF decidira o seguinte:

AÇÃO DIRETA DE INCONSTITUCIONALIDADE. ICMS. OPERAÇÕES DE TRANSFERÊNCIA ELETRÔNICA DE SOFTWARES E CONGÊNERES. ART. 2º DA LEI COMPLEMENTAR N. 87/1996 E CONVÊNIO N. 106/2017 DO CONFAZ. JULGAMENTO DA ADI N. 5.659. PERDA SUPERVENIENTE DE OBJETO. AÇÃO DIRETA DE INCONSTITUCIONALIDADE PREJUDICADA. [...].

11. Em sessão plenária de 24.2.2021 este Supremo Tribunal concluiu o julgamento da Ação Direta de Inconstitucionalidade n. 5.659 (Relator o Ministro Dias Toffoli), conferindo ao art. 2º da Lei Complementar n. 87/1996 interpretação conforme a Constituição da República, *"excluindo-se das hipóteses de incidência do ICMS o licenciamento ou cessão de direito de uso de programas de computador"*.

12. Portanto, havendo este Supremo Tribunal decidido, em controle abstrato, que, pela interpretação constitucional do art. 2º da Lei Complementar n. 87/1996, não incide Imposto sobre Circulação de Mercadorias e Serviços – ICMS em licenciamento ou cessão de direito de uso de programa de computador, fica prejudicado o pedido deduzido nesta ação direta de declaração de inconstitucionalidade parcial, sem redução do texto, daquele preceito legal. [...]

13. Deve ser realçado, quanto ao Convênio n. 106/2017 do Conselho Nacional de Política Fazendária – Confaz, também questionado nesta via, que, embora não tenha sido objeto expresso da Ação Direta de Inconstitucionalidade n. 5.659, perdeu a sua eficácia jurídica desde aquele julgamento, por se tratar de ato regulamentador do art. 2º da Lei Complementar n. 87/1996, editado com base na interpretação tida como inconstitucional por este Supremo Tribunal.

Não há dúvida sobre a caducidade do Convênio n. 106/217 do Conselho Nacional de Política Fazendária – Confaz desde o julgamento da Ação Direta de Inconstitucionalidade n. 5.569 (Relator o Ministro Dias Toffoli), cabendo remarcar, ademais, que a Administração

Pública se submete aos efeitos *erga omnes e vinculantes* das decisões do Supremo Tribunal proferidas no controle abstrato de constitucionalidade (§2º do art. 102 da Constituição da República). [...]. (ADIn nº 5.958-DF – Rel. Min. Cármen Lúcia – j. 25.2.2021)

## 3.5 Telefonia e serviço móvel celular

As ligações telefônicas (inclusive telex e celulares) enquadram-se como típicos serviços de comunicação, uma vez que as concessionárias promovem a ligação – "relação comunicativa" – entre duas ou mais pessoas que participam de um processo interativo.

O *Serviço Telefônico Fixo Comutado* (STFC) constitui a atividade convencional de telefonia, prestada mediante instalações fixas, antes denominado Serviço Telefônico Público. A Lei nº 9.472/97 caracteriza-o como serviço de telecomunicações, que, por meio da transmissão e da voz e de outros sinais, se destina à comunicação entre pontos fixos e determinados, utilizando processos de telefonia.

A prestação de serviço é realizada em determinada área geográfica de atuação da operadora (local – longa distância nacional e internacional), por redes de telecomunicações que possuem pontos de terminação da rede (PTR). O usuário é qualquer pessoa que utiliza o referido serviço, independente de contrato, ou inscrição junto à prestadora, e assinante é a pessoa que firma contrato com a prestadora, para a fruição do serviço.

O *Serviço Móvel Celular* (SMC) é o serviço de telecomunicações móvel terrestre, aberto à correspondência pública, que utiliza o sistema de radiocomunicações com técnica celular, interconectado à rede pública, e acessado por meio de terminais portáteis, transportáveis ou veiculares, de uso individual.

O Decreto nº 2.056, de 4.11.96, estabelece (art. 37) que a exploração do serviço pressupõe a prestação adequada ao atendimento dos usuários; constituindo "serviço adequado" (art. 38) aquele que satisfaz as condições de regularidade, continuidade, eficiência, segurança, atualidade, generalidade, cortesia na sua prestação e modicidade de tarifas.

No SMC, o próprio assinante adquire a estação móvel (equipamento terminal) de seu interesse em modelo certificado pelo Ministério das Comunicações, que deverá ser levado ao registro junto à concessionária por ocasião da ativação da linha.

O serviço de *roaming* compreende a interconexão de redes das operadoras brasileiras de serviço móvel celular, com as redes das operadoras estrangeiras, possibilitando o uso dos celulares no país e no exterior.

A operação denominada *roaming* é complexa e pressupõe a realização de dois negócios jurídicos simultâneos a viabilizar a consecução do serviço de comunicação pretendido: um entre o usuário e a sua operadora original, pela qual foi disponibilizada a linha, e outra entre essa empresa titular do contrato e aquela que efetivamente realizava a comunicação (operação visitada). Observa-se que a relação jurídica existente entre as concessionárias resulta de valores cobrados pela operadora local, mediante repasse registrado no Detraf (Documento de Declaração de Tráfego e Prestação de Serviços), em face da efetiva prestação de serviço de comunicação, motivo pelo qual tais valores estão sujeitos à tributação pelo ICMS (REsp nº 1.202.437-MT – 1ª T. – Rel. Min. Benedito Gonçalves – j. 8.11.2011 – *DJe* de 23.11.2011).

A Anatel determina (Resolução nº 245, de 8.12.2000, art. 34) que o valor correspondente ao serviço deve ser faturado pela operadora visitada contra a operadora titular, que, por sua vez, deverá faturar o usuário.[242]

O *roaming* internacional pode se dar sob duas formas: a) o usuário de telefone celular de operadora brasileira utiliza, no exterior, a rede de operadora de telefonia estrangeira para efetuar e receber ligações locais, interurbanas ou internacionais (*roaming internacional sainte*); b) o usuário de telefonia celular de operadora estrangeira utiliza, no Brasil, a rede de operadora de telefonia brasileira para efetuar e receber ligações locais, interurbanas ou internacionais (*roaming internacional receptivo*). Cada um dos usuários irá efetuar o pagamento por essa utilização às operadoras de telefonia de seus respectivos países.

Estudo peculiar mostra que as prestações de serviços por operadoras brasileiras para operadoras estrangeiras no *roaming internacional receptivo* consistem em *receitas de exportação de serviços*, isentas de ICMS. As prestações de serviços por operadoras estrangeiras para operadoras brasileiras no *roaming internacional sainte* sujeitam-se ao ICMS.[243]

No desenvolvimento dessas atividades, são realizadas habilitação, assinatura, utilização e facilidades adicionais (transferência temporária de chamada, bloqueio, correio de voz, conversa simultânea etc.).

Evidente que apenas as efetivas prestações de serviços (comunicações realizadas) é que constituem fatos geradores do ICMS, sendo remuneradas por tarifas, enquanto as comunicações telefônicas de um para outro aparelho dentro do mesmo município sujeitam-se ao ISS, em razão do princípio a autonomia municipal.

Os atos de habilitação, cadastro de usuários e equipamentos, ativação, instalação de terminais, desligamento do aparelho; locação; fornecimento de listas telefônicas e transferência de titularidade, que – embora importantes para a regular execução dos serviços – por si só, não representam efetiva comunicação, uma vez que concernem a meros atos preparatórios ou posteriores à atividade tributada.

A esse propósito, fora elucidado que:

> [...] a habilitação, a adesão, a ativação, a adesão, a disponibilidade, a assinatura e a utilização de serviços suplementares e facilidades adicionais que otimizem ou agilizem o processo de comunicação absolutamente não tipificam serviços de comunicação tributáveis por meio de ICMS. São apenas providências que viabilizam o acesso do usuário potencial ao serviço público de telefonia.[244]

E acrescenta o mestre:

> Equivalem, em tudo e por tudo, à aquisição da ficha telefônica, que permite que se utilize o serviço de comunicação, mas não se confunde com sua efetiva prestação, que só se dará

---

[242] NUNES, Renato; KNOPFELMACHER, Marcelo. Receitas de 'roaming' e as incidências da contribuição ao PIS e da Cofins. *In*: BORGES, Eduardo de Carvalho (Coord.). *Tributação nas telecomunicações*. São Paulo: Tributação Setorial, IPT e Quartier Latin, 2005. p. 306.

[243] UTUMI, Ana Cláudia Akie. A tributação dos serviços internacionais de telecomunicações. *In*: BORGES, Eduardo de Carvalho (Coord.). *Tributação nas telecomunicações*. São Paulo: Tributação Setorial, IPT e Quartier Latin, 2005. p. 45.

[244] CARRAZZA, Roque Antonio. *ICMS*. 13. ed. São Paulo: Malheiros, 2009. p. 286.

em momento lógica e cronologicamente posterior (isto é, quando, com a ficha, o *telefone público* for acionado).²⁴⁵

Registro, ainda, as posições seguintes:

Não se está sustentando que o simples fato de alguém instalar determinado equipamento para que a comunicação se perfaça possa ser eleito pelo legislador infraconstitucional para integrar a hipótese de incidência do imposto atinente à prestação de serviços de comunicação. É necessário mais, é preciso que tal equipamento seja colocado em funcionamento, viabilize a comunicação e esteja havendo uma cobrança por essa prestação de serviço, pois a autorização constitucional cinge-se aos fatos em que efetivamente ocorra a comunicação.²⁴⁶

Portanto, independentemente do que diga o Convênio ICMS nº 69/98, desde junho de 1997, temos sustentado, *data maxima venia*, que os atos de habilitação, ativação, acesso, ou como se queira denominar, assim como as transferências de titularidade de assinatura, relativamente ao Serviço Móvel Celular, não estão sujeitos ao ICMS, seja porque as leis aplicáveis não poderiam e não definiram tais atos como fato gerador do referido imposto, seja porque não se afigura possível enquadrar os respectivos valores cobrados dos potenciais usuários do serviço de telecomunicação, como parcelas integrativas de sua base de cálculo.²⁴⁷

Mesmo na vigência da CF/69 – em que os serviços de comunicações se sujeitavam à tributação federal –, o STF já havia preconizado o seguinte:

ISS – Serviços de comunicações – inciso VII do artigo 21 da Carta de 1969. A competência prevista em tal preceito, relativamente à instituição de imposto pela União, consideradas as comunicações, não obstaculizava a cobrança de ISS relativamente a atividades paralelas como as de locação de aparelhos, mesas, terminais, colocação e retirada de troncos. (RE nº 163.725-1-ES – 2ª T. – Rel. Min. Marco Aurélio – j. 15.6.99 – *DJU* 1 de 27.8.99, p. 64)

Significativa a postura do STJ:

Recurso Especial. Tributário. ICMS. Convênio 69/98. Serviço de Instalação de Linha Telefônica Fixa. Serviço Intermediário ao Serviço de Telecomunicação. Lei Kandir. Lei das Telecomunicações. Não-incidência de ICMS. Inexistência de Lei. Impossibilidade de Previsão pelo Convênio. Recurso Especial Interposto apenas pela Fazenda Estadual. Decisão conforme a Jurisprudência desta Corte. *Reforma in Pejus* Indevida. Recurso Especial Desprovido.
1. Este Superior Tribunal de Justiça, ao analisar o Convênio 69, de 19.6.1998, concluiu, em síntese, que: (a) a interpretação conjunta dos arts. 2º, III, e 123, VI, da Lei Complementar 87/96 (Lei Kandir) somente pode incidir sobre os serviços de comunicação propriamente

---

²⁴⁵ CARRAZZA, Roque Antonio. *ICMS*. 13. ed. São Paulo: Malheiros, 2009. p. 286.
²⁴⁶ CHIESA, Clélio. A tributação dos serviços de 'internet' prestados pelos provedores: ICMS ou ISS. *Revista de Direito Tributário*, São Paulo, v. 74. p. 203.
²⁴⁷ MONTEIRO, Antônio Carlos. ICMS sobre serviços de telecomunicação – Não-incidência relativamente à habilitação de potencial usuário do sistema móvel celular. *Revista Dialética de Direito Tributário*, São Paulo, n. 38. p. 71.

ditos, no momento em que são prestados, ou seja, apenas pode incidir sobre a *atividade-fim*, que é o serviço de comunicação, e não sobre a *atividade-meio* ou *intermediária*, que é, por exemplo, a habilitação, a instalação, a disponibilidade, a assinatura, o cadastro de usuário e de equipamento, entre outros serviços. Isso porque, nesse caso, o serviço é considerado preparatório para a consumação do ato de comunicação; (b) o serviço de comunicação propriamente dito, consoante previsto no art. 60 da Lei 9.472/97 (Lei Geral de Telecomunicações), para fins de incidência de ICMS, é aquele que transmite mensagens, idéias, de modo oneroso; (c) o Direito Tributário consagra o princípio da tipicidade fechada, de maneira que, sem lei expressa, não se pode ampliar os elementos que formam o fato gerador, sob pena de violar o disposto no art. 108, §1º, do CTN. Assim, não pode o Convênio 69/98 aumentar o campo de incidência do ICMS, porquanto isso somente poderia ser realizado por meio de lei complementar.

2. Os serviços de instalação de linha telefônica fixa não são considerados serviços de comunicação propriamente ditos, nos termos da Lei Kandir e da Lei Geral de Telecomunicações, mas serviços de natureza intermediária. Não deve, portanto, incidir ICMS sobre essa atividade, pois não há previsão legal nesse sentido, existindo apenas o Convênio 69/98 que disciplina a matéria, no entanto, de forma indevida. (REsp nº 601.056-BA – 1ª T. – Rel. Min. Denise Arruda – j. 9.3.2006 – *DJU* 1 de 3.4.2006, p. 230)

O ICMS não incide sobre o serviço de habilitação de telefone celular. (Súmula nº 350 do STJ, aprovada em 11.6.2008)

O STF assentou o entendimento seguinte:

RECURSO EXTRAORDINÁRIO. TRIBUTÁRIO. ICMS. HABILITAÇÃO DE APARELHOS CELULARES. A LEI GERAL DE TELECOMUNICAÇÕES (ART. 60, §1º, DA LEI Nº 9.472/97) NÃO PREVÊ O SERVIÇO DE HABILITAÇÃO DE TELEFONIA MÓVEL COMO ATIVIDADE-FIM, MAS ATIVIDADE-MEIO PARA O SERVIÇ DE COMUNICAÇÃO. A ATIVIDADE EM QUESTÃO NÃO SE INCLUI NA DESCRIÇÃO DE SERVIÇOS DE TELECOMUNICAÇÃO CONSTANTE DO ART. 2º, III, DA LC 87/1996, POR CORRESPONDER A PROCEDIMENTO TIPICAMENTE PROTOCOLAR, CUJA FINALIDADE REFERE-SE AO APECTO PREPARATÓRIO. OS SERVIÇOS PREPARATÓRIOS, TAIS COMO *HABILITAÇÃO, INSTALAÇÃO, DISPONIBILIDADE, ASSINATURA, CADASTRO DE USUÁRIO E EQUIPAMENTO, ENTRE OUTROS* QUE CONFIGURAM ATIVIDADE-MEIO OU SERVIÇOS SUPLEMENTARES, NÃO SOFREM A INCIDÊNCIA DO ICMS, POSTO SERVIÇOS DISPONIBILIZADOS DE SORTE A ASSEGURAR AO USUÁRIO A POSSIBILIDADE DO USO DO SERVIÇO DE COMUNICAÇÃO, CONFIGURANDO AQUELAS TÃO SOMENTE ATIVIDADES PREPARATÓRIAS DESTES, NÃO INCIDINDO ICMS. INOCORRÊNCIA DE VIOLAÇÃO AOS ARTS. 2º, 150, I, E 155, II, DA CF/88. DESPROVIMENTO DO RECURSO EXTRAORDINÁRIO.

1. Os serviços preparatórios aos serviços de comunicação, tais como: *habilitação, instalação, disponibilidade, assinatura, cadastro de usuário e equipamento, entre outros serviços, configuram atividades-meio ou serviços suplementares.* O serviço de comunicação propriamente dito, consoante previsto no art. 60, §1º, da Lei nº 9.472/97 (Lei Geral de Telecomunicações), para fins de incidência do ICMS, é aquele em que um terceiro, mediante prestação negocial-onerosa, mantém interlocutores (emissor/receptor) em contato por qualquer meio, inclusive a geração, a emissão, a recepção, a transmissão, a retransmissão, a repetição e a ampliação de comunicação de qualquer natureza (REsp 402047/MG, Rel. Ministro HUMBERTO GOMES DE BARROS, PRIMEIRA TURMA, julgado em 04/11/2003, DJ 09/12/2003).

2. A interpretação conjunta dos arts. 2º, III, e 12, VI, da Lei Complementar 87/96 (Lei Kandir) leva ao entendimento de que o ICMS somente pode incidir sobre os serviços de comunicação propriamente ditos, no momento em que são prestados, ou seja, apenas pode incidir sobre atividade-fim, que é o serviço de comunicação, e não sobre a atividade-meio ou intermediária como são aqueles constantes na Cláusula Primeira do Convênio ICMS nº 69/98. Tais serviços configuram, apenas, meios de viabilidade ou de acesso aos serviços de comunicação, e por causa, estão fora da incidência tributária do ICMS.

3. A Constituição autoriza sejam tributadas as prestações de serviços de comunicação, não sendo dado ao legislador, nem muito menos ao intérprete e ao aplicador, estender a incidência do ICMS às atividades que as antecedem e viabilizam. Não tipificando o fato gerador do ICMS-Comunicação, está, pois, fora de seu campo de incidência. Consectariamente, inexiste violação aos artigos 2º, 150, III, da CF/88.

4. O Direito Tributário consagra o princípio da tipicidade, de maneira que, sem lei expressa, não se pode ampliar os elementos que formam o fato gerador, sob pena de violação o disposto no art. 108, §1º, do CTN.

5. In casu, apreciando a questão relativa à legitimidade da cobrança do ICMS sobre o procedimento de habilitação de telefonia móvel celular, a atividade de habilitação não se inclui na descrição do serviço de telecomunicação constante do art. 2º, III, da Lei Complementar 87/96, por corresponder a procedimento tipicamente protocolar, cuja finalidade prende-se ao aspecto preparatório e estrutural da prestação dos serviços, serviços, meramente acessórios ou preparatórios à comunicação propriamente dita, meios de viabilidade ou de acesso aos serviços de comunicação.

6. O ato de habilitação de aparelho móvel celular não enseja qualquer serviço efetivo de telecomunicação, senão de disponibilização do serviço, de modo a assegurar ao usuário a possibilidade de fruição do serviço de telecomunicações. O ICMS incide, tão somente, na atividade final, que é o serviço de telecomunicação propriamente dito, e não sobre o ato de habilitação do telefone celular, que se afigura como atividade intermediária [...]. (RE nº 572.020 – Plenário – Rel. p/acordão Min. Luiz Fux – j. 6.2.2014)

O STF decidiu que "o ICMS incide sobre a *tarifa de assinatura básica mensal cobrada pelas prestadoras de serviço de telefonia*", sob os fundamentos seguintes:

Ementa: TRIBUTÁRIO. RECURSO EXTRAORDINÁRIO. ICMS SOBRE PRESTAÇÃO DE SERVIÇOS DE COMUNICAÇÃO. TARIFA DE ASSINATURA BÁSICA MENSAL. CONTRAPRESTAÇÃO AO SERVIÇO DE COMUNICAÇÃO PROPRIAMENTE DITO PRESTADO PELAS CONCESSIONÁRIAS DE TELEFONIA. INCIDÊNCIA DO TRIBUTO.

1. O Plenário do Supremo Tribunal Federal, no julgamento do RE 572.020 (Rel. Min. MARCO AURÉLIO, Rel. p/acórdão Min. LUZ FUX, DJe de 13/10/2014), assentou que o ICMS não incide sobre os atos preparatórios aos de comunicação, tais quais os de habilitação, instalação, disponibilidade, assinatura (= contratação do serviço), cadastro de usuário e equipamento, etc., já que tais serviços são suplementares ou configuram atividade-meio.

2. A tarifa de assinatura básica mensal não é serviço (muito menos serviço preparatório), mas sim a contraprestação pelo serviço de comunicação propriamente dito prestado pelas concessionárias de telefonia, consistente no fornecimento, em caráter continuado, das condições materiais para que ocorra a comunicação entre o usuário e terceiro, o que atrai a incidência do ICMS.

3. Fica aprovada a seguinte tese de repercussão geral: "O Imposto de Circulação de Mercadorias e Serviços (ICMS) incide sobre a tarifa de assinatura básica mensal pelas prestadoras de serviço de telefonia, independentemente da franquia de minutos conferida ou não ao usuário. (RE nº 912.888-RS – Plenário – Rel. Min. Teori Zavascki – j. 13.10.2016)

Relativamente à *inadimplência dos usuários e furto de sinal*, o STJ decidira o seguinte:

Tributário – ICMS – serviço de Telefonia Móvel – Inadimplência dos usuários – Furto de Sinal (Clonagem) – Incidência do Tributo.
1. O fato gerador do ICMS na telefonia é a disponibilização da linha em favor do usuário que contrata, onerosamente, os serviços de comunicação da operadora. A inadimplência e o furto por "clonagem" fazem parte dos riscos da atividade econômica, que não podem ser transferidos ao Estado.
2. Nos termos do art. 118 do Código Tributário Nacional, o descumprimento da operação de compra e venda mercantil não tem o condão de malferir a ocorrência do fato gerador do ICMS.
3. Inexiste previsão legal que permita a compensação tributária de ICMS em serviços de telefonia móvel inadimplidas, ou cujo sinal foi furtado por "clonagem" do aparelho celular.
4. A "exigência tributária não está vinculada ao êxito dos negócios privados" (REsp 956.842/RS, Rel. Min. José Delgado, 1ª T. – j. 20.11.2007, p. 408).
5. Não compete aos Estados zelar pelo cumprimento da obrigação dos consumidores; cabe, no caso, à prestadora dos serviços buscar, pela via própria, o recebimento de seus créditos; [...]. (REsp nº 1.189.924 – JG – 2ª T. – Rel. Min. Humberto Martins – j. 25.5.2010 – *DJe* de 7.6.2010)

O STF, por sua vez, pontificara o seguinte:

EMENTA. CONSTITUCIONAL E TRIBUTÁRIO. ICMS. SERVIÇOS DE TELECOMUNICAÇÕES. *INADIMPLÊNCIA DO USUÁRIO*. COMPENSAÇÃO DO TRIBUTO PELA EMPRESA PRESTADORA DO SERVIÇO. IMPOSSIBILIDADE. DESPROVIMENTO DO RECURSO EXTRAORDINÁRIO.
1. Recurso Extraordinário em que se debate a possibilidade de compensação do ICMS recolhido sobre prestações de serviços de telecomunicação, cujos valores não foram vertidos à empresa prestadora (contribuinte de direito) em razão da inadimplência (contribuinte de fato).
2. Relativamente aos encargos tributários suportados pelas empresas em face da *inadimplência do consumidor final*, esta SUPREMA CORTE já fixou tese, sob a sistemática da repercussão geral, no julgamento do RE 586.482-MG (Rel. Min. DIAS TOFFOLI, Tema 871), no sentido de que "*as vendas inadimplidas não podem ser excluídas da base de cálculo da contribuição ao PIS e da COFINS, visto que integram a receita da pessoa jurídica*".
3. Embora o precedente verse sobre tributo distinto (PIS/COFINS) com base de cálculo diversa (receita bruta das empresas), o raciocínio desenvolvido por esta SUPREMA CORTE no referido julgado no sentido de que as vendas inadimplidas não podem ser excluídas da base de cálculo do tributo, aplica-se igualmente ao presente caso, tendo em vista que a inadimplência do consumidor final não obsta a ocorrência do fato gerador do tributo, por se tratar de evento posterior e alheio ao fato gerador do imposto.
4. Conforme previsto no inciso III do art. 2º da Lei Complementar 87/96, o ICMS-comunicação incide sobre a prestação onerosa de serviços de comunicação (por qualquer meio, inclusive a geração, a emissão, a recepção, a transmissão, a retransmissão, a repetição e a ampliação de comunicação de qualquer natureza); assim, uma vez prestado o serviço ao consumidor de forma onerosa, incidirá necessariamente o imposto, independentemente de a empresa ter efetivamente auferido receita com a prestação de serviço.
5. O que efetivamente pretende a recorrente é – a pretexto de fazer valer os princípios da não-cumulatividade, da capacidade contributiva e vedação ao confisco – repassar ao Erário os riscos próprios de sua atividade econômica, face a eventual inadimplemento de

seus consumidores/usuários, o que não possui qualquer respaldo constitucional, sendo, portanto, absolutamente inadmissível acolher tal pretensão.

6. Por outro lado, se atendesse esta pretensão, a SUPREMA CORTE estaria atuando como legislador positivo, modificando as normas tributárias inerentes ao ICMS para instituir benefício fiscal em favor dos contribuintes, o que ensejaria violação também ao princípio da separação dos Poderes (art. 2º da Carta Magna).

7. Recurso Extraordinário a que se nega provimento. Tema 705, fixada a seguinte tese de repercussão geral: "A inadimplência do usuário não afasta a incidência ou a exigibilidade do ICMS sobre os serviços de telecomunicações". (RE nº 1.003.758 – Rondônia – Plenário – Rel. p/ac. Min. Alexandre de Moraes – sessão de 17.5.2021)

## 3.6 Radiochamada (*paging*)

O *Serviço Especial de Radiochamada* (SER) é o serviço de telecomunicações não aberto à correspondência pública, com características específicas, destinado a transmitir, por qualquer forma de telecomunicação, informações unidirecionais, originadas em uma estação de base e endereçadas a receptores móveis, utilizando-se determinadas faixas de radiofrequência (decretos nº 97.057/88 e nº 1.719/95).

Esse serviço objetiva transmitir sinais a determinado usuário, utilizando-se de aparelho de recado específico (*pager* ou *bip*), em decorrência de celebração de negócio jurídico oneroso.

A realização do serviço ocorre da forma seguinte: pessoa interessada em comunicar-se com o assinante liga para uma central, onde o recado será objeto de registro, que, por sua vez, aciona a respectiva transmissão ao referido assinante, mediante chamada.

Nesta atividade, foram vislumbradas atividades distintas: a) anotação de recados pela secretária, mediante a utilização de equipamentos (atividade-*meio*); e b) transmissão das mensagens e decorrente recepção pelo destinatário-assinante (atividade-*fim*).

Essas premissas permitiram firmar as posturas seguintes:

> Sendo a prestação do serviço de rádio-chamada serviço destinado a possibilitar uma comunicação entre pessoas através da transmissão de sinais de chamada, especialmente codificados, mediante contraprestação onerosa, conclui-se que é um serviço especial de telecomunicações, sujeito, portanto, à incidência do ICMS, nos termos do art. 155, II, da CF/88.[248]

Este é um serviço de comunicação típico, perfeitamente tributável por meio de ICMS. Deveras, cobra-se, do assinante, pela prestação deste serviço, que vai permitir que ele receba mensagens de terceiros. Configura-se, neste caso, não só a chamada *relação comunicativa* como a efetiva prestação do serviço em tela. Assim, o serviço de *paging* é tributável por meio de ICMS.[249]

O Superior Tribunal de Justiça já se manifestou da forma seguinte:

ICMS. Serviço de Comunicação. Radiochamada ("bip").

---

[248] NASRALLAH, Amal Ibrahim; NEME, Márcia de Freitas Castro. A tributação das operações envolvendo TV a cabo e 'direct-to-home', internet e 'paging' – ICMS x ISS. *Revista de Direito Tributário*, São Paulo, v. 73. p. 231.

[249] CARRAZZA, Roque Antonio. *ICMS*. 13. ed. São Paulo: Malheiros, 2009. p. 320.

Incide o ICMS sobre a prestação de serviço de comunicação de radiochamada. Afasta-se a incidência do tributo municipal sobre serviços listados de secretaria e de aluguel de equipamento, eis que não constituem substancialmente o serviço prestado, mas instrumentos da atividade-fim de comunicação. (AI nº 63.963-0-RS – Rel. Min. Milton Luiz Pereira – *DJU* 1 de 2.5.95, p. 11.555/6)

No mesmo sentido, posicionou-se a Fazenda paulista.[250]

*O serviço de TV via satélite DTH* é considerado serviço de telecomunicação, seja do ponto de vista material, disponibilização de modo oneroso, de meios (ou canais) necessários à comunicação a distância, seja por expressa disposição legal, arts. 60 e 170 da Lei nº 9.472-97 e Resolução nº 220/2000, o que implica incidência do ICMS.

Por se tratar de atividade meramente preparatória à comunicação, não incide o ICMS no valor pago a título de adesão ao serviço (REsp nº 667.108-PR – 2ª T., Rel. Min. Castro Meira – j. 28.10.2008 – *DJe* de 1º.12.2008).

## 3.7 Serviços postais e serviços de telegrama

O *serviço postal* compreende recebimento, expedição, transporte e entrega de objetos de correspondência (carta, cartão-postal, impresso, cecograma e pequena encomenda), valores (remessa de dinheiro através de carta com valor declarado; remessa de ordem de pagamento por meio de vale-postal; recebimento de tributos, prestações, contribuições e obrigações pagáveis à vista, por via postal); e encomendas (remessa e entrega de objetos, com ou sem valor mercantil, por via postal), nos termos da Lei federal nº 6.538/78, art. 7º, §§1º, 2º e 3º).

Constitui *serviço de telegrama* o recebimento, transmissão e entrega de mensagens escritas; tendo como atividades correlatas I) a venda de publicações, divulgando regulamentos, normas, tarifas e outros assuntos referentes ao serviço de telegrama; II) a exploração de publicidade comercial em formulários de telegrama (art. 26, da Lei nº 6.538/78).

Nas agências das empresas de correios e telégrafos também são realizadas vendas de produtos (aerogramas, envelopes pré-franqueados, malotes, cadeado plástico, distribuição de passaporte, livros escolares, medicamentos, títulos de capitalização, cartelas de sorteios), inscrição em concursos públicos, consignação de produtos diversos, aluguel de caixa-postal, comercialização e distribuição de seguros, recebimentos de contas, banco postal, *e-commerce*, correio híbrido (tratamento digital de informações etc.), serviço de logística de encomenda etc., conforme apurado em estudo específico.[251]

As atividades básicas desempenhadas pela Empresa de Correios e Telégrafos (ECT) tipificam prestação de serviços de transporte de bens e correspondências (natureza principal ou complementar), sendo certo que "os correios e telégrafos propiciam não a comunicação em si, mas o transporte de mensagem fechada".[252]

---

[250] Consulta nº 177/98 de 16.5.98, *Boletim Tributário*, jun. 1998, p. 155-157.
[251] MARTINS, Ives Gandra da Silva. Os serviços imunes e tributados da ECT. *Revista Dialética de Direito Tributário*, São Paulo, n. 78. p. 108-131.
[252] COÊLHO, Sacha Calmon Navarro. Tributação na internet. *In*: MARTINS, Ives Gandra da Silva (Coord.). *Pesquisas tributárias* – Nova Série, n. 7 (Tributação na internet). São Paulo: RT, 2001. p. 103.

Realmente,

o serviço postal é caracterizado justamente pelo transporte de bens materiais (correspondência, envelopes, etc.), independente de seu conteúdo; a tanto se acrescentem mais três elementos. O primeiro deles se reporta à própria Constituição Federal, que cuidou do serviço postal em dispositivos específicos, a saber, o art. 21, X (que atribui à União a competência para manter o serviço postal e o correio aéreo nacional), e o art. 22, V e XI (que atribuem à União competência privativa para legislar sobre o serviço postal, bem como trânsito e transporte). Com isto, tratou de diferenciar o serviço postal do serviço de comunicação (previsto no art. 21, XI, XII e XIII; art. 33, IV; art. 48, XII).[253]

Entretanto, no caso do denominado *correio eletrônico* – transmissão de mensagens sem a efetivação de transporte –, poder-se-ia cogitar de prestação de serviço de comunicação com a específica incidência do ICMS sujeito ao seu peculiar regime jurídico (autorizações, alíquotas etc.).

Registro a doutrina de que o serviço público de correio é imune à tributação por meio de impostos, sendo que o transporte é mera atividade-meio; além do que o serviço postal e o serviço de comunicação são fenômenos distintos, não se podendo cogitar de incidência do ICMS.[254]

## 3.8 Operações com satélites e serviços especiais

Os serviços de telecomunicações são também operados, entre outras entidades, pela Intelsat (*International Telecommunication Satellite Consortium*), com a finalidade de planejar, executar e controlar um sistema global de comunicações por satélite – com adesão do Brasil em 31.12.65, pelo Decreto Legislativo nº 97; a Inmarsat (Organização Internacional de Telecomunicações Marítimas por Satélite) e a Citel (Comissão Interamericana de Telecomunicações).

No âmbito das atividades tributadas, situa-se o serviço examinado pela Fazenda paulista, relativo à utilização de *sistema de rádio troncalizado*, também conhecido como *trunking*, interligando remotamente ramais móveis, em que os usuários podem se comunicar entre si, e alguns ramais especiais que podem acessar a rede telefônica pública. O equipamento utilizado para operar o sistema consiste numa estação central chamada "rádio-base", que se compõe de equipamentos de transmissão/recepção, de supervisão de antena, em que os usuários se utilizam do sistema através de um rádio móvel.

Consoante o enquadramento no conceito "radiodifusão", reportou-se a definições contidas no CBT, e que, "enquanto a Radiodifusão envolve, por definição legal, a simples transmissão de sons (radiodifusão sonora), ou transmissão de sons e imagens (televisão) destinados a ser direta e livremente recebida pelo público", a atividade examinada consiste na operação de um sistema de transmissão/recepção de sons, por meio de uma estação central denominada "rádio-base", e "rádios telefone móvel para a intercomunicação entre determinados usuários, de caráter particular e alcance limitado" (art. 6º, "c", da Lei nº 4.117/62).

---

[253] SANTOS FILHO, Walter Gazzano dos. *Tributação dos serviços de comunicação*. São Paulo: Cenofisco, 2004. p. 28-29.
[254] CARRAZZA, Roque Antonio. A imunidade tributária das empresas estatais delegatárias de serviços públicos. São Paulo: Malheiros, 2004. p. 82; 88-89.

Assim, entendeu ser devido o ICMS tendo em conta (ou não) o enquadramento das atividades no conceito legal de radiodifusão.[255]

No âmbito dos Serviços Especiais podem também ser destacadas as atividades seguintes:

a) Serviço de Distribuição de Sinais Multipontos Multicanais – MMDS;
b) Serviço de Distribuição de Sinais de Televisão, e de Áudio por Assinatura Via Satélite – DTH;
c) Serviço de Transporte de Sinais de Telecomunicações por Satélite – STS;
d) Serviço de Distribuição de Sinais de Telecomunicações por Satélite não Geoestacioários;
e) Serviço Móvel Global (Iridium) – SMGS.

O fluxo de ligações telefônicas internacionais compreende os *tráfegos* seguintes:

a) *entrante* – ligações iniciadas no exterior e terminadas no Brasil, em que a operadora de telefonia estrangeira contrata uma operadora nacional para completar a transmissão ou recepção de sinal, com a característica de exportação de serviço de comunicação;
b) *sainte* – contratação de empresa estrangeira para concluir ligação telefônica iniciada no Brasil, com a natureza de importação de serviços.[256]

O *provimento de capacidade satelital* é o oferecimento de recursos de órbita e espectro radioelétrico à prestadora de serviços de telecomunicações (Resolução nº 220, de 5.4.2000, da Anatel), e delinea-se pela disponibilização dos mencionados recursos oferecidos, respectivamente, no Brasil, pela exploradora de satélite às concessionárias, permissionárias ou autorizadas.

O envio dos sinais de satélites é realizado pela empresa de telecomunicações, sendo a sua retransmissão realizada através de um *transponder*, que retransmite o sinal para a estação terrena. Constitui-se num conjunto de componentes eletrônicos que recebe o sinal da Terra (*up link* ou enlace de subida), amplifica-o, processa, e depois o devolve para o planeta (*down link* ou enlace de descida).

Demonstrou-se que se configura atividade-meio, um serviço auxiliar, para a efetivação do serviço de telecomunicação, não constituindo serviços de telecomunicações (Resolução nº 73/98 da Anatel), não sendo permitida a exigência do ICMS com relação a atividades meramente preparatórias.[257]

O mercado de venda de espaço satelital obriga à aquisição de *transponders* de empresas estrangeiras detentoras de tecnologia, e o seu arrendamento por meio de contratos de *leasing* operacional, e cessão de uso, para as empresas prestadoras de serviços de telecomunicações situadas dentro do território brasileiro.

Não se trata de oferecer ou prestar serviços de telecomunicações, mas permitir a exploração econômica de parte do satélite por terceiros, não ocorrendo a hipótese do

---

[255] Consulta nº 762/92, de 6.11.92, ICM/ICMS – *Respostas da consultoria tributária*. São Paulo: LTr, [s.d.]. v. 4. p. 255-259.

[256] UTUMI, Ana Cláudia Akie. A tributação dos serviços internacionais de telecomunicações. *In*: BORGES, Eduardo de Carvalho (Coord.). *Tributação nas telecomunicações*. São Paulo: Tributação Setorial, IPT e Quartier Latin, 2005. p. 35.

[257] RODRIGUES, Marcelo de Carvalho. ICMS sobre provimento de capacidade de satélite. *In*: BORGES, Eduardo de Carvalho (Coord.). *Tributação nas telecomunicações*. São Paulo: Tributação Setorial, IPT e Quartier Latin, 2005. p. 235-262.

ICMS, apesar da ressalva contida na LC nº 87/96 (art. 3º, VIII), sobre o valor da opção de compra.[258]

## 3.9 Gerenciamento de rede (*outsourcing*)

Consiste no monitoramento, acompanhamento do desempenho, detecção de eventuais falhas e fornecimento de relatórios gerenciais, relativamente aos equipamentos e serviços de comunicação atinentes aos clientes da empresa de telecomunicações, exceto com referência àqueles equipamentos de infraestrutura necessários à prestação de serviços de comunicação.

Em face das atividades objeto de terceirização (*outsourcing*), o serviço de gerenciamento poderá incluir as seguintes atividades: planejamento e consultoria em projetos de rede; acompanhamento, controle e conferência de contas de prestação de serviços de comunicação, providos por terceiros; disponibilização de *service desk* para atendimento aos usuários e interface com os fornecedores de serviços de comunicação, emissão de relatórios de disponibilidade, desempenho e taxa de utilização da capacidade da rede implantada.

Referidas atividades não guardam qualquer relação com o serviço de comunicação, porque pode ser prestado por qualquer pessoa, ou terceiros. Não se pode confundir a) gerenciamento da infraestrutura e dos equipamentos da rede de comunicação referente à operação, controle e monitoramento, não sujeita à contratação com os clientes, com b) o serviço de gerenciamento de redes, que consiste na terceirização de uma série de atividades periféricas, que podem ser desenvolvidas internamente pelo cliente, sendo que sua ausência em nada interfere nem inviabiliza a prestação do serviço de comunicação.

## 4 Presunções, indícios e ficções

Os fatos geradores do ICMS só podem decorrer da realização de todos os aspectos previstos na norma de incidência, uma vez que as relações jurídicas devem pautar-se pelos critérios de segurança e certeza, não se aceitando lançamentos tributários louvados em singelas suposições, devido aos princípios da tipicidade cerrada e da legalidade.

A *presunção* é o resultado de um processo lógico, mediante o qual do fato conhecido, cuja existência é certa, infere-se o fato desconhecido ou duvidoso, cuja existência é provável. A presunção legal (*juris et de jure*) procura estabelecer uma verdade jurídica, ao passo que a presunção relativa (*juris tantum*) constitui mera conjectura.

As presunções estão inseridas no âmbito processual das provas, objetivando caracterizar ou positivar atos, fatos, situações, que se encaixem às molduras jurídicas. Supor que um fato tenha acontecido ou que a materialidade tenha sido efetivada não é o mesmo que tornar concreta sua existência, de modo a conferir legitimidade à exigência tributária. Portanto, não deve a presunção manter atinência intrínseca aos aspectos estruturadores da norma de incidência, mas apenas referir-se a elementos que possam conduzir à tipificação tributária.

---

[258] TUBINO, Rogério de Miranda. Implicações tributárias na aquisição de transponders para provimento de capacidade de satélite. *In*: BORGES, Eduardo de Carvalho (Coord.). *Tributação nas telecomunicações*. São Paulo: Tributação Setorial, IPT e Quartier Latin, 2005. p. 337-362.

A realidade da vida demonstra que nem sempre os fatos geradores encontram-se devidamente tipificados e documentados, de modo a conferir-se segurança para a Fazenda, e para os contribuintes/responsáveis, no tocante à sua regularidade e exigibilidade. Nem sempre tais fatos encontram-se devidamente registrados, em razão de revelar-se imprecisa ou dificultosa sua configuração diante da infindável pletora de atos normativos, ou mesmo em decorrência da própria sonegação tributária.

Uma coisa é o Fisco constatar a existência de toda uma documentação perfeita e regular, criteriosa, em plena consonância com os ditames legais; outra situação é encontrar documentos imperfeitos (rasuras, controles paralelos, adulteração), ou falta de emissão de notas fiscais, escrituração de livros etc., o que leva a efetuar levantamentos das atividades e negócios do contribuinte, que podem concluir (ou presumir) pela falta de lançamento de tributos.

O *indício* é uma circunstância conhecida, um meio, dado ou elemento que, tendo relação com o fato, constitui caminho para a apuração da verdade. Esses elementos devem ser graves (verossímeis), precisos (determinados) definidos e concordantes (relação de interdependência entre os indícios e o fato a provar). Insere-se nesta categoria a declaração unilateral de alguém de que adquirira mercadorias sem nota fiscal.

A *ficção jurídica* é a instrumentalização (criação legal) de uma situação inverídica (falsa) de forma a impor uma certeza jurídica, consagrando uma realidade ainda que não guarde consonância com a natureza das coisas, ou mesmo que altere títulos e categorias do direito, como se dá com o preceito legal que equipara à exportação a remessa de bens à Zona Franca de Manaus, para efeito de não incidência tributária, modificando o conceito natural de exportação (saída para o estrangeiro).

No levantamento *específico*, o Fisco verifica a quantidade das mercadorias, entradas, saídas, estoques inicial e final, dos serviços prestados e recebidos, observa controles paralelos, que podem resultar na existência de diferenças desses bens (aquisição de bens e serviços sem documentação, ou saída de mercadorias, ou realização de serviço, sem destaque do valor do ICMS).

A apuração dos negócios do contribuinte pode sustentar-se em levantamento *econômico*, que leva em conta a escrituração contábil e as demonstrações correspondentes, que poderão revelar possíveis fraudes tributárias, na medida em que concluam pela constatação de irregularidades no ativo e no passivo (oculto, fictício, irreal), estouro de caixa (inexistência de dinheiro suficiente para fazer face aos gastos), ou diferenças entre os registros fiscais e contábeis.

O levantamento de *produção* implica a consideração dos insumos utilizados na industrialização de bens (matérias-primas, produtos intermediários, materiais auxiliares, embalagens), consumo de energia elétrica etc., aplicando as quebras e perdas no processo de fabricação, estimando razoável margem de lucro, que também podem resultar em diferenças mediante o confronto com os negócios declarados e respectivos valores ofertados à tributação.

Poderá o Fisco praticar o *arbitramento* tendo em vista a não exibição de elementos e documentos, ou mesmo se inexistentes, quando não reflitam a realidade ou consignem valores inferiores aos reais (art. 148 do CTN), sendo aceitável a decretação de inidoneidade documental na hipótese de notas, livros, registros etc. que não retratem a veracidade das operações e prestações, simulando negócios subjacentes.

Não é fácil distinguir essas figuras em razão da existência de pontos de semelhança entre as presunções comuns e os indícios, traduzidos na constatação de circunstâncias que podem permitir a inferência de certas situações tributáveis. As ficções jurídicas atinam com as presunções legais, porque veiculadas por atos emanados do Legislativo, com as características formais e materiais de lei, em que pese estas últimas traduzirem meras ilações, não havendo suporte constitucional para conceber-se a existência de presunção inserida nas tipicidades tributárias.

Extrema cautela deve ser tomada no tocante à aplicação indiscriminada do princípio da praticabilidade, que se dá a todos os meios e técnicas utilizáveis para tornar simples e viável a execução das leis, com o objetivo de economicidade e exequibilidade, de modo a evitar a investigação exaustiva em cada caso isolado, a dispensa da colheita de provas difíceis ou mesmo impossíveis em cada caso concreto.[259]

Tais considerações, por si só, não permitem justificar as presunções, ficções legais e quantificações estabelecidas em lei, uma vez que não se compaginam com os superiores princípios da legalidade e da tipicidade cerrada, conformadores da segurança e certeza do direito.

Assim, para a legitimidade do fato gerador, deve ser procedida a devida reflexão:
a) as *presunções*, ainda que veiculadas por lei, traduzem meras suposições a serem consideradas em matéria de prova, suscetíveis de valoração e oposição;
b) as *ficções jurídicas* representam autênticas normas, com seus respectivos atributos, devendo ser coerentes com os postulados constitucionais;
c) os *indícios* consistem em dados que podem compor ou integrar uma presunção, sem jamais corporificar hipótese de incidência.

No amplo quadro dos ilícitos tributários de conhecimento público, implicadores de sonegação do ICMS – *em sistemática de emissão física de nota fiscal física* –, poderiam ser vislumbradas as seguintes situações:
a) *Notas calçadas* – uma empresa emite uma nota fiscal de venda de mercadorias no valor correto (R$1.000.000,00); no ato do preenchimento, coloca uma folha em branco sob a primeira via para impedir a reprodução do valor nas demais vias; e preenche as vias de baixo com um valor menor (R$100.000,00).

A primeira via irá acarretar o crédito do imposto no estabelecimento destinatário pelo valor certo (R$1 milhão), enquanto o vendedor somente se debitará do imposto por valor menor (R$100 mil).

b) *Notas roubadas* – a empresa é roubada em suas notas fiscais que são vendidas para integrantes do esquema de notas frias; sendo o respectivo bloco repassado para terceiros (empresários ou órgãos públicos), que irão se apropriar de crédito de imposto indevido, ou justificar indevidos pagamentos de mercadorias ou serviços.

Pode ocorrer que a empresa – que se declara roubada – mande cancelar os talonários, mas acaba repassando ou vendendo as notas, ocorrendo os mesmos efeitos tributários ilícitos.

c) *Notas "quentes"* – as empresas mantêm o funcionamento de suas atividades, mas vendem algumas de suas próprias notas, sem entregar mercadorias ou prestar os serviços.

Esta fraude implica semelhantes efeitos apontados anteriormente.

---

[259] DERZI, Misabel Abreu Machado. *Direito tributário, direito penal e tipo*. São Paulo: RT, 1988. p. 104-105.

d) *Clonagem* – documento de empresa legal é entregue à gráfica clandestina, que faz a clonagem da nota mediante reprodução de blocos de documentos com os dados da empresa, procurando tornar sua composição semelhante aos originais.

A utilização das notas clonadas não permite justificar eventuais créditos de imposto.

e) *Laranjas* – empresas são abertas mediante a utilização de nomes e documentos de pessoas que, efetivamente, não integram a sociedade. A formalização de tais empresas – inexistentes na prática – possibilita a confecção de notas fiscais emitidas apenas para possibilitar créditos de impostos por terceiros.

A comercialização de notas frias (fraudulenta negociação de papéis contendo a discriminação de mercadorias, valores etc.); as empresas de fachada (utilização de notas fiscais sem embasamento em operações e serviços); e as empresas fantasmas (confecção de notas fiscais por gráficas clandestinas, contendo fictícios nomes e dados da empresa emissora, com utilização até de números de inscrições fiscais de terceiros) também têm o condão de acarretar artificiais efeitos tributários (créditos indevidos).

As presunções também foram vislumbradas nas hipóteses de existência de saldo credor de caixa; constatação de suprimentos a caixa não comprovados; manutenção, no passivo, de obrigações já pagas ou inexistentes; constatação de ativos ocultos; existência de entrada de mercadorias não registradas; declaração de vendas pelo contribuinte em valores inferiores às informações fornecidas por instituições financeiras e administradoras de cartões de crédito ou débito; falta de escrituração de pagamentos efetuados; existência de valores creditados em conta de depósitos ou investimento mantida junto à instituição financeira, em relação aos quais o titular, regularmente notificado a prestar informações, não comprove, mediante documentação hábil e idônea, a origem dos recursos utilizados nessas operações (Lei nº 13.918, de 22.12.2009, do Estado de São Paulo).

CAPÍTULO II

# SUJEITO PASSIVO

## 1 Considerações gerais

O aspecto pessoal da hipótese de incidência tributária contempla os sujeitos da relação jurídica, inserindo-se no polo passivo a figura do contribuinte, que mantém relação pessoal e direta com a respectiva materialidade e que, voluntariamente, realiza o fato imponível.

Geraldo Ataliba assinalara que "o sujeito passivo da obrigação tributária é o devedor, convencionalmente chamado contribuinte. É a pessoa que fica na contingência legal de ter o comportamento objeto da obrigação, em detrimento do próprio patrimônio e em favor do sujeito ativo".[260]

Normalmente, a Constituição não indica a pessoa que deve ser caracterizada como devedora do tributo, mas apenas contempla as materialidades suscetíveis de incidência, outorgando as respectivas competências às pessoas públicas. Nessa situação, competiria à lei complementar (art. 146) estabelecer normas gerais em matéria de legislação tributária, no que disporia sobre os contribuintes (item III).

Evidente que a lei complementar poderá apenas explicitar o comando constitucional e especificar, como "contribuinte", pessoa que esteja ligada ao cerne do tributo, e ao fato abstratamente posto na norma, uma vez que deve ser "uma pessoa que está em conexão íntima (relação de fato) com o núcleo respectivo (aspecto material) da hipótese de incidência".[261]

Numa fase pré-jurídica, o legislador colhe a pessoa intimamente vinculada à realização da materialidade do tributo, que, no caso do imposto, se traduz num mero índice de capacidade contributiva.

A doutrina é caudalosa no sentido de ampliar o rol dos devedores tributários, não ficando atrelada exclusivamente à pessoa intimamente referida ao fato imponível, tendo sido comentado que "na determinação do sujeito passivo principal existe sempre certo grau de arbitrariedade, se se prefere, de decisão discricionária do legislador".[262]

---

[260] ATALIBA, Geraldo. *Hipótese de incidência tributária*. São Paulo: Malheiros, 1993. p. 77.
[261] ATALIBA, Geraldo. *Hipótese de incidência tributária*. São Paulo: Malheiros, 1993. p. 77.
[262] JARACH, Dino. Aspectos da hipótese de incidência tributária. *Revista de Direito Público*, São Paulo, v. 17. p. 288.

Poderá ser determinada a obrigação de pessoa que não tenha referibilidade natural ao fato típico tributário, em razão "certamente de outras considerações metajurídicas sugeridas ao legislador ordinário (maior praticidade, segurança e aceleração da arrecadação, simplificação ou comodidade do lançamento tributário, concentração do esforço fiscalizatório etc.)".[263]

Precioso ensinamento no sentido de que:

> O tributo deve ser cobrado da pessoa que esteja em relação econômica com o ato, fato ou negócio que dá origem à tributação; por outras palavras, o tributo deve ser cobrado da pessoa que tira uma vantagem econômica do ato, fato ou negócio tributado. Quando o tributo seja cobrado nessas condições, dá-se a sujeição passiva direta, que é a hipótese mais comum na prática.[264]

Também fora pontificado que:

> O contribuinte é a pessoa descrita na previsão da norma tributária para definir o elemento subjetivo do facto tributário, ao qual a lei a vincula. E compreende-se que assim seja pois que o facto tributário é por natureza um facto revelador da capacidade contributiva, e quem dispõe dessa capacidade é precisamente aquele em relação ao qual tal facto se verifica e que a lei pretende suporte efetivamente o encargo em que o imposto se traduz.[265]

A lei, em realidade, não precisa mencionar os devedores, cabendo ao hermeneuta tal mister que decorre do próprio desenho do fato imponível, *verbis*:

> Basta que o legislador fale em venda, compra, rendimento, propriedade móvel, para se deduzir que os contribuintes dos impostos, que sobre estas operações (na acepção dada pelo legislador tributário) recaem, são o vendedor, o comprador que aufira rendimentos, ou quem detenha a propriedade econômica do prédio ou terreno.[266]

## 2 Contribuinte

A CF/88 traça as materialidades do ICMS, tornando-se facilitada a tarefa do legislador ao compor o arquétipo do tributo no que tange aos contribuintes, que deverão ser a) as pessoas que pratiquem operações relativas à circulação de mercadorias; b) prestadores de serviços e transporte interestadual e intermunicipal; c) prestadores de serviço de comunicação; e d) importadores de bens e mercadorias.

O Convênio ICM nº 66/88 considerava como contribuintes (art. 21, parágrafo único) uma gama exaustiva de profissionais e entidades, totalmente discutíveis, como é o caso de cooperativas, instituições financeiras, seguradoras, sociedades civis, órgãos públicos e, principalmente, consumidor final, porquanto este não tem por atividade básica operação mercantil, ou, ainda, prestação de serviços de natureza profissional.

---

[263] ATALIBA, Geraldo. Relação Jurídica tributária e aspecto pessoal que a integra. *Revista de Direito Tributário*, São Paulo, v. 25. p. 185.
[264] SOUSA, Rubens Gomes de. *Compêndio de legislação tributária*. São Paulo: Resenha Tributária, 1975. Edição Póstuma.
[265] XAVIER, Alberto. *Manual de direito fiscal*. Lisboa: Manuais da Faculdade de Direito de Lisboa, 1974. v. 1. p. 353.
[266] FALCÃO, Amílcar de Araujo. *Introdução ao direito tributário*. Rio de Janeiro: Forense, 1976. p. 96-97.

Nestas situações desonerativas, enquadravam-se as *pessoas físicas* que realizavam importações pela circunstância de que a CF/88 cogitava de "mercadorias" (vinculadas a comerciantes e industriais), e "bem destinado a ativo fixo ou consumo do estabelecimento" (vinculado a empresa), não tendo nenhuma pertinência jurídica cogitar-se de norma impositiva recaindo sobre os particulares.

O STJ, entretanto, estabelecera o entendimento seguinte:

> O ICMS incide na importação de aeronave, por pessoa física, para uso próprio. (Súmula nº 155)

> Na importação de veículo próprio por pessoa física, destinado a uso próprio, incide o ICMS. (Súmula nº 198)

Após a consolidação de distinta diretriz do STF ("não incidência do ICMS"), o STJ passou a entender que:

> Torna-se incongruente e incompatível com o sistema jurídico pátrio qualquer pronunciamento em sentido contrário. (RMS nº 11.145-CE – 1ª T. – Rel. Min. José Delgado – j. 25.9.2000 – *DJU* 1-E de 27.11.2000, p. 128-129)

Relativamente às *instituições financeiras*, a CT emitiu o pronunciamento seguinte:

> A atribuição de qualidade do contribuinte está vinculada, antes de mais nada, à prática habitual do fato gerador do imposto; os bancos, enquanto adstritos às operações de ordem financeira, creditícia e afins que lhes são próprias não se personificam como contribuintes do ICMS, ressalvados os casos de importação.
> O estabelecimento bancário que de algum modo incorporar atividades habituais de comércio ou indústria (ainda que restrito à fabricação de bens para uso próprio, como móveis ou equipamentos) deverá inscrever-se como contribuinte do imposto e cumprir as obrigações principal e acessórias que tal condição lhe virá impor.[267]

Peculiar situação examinada pelo TJSP, referente a particular que residia no exterior, por mais de dois anos, e de retorno ao país, traz veículo, mobiliário, roupas e pertences. Considerando que a pessoa física não foi ao exterior como turista nem com a finalidade de adquirir o bem, sendo irrelevante o seu valor, o Tribunal afastou a exigência do ICMS (Ap. Civ. nº 236.229-2 – 18ª C.C. – Rel. Des. Ruiter Oliva – j. 16.8.94 – *JTJ*, v. 164, *Lex*, p. 96/99).

O STF consolidara a jurisprudência seguinte:

> Recurso Extraordinário. Constitucional. Tributário. Pessoa Física. Importação de Bem. Exigência de Pagamento do ICMS por Ocasião do Desembaraço Aduaneiro. Impossibilidade.
> 1. A incidência do ICMS na importação de mercadoria tem como fato gerador operação de natureza mercantil ou assemelhada, sendo inexigível o imposto quando se tratar de bem importado por pessoa física.

---

[267] Consulta nº 620/90, de 26.11.90, *Boletim Tributário*, v. 443, série A, p. 43-48.

2. Princípio da não-cumulatividade do ICMS. Pessoa física. Importação de bem. Impossibilidade de se compensar o que devido em cada operação com o montante cobrado nas anteriores pelo mesmo ou outro Estado ou pelo Distrito Federal. Não sendo comerciante e como tal não estabelecida, a pessoa física não pratica atos que envolvam circulação de mercadoria. (RE nº 203.075 – Pleno – Rel. Min. Carlos Velloso – j. 25.8.98)

A LC nº 87/96 estabelece que "contribuinte é qualquer pessoa, física ou jurídica, que realize, com habitualidade ou em volume que caracterize intuito comercial, operações de circulação de mercadorias [...]" (art. 4º), ressaltando que:

> É também contribuinte a pessoa física ou jurídica que, mesmo sem habitualidade, importe mercadoria do exterior, ainda que as destine a consumo ou ativo permanente do estabelecimento; seja destinatária de serviço prestado no exterior ou cuja prestação se tenha iniciado no exterior; adquirida em licitação de mercadorias apreendidas ou abandonadas; adquira lubrificantes e combustíveis líquidos e gasosos derivados de petróleo oriundos de outro Estado, quando não destinados à comercialização. (Parágrafo único, incs. I a IV)

Considerando que o fornecimento de energia elétrica deixa de ser monopólio governamental, podem ser qualificados como contribuintes todos os participantes dessa atividade, como os concessionários, permissionários e autorizados de serviço público de distribuição, os importadores, bem como o produtor independente (este é especificamente autorizado pela ANEEL, para exploração de central geradora termelétrica e respectivo sistema de transmissão de interesse restrito, com turbo gerador, utilizando como combustível bagaço de cana-de-açúcar, ou gás natural, e alternativamente óleo, diesel e pesado).

A LC nº 102/00 (inserção do inc. IV do §1º do art. 4º da LC nº 87/96) também qualificou como contribuinte o adquirente de energia elétrica, oriunda de outro estado, quando não destinada à comercialização.

A regra em comento não abrangeria importações realizadas por figuras que não se enquadram rigorosamente na bitola de pessoas (física e jurídica), como é o caso de *condomínios*, *espólios* bem como de *sociedades civis*, como julgado pelo STF, a saber:

> Recurso Extraordinário. Constitucional. Tributário. Importação de Bens por Sociedade Civil para Prestação de Serviços Médicos. Exigência de Pagamento do ICMS por Ocasião do Desembaraço Aduaneiro. Impossibilidade.
> 1. A incidência do ICMS na importação de mercadoria tem como fato gerador operação de natureza mercantil ou assemelhada, sendo inexigível o imposto quando se tratar de bem importado por pessoa física.
> 2. Princípio da não-cumulatividade do ICMS. Importação de aparelho de mamografia por sociedade civil, não contribuinte do tributo.
> 3. Impossibilidade de se compensar o que devido em cada operação com o montante cobrado nas anteriores pelo mesmo ou outro Estado ou pelo Distrito Federal. Inexistência de circulação de mercadoria. Não ocorrência da hipótese de incidência do ICMS. Recurso extraordinário não conhecido. (RE nº 185.789-7-SP – Pleno – Rel. p/ o acórdão Min. Maurício Corrêa – j. 3.3.2000 – *DJU* 1-E de 19.5.2000, p. 20)

Os *armazéns gerais*, por não realizarem operações de compra e venda de mercadorias, tendo como única função recebê-las e guardá-las, são neutros em relação à incidência do ICMS, que deve ser imputado ao estabelecimento, que é o que paga o imposto na entrada da mercadoria, mesmo que este esteja localizado em outro estado da Federação (STJ – REsp nº 237.866-SP – 1ª T. – Rel. Min. Francisco Falcão – j. 7.12.2000 – *DJU* 1-E de 16.4.2001, p. 103).

O requisito da "habitualidade" e do "volume" da importação constituem requisitos de difícil aferição, impregnados de considerável dose de subjetividade, que não se compadecem com a rigidez da tipicidade tributária. Por último, a dispensa da "habitualidade", nas operações de importação, configurara tratamento que viola o postulado da isonomia, suscetível de decretação de inconstitucionalidade.

A lei complementar enfocada – em sentido diferente do Convênio ICM nº 66/88 – não relaciona a gama extensa de contribuintes, como normalmente se contém em legislações estaduais com o objetivo de alcançar qualquer um que tenha algum tipo de ligação – ainda que física – com coisas corpóreas e serviços de transporte/comunicação.

A EC nº 33/01 ampliou a incidência do ICMS na importação, ao abranger expressamente a "pessoa física ou jurídica, ainda que não seja contribuinte habitual do imposto".

Assim, deverá ficar prejudicada a postura assumida pelo STF ("não incidência do ICMS nas importações realizadas por pessoas físicas e sociedades civis"), relativamente aos fatos geradores que venham a ser realizados após a edição da legislação ordinária competente, observado o princípio da anterioridade.

Considerando que a LC nº 87/96 (art. 4º, §1º, I) já havia determinado que "é também contribuinte a pessoa física ou jurídica que, mesmo sem habitualidade, importe mercadorias do exterior, ainda que as destine a consumo ou ativo permanente do estabelecimento", não haveria necessidade de edição de outra lei complementar para repetir o novo preceito constitucional (o mesmo se aplicando à lei ordinária). Entretanto, torna-se adequada sua modificação para incluir a expressão "qualquer que seja a sua finalidade", conforme apontado anteriormente (Capítulo I, item 1.15).

Nesse sentido, a LC nº 190/22 passou a dispor (art. 4º, §2º) que "é também contribuinte a pessoa física ou jurídica que, mesmo sem habitualidade ou intuito comercial (inc. I), importe mercadorias ou bens do exterior, qualquer que seja sua finalidade; (inc. III) adquira em licitação mercadorias ou bens apreendidos ou abandonados".

Entendo que ficou prejudicada a Súmula nº 660 do STF, que dispôs o seguinte: "Não incide o ICMS na importação de bens por pessoa física ou jurídica que não seja contribuinte do imposto".

Realmente, a súmula assentou-se em julgados proferidos anteriormente à edição da EC nº 33/01, que claramente passou a considerar como contribuinte "pessoa física ou jurídica, ainda que não seja contribuinte habitual do imposto" (art. 155, IX, "a").

O STF recusou a proposta de alteração da referida súmula, que ficou mantida com a redação originária (Pleno – *DJU* 1 de 28.3.2006, p. 1).

O atual Código Civil (art. 2.045) revogou a Parte Primeira do Código Comercial, ficando superada a definição de *comerciante*, substituída pela de *empresário*, considerado como "quem exerce profissionalmente atividade econômica organizada para a produção ou a circulação de bens ou de serviços" (art. 966), com as características seguintes:

    a) *habitualidade* da atividade exercida, o que implica desqualificar-se como empresário aquele que se dedica esporadicamente à produção ou à circulação de bens e serviços;

b) a *impessoalidade* do empresário em relação à produção e à circulação de bens e serviços; neste ponto, o empresário deve contar com o trabalho de empregados, para justamente diferençar sua atividade daqueles que atuam diretamente na produção e circulação de bens e serviços;

c) o *monopólio da informação*, necessária para o controle dos fatores de produção e circulação de bens e serviços.[268]

Destaco situação peculiar, em que o contribuinte, após ter efetuado o recolhimento de tributo por intermédio de instituição financeira, devidamente autorizada pelo ente tributante, sofre questionamento fiscal sob a alegação de que teria deixado de cumprir obrigação, quando, na verdade, se comprova que houve procedimento fraudulento da financeira (desvio de recursos para terceiros e autenticação falsa em guia de comprovante de recolhimento, por parte dos funcionários desta).

A obrigação do efetivo recolhimento aos cofres públicos deve ser imputada à financeira, na medida em que, além de reconhecer a conduta fraudulenta praticada por seus funcionários, fora instituída na condição de arrecadadora pelo próprio estado, através de instrumento contratual.[269]

A LC nº 190/22 estatuiu o seguinte:

> Art. 4º [...]
> §2º É ainda contribuinte do imposto nas operações ou prestações que destinem mercadorias, bens e serviços a consumidor final domiciliado ou estabelecido em outro Estado, em relação á diferença entre a alíquota interna do Estado de destino e a alíquota interestadual:
> I - o destinatário da mercadoria, bem ou serviço, na hipótese de contribuinte do imposto;
> II - o remetente da mercadoria ou bem ou o prestador de serviço, na hipótese de o destinatário não ser contribuinte do imposto.

## 3 Sujeição passiva indireta

A carga fiscal pode ser exigida de pessoa diversa da que praticou o negócio jurídico, com substrato econômico, estabelecendo critérios norteadores desses procedimentos, para que o aplicador não se depare com um verdadeiro caos tributário, propiciando interpretações diferenciadas e equivocadas qualificações.

A sujeição passiva fora distribuída em quatro posições básicas, das quais a primeira (penso que majoritária) divide os sujeitos passivos em duas grandes categorias: contribuintes (sujeitos passivos por dívida própria) e responsáveis (sujeitos passivos por dívida alheia), subdividindo estes últimos em diversas espécies, entre as quais está a substituição tributária (assim Pugliese, Ataliba, Saccone, Gustavo Ingrosso, De La Garza).[270]

---

[268] COELHO, Fabio de Ulhoa. *Manual de direito comercial*. 14. ed. São Paulo: Saraiva, 2003. p. 8.

[269] MELO, Fabio Soares de. Pagamento de tributo por intermédio de instituição financeira autorizada – Extinção do crédito tributário – Ausência de repasse dos recursos ao ente tributante – Configuração de fraude – Impossibilidade de exigência do adimplemento pelo contribuinte. *In*: PEIXOTO, Marcelo Magalhães; FERNANDES, Edison Carlos (Coord.). *Tributação, justiça e liberdade* – Homenagem a Ives Gandra da Silva Martins. Curitiba: APET e Juruá, 2005. p. 161-172.

[270] VILLEGAS, Hector. *Curso de direito tributário*. São Paulo: RT, 1980. p. 113.

É compreensível que acontecimentos supervenientes ao nascimento da obrigação tributária podem impedir a liquidação do tributo pelo realizador do fato imponível (contribuinte).

A transferência da responsabilidade só deveria ocorrer em situações naturais, em decorrência de exclusiva sucessão (morte, falência, insolvência ou transmissões societárias).

Não vejo com nitidez a possibilidade jurídica de contemplar-se a figura do devedor "solidário" como terceiro, porque, na verdade, sua qualificação é a de um obrigado original (caso de condomínio), posto na situação de contribuinte.

Reputo estranha a exigência do tributo de terceiros, como é o caso das fontes pagadoras, pois acabam impossibilitando, ou mesmo eliminando, qualquer tipo de ação, participação ou ingerência do verdadeiro contribuinte na liquidação do tributo.

A retenção e o recolhimento antecipado pela fonte pagadora podem revelar-se indevidos, no caso de norma (inconstitucional) que obrigue a reter imposto relativamente a operações/serviços, vinculando entidades imunes.

Por isso, acompanho o prudente conselho:

> A lei ordinária que eleger como responsável tributário uma terceira pessoa sem que haja esse vínculo, rigorosamente interpretado *pro lege,* estaria sujeita à impugnação por inconstitucionalidade, pois a sujeição passiva indireta depende de norma legal expressa e válida, isto é, de lei que não extravase os limites demarcados pela lei complementar.[271]

Não creio que o princípio da capacidade contributiva (ou econômica, como se prefere) – imanente e adstrito ao realizador do fato imponível – compreenda e permita a distribuição de cargas tributárias estranhas ao fato imponível.

Destaca-se o seguinte:

> [...] b) para definir a liberdade que poderia ser outorgada ao legislador para construir a sujeição passiva tributária, é imprescindível investigar o princípio da capacidade contributiva;
> c) o princípio da capacidade contributiva, relativamente às determinações subjetivas e objetivas, impõe que o mandamento seja coerente e proporcionado com a hipótese de incidência. Nem é viável uma base imponível incompatível com a materialidade da hipótese, nem é admissível uma desvinculação entre o sujeito passivo tributário e o sujeito passivo envolvido na situação descrita na hipótese de incidência; [...]
> d) será inconstitucional qualquer disposição que pretenda atribuir a condição de contribuinte a quem não seja o "destinatário constitucional tributário", ou seja, a pessoa envolvida na situação signo-presuntiva de riqueza inserida na materialidade da hipótese de incidência tributária, por escolha da própria Constituição Federal.[272]

A LC nº 87/96 estabelece que "a lei poderá atribuir a terceiros a responsabilidade pelo pagamento do imposto e acréscimos devidos pelo contribuinte ou responsável, quando os atos ou omissões daqueles concorrerem para o não recolhimento do tributo" (art. 5º).

---

[271] TILBERY, Henry. *Direito tributário atual.* São Paulo: IBDT e Resenha Tributária, [s.d.]. v. 10. p. 127.
[272] JUSTEN FILHO, Marçal. *Sujeição passiva tributária.* São Paulo: Cejup, 1986. p. 344-355.

## 3.1 Transferência

Clássica postura adotada por um dos autores do Código Tributário Nacional[273] trata da sujeição passiva por substituição e por transferência (solidariedade, sucessão e responsabilidade), conforme se contém dos ensinamentos seguintes.

*Transferência:* ocorre quando a obrigação tributária, depois de ter surgido contra pessoa determinada (que seria o *sujeito* passivo direto), *em virtude de um fato posterior*, entretanto, transfere-se para pessoa diferente (que será o sujeito passivo indireto). As hipóteses de transferência, como dissemos, são três, a saber:
   a) *solidariedade:* é a hipótese em que duas ou mais pessoas sejam simultaneamente obrigadas pela mesma obrigação. No caso de condomínio (imóvel com mais de um proprietário), o município pode cobrar o imposto predial de qualquer dos proprietários, à sua escolha;
   b) *sucessão:* é a hipótese em que a obrigação se transfere para outro devedor em virtude do *desaparecimento* do devedor original; esse desaparecimento pode ser por morte do primeiro devedor (a obrigação se transfere aos herdeiros), ou por venda do imóvel ou do estabelecimento tributado (a obrigação se transfere ao comprador);
   c) *responsabilidade:* é a hipótese em que a lei tributária responsabiliza outra pessoa pelo pagamento do tributo, *quando não seja pago pelo sujeito passivo direto*. No imposto de *Sisa* (transmissão de propriedade *inter vivos*), o tabelião é responsável pelo imposto se não providenciar a sua cobrança no ato de passar a escritura.

Transportando referidos conceitos para o âmbito do ICMS, pode-se entender o seguinte:
   a) *solidariedade:* o transportador é solidário em relação à mercadoria negociada durante o transporte, à mercadoria aceita para despacho ou transporte sem documento, e àquela entregue a destinatário diverso do indicado no documento;
   b) *sucessão:* na incorporação, a incorporadora assume o imposto devido pela pessoa jurídica incorporada;
   c) *responsabilidade:* o depositário se sujeita ao tributo referente às mercadorias depositadas sem nota fiscal.

Relativamente à atribuição de responsabilidade do alienante de mercadorias em decorrência de posterior inidoneidade da empresa adquirente, o STJ posicionou-se da forma seguinte:

Tributário. Recurso Especial. Venda de Gado. Empresa Adquirente. Transação Comercial. Declaração Posterior de Inidoneidade. Boa-fé do Alienante.
1. A responsabilidade de fiscalização de idoneidade dos contribuintes é atribuída ao Fisco, competindo ao alienante, no momento da celebração do negócio jurídico, exigir a documentação pertinente à assunção de regularidade da adquirente e, posteriormente ao perfazimento da transação comercial, cumprir o objeto da obrigação. (Precedentes: REsp 302.897/SP, 2ª Turma, Rel. Min. Castro Meira, DJ 20/02/2006; REsp 122.553/SP,

---
[273] SOUSA, Rubens Gomes de. *Compêndio de legislação tributária*. São Paulo: Resenha Tributária, 1975. Edição Póstuma. p. 92-93.

2ª Turma, Rel. Min. João Otávio Noronha, DJ 21/03/2005; REsp 183.644/SP, 1ª Turma, Rel. Min. Milton Luiz Pereira, DJ 11/03/2002).

2. Consectariamente, realizada a compra e venda de bovinos, cumpre ao vendedor, depois de exigida e apresentada a documentação necessária, emitida a respectiva nota fiscal e recebido o preço, apenas respeitar a avença e remeter a mercadoria, não lhe cabendo questionar acerca do destino conferido ao produto alienado, restando inaplicável à espécie o art. 136, do CTN, que pressupõe objetivamente a *prática pessoal de infração tributária*, o que não se confunde com responsabilidade tributária na forma de sucessão ou substituição. (REsp nº 796.992-SP – 1ª T. – Rel. Min. Luiz Fux – j. 1.3.2007 – *DJU* 1 de 15.3.2007, p. 275)

Entretanto, nas operações interestaduais de venda de mercadorias, realizadas sob a cláusula FOB, o STJ atribuiu responsabilidade tributária ao alienante, a saber:

Tributário. ICMS. Operação Interestadual. Descaracterização. Cláusula FOB.
A cláusula FOB opera entre as partes, exonerando o vendedor da responsabilidade pela entrega da mercadoria ao destinatário, nada valendo perante o Fisco (CTN, art. 123), que só homologa o pagamento do ICMS pela alíquota interestadual se a mercadoria for entregue no estabelecimento do destinatário em outra unidade da operação; não é a nota fiscal que define uma operação como *interestadual*, mas a transferência *física* da mercadoria de um Estado para outro. Recurso especial conhecido e provido. (REsp nº 37.033-SP – 2ª T. – Rel. designado Min. Ari Pargendler – j. 6.8.98 – *DJU* 1 de 31.8.98)

Essa postura é mantida (STJ – REsp nº 886.695-MG – 2ª T. – Rel. Min. Humberto Martins – j. 6.12.2007 – *DJU* 1 de 14.12.2007) e complementada pelos argumentos de que o valor do frete integra a base de cálculo do ICMS, nos termos do art. 8º, II, "b", da LC nº 87/96 (precedente AgRg no Ag nº 863.435-SP), e que as convenções particulares, que de qualquer forma transfiram a responsabilidade pelo pagamento do tributo, não podem ser opostas à Fazenda Pública (art. 123 do CTN).

As *operadoras de telefonia local* não respondem pelo ICMS-comunicação incidente sobre as chamadas não efetivadas, na medida em que não praticam o respectivo fato gerador. Assim, o fato de elas serem responsáveis pela disponibilização de suas redes, faturamento e cobrança não as torna contribuintes ou responsáveis pelo recolhimento do tributo incidente sobre as chamadas internacionais que foram efetivamente prestadas por outra empresa (STJ – AgRg no REsp nº 1.157.106-MT – 1ª T. – Rel. Min. Benedito Gonçalves – j. 2.8.2011 – *DJe*, de 5.8.2011).

Na prestação de serviço de *roaming* (interconexão de redes das operadoras brasileiras de serviço móvel celular com as redes das operadoras estrangeiras), a respectiva sujeição passiva fora examinada pelo Judiciário na forma seguinte:

Apreciando casos semelhantes envolvendo chamadas realizadas pelas então operadoras exclusivas de longa distância (Embratel e Intelig), o STJ decidiu que as operadoras de telefonia não respondem pelo ICMS-Comunicação incidente sobre as chamadas por elas não efetivadas, na medida em que não praticam o respectivo fato gerador.
Assim, o fato de elas serem responsáveis pelo faturamento e cobrança não as tornam contribuintes ou responsáveis pelo recolhimento do tributo incidente sobre chamadas que foram efetivamente prestadas por outra empresa. Precedentes: AgRg no REsp 1.157.106/MT, Rel. Min. Benedito Gonçalves, Primeira Turma, DJe 5/8/2011; REsp 996.752/RJ, Rel. Ministro Luiz Fux, Primeira Turma, DJe 19/02/2009; REsp 589.631/MG, Rel. Min. Castro Meira, Segunda Turma, DJ 27/02/2007.

Esse mesmo entendimento, *mutatis mutandi*, tem aplicação no caso concreto, na medida em que o fato de a empresa contratada pelo usuário ser a responsável pelo faturamento e recebimento do serviço prestado não a torna contribuinte ou responsável do tributo. Tal obrigação tributária, portanto, deve recair sobre a empresa que efetivamente viabilizou a chamada telefônica, que, nas operações denominadas *roaming*, é a operadora com cobertura na área de onde partiu a ligação pelo usuário do sistema. (REsp nº 1.202.437-MT – 1ª T. – Rel. Min. Benedito Gonçalves – j. 8.11.2011 – *DJe* de 23.11.2011)

### 3.1.1 Responsabilidades singulares

A legislação ordinária (como é o caso do RICMS/SP – Decreto nº 45.490/00, art. 11) dispõe, entre outras situações, que são responsáveis pelo pagamento do imposto devido:

I - o *armazém geral* ou o *depositário* a qualquer título:

a) na saída de mercadoria depositada por contribuinte de outro Estado;

b) na transmissão de propriedade de mercadoria depositada por contribuinte de outro Estado;

c) solidariamente, no recebimento ou na saída de mercadoria sem documentação fiscal;

II - o transportador:

a) em relação à mercadoria proveniente de outro Estado para entrega a destinatário incerto em território paulista;

b) solidariamente, em relação à mercadoria negociada durante o transporte;

c) solidariamente, em relação à mercadoria aceita para despacho ou transporte sem documentação fiscal;

d) solidariamente, em relação à mercadoria entregue a destinatário diverso do indicado na documentação fiscal;

III - o *arrematante*, em relação à saída de mercadoria objeto de arrematação judicial;

IV - o *leiloeiro*, em relação à saída de mercadoria objeto de alienação em leilão;

V - solidariamente, o *contribuinte* que promover a saída de mercadoria sem documentação fiscal, *relativamente às operações subsequentes*;

VI - solidariamente, *aquele que não efetivar a exportação* de mercadoria ou de serviço recebidos para esse fim, ainda que em decorrência de perda ou reintrodução no mercado interno;

VII - solidariamente, *as empresas concessionárias ou permissionários de portos e aeroportos* alfandegados, e de recintos alfandegados de zona primária e de zona secundária, definidos pela legislação federal, ou outro *depositário* a qualquer título ou *outra pessoa* que promova:

a) a remessa de mercadoria para o exterior sem documentação fiscal;

b) a entrega ou remessa de mercadoria ou bem originários do exterior com destino ao mercado interno sem a apresentação da documentação fiscal, do comprovante de recolhimento do imposto ou de outro documento exigido pela legislação;

c) a entrega ou remessa de mercadoria ou bem originários do exterior sem a correspondente autorização do órgão responsável pelo desembaraço;

d) a entrega ou remessa de mercadoria ou bem originários do exterior com destino a estabelecimento ou pessoa diversos daqueles que os tiverem importado, arrematado ou adquirido em licitação promovida pelo Poder Público;

VIII - solidariamente, a pessoa que realizar intermediação de serviço:

a) com destino ao exterior sem a correspondente documentação fiscal;

b) iniciado ou prestado no exterior sem a correspondente documentação fiscal ou que vier a ser destinado a pessoa diversa daquela que o tiver contratado;

IX - solidariamente o *representante, mandatário, comissário ou gestor de negócios*, em relação a operação ou prestação feitas por seu intermédio;

X - *a pessoa que, tendo recebido mercadoria ou serviços beneficiados com isenção ou não-incidência* sob determinados requisitos, não lhes der a correta destinação ou desvirtuar suas finalidades;

XI - solidariamente, *as pessoas que tiverem interesse comum* na situação que tiver dado origem à obrigação principal;

XII - solidariamente, todo aquele que efetivamente concorrer para a sonegação do imposto;

XIII - *destinatário paulista* de mercadoria ou bem importados do exterior por importador de outro Estado ou do Distrito Federal e entrados fisicamente neste Estado, pelo imposto incidente no desembaraço aduaneiro e em operação subseqüente da qual decorrer a aquisição de mercadoria ou bem, salvo no caso do importador efetuar o pagamento, a São Paulo, dos impostos referidos.

§1º Presume-se ter interesse comum, para efeito do disposto no inciso XI, o adquirente da mercadoria ou o tomador do serviço, em operação ou prestação realizadas sem documentação fiscal.

XIV - solidariamente, as pessoas prestadoras de serviços de intermediação comercial em ambiente virtual, com utilização de tecnologias de informação, inclusive por meio de leilões eletrônicos em relação às operações ou prestações sobre as quais tenham deixado de prestar informações solicitadas pelo fisco;

XV - solidariamente as pessoas prestadoras de serviços de tecnologia de informação, tendo por objeto o gerenciamento e controle de operações comerciais realizadas em ambiente virtual, inclusive dos respectivos meios de pagamento, em relação às operações ou prestações sobre as quais tenham deixado de prestar informações solicitadas pelo Fisco;

XVI - solidariamente, as pessoas prestadoras de serviços de intermediação comercial de operações que envolvam remetentes de mercadorias em situação cadastral irregular perante a Secretaria da Fazenda.

Estabelece que são também *responsáveis:*

I - solidariamente a pessoa natural ou jurídica, pelo débito fiscal do alienante, quando adquirir fundo de comércio ou estabelecimento comercial, industrial ou profissional, na hipótese de o alienante cessar a exploração do comércio, indústria ou atividade;

II - solidariamente, a pessoa natural ou jurídica, pelo débito fiscal do alienante, até a data do ato, quando adquirir fundo de comércio ou estabelecimento comercial, industrial ou profissional e continuar a respectiva exploração, sob a mesma ou outra denominação ou razão social ou, ainda, sob firma ou nome individual, na hipótese de o alienante prosseguir na exploração ou iniciar, dentro de 6 (seis) meses, a contar da data da alienação, nova atividade no mesmo ou em outro ramo de comércio, indústria ou profissão;

III - *a pessoa jurídica que resultar de fusão, transformação ou incorporação*, pelo débito fiscal da pessoa jurídica fusionada, transformada ou incorporada;

IV - solidariamente *a pessoa jurídica que tiver absorvido patrimônio de outra em razão de cisão*, total ou parcial, pelo débito fiscal da pessoa jurídica cindida, até a data do ato;

V - *o espólio*, pelo débito fiscal do "de cujus", até a data da abertura da sucessão;

VI - *o sócio remanescente ou seu espólio*, pelo débito fiscal da pessoa jurídica extinta, quando continuar a respectiva atividade, sob a mesma ou outra razão ou sob firma individual;

VII - solidariamente, *o sócio*, no caso de liquidação de sociedade de pessoas, pelo débito fiscal da sociedade;

VIII - solidariamente, *o tutor ou o curador*, pelo débito fiscal de seu tutelado ou curatelado.

IX - solidariamente todo aquele que tiver fabricado, fornecido, instalado, cedido, alterado ou prestado serviço de manutenção e equipamentos ou dispositivos eletrônicos de controle fiscal, bem como as respectivas partes e peças, capacitando-os a fraudar o registro de operações ou prestações pelo débito fiscal decorrente de sua utilização pelo contribuinte;

X - solidariamente a pessoa natural, na condição de sócio ou administrador, de fato ou de direito, de pessoa jurídica, pelo débito fiscal desta última quando:

a) tiver praticado ato com excesso de poder ou infração de contrato social ou estatuto;

b) tiver praticado ato ou negócio, em infração à lei, com a finalidade de dissimular a ocorrência do fato gerador do tributo ou a natureza dos elementos constitutivos da obrigação tributária, especialmente nas hipóteses de interposição fraudulenta de sociedade ou de pessoas e de estruturação fraudulenta de operações mercantis, financeiras ou de serviços;

c) tiver praticado ato com abuso da personalidade jurídica, caracterizado pelo desvio de finalidade ou confusão patrimonial;

d) o estabelecimento da pessoa jurídica tiver sido irregularmente encerrado ou desativado;

e) tiver concorrido para a inadimplência fraudulenta da pessoa jurídica, decorrente da contabilização irregular de bens, direitos ou valores ou da transferência destes para as empresas coligadas, controladas, sócios ou interpostas pessoas;

f) em descumprimento a notificação, tiver deixado de identificar ou identificado incorretamente os controladores ou beneficiários de empresas de investimento sediadas no exterior, que figurem no quadro societário ou acionário de pessoa jurídica em que tenham sido constatados indícios da prática de ilícitos fiscais;

g) tiver promovido a ocultação ou alienação de bem e direitos da pessoa jurídica, com o propósito de obstar ou dificultar a cobrança de crédito tributário;

h) tiver contribuído para a pessoa jurídica incorrer em práticas lesivas ao equilíbrio concorrencial, em razão do descumprimento da obrigação principal, ou o aproveitamento de crédito fiscal indevido;

XIII - solidariamente, a pessoa natural ou jurídica que tiver participado, de modo ativo, de organização ou associação constituída para a prática de fraude fiscal estruturada, realizada em proveito de terceiras empresas, beneficiárias de esquemas de evasão de tributos, pelos respectivos débitos fiscais.

A *solidariedade* consiste na possibilidade de ser exigido o tributo de mais de uma pessoa vinculada às operações mercantis, e às prestações de serviços de transporte (interestadual e intermunicipal) e de comunicação. Embora o devedor natural do tributo seja o contribuinte (comerciante, prestador de serviço etc.), em face de sua vinculação pessoal e direta com a materialidade do tributo, podem existir outras pessoas a ele vinculadas, e que tenham interesse no respectivo ônus.

Há que se considerar que:

salvo disposição de lei em contrário, são os seguintes os efeitos da solidariedade: I) o pagamento efetuado por um dos obrigados aproveita aos demais; II) a isenção ou remissão do crédito exonera todos os obrigados, salvo se outorgada pessoalmente a um deles, subsistindo, nesse caso, a solidariedade quanto aos demais pelo saldo; III) a interrupção da prescrição, em favor ou contra um dos obrigados, favorece ou prejudica aos demais. (Art. 125 do CTN)

### 3.1.2 Responsabilidade de terceiros

A *responsabilidade de terceiros* considera a impossibilidade de exigência do cumprimento da obrigação pelo contribuinte. Primeiro, há que ser exaurida a viabilidade de concretizar-se a exigibilidade do contribuinte, e somente após tal providência revelar-se impraticável é que, em caráter subsidiário, se compeliria o terceiro à liquidação tributária.

O Código Civil estabelece que se os bens da sociedade não lhe cobrirem as dívidas, respondem os sócios pelo saldo, na proporção em que participem das perdas sociais, salvo cláusula de responsabilidade solidária (art. 1.023). Também preceitua que os bens particulares dos sócios não podem ser executados por dívidas da sociedade, senão depois de executados os bens sociais (art. 1.024). Os administradores respondem solidariamente perante a sociedade e os terceiros prejudicados, por culpa no desempenho de suas funções (art. 1.016).

### 3.1.3 Responsabilidade pessoal

A responsabilidade pelos créditos correspondentes às obrigações tributárias, resultantes de atos praticados com excesso de poderes ou infração de lei, contrato social ou estatutos (art. 135 do CTN), é prevista para: I) pais, tutores, curadores, administradores de bens de terceiros, inventariante, síndico, comissário, tabeliães, escrivães, sócios na sociedade de pessoas; II) os mandatários, prepostos e empregados; e III) os diretores, gerentes ou representantes da pessoa jurídica.

Configura-se a existência de uma teoria da superação da personalidade jurídica, que se positiva nos casos de abuso de direito, em que os sócios, mediante atuação dolosa, cometem fraude a credores e manifesta violação a prescrições legais.

É evidente que não basta o mero descumprimento de uma obrigação tributária, ou mero inadimplemento de um dever de natureza documental, até mesmo compreensível devido às gestões e dificuldades empresariais. Só se deve ignorar a personalidade jurídica para o fim de ser responsabilizado patrimonialmente o verdadeiro autor da fraude, tornando-se necessária a transposição da pessoa jurídica para esse instituto.

É compreensível que o princípio da personalidade jurídica da empresa não pode servir para fins contrários ao direito, de modo a consagrar-se a simulação, o abuso do direito. A teoria em causa não tem por irredutível escopo desconstituir a figura societária, no que concerne às pessoas que a integram mediante a declaração de ineficácia para efeitos determinados e precisos.

O STJ firmara diretrizes relativas às peculiares situações societárias:

*Descabimento de responsabilidade.*

1) O inadimplemento de obrigação tributária pela sociedade não gera, por si só, a responsabilidade do sócio-gerente (Súmula nº 430).

2) Inexistência de bens penhoráveis no patrimônio da devedora (sociedade por quotas de responsabilidade limitada). Não configura, por si só, nem em tese, situação que acarreta a responsabilidade subsidiária dos representantes da sociedade (REsp nº 831.380-SP – 1ª T. – Rel. Min. Teori Albino Zavascki – j. 20.6.2006 – *DJU* 1 de 30.6.2006, p. 192).

3) Sócio-quotista que não tem poderes de administração, e não participa da gestão da empresa. Não se pode atribuir responsabilidade substitutiva, e nem solidariedade, não podendo ter a execução redirecionada para si (REsp nº 238.668-MG – 2ª T. – Rel. Min. Francisco Peçanha Martins – j. 12.3.2002 – *DJU* 1 de 13.5.2002, p. 186; REsp nº 751.858-SC – 1ª T. – Rel. Min. Teori Albino Zavascki – j. 4.8.2005 – *DJU* 1 de 22.8.2005, p. 159; AgRg no REsp nº 641.831-PE – 1ª T. – Rel. Min. Francisco Falcão – j. 2.12.2004 – *DJU* 1 de 28.2.2005, p. 229).

4) O redirecionamento da execução fiscal, quando fundado na dissolução irregular da pessoa jurídica executada ou na presunção de sua ocorrência, não pode ser autorizado contra o sócio ou terceiro não sócio que, embora exercesse poderes de gerência ao tempo

do fato gerador, sem incorrer em prática de atos com excesso de poderes ou infração à lei, ao contrato social ou aos estatutos, dela regularmente se retirou e não deu causa à sua posterior dissolução irregular, conforme art. 135, III, do CTN (Tema Repetitivo 962, REsp 1377019/SP, 1776138/RJ, 1787156/RS – em 1.02.2021).

*Cabimento de responsabilidade*

1) Dissolução irregular da sociedade. Enseja o redirecionamento da execução fiscal contra os sócios-gerentes, independentemente de restar caracterizada a existência de culpa ou dolo, nos termos do art. 135, III, do CTN (AgRg no REsp nº 831.664-RS – 1ª T. – Rel. Min. Francisco Falcão – j. 7.11.2006 – *DJU* 1 de 14.12.2006, p. 291).

2) Presume-se dissolvida irregularmente a empresa que deixar de funcionar no seu domicílio fiscal, sem comunicação aos órgãos competentes, legitimando o redirecionamento da execução fiscal para o sócio-gerente. (Súmula nº 435 do STJ).

3) Redirecionamento, na hipótese de dissolução irregular da sociedade, pressupõe a permanência do sócio na administração da empresa ao tempo da ocorrência da dissolução (EAg nº 1.105.993/RJ, 1ª Seção, Rel. Min. Hamilton Carvahido, *DJe* de 1.2.2011).

4) Possível o redirecionamento da execução fiscal de maneira a atingir o sócio-gerente da empresa executada, desde que o seu nome conste da CDA, a quem cabe para se eximir da responsabilidade tributária, o ônus da prova de que não se caracterizou nenhuma das circunstâncias previstas no art. 135 do Código Tributário Nacional. Havendo sucessão, nos termos do art. 133, I, do CTN, fica o cessionário responsável integralmente pelas dívidas da sociedade, devendo ser excluído da CDA o nome do sócio-gerente que se retirou da sociedade (Tema Repetitivo 962 – REsp nº 1.104.900/ES, 1ª Seção, Rel. Min. Denise Arruda, *DJe* de 1.4.2009).

5) O redirecionamento da execução fiscal contra os sócios da empresa executada, motivado pela dissolução irregular a sociedade, justifica-se apenas em relação àqueles que nela permaneceram até o seu encerramento (REsp nº 1.429.281/SC, 1ª Turma, Rel. Min. Ari Pargendler, *DJe* de 19.3.2014).

6) A desconsideração da personalidade jurídica, com a consequente invasão no patrimônio dos sócios para fins de satisfação de débitos da empresa, é medida de caráter excepcional, admitida somente nas hipóteses expressamente previstas no art. 135 do CTN ou nos casos de dissolução irregular da empresa, que nada mais é que a infração à lei (Edcl nos Edcl no AgRg no Agravo em Recurso Especial nº 392.575/PE, 2ª Turma, Rel. Min. Humberto Martins, j. em 14.10.2014, *DJe* de 24.10.2014).

7) Somente se admite o redirecionamento do executivo fiscal contra o espólio quando o falecimento do contribuinte ocorrer depois de ele ter sido devidamente citado nos autos da execução fiscal (AgRg no Agravo em Recurso Especial nº 522.268/RJ, 1ª Turma, rel Min. Napoleão Nunes Maia Filho, j. em 2.10.2014, *Dje* de 17.10.2014).

8) São distintas as causas que dão ensejo à responsabilidade tributária e à definição do polo passivo da demanda: (a) no caso da pessoa jurídica, a responsabilidade decorre da concretização no mundo material, dos elementos integralmente previstos em abstrato na norma que define a hipótese de incidência do tributo; (b) em relação ao sócio-gerente, o "fato gerador" de sua responsabilidade não é o simples inadimplemento da obrigação tributária, mas a dissolução irregular relativa a ato ilícito (Resp n167 1.455.490/PR, 2ª Turma, Rel. Min. Herman Benjamin, j. em 26.8.2014, *Dje* de 25.9.2014).

9) Na hipótese de sucessão empresarial, a responsabilidade da sucessora abrange não apenas os tributos devidos pela sucedida, mas também as multas moratórias ou punitivas referentes a fatos geradores ocorridos até a data da sucessão (Súmula nº 554).

10) À luz do art. 135, III, do CTN, o pedido de redirecionamento da Execução Fiscal, quando fundado na hipótese de dissolução irregular da sociedade empresária executada ou de presunção de sua ocorrência (Súmula 435/STJ), pode ser autorizado contra: (i) o sócio com poderes de administração da sociedade, na data em que configurada a sua

dissolução irregular ou a presunção de sua ocorrência (Súmula 435/STJ), e que, concomitantemente, tenha exercido poderes de gerência, na data em que ocorrido o fato gerador da obrigação tributária não adimplida; ou (ii) o sócio com poderes de administração da sociedade, na data em que configurada a sua dissolução irregular ou a presunção de sua ocorrência (Súmula 435/STJ), ainda que não tenha exercido poderes de gerência, na data em que ocorrido o fato gerador do tributo não adimplido. (Tema Repetitivo nº 981 – REsp nº 1.645.333/SP, 1.643.944/SP, 1.645.281/SP – em 18.10.2021)

Não pode ser imputada referida responsabilidade no caso de a insuficiência de pagamento ter ocorrido em período em que se encontrava ausente da sociedade (viagem, doença etc.), ou mesmo não tendo nenhuma relação com os fatos tributários (exercício de atividades industriais, sem atuação na gestão tributária); ou, como sócio-cotista, não ter exercido função de gerência, ou administração da empresa.

Os limites da responsabilidade dos sócios e administradores foram fixados pelo STJ, de conformidade com os parâmetros seguintes:

> Tributário e Processual Civil. Agravo Regimental. Execução Fiscal. Responsabilidade de Sócio-gerente. Limites. Art. 135, III, do CTN. Uniformização da Matéria pela 1ª Seção desta Corte. Precedentes. [...]
>
> 2. Os bens do sócio de uma pessoa jurídica comercial não respondem, em caráter solidário, por dívidas fiscais assumidas pela sociedade. A responsabilidade tributária imposta por sócio-gerente, administrador, diretor ou equivalente só se caracteriza quando há dissolução irregular da sociedade ou se comprova infração à lei praticada pelo dirigente.
>
> 3. Em qualquer espécie de sociedade comercial, é o patrimônio social que responde sempre e integralmente pelas dívidas sociais. Os diretores não respondem pessoalmente pelas obrigações contraídas em nome da sociedade, mas respondem para com esta e para com terceiros solidária e ilimitadamente pelo excesso de mandato, e pelos atos praticados com violação do estatuto ou lei (art. 158, I e II, da Lei nº 6.404/76).
>
> 4. De acordo com o nosso ordenamento jurídico-tributário, os sócios (diretores, gerentes ou representantes a pessoa jurídica) são responsáveis, por substituição, pelos créditos correspondentes a obrigações tributárias resultantes da prática de ato ou fato eivado de excesso de poderes ou com infração de lei, contrato social ou estatutos (art. 135, III, do CTN).
>
> 5. O simples inadimplemento não caracteriza infração legal. Inexistindo prova de que se tenha agido com excesso de poderes, ou infração de contrato social ou estatutos, não há falar-se em responsabilidade tributária do ex-sócio a esse título ou a título de infração legal. Inexistência de responsabilidade tributária do ex-sócio. Precedentes desta Corte Superior.
>
> 6. Matéria que teve sua uniformização efetuada pela egrégia 1ª Seção desta Corte nos EREsp nº 260.107/RS, j. 10/03/2004, unânime, *DJ* de 19/04/2004. (AgRg no REsp nº 637.247-AL – 1ª T. – Rel. Min. José Delgado – j. 21.10.2004 – *DJU* 1 de 13.12.2004, p. 241)

Há que se considerar que a exigência do crédito tributário das pessoas físicas não deveria, simplesmente, decorrer do redirecionamento da execução fiscal. Seria indispensável que o executado constasse do termo de inscrição da dívida (art. 202, I, do CTN; e art. 2º, §5º, I, da Lei federal nº 6.830, de 22.9.80). E, para tanto, ainda, seria necessário que o lançamento (auto de infração etc.) também fosse promovido face a tais pessoas físicas, mediante a prova de sua participação no ilícito tributário, conferindo-lhe o direito de defesa.

### 3.1.4 Grupo econômico

Empresas pertencentes aos mesmos titulares (pessoas naturais ou jurídicas) podem realizar atividades diversificadas, para melhor otimização de seus objetivos societários (fornecimento de bens, serviços, obtenção de lucros), sob orientação central, mediante a utilização (ordenada e sincronizada) de imóveis, máquinas e atividades administrativas.

Os conglomerados empresariais podem ser vislumbrados nos negócios em que distintas sociedades realizam atividades coordenadas, como é o caso de empresa fabricante de componentes de equipamentos que mantém associação (mesmo informal) com comerciantes e prestadores de serviços, tendo por finalidade concluir o fornecimento de bens e atender adequadamente ao mercado consumidor.

Pode tratar-se de complexa atividade relativa a elevadores, em que se concretizam diversas operações: (i) projeto elaborado sob encomenda para a construtora; (ii) fabricação de componentes; (iii) transporte dos materiais para o canteiro de obras; (iv) montagem com a conclusão da fabricação do elevador; e (v) supervisão de montagem.

As empresas abrangidas pelos aludidos negócios coordenam suas atividades, colimando a diminuição de ônus (administrativos, financeiros, fiscais), mediante a utilização de bens disponíveis (ausência de ociosidade), que também podem acarretar ofertas de preços mais atraentes no ciclo econômico (fornecedores, distribuidores etc.), pautando-se pelo princípio da autonomia da vontade empresarial, que constitui diretriz da atividade econômica.

O *grupo econômico* pode ser constituído mediante formalismo jurídico, consoante previsto na Lei federal nº 6.404, de 15.12.76 (legislação das sociedades anônimas):

> Art. 265. A sociedade controladora e suas controladas podem constituir, nos termos deste Capítulo, grupo de sociedades, mediante convenção pela qual se obriguem a combinar recursos ou esforços para a realização dos respectivos objetos, ou a participação de atividades dos empreendimentos comuns.

"Controlada" é (I) a sociedade de cujo capital outra sociedade possua a maioria de voto nas deliberações dos quotistas ou da assembleia-geral e o poder de eleger a maioria dos administradores; (II) a sociedade cujo controle, referido no inciso antecedente, esteja em poder de outra, mediante ações ou quotas possuídas por sociedade ou sociedades por estas já controladas (Código Civil, art. 1.098).

As relações entre as sociedades, a estrutura administrativa do grupo e a coordenação ou subordinação dos administradores das sociedades filiadas serão estabelecidas na convenção do grupo, mas cada sociedade conservará personalidade e patrimônios distintos; sendo o grupo constituído por convenção aprovada pelas sociedades que o componham, mediante específicos requisitos; e com validade a partir da data do arquivamento no Registro do Comércio (Lei federal nº 6.404/1976, arts. 266, 269 e 271).

Entende-se que:

> o legislador ordinário não pode criar hipótese de responsabilidade tributária e bem assim de responsabilidade tributária do tipo solidária, em circunstância distinta daquela prevista no art. 128 do Código Tributário Nacional e bem assim em dissonância com princípios e

regras constitucionais, como também não pode considerar genericamente que o só fato de integrar *grupo econômico* caracteriza situação em que as respectivas pessoas jurídicas tenham interesse direto no fato gerador.²⁷⁴

Significativa a postura do STF:

> O preceito do art. 124, II, no sentido de que são solidariamente obrigadas as pessoas expressamente designadas por lei, não autoriza o legislador a criar novos casos de responsabilidade tributária sem a observância dos requisitos exigidos pelo art. 128 do CTN, tampouco a desconsiderar as regras matrizes de responsabilidade de terceiros, estabelecidas em caráter geral pelos arts. 134 e 135 do mesmo diploma. A previsão legal de solidariedade entre devedores – de modo que o pagamento efetuado por um aproveite aos demais, que a interrupção da prescrição em favor ou contra um dos obrigados, também tenham efeitos comuns e que a isenção ou remissão de crédito exonere todos os obrigados quando não seja pessoal (art. 125, do CTN) – pressupõe que a própria condição de devedor tenha sido estabelecida validamente. (Repercussão Geral no RE nº 562.276 – Pleno – Rel. Min. Ellen Gracie – *DJ* de 9.2.2011)

A administração fazendária não tem competência para alargar as hipóteses de responsabilidade tributária previstas no CTN, muito menos adotar o conceito de "grupo econômico" delineado na CLT (art. 2º, §2º), por constituir matéria reservada à lei complementar.

Embora o conceito de grupo econômico seja objeto de distintas considerações normativas – para efeitos trabalhistas, previdenciários etc. –, no que concerne à imputação da responsabilidade tributária, há que ser obedecido o tratamento jurídico disposto em lei complementar (CTN), para que não se positive manifesta inconstitucionalidade de regras administrativas.

O STJ apreciara situação específica relativa aos grupos econômicos, na forma seguinte:

> Alienação de Imóvel. Desconsideração da Pessoa Jurídica. Grupo de Sociedades com Estrutura Meramente Formal. Precedente.
> [...] 3. A desconsideração da pessoa jurídica, mesmo no caso de grupos econômicos, deve ser reconhecida em situações excepcionais, onde se visualiza a confusão de patrimônio, fraude aos credores. No caso *sub judice*, impedir a desconsideração da personalidade jurídica da agravante implicaria em impossível fraude contra credores. Separação societária, de índole apenas formal, legitima a irradiação dos efeitos ao patrimônio da agravante com vistas a garantir a execução fiscal da empresa que se encontra sob o controle de mesmo grupo econômico [...]. (REsp nº 767.021/RJ – 1ª T. – Rel. Min. José Delgado – j. 16.8.05, *DJ* 12.9.05, p. 258)

---

²⁷⁴ GRUPENMACHER, Betina Treiger. Responsabilidade tributária de grupos econômicos. *In*: QUEIROZ, Mary Elbe; BENÍCIO, Benedicto Celso (Coord.). *Responsabilidade de sócios e administradores nas autuações fiscais*. Focofiscal: São Paulo, 2014. p. 59.

### 3.1.5 Incidente processual de desconsideração da personalidade jurídica

O Código de Processo Civil (Lei federal nº 13.105, de 16.3.2015), com vigência a partir de 17.3.2016, dispôs que "são sujeitos à execução os bens do responsável, nos casos de desconsideração da personalidade jurídica" (art. 790, VII), que será instaurado a pedido da parte, ou do Ministério Público, quando lhe couber intervir no processo, e será aplicável à hipótese de desconsideração inversa da personalidade (art. 133), observada a sistemática seguinte:

> Art. 134. O incidente é cabível em todas as fases do processo de conhecimento, no cumprimento de sentença e na execução fundada em título executivo extrajudicial.
> §1º A instauração do incidente será imediatamente comunicada ao distribuidor para as anotações devidas.
> §2º Dispensa-se a instauração do incidente se a desconsideração da personalidade jurídica for requerida na petição inicial, hipótese em que será citado o sócio ou a pessoa jurídica.
> §3º A instauração do incidente suspenderá o processo, salvo na hipótese do §2º.
> §4º O requerimento deve demonstrar o preenchimento dos pressupostos legais específicos para a desconsideração da personalidade jurídica.

O incidente pode decorrer de título executivo extrajudicial, como é o caso da Certidão da Dívida Ativa, que deve conter todos os elementos da obrigação tributária, inclusive a pessoa do devedor, e, se for o caso, dos corresponsáveis (CTN, art. 202, I), em razão do que tem aplicação na ação de execução fiscal.

Trata-se de medida salutar que objetiva resguardar o devido processo legal, porque possibilita ao executado – antes do oferecimento de "exceção de pré-executividade", ou de "embargos à penhora" (com garantia do juízo, implicando comprometimento financeiro) –, o direito de examinar e questionar a cobrança tributária de que não fizera parte (declaração do contribuinte ou lançamento fiscal).

A pessoa (física ou jurídica) que venha a sofrer constrição judicial, sem que tenha sido qualificada como devedora tributária na anterior fase administrativa, poderá oferecer ampla defesa, participando do contraditório com a apresentação dos elementos e provas que fundamentem sua oposição à exigência fiscal.

Entretanto, no caso do sócio – mero responsável e não contribuinte originário –, ter constado da CDA em razão de diligências fazendárias antes da propositura da execução fiscal, poderá ser arrolado na petição inicial da Fazenda; o que induziria à dispensa do incidente de desconsideração.

O incidente suspende o curso da execução fiscal, não podendo ser promovida a penhora ou quaisquer outros atos de constrição patrimonial, o que normalmente não se verifica mesmo nos casos de "exceção de pré-executividade", por ausência de expressa previsão legal de efeito suspensivo.

Compete à Fazenda proceder à prova exaustiva do preenchimento de todas as condições previstas no CTN, relativas à plena caracterização do responsável solidário, não só no tocante aos fatos irregulares como também no que diz respeito à participação efetiva, e dolosa, das pessoas que se pretendem executar judicialmente.

Instaurado o incidente, o sócio ou a pessoa jurídica serão citados para manifestar-se e requerer as provas cabíveis no prazo de 15 (quinze) dias (art. 135). Concluída a instrução, se necessário, o incidente será resolvido por decisão interlocutória, cabendo agravo interno no caso de decisão proferida pelo relator (art. 136 e parágrafo único). Acolhido o pedido de desconsideração, a alienação ou a oneração de bens, havida em fraude de execução, será ineficaz em relação ao requerente (art. 137).

*Acolhido o incidente de desconsideração,* a execução fiscal prosseguirá face aos responsáveis solidários (pessoas físicas ou jurídicas), ficando prejudicada a interposição de exceção de pré-executividade, ou a discussão de ilegitimidade da parte no âmbito de embargos.

*Desprovido o incidente de desconsideração,* fica afastada a inclusão dos aventados responsáveis solidários na lide da execução, somente prosseguindo-se a ação judicial, se for o caso, contra os demais executados.

## 3.2 Substituição

Trata-se de imputação de responsabilidade por obrigação tributária de terceiro, que não praticou o fato gerador, mas que tem vinculação indireta com o real contribuinte. Entende-se que:

> Existe substituto legal tributário toda vez que o legislador escolher para sujeito passivo da relação jurídica tributária outro qualquer indivíduo, em substituição daquele determinado indivíduo de cuja renda ou capital a hipótese é signo presuntivo: o legislador escolheu para sujeito passivo da relação jurídica tributária um outro qualquer indivíduo que é o substituto legal tributário.[275]

Discordo do mestre gaúcho, porque o sujeito passivo deve decorrer naturalmente do fato imponível, da materialidade descrita (hipoteticamente) na norma jurídica. A referida "ficção" só pode estar situada pelo legislador dentro de uma realidade do sistema jurídico, permeada pelos princípios da segurança, certeza e do direito de propriedade, uma vez que o patrimônio das pessoas só pode ser agredido ou desfalcado por fatos efetivamente realizados, e que contenham ínsita a capacidade contributiva.

Na substituição – num plano pré-jurídico – o legislador afasta, por completo, o verdadeiro contribuinte, que realiza o fato imponível, prevendo a lei – desde logo – o encargo da obrigação a outra pessoa (substituto), que fica compelida a pagar a dívida própria, eis que a norma não contempla dívida de terceiro (substituído).

Assevera-se o seguinte:

> Somente o processo técnico de ficção pode explicar adequadamente o chamado fenômeno da substituição tributária. Por escolha legislativa é atribuído a uma pessoa a que não se refere o fato-signo em hipótese de incidência, mas com alguma vinculação a este fato, como se tal fato a ela se referisse. Por ficção legal, o substituto passa a ter relação direta com este fato, embora realmente fosse outra pessoa cuja renda ou capital é fato-signo presuntivo a hipótese de incidência. [...]
> 6.12 A utilização da ficção pelo legislador tributário deve ser parcimoniosa, e, no caso da instituição de contribuinte substituto do imposto, há de respeitar o princípio da capacidade contributiva, e, conseqüentemente, a vinculação da pessoa eleita substituto à pessoa

---

[275] BECKER, Alfredo Augusto. *Teoria geral do direito tributário.* São Paulo: Saraiva, 1963. p. 502-503.

que seria o sujeito passivo natural (o substituído), de modo a permitir ao contribuinte repercutir o ônus do imposto até a pessoa do substituído.[276]

Na substituição *regressiva*, a lei atribui a responsabilidade ao adquirente de uma determinada mercadoria, por razões de comodidade, praticidade ou pela circunstância de o real contribuinte não manter organização adequada de seus negócios.

Nas operações com sucata (restos, resíduos e fragmentos de metais, tecidos, vidros etc.), é comum exigir-se o ICMS em etapa posterior, em lugar do próprio sucateiro (contribuinte). Caracteriza-se o fenômeno do *diferimento*, ou seja, a postergação da exigência tributária para momento ulterior do ciclo mercantil (saída para outro estado, saída para o exterior, entrada em estabelecimento industrial etc.). O diferimento também poderá alcançar as operações de importação.

Aceitável a juridicidade desse expediente legislativo, uma vez que se verificam, concretamente, todos os elementos componentes do fato gerador da obrigação tributária.

Na substituição *progressiva*, o legislador indica uma pessoa responsável pelo recolhimento de determinado valor (referido como tributo), relativamente a fato futuro e incerto, com alocação de valor, também incerto.

Há definição, por antecipação, do sujeito passivo de uma obrigação não acontecida, como é o caso de exigir-se recolhimento de ICMS concernente à operação que provavelmente deverá ser realizada, no futuro, por outros contribuintes.

Esta sistemática tem sido considerada para operações relativas a diversas espécies de mercadorias, como combustível, lubrificante, álcool carburante, energia elétrica, fumo, cimento, refrigerante, cerveja, água mineral, sorvete, fruta e veículo novo.

As legislações ordinárias também estabelecem os sujeitos passivos por substituição, que podem ser um dos participantes, como fabricantes distribuidores, remetentes, transportadores, destinatários etc.

## 3.3 Legislação anterior à Emenda Constitucional nº 3/93

Antes de adentrar no exame da norma jurídica em pauta (EC nº 3/93), importante transcrever os preceitos vigentes sob as Constituições Federais de 1967 e 1988, que procuravam sustentar a legitimidade da substituição tributária.

Código Tributário Nacional:

> Art. 121. Sujeito passivo da obrigação principal é a pessoa obrigada ao pagamento do tributo ou penalidade pecuniária.
> Parágrafo único. O sujeito passivo da obrigação principal diz-se:
> I - contribuinte, quando tenha relação pessoal e direta com a situação que constitua o respectivo fato gerador;
> II - responsável, quando, sem revestir a condição de contribuinte, sua obrigação decorra de disposição expressa em lei. [...]
> Art. 128. Sem prejuízo do disposto neste capítulo, a lei pode atribuir de modo expresso a responsabilidade pelo crédito tributário a terceira pessoa vinculada ao fato gerador da

---

[276] NOGUEIRA, Johnson Barbosa. Contribuinte substituto no ICM. *Revista de Direito Tributário*, São Paulo, v. 21/22. p. 93-103.

respectiva obrigação, excluindo a responsabilidade do contribuinte ou atribuindo a este caráter supletivo do cumprimento total ou parcial da referida obrigação.

LC nº 44, de 7.12.83:

Art. 6º [...]
§3º A lei estadual poderá atribuir a condição de responsável:
a) ao industrial, comerciante ou outra categoria de contribuinte, quanto ao imposto devido na operação ou operações anteriores, promovidas com a mercadoria ou seus insumos;
b) ao produtor, industrial ou comerciante atacadista, quanto ao imposto devido pelo comerciante varejista;
c) ao produtor ou industrial, quanto ao imposto devido pelo comerciante atacadista e pelo comerciante varejista.

Convênio ICM nº 66, de 14.12.88:

Art. 25. A lei poderá atribuir condição de substituto tributário a:
I - industrial, comerciante, ou outra categoria de contribuinte, pelo pagamento do imposto devido na operação ou operações anteriores;
II - produtor, extrator, gerador, inclusive de energia, industrial, distribuidor, comerciante ou transportador, pelo pagamento do imposto devido nas operações subseqüentes.

## 3.4 Emenda Constitucional nº 3, de 17.3.93

A emenda estabeleceu:

Art. 1º Os dispositivos da Constituição Federal, abaixo enumerados, passam a vigorar com as seguintes alterações:
Art. 150. [...]
§7º A lei poderá atribuir a sujeito passivo da obrigação tributária a condição de responsável pelo pagamento ou contribuição, cujo fato gerador deva ocorrer posteriormente, assegurada a imediata e preferencial restituição da quantia paga, caso não se realize o fato gerador presumido.

Na realidade normativa, existem três tipos de substituição tributária:
a) *para trás*, em que o legislador atribui a determinado contribuinte a responsabilidade pelo pagamento do ICMS em relação às operações anteriores. É o caso do diferimento do imposto;
b) *concomitante*, que se caracteriza pela atribuição da responsabilidade pelo pagamento do ICMS a outro contribuinte, que não aquele que esteja realizando a operação-prestação, concomitante à ocorrência do fato gerador. Nesta situação, encontra-se a substituição dos prestadores de serviços de transporte;
c) *para frente*, em que o sujeito passivo (caso do fabricante) recolhe os dois impostos: i) o ICMS devido pelas operações próprias; e ii) o ICMS devido pelas operações subsequentes, em momento anterior à ocorrência do fato gerador relativo à futura operação.

### 3.4.1 A violação de princípios constitucionais

Indaga-se: será que finalmente serão dirimidas todas as controvérsias acerca da substituição regressiva, e constitucionalizado o fato gerador futuro e presumido?

E o argumento fundamental para negar-se juridicidade e eficácia a esse preceito é a circunstância de que o preceito revisor da CF/88 não se harmoniza com a própria Constituição:

> Art. 6º [...]
> §4º Não será objeto de deliberação a proposta de emenda tendente a abolir: [...]
> IV - os direitos e garantias individuais.

Trata-se de "cláusula pétrea" esparramada nos diversos incisos do art. 5º da CF, em especial em seu §2º:

> Os direitos e garantias expressos nesta Constituição não excluem outros decorrentes do regime e dos princípios por ela adotados, ou dos tratados internacionais em que a República Federativa do Brasil seja parte.

A Constituição Federal expressa os princípios básicos da sociedade brasileira, as garantias do regime republicano, e o respeito à "segurança e certeza do direito", também postos como elementos estruturadores e balizadores de qualquer tipo de norma.

De tudo resulta que a elaboração da regra jurídica – que tem que considerar a segurança das relações – é sempre presidida e pautada pelos princípios constitucionais.

Ressalta-se a preeminência dos princípios como "linhas mestras, os grandes nortes, as diretrizes magnas do sistema jurídico que apontam os rumos a serem seguidos por toda a sociedade e obrigatoriamente perseguidos pelos órgãos do governo, tendo que ser prestigiados até suas últimas consequências".[277]

Elucida-se que "o princípio é ao mesmo tempo norma e diretriz do sistema, informando-o visceralmente".[278]

Positiva-se a magnitude do conceito:

> O princípio é, por definição, mandamento nuclear do sistema, verdadeiro alicerce dele, disposição fundamental que se irradia sobre diferentes normas, compondo-lhes o espírito e servindo de critérios para sua exata compreensão e inteligência, exatamente por definir a lógica e a racionalidade do sistema normativo, no que lhe confere a tônica e lhe dá sentido harmônico. É o conhecimento dos princípios que preside a intelecção das diferentes partes componentes do todo unitário que há por nome sistema jurídico positivo.
> Violar um princípio é muito mais grave que transgredir uma norma, a desatenção ao princípio implica ofensa não apenas a um específico mandamento obrigatório, mas a todo sistema de comandos. É a mais grave forma de ilegalidade ou inconstitucionalidade, conforme o escalão do princípio atingido, porque representa insurgência contra todo o sistema, subversão de seus valores fundamentais, contumélia irremissível a seu acabouço lógico e corrosão de sua estrutura mestra.[279]

---

[277] ATALIBA, Geraldo. *Sistema constitucional tributário brasileiro*. São Paulo: RT, 1968. p. 6-7.
[278] GORDILLO, Agostin. *Introducción al derecho administrativo*. Buenos Aires: Abeledo Perrot, 1966. v. 1. p. 176.
[279] BANDEIRA DE MELLO, Celso Antônio. *Elementos de direito administrativo*. São Paulo: RT, 1980. p. 230.

Também fora evidenciado que "Os princípios essenciais assim estabelecidos são os *summa genera* do Direito Constitucional, fórmulas básicas ou postos-chaves, interpretação e construção teórica do constitucionalismo".[280]

Primando por rigoroso labor científico, precioso estudo sobre a temática do princípio oferece o conceito seguinte:

> um enunciado lógico, implícito ou explícito, que, por sua grande generalidade, ocupa posição de preeminência nos vastos quadrantes do Direito, e, por isto mesmo, vincula, de modo inexorável, o entendimento e a aplicação das normas jurídicas que com ele se conectam.[281]

A tributação implica a intromissão do governo nas atividades particulares, mediante substanciais desfalques em seus patrimônios. Assim, compreende-se que a participação financeira – pela via tributária – há que ser certa, precisa, previamente conhecida, como corolário dos princípios da boa-fé e lealdade, que devem presidir a atividade administrativa.

Não se cuida de preceito conflituoso ou antagônico à regra geral, ou que pudesse comportar aplicação restrita, como se contempla no âmbito específico da não cumulatividade do ICMS, anteriormente engendrada pela EC nº 23/83.

Pertinente a lição doutrinária: "A Constituição não destrói a si própria. Em outros termos, o poder que ela confere com a mão direita não retira, em seguida, com a mão esquerda".[282]

## 3.4.2 A injuridicidade da tributação fundada em fatos inexistentes

É induvidoso que a CF/88 não criou um modelo que pudesse permitir um disfarçado confisco de bens, estribado em negócios inexistentes, situações, estados ou circulações eventuais e imagináveis.

As relações jurídicas devem ficar adstritas às imposições tributárias, quando ocorre subsunção do fato imponível (situação concreta) à imagem normativa (situação abstrata).

O tipo cerrado compreende a enumeração exaustiva dos elementos da tributação (*numerus clausus*), exclusivismo (elemento suficiente) e determinação, contida na lei tributária.

Inaplicável – como regra – a figura da presunção como resultado do processo lógico, e mediante o qual do fato conhecido, cuja existência é certa, infere-se o fato desconhecido ou duvidoso, cuja existência é provável.

Não se estará diante de uma autêntica presunção legal (*juris et de jure*) estabelecendo uma verdade jurídica, pois supor que um fato tributário acontecerá não é jamais o mesmo que tornar concreta sua existência, de modo a conferir segurança e certeza a uma exigência tributária.

---

[280] FERREIRA, Pinto. *Princípios gerais de direito constitucional moderno*. 5. ed. São Paulo: RT, [s.d.]. v. 1. p. 50-51.
[281] CARRAZZA, Roque Antonio. *Princípios constitucionais tributários e competência tributária*. São Paulo: RT, 1986. p. 8.
[282] Charles Huges *apud* MAXIMILIANO, Carlos. *Comentários à Constituição de 1946*. Rio de Janeiro: Freitas Bastos, 1954. v. 1. p. 134.

Inaceitável sua aplicação na cobrança dos tributos sobre a circulação e a prestação de serviços, uma vez que os comerciantes/industriais e prestadores de serviços podem deixar de praticar fatos geradores de ICMS por inúmeros motivos (insolvência, desistência, perdimento do bem). Não se pode nunca ter certeza absoluta de que as mercadorias venham a ser objeto de inexorável circulação tributável.

Com peculiar perspicácia fora observado o seguinte:

> Tal como prevê a futura ocorrência de um fato imponível incerto, o fisco também "estima um preço a ser praticado. Inexiste qualquer certeza sobre a efetiva concretização do futuro fato imponível. Mas também não há qualquer dado acerca do preço que será praticado. O fisco impõe, como necessário, um preço que pode ou não ser praticado, isso, se, algum dia, vier a ocorrer o fato imponível". *Tudo isso se configura como uma enorme ficção normativa. Não há "fato gerador", não há base de cálculo, não há "riqueza".* Embora seja pacífica a inexistência de fato signo-presuntivo de riqueza, a lei tributária pretende falsificar sua existência e impor aos sujeitos passivos o dever de pagar o tributo. Não é facultado ao Estado criar, de modo arbitrário, uma base imponível para efeito tributário, distinta daquela realmente praticada.[283]

Considerando-se os valores máximos albergados pela Constituição – segurança e certeza – que respaldam os cânones da legalidade e da tipicidade, não há a mínima sustentação na presunção, eis que forrada de imprecisão, dubiedade, meras conjecturas e ilações.

### 3.4.3 A operacionalidade da substituição e a preservação do patrimônio

A engenhosa e cerebrina superação desse obstáculo constitucional – para mim, irremovível – obrigaria a adoção de inúmeros mecanismos legais, de cunho operacional, para evitar qualquer tipo de prejuízo ao contribuinte.

A expressão "assegurada imediata e preferencial restituição da quantia paga", caso não se realize o fato gerador presumido, no novel §7º, do art. 150 da CF, dificilmente (ou impossivelmente) terá condição de ser obedecida.

Realmente, o contribuinte que recolheu antecipadamente ICMS sobre venda que seria realizada no futuro, e que não se concretizou (desistência do negócio, por exemplo), certamente não terá meios de ressarcir-se do tributo "imediatamente" (no mesmo dia do evento) e, ainda, com a devida atualização (juros e correção monetária). Em termos objetivos e práticos, é difícil conceber a mensagem no *site*/computador, disponibilizando o valor devido no mesmo dia do seu pagamento;

E, veja-se, tal expediente nada mais representaria do que evitar-se o locupletamento ilícito, o enriquecimento sem causa.

Aponta-se a necessidade seguinte:

> A lei garanta àqueles que sofrem a tributação três ordens de providências legais:
> *Primus* – A imediata recuperação, indexada se for o caso, do imposto que compulsoriamente o substituto lhe cobrou, no caso de não vir a realizar o fato gerador suposto.

---

[283] JUSTEN FILHO, Marçal. Princípios constitucionais tributários. *Caderno de Pesquisas Tributárias*, São Paulo, n. 18, 1993.

*Secundus* – A compensação imediata do imposto retido a maior, se menor for o valor da operação, antes suposta.

*Tertius* – O direito de o adquirente do substituto – se contribuinte for – aproveitar o crédito daquele imposto pago pelo substituto, para preservar o princípio da não cumulatividade.[284]

## 3.4.4 Críticas à substituição tributária

De longa data, tem-se combatido a sistemática da substituição, nos quadrantes do ICM, em razão da incompatibilidade com diretrizes constitucionais.

Em precioso estudo, fora demonstrado o seguinte:

> Por simples comodidade, ou por qualquer outra razão, não pode o Estado deixar de colher uma pessoa, como sujeito passivo, para alcançar outra; um imposto somente pode ser exigido daquela pessoa cuja capacidade contributiva seja revelada pelo acontecimento do fato imponível.[285]

E como requisitos da substituição apontam: 1) o regime jurídico aplicável ao substituído, com estrito respeito ao princípio da não cumulatividade; 2) a lei aplicável é a da data das operações substituídas; 3) o estabelecimento de mecanismos ágeis e eficazes de ressarcimento do substituto, por força dos princípios da igualdade, capacidade econômica, vedação de confisco e vinculação do substituto ao fato imponível.[286]

Ressalta-se o seguinte:

> Além de atentar contra o princípio da não cumulatividade, o novo §7º acrescentado ao art. 150 da Constituição pela Emenda 3/93 entra em conflito com o art. 155, I, mais de uma vez, porquanto, na sua expressão constitucional, a hipótese de incidência do ICMS é a realização de operações de circulação de mercadorias realizadas por industriais, comerciantes ou produtores (uma vez que o texto fala em operações de circulações de mercadorias), e o concebe (citado inc. I do §2º do mesmo artigo) como comportando fatos geradores isolados e distintos em que o sujeito passivo seja quem promove a operação de que se trate, ou com ela tenha alguma vinculação (v. Alcides Jorge Costa e Geraldo Ataliba citados em 2.20 e 2.21 *retro*).[287]

Apontam-se ordens de impedimentos para aplicação da malsinada emenda:

> 2.4 O primeiro obstáculo reside na desnaturação da hipótese de incidência tributária. Há vedação à antecipação da exigência do tributo tendo em vista a ausência de concretização do fato imponível. Mais ainda, há impossibilidade de afirmar que ocorrerá, no futuro, a configuração de um "fato gerador", porque isso dependerá das circunstâncias do caso concreto. Em qualquer caso, há absoluta incerteza acerca desse evento;

---

[284] COÊLHO, Sacha Calmon Navarro. A substituição tributária por fato gerador futuro – Emenda nº 3 à Constituição de 1988. *Repertório IOB de Jurisprudência*, São Paulo, n. 16, 1993. Caderno 1. p. 320.

[285] ATALIBA, Geraldo; BARRETO, Aires. Substituição e responsabilidade tributária. *Revista de Direito Tributário*, São Paulo, v. 49. p. 73-75.

[286] ATALIBA, Geraldo; BARRETO, Aires. Substituição e responsabilidade tributária. *Revista de Direito Tributário*, São Paulo, v. 49. p. 75-77.

[287] CANTO, Gilberto de Ulhôa. Princípios constitucionais tributários. *Caderno de Pesquisas Tributárias*, São Paulo, n. 18, 1993. p. 52.

2.5 O segundo obstáculo está na ausência de valores efetivos a serem considerados como base imponível. Tal como prevê a futura ocorrência de um fato imponível incerto, o fisco também "estima" um preço a ser praticado. Inexiste qualquer certeza sobre a efetiva concretização do futuro fato imponível. Mas também não há qualquer dado acerca do preço que pode ou não ser praticado ... isso, se algum dia, vier a ocorrer o fato imponível; [...]
2.6.9 Se a garantia da não-cumulatividade não pode ser frustrada através das exigências impossíveis de serem praticamente cumpridas, também não poderá sê-lo através de expedientes na fixação da exigibilidade da prestação tributária. Isso se passaria no caso de antecipação da exigência do ICMS devido nas operações subsequentes.[288]

Contesta-se esta modalidade de transferência tributária porque:

[...] b) viola o princípio da tipicidade tributária – corolário da estrita legalidade tributária – porque importa exigência de ICMS antes da ocorrência do fato imponível (antes da saída do álcool carburante do estabelecimento produtor);
c) viola o princípio da não-cumulatividade que garante o aproveitamento dos créditos do imposto incidente nas operações anteriores, assegurando, com isso, a atribuição de certa carga ideal de ICMS a cada contribuinte promovente de operação por ele alcançada;
d) viola o preceito constitucional atributivo de competência tributária aos Estados-Membros que – ao definir o "fato-signo presuntivo de riqueza" sobre o qual poderá ser instituído o ICMS – já indica, de modo induvidoso, o destinatário legal do tributo, vale dizer, o sujeito passivo tributário, com o que;
e) viola o princípio da capacidade contributiva, por importar oneração do patrimônio daquele que é o destinatário legal tributário na medida de fato de outrem e não na medida revelada pelo fato tributário a seu cargo.[289]

Analisando a LC nº 44/83 e o instituto da substituição (diante da adição dos §§9º e 10 ao DL nº 406/68), fora ponderado o seguinte:

Inexiste substituição e que esta denominação só pode ter resultado de equívoco do legislador. Na verdade, nem o industrial, nem o atacadista, nem o produtor têm qualquer espécie de vínculo com as operações que o varejista realize com terceiros. Está, pois, ausente uma nota característica essencial da substituição.

E enfatizado que:

A margem de lucro do comerciante varejista é totalmente estranha à operação que o produtor, industrial ou o comerciante atacadista realizam. Descaracterizada a base de cálculo, descaracterizado está o tributo. Nestas condições, *a Lei Complementar 44/83 é contrária ao texto constitucional.*[290]

---

[288] JUSTEN FILHO, Marçal. Princípios constitucionais tributários. *Caderno de Pesquisas Tributárias*, São Paulo, n. 18, 1993. p. 152; 155; 158.
[289] ATALIBA, Geraldo; BARRETO, Aires. Substituição e responsabilidade tributária. *Revista de Direito Tributário*, São Paulo, v. 49. p. 73-96.
[290] COSTA, Alcides Jorge. ICM. Substituição tributária – Responsabilidade por retenção e recolhimento por operações ainda não realizadas. *Revista de Direito Tributário*, São Paulo, v. 44. p. 38-45.

Na mesma tônica, segue-se parecer jurídico.[291]

Por outro lado, a doutrina tem vislumbrado na "substituição tributária para frente" a figura tributária do empréstimo compulsório[292] e ofensa a inúmeros postulados constitucionais.[293]

Penso que a apontada asserção – necessidade de lei complementar para instituição do compulsório – merece uma meditação mais acurada, uma vez que trata de situações concretas, previstas no art. 154, I, da CF –, e não fatos futuros incertos – além de serem necessários os motivos ou causas indispensáveis à sua instituição.

Também se tornaria extremamente intricada, difícil e problemática a observância da regra inserta no aludido preceito constitucional, porque inúmeras materialidades já são suscetíveis de incidência tributária, restando um restrito campo residual.

É salutar mencionar que, como o regime de substituição tributária progressiva só passou a ter *status* constitucional após a EC nº 3/93, é elementar compreender que, até a data de sua publicação (18.3.93), a legislação ordinária regradora da matéria padeceu de vício de inconstitucionalidade.

Todavia, peculiar análise dessa temática justificara a consideração da antecipação tributária condicionada à observância de significativos elementos:

- uma cláusula de vinculação a um fato gerador que deva ocorrer posteriormente ao momento a que está atrelado o recolhimento;
- uma cláusula de atribuição a sujeito passivo de responsabilidade pelo pagamento do imposto ou contribuição;
- uma cláusula de restituição do excesso.[294]

## 3.4.5 Diretriz jurisprudencial

Embora existam suficientes fundamentos para concluir-se pela inconstitucionalidade da EC nº 3/93 (art. 150, §7º, da CF), por tratar de matéria vedada em âmbito revisional, dispondo sobre garantias e direitos individuais (art. 60, §4º, IV) – o que corroboraria, ainda mais, a injuridicidade da substituição tributária – a jurisprudência do STJ já solidificou a postura seguinte:

> Tributário. ICMS. Operações de Vendas de Veículos Automotores. Exigência do Recolhimento Antecipado, pelo Substituto Tributário (Montadora/Empresa Fabricante dos Automóveis), do Imposto incidente na Revenda de Veículos pelo Contribuinte Substituído (Concessionária/Vendedora/Distribuidora):
> Admissibilidade. Regime de Substituição Tributária. Aplicação. Precedentes da 1ª Seção do STJ. Recurso Provido.

---

[291] CAMPOS, Roberto de Siqueira. ICMS – Substituição tributária – Inconstitucionalidade. *Revista de Direito Tributário*, São Paulo, v. 52. p. 236.

[292] SEABRA, Antonio Fernando. *Deslocamento do fato gerador*. São Paulo: José Bushatsky, 1982. p. 73.

[293] OLIVEIRA, Ricardo Mariz de. *Repertório IOB de Jurisprudência*, n. 3, 1990. Caderno 1. p. 42; MARTINS, Ives Gandra da Silva. *Repertório IOB de Jurisprudência*, n. 20, 1993. Caderno 1. p. 408; MACHADO, Hugo de Brito. *Repertório IOB de Jurisprudência*, n. 22, 1993. Caderno 1. p. 448 e seguintes; CARRAZZA, Roque Antonio. *ICMS*. 13. ed. São Paulo: Malheiros, 2009. p. 54/56; e CARVALHO, Paulo de Barros. Sujeição passiva e responsáveis tributários. *Repertório IOB de Jurisprudência*, São Paulo, n. 11, 1996. Caderno 1. p. 255-265.

[294] GRECO, Marco Aurélio. *Substituição tributária*. São Paulo: IOB, [s.d.]. p. 15.

1 – Assentou-se, no âmbito da 1ª Seção do STJ, a orientação de que, tratando-se de operações de venda de veículos automotores, é admissível a exigência do recolhimento antecipado do ICMS pelo regime de substituição tributária. Inteligência do art. 155, §2º, XII, "b", da CF/88, ao art. 34, §§3º e 8º, do ADCT, dos arts. 121 e 128 do CTN, do Decreto-Lei nº 406/68, da Lei Complementar nº 44/83, dos Convênios nºs 66/88 e 107/89, e da Lei do Estado de São Paulo nº 6.374/89.

II – Precedentes da 1ª Seção do STJ: EREsp nº 52.520/SP, EREsp nº 30.269/SP, EREsp nº 45.923/RS e EREsp nº 39.413/SP.

III – Recurso especial provido. (REsp nº 52.960-SP – 2ª T. – Rel. Min. Adhemar Maciel – j. 22.8.96 – *DJU* 1 de 9.9.96, p. 32.346)

Todavia, o STJ passou a firmar o entendimento seguinte:

Tributário. ICMS. Substituição tributária. Venda direta de veículos pelo fabricante, mediante declaração expressa do adquirente, de destinação a incorporação ao seu ativo fixo. Revenda imediata dos veículos a terceiros. Exigência do fisco de a fabricante vendedora pagar a diferença de ICMS, com imposição de multa. Inadmissibilidade.

- A venda feita por fabricante de automóveis diretamente ao frotista, como consumidor final, é autorizada por lei (Lei nº 6.729-79, art. 15).

- A circunstância de o frotista alienar imediatamente o veículo – em lugar de o incorporar ao ativo fixo – não acarreta responsabilidade fiscal para o fabricante. (REsp nº 361.756-SP – 1ª T. – Rel. Min. Humberto Gomes de Barros – j. 13.8.2002 – *DJU* 1, de 23.9.2001, p. 236)

O STF posicionou-se na forma seguinte:

Tributário. Estado de São Paulo. ICMS. Produtos Derivados do Petróleo. Comércio Atacadista. Regime de Substituição Tributária.

O Plenário do STF, no julgamento do RE 213.396, Relator Min. Ilmar Galvão, concluiu pela constitucionalidade do regime de substituição tributária, relativamente à distribuição de veículos automotores ainda que instituído antes do advento da EC 03/93.

Entendimento que à ausência de peculiaridades relativamente à mencionada atividade, tem aplicação ao presente caso.

Acórdão que não dissentiu dessa orientação.

Recurso não conhecido. (RE nº 202.715-4-SP – 1ª T. – Rel. Min. Ilmar Galvão – j. 26.10.99 – *DJU* de 17.12.99).

Nessa decisão foram assentados os pressupostos básicos seguintes:

A substituição progressiva ou para frente, que alguns acham ser instituição recente, posto prevista em nossa legislação pelo menos desde 1968 – repita-se – contrariamente à regressiva, tem por contribuintes substituídos, por sua vez, uma infinidade de revendedores do produto, circunstância que dificultaria e oneraria, de maneira acentuada, a fiscalização.

Sua prática impede a sonegação sem prejudicar a garantia do crédito tributário, visto que o tributo pelas operações subsequentes, até a transferência da mercadoria ao consumidor final, é recolhido sobre o valor agregado.

Aponta demais justificativas para a legitimidade do regime de substituição:

Na verdade, visa o instituto evitar, como já acentuado, a necessidade de fiscalização de um sem-número de contribuintes, centralizando a máquina-fiscal do Estado num universo consideravelmente menor, e com acentuada redução do custo operacional e consequente diminuição da evasão fiscal.

Em suma, propicia ele maior comodidade, economia, eficiência e celeridade na atividade estatal ligada à imposição tributária.

Nas operações com *diferimento* do imposto em que o comprador é posteriormente reconhecido como inidôneo, não há possibilidade jurídica da responsabilização do vendedor, a quem compete, apenas, entregar a mercadoria e emitir a correspondente nota fiscal, como se contém no aresto seguinte:

> A responsabilização objetiva do vendedor de boa-fé, nesse caso, importa prática perversa, porquanto onera, de uma só vez e de surpresa, o elo mais frágil da cadeia produtiva que nada pôde fazer para evitar a infração cometida pela empresa adquirente. Além disso, deve ser sopesado que, embora o recolhimento do imposto seja realizado em uma etapa posterior, não se deve olvidar que o produtor rural, ao vender sua produção, certamente sofre os efeitos econômicos desse diferimento na composição do preço de sua mercadoria, na medida em que, via de regra, a exação postergada corresponde a um custo de produção a ser suportado pelo restante da cadeia produtiva. (Embargos de Divergência em REsp nº 1.119.205-MG – 1ª S. – Rel. Min. Benedito Gonçalves – j. 27.10.2010 – *DJe* de 8.11.2010)

Entretanto, há que se considerar a comprovada existência de má-fé (conluio para fraudar o Fisco), caso em que o vendedor responderá de forma subjetiva, *verbis*:

> Tributário. Execução Fiscal. ICMS. Infração Tributária. Quebra do Diferimento. Comprador Irregular. Vendedor de Boa-fé. Responsabilidade Objetiva. Não-ocorrência.
> A responsabilidade pela prática de infração tributária, malgrado o disposto no art. 136 do CTN, deve ser analisada com temperamentos, sobretudo quando não resta comprovado que a conduta do vendedor se encontra inquinada de má-fé. Em hipótese como tais, tem emprego o disposto no art. 137 do CTN, que consagra a responsabilidade subjetiva. Precedentes. (REsp nº 423.083-SP – 2ª T. – Rel. Min. João Otávio Noronha – *DJ* de 2.8.2006)

Relativamente à *cobrança antecipada* do imposto, o STJ decidira o seguinte:

> A exigência antecipada de parcela do ICMS relativo à comercialização de determinadas mercadorias, no momento da entrada no território do Estado de destino, não se confunde com a substituição tributária. Na antecipação inexiste a figura do substituído, pois o tributo é exigido do mesmo contribuinte que, futuramente, realizará a operação de circulação interna da mercadoria tributada. (RMS nº 15.897-CE – 2ª T. – Rel. Min. Herman Benjamin – j. 23.6.2009 – *DJe* de 27.8.2009)

O STF reconheceu a existência de repercussão geral da questão constitucional suscitada nos termos seguintes:

> Direito tributário. ICMS. Operações interestaduais. Regime de pagamento antecipado sem substituição tributária. Decreto estadual. Fato gerador do tributo. Cobrança antecipada. (Repercussão Geral no RE nº 598.677-RS – Plenário – Rel. Min. Dias Toffoli – j. 5.8.11 – *DJe* 24.8.11)

O STF examinou questão proposta por entidade de classe apontando a inconstitucionalidade do Decreto nº 54.177/2009 do Estado de São Paulo, que estabelecera regime de substituição tributária do ICMS sobre *energia elétrica no âmbito do mercado livre*.

Nesse sentido, argumentara o seguinte:

a) violação aos princípios da legalidade geral e tributária (arts. 5º, II, e 150, I, da CF);

b) ofensa aos princípios da livre concorrência e da livre iniciativa, na medida em que os consumidores informem à distribuidora o valor da energia contratada com as comercializadoras, permitindo que aquela tome conhecimento de informação sigilosa, embora integre grupos societários com atuação também no ambiente de contratação livre;
c) desrespeito ao equilíbrio federativo e à competência privativa da União para legislar sobre energia (arts. 1º e 2º, IV, da CF), porquanto a deformação causada pelo regime de substituição tributário compromete a eficácia da Lei nº 10.848/04, que procurou afastar as vantagens competitivas que os distribuidores teriam em decorrência de propriedade da infraestrutura, podendo implicar aumento das tarifas suportadas pelos consumidores em razão do aumento indireto da carga tributária que onera os distribuidores relativamente ao pagamento do PIS e da Cofins;
d) violação ao devido processo legal substantivo (proporcionalidade), pois a instituição da substituição tributária é desnecessária e desproporcional em sentido estrito;
e) a adoção de base de cálculo arbitrada (preço regulado praticado pela distribuidora) para a hipótese de ausência de informação sobre os preços efetivamente praticados no mercado livre desnatura a base de cálculo do imposto;
f) ofensa ao art. 150, §7º, da CF, que somente admite a adoção da base de cálculo presumida nos casos de substituição tributária progressiva (operações sucessivas) e ao princípio da livre concorrência, por aumentar artificialmente os custos das operações de contratação livre;
g) desrespeito ao princípio da capacidade contributiva (art. 145, §1º, da CF), pois não se pode atribuir à distribuidora a obrigação de recolher imposto relativo à comercialização de energia elétrica no ambiente de contratação livre, de cuja cadeia de circulação econômica não participa.

O STF decidira o seguinte:

EMENTA: AÇÃO DIRETA DE INCONSTITUCIONALIDADE. AL. B DO INC. I E §3º DO ART 425 DO REGULAMENTO DO IMPOSTO SOBRE CIRCULAÇÃO DE MERCADORIAS E SERVIÇOS DE SÃO PAULO (DECRETO N. 54.177/2009). OPERAÇÕES COM ENERGIA ELÉTRICA. SUBSTITUIÇÃO TRIBUTÁRIA. AUSÊNCIA DE PREVISÃO LEGAL. OFENSA AO PRINCÍPIO DA LEGALIDADE. AÇÃO DIRETA JULGADA PROCEDENTE.
ACÓRDÃO
[...] julgar procedente o pedido formulado na ação direta para reconhecer a inconstitucionalidade do Decreto do Estado de São Paulo n. 54.177/2009, na parte em que alterou a redação do art. 425, I, b, e dos §§2º e 3º, no que pertinente à hipótese da referida alínea b, com eficácia *ex nunc*, para que se considere insubsistente o Decreto a contar da publicação deste acórdão. (ADIn nº 4.281 – São Paulo – Plenário – red. Do acórdão Min. Cármen Lúcia, sessão de 13.10.2020, pub. 18.12.20)

## 3.5 Lei Complementar nº 87, de 13.9.96 – Sistemática

A substituição tributária é disciplinada da forma seguinte:

Art. 6º Lei Estadual poderá atribuir a contribuinte do imposto ou a depositário a qualquer título a responsabilidade pelo seu pagamento, hipótese em que o contribuinte assumirá a condição de substituto tributário.

§1º A responsabilidade poderá ser atribuída em relação ao imposto incidente sobre uma ou mais operações ou prestações, sejam antecedentes, concomitantes ou subseqüentes, inclusive ao valor decorrente da diferença entre alíquota interna e interestadual nas operações e prestações que destinem bens e serviços a consumidor final localizado em outro Estado, que seja contribuinte do imposto.

§2º A atribuição de responsabilidade dar-se-á em relação a mercadorias, bens ou serviços previstos em lei de cada Estado.

Art. 7º Para efeito de exigência do imposto por substituição tributária, se inclui, também, como fato gerador do imposto, a entrada de mercadoria ou bem no estabelecimento do adquirente em outro por ele indicado. (Redação da Lei Complementar nº 114, de 16.12.2002)

Ressalta-se, desde já, a inconstitucionalidade de delegação de competência à lei ordinária, porque esta matéria só deveria ser tratada por lei complementar.

Observa-se, ademais, que as legislações estaduais deverão compatibilizar-se com esta legislação nacional, sob pena de serem objeto de impugnação por parte dos devedores tributários. Além disso, também compete a cada uma das unidades federativas especificar as mercadorias e serviços que serão objeto desta sistemática.

De qualquer forma, continuam válidas as críticas ofertadas anteriormente à edição da lei complementar, uma vez que as imagináveis operações "subsequentes" sequer traduzem fatos concretos, efetivamente acontecidos. Relativamente às operações "concomitantes", é imperioso examinar as futuras legislações com o objetivo de verificar sua juridicidade no contexto dos princípios constitucionais.

Importante considerar o Convênio ICMS nº 51, de 15.9.2000 (alterado pelos convênios ICMS nºs 3/2001, 19/2001, 94/2002, 134/2002, 13/2003, 70/2003 e 34/2004), que disciplinou as operações com veículos novos efetuados por meio de faturamento direto das montadoras (via internet), ou pelo importador, para o consumidor.

Na realidade, referida sistemática discricionariamente fixa as percentagens da base de cálculo que deverão ser consideradas como operação da própria montadora (ICMS devido ao estado de origem), e como operação substituída (ICMS devido ao estado de destino), diferenciando as situações em que a mercadoria é proveniente das Regiões Sul e Sudeste ou das demais regiões do país.

Argutamente, fora captado que o convênio instituiu uma nova modalidade fictícia de substituição tributária, repartindo o ICMS incidente na operação de venda direta tal como se houvesse uma operação tributada a ser substituída.

O contribuinte que realiza as operações ou prestações submetidas ao regime de sujeição passiva por substituição com retenção do imposto tem sido obrigado a observar a disciplina estabelecida pelo estado de destino da mercadoria (que poderá fiscalizá-lo).

O valor do imposto a ser recolhido (retido) é a diferença entre o valor do imposto calculado, mediante a aplicação da alíquota interna sobre determinada base de cálculo, e o valor do imposto devido pela operação própria do remetente.

Estudo específico concluiu pela inconstitucionalidade do convênio pelos fundamentos seguintes:

a) a forma de substituição não se adequa aos requisitos firmados pelo STF, porque, no caso da venda direta a consumidor-final não contribuinte do ICMS, não existe a possibilidade de se presumir a ocorrência de mais uma etapa de comercialização;

b) a inobservância da aplicação de alíquota interna nas operações interestaduais de venda de mercadorias a consumidores-finais, não contribuintes do imposto, com recolhimento do ICMS ao estado de origem da mercadoria;
c) a rejeição pelo estado de Minas Gerais, não sendo cumprido o requisito da ratificação pela unanimidade dos estados e Distrito Federal.[295]

Ação direta de inconstitucionalidade requerida por Minas Gerais (ADIn nº 2.747-6-DF – Plenário – Rel. Min. Marco Aurélio – j. 16.5.2007 – *DJ* de 17.8.2007) argumentara a existência de diversos vícios de inconstitucionalidade, a saber: i) impossibilidade jurídica de modificação via Convênio do ICMS, das regras de repartição de receita tributária; ii) impossibilidade jurídica da diferenciação do conceito de "venda direta", consagrado na Lei federal nº 6.729/79, que regula as relações entre a indústria automobilística e seus concessionários, em contraposição ao de "faturamento direto", previsto no texto da PC nº 89/00; iii) probabilidade de demandas judiciais movidas pelos municípios mineiros contra o estado em razão de redução do montante do ICMS a ser distribuído, eventual acréscimo do montante do ICMS arrecadado; e iv) redução de base de cálculo que depende de convênio interestadual unânime.

O STF não conheceu da ação sob o fundamento básico de que o convênio se mostrou neutro em relação ao Estado de Minas Gerais, motivo pelo qual não se poderia assentar, no campo do interesse, o atendimento ao pressuposto que legitima um estado a atacar, no âmbito do controle concentrado, diploma emanado de estado diverso ou da União.

### 3.5.1 Base de cálculo

A LC nº estabelece, ainda, que:

> Art. 8º A base de cálculo, para fins de substituição tributária, será:
> I - em relação às operações ou prestações antecedentes ou concomitantes, o valor da operação ou prestação praticado pelo contribuinte substituído;
> II - em relação às operações ou prestações subseqüentes, obtida pelo somatório das parcelas seguintes:
> a) o valor da operação ou prestação própria realizada pelo substituto tributário ou pelo substituído intermediário;
> b) o montante dos valores de seguro, de frete e de outros encargos cobrados ou transferíveis aos adquirentes ou tomadores de serviços;
> c) a margem de valor agregado, inclusive lucro, relativo às operações ou prestações subseqüentes.

Questionável a inclusão do "seguro" porque, em realidade, possui natureza jurídica diversa da operação (valor exclusivo da mercadoria) ou dos serviços (corporificado no seu preço). Do mesmo modo, os encargos – que sequer são mencionados –, por si só, não têm condição de integrar a base imponível dos negócios (mercantil e serviços).

---

[295] CARDOSO, Alessandro Mendes. Venda de veículos via internet – a inconstitucionalidade do Convênio ICMS, n. 51/2000. *Revista Dialética de Direito Tributário*, São Paulo, n. 70. p. 7-21.

O referido preceito (art. 8º) contempla, ainda, regras de interesse, a saber:

§1º Na hipótese de responsabilidade tributária em relação às operações ou prestações antecedentes, o imposto devido pelas referidas operações ou prestações será pago pelo responsável quando:
I - da entrada ou recebimento da mercadoria, do bem ou do serviço;
II - da saída subsequente por ele promovida, ainda que isenta ou não tributada;
III - ocorrer qualquer saída ou evento que impossibilite a ocorrência do fato determinante do pagamento do imposto.
§2º Tratando-se de mercadoria ou serviço cujo preço final a consumidor, único ou máximo, seja fixado por órgão competente, a base de cálculo do imposto, para fins de substituição tributária, é o referido preço por ele estabelecido.
§3º Existindo preço final a consumidor sugerido pelo fabricante ou importador, poderá a lei estabelecer como base de cálculo este preço.
§4º A margem a que se refere a alínea *c* do inciso II do *caput* será estabelecida com base em preços usualmente praticados no mercado considerado, obtidos por levantamento, ainda que por amostragem ou através de informações e outros elementos fornecidos por entidades representativas dos respectivos setores, adotando-se a média ponderada dos preços coletados, devendo os critérios para sua fixação ser previsto em lei.
§5º O imposto a ser pago por substituição tributária, na hipótese do inciso II do *caput*, corresponderá à diferença entre o valor resultante da aplicação da alíquota prevista para as operações ou prestações internas do Estado de destino sobre a respectiva base de cálculo e o valor do imposto devido pela operação ou prestação própria do substituto.
§6º Em substituição ao disposto no inciso I do *caput*, a base de cálculo em relação às operações ou prestações subseqüentes poderá ser o preço a consumidor final usualmente praticado no mercado considerado, relativamente ao serviço, à mercadoria ou sua similar, em condições de livre concorrência, adotando-se para sua apuração as regras estabelecidas no §4º deste artigo. (Redação da LC nº 114/02)

Todos os critérios, ou elementos consignados na lei complementar, especialmente "preço sugerido por fabricante ou importador", ou "usualmente praticados no mercado considerado", "levantamentos por amostragem", e, também, os noticiados por "entidades representativas de setores", estão longe de oferecer segurança e certeza aos reais e verdadeiros valores que deveriam ser objeto de tributação.

Nas operações interestaduais, o regime de substituição tributária dependerá de acordo específico celebrado pelos estados interessados (LC nº 87/96, art. 9º) preceituando o seguinte:

§1º A responsabilidade a que se refere o art. 6º poderá ser atribuída:
I - ao contribuinte que realizar operação interestadual com petróleo, inclusive lubrificantes, combustíveis líquidos e gasosos dele derivados, em relação ás operações subsequentes;
II - às empresas geradoras ou distribuidoras de energia elétrica, nas operações internas e interestaduais, na condição de contribuinte ou de substituto tributário, pelo pagamento do imposto, desde a produção ou importação até a última operação, sendo seu cálculo efetuado sobre o preço praticado na operação final, assegurado seu recolhimento ao Estado onde deva ocorrer essa operação.
§2º Nas operações interestaduais com as mercadorias de que tratam os incisos I e II do parágrafo anterior, que tenham como destinatário consumidor final, o imposto incidente na operação será devido ao Estado onde estiver localizado o adquirente e será pago pelo remetente.

Essa parafernália de elementos é facilmente passível de objeção, porque cada contribuinte apresenta condições peculiares em seus negócios relativamente aos resultados auferidos, podendo mesmo operar com prejuízo; além do fato de a realidade econômica ser flexível, instável, observando usualmente a lei da oferta e da procura. Despiciendo, ainda, tecer maiores considerações críticas, a respeito do critério de "amostragem", uma vez que espelharia uma parca e insignificante situação operacional.

O STJ (Turmas de Direito Público) considera *a sistemática perfeitamente válida, ressaltando que não se confunde com o regime de pauta fiscal* rechaçada pela jurisprudência da Corte (REsp nº 906.203-RS – 2ª T. – Rel. Min. Eliana Calmon – j. 19.8.2008 – *DJe* de 24.9.2008).

Perspicaz a observação[296] de que preço sugerido, pauta de preços a consumidor, pauta fiscal, arbitramento e valor agregado são figuras inconfundíveis, a saber:

a) *preço sugerido* é mera recomendação que o fabricante faz aos revendedores de seus produtos com o objetivo de manter a uniformidade dos preços em determinada região onde são comercializados;

b) *pauta de preços a consumidor* consiste em tabelamento de preços (repudiada por economistas), que tem por fim a proteção ao consumidor e serve como instrumento de estabilização monetária;

c) *pauta fiscal* é planilha de preços de mercadorias e serviços elaborada pelo Fisco para subsidiar o arbitramento da base de cálculo do imposto quando inexistirem documentos que inspirem confiança;

d) *arbitramento* é modalidade de lançamento e consiste na quantificação da base de cálculo pela autoridade lançadora quando o valor da mercadoria, ou o preço do serviço, sejam omissos ou não mereçam fé as declarações e documentos oferecidos pelo sujeito passivo;

e) *valor agregado*, ou *margem de valor agregado*, compõe a base de cálculo do imposto devido pelo contribuinte substituído, a ser recolhido pelo substituto. Deverá ser estabelecido com base em preços médios praticados no mercado onde ocorrer a operação, obtidos mediante informações de entidades representativas dos respectivos setores.

Os critérios para a obtenção dos valores correspondentes ao Preço Máximo ao Consumidor, para fins de consideração da base de cálculo do ICMS do setor farmacêutico, são estabelecidos pela Câmara de Regulação do Mercado de Medicamentos – CMED –, na forma prevista na Lei federal nº 10.742, de 6.1.03 (STJ – RMS nº 21.844-SE – 1ª T. – Rel. Min. Francisco Falcão – j. 5.12.2006 – *DJ* de 1.2.2007).

O Convênio ICMS nº 142, de 14.12.2018, contém capítulo específico regulando o cálculo do imposto retido (cláusulas décima a décima terceira), destacando-se o seguinte:

a) a base de cálculo do imposto em relação às operações subsequentes será o valor correspondente ao preço final ao consumidor, único ou máximo, fixado por órgão público competente;

b) inexistindo o valor mencionado na alínea anterior, a base de cálculo, em relação às operações subsequentes, corresponderá, conforme definido pela legislação da unidade federada do destino, ao (i) preço médio ponderado a consumidor final; (ii) preço final a consumidor sugerido pelo fabricante

---

[296] COSTA, Eliud José Pinto da. *ICMS mercantil*. São Paulo: Quartier Latin, 2008. p. 289-290.

ou importador; e (iii) preço praticado pelo remetente acrescido dos valores correspondentes a frete, seguro, impostos, contribuições e outros encargos transferíveis ou cobrados do destinatário, adicionado da parcela resultante da aplicação sobre o referido montante do percentual de margem de valor agregado (MVA) estabelecido na unidade federada de destino ou prevista em convênio ou protocolo, para a mercadoria submetida ao regime de substituição tributária;
c) em operação interestadual com bens e mercadorias submetidas ao regime de substituição tributária, destinados a uso, consumo ou ativo imobilizado do adquirente, a base de cálculo será o valor da operação interestadual adicionado do imposto correspondente à diferença entre a alíquota interna a consumidor final estabelecida na unidade federada de destino para o bem ou a mercadoria, e a alíquota interestadual;
d) o imposto a recolher por substituição tributária será, em relação às operações subsequentes, o valor da diferença entre o imposto calculado mediante a aplicação da alíquota estabelecida para as operações internas na unidade federada de destino sobre a base de cálculo definida para a substituição e o devido pela operação próprio do contribuinte remetente.

### 3.5.2 Restituição

Imperioso destacar o seguinte:

Art. 10. É assegurado ao contribuinte substituído o direito à restituição do valor do imposto pago por força da substituição tributária, correspondente ao fato gerador presumido que não se realizar:
§1º Formulado o pedido de restituição e não havendo deliberação no prazo de noventa dias, o contribuinte substituído poderá se creditar, em sua escrita fiscal, do valor do objeto do pedido, devidamente atualizado segundo os mesmos critérios aplicáveis ao tributo.
§2º Na hipótese do parágrafo anterior, sobrevindo decisão contrária irrecorrível, o contribuinte substituído, no prazo de quinze dias da respectiva notificação, procederá ao estorno dos créditos lançados, também devidamente atualizados, com o pagamento dos acréscimos legais cabíveis.

Aparentemente, o preceito objetiva ressarcir o substituído dos ônus tributários que acabaram desprovidos de causa jurídica. Acontece que a EC nº 3/93 (inserindo o §7º ao art. 150 da CF) expressa que será *"assegurada a imediata e preferencial restituição da quantia paga,* caso não se realize o fato gerador presumido", o que não tem qualquer correspondência com o aludido prazo de noventa dias (sobremodo elástico).

Do mesmo modo, ainda que se reconheça o direito de o postulante proceder ao crédito do valor pleiteado, com *atualização monetária,* é possível que esta sistemática sequer atenda aos seus interesses, no caso de não ter condição de, efetivamente, aproveitar o referido crédito (compensação na escrita ou transferência a terceiros).

O ressarcimento também poderia ser operacionalizado pela via da compensação, em razão da venda por preços abaixo dos valores (pautas) normatizados em atos regulamentares. Relativamente à diferença (a maior) apurada entre os valores tributários retidos e o ICMS praticado por ocasião da realização dos negócios mercantis, a jurisprudência tem sufragado os entendimentos seguintes:

> Tributário – ICMS – Substituição Tributária – Fato Gerador Presumido – Venda Efetivada Mediante Preço a Menor que o Valor Estabelecido em Pauta Fiscal – Direito à Compensação. É lícito ao contribuinte substituído efetuar compensação do tributo recolhido a maior, em adiantamento, pelo substituto, quanto à venda geratriz do tributo tenha correspondido a preço inferior àquele previsto na pauta fiscal. (STJ – Recurso em Mandado de Segurança nº 9.677-MS – Rel. Min. Humberto Gomes de Barros – 1ª S. – j. 14.2.2001 – *DJU* de 23.4.2001, p. 114)

> O fato gerador presumido, por isso mesmo, não é provisório, mas definitivo, não dando ensejo à restituição, ou complementação do imposto pago, senão, no primeiro caso, na hipótese de sua não-realização final.
> Admitir o contrário valeria por despojar-se o instituto das vantagens que determinaram a sua concepção e adoção com a redução, a um só tempo, da máquina fiscal e da evasão fiscal a dimensões mínimas, propiciando, portanto, maior comodidade, economia, eficiência e celeridade às atividades de tributação e arrecadação. (STF – ADIn nº 1.851-4 – Plenário – Rel. Min. Ilmar Galvão – j. 8.5.2002 – *DJU* 1 de 22.11.2002, p. 55)

Nesta decisão, foram assentados os pressupostos seguintes:

> A substituição progressiva, ou para frente, que alguns acham ser instituição recente, posto prevista em nossa legislação pelo menos desde 1968 – repita-se – contrariamente à regressiva, tem por contribuintes substituídos, por sua vez, uma infinidade de revendedores do produto, circunstância que dificultaria e oneraria, de maneira acentuada, a fiscalização.
> Sua prática impede a sonegação sem prejudicar a garantia do crédito tributário, visto que o tributo pelas operações subsequentes, até a transferência da mercadoria ao consumidor final, é recolhido sobre o valor agregado.

O julgado aponta demais justificativas para a legitimidade do regime de substituição:

> Na verdade, visa o instituto evitar, como já acentuado, a necessidade de fiscalização, de um sem-número de contribuintes, centralizando a máquina-fiscal do Estado num universo consideravelmente menor, e com acentuada redução do custo operacional e conseqüente diminuição da evasão fiscal.
> Em suma, propicia ele maior comodidade, economia, eficiência e celeridade na atividade estatal ligada à imposição tributária.
> O entendimento consagrado pela Suprema Corte não se aplica, entretanto, ao Estado de São Paulo, que possui lei específica nº 6.374/89 prevendo a possibilidade de restituição na hipótese em que a base de cálculo presumida supera o valor real da operação. (STJ – RE nº 258.497-SP – 2ª T. – Rel. Min. Castro Meira – j. 15.4.2004 – *DJU* 1 de 28.6.2004, p. 217)

A questão jurídica fora solucionada com a fixação da tese seguinte:

> RECURSO EXTRAORDINÁRIO. REPERCUSSÃO GERAL. DIREITO TRIBUTÁRIO. IMPOSTO SOBRE CIRCULAÇÃO DE MERCADORIAS E SERVIÇOS. ICMS. SUBSTITUIÇÃO TRIBUTÁRIA PROGRESSIVA OU PARA FRENTE. CLÁUSULA DE

RESTITUIÇÃO DO EXCESSO. BASE DE CÁLCULO PRESUMIDA. BASE DE CÁLCULO REAL. RESTITUIÇÃO DA DIFERENÇA. ARTIGO 150, §7º, DA CONSTITUIÇÃO DA REPÚBLICA. REVOGAÇÃO PARCIAL DO PRECEDENTE. ADI 1.851.

1. Fixação da tese jurídica ao Tema 201 da sistemática da repercussão geral: "É devida a restituição da diferença do Imposto sobre Circulação de Mercadorias e Serviços – ICMS pago a mais no regime de substituição tributária para frente se a base de cálculo efetiva da operação for inferior à presumida".
2. A garantia do direito à restituição do excesso não inviabiliza a substituição tributária progressiva, à luz da manutenção das vantagens pragmáticas hauridas do sistema de cobrança de impostos e contribuições.
3. O princípio da praticidade tributária não prepondera na hipótese de violação de direitos e garantias dos contribuintes, notadamente os princípios da igualdade, capacidade contributiva e vedação de confisco, bem como a arquitetura de neutralidade fiscal do ICMS.
4. O modo de raciocinar 'tipificante' na seara tributária não deve ser alheio à narrativa extraída da realidade do processo econômico, de maneira a transformar uma ficção jurídica em uma presunção absoluta.
5. De acordo com o art. 150, §7º, in fine, da Constituição da República, a cláusula de restituição do excesso e respectivo direito à restituição se aplica a todos os casos em que o fato gerador presumido não se concretize empiricamente da forma como antecipadamente tributado [...].
6. Altera-se parcialmente o precedente firmado na ADI n. 1.851, de relatoria do Ministro Ilmar Galvão, de modo que os efeitos jurídicos desse novo entendimento orientam apenas os litígios judiciais futuros e os pendentes submetidos à sistemática da repercussão geral [...]. (RE nº 593.849-MG – Plenário – Rel. Min. Edson Fachin – sessão de 19.10.2016 – *DJe* de 17.08.17)

O Tribunal modulou os efeitos de julgamento a fim de que o precedente oriente todos os litígios judiciais pendentes submetidos à sistemática da repercussão geral, e os casos futuros oriundos de antecipação do pagamento de fato gerador presumido realizado após a fixação do presente entendimento, tendo em conta o necessário realinhamento das administrações fazendárias dos estados-membros do sistema judicial como um todo decidido pela Corte.

Fácil perceber que o preceito constitucional naturalmente cogita de presunção de inocorrência de posterior negócio mercantil (a ser realizado entre o substituído e o consumidor final), de modo a permitir o ressarcimento do ICMS antecipado e recolhido indevidamente. A restituição atende ao princípio que veda o enriquecimento ilícito (sem justa causa), diante da inexistência de materialidade do tributo.

Se é relativa a presunção de inocorrência do fato gerador futuro, com mais forte razão também deve ser considerada relativa a presunção de que a futura operação não seja realizada exatamente pelo mesmo valor considerado à época da antecipação tributária. Realmente, é natural a existência de oscilações de mercado concernentes a questões peculiares envolvendo vendedor e consumidor (descontos, antecipações etc.).

A descoincidência entre o valor real (efetiva operação realizada entre o substituído e o consumidor) e o valor presumido (anterior situação existente entre substituto e substituído) caracteriza uma base de cálculo fictícia, resultando num ICMS fictício, que não pode prevalecer diante dos princípios da segurança e certeza do crédito tributário, indispensáveis no caso de intromissão patrimonial.

Fato gerador presumido – na dicção constitucional (§7º do art. 150) –, apto a permitir a restituição, não significa somente inexistência do fato, mas também a configuração "parcial" de seus elementos, especialmente a base de cálculo que compreende parte do fato gerador. Na medida em que se nega a restituição parcial dos valores antecipadamente recolhidos (a maior), estará sendo violado o princípio da capacidade contributiva, uma vez que a presumida riqueza do contribuinte (substituído) não veio ocorrer concretamente. Negada a restituição, o contribuinte estará arcando com tributo maior do que o efetivamente devido, porque o referido valor não integrara seu patrimônio, acarretando efeito confiscatório.

Os estados (como é o caso de São Paulo) têm oposto *obstáculos normativos e regulamentares à restituição* na forma seguinte:

1. Restrição à operação com preço fixado por autoridade.

A Lei paulista nº 6.374/89 dispusera (art. 28, na forma prevista na Lei nº 12.681/2007) que, no caso de sujeição passiva por substituição, com responsabilidade atribuída às operações ou prestações subsequentes, a base de cálculo será o preço final a consumidor, único ou máximo, autorizado ou fixado por autoridade competente.

2. Questões conexas.

2.1. Procedimento administrativo prévio.

A Procuradoria-Geral do Estado assevera que o requerimento apresentado à administração tributária constitui requisito indispensável do eventual reconhecimento à restituição, bem como a comprovação, pelo interessado, da satisfação dos elementos necessários, em especial quanto à prática de operações cujo valor seja inferior à base de cálculo estimada, e que serviu de parâmetro para o recolhimento do ICMS devido por substituição.

2.2. Repercussão financeira.

A Fazenda entende que constitui ônus do interessado comprovar a assunção do encargo financeiro do tributo cuja restituição é postulada, em atendimento ao disposto no CTN, a saber:

> Art. 166. A restituição de tributos que comportem, por sua natureza, transferência do respectivo encargo financeiro somente será feita a quem prove haver assumido referido encargo, ou, no caso de tê-lo transferido a terceiro, estar por este expressamente autorizado a recebê-la.

2.3. Modulação de efeitos.

No RE nº 593.849/MG, o STF entendera que o precedente deve orientar todos os litígios judiciais pendentes submetidos à sistemática da repercussão geral, e os litígios judiciais futuros oriundos de antecipação do pagamento de fato gerador presumido.

Na ADIn nº 2.777/SP, entretanto, o STF não conclui especificamente acerca da modulação. O Min. Luís Roberto Barroso, no julgamento do processo, reitera que, "por se tratar de leis que defeririam o benefício – portanto asseguravam uma posição mais favorável para o contribuinte, e a ação é de constitucionalidade – não vejo razão evidentemente para modular os efeitos temporais".

2.4. Complementação de valor (caso de ICMS pago a maior).

A Procuradoria-Geral do Estado entende que o contribuinte substituído (adquirente das mercadorias) tem a obrigação de proceder ao recolhimento da diferença quando o valor da operação for superior à base de cálculo estimada.

## 3.6 Regime Optativo de Tributação

O Convênio ICMS nº 67/19, de 5.07.19 (atualizado até dezembro de 2022), autorizara as unidades federadas que menciona a não exigir valores correspondentes a juros e multas relativos ao atraso no pagamento da complementação do ICMS retido por substituição tributária, e a multa por não entrega da guia informativa, e autoriza a instituição de Regime Optativo de Tributação da Substituição Tributária.

A condição básica consistira em que o referido pagamento da complementação ocorresse até determinados prazos, e períodos de apuração; só podendo aderir ao regime os contribuintes que firmassem compromisso de não exigir a restituição decorrente de realização de operações a consumidor final com preço inferior à base de cálculo utilizada para o cálculo do débito de responsabilidade por substituição tributária.

Exercida a opção pelo regime, o contribuinte seria mantido no sistema adotado pelo prazo mínimo de 12 (doze) meses, vedada a alteração antes do término do exercício financeiro; podendo a legislação estadual estabelecer outras condições para a implantação do regime; não sendo autorizada a restituição ou compensação de importâncias já pagas.

Nesse sentido, o contribuinte abriria mão de seu direito de restituição ou necessidade de complementação do imposto; e "dentro da lógica do ROT-ST, a renúncia a esse direito do contribuinte seria compensação pela renúncia do Fisco em exigir, de outro lado, a complementação do imposto nos casos em que a base de cálculo efetiva for *superior* à estimada pela legislação tributária".[297]

Entendera-se que, na hipótese de cobrança de imposto complementar, não foi objeto de análise no RE nº 593.849/MG, que se limitou a analisar a exata dimensão normativa da expressão "caso não se realize o fato gerador presumido", inserta no art. 150, da Constituição Federal; e que, apesar da ponderação de princípios (capacidade contributiva x praticabilidade), o fato é que o preceito constitucional não trata de hipótese de complementação de imposto.

Lógico compreender que só haveria vantagem a adesão pelo ROT-ST no caso em que o contribuinte tivesse pouco valor a restituir e significativo valor a complementar.

## 3.7 Peculiaridades operacionais do regime de substituição tributária

Relativamente *aos produtos sujeitos à retenção do imposto*, determinadas legislações estaduais têm estabelecido que as operações, ou prestações, submetidas ao regime de substituição do sujeito passivo, deverão ser realizadas mediante a retenção do imposto (a ser devido pelo adquirente relativamente às futuras operações), por parte do vendedor, ou prestador, na condição de responsável.

O contribuinte (responsável pelo imposto) terá que observar a disciplina estabelecida pelo estado de destino da mercadoria; o que também se aplica ao contribuinte estabelecido em outro estado quando, na condição de responsável, efetuar retenção do imposto em favor deste estado.

---

[297] TAKANO, Caio Augusto; PITMAN, Arthur Leite da Cruz. A falsa gentileza do Regime Optativo de Tributação. *Conjur*, 30 abr. 2021.

Entretanto, entendo positivar-se a ilegitimidade do adquirente das mercadorias para enquadrar-se como sujeito passivo (contribuinte ou responsável solidário), sendo impertinente a legislação estadual ante a competência básica da lei complementar.

A legislação estadual não é dotada de competência para atribuir responsabilidade solidária ao adquirente das mercadorias, porquanto se trata de matéria reservada à alçada da lei complementar, nos termos da CF (art. 155, §2º, XII, "b").

A LC nº 87/96 – que trata da estrutura do ICMS – dispôs sobre a responsabilidade do imposto e a figura do "substituto tributário" (art. 6º, *caput*), em relação às operações subsequentes (art. 6º, §1º), não estabelecendo obrigação tributária que pudesse ser cometida ao adquirente (no caso, o substituto tributário).

Na substituição tributária, o substituído deve ser excluído da relação jurídico-tributária.

Apenas no caso de operações interestaduais com petróleo, inclusive lubrificantes, combustíveis líquidos e gasosos dele derivados; bem como no caso de geração de energia elétrica, ambas em operações interestaduais com consumidor final (incs. I e II, do §1º, do art. 9º), é que o imposto será devido ao estado onde estiver localizado o adquirente.

Não há previsão (LC nº 87/96) de exigência de ICMS do substituído tributário, como adquirente das mercadorias em operações interestaduais.

Dispõem que *não se inclui na sujeição passiva por substituição*, subordinando-se às normas comuns da legislação, a saída promovida por estabelecimento responsável pela retenção do imposto, de mercadoria destinada:

I) à integração ou consumo em processo de industrialização;
II) a estabelecimento do mesmo estado, quando a operação subsequente estiver amparada por isenção ou não incidência;
III) a outro estabelecimento do mesmo titular, desde que não varejista;
IV) a outro estabelecimento responsável pelo pagamento do imposto por sujeição passiva por substituição em relação à mesma mercadoria, ou a outra mercadoria enquadrada na mesma modalidade de substituição; e
V) a estabelecimento situado em outro estado.

A retenção do imposto não exclui o pagamento de complemento, pelo contribuinte substituído, na hipótese de o valor da operação ou prestação final com a mercadoria, ou serviço, ter sido maior que o da base de cálculo utilizada para a retenção. O pagamento da complementação também será exigido do contribuinte substituído, na hipótese de superveniente majoração da carga tributária incidente sobre a operação ou prestação final com a mercadoria ou serviço.

Em atenção ao princípio da capacidade contributiva, o substituto tributário, ainda que seja o responsável pelo recolhimento do tributo (no caso, o ICMS no regime antecipado), deve ter a possibilidade de repassar o seu ônus ao verdadeiro contribuinte, mediante a inclusão do valor do imposto no preço das mercadorias. Por tal motivo, o substituto apenas poderá ser cobrado pelo Fisco se, por culpa ou dolo, deixar de proceder ao recolhimento do tributo, ocasião em que passará a figurar na posição de devedor principal, por desrespeito à determinação legal de proceder ao recolhimento de acordo com a sistemática da substituição (REsp nº 1.157.029-RS – 1ª T. – Rel. Min. Benedito Gonçalves – j. 11.4.2010 – *DJe* de 20.5.2010).

A sujeição passiva por substituição com retenção antecipada do imposto compreende, também, o transporte efetuado por terceiro, desde que o respectivo preço esteja incluído na base de cálculo da retenção; mas que não se aplica à prestação de serviço de transporte interestadual, hipótese em que o imposto devido será pago de acordo com as normas pertinentes.

O estabelecimento do contribuinte substituído que tiver recebido mercadoria ou serviço com retenção do imposto poderá ressarcir-se:
I) do valor do imposto retido a maior, correspondente à diferença entre o valor que serviu de base à retenção e o valor da operação ou prestação realizada com consumidor ou usuário final;
II) do valor do imposto retido ou da parcela do imposto retido relativo ao fato gerador presumido não realizado;
III) do valor do imposto retido ou da parcela do imposto retido relativo ao valor acrescido, referente à saída que promover ou à saída subsequente amparada por isenção ou não incidência; e
IV) do valor do imposto retido ou da parcela do imposto retido em favor deste estado, referente à operação subsequente, quando promover saída para estabelecimento de contribuinte situado em outro estado.

*O ressarcimento* poderá ser efetuado, alternativamente, nas seguintes modalidades:
I) compensação escritural: conjuntamente com a operação relativa às operações submetidas ao regime comum de tributação, mediante lançamento no livro Registro de Apuração do ICMS;
II) nota fiscal de ressarcimento: quando a mercadoria tiver sido recebida diretamente do estabelecimento do sujeito passivo por substituição, mediante emissão de documento fiscal, que deverá ser previamente visado pela repartição fiscal, indicando como destinatário o referido estabelecimento e como valor da operação aquele a ser ressarcido;
III) pedido de ressarcimento: mediante requerimento à Secretaria da Fazenda.

O contribuinte que receber, com imposto retido, mercadoria não destinada à comercialização subsequente, aproveitará o crédito fiscal, quando admitido, calculando-o mediante aplicação da alíquota interna sobre a base de cálculo que seria atribuída à operação própria do remetente, caso estivesse submetida ao regime comum de tributação.

No que concerne à *prestação de serviço sujeita à substituição tributária*, realizada por mais de uma empresa, tem sido atribuída responsabilidade pelo pagamento do imposto ao prestador de serviço que promover a cobrança integral do preço.

Na prestação de *serviço de transporte de carga*, com início em território paulista, realizada por transportador autônomo, qualquer que seja o seu domicílio, ou por empresa transportadora de outro estado, fica atribuída a responsabilidade pelo pagamento ao tomador do serviço, quando contribuinte do imposto nesse estado.

Na prestação de *serviço de transporte rodoviário* de bem, mercadoria ou valor, realizado por empresa transportadora estabelecida no próprio território, a responsabilidade pelo pagamento do imposto será do tomador do serviço, desde que seja remetente ou destinatário e contribuinte do imposto desse estado.

*A partir de 2008* (SP), fora disposto que o imposto será recolhido por antecipação, pelo próprio contribuinte ou pelo responsável solidário, na entrada no território desse estado, de mercadorias procedentes de outra unidade da Federação ou do exterior, relativamente a determinadas mercadorias sujeitas ao regime jurídico da substituição tributária.

O contribuinte paulista, que conste no documento fiscal relativo à operação como destinatário da mercadoria, deverá efetuar o recolhimento do imposto relativo à diferença entre a alíquota interestadual e a alíquota interna, e relativamente às operações subsequentes logo que a mercadoria entre no território paulista.

Como alternativa, o imposto poderá ser recolhido pelo remetente da mercadoria localizado em outra unidade da Federação, hipótese em que o destinatário paulista ficará solidariamente responsável por eventual débito.

Para determinadas mercadorias, e relativamente ao estoque existente no final do dia 31.1.2008, o contribuinte paulista teve que efetuar a contagem do estoque destas mercadorias, elaborar relação, indicando, para cada item, o valor das mercadorias em estoque e a base de cálculo para fins de incidência do ICMS, considerando a entrada mais recente da mercadoria; a alíquota interna aplicada; o valor do imposto devido, calculado conforme regras específicas; recolher o valor relativo ao imposto devido em razão da operação própria e das subsequentes, por meio de guia de recolhimentos especiais (em seis parcelas mensais), calculado segundo formas determinadas.

Exemplificativamente, na metodologia de cálculo do imposto, deverá ser observado:

I) o valor do ICMS devido pela operação própria e pelas subsequentes será calculado com base no Índice de Valor Adicionado Setorial (IVA ST), divulgado pela Secretaria da Fazenda, a saber: (a) em se tratando de contribuinte sujeito ao Regime Periódico de Apuração: ICMS devido = base de cálculo $x$ alíquota interna – base de cálculo $x$ IVA ST $x$ alíquota interna; (b) em se tratando de contribuinte sujeito ao Simples Nacional: ICMS devido = base de cálculo $x$ IVA ST $x$ alíquota interna; e (c) considerando-se para determinação da base de cálculo, o valor de entrada mais recente;

II) quando existir preço final a consumidor divulgado pela Secretaria da Fazenda, em substituição à fórmula apontada acima, o valor do ICMS devido pela operação própria e pelas subsequentes deverá ser calculado pela seguinte fórmula: (a) em se tratando de contribuinte sujeito ao Regime Periódico de Apuração: ICMS devido = base de cálculo $x$ alíquota interna; (b) em se tratando de contribuinte sujeito ao Simples Nacional: ICMS devido = base de cálculo da saída – base de cálculo da entrada $x$ alíquota interna; (c) considerando-se, para determinação da base de cálculo da saída, o preço final a consumidor, divulgado pela Secretaria da Fazenda; e (d) desconsiderando-se, na hipótese de contribuinte sujeito ao Simples Nacional, os itens em que a base de cálculo da entrada for igual ou superior à base de cálculo da saída.

Na ausência de preço final a consumidor divulgado pela Secretaria da Fazenda, a base de cálculo para fins de retenção e pagamento do ICMS – relativo às saídas subsequentes de determinadas mercadorias, com destino a estabelecimento localizado em território paulista – será o preço praticado pelo sujeito passivo (incluídos os valores atinentes ao frete, carreto, seguro, impostos e demais encargos transferíveis ao adquirente), acrescido do valor adicionado calculado mediante a multiplicação do preço praticado pelo Índice de Valor Setorial (IVA ST) específico.

É questionável a tributação do *estoque das mercadorias* porque a incidência do ICMS, mesmo no regime de substituição tributária, somente poderá considerar as operações, e prestações, que estejam sendo efetivamente realizadas, ou em que já haja um negócio jurídico pactuado entre o substituto e o substituído.

Ainda que se possa cogitar da tributação antecipada, na medida em que se entenda que as mercadorias devam ser objeto de futuras operações mercantis, esta sistemática somente poderia compreender as operações internas, estando fora da tributação operações interestaduais (presumidas), ou que venham a ser realizadas.

Revela-se intrincada a questão do ressarcimento nas *vendas ao consumidor final e a varejistas, no caso de as futuras operações virem a ser realizadas por valores inferiores às pautas fiscais*, diante da inexistência de normas prevendo o ressarcimento dos valores tributários recolhidos a maior.

A sistemática que concentra as obrigações relativas ao regime de substituição tributária na pessoa do importador, fabricante, ou vendedor, sem dispor sobre a retenção do ICMS devido pelo substituído, terá o condão de inviabilizar o mencionado ressarcimento.

O STJ assentou o entendimento de que o *veículo usado* ao retornar ao mercado para revenda constitui objeto de um novo fato gerador sujeito ao ICMS, em operação tributária completamente diferente da venda do veículo zero quilômetro sujeito ao regime de substituição tributária (EDcl no Agravo em RESp nº 420.484-DF – 1ª T. – Rel. Min. Napoleão Nunes Maia Filho – j. 10.6.14 – *DJe* de 20.6.14).

O Convênio ICMS nº 92/15 dispusera sobre a uniformização e a identificação das mercadorias e bens passíveis de sujeição aos regimes de substituição tributária e antecipação do recolhimento do ICMS, com encerramento de tributação.

O Convênio ICMS nº 52/17, que revogara expressamente o Convênio nº 92/15 (cláusula IV), tratara de temas de destaque:
a) acordo específico celebrado pelas unidades federadas interessadas, relativamente ao regime de substituição tributária nas operações interessadas (cláusula segunda);
b) aplicação indistinta a todos os contribuintes do ICMS, optantes ou não pelo Simples Nacional (cláusula terceira);
c) observância pelo sujeito passivo por substituição tributária das normas da unidade federada de destino do bem e da mercadoria (cláusula quarta);
d) necessidade de convênios específicos em relação à (i) energia elétrica; (ii) combustíveis e lubrificantes; (iii) sistema de venda porta a porta; e (iv) veículos automotores cujas operações sejam efetuadas por meio de faturamento direto para consumidor (cláusula quinta);
e) significados dos termos "segmento", "item de segmento", "especificação do item", "CEST (Código Especificador da Substituição Tributária", e "empresas interdependentes" (cláusula sexta);
f) identificação dos bens e mercadorias enquadráveis no regime de substituição tributária, conforme anexos II a XXVI (cláusula sétima);
g) responsabilidade (cláusulas oitava e nona);
h) cálculo do imposto retido (cláusulas décima a décima quarta);
i) pagamento (cláusula décima sexta e sétima);
j) ressarcimento (cláusulas décima sexta e sétima);
k) obrigações acessórias relativas à inscrição, documento fiscal, e informações relativas a operações interestaduais com bens e mercadorias sujeitas ao regime de substituição tributária (cláusulas décima oitava a vigésima segunda);

l) regras relativas a bens e mercadorias fabricadas em escala industrial não relevante; e para realização de pesquisas de preço e fixação da MVA (Margem de Valor Agregado) e PMPF (Preço Médio Ponderado a Consumidor Final), objeto das cláusulas vigésima terceira e vigésima oitava;

m) disposições referentes (i) à observância da legislação interna da unidade federada em que estiver estabelecida com relação ao tratamento tributário do estoque de bens e mercadorias; (ii) à fiscalização; (iii) a crédito tributário pertinente ao imposto retido; (iv) à comunicação entre as unidades federadas; (v) a prazos de implementações; e (vi) a revogações (cláusula vigésima nona a trigésima sexta).

Entretanto, na Ação Direta de Inconstitucionalidade nº 5.866, requerida pela Confederação Nacional do Comércio, o STF concedera tutela provisória (despacho da Min. Cármen Lúcia, em 27.12.17) sob os fundamentos de contrariedade (i) à cláusula constitucional de reserva de lei; (ii) ao princípio da não cumulatividade; e (iii) à não bitributação, suspendendo os efeitos das cláusulas do Convênio ICMS nº 52/2017, a saber:

a) necessidade de lei complementar prevista no art. 146, inc. III, 150, §2º, inc. XII (cláusulas 8ª a 16ª, 24ª e 26ª);

b) observância da equação crédito/débito concernente ao ICMS adstrito ao princípio da não cumulatividade (cláusulas 14ª e 16ª);

c) impertinência da forma de cálculo do valor devido, quanto à incidência do "ICMS-ST 'por dentro' sobre a base de cálculo definida a partir da MVA (Margem de Valor Agregado)", porque este modo de cobrança conduziria, em tese, a uma dupla incidência do imposto na espécie (cláusulas 10ª, 11ª, 12ª, e 14ª);

d) inconsistência da base de cálculo por não ser admissível que a base de cálculo corresponderia ao que "definido pela legislação da unidade federada de destino, conduzindo a uma alteração de precedência normativa" (cláusula 11ª).

O STF deferiu parcialmente a medida cautelar, para suspender os efeitos de diversas cláusulas do Convênio ICMS nº 52/2017, assinalando que a decisão liminar não altera todos os efeitos próprios do Convênio ICMS nº 52/2017, inclusive no que se refere à sua vigência, se vier a ser reformada.

O Secretário Executivo do Confaz, em atendimento à decisão do STF, proferiu despacho (publicado em 9.1.18), dispondo sobre a suspensão dos efeitos das mencionadas cláusulas do aludido convênio.

O Convênio ICMS nº 18, de 7.4.17, instituiu o *Portal Nacional da Substituição Tributária*, estabelecendo regras para sua manutenção e atualização, não sendo aplicável (i) aos segmentos de combustíveis, lubrificantes, e energia elétrica; e (ii) aos estados do Espírito Santo e Goiás. Produzirá efeitos a partir de 1.1.18, mas, a critério de cada unidade federativa, o cumprimento do disposto no convênio poderá ser antecipado, com o início de seus efeitos a partir de 1.7.17.

No mérito, o STF decidiu a ADI nº 5.866/DF na forma seguinte:

> A ação está destituída das condições necessárias para o seu prosseguimento. Não houve aditamento à petição inicial em decorrência do advento do Convênio ICMS 142/18, de 14/12/2018, que revogou expressamente o objeto destes autos, o Convênio ICMS 52/17, conforme previsto na cláusula 34 daquele normativo, *in verbis*:
> "Cláusula trigésima quarta. Fica revogado o Convênio ICMS 52/17, de 7 de abril de 2017".

O Convênio ICMS 142/18, em que pese não reproduzir integralmente os termos do ICMS 52/2017, institui novas regras a respeito da substituição/antecipação tributária, bem como sobre a base de cálculo do ICMS-ST, seja alterando, seja suprimindo disposições constantes das cláusulas 8ª 9º, 10, 11, 12, 13, 14, 16, 24 e 26, que tiveram seus efeitos suspensos pela medida cautelar deferida pela eminente Ministra CÁRMEN LÚCIA, em sede de controle abstrato de normas, o que ensejaria, excepcionalmente, o seguimento do exame de constitucionalidade do ato normativo revogado. (ADI 1080, Rel. Min. ROSA WEBER, DJe de 13/9/2018). [...].

Diante do exposto, JULGO EXTINTO o processo sem resolução de mérito, com base no art. 21, IX, do Regimento Interno do Supremo Tribunal Federal e no art. 485, VI, do Código de Processo Civil. Brasília 30 de abril de 2019. Ministro ALEXANDRE DE MORAES, Relator.

O Convênio ICMS nº 142, de 14.12.18, revogara o Convênio nº 52/17, dispondo sobre os regimes de *substituição tributária e antecipação do ICMS com encerramento de tributação*, relativos ao imposto devido pelas operações subsequentes.

O STF decidira o seguinte:

[...] 3. No regime de antecipação tributária sem substituição, o que se antecipa é o critério temporal da hipótese de incidência, sendo inconstitucionais a regulação da matéria por decreto do Poder Executivo e a delegação genérica contida em lei, já que o momento da ocorrência de fato gerador é um dos aspectos da regra matriz de incidência submetido a reserva legal.
4. Com a edição da Emenda Constitucional nº 3/93, a possibilidade de antecipação tributária, com ou sem substituição, de imposto ou contribuição com base em fato gerador presumido deixa de ter caráter legal e é incorporada ao texto constitucional no art. 150, §7º.
5. Relativamente á antecipação sem substituição, o texto constitucional exige somente que a antecipação do aspecto temporal se faça ex lege e que o momento eleito pelo legislador esteja de algum modo vinculado ao núcleo da exigência tributária.
6. Somente nas hipóteses de antecipação do fato gerador do ICMS com substituição se exige, por força do art. 155, §2º, XII, b, da Constituição, previsão em lei complementar. (RE nº 598.677-RS – Plenário – Rel. Min. Dias Toffoli – sessão de 29.3.2021)

## 3.8 Devolução de mercadoria em virtude de garantia

Examina-se o caso em que o contribuinte paulista fabricante de mercadoria, cuja operação está sujeita ao regime jurídico de substituição tributária (substituto), questiona sobre os procedimentos a serem adotados quando realizar transações comerciais envolvendo a devolução da mercadoria.

O Fisco assinalara que qualquer devolução de mercadoria, efetuada por contribuintes (industriais, comerciantes, revendedores, ou cliente obrigado à emissão de documentos fiscais), deve ser acompanhada de nota fiscal com destaque do ICMS calculado pelo mesmo valor da base de cálculo, e pela mesma alíquota da operação original de venda, com expressa remissão ao documento correspondente.

Parte da premissa de que a devolução é a operação que tem por objeto anular todos os efeitos de uma operação anterior, e que a nota fiscal relativa à devolução deve reproduzir todos os elementos constantes da nota fiscal anterior.

Tendo em vista que na devolução de mercadoria em virtude de garantia houve a anulação de todos os efeitos da operação anterior; na saída de mercadoria nova para substituir a que foi devolvida, bem como na saída do mesmo produto, quando verificado que o defeito era de responsabilidade do próprio cliente, o contribuinte substituto tributário deverá proceder normalmente com relação às obrigações fiscais (inclusive no que se refere à substituição tributária), destacando e recolhendo os impostos relativos à operação própria e à substituição tributária, uma vez que tal saída configurará uma nova operação mercantil (Decisão Normativa CAT-SP nº 4, de 26.2.2010).

Entendo que a devolução da mercadoria, sua substituição por outra ou mesmo o retorno para o cliente não constituem anulação de operações mercantis que pudesse acarretar o desfazimento de substituição tributária.

Na realidade, a devolução significa a confirmação da anterior operação mercantil, uma vez que as partes contratantes desejam que seja efetivamente concretizada a venda realizada. Em consequência, não haveria que se cogitar de desfazimento de substituição tributária, que implicaria a concentração do imposto devido em uma única etapa (fornecimento pelo fabricante).

Assim, já tendo o ciclo mercantil sido realizado sob o regime de substituição tributária, já foram projetados e ocorreram os respectivos efeitos (jurídicos e econômicos), não se podendo cogitar de reinício da sistemática do regime, o que implicaria duplicidade de incidências tributárias relativas a um único ciclo econômico.

### 3.9 Síntese conclusiva

1. O regime de substituição tributária somente poderia ser considerado nos negócios em que fosse possível a realização de diversas operações mercantis, situação em que a determinada pessoa (vendedor) se atribui a responsabilidade pelo ICMS do ciclo operacional, que se presume venha a incidir nas subsequentes vendas de mercadorias.
2. Objetiva concentrar o montante do ICMS devido na cadeia econômica em um único sujeito passivo, mediante a fixação de específica base de cálculo, suprimindo as responsabilidades dos demais participantes.
3. Não há fundamento jurídico para ser aplicada a substituição tributária na venda direta de mercadoria ao consumidor final, porque inexiste ciclo operacional, não ocorrerá subsequente operação mercantil, e inexistirá ICMS futuro a ser antecipado.
4. Nas operações de venda de determinadas mercadorias (produtos de higiene pessoal, perfumaria etc.), realizadas por fabricante a pessoas jurídicas destinadas ao consumo dessas mercadorias, independente de estarem inscritos como contribuintes do ICMS, não é inaplicável e injustificado o regime de substituição.
5. Nas aquisições das referidas mercadorias para consumo final do estado, não deveria ser aplicada a sistemática tributária.
6. Deveriam ser excluídas do âmbito da substituição as operações seguintes:
   a) vendas efetuadas diretamente do estabelecimento fabril para consumidores finais (contribuintes, ou não contribuintes, do ICMS);
   b) vendas realizadas por estabelecimento fabril, de produtos recebidos por transferência de estabelecimento industrial da mesma empresa, para consumidores finais (contribuintes, ou não contribuintes, do ICMS);

c) vendas promovidas por filiais destinadas à distribuição de produtos, recebidos por transferência de estabelecimento fabril da mesma empresa, para consumidores finais (contribuintes, ou não contribuintes, do ICMS);
d) aquisições de outros estados, em que ocorre a antecipação do ICMS, configurando efetiva tributação sobre o estoque, face à inexistência de operação (venda) que possibilite presumir a ocorrência de posterior venda pelo comerciante.

CAPÍTULO III

# BASE DE CÁLCULO

## 1 Noções gerais

A base de cálculo constitui aspecto fundamental da estrutura de qualquer tipo tributário por conter a dimensão da obrigação pecuniária, tendo a virtude de quantificar o objeto da imposição fiscal, como seu elemento nuclear, o verdadeiro cerne da hipótese de incidência normativa.

Os demais critérios normativos são também importantes na fixação dos componentes da relação jurídica, como as figuras do credor e devedor, alíquotas, as coordenadas de tempo e espaço, e, obviamente, as materialidades.

No entanto, a grandeza contida no tributo, transformada em expressão numérica, só é factível pelo conhecimento preciso da base imponível, caracterizadora do *quantum* devido pelo contribuinte.

Ataliba define como "Uma perspectiva dimensível do aspecto material da *h.i.* que a lei qualifica, com a finalidade de fixar critério para determinação, em cada obrigação tributária concreta do *quantum debeatur* [...]"; apontando de modo mais incisivo que:

> A importância da base imponível é nuclear, já que a obrigação tributária tem por objeto sempre o pagamento de uma soma em dinheiro, que somente pode ser fixada em referência a uma grandeza prevista em lei e ínsita no fato imponível, ou dela decorrente, ou com ela relacionada.[298]

Aires Barreto registra que "É o padrão, critério ou referência para medir um fato tributário, sendo a definição legal da unidade constitutiva do padrão de referência a ser observado".[299]

A base de cálculo deve ater-se, irrestritamente, aos parâmetros constitucionais e, peremptoriamente, ao fato imponível, sendo que a circunstância de a Constituição

---
[298] ATALIBA, Geraldo. *Hipótese de incidência tributária*. São Paulo: Malheiros, 1993. p. 10; 105.
[299] BARRETO, Aires. *Base de cálculo, alíquota e princípios constitucionais*. São Paulo: RT, 1987. p. 39.

não ter, especificamente, indicado as bases de cálculo dos tributos não significa que o legislador ordinário esteja livre para quantificá-los, como melhor lhe aprouver.

A materialidade de cada tributo, por si só, é suficiente para medir normativamente o *quantum* a ser devido pelo sujeito passivo da obrigação. Os atos, fatos, operações, situações e estados – constituidores das materialidades – contêm ínsitas grandezas econômicas que passam a ser reveladas ou explicitadas pelo editor da norma impositiva.

É natural, lógica e imprescindível a vinculação da matéria tributável com a base imponível, pois esta, simplesmente, limita-se a medi-la, razão pela qual fora ensinado que "la desvinculación entre objeto del tributo y presuposto de hecho produce una distorción en el sistema tributario".[300]

Penso que a base imponível deve manter consideração íntima não só com o objeto tributário, mas também correlação com a capacidade econômica do contribuinte, inerente ao seu aspecto pessoal e intimamente vinculada ao fato tributário previsto normativamente.

No caso específico do ICMS, a base de cálculo deve representar a quantificação compreendida na "operação mercantil", e na "prestação de serviços de transporte interestadual/intermunicipal, e de comunicação", ou seja, o valor das mercadorias e o preço dos serviços, respectivamente.

Relativamente às *operações com "mercadorias"*, aplicam-se as regras da LC nº 87/96 estabelecendo o valor da operação (art. 13, I), na saída de mercadoria do estabelecimento, na transmissão de mercadorias depositadas em armazém/depósito fechado, e na transmissão de sua propriedade.

Na *prestação de serviço de transporte interestadual e intermunicipal e de comunicação*, a base de cálculo é o preço do serviço (art. 13, II, da LC nº 87/96), em face de que o ICMS não incide sobre serviços gratuitos, demandando sempre a onerosidade, reveladora da capacidade contributiva.

No *fornecimento de alimentação e bebidas*, a base será o valor da operação, compreendendo mercadoria e serviço (art. 13, II), enquanto nos serviços de transporte/comunicação será o preço do serviço (art. 13, III); e no fornecimento de mercadorias com prestação de serviços, o valor da operação, ou o preço corrente da mercadoria fornecida ou empregada (art. 13, IV, "a" e "b").

A singularidade desta operação implicara considerações sintetizadas da forma seguinte:
   a) *Catering* – empresas que se dedicam ao fornecimento de alimentos para as companhias aéreas a servirem aos seus passageiros, bem como organização interna dos bens que auxiliarão a prestação de serviços de transporte aéreo, limpeza de cobertores, travesseiros etc.;
   b) *Handglin* – empresas que realizam o manuseio de alimentação e de outros bens, incluídos aqueles que compõem o estoque do *duty free shop*, a lavagem industrial de bens de uso e consumo.

Entende-se que apenas o *handglin* cobrado pelo manuseio de alimentação fornecida diretamente pelas empresas de *catering* é que poderá ser integrante da base de

---

[300] MASSANET, Juan Ramallo. Hecho imponible y cuantificación de la prestación tributaria. *Revista de Direito Tributário*, São Paulo, v. 11/12. p. 29.

cálculo do ICMS; isto é, que tenham sido adquiridas e vendidas por estas empresas, mas jamais o *handglin* pelo manuseio da alimentação.[301]

Somente deveriam integrar a base de cálculo os valores inerentes às mercadorias e aos preços dos serviços de transporte, e de comunicação, bem como os reajustes e acréscimos intrinsicamente vinculados a tais valores. Nesse cálculo, não poderiam ser considerados elementos estranhos ao valor da operação ou do preço, porquanto correspondem a verbas que têm natureza diversa das operações mercantis e prestações de serviços, não havendo fundamento para o ICMS incidir sobre meras entradas ou créditos.

Na situação prevista no inc. X, do art. 12 ("recebimento, pelo destinatário, de serviço prestado no exterior"), a base de cálculo é o valor da prestação do serviço, acrescido, se for o caso, de todos os encargos relacionados com a sua utilização (art. 13, VI).

No caso do inc. XI, do art. 12 ("aquisição em licitação pública de mercadorias ou bens importados do exterior e apreendidos ou abandonados"), a base de cálculo é o valor da operação acrescido do valor dos impostos de importação, e sobre produtos industrializados e de todas as despesas cobradas ou debitadas ao adquirente (art. 13, VII).

Na hipótese do inc. XII do art. 12 ("utilização, por contribuinte, de serviço cuja prestação se tenha iniciado em outro Estado e não esteja vinculada a operação ou prestação subsequente"), a base de cálculo é o valor da operação de que decorrer a entrada (art. 13, VIII).

A LC nº 190/22 preceitua o seguinte:

> Art. 13. [...]
> IX - nas hipóteses dos incisos XIII e V do caput do art. 12 desta Lei Complementar:
> a) o valor da operação ou prestação no Estado de origem, para o cálculo do imposto devido a esse Estado;
> b) o valor da operação ou prestação no Estado de destino, para o cálculo do imposto devido a esse Estado.

Observo que as mencionadas hipóteses se referem à "utilização, por contribuinte, de serviço cuja prestação se tenha iniciado em outro Estado e não esteja vinculada a operação ou prestação subsequente"; e "entrada no território do Estado de bem ou mercadoria oriundos de outro Estado adquiridos por contribuinte do imposto e destinados ao seu uso ou consumo ou à integração ao seu ativo imobilizado".

> X - nas hipóteses dos incisos XIV e XVI do caput do art. 12 desta Lei Complementar, o valor da operação ou o preço do serviço, para o cálculo do imposto devido ao Estado de origem e ao de destino.

Assinalo que as referidas hipóteses concernem a "início da prestação de serviço de transporte interestadual, nas prestações não vinculadas a operação ou prestação subsequente, cujo tomador não seja contribuinte do imposto domiciliado ou estabelecido

---

[301] BERGAMINI, Adolpho. *ICMS*. São Paulo: Fiscosoft Editora, 2012. Coleção Curso de Tributos Indiretos. v. I. p. 271-273.

no Estado de destino"; e "saída, de estabelecimento de contribuinte, de bem ou mercadoria destinados a consumidor final não contribuinte do imposto domiciliado ou estabelecido em outro Estado".

## 2 Descontos

Os valores relativos a descontos (condicionais ou incondicionais) sempre implicam diminuição do preço das mercadorias, e deveriam acarretar a redução da base de cálculo do ICMS.

Entretanto, a LC nº 87/96 (art. 13, §1º, II, "a") determina que "integram a base de cálculo os descontos concedidos sob condição", significando a cláusula que, derivando exclusivamente da vontade das partes, subordina o efeito do negócio jurídico a evento futuro e incerto (art. 121 do Código Civil).

Assim, tendo o comerciante fixado o preço de uma televisão em R$2.000,00, no caso de pagamento mediante utilização de cartão de crédito, e, em R$1.8000,00 para pagamento em moeda, no ato da aquisição, o ICMS (por determinação legal) teria que ser calculado sobre R$2.000,00.

Todavia, referida regra viola o princípio da capacidade contributiva, harmonizado com os princípios da proporcionalidade e da razoabilidade, uma vez que o contribuinte não irá receber o montante de R$2.000,00, diverso do negócio ajustado entre as partes (R$1.800,00), e que não guarda nenhuma correspondência com a riqueza a ser auferida.

Por decorrência lógica, tratando-se de desconto incondicional (estipulação de R$1.800,00 para o preço da televisão), independente da forma e prazo de pagamento, a base de cálculo deverá corresponder a R$1.800,00.

Revela-se patente a irrealidade e a ilogicidade na regra atinente ao "desconto condicional", uma vez que o valor a ser percebido pelo contribuinte será o mesmo (praticando-se desconto condicional ou incondicional), embora a tributação seja diferente.

Entretanto, o STJ fixou o seguinte entendimento relativo ao *desconto condicional*:

> Tributário. Embargos de Divergência. ICMS. Base de Cálculo. Desconto Condicionado.
> 1. Os valores concernentes aos descontos ditos promocionais, assim como os descontos para pagamento à vista, ou de quaisquer outros descontos cuja efetivação não fique a depender de evento futuro e incerto, não integram a base de cálculo do ICMS, porque não fazem parte do valor da operação da qual decorre a saída da mercadoria (Hugo de Brito Machado, *Direito Tributário II* – São Paulo, Editora RT, 1994, p. 237).
> 2. O valor dos descontos incondicionais oferecidos nas operações mercantis deve ser excluído da base de cálculo do ICMS, ao passo que os descontos concedidos de maneira condicionada não geram a redução do tributo. Precedentes.
> 3. Na hipótese, o desconto efetuado pela embargante estava condicionado à utilização de financiamento oferecido por empresa do mesmo grupo, sem valia para quem efetuasse as compras utilizando-se de dinheiro, cartão de crédito ou cheque.
> 4. Embargos de Divergência conhecidos e improvidos. (Emb. de Div. em REsp nº 508.057-SP – 1ª S. – Rel. Min. Castro Meira – j. 18.10.2004 – *DJU* 1 de 16.11.2004, p. 181)

No tocante ao *desconto incondicional*, confira-se a posição do STJ:

> Processual Civil e Tributário. Ausência de Omissão. Contradição ou Falta de Motivação no Acórdão *a quo*. Descontos Incondicionais. Inclusão na Base de Cálculo. Impossibilidade. Ofensa ao art. 47 do CTN. Precedentes. [...]

2. Com relação à exigência do ICMS sobre descontos incondicionais/bonificação, a jurisprudência do Superior Tribunal de Justiça envereda no sentido de que:

- A jurisprudência dessa Corte assentou entendimento de que os descontos incondicionais concedidos nas operações mercantis, assim entendidos os abatimentos que não se condicionam a evento futuro e incerto, podem ser excluídos da base de cálculo do ICMS, pois implicam a redução do preço final da operação de saída da mercadoria. Precedentes: REsp 432.472/SP, 2ª T., Rel. Min. Castro Meira, DJ de 14.02.05 e EREsp 508.057/SP, 1ª Seção, Min. Castro Meira, DJ de 16.11.2004, 2. (sic) (REsp nº 783.184/RJ, Rel. Min. Teori Albino Zavascki).

- O valor referente aos descontos incondicionais deve ser excluído da base de cálculo do ICMS, sendo que os descontos incondicionais a evento futuro não acarretam a redução da exação (AgRg no REsp nº 792.251/RJ, Rel. Min. Francisco Falcão).

- Consoante explicita o art. 47 do CTN, a base de cálculo do IPI é o valor da operação consubstanciado no preço final da operação de saída da mercadoria do estabelecimento. O Direito Tributário vale-se dos conceitos privatísticos sem, contudo, afastá-los, por isso que o valor da operação é o preço e, este, é o *quantum* final ajustado consensualmente entre comprador e vendedor, que pode ser o resultado da tabela com seus descontos incondicionais. Revela contradição *in terminis* ostentar a Lei Complementar que a base de cálculo do imposto é o valor da operação da qual decorre a saída da mercadoria e a um só tempo fazer integrar ao preço os descontos incondicionais. *Ratio essendi* dos precedentes quer quanto ao IPI, quer quanto ao ICMS (REsp nº 477.525/GO, Rel. Min. Luiz Fux).

- A base de cálculo do Imposto sobre Circulação de Mercadorias e Serviços- ICMS é o valor da operação, o que é definido no momento em que se concretiza a operação. O desconto incondicional não integra a base de cálculo do aludido imposto (REsp nº 63.838/BA, Rel. Min. Nancy Andrighi).

3. Recurso provido. (REsp nº 911.773-MG – 1ª T. – Rel. Min. José Delgado – j. 27.3.2007 – *DJU* 1 de 19.4.2007, p. 256)

Os descontos incondicionais nas operações mercantis não se incluem na base de cálculo do ICMS. (Súmula nº 457 do STJ)

## 3 Seguros e frete

A consideração do ICMS sobre o valor dos *seguros* (LC nº 87/96, art. 13, §1º, II, "a") é questionável, uma vez que referida verba cobrada pelo contribuinte não constitui elemento componente do valor da mercadoria.

No caso de ocorrer determinada vinculação jurídica complexa, em que a operação mercantil seja desenvolvida em paralelo com outras, esta circunstância não autoriza ignorar-se a autonomia recíproca de cada um desses negócios, para ampliar a base imponível do ICMS.

Embora o seguro decorra de venda da mercadoria, constitui negócio jurídico autônomo, ensejando a cobrança de tributo pertencente à União, pessoa constitucional distinta (IOSeguro – art. 153, V, da CF).

As competências tributárias não são reciprocamente absorvíveis pelas pessoas políticas. O direito constitucional é rígido nessa matéria e não se compadece com prorrogações de competência. Tampouco suas respectivas matérias foram confundidas pela CF. Assim, onde houver venda e operação de seguro, duas entidades constitucionais são competentes para impor tributação, cada qual nos limites previstos na CF. É cediço que as competências tributárias são ditas "exclusivas" e "privativas".

A lei tributária ordinária pode tomar os negócios privados como hipótese de incidência de seus tributos. Não pode invadir a esfera de liberdade do particular para forçar o acontecimento de um fato, nem para deturpá-lo em suas peculiaridades jurídicas. Tal como disciplinada a matéria na CF, é insuperável o dever do legislador, e da Administração Pública, de respeitar essa manifestação da vontade privada; sua violação importa violação da própria CF.

A "compra e venda" é negócio autônomo, distinto, e inconfundível relativamente a outro negócio – lógico e cronologicamente subsequente – o "seguro". As formações dos valores são distintas, porquanto, na "venda" se computam os custos, as despesas operacionais, a margem de lucro etc.; o que não ocorre com o "seguro".

O *seguro de garantia estendida*, de natureza voluntária, é estabelecido entre o consumidor (segurado) e uma sociedade seguradora, sendo rotineiramente oferecido e comercializado pela empresa que vendeu a mercadoria, que intermedeia o negócio. Esse negócio jurídico fora previsto na Resolução nº 122/2005 do Conselho Nacional de Seguros Privados (art. 2º, III), tendo como objetivo fornecer ao segurado a extensão ou complementação da garantia original de fábrica, estabelecida no contrato de compra e venda de bens, mediante o pagamento de prêmio. O CNSP esclarecera que ficava vedado condicionar a compra do bem à contratação de seguro de garantia estendida, assim como condicionar a concessão de desconto no seu preço à aquisição do seguro (Resolução nº 296/2013, art. 13).

O STJ decidira que o valor pago pelo consumidor final a título de "seguro de garantia estendida" não integra a base de cálculo do ICMS incidente sobre a operação de compra e venda da mercadoria (REsp nº 1.346.749-MG – 1ª T. – Rel. Min. Benedito Gonçalves – j. 10.2.15 – *DJe* de 4.3.15).

Integra a base de cálculo do imposto, inclusive nas hipóteses dos incs. V, IX e X do *caput* do art. 13, "o frete, caso o transporte seja efetuado pelo próprio remetente ou por sua conta e ordem e seja cobrado em separado" (art. 13, §1º, II, "b").

Quando o valor do *frete* – cobrado por estabelecimento pertencente ao mesmo titular da mercadoria ou por outro estabelecimento de empresa que com aquele mantenha relação de interdependência – exceder os níveis normais de preços em vigor, no mercado local, para serviço semelhante, constantes de tabelas elaboradas pelos órgãos competentes, o valor excedente será havido como parte do preço da mercadoria (art. 17 da LC nº 87/96).

> Art. 17. [...]
> Parágrafo único. Considerar-se-ão interdependentes duas empresas quando:
> I - uma delas, por si, seus sócios ou acionistas, e respectivos cônjuges ou filhos menores, for titular de mais de cinquenta por cento do capital da outra;
> II - uma mesma pessoa fizer parte de ambas, na qualidade de diretor, ou sócio com funções de gerência, ainda que exercidas sob outra denominação;
> III - uma delas, locar ou transferir a outra, a qualquer título, veículo destinado ao transporte de mercadorias.

## 4 Multas

A *multa fiscal* decorre da falta de pagamento do tributo e constitui penalidade decorrente do descumprimento de determinação legal, não tendo nenhuma vinculação intrínseca com o preço das mercadorias e dos serviços, acordados pelas partes contratantes.

A *multa moratória* decorre do simples atraso no recolhimento do tributo declarado. O contribuinte informa à fiscalização suas operações, e prestações, realizadas dentro de determinado período de apuração, por intermédio de GIA (Guia de Informação e Apuração do ICMS).

A *multa penal* constitui medida repressiva e tem por objetivo punir o devedor por infração a preceitos legais, decorrentes de apuração fiscal (auto de infração).

Ambas as multas não devem integrar a base de cálculo do ICMS.

A *multa contratual* (descumprimento de obrigação mercantil, ou de serviço) revela a natureza de indenização pelos danos causados a uma das partes contratantes. É o caso do contrato de fornecimento de equipamento objeto de industrialização, em que o fabricante não tem condição de fornecê-lo no prazo avençado, pelo fato de o comprador não haver disponibilizado o local de entrega em tempo hábil, devendo o equipamento permanecer no estabelecimento do fabricante.

Havendo sido estipulada a multa, o vendedor fará a cobrança do respectivo valor, representando ressarcimento por ilícito contratual e que constitui elemento estranho ao preço da mercadoria. Referido valor não deve ser objeto de imposição tributária.

## 5 Correção monetária e reajustes

Os preços das mercadorias, e dos serviços de transporte e de comunicação, podem ser alterados na medida em que haja previsão contratual no sentido de serem atualizados, segundo a aplicação de índices que reflitam a variação da moeda.

A *correção monetária* é mero instrumento de atualização da moeda, jamais se podendo considerá-la uma das vantagens imputadas ao contribuinte, pois – como já é de conhecimento notório – ela não é um *plus*, não gera nenhum acréscimo patrimonial, apenas corrige o valor corroído pela desatualização da moeda (inflação).

Daí a razão pela qual, nos contratos que estabelecem a aplicação da correção do preço, não se estará cogitando de autêntica majoração do valor anteriormente pactuado, não sofrendo interferência tributária. O STJ rechaçara a atualização de base de cálculo em venda para entrega futura (REsp nº 652.504-SP – 1ª T. – Rel. Min. Luiz Fux – j. 21.2.2006 – *DJU* 1 de 20.3.2006, p. 198), na esteira de precedente do STF, *verbis*:

> A consideração do tributo a partir do valor do negócio jurídico, atualizado na data da saída da mercadoria do estabelecimento, além de alimentar a nefasta cultura inflacionária, discrepa da ordem natural das coisas, resultando em indevido acréscimo ao total da operação, porque não querido pelas partes, e em violência ao princípio da não-cumulatividade. O figurino constitucional do tributo impõe, como base de cálculo, o montante da operação relativa à circulação de mercadoria, à quantia recebida pelo vendedor. (RE nº 210.876-6-RS – Pleno – Rel. Min. Marco Aurélio – j. 5.9.2002 – *DJ* de 8.11.2001)

Não se deve confundir a mera atualização de valores com a efetiva majoração do preço (*reajuste*), que ocorre no caso da elevação dos custos de materiais e de mão de obra previstos contratualmente, e que acarretam real aumento do preço das mercadorias e dos serviços, ampliando a base de cálculo do imposto.

Nas operações e prestações interestaduais entre estabelecimentos de contribuintes diferentes, caso haja reajuste do valor depois da remessa ou da prestação, a diferença fica sujeita ao imposto no estabelecimento do remetente ou do prestador (art. 13, §5º, da LC nº 87/96).

## 6 Energia elétrica

A tarifação de energia elétrica é fixada em razão de diversos elementos econômico-financeiros, condições técnicas do sistema de fornecimento, normatizados pela Agência Nacional de Energia Elétrica (ANEEL), considerando-se as situações seguintes:
   a) os consumidores livres (classificados segundo determinadas cargas próprias e tensão) que têm opção de compra de quaisquer fornecedores, em decorrência do que o preço é estipulado segundo o mercado; e
   b) os consumidores cativos (opção exclusiva de fornecimento por meio de concessionárias de atendimento de sua localização), fixando o preço correspondente ao do serviço pelo custo ou com base nos custos médios verificados, cabendo à ANEEL estabelecer as margens de lucro permitidas.

Examina-se a instituição da *sobretarifa de energia elétrica*, prevista para os consumidores residenciais, a partir de 4.6.2001, no importe de 50% (parcela do consumo mensal superior a 200kwh e inferior ou igual a 500kwh) e 2005 (parcela de consumo mensal superior a 500kwh), nos termos da Medida Provisória nº 2.148, de 22.5.2001 (art. 15, itens I e II), com diversas alterações.

Os valores faturados em decorrência da aplicação dos referidos percentuais serão destinados para a) a provisão para a cobertura de custos adicionais das concessionárias distribuidoras; e b) remunerar o bônus em razão de consumo inferior à meta prevista (art. 15, §1º, da MP nº 2.148/01).

Trata-se de verba correspondente a uma autêntica penalidade, além do que a cobrança de valor superior ao estabelecido (entre partes, ou legalmente) fere a contrapartida da remuneração distinta da natureza de reajuste, não beneficiando as distribuidoras, que serão meras administradoras de verbas públicas.

Entendo que os valores cobrados em razão do exercício de determinadas atividades paralelas ao fornecimento de energia (vistoria de unidade consumidora, aferição de medidor, verificação de nível de tensão, religação, emissão de segunda via de faturamento – Resolução nº 456, de 29.11.2000 da ANEEL) devem ser desconsiderados do âmbito do ICMS, porque não concernem, propriamente, ao referido fornecimento.

Questiona-se a legitimidade da exigência do ICMS sobre a Tarifa de Uso do Sistema de Distribuição (TUSD), e a Tarifa de Uso do Sistema de Transmissão (TUST), por parte das concessionárias de energia elétrica, em razão do disposto no Convênio ICMS nº 117/04, de 15.12.04, dispondo que "fica atribuída a responsabilidade pelo pagamento do ICMS devido pela conexão e pelo uso do sistema de transmissão ao consumidor que, estando conectado diretamente à rede básica de transmissão, promover a entrada de energia elétrica no seu estabelecimento ou domicílio".

A jurisprudência do STJ vinha decidindo no sentido de que não incide ICMS sobre as tarifas de uso do sistema de distribuição e transmissão de energia elétrica, já que o fato gerador do imposto é a saída da mercadoria, ou seja, ocorre no momento em que a energia elétrica é efetivamente consumida pelo contribuinte, circunstância não consolidada na fase de distribuição e transmissão. Não se confunde o fato gerador "fornecimento de energia" com o "serviço de transporte de transmissão e distribuição de energia" (AgRg nos EDcl no REsp nº 1.267.162-MG – 2ª T. – Rel. Min. Herman Benjamin, j. 16.8.2012, *DJe* de 24.8.2012; AgRg no REsp nº 1.278.024/MG – 1ª T. – Rel. Min. Benedito Gonçalves – j. 7.02.2013 – *DJe*, 14.12.2013).

O Tribunal manteve a incidência do ICMS, sob os fundamentos seguintes:

> TRIBUTÁRIO. ICMS. FORNECIMENTO DE ENERGIA ELÉTRICA. BASE DE CÁLCULO. TARIFA DE USO DO SISTEMA DE DISTRIBUIÇÃO (TUSD). INCLUSÃO.
> 
> 1. O ICMS incide sobre todo o processo de fornecimento de energia elétrica, tendo em vista a indissociabilidade das suas fases de geração, transmissão e distribuição, sendo que o custo inerente a cada uma dessas etapas – entre elas a referente à Tarifa de Uso do Sistema de Distribuição (TUSD) – compõe o preço final da operação e, consequentemente, a base de cálculo do imposto, nos termos do art. 13, I, da Lei Complementar n. 87/1996.
> 
> 2. A peculiar realidade física do fornecimento de energia elétrica que a geração, a transmissão e a distribuição formam o conjunto dos elementos essenciais que compõem o aspecto material do fato gerador, integrando o preço total da operação mercantil, não podendo qualquer um deles ser decotado da sua base de cálculo, sendo certo que a etapa de transmissão/distribuição não cuida de atividade meio, mas sim de atividade inerente ao próprio fornecimento de energia elétrica, sendo que dele indissociável.
> 
> 3. A abertura do mercado de energia elétrica, disciplinada pela Lei n. 9.074/1995 (que veio a segmentar o setor), não infirma a regra matriz de incidência do tributo, nem tampouco repercute na sua base de cálculo, pois o referido diploma legal, de cunho eminentemente administrativo e concorrencial, apenas permite a atuação de mais de um agente econômico, numa determinada fase do processo de circulação da energia elétrica (geração). A partir dessa norma, o que se tem, na realidade, é uma mera divisão de tarefas – de geração, transmissão e distribuição – entre os agentes econômicos responsáveis por cada uma dessas etapas, para a concretização do negócio jurídico tributável pelo ICMS, qual seja o fornecimento de energia elétrica ao consumidor final.
> 
> 4. Por outro lado, o mercado livre de energia elétrica está disponibilizado apenas para os grandes consumidores, o que evidencia que a exclusão do custo referente à transmissão/distribuição da base de cálculo do ICMS representa uma vantagem econômica desarrazoada em relação ás empresas menores (consumidores cativos), que arcam com o tributo sobre o 'preço cheio' constante de sua conta de energia, subvertendo-se, assim, os postulados da livre concorrência e da capacidade contributiva. (REsp nº 1.163.020-RS – 1ª T. – Rel. Min. Gurgel Faria – j. 21.3.17 – *DJe* 27.3.17)

A matéria fora submetida à apreciação do STF, que reconheceu a inexistência de repercussão geral, sob os fundamentos seguintes:

> 1. A correção jurídica da conduta de incluir os valores tarifários do TUST e da TUSD, na base de cálculo do ICMS incidente sobre a circulação da energia elétrica é controversa e não possui estatura constitucional.
> 
> 2. Os juízos de origem formaram convicção com esteio na legislação infraconstitucional, notadamente o Código Tributário Nacional, Lei Complementar 87/1996, Leis federais 9.074/2005, com posteriores alterações, e Resoluções da ANEEL, de modo que não se depreende da decisão recorrida ofensa ao Texto Constitucional. (Repercussão Geral no RE nº 1.041.816-SP – Plenário – Rel. Min. Edson Fachin – Sessão de 4.8.2017)

## 7 A integração do ICMS

A regra que integra a base de cálculo do ICMS, o montante do próprio imposto (art. 13, §1º, I, da LC nº 87/96), tem sido criticada sob o fundamento de que "Desvirtua o modelo constitucional deste tributo, que deixa de ser sobre 'operações mercantis', para transformar-se num 'imposto sobre imposto', figura híbrida e teratológica, que, inclusive, viola o princípio da reserva das competências tributárias".[302]

O STF decidiu o seguinte:

> A Lei Complementar 87/96, ao estabelecer que integra a base de cálculo do ICMS o montante do próprio imposto, vale dizer, a base de cálculo do ICMS corresponderá ao valor da operação ou prestação somado ao próprio tributo, não ofende o princípio constitucional da não-cumulatividade. Com base nesse entendimento, o Tribunal, por maioria, manteve acórdão proferido pelo Tribunal de Justiça do Estado do Rio Grande do Sul, que afastava a pretensão da empresa-contribuinte de excluir, da base de cálculo do ICMS o próprio valor do tributo devido, sob a alegação de que tal cobrança ofendia os artigos 5º, XXII, 145, par. 1º, 150, IV, e 155, todos da CF.
> 
> Vencido o Min. Marco Aurélio, relator, ao entendimento de que a Lei Complementar 87/96, ao exigir que o contribuinte pague imposto sobre imposto a pagar, violou os princípios constitucionais da capacidade econômica do contribuinte, da razoabilidade, da não-cumulatividade e da legalidade. (RE nº 212.209-RS – Rel. orig. Min. Marco Aurélio – Red. p/ acórdão Min. Nelson Jobim – j. 23.6.99 – *Informativo STF*, n. 154 de 21 a 25.6.99)

A EC nº 33/01 passou a outorgar competência à lei complementar para "fixar a base de cálculo, de modo que o montante do imposto a integra, também na importação do exterior do bem, mercadoria ou serviço" (inserção da alínea "i", ao inc. XII, do art. 155).

Era necessária a edição de nova lei complementar, uma vez que a LC nº 87/96 (art. 13, §1º, I) apenas preceituara que "integra a base de cálculo o montante do próprio imposto", nada havendo tratado com relação às operações de importação, daí a razão da edição da LC nº 114/02 dispondo que, nas operações de importação, o valor do ICMS integra a base de cálculo do imposto.

A EC nº 33/01 possibilita considerar como base de cálculo relativa a combustíveis e lubrificantes o "valor da operação, ou o preço que o produto ou seu similar alcançaria em uma venda em condições de livre concorrência" (art. 155, §3º, inc. IV, "b").

A determinação para que o ICMS seja considerado (incluído) na apuração da base de cálculo (regime de substituição tributária) caracteriza inconstitucionalidade e ilegalidade, uma vez que as normas superiores (CF e LC nº 87/96, na redação da LC nº 114/02) não estabeleceram a integração do valor do imposto relativamente às operações que se presumem venham a ocorrer.

A CF/88 outorgara competência à lei complementar para tratar de duas matérias que se submetem a regimes jurídicos distintos, a saber:
   a) substituição tributária (regime específico de apuração do ICMS);
   b) base de cálculo do imposto, prevendo que será integrada pelo valor do próprio ICMS (regime normal de apuração do ICMS).

---

[302] CARRAZZA, Roque Antonio. ICMS – Inconstitucionalidade da inclusão de seu valor, em sua própria base de cálculo. *Revista Dialética de Direito Tributário*, São Paulo, n. 23. p. 11.

A LC nº 87/96 (alterada pela LC nº 114/02) tratou das bases de cálculo de modos distintos:
a) regime normal – dispôs que o ICMS deverá ser considerado na apuração do valor do imposto, nas operações realizadas pelo próprio contribuinte;
b) regime de substituição tributária – indicou os elementos e as verbas que deverão ser consideradas para apuração do ICMS, mas não determinou que o valor do imposto teria que compor a base de cálculo.

A legislação ordinária não pode ampliar a base de cálculo para considerar "impostos" transferíveis ao adquirente, em afronta à legislação complementar, caracterizando violação de competência tributária e patente inconstitucionalidade, além de comprometer a capacidade econômica do contribuinte.

A LC nº 190/22 assinala que integra a base de cálculo do imposto, além do inc. V, no caso dos incisos seguintes:

> IX - (a) o valor da operação ou prestação no Estado de origem, para o cálculo do imposto devido a esse Estado; (b) o valor da operação ou prestação no Estado de destino, para o cálculo do imposto devido a esse Estado.
>
> Nesta última situação o imposto a pagar ao Estado de destino será o valor correspondente à diferença entre a alíquota interna do Estado de destino e a interestadual.
>
> X - nas hipóteses dos incisos XIV e XVI do caput do art. 12, o valor da operação ou o preço do serviço, para o cálculo do imposto devido ao Estado de origem e ao de destino. [...]
>
> §6º Utilizar-se-á, para os efeitos do inciso IX do caput deste artigo:
>
> I - a alíquota prevista para a operação ou prestação interestadual, para estabelecer a base de cálculo da operação ou prestação no Estado de origem;
>
> II - a alíquota prevista para a operação ou prestação interna, para estabelecer a base de cálculo da operação ou prestação no Estado de destino.
>
> §7º Utilizar-se-á, para os efeitos do inciso X do caput deste artigo, a alíquota prevista para a operação ou prestação interna no Estado de destino para estabelecer a base de cálculo da operação ou prestação.

## 8 Pautas

Inaceitável a fixação (ou ficção) legal da base de cálculo estranha ao preço das mercadorias, e dos serviços, tomando-se em conta o artificial valor de mercado, segundo critérios administrativos, caracterizando-se como "pautas", que nunca condizem com a realidade dos negócios jurídicos.

Confira-se a jurisprudência:

> STF. Constitucional – Imposto de Circulação de Mercadorias – Inconstitucional a cobrança baseada em Pauta de Valores Mínimos, com desprezo do critério natural de valor da operação, definido no art. 2º do Dec.-lei 406, de 31.12.68. (Repr. nº 1.231-0-SC – Pleno – Rel. Min. Décio Miranda – j. 9.5.85 – *DJU* de 7.6.85 – *RTJ*, v. 114, p. 494)
>
> STJ. 1. Pacificou-se a jurisprudência do Superior Tribunal de Justiça no sentido de que a cobrança do ICMS com base nos valores previstos em pauta fiscal fere os arts. 97, I, e 148 do Código Tributário Nacional e as demais regras do sistema tributário. [...]
>
> 2. Tem também entendido o STJ que o art. 148 do CTN somente pode ser invocado para a fixação da base de cálculo do tributo quando a ocorrência do fato gerador é certa e o valor, o preço dos bens, direitos, serviços ou atos jurídicos registrados pelo contribuinte não mereçam fé, ficando, nesse caso, a Fazenda autorizada a arbitrá-lo.

3. Recurso especial provido. (REsp nº 147.950-MG – 2ª T. – Rel. Min. João Otávio de Noronha – j. 18.11.2004 – *DJU* 1 de 1.2.2005, p. 462)

É ilegal a cobrança do ICMS com base no valor da mercadoria submetido ao regime de pauta fiscal. (Súmula nº 431 do STJ)

Entretanto, o STJ assentou que:

A Primeira Seção sedimentou entendimento no sentido de que é legítima a fixação do valor devido a título de ICMS incidente sobre a circulação de cana-de-açúcar com base na quantidade dessa matéria utilizada na fabricação de álcool, segundo os cálculos feitos pelo Instituto do Açúcar e Álcool. (REsp nº 586.160-SP – 1ª T. – Rel. Min. Teori Albino Zavascki – j. 21.11.2006 – *DJU* 1 de 7.12.2006, p. 271)

Peculiarmente, fixou o entendimento de que:

Há que se distinguir pauta fiscal, instrumento de arrecadação repudiado pela jurisprudência, e a fixação de valores presumidos de operações futuras, submetidas ao regime de substituição tributária amplamente aceita nos Tribunais. (RMS nº 31.526-GO – 2ª T. – Rel. Min. Humberto Martins – j.3.5.2012 – *DJe* de 11.5.2012)

A LC nº 87/96 estabelece, ainda:

Art. 15. Na falta do valor a que se referem os incisos I e VIII do art. 13, a base de cálculo do imposto é:
I - o preço corrente da mercadoria, ou de seu similar, no mercado atacadista do local da operação ou, na sua falta, no mercado atacadista regional, caso o remetente seja produtor, extrator ou gerador, inclusive de energia;
II - o preço FOB estabelecimento industrial à vista, caso o remetente seja industrial;
III - o preço FOB estabelecimento comercial à vista, na venda a outros comerciantes ou industriais, caso o remetente seja comerciante.
§1º Para a aplicação dos incisos II e III do *caput*, adotar-se-á sucessivamente:
I - o preço efetivamente cobrado pelo estabelecimento remetente na operação mais recente;
II - caso o remetente não tenha efetuado venda de mercadoria, o preço corrente da mercadoria ou de seu similar no mercado atacadista do local da operação ou, na falta deste, no mercado atacadista regional.
§2º Na hipótese do inciso III do *caput*, se o estabelecimento remetente não efetuar vendas a outros comerciantes ou industriais ou, em qualquer caso, se não houver mercadoria similar, a base de cálculo será equivalente a setenta e cinco por cento do preço de venda corrente no varejo.
Art. 16. Nas prestações sem preço determinado, a base de cálculo do imposto é o valor corrente do serviço, no local da prestação.

Cumpre ponderar que a expressão "falta de valor" é impertinente, uma vez que, se efetivamente inexiste valor para a operação mercantil, por consequência, não haveria embasamento para a exigência do imposto pela singela circunstância de o tributo decorrer de fato de índole econômica, devidamente juridicizado.

Penso que a intelecção da norma se pauta no sentido de que "falta de valor" significa "falta de preço", nas situações em exame (saídas de mercadorias do estabelecimento, e fornecimento de mercadorias com prestação de serviços – itens I e VIII do art. 12), que pode ser positivada nos casos de transferência de propriedade, ou posse, de mercadorias em que inocorra tal encargo, como acontece na doação, troca ou ainda meras etapas intermediárias do processo de circulação.

Assim, diante da inexistência do apontado valor, a legislação objetiva assentar uma expressão numérica mais consentânea, ou aproximada possível da realidade econômica, louvando-se em diversas espécies de preços (corrente, similar, de mercado, mais recente), sem que esteja sendo praticado um autêntico arbitramento (na forma prevista no art. 18). Os critérios normativos são razoáveis e permitem configurar a segurança desejável ao crédito tributário, na medida em que os valores apontados não sejam substancialmente diferenciados dos negócios normalmente realizados pelo contribuinte.

Ressalto que o contribuinte poderá levantar objeção no caso de demonstrar que os tributos foram quantificados em montante superior ao efetivamente devido, ou, em se tratando de operações interestaduais, na hipótese de o Estado destinatário ter que suportar volume maior de crédito, escriturado no estabelecimento destinatário.

Deve ser aceita com cautela a fixação do "valor corrente do serviço, no local da prestação", nas prestações sem preço determinado (art. 16, da LC nº 87/96), e a desconsideração do valor do frete, em transportes com empresas interdependentes, quando exceda os níveis normais de preço em vigor (art. 17, I, II e III, da LC nº 87/96).

## 9 Juros

### 9.1 Mora

Os *juros de mora* decorrem do atraso no pagamento do preço (à vista ou em parcelas contratuais), concedendo ao contribuinte (alienante das mercadorias, ou prestador de serviço de transporte e de comunicação) o direito de efetuar a respectiva cobrança à razão de 1% (um por cento) ao mês.

Referidas verbas constituem elementos estranhos à quantificação dos referidos negócios jurídicos, não compondo a base de cálculo do ICMS.

Os juros não devem ser tributados apesar de a LC nº 87/96 (art. 13, §1º, II, "a") haver disposto sobre a integração do valor correspondente a juros na base de cálculo do imposto.

### 9.2 Acréscimos financeiros

Empresas comerciais dedicam-se à venda a varejo de mercadorias a consumidores, mediante a realização de contratos de compra e venda mercantil.

Tais contratos são de formação singela: o preço é fixado pelas empresas de modo geralmente inalterável, cumprindo ao comprador pagá-lo à vista, simultaneamente com a entrega da mercadoria adquirida. O pagamento é feito em dinheiro, de contado, cheque, ou concessão de crédito; a prazo, mediante a prévia fixação de preço certo e determinado.

### 9.2.1 Concessão de crédito

Nesta modalidade de negócio, observa-se a seguinte mecânica de funcionamento:
a) o vendedor contrata com clientes preferenciais "abertura de crédito" para aquisição à vista, de mercadorias, que para pagá-las só devem apresentar o cartão, assinando comprovante no exato valor da aquisição. A venda é a *consumidor final* mediante pagamento à vista, por cartão; completada, a obrigação do cliente é apenas financeira, nos termos do contrato de "abertura de crédito";
b) ao cliente é assegurado prazo para liquidação, sem encargos, do valor de sua obrigação financeira; vencido o prazo médio previamente estipulado – sem que ocorra liquidação –, o saldo devedor será automaticamente financiado por empresa do sistema financeiro, ou pelo próprio comerciante, a seu critério;
c) sobre o saldo incidirão juros iguais aos do mercado financeiro até a data de sua efetiva liquidação; o saldo devedor é apurado mensalmente, mediante equação que toma em conta o seu valor no início do período, os juros incorridos, as novas compras realizadas e os pagamentos efetuados. A incidência de juros é restrita ao saldo devedor apurado após o vencimento do mencionado prazo.

O contrato financeiro – e a entrega do cartão ao cliente – não representa nenhuma operação mercantil: significa, apenas, negócio de abertura de crédito rotativo (especial), para produzir efeitos se e quando ocorrerem compras financiadas de mercadorias. Ao receber o preço da venda, no próprio ato, o comerciante ultima a execução do contrato mercantil: recebe a contraprestação do comprador e entrega a mercadoria, ao preço convencionado.

Operação financeira haverá se o cliente utilizar crédito; ser-lhe-ão, então, cobrados custos ou encargos (juros) de dinheiro mutuado. Isso não altera o valor da compra, que é imutável. Tais encargos revestem natureza aleatória; não existirão se o cliente, desistindo das vantagens obtidas, liquidar sua obrigação financeira dentro do aludido período.

Tanto isso é correto que, no caso de inadimplemento das obrigações previstas no contrato financeiro, a execução visará, apenas, ao recebimento judicial do valor financiado, jamais envolvendo a retomada da coisa (a mercadoria é juridicamente irrecuperável), porque a venda foi definitiva, perfeita e acabada.

As cláusulas do contrato de abertura de crédito facultam aos clientes o *financiamento automático de compras* comerciais: isso significa que, saldando imediatamente o preço, com a exibição do cartão, ser-lhe-á concedido, à sua vontade, um *financiamento* sobre esse valor. E será o próprio comerciante (procurador do cliente), por força de cláusula de mandato inserta no instrumento contratual de fornecimento do cartão, que obterá o financiamento (apenas, quando, por qualquer motivo, não lhe for possível obter esse financiamento por terceiros, é que financiará a venda com seus próprios recursos).

Agindo como *empresa comercial*, cumpriu sua função econômica: vendeu, entregou e recebeu o preço. Preço esse que é o de venda à vista, desde o início assim determinado. Encargos e juros futuros, onerando o cliente – *custos financeiros*, ou custos do financiamento, portanto – se existirem –, decorrerão do contrato de abertura de crédito, correspondendo ao *preço do dinheiro* mutuado, e não ao preço da mercadoria, fixado à vista, e assim devidamente pago.

Em certos casos, esses encargos e juros nem mesmo existirão. Sua natureza aleatória é circunstância que serve para bem caracterizar a impossibilidade de considerá-los componentes integrativos do valor da compra e venda mercantil realizada. Este, por necessariamente fixo (e já quitado no momento da venda), não poderia ficar ao sabor de ocorrências futuras e eventuais, incompatíveis com a índole do contrato.

Além disso, nos casos de pagamento mediante "cartão de crédito", ocorre uma única hipótese de eventual inadimplemento: quando, acionado o financiamento automático, o financiado deixa de pagar as parcelas de amortização. Aí haverá, apenas, um crédito a executar, pois descabe retomada da coisa; a venda, na verdade, foi à vista, afastando reserva de domínio, ou pacto comissório. A mercadoria é irrecuperável, dada a cabal transmissão do seu domínio. A execução, apenas, poderá recair sobre o valor financiado.

O contrato de compra e venda e o contrato de financiamento não podem ser confundidos porque as consequências do inadimplemento de um, ou de outro, são completamente diferentes.

A remuneração correspondente ao negócio de crédito – embora decorrente da compra e venda realizada – não integra o valor da operação mercantil. Isso fica saliente se se considerar que a Constituição estabelece serem tributáveis, privativamente pela União, as operações financeiras (art. 153, V). Assim, fica absolutamente inviabilizada a inclusão discricionária da remuneração do financiamento no valor da operação mercantil.

Se a União não pode tributar o negócio mercantil, pelo IOF, também não podem os estados (e o DF) pretender submeter ao ICMS o que corresponda a negócio de crédito, sob pena de invasão de competência.

Daí a inconstitucionalidade da lei que assim disponha, ou a ilegalidade do ato administrativo que desse modo conclua.

### 9.2.2 Vendas a prazo

Nesta modalidade contratual, as partes (vendedor e comprador) já se acertaram com relação à estipulação do preço (certo e determinado), cujo pagamento deverá ser realizado a prazo (dilatado período de tempo).

Embora na fixação do mencionado preço o empresário já tenha computado o valor relativo à falta do seu recebimento, de natureza assemelhada a um financiamento embutido, tal elemento é considerado parte integrante da composição do preço sem nenhuma relevância jurídica.

### 9.3 Argumentação fazendária

A Fazenda (SP) pronunciou-se no sentido de que "juros e encargos de operação de crédito estão sujeitos à incidência do ICM".[303]

Entendeu assemelhar-se a hipótese às vendas a prazo ou a crédito, louvando-se em antigo dispositivo de lei ordinária, e em vetusto julgado do STF, versando matéria com peculiaridades distintas da questão em foco.

A primeira alegação é infundada: venda a prazo (negócio singular) é modalidade distinta de venda à vista, com posterior eventual operação de crédito (negócio plural).

---

[303] Consulta nº 380/84, de 25.6.84, *Respostas da consultoria tributária*. p. 81-84.

Na "venda a prazo" ou "à prestação", a entrega da mercadoria é efetuada contra *simples promessa de pagamento do preço*, em prazo superior a 30 dias, estipulando-se datas certas de vencimento (art. 491 do C. Civil); a fixação do preço também obedece a padrões de acréscimo predeterminados; o domínio da mercadoria, a seu turno, em razão de mera promessa de pagamento, não é imediatamente transferido ao comprador, autorizando-se a retomada do bem, no caso de inadimplemento. Exatamente o contrário ocorre no tipo de relação jurídica que a empresa comercial estabelece com seus clientes.

A refutação do segundo argumento é extremamente simples, porquanto a antiga lei estadual não se erigiria em norma competente para deslindar questão como já frisou o STF:

> Em primeiro lugar, não vale argumentar com normas de Direito comum para estabelecer limites a princípios fundamentais, a normas, por isso mesmo, universais, normas necessárias, reconhecidas como tais pelo nosso País. Em lugar de se argumentar da lei ordinária para a norma fundamental, a fim de limitar-lhe o sentido e a eficácia, o que cumpre é argumentar dos princípios estabelecidos na declaração de direitos para os preceitos da lei ordinária, para subordinar estes últimos aos primeiros.[304]

Ora, os elementos da hipótese de incidência tributária – notadamente a base de cálculo – devem ser hauridos na própria Constituição. Não se comete a normas inferiores, e tampouco à Administração, nenhum poder para modificar, no mínimo que sejam, as balizas constitucionais em matéria tributária.

Por outro lado, nenhum conflito entre estados (e DF) e União, a propósito de ICMS e IOF, pode ser vislumbrado.

Não cabe argumentar com a Súmula nº 533 da Suprema Corte, relativa exclusivamente ao Imposto de Vendas e Consignações (IVC), excluído do nosso ordenamento (Emenda Constitucional nº 18, de 1º.12.65, à CF/46). Além de o ICMS ter natureza diversa do IVC, deve-se ter em conta que a previsão do imposto sobre operações de crédito (que compreende os acréscimos financeiros decorrentes da utilização dos cartões de crédito) inexistia à época dos fatos que deram origem à referida súmula.

Também não colhe a invocação de antigo acórdão do STF (RE nº 79.052-MG – Pleno – sessão de 16.2.77 – *RTJ*, v. 82, p. 462/467), porque seus fundamentos não se aplicam ao caso em pauta, por não guardar a necessária similitude. Acresce que o aresto aplicou legislação inexistente à época dos fatos (1967 e 1968), porque, tendo sido exarado em 16.2.77, não poderia nunca ter considerado o DL nº 406/68, só promulgado em 31.12.68.

Assinalou, outrossim, que a hipótese contemplava "vendas a crédito", decidindo acerca da incidência do ICM sobre "acréscimos de preço" em vendas a prestação, enquanto o problema em causa versa a não incidência do ICMS sobre "acréscimos financeiros" por uso de cartões de crédito em vendas à vista.

O argumento fiscal revela contradição porque, quando o preço de venda sofre diminuição decorrente do fato de o adquirente efetuar o pagamento em prazo menor do que o previsto, a base de cálculo do tributo e o *quantum* devido a título de ICMS permanecem os mesmos. Se um desconto (10% ou 20%), condicional à liquidação do preço em 30 ou 60 dias de venda, implica recebimento antecipado de um valor menor,

---

[304] Revista de Direito Público, v. 39/40, p. 200.

inocorrerá mudança no cálculo do tributo; tais descontos nada mais correspondem se não ao custo do dinheiro recebido antecipadamente – e essa variável é irrelevante para os fins de base de cálculo do ICMS.

Ora, idêntico entendimento deveria manifestar no caso do recebimento com acréscimos financeiros (custo do dinheiro) porque o fenômeno é, também, o da desvalorização monetária, e da compensação de desgastes inflacionários da moeda.

Em consequência, se no caso do abatimento condicional, a base de cálculo não é alterada (diminuída), permanecendo igual valor de ICMS a pagar, no caso de encargos financeiros do mesmo modo, não caberia cogitar de alteração (majoração) da base de ICMS. Esta sempre haveria de ficar imutável, não sofrendo modificações em razão da consideração de variáveis financeiras.

## 9.4 A posição do fisco federal

Categórico o entendimento esposado na esfera federal:

> [...] 4. Demais disso, deve-se levar em linha de conta que, na celebração do contrato de compra, com financiamento, de um bem de capital, ocorrem efetivamente duas transações distintas, não obstante muitas das vezes se completem a um só tempo e através do mesmo instrumento. A primeira, é uma operação comercial de compra e venda de determinado bem, por preço determinado; a segunda, é uma operação de financiamento do preço estipulado para o bem adquirido, acrescendo despesas de financiamento [...].
> 5. Desta forma, as despesas de financiamento, calculadas sobre o valor mutuado nos contratos vinculados à aquisição de bens de ativo imobilizado, não constituem custo adicional do preço dos bens e, portanto, não devem ser ativadas (Parecer Normativo CST nº 127/73, de 12.9.73).
> 6. Por outro lado, se no contrato, ou nos títulos que representem o crédito do vendedor pelas prestações vincendas, constarem valores a título de juros ou equivalente, ocorreram duas transações distintas, ainda que no mesmo instrumento: uma operação de compra e venda, por preço determinado, e uma operação de financiamento do referido preço. Obviamente, os juros remuneratórios do capital não financiado não integram o preço da transação.[305]

## 9.5 A jurisprudência

A tese jurídica (formulada por Ataliba, com quem tive o privilégio de colaborar) foi acolhida pelo STF, como se passa a demonstrar:

> STF. Tributário. ICM. Cartão Especial de Crédito. Valor de Financiamento.
> Embora o financiamento do preço da mercadoria, ou de parte dele, seja proporcionado pela própria empresa vendedora, o ICM há de incidir sobre o preço ajustado para a venda, pois esse é que há de ser considerado como o do valor da mercadoria, e do qual decorre a sua saída do estabelecimento vendedor.
> O valor que o comprador irá pagar a maior, se não quitar o preço nos 30 dias seguintes, como faculta o contrato do Cartão Especial, decorre de opção sua, e o acréscimo se dá em razão do financiamento, pelo custo do dinheiro, e não pelo valor da mercadoria. (RE nº 101.103-0 – 2ª T. – Rel. Min. Aldir Passarinho – j. 18.11.88 – *JSTF*, v. 127, p. 130/145)

---

[305] Parecer Normativo CST nº 63/75, de 30.5.75.

Observara que, nesta modalidade, há um único negócio jurídico (compra e venda) que incorpora o preço normal da mercadoria e o eventual acréscimo decorrente da venda a prazo, diversamente do que ocorre com hipótese de venda financiada, que se desdobra em dois negócios jurídicos distintos. Na venda a prazo, o valor da operação constitui base de cálculo do ICMS (ADIn nº 84-5-MG – Pleno – Rel. Min. Ilmar Galvão – j. 15.2.96 – *DJU* 1 de 19.4.96).

> STJ. Nas operações, com cartão de crédito, os encargos relativos ao financiamento não são considerados no cálculo do ICMS. (Súmula nº 237)
>
> Tributário. Embargos de Divergência. ICMS. Base de Cálculo. Valor Real da Operação (art. 2º, Decreto-lei nº 406/68). Venda a Prazo. Encargos financeiros. Incidência. Precedentes.
>
> 1. O ICMS deve incidir sobre o valor real da operação, descrito na nota fiscal de venda do produtor ao consumidor.
>
> 2. *A venda a prazo difere da venda com cartão de crédito*, precisamente porque nesta o preço é pago de uma só vez, seja pelo vendedor ou por terceiro, e o comprador assume o encargo de pagar prestações do financiamento. Portanto, ocorrem dois negócios paralelos: a compra e venda e o financiamento. Já na venda a prazo, ocorre apenas uma operação (negócio), cujo preço é pago em mais de uma parcela diretamente pelo comprador.
>
> 3. Assim, não se deve aplicar o mesmo raciocínio, utilizado na operação com cartão de crédito, para excluir os encargos de financiamento (diferença entre o preço a vista e a prazo), decorrentes de venda a prazo, que, em verdade, se traduzem em elevação do valor de saída da mercadoria do estabelecimento comercial.
>
> 4. Em face dessa fundamental diferença, na venda a prazo o valor da operação constitui base de cálculo do ICMS (ADIn 84-5/MG, DJ de 15.02.96).
>
> 5. Embargos de divergência improvidos. (Emb. de Div. em REsp nº 550.382-SP – 1ª S. – Rel. Min. Castro Meira – j. 11.5.2005 – *DJU* 1 de 1.8.2005, p. 308/9) (Grifos nossos)

> Processo Civil e Tributário – Embargos de Divergência – ICMS – Base de Cálculo – Vendas a Prazo.
>
> 1. Inexistindo similitude entre as operações de venda por cartão de crédito e venda a prazo, não se pode a esta aplicar analogicamente o teor da Súmula 237 desta Corte.
>
> 2. Diferentemente da venda financiada, que depende de duas operações distintas para a efetiva "saída da mercadoria" do estabelecimento (art. 2º do DL 406/68), quais sejam, uma compra e venda e outra de financiamento, apresenta-se a venda a prazo como uma única operação, apenas com acréscimos acordados diretamente entre o vendedor e comprador.
>
> 3. Às vendas financiadas, correta a aplicação analógica da Súmula 237/STJ, devendo-se excluir da base de cálculo os encargos financeiros do financiamento.
>
> 4. Para as vendas a prazo incluir-se-á na base de cálculo da exação os acréscimos financeiros prévia e diretamente acordados entre as partes contratantes.
>
> 5. Embargos de divergência improvidos. (Emb. de Div. em REsp nº 421.781-SP – 1ª S. – Rel. Min. Eliana Calmon – j. 13.12.2006 – *DJU* 1 de 12.2.2007, p. 227)

O STJ pacificou o entendimento de que na "venda a prazo", e também na "venda financiada" – nas hipóteses em que o financiamento é feito pelo próprio vendedor, não havendo intermediação de instituição financeira –, a base de cálculo do ICMS é o valor total expresso na nota fiscal (REsp nº 1.106.462-SP – 1ª S. – Rel. Min. Hamilton Carvalhido – j. 10.2.2010 – *DJe* de 24.2.2010).

## 10 Taxa de permanência

A taxa de permanência é singular procedimento de empresa que realiza vendas à vista, mediante emissão de respectiva nota fiscal futura, com data de vencimento coincidente com a saída da mercadoria, com previsão de pagamento para momento posterior, ocasionando incidência de acréscimo diário.

Nessa situação, o valor da "taxa de permanência" é fixado de acordo com a expectativa inflacionária vigente, sem computar importância correspondente a juro real, custo administrativo de cobrança ou fator risco de inadimplência, mediante contabilização como receita financeira.

A questão fora analisada sob o enfoque de diferente existência entre *cláusula de preço* e *cláusula de pagamento de preço*, correspondente esta ao tempo, modo e local de extinção da *dívida contraída*, trazendo a lume julgado do STJ, vazado nos termos seguintes:

> Tributário – Nulidade de débito fiscal – ICM – Inflação.
> O Decreto-lei 2.335/87 não é uma norma tributária e seu art. 13, §4º, não se aplica ao ICM porque não se inclui no regime de deflação das obrigações tributárias. *O ICM incide sobre o valor da mercadoria no dia da sua saída e não no preço da venda realizada pelo comerciante.* Não houve violação a dispositivos legais. Recurso improvido. À Suprema Corte para exame do Extraordinário. (*DJU* de 23.3.92 – *Boletim da AASP*, n. 1.748) (Grifos nossos)

Aponta argumentos contrários (a seu ver, totalmente impertinentes) que poderiam ser invocados, a saber:

1) A legislação que prevê a base de cálculo do ICMS inclui as "demais importâncias recebidas ou debitadas" ao adquirente, e a parcela em questão teria essa natureza.

Admitir que o ICMS alcance "qualquer" importância que ingresse, nominalmente, na empresa implicará reconhecer que o fato concreto que está sendo tributado não é a operação de circulação, mas sim a *receita auferida pela empresa*; a "receita" não é base de cálculo própria de ICMS, sendo que a correção monetária do preço de venda é o próprio de venda já retratado na data da operação, não se tratando de verba autônoma, distinta do preço.

2) O valor questionado teria a natureza de "juros", que também devem ser incluídos na base de cálculo do ICMS.

Os juros são os frutos do capital, sendo verba acessória de um principal que remuneram, seja pela perda da sua disponibilidade, seja pela demora no seu recebimento, um *plus* que lhe é acrescido.

A verba em causa tem tal natureza de atualização monetária, correspondendo ao próprio principal, e não um *plus* diverso do principal.

3) A verba tem o nome de "taxa de permanência", o que denota tratar-se de acréscimo ao preço pactuado.

A referida expressão, além de se inserir dentro da liberdade contratual das partes, corresponde à figura que a praxe comercial fez nascer com o intuito de designar exatamente algo em que existe a estimação da inflação com a previsão de um percentual diário de atualização monetária dos débitos.

4) Trata-se de "reajuste de preço", devendo ser apurado na data em que se dá o pagamento.

Cláusula de correção monetária não é cláusula de reajuste, *é cláusula de manutenção da integridade da prestação*. Não se altera a previsão da cláusula de preço, apenas se regula a necessidade de recompor a dimensão substancial da dívida em caso de opção pelo pagamento não à vista.

5) O contrato prevê um preço que é em parte certo e em parte incerto; naquilo em que é incerto será apurado somente na data do pagamento, daí a inclusão na base de cálculo do imposto.

O preço não é incerto porque não é deixado à determinação de outrem ou das forças do mercado, nem será apurado em momento posterior. O preço é certo e determinado em dinheiro na data da operação.

6) No caso, há dois negócios jurídicos distintos, um de compra e venda e outro que envolve crédito; e, como ambos se relacionam com a mesma operação mercantil, ambos devem ser englobados na base de cálculo do ICMS.

Não há contratação de "um financiamento" nem a "abertura de crédito", pois existe apenas a previsão de que a cláusula contratual de pagamento abranja duas alternativas quanto ao tempo do pagamento, cabendo ao adquirente a escolha. Caso opte por uma delas, incidirá o critério de atualização indicado.

7) Aplica-se ao caso a Súmula nº 533/STF.

A súmula foi editada a partir de decisões proferidas em 1966/67, época em que a temática da correção monetária estava embrionariamente estruturada e adotada em nosso país, período em que não havia um exame específico sobre tal figura. Decidiu questões ligadas ao Imposto sobre Vendas e Consignações, tributo completamente diverso do ICM, além de concluir pela inclusão na base de cálculo do IVC, de verbas *com natureza autônoma*, a saber, juros, selos e outras *despesas.*

Conclui que o valor da "taxa de permanência naquilo que corresponde à correção monetária da quantia representativa do preço de venda não integra a base de cálculo do ICM".[306]

Paulo Salvador Frontini também ofereceu as conclusões seguintes:

a) o contrato celebrado pela consulente, com cada um de seus clientes, para comercialização dos produtos que fabrica é uma compra-e-venda mercantil, à vista, com preço certo;

b) classifica-se como contrato consensual, bilateral, oneroso, comutativo e de execução imediata, embora simultânea;

c) o recebimento pela consulente, na data da entrega (emissão da nota-fiscal fatura e saída da mercadoria), ou até o 5º dia útil seguinte, é pagamento do preço;

d) o recebimento após o 5º dia útil divide-se em dois componentes. Um, fixo, é preço certo. O outro é correção monetária, que as partes denominam *taxa de permanência;*

e) a *taxa de permanência,* sendo mera correção monetária, é mero ressarcimento destinado a impedir enriquecimento sem causa do comprador, em detrimento da consulente, por haver pago o preço após o 5º dia útil.

---

[306] GRECO, Marco Aurélio. ICMS. Base de cálculo – Atualização monetária do preço à vista não integra a base de cálculo do imposto – Interpretação do art. 6º do Convênio 66/88 – Inaplicabilidade da Súmula 533/STF – Taxa de permanência. *Revista dos Tribunais*, São Paulo, v. 5. Caderno de Direito Tributário. p. 42-60.

É repetição de indébito. Não é preço, não é reajuste de preço, não é juro, não é ganho de capital, nem cláusula penal, nem retorno de aplicação financeira. Como tal, não altera, nem afeta o valor da operação, pois não significa nenhum ônus patrimonial efetivo, para qualquer das partes, além do inicialmente acordado para equivalência econômica das prestações dentro da comutatividade do contrato.

f) não houve renegociação ou aditamento contratual que alterasse, por acordo de vontades, o preço – elemento essencial básico da compra-e-venda. Nem acréscimo do valor da operação.[307]

Na mesma trilha jurídica, Ruy Barbosa Nogueira.[308]

## 11 Exportação

O DL nº 406/68 (art. 2º, §8º) estabelecera que:

> Na saída de mercadorias para o exterior ou para os estabelecimentos a que se refere o §5º do art. 1º, a base de cálculo será o valor líquido faturado, a ele não se adicionando frete auferido por terceiro, seguro ou despesas decorrentes do serviço de embarque por via aérea ou marítima.

O Convênio nº 66/88, no entanto, dispusera que:

> Na saída de mercadoria para o exterior, a base de cálculo do imposto é o valor da operação, nela incluído o valor dos tributos, das contribuições e das demais importâncias cobradas ou debitadas ao adquirente e realizadas até o embarque, inclusive.

A descoincidência entre os elementos integrantes da base de cálculo, nas exportações, veio a ser debatida no Judiciário relativamente às operações com café, quando o Fisco exigia o tributo também sobre a denominada "quota de contribuição" (anteriormente devida ao IBC – Instituto Brasileiro do Café).

Até 8.9.87 (data da vigência do Convênio ICM nº 27/87, firmado em 18.3.87), a base de cálculo do ICM nas exportações de café cru para o exterior era a diferença entre o chamado "preço mínimo de registro" e o valor da quota de contribuição, convertida em moeda nacional à taxa de câmbio aplicada na data do embarque do café para o exterior.

Assim dispunha o Convênio nº 5, de 18.3.76, que a base de cálculo nas operações em tela tinha seu fundamento de validade no art. 2º, §8º, do DL nº 406/68.

O preço mínimo de registro era fixado pelo IBC (exercício de competência outorgada pela Lei nº 1.779, de 22.12.52) e com base nos preços correntes nas bolsas internacionais, para o registro de declarações de venda de café para o exterior, registro esse que constituía requisito legal indispensável à efetivação dessas exportações (correspondia ao preço de mercado, sem a inclusão do frete, seguro e outras rubricas porventura cobradas ao exportador).

---

[307] FRONTINI, Paulo Salvador. ICMS – Compra e venda mercantil (base de cálculo). *Revista de Direito Tributário*, São Paulo, v. 61. p. 91-108.
[308] NOGUEIRA, Ruy Barbosa. Imposto sobre Circulação de Mercadorias e Serviços – Venda à vista – Atraso de pagamento – Correção monetária – Mora – Taxa ou comissão de permanência. *Revista Forense*, Rio de Janeiro, v. 320. p. 70-76.

Observava-se que o Convênio nº 5/76 tinha a preocupação e o objetivo precípuo de traçar uma disciplina que harmonizasse a cobrança do ICM, nas exportações de café cru, para o exterior, explicitando taxativamente que o valor da quota de contribuição não integrava a base de cálculo do mesmo tributo.

A não exclusão do valor da "quota de contribuição" do preço mínimo de registro, para efeito de cálculo do tributo, por si só, já violava o princípio da intributabilidade do patrimônio, renda ou dos serviços da União (art. 150, VI, "a", da CF/88).

Nesse sentido, desde há muito tempo, o STF já havia fixado jurisprudência de inconstitucionalidade da instituição do ICM sobre a parcela do preço que corresponde à receita da União diretamente ou através de suas agências (RE nº 63.969 – *RTJ*, v. 62, p. 359), *verbis*:

> 1 – DL 308/67, art. 3º. Contribuição paga ao Instituto do Açúcar e do Álcool pelo usineiro ou produtor para custear os serviços dessa entidade.
> 2 – Compondo o serviço público da União, para cujo custeio foi instituída, a referida contribuição não pode estar sujeita a imposto cobrado por Estado-Membro, isto por causa da imunidade tributária recíproca prevista no art. 19, III, *a*, da C.F. de 1967. (Emenda nº 1)

Decidira, ainda, que:

> I.C.M. Incidência sobre a parcela do preço correspondente à taxa cobrada pelo Instituto do Açúcar e do Álcool. Inconstitucionalidade. Precedentes do Supremo Tribunal Federal. (RE nº 87.873 – *RTJ*, v. 86, p. 696)

Tal diretriz se aplicava ao caso em exame, eis que o que se pretendia tributar era renda da União, arrecadada pelo extinto IBC, e que correspondia à quota de contribuição, devida ao Poder Público, sempre excluída da base de cálculo do ICM nas exportações.

Não tinha cabimento o equivocado argumento de que, não sendo a cobrança do ICMS feita diretamente ao IBC ou ao Fundo de Defesa da Economia Cafeeira, aquele tributo não estaria onerando a renda ou o serviço da União. Tal arguição fora formulada no último aresto mencionado, sendo repelido nos termos seguintes:

> Desafortunadamente, soem ser incompatíveis tais argumentos do decisório, com os princípios estatuídos pelo art. 19, item III, alínea *a* da Carta Magna Brasileira (texto constitucional anterior). Preliminarmente, porque a vedação constitucional não impede apenas a cobrança de impostos sobre a renda, patrimônio ou serviços das entidades que menciona, mas, antes mesmo, veda a pura e simples instituição de impostos sobre tais elementos. [...]
> Trata-se, no caso, de um problema de filosofia tributária, e não de uma circunstância financeira como erroneamente entendeu o julgado.
> O Estado não quer que as rendas dos seus entes, em qualquer das esferas – federal, estadual e municipal – sirva de base de cálculo a impostos e, quando excepciona este princípio, assim o faz expressamente.

O objetivo do legislador nacional (DL nº 406/68, art. 2º, §8º) foi o de fazer recair o ICM exclusivamente sobre o preço da mercadoria, excluindo, portanto, não apenas despesas incorridas no trajeto Brasil-país importador (frete, seguro e despesas de embarque), como até mesmo de mercadorias em território nacional (RE nº 80.452 – *RTJ*, v. 86, p. 696).

Natural que se interpretasse o dispositivo, considerando a expressão "valor líquido faturado" como correspondendo ao valor FOB, deduzido das despesas pagas a terceiros e necessárias para processar a exportação, inclusive a quota de contribuição, seja porque a enunciação das exclusões mostra-se meramente exemplificativa, à vista de seus fins, seja porque a expressão "despesas decorrentes do serviço de embarque" há de ser interpretada de maneira a compreender as despesas necessárias para que se possa realizar o embarque, entre as quais se coloca a mencionada quota, que o Governo federal exigia compulsoriamente.

Acresce que, por sua estrutura e em virtude do mecanismo de funcionamento do mercado externo de café, a quota de contribuição era suportada integralmente pelo exportador, sendo que este ônus não podia ser repassado ao comprador internacional, uma vez que o café era exportado pelo preço vigente no mercado, impossibilitando o reembolso da malsinada quota, ao exportador.

A matéria foi pacificada no STJ:

> Na exportação de café em grão, não se inclui na base de cálculo do ICM, a quota de contribuição a que se refere o art. 2º do Decreto-lei nº 2.295, de 21.11.96. (Súmula nº 49)

O Plenário do STF resolveu, em definitivo, a controvérsia:

> Tributário. Exportação de café em grão. ICMS. Base de cálculo. Quota de contribuição do IBC. DL 406/68. Art. 2º, §8º, Convênio ICM 66/88. Art. 11 editado sob invocação do art. 34, §8º, do ADCT. Princípio da imunidade recíproca.
>
> A competência delegada aos Estados, no art. 34, §8º, do ADCT, para fixação, por convênio, de normas destinadas a regular provisoriamente o ICMS, limita-se pela existência de lacunas na legislação.
>
> Se a base de cálculo em referência já se achava disciplinada pelo art. 2º, §8º, do DL 406/68, recepcionado pela nova Carta com o caráter de lei complementar, até então exigido (art. 34, §5º, do ADCT), não havia lugar para a nova definição que lhe deu o Convênio ICM 66/88 (art. 11), verificando-se, no ponto indicado, ultrapassagem do linde cravado pela norma transitória e conseqüente invasão do princípio constitucional da legalidade tributária.
>
> Aquele entendimento do acórdão impugnado suficiente para respaldar sua conclusão, dispensando-se, por isso, o exame da tese de imunidade tributária, sem prejuízo de sua absoluta pertinência, já que não se está diante de exigência fiscal dirigida a qualquer dos entes de direito público beneficiário dessa limitação ao poder de tributar.
>
> Não conhecimento do recurso, com declaração de inconstitucionalidade do art. 11 do Convênio ICM 66/88, de 14 de dezembro de 1988. (RE nº 149.922-2 – Rel. Min. Ilmar Galvão – j. 23.2.94 – *DJU* de 29.4.94, p. 9.733)

> Constitucional. Contribuição. IBC. Café; Exportação. Cota de Contribuição: DL 2.295, de 21.11.86, artigos 3º e 4º, CF, 1967, art. 21, §2º, I; CF, 1988, art. 149.
>
> I – Não recepção, pela CF/88, da cota de contribuição nas exportações de café, dado que a CF/88 sujeitou as contribuições de intervenção à lei complementar do art. 146, III, aos princípios da legalidade (CF, art. 150, I), da irretroatividade (art. 150, III, *a*), e da anterioridade (art. 150, III, *b*). No caso, interessa afirmar que a delegação inscrita no art. 4º do DL 2.295/86 não é admitida pela CF/88, art. 150, I, *ex vi* do disposto no art. 146.
>
> Aplicabilidade, de outro lado, do disposto nos artigos 25, I, e 34, §5º, do ADCT/88.
>
> II – RE não conhecido. (RE nº 198.554-2-SP – Pleno – Rel. Min. Carlos Velloso – j. 18.9.97 – *DJU* 1 de 31.10.97, p. 55.565)

A partir da publicação da LC nº 87/96, toda e qualquer exportação de bens e serviços ficou desonerada do ICMS (art. 3º, II). *Vide* Capítulo VIII, item 7.

A CF (art. 155, X, "a", na redação da Emenda nº 42, de 19.12.03) passou a dispor que o ICMS "não incidirá sobre operações que destinem mercadorias para o exterior, nem sobre serviços prestados a destinatários no exterior, assegurada a manutenção e o aproveitamento do montante do imposto cobrado nas operações e prestações anteriores".

## 12 Importação

A CF (art. 155, XII, "i") dispõe que a lei complementar poderá fixar a base de cálculo, de modo que o montante do imposto a integre, também na importação do exterior do bem, mercadoria ou serviço (redação da Emenda nº 33, de 11.12.2001).

A LC nº 87/96 (art. 13, V, na redação da LC nº 114/02) estabelecera que, nas operações de importação, a base de cálculo do ICMS é a soma das parcelas seguintes:
 a) o valor da mercadoria ou bem constante dos documentos de importação;
 b) imposto de importação;
 c) imposto sobre produtos industrializados;
 d) imposto sobre operações de câmbio;
 e) quaisquer outros impostos, taxas, contribuições e despesas aduaneiras.

Inexiste respaldo jurídico para considerar os mencionados tributos federais e as despesas aduaneiras no cálculo do ICMS, uma vez que este imposto só poderia ser calculado sobre o valor da operação mercantil, compreendido como tal, exclusivamente, o preço da mercadoria, do bem ou do serviço importado, sendo inadmissível a agregação de valores que não se traduzem no pacto comercial.

Realmente, os aludidos impostos (II, IPI, IOC) são elementos estranhos à remuneração devida pela aquisição do produto importado, só podendo ser cogitada da inclusão do montante do próprio ICMS com o advento da Emenda Constitucional nº 33, de 11.12.2001, mediante a previsão em lei complementar (art. 155, §2º, XII, "h").

Assim, carece de legitimidade a legislação ordinária (Lei nº 11.001, de 21.12.2001, de São Paulo), dispondo que a base de cálculo do ICMS na importação é o "valor constante do documento de importação, acrescido do valor dos Impostos de Importação, sobre Produtos Industrializados e sobre Operações de Câmbio, bem como de quaisquer outros impostos, taxas, contribuições e despesas aduaneiras" (redação dada ao inc. IV do art. 24).

Relativamente à inclusão das "taxas", deve ser afastada a inclusão da Taxa de Utilização do Siscomex no Registro da Declaração de Importação, prevista na Lei federal nº 9.716/98, e demais taxas decorrentes da prestação de serviço público, específico e divisível, e do exercício regular do poder de polícia.

Oportuna a manifestação do STJ:

> Recurso Especial. Taxa de Armazenagem e Capatazia. ICMS. Não se incluem na base de cálculo do ICMS as taxas de armazenagem e capatazia. Decisão impugnada que julgou válido ato local, mas contestado em face da lei federal. Recurso especial conhecido pela letra *b* e provido. (REsp nº 77.694-BA – 1ª T. – Rel. Min. José de Jesus Filho – j. 4.12.95 – *DJU* 1 de 4.3.96, p. 5.385)

Não se poderia cogitar da inclusão dos valores atinentes às *contribuições sociais* seguintes:
a) Cide-combustível instituída pela Lei federal nº 10.336, de 19.12.2001, incidente sobre a importação e a comercialização de petróleo e seus derivados, gás natural e seus derivados, e álcool combustível;
b) Contribuições para o PIS-importação e Cofins-importação, incidentes na importação de produtos e bens estrangeiros, ou serviços, instituídas pela Lei federal nº 10.865, de 30.4.2004 (com base na EC nº 42/03);
c) AFRMM (adicional ao frete para a renovação da marinha mercante) incidente nas prestações de serviço de transporte porto a porto, previsto na Lei federal nº 10.893, de 13.7.2004.

Consideravam-se como *despesas aduaneiras* (Convênio ICMS nº 7, de 1º.4.2005) todas as importâncias indispensáveis cobradas ou debitadas ao adquirente no controle e desembaraço da mercadoria, ainda que sejam conhecidas somente após o desembaraço aduaneiro, especialmente:

I – o Adicional ao Frete para Renovação da Marinha Mercante (AFRMM);
II – o Adicional de Tarifa Aeroportuária (Ataero);
III – a Taxa de Utilização do Siscomex;
IV – os valores desembolsados com despachante, bem como as contribuições para os Sindicatos dos Despachantes Aduaneiros;
V – o manuseio de contêiner;
VI – a movimentação com empilhadeiras;
VII – a armazenagem;
VIII – a capatazia;
IX – a estiva e desestiva;
X – a arqueação;
XI – a paletização;
XII – o demurrage;
XIII – a alvarengagem;
XIV – as multas aplicadas no curso do despacho aduaneiro;
XV – os direitos "antidumpling";
XVI – a amarração e a desamarração de navio;
XVII – a unitização e a desconsolidação.

Todavia, o Convênio ICMS nº 83/05, de 1.7.2005, revogou o Convênio ICMS nº 7/05. A Secretaria da Fazenda de São Paulo entende que:

as despesas de capatazia, armazenagem e remoção de mercadorias, comissões de despachante (inclusive o valor da taxa de sindicato), corretagem de câmbio, frete interno, não constantes da Declaração de Importação, ou da Declaração de Importação Complementar, não se configuram como despesas aduaneiras, e, portanto, não integram a base de cálculo do ICMS incidente na operação de importação.[309]

---

[309] Consulta nº 5.932/15, de 22.10.15.

Preocupa a regra prevista na LC nº 87/96 (parágrafo único do art. 14) no sentido de que "o valor fixado pela autoridade aduaneira para base de cálculo do imposto de importação, nos termos da lei aplicável, substituirá o preço declarado". Realmente, é difícil imaginar o seu alcance, tendo em vista que não se sabe se a fixação do valor pelo órgão federal decorrerá da aplicação das regras atinentes à "valoração aduaneira" (acordo aprovado pelo Conselho do Mercado Comum do Mercosul, pelo Decreto federal nº 1.765, de 28.12.95); ou se ocorrerão em razão de valores declarados incorretamente pelo importador (subfaturamento ou superfaturamento).

Este preceito suscita controvérsias em termos de aplicação em casos de "variação cambial", em que ocorrem fechamentos de câmbio, existindo diferenças de valores, ou seja, entre o valor recolhido por ocasião do fato imponível e o valor efetivamente pago quando da liquidação de tal fechamento, nas importações de bens para ativo fixo ou uso/consumo.

O Fisco alega que a taxa constante do contrato de câmbio constitui exceção ao art. 143 do CTN, que estatui que:

> Salvo disposição de lei em contrário, quando o valor tributário esteja expresso em moeda estrangeira, no lançamento far-se-á sua conversão em moeda nacional ao câmbio do dia da ocorrência do fato gerador da obrigação.

Assim, seria recolhida eventual diferença quando viesse a conhecer o valor definitivo da taxa cambial.

Os contribuintes, de outra feita, asseveram que só pode ser aplicada a taxa vigente ao tempo do desembaraço aduaneiro, sendo a tributação da flutuação cambial matéria vedada aos estados, porque de competência exclusiva da União (art. 153, V, da CF/88). Nesta situação não há que se confundir operação mercantil (compra por importação), com operação financeira (liquidação do financiamento externo).

A questão cinge-se à taxa efetivamente aplicada, e não à taxa utilizada no fechamento do contrato de câmbio.

O TIT decidiu não haver fundamento jurídico para a exigência de tal "variação cambial", por constituir elemento estranho ao fato gerador do tributo.[310]

A própria Fazenda paulista assim se posicionou: "a variação da taxa cambial resultante de eventuais fechamentos de câmbio decorrentes de futuros contratos de câmbio, não mais repercute na apuração do imposto devido na importação".[311]

Anote-se julgado do STJ:

> Tributário. ICM na importação de mercadorias. Diferença decorrente de variação cambial entre a data de pagamento do tributo por ocasião do desembaraço aduaneiro e a efetiva liquidação do contrato de câmbio.
>
> Quando o valor tributário estiver expresso em moeda estrangeira, no lançamento far-se-á conversão em moeda nacional ao câmbio do dia da ocorrência do fato gerador da obrigação (CTN, art. 143); nenhuma diferença de ICM pode ser exigida em razão da variação cambial verificada entre a data do desembaraço aduaneiro e a da efetiva liquidação do contrato de câmbio, salvo se, desconhecida a taxa cambial na ocasião da liberação das

---

[310] Processos nºs DRT-1-32808/87, sessão de 17.12.91, e DRT-6-5066/87, sessão de 16.7.92.
[311] Consultas nºs 1.397, de 30.3.91, e 630/92, de 1º.6.93, *Boletins Tributários*, v. 471-A, p. 284-6 e 502-A, p. 619-21.

mercadorias importadas, a cobrança do tributo se deu por estimativa. Recurso especial conhecido e provido. (REsp nº 15.450-SP – 2ª T. – Rel. Min. Ari Pargendler – j. 8.2.96 – *DJU* 1 de 4.3.96, p. 5.394)

Também a LC nº 87/96 (art. 14) trata da desconsideração da aludida variação cambial, não distinguindo se é oriunda do fechamento do contrato de câmbio em prazo dilatado, ou defluente de simples demora na liberação alfandegária dos bens importados.

Peculiarmente, examina-se o "valor da mercadoria ou do bem" na importação de *jogos eletrônicos para computador e consoles*, classificados na Nomenclatura Comum do Mercosul (NCM), na posição 8523.4029, enquadrando-se no art. 8º do Regulamento Aduaneiro (Decreto federal nº 6.759/2009), a saber:

> O valor aduaneiro dos suportes físicos que contenham dados ou instruções para equipamento de processamento de dados será determinado considerando unicamente o custo ou valor do suporte propriamente dito (Acordo de Valoração Aduaneira, art. 18, parágrafo 1º, aprovado pelo Decreto Legislativo nº 30, de 1994; e Decisão 4.1 do Comitê de Valoração Aduaneira, aprovada em 12 de maio de 1995).
> §1º Para efeitos do disposto no *caput* não compreende circuitos integrados, semicondutores e dispositivos similares, ou bens que contenham esses circuitos ou dispositivos.
> §2º O suporte físico referido no *caput* não compreende as gravações de som, de cinema ou de vídeo.

O complexo de bens importados compreende jogos de *videogame*, e *softwares* executados em plataformas específicas ("consoles"). Os "jogos" concernem a programas de computador com alto grau de complexidade, exigindo o uso de fundamentos como linguagens de programação, sistemas operacionais, computação gráfica, inteligência artificial e redes. Os "consoles", como sistema operacional, apresentam todos os dispositivos característicos de um sistema computacional.

O valor a ser utilizado para fins de incidência tributária considera exclusivamente a "mídia" (suporte físico), excluindo a incidência sobre o *software*.

## 13 IPI

A CF/88 (art. 155) estabelece que o ICMS:

> XI - não compreenderá, em sua base de cálculo, o montante do imposto sobre produtos industrializados, quando a operação realizada entre contribuintes e relativa a produto destinado a industrialização ou à comercialização, configure fato gerador dos dois impostos.

Por decorrência lógica, o IPI pode ser incluído na base de cálculo do ICMS quando a operação for efetivada com produto não destinado à industrialização, ou comercialização e/ou entre contribuintes e não contribuintes do ICMS. Esta situação aplica-se no caso de o produto destinar-se a consumo ou ativo fixo do adquirente.

O STJ explicita a aplicação do preceito constitucional:

> [...] a) na primeira, que ocorre na saída da mercadoria do estabelecimento industrial para o do comerciante, o IPI não deve entrar na base de cálculo do ICMS, quando coincidirem

os três pressupostos previstos na norma constitucional – operação realizada entre contribuintes, produto destinado à industrialização ou comercialização e fato gerador coincidente dos dois impostos; b) na segunda, operação realizada entre o comerciante e consumidor final, o IPI cobrado na operação anterior acaba integrando a base de cálculo do ICMS, se se tratar de produto não destinado à industrialização/comercialização ou *se se tratar de operação realizada entre contribuinte e não-contribuinte do ICMS (atacadista/varejista e consumidor final)*, hipótese dos autos. (RMS nº 19.064-RS – 2ª T. – Rel. Min. Eliana Calmon – j. 17.5.2005 – *DJU* 1 de 20.6.2005, p. 175/6)

Em princípio, o preceito não deveria acarretar nenhum tipo de questionamento, salvo a edição de legislação paulista (art. 24, §1º, da Lei nº 6.374/89), ao determinar a inclusão do IPI, na base de cálculo do ICMS "na operação realizada por estabelecimento *simplesmente equiparado a industrial*, pela legislação relativa ao imposto federal".

Nesse particular, o RIPI (art. 24) definiu diversos estabelecimentos (importadores, comerciantes etc.) como equiparados a industriais, apesar de não praticarem nenhum ato fabril.

O exame do texto constitucional conduziu à ponderação seguinte:

Em termos comparativos com o regime constitucional precedente, identifica-se manifesta ampliação do campo de abrangência da mencionada inclusão, pois, anteriormente, só poderia haver incidência do ICM sobre o valor do IPI quando a operação não configurasse fato imponível dos dois impostos, como p. ex. a revenda, por estabelecimento comercial, de produto industrializado adquirido de terceiro.

Agora, acrescenta-se novo requisito, qual seja, o de que o produto seja destinado a comercialização ou industrialização.[312]

Na temática da inconstitucionalidade, sigam-se as lições doutrinárias.[313]
O TJSP espancou qualquer insegurança, *verbis*:

Incidente de Inconstitucionalidade da Lei Estadual nº 6.374/89, art. 24, §1º.
Não é viável que a Lei Estadual, na tentativa de contornar a Lei Maior, estabeleça dissemelhança. Não pode a Lei Estadual estabelecer uma distinção onde a Constituição não distingue. (Incid. de Inconst. na Ap. Civ. nº 162.265-2/0-07 – Pleno – Rel. Des. Oetterer Guedes – j. 19.2.92 – *Boletim da AASP*, n. 1.751, p. 245)

A jurisprudência administrativa (TIT) também palmilhou pelo mesmo caminho jurídico.[314]

A LC nº 87/96 (art. 13) é categórica:

2º Não integra a base de cálculo do imposto o montante do Imposto sobre Produtos Industrializados, quando a operação, realizada entre contribuintes e relativa a produto

---

[312] BOTTALLO, Eduardo Domingos. Base imponível do ICMS e operações realizadas por estabelecimentos equiparados a industriais. *Revista de Direito Tributário*, São Paulo, v. 55. p. 223.

[313] ROCHA, Valdir de Oliveira. IPI e base de cálculo do ICMS. *Direito Tributário Atual*, São Paulo, v. 11/12, 1992. p. 3.225/3.243.

[314] Processos nºs DRT 3-3534/91, sessão de 31.7.92, *Boletim TIT*, n. 272, p. 1 e 2, e DRT 1-19.044/89, sessão de 24.11.92, *Boletim TIT*, n. 277, p. 5.

destinado à industrialização ou à comercialização, configurar fato gerador de ambos os impostos.

O STF cristalizou o entendimento seguinte:

> ICMS. IPI. Art. 155, §2º, XI, da Constituição Federal. Art. 24, §1º, nº 4, da Lei Paulista nº 6.374/89. Venda de produtos importados, para industrialização ou comercialização. Exclusão do valor correspondente ao último tributo da base de cálculo do primeiro.
> Configurando-se, no caso, fato gerador de ambos os tributos, incide a norma constitucional em referência, que não distingue contribuinte industrial de contribuinte equiparado a industrial.
> A Lei nº 6.374/89, do Estado de São Paulo, ao estabelecer em sentido contrário, no dispositivo acima indicado, ofende o apontado texto da Carta da República.
> Recurso conhecido e provido, com declaração da inconstitucionalidade do texto estadual sob enfoque. (RE nº 191.648 – Pleno – Rel. Min. Ilmar Galvão – j. 24.4.97 – *DJU* 1 de 20.6.97, p. 28.490)

## 14 Transferência de mercadoria

A previsão de fato gerador relativo à saída de mercadoria do estabelecimento de contribuinte, para outro estabelecimento do mesmo titular (art. 12, I, da LC nº 87/96), deve ser considerada inconstitucional em razão de inexistência de "operações mercantis" (transferências da posse ou propriedade de mercadorias para terceiros).

O STF firmara tese de repercussão geral no sentido de que:

> não incide ICMS no deslocamento de bens de um estabelecimento para outro do mesmo contribuinte localizados em estados distintos, visto não haver transferência da titularidade ou a realização de ato de mercancia. (RE com Agravo nº 1.255.885 – Mato Grosso do Sul – Plenário – Rel. Min. Presidente Dias Toffoli – Sessão de 14.8.2020)

Entretanto, a LC nº 87/96 (art. 13, I) dispõe sobre a *base de cálculo* como sendo o "valor da operação"; estabelecendo que na saída para estabelecimento localizado em outro estado, pertencente ao mesmo titular, a *base de cálculo* é (§4º):

> I – o valor correspondente à entrada mais recente da mercadoria;
> II – o custo da mercadoria produzida, assim entendida a soma do custo da matéria-prima, material secundário, mão de obra e acondicionamento;
> III – tratando-se de mercadorias não industrializadas, o seu preço corrente no mercado atacadista do estabelecimento remetente.

Com relação ao *inc. I*, há que se considerar que a sujeição do imposto à "entrada" teria que se referir às únicas hipóteses de incidência (art. 2º, §1º, da LC nº 87/96 – importação; e art. 2º, §1º, inc. III; e art. 2º, inc. XII, da LC nº 87/96 – entrada de combustíveis, energia elétrica, no território do destinatário).

Considerando que as operações mercantis, sujeitas à incidência do ICMS, decorrem de relações de natureza privada, a "entrada" (de modo natural e jurídico) decorreria de negócios jurídicos realizados por particulares.

Assim, a "entrada" da mercadoria somente pode defluir de uma anterior saída da mesma mercadoria, promovida por um terceiro (vendedor) em razão de atos de natureza mercantil. Para fins tributários, não se pode cogitar a existência de entrada meramente física promovida por forças da natureza ou de extração de coisas do solo e do subsolo.

Argutamente fora delineado que:

> O imposto não incide sobre meros eventos materiais relativos à mercadoria (entrada ou saída de certo lugar e em determinado tempo); a entrada em si mesmo considerada não é operação relativa à circulação de mercadorias; a possibilidade de exigir ICMS pela "entrada" se dá apenas em relação às mercadorias estrangeiras e por norma constitucional expressa e clara.[315]

Não há como considerar a existência de negócio jurídico implicador de "entrada de mercadoria nas atividades extrativas, uma vez que o minério constitui bem material de posse do próprio minerador, em razão da concessão por parte da União Federal".

O STJ manifestou o entendimento sobre a temática:

> Expressão *entrada mais recente*, no inc. I, se refere ao valor das operações em que o titular do estabelecimento *compra* os produtos, quer dizer, adquire-os de *terceiros*, em operações empresariais típicas, e depois os transfere a estabelecimento dele próprio em outro Estado. (REsp nº 1.109.298-RS – 2ª T. – Rel. Min. Castro Meira – j. 26.4.2011 – DJe de 25.5.2011)

A expressão "entrada mais recente" somente pode ser compreendida como a "aquisição da mesma espécie de mercadoria", efetuada em período de tempo mais próximo possível ao da transferência. Somente teria sentido utilizar-se o valor de idêntica mercadoria, o que reforça o entendimento de tratar-se de operação mercantil.

Relativamente ao *inc. II* – que trata de custo da mercadoria produzida – entende-se que o preceito somente pode compreender atividades de natureza industrial, uma vez que se trata de mercadoria resultante de atos relativos à produção, considerando a utilização de insumos que lhes são pertinentes, pois os bens produzidos necessariamente demandam a aplicação de materiais e trabalho.

O conceito contábil de *custo* fora previsto na Norma nº 2 do Instituto Brasileiro de Contabilidade (Ibracon), a saber:

> 8. *Custo* é a soma dos gastos incorridos e necessários para a aquisição, conversão e outros procedimentos necessários para trazer os estoques à sua condição e localização atuais, e compreende todos os gastos incorridos na sua aquisição ou produção, de modo a colocá-los em condições de serem vendidos, transformados, utilizados na elaboração de produtos ou na prestação de serviços que façam parte do objeto social da entidade, ou realizados de qualquer outra forma. [...]
> 11. O *conceito de custo*, conforme aplicado a estoques produzidos na entidade, é entendido como sendo o somatório dos gastos com matéria-prima, mão-de-obra direta e outros gastos fabris (mão-de-obra indireta, energia, depreciação, etc.), excluídos aqueles atribuíveis à ocorrência de fatores não previsíveis, tais como efeitos de ociosidade e de perdas anormais. Gastos gerais e administrativos não claramente relacionados com a produção, não são incorporados a custos dos estoques.

---

[315] GRECO, Marco Aurélio. ICMS – Combustíveis e energia elétrica destinados à industrialização – Sentido do art. 3º, III, da LC 87/96. *Revista Dialética de Direito Tributário*, n. 128, p. 90; 100.

Entretanto, para fins de base de cálculo do imposto, o legislador tributário limitou as verbas que podem ser consideradas no âmbito dos custos, razão pela qual se pode entender que fica prejudicado o amplo aspecto contábil relativo aos custos.

A "produção" (também assemelhada à "industrialização") de um bem deve levar em conta elementos técnicos, físicos, operacionais (e mesmo empresariais), inseridos em um contexto constitucional.

Para fins de caracterização de "mercadoria produzida" (industrializada), é totalmente irrelevante considerar as espécies (ou modalidades) de atividades físicas/mecânicas realizadas, a finalidade ou a destinação do bem produzido.

"Mercadoria produzida" significa bem corpóreo objeto de elaboração necessária para sua colocação no mercado e consumo (como é o caso de beneficiamento); distinguindo-se da "mercadoria comercializada" em que simplesmente é promovida sua circulação mercantil, sendo prescindível a prática de qualquer elaboração (desnecessidade de beneficiamento etc.).

No que concerne ao *inc. III* – que trata de mercadoria não industrializada e do preço corrente no mercado atacadista do estabelecimento remetente –, há que se harmonizar com os preceitos constantes dos demais incisos analisados (I e II), permitindo vislumbrar distintas atividades realizadas por pessoas privadas (REsp nº 1.109.298, que concerne ao inc. III no âmbito de produtos primários).

Examinando o texto legal (inc. III), não padece dúvida de que "produto primário" é aquele bem corpóreo que não sofre processo de industrialização (beneficiamento etc.) de conformidade com a legislação tributária básica, que trata de "produtos industrializados".

Qualifica-se como "produto primário" basicamente o produto *in natura*, como se caracterizam os produtos vegetais (semente destinada a plantio), e os produtos minerais (rocha bruta).

Todavia, no âmbito de bens de natureza "mineral", cumpre examinar no Código de Mineração se a apuração de determinados bens resultantes de atividade extrativa mineral (inclusive mediante beneficiamento) podem ser considerados "produtos primários", sob o suposto de estarem excluídos do âmbito de industrialização, de conformidade com a legislação que trata da matéria de modo específico e peculiar.

Despiciendos os efeitos meramente econômicos que possam resultar da adequada qualificação dos "produtos" (primários ou industrializados), para fins de aplicação da correta base de cálculo do imposto nas transferências. Não é o caso de cogitar a respeito de vantagens (ou prejuízos) aos estados de origem ou destino dos bens, porque constituem elementos de distinta natureza (política, econômica, social), que não se enquadram às lindes tributárias e não possibilitam conferir a indispensável segurança jurídica.

Considerando que a LC nº 87/96 não dispõe sobre a definição de "preço corrente no mercado atacadista da praça do remetente", ou critério para a apuração de "mercado atacadista", deve ser utilizado o conceito contido no ordenamento jurídico, de conformidade com as disposições do CTN (art. 11).

Nesse sentido, a doutrina apurou referidos elementos integrantes do direito mercantil, que podem servir de subsídio ao presente estudo, na forma seguinte:

> Mercado. Na técnica mercantil, além do sentido restrito apontado, designa a *localidade*, considerada pelo conjunto de comerciantes e de estabelecimentos comerciais, em que se realizam as várias operações de comércio sem atenção à sua espécie ou natureza.

Nesse sentido, também se emprega a expressão *praça*.

É costume, ainda, fazendo-se alusão à espécie ou natureza da *mercadoria*, adotar-se o vocábulo para referência à totalidade de operações e ao movimento de negócios acerca da mesma mercadoria.[316]

Mercado – O conjunto de negócios realizados; 8. Econ. Conjunto de consumidores que absorvem produtos e/ou serviços; o meio consumidor; 9. Econ. Conjunto de transações econômicas entre vários países ou no interior de um país.[317]

Atacadista 1. Relativo ao comércio feito por atacado; 2. Que ou quem compra em grandes quantidades os artigos de sua especialidade e os revende igualmente por lotes aos comerciantes do varejo (diz-se comerciante).
Atacado – 4. Forma de venda de mercadorias em grades ou médias partidas; comércio grossista ou por grosso.[318]

Atacado 1. Direito Comercial. Termo usado para indicar a venda por grosso, em grandes quantidades, a outros empresários, que revendem as mercadorias compradas.[319]

Entende-se que "As vendas por grosso ou por atacado referem-se a mercadorias negociadas entre empresas, e a venda a retalho ou a varejo é aquela feita diretamente ao consumidor".[320]

Subsidiariamente, pode-se aplicar a legislação do IPI (Decreto federal nº 7.212, de 15.6.2010), tratando da matéria na forma seguinte:

Art. 14. Para os efeitos deste regulamento, consideram-se:
I - estabelecimento comercial atacadista, o que efetuar vendas:
a) de bens de produção, exceto aos particulares em quantidade que não exceda a normalmente destinada ao seu uso próprio;
b) de bens de consumo em quantidade superior àquela normalmente destinada a uso próprio do adquirente; e
c) a revendedores.
Para efeito de consideração de base de cálculo do imposto federal, o RIPI (art. 196) estabelece o seguinte:
Parágrafo único. Inexistindo o preço corrente no mercado atacadista, tomar-se-á por base de cálculo: [...]
II - no caso de produto nacional, o custo de fabricação, acrescido dos custos financeiros e dos de venda, administração e publicidade, bem como do seu lucro normal e das demais parcelas que devam ser adicionadas ao preço da operação, ainda que os produtos hajam sido recebidos de outro estabelecimento da mesma firma que os tenha industrializado.

Em razão dos mencionados critérios jurídicos, pode-se entender que *mercado atacadista da praça do remetente* significa o conjunto de operações (vendas), em significativas

---

[316] SILVA, De Plácido e. *Vocabulário jurídico*. Rio de Janeiro: Forense, [s.d.]. v. I. p. 1.015.
[317] HOUAISS, Antônio. *Dicionário Houaiss da Língua Portuguesa*. Rio de Janeiro: Objetiva, 2001. p. 1.897.
[318] HOUAISS, Antônio. *Dicionário Houaiss da Língua Portuguesa*. Rio de Janeiro: Objetiva, 2001. p. 329.
[319] DINIZ, Maria Helena. *Dicionário jurídico*. 3. ed. São Paulo: Saraiva, 2007. p. 331.
[320] BULGARELLI, Waldírio. *Contratos mercantis*. 10. ed. São Paulo: Atlas, 2010. p. 201.

quantidades de mesmas espécies de mercadorias, realizadas por diversos empresários em determinada região (município ou mesmo estado), e num mesmo período, a adquirentes também situados em distintos locais.

O STF declarou a inconstitucionalidade dos arts. 11, §3º, II, 12, I, no trecho "ainda para outro estabelecimento do mesmo titular", e 13, §4º, da Lei Complementar Federal nº 87, de 13.9.1996 (ADC nº 49 – Plenário – Rel. Min. Edson Fachin – Sessão Virtual de 19.4.21 – *DJe* de 4.5.21).

## 15 Falta de valor e de preço determinado. Arbitramento

Examinam-se: a) as saídas de mercadorias em transferência, b) a transmissão a terceiro de mercadoria depositada em armazém geral ou em depósito fechado, c) a transmissão da propriedade da mercadoria, ou de título que a represente, quando a mercadoria não tiver transitado pelo estabelecimento transmitente, e d) a entrada no território do estado de lubrificantes e combustíveis líquidos e gasosos derivados de petróleo e energia elétrica oriundos de outro estado, quando não destinados à comercialização ou à industrialização, em que *ocorra a falta de valor*.

Nessas situações, a *base de cálculo* do imposto (art. 15, da LC nº 87/96) é:

> I - o preço corrente da mercadoria, ou de seu similar, no mercado atacadista do local da operação ou, na sua falta, no mercado atacadista regional, caso o remetente seja produtor, extrator ou gerador, inclusive de energia:
> II - o preço FOB estabelecimento industrial à vista, caso o remetente seja industrial;
> III - o preço FOB estabelecimento comercial à vista, na venda a outros comerciantes ou industriais, caso o remetente seja comerciante.
> §1º Para a aplicação dos incisos II e III do *caput*, adotar-se-á sucessivamente:
> I - o preço efetivamente cobrado pelo estabelecimento remetente na operação mais recente;
> II - caso o remetente não tenha efetuado venda de mercadoria, o preço corrente da mercadoria ou de seu similar no mercado atacadista do local da operação, ou, na falta deste, no mercado atacadista regional.
> §2º Na hipótese do inciso III do *caput*, se o estabelecimento remetente não efetuar vendas a outros comerciantes ou industriais ou, em qualquer caso, se não houver mercadoria similar, a base de cálculo será equivalente a setenta e cinco por cento do preço de venda corrente no varejo.

Nas prestações sem preço determinado, a base de cálculo do imposto é o valor corrente do serviço, no local da prestação (art. 16 da LC nº 87/96).

A LC nº 87/96 estipula o seguinte:

> Art. 18. Quando o cálculo do tributo tenha por base, ou tome em consideração, o valor ou o preço de mercadorias, bens, serviços ou direitos, a autoridade lançadora, mediante processo regular, arbitrará aquele valor ou preço, sempre que sejam omissos ou não mereçam fé as declarações ou os esclarecimentos prestados, ou os documentos expedidos pelo sujeito passivou ou pelo terceiro legalmente obrigado, ressalvada, em caso de contestação, avaliação contraditória, administrativa ou judicial.

Obviamente, este excepcional procedimento fazendário não pode ser arbitrário e adotado para quaisquer situações, sem que exista cabal fundamento (documentos ou empresas inidôneas). O arbitramento deve possibilitar o contraditório, conferindo-se ao sujeito passivo o direito de oferecer todos os elementos contestatórios, ressalvando-se que, em regra, pode adotar valores e preços que entender conveniente, no desenvolvimento de suas atividades, tendo em vista o princípio da autonomia da vontade aplicável aos negócios privados.

## 16 Inclusão do ICMS na base de cálculo do PIS e da Cofins – Previsões normativas e medidas judiciais

As contribuições sociais ao Programa de Integração Social (PIS) e ao Financiamento da Seguridade Social (Cofins) têm como base de cálculo o valor total do faturamento (receita bruta da venda de bens e serviços nas operações em conta própria ou alheia) e de todas as demais receitas auferidas pelo contribuinte (leis federais nºs 10.637/2002 e 10.833/2003).

Em âmbito de controle difuso, questiona-se acerca da (in)constitucionalidade da inclusão do ICMS na base de cálculo da Cofins, relativamente à aplicação de regra contida na Lei Complementar nº 70/91, e no CF (art. 195, I, "b"), em vigência anterior à edição da Emenda Constitucional nº 20/98.

Em termos objetivos, examina-se a possibilidade jurídica de o valor referente ao ICMS ser incluído no preço das mercadorias, ou dos serviços, na medida em que seja qualificado como faturamento (ou receita).

O processo fora julgado sob os fundamentos seguintes:

TRIBUTO – BASE DE INCIDÊNCIA – CUMULAÇÃO – IMPROPRIEDADES. Não bastasse a ordem natural das coisas, o arcabouço jurídico constitucional inviabiliza a tomada de valor alusivo a certo tributo com a base de incidência de outro.
COFINS – BASE DE INCIDÊNCIA – FATURAMENTO – ICMS. O que relativo a título de Imposto sobre Circulação de Mercadorias e a Prestação de Serviços não compõe a base de cálculo de incidência da COFINS, porque estranho ao conceito de faturamento. (RE nº 240.785 – MG – Plenário – Rel. Min. Marco Aurélio – j. 8.10.2014)

No âmbito de controle concentrado, em 10.10.2007, fora proposta pelo presidente da República ação direta de constitucionalidade, mediante as assertivas seguintes:
   a) alguns julgados concluíram pela validade da norma, incluindo o valor do ICMS na base de cálculo da Cofins (súmulas nºs 68 e 94 do STJ, acórdãos dos Tribunais Regionais Federais e Varas Federais);
   b) outras decisões excluíram o valor pago a título de ICMS da base de cálculo da Cofins (STJ – TRF – 1ª Região e Varas Federais);
   c) má compreensão da legitimidade do art. 3º, §1º, I, da Lei nº 9.718/98 pode causar grave insegurança em milhares de relações tributárias, e comprometimento de receitas, com repercussão sobre as contribuições ao PIS na medida em que possuem metodologia de cálculo da Cofins.

A ADC argumentara basicamente o seguinte:
   a) na vigência da LC nº 70/91 (instituidora da Cofins), o IPI fora excluído da base de cálculo da contribuição, quando destacado em nota fiscal, não sendo excepcionado o ICMS; o mesmo se verificando na Lei nº 9.718/98;

b) a legislação posterior (EC nº 20/98; leis nºs 10.637/2002 e 10.833/2003) não revogara (expressa ou tacitamente) o aludido preceito da Lei nº 9.718/98);
c) inclusão do custo dos tributos indiretos (caso do ICMS) no preço dos produtos, com reflexos no cálculo das exações, que têm suas bases de cálculo compostas (total ou parcialmente) pelo preço das mercadorias e serviços, fora objeto de decisão pelo ICMS (RE nº 212.209-RS, j. 23.6.99);
d) a incidência do ICMS é sobre a operação como um todo, compreendendo o preço da mercadoria, computados seus custos, podendo se entender que o valor desse imposto corresponde a custos a cargo da empresa, levados em conta na formação do preço;
e) o ingresso do custo torna-se parte do faturamento da empresa, entendido como a soma das receitas operacionais. A noção de custo está para a de preço assim como a noção de despesas operacionais está para a de faturamento;
f) sendo o ICMS repassado para "dentro" do preço da venda, sua importância correspondente deve ser tributada pelas exações (Cofins e PIS) que incidem sobre o faturamento, ou a receita bruta total das empresas;
g) caso fosse inconstitucional a incidência da Cofins sobre o valor do ICMS embutido no preço das mercadorias e serviços, também seria inconstitucional a incidência do ICMS sobre o próprio ICMS ("por dentro");
h) considerado o faturamento como conjunto continente do preço de cada produto alienado, não há como o ICMS servir de base imponível para o próprio ICMS, e não servir para a Cofins ou o PIS;
i) a sistemática apontada não poderia ocorrer com o IPI, porque, embora caracterizado como imposto indireto, não onera a cadeia econômica da mesma forma (o ICMS representa custo na formação do preço permitindo o cálculo *por dentro*), o que não acontece com o IPI, que é cobrado em separado;
j) o ICMS calculado "por dentro" faz-se integrar ao preço do produto; e, sendo este pago pelo adquirente ao alienante, ingressa totalmente no patrimônio do vendedor, inclusive a parcela correspondente ao ônus tributário;
k) a tese de que o ICMS não deve ser computado na base de cálculo da Cofins somente seria correta se o nosso sistema fosse idêntico ao operante na ordenação jurídica norte-americana, em que o *sales tax* (correspondente ao ICMS) não compõe o preço da mercadoria, sendo cobrado por fora;
l) o custo do ICMS, quando incorporado ao preço da mercadoria (ou serviço), passa a compor a representação de valor do bem que circula economicamente, sendo também representação de circulação de riqueza, estando sujeito à tributação; e
m) a prática de se admitir a inclusão de tributo na base de cálculo de outro tributo é admitida tradicionalmente na jurisprudência brasileira, constituindo fonte de interpretação do direito.

O STF decidira o seguinte:

EMENTA: *RECURSO EXTRAORDINÁRIO COM REPERCUSSÃO GERAL. EXCLUSÃO DO ICMS NA BASE DE CÁLCULO DO PIS E COFINS. DEFINIÇÃO DE FATURAMENTO. APURAÇÃO ESCRITURAL DO ICMS E REGIME DE NÃO CUMULATIVIDADE. RECURSO PROVIDO.*

1. Inviável a apuração do ICMS tomando-se cada mercadoria ou serviço e a correspondente cadeia, adota-se o sistema de apuração contábil. O montante de ICMS a recolher é apurado mês a mês, considerando-se o total de créditos decorrentes de aquisições e o total de débitos gerados nas saídas de mercadorias ou serviços: análise contábil ou escritural do ICMS.

2. A análise jurídica do princípio da não cumulatividade aplicado ao ICMS há de se atentar ao disposto no art. 155, §2º, inc. I, da Constituição da República, cumprindo-se o princípio da não cumulatividade a cada operação.

3. O regime da não cumulatividade impõe concluir, conquanto se tenha a escrituração da parcela ainda a se compensar do ICMS, não se incluir todo ele na definição de faturamento aproveitado por este Supremo Tribunal Federal. O ICMS não compõe a base de cálculo para incidência do PIS e da COFINS.

3. Se o art. 3º, §2º, inc. I, *in fine*, da Lei n. 9.718/1988 exclui da base de cálculo daquelas contribuições sociais o ICMS transferido integralmente para os Estados, deve ser enfatizado que não há como se excluir a transferência parcial decorrente do regime de não cumulatividade em determinado momento da dinâmica das operações.

4. Recurso provido para excluir o ICMS da base de cálculo da contribuição ao PIS e da COFINS.

(RE 574.706 – Paraná – Plenário – Rel. Min. Cármen Lucia – j. 15.3.2017).

No julgamento dos Embargos Declaratórios, fora decidido o seguinte:

"O Tribunal, por maioria, acolheu, em parte, os embargos de declaração, para modular os efeitos do julgado cuja produção haverá de se dar após 15.3.2017 – data em que o julgado RE nº 574.706 e fixada a tese com repercussão geral: "O ICMS não compõe a base de cálculo para fins de incidência do PIS e da COFINS", ressalvadas as ações judiciais e administrativas protocoladas até a data da sessão em que proferido o julgamento, vencidos os Ministros Edson Fachin, Rosa Weber e Marco Aurélio. Por maioria, rejeitou os embargos quanto à alegação de omissão, obscuridade e contradição, e, no ponto relativo ao ICMS excluído da base de cálculo das contribuições PIS-COFINS, prevaleceu o entendimento de que se trata do ICMS destacado, vencidos os Ministros Nunes Marques, Roberto Barroso e Gilmar Mendes. Tudo nos termos do voto da Relatora. Presidência do Ministro Luiz Fux. Plenário, 13.05.2021. (Sessão realizada por videoconferência – Resolução nº 672/2020/STF)

CAPÍTULO IV

# ALÍQUOTA

## 1 Considerações gerais

A Constituição, em geral, não trata da fixação de critérios para a edição de alíquota, estando esta matéria integrada unicamente no regime da reserva legal, salvo exceções contempladas na própria Carta Magna (art. 153, VI, e §§4º e 5º; art. 155, §1º, IV, V, VI e VII, e art. 156, §4º).

Assinala-se que "congregada à base de cálculo, dá a compostura numérica da dívida, produzindo o valor que pode ser exigido pelo sujeito ativo, em cumprimento da obrigação que nasce pelo acontecimento do fato típico".[321]

Incisivamente declara-se que:

> O estudo da alíquota, a rigor, não pertence ao capítulo da hipótese de incidência, mas sim ao da estrutura dinâmica da obrigação tributária. A alíquota, é, na verdade, integrante da parte mandamental da norma: a alíquota não está na hipótese legal, mas no mandamento. O mandamento principal, na norma tributária, não é simplesmente "pague", mas "pague % sobre a base imponível, ou pague uma moeda por quilograma" ou "uma moeda por metro" ou "uma moeda por litro", etc.[322]

Essas considerações permitem visualizar a nítida dissociação entre base de cálculo e alíquota, pois, enquanto a primeira constitui o elemento básico, a efetiva grandeza da materialidade tributária, a alíquota representa parte, quota ou fração desse determinado montante.

Embora componham a quantificação da norma jurídica de tributação e configurem o elemento valorativo do *quantum* a ser devido pelo sujeito passivo, apresentam-se de formas nitidamente distintas.

---

[321] CARVALHO, Paulo de Barros. *Curso de direito tributário*. 24. ed. São Paulo: Saraiva, 2012. p. 371.
[322] ATALIBA, Geraldo. *Hipótese de incidência tributária*. São Paulo: Malheiros, 1993. p. 108.

A propósito dos tipos de alíquotas, explica-se o seguinte:

> Evidentemente só tem cabimento a alíquota *ad valorem* quando a base imponível seja o valor da coisa posta como aspecto material da hipótese de incidência. Quer dizer, se a perspectiva dimensível do aspecto material da hipótese de incidência for um valor, expresso em dinheiro, então a alíquota poderá ser um percentual. Se, como é raro – a base imponível for outra (peso, volume, tamanho, capacidade, etc.) – já a alíquota deverá ser multiplicada pela base imponível. Assim, por exemplo, a lei tributária dirá: pague Cr$1,00 "por quilo" ou "por metro" etc.[323]

Becker (citado por Ataliba): "[...] o tributo – sempre e logicamente – consiste numa parcela daquele fato que foi transfigurado em cifra (base de cálculo) por escolha e determinação da *regra* que estrutura a regra jurídica de tributação".[324]

## 2 Preceitos constitucionais

## 2.1 Constituição de 1988

A CF/88 (art. 155, §2º, redação original) estabelecera o seguinte:

> IV - resolução do Senado Federal, de iniciativa do Presidente da República ou de um terço dos Senadores, aprovada pela maioria absoluta dos seus membros, estabelecerá as alíquotas aplicáveis às operações e prestações, interestaduais e de exportação;
> V - é facultado ao Senado Federal:
> a) estabelecer alíquotas mínimas nas operações internas, mediante resolução de iniciativa de um terço e aprovada pela maioria absoluta de seus membros;
> b) fixar alíquotas máximas nas mesmas operações para resolver conflito específico que envolva interesse de Estados, mediante resolução de iniciativa da maioria absoluta e aprovada por dois terços de seus membros.
> VI - salvo deliberação em contrário dos Estados e do Distrito Federal, nos termos do disposto no inciso XII, *g*, as alíquotas internas, nas operações relativas à circulação de mercadorias e nas prestações de serviços, não poderão ser inferiores às previstas para as operações interestaduais;
> VII - nas operações e prestações que destinem bens e serviços a consumidor final, contribuinte ou não do imposto, localizado em outro Estado, adotar-se-á a alíquota interestadual e caberá ao Estado de localização do destinatário o imposto correspondente à diferença entre a alíquota interna do Estado destinatário e a alíquota interestadual (redação da EC nº 87, de 16.4.15);
> a) a alíquota interestadual, quando o destinatário for contribuinte do imposto;
> b) a alíquota interna, quando o destinatário não for contribuinte dele.
> VIII - a responsabilidade pelo recolhimento do imposto correspondente à diferença entre a alíquota interna e a interestadual de que trata o inciso VII será atribuída:
> a) ao destinatário, quando este for contribuinte do imposto;
> b) ao remetente, quando o destinatário não for contribuinte do imposto.

---

[323] ATALIBA, Geraldo. *Hipótese de incidência tributária*. São Paulo: Malheiros, 1993. p. 106.
[324] BECKER, Alfredo Augusto. *Teoria geral do direito tributário*. São Paulo: Saraiva, 1963. p. 343.

## 2.2 Emenda nº 33/01

Relativamente às operações com combustíveis e lubrificantes definidos em lei complementar, a Emenda nº 33, de 11.12.01 (inserção do §4º ao art. 155), passou a dispor o seguinte:

> IV - as alíquotas do imposto serão definidas mediante deliberação dos Estados e Distrito Federal, nos termos do §2º, XII, g, observando-se o seguinte:
> a) serão uniformes em todo o território nacional, podendo ser diferenciadas por produto;
> b) poderão ser específicas, por unidade de medida adotada ou *ad valorem*, incidindo sobre o valor da operação ou sobre o preço que o produto ou seu similar alcançaria em uma venda condições de livre concorrência;
> c) poderão ser reduzidas e restabelecidas, não se lhes aplicando o disposto no art. 150, III, b.

O novo mandamento desvirtua o tradicional modelo constitucional ao suprimir a competência privativa do Senado Federal para estabelecer as alíquotas do ICMS em operações interestaduais (inc. IV, §2º do art. 155); e para fixar as alíquotas mínimas e máximas, em específicas situações nas operações internas (incs. V e VI, §2º, do art. 155). Implicitamente suprime a competência das unidades federativas relativamente à normal fixação das alíquotas internas.

Viola mandamento constitucional (art. 60, §4º, I) que proibira a deliberação de proposta de emenda tendente a abolir a separação dos poderes, a forma federativa do Estado, pelo singelo fato de haver suprimido a competência do Poder Legislativo (Senado e assembleias legislativas dos estados e do DF), que fica outorgada ao Poder Executivo.

Em princípio, a matéria pertinente à estipulação de alíquotas é de competência do Legislativo, tanto do Senado para manter o equilíbrio federativo, quanto dos estados e DF, preservando o princípio da autonomia; mas nunca dos governadores dos estados, e do DF, que, por intermédio de seus representantes (secretários de Fazenda e de Finanças), e sem a participação do Legislativo (assembleias legislativas), estabelecem a quantificação das obrigações tributárias.

A atuação dos Executivos havia sido estabelecida de forma meramente supletiva (art. 155, V), no caso de os estados e o DF deixarem de utilizar sua competência relativamente às alíquotas internas.

Além disso, a EC nº 33/2001 utiliza estranha técnica legislativa, porque, embora tenha estatuído que a tributação específica de operações com "combustíveis e lubrificantes" será de competência de "lei complementar" (alínea "h", inc. XII, art. 155), passa a conferir competência dos estados e do DF ("convênios") para fixar as alíquotas do imposto (§4º, art. 155).

Ademais, a previsão para ser excepcionado o princípio da anterioridade (inaplicabilidade do art. 150, III, "b") não se harmoniza com o princípio da segurança e certeza, que impõe o conhecimento da majoração tributária, anteriormente ao início do exercício financeiro, atendido o disposto no art. 150, III, "c" – redação da EC nº 42/03.

Registre-se que o STF, analisando o Protocolo ICMS nº 21/2011 – que legitimara a aplicação da alíquota interna do ICMS na unidade federada de origem da mercadoria ou bem, e ainda a exigência de novo percentual, a diferença entre a alíquota interestadual e a alíquota interna, a título de ICMS na unidade destinatária, quando o destinatário final não fosse contribuinte do respectivo tributo –, procedeu à declaração de inconstitucionalidade por violação ao princípio do não confisco; ao livre tráfego de pessoas e bens; e a substituição tributária em geral (ADIn nº 4.628 – Plenário – Rel. Min. Luiz Fux – j. 17.9.14 – *DJe* de 24.11.14, p. 43/4).

## 2.3 Emenda nº 87/15

A EC nº 87, de 16.4.15, alterou a redação original na forma seguinte:

> VII - a responsabilidade pelo recolhimento do imposto correspondente à diferença entre a alíquota interna e a interestadual de que trata o inciso VII será atribuída:
> a) ao destinatário, quando este for contribuinte do imposto;
> b) ao remetente, quando o destinatário não for contribuinte do imposto.

O Ato das Disposições Constitucionais Transitórias insere o art. 99, dispondo que, no caso de operações e prestações que destinem bens e serviços ao consumidor final não contribuinte localizado em outro estado, o imposto correspondente à diferença entre a alíquota interna e a interestadual será partilhado entre os estados de origem e de destino, em específicas proporções.

Estatuiu a partilha do diferencial de alíquota entre as unidades federativas (de origem e de destino), a saber:
   a) para o ano de 2016: 40% (quarenta por cento) para o estado de destino e 60% (sessenta por cento) para o estado de origem;
   b) para o ano de 2017: 60% (sessenta por cento) para o estado de destino e 40% (quarenta por cento) para o estado de origem;
   c) para o ano de 2018: 80% (oitenta por cento) para o estado de destino e 20% (vinte por cento) para o estado de origem;
   d) a partir do ano de 2019: 100% (cem por cento) para o estado de destino.

A emenda entra em vigor na data de sua publicação, produzindo efeitos no ano subsequente e após 90 (noventa) dias desta.

O Convênio ICMS nº 93, de 17.09.15 (com efeitos a serem produzidos a partir de 1º.1.2016, e revogado pelo Convênio ICMS nº 236, de 27.12.21), estabelecera basicamente o seguinte:

> Cláusula Primeira. Nas operações e prestações que destinem bens e serviços ao consumidor final não contribuinte do ICMS, localizado em outra unidade federada, devem ser observadas as disposições previstas neste convênio.
> Cláusula Segunda. Nas operações e prestações de serviço de que trata este convênio, o contribuinte que as realizar deve:
> I – se remetente do bem:
> a) utilizar a alíquota interna prevista na unidade federada de destino para calcular o ICMS total devido na operação;
> b) utilizar a alíquota interestadual prevista para a operação, para o cálculo do imposto devido à unidade federada de origem;
> c) recolher, para a unidade federada de destino, o imposto correspondente à diferença entre o imposto calculado na forma da alínea "a" e o calculado na forma da alínea "b".
> II – se prestador de serviço:

a) utilizar a alíquota interna prevista na unidade federada de destino para calcular o ICMS total devido na prestação;

b) utilizar a alíquota interestadual prevista para a prestação, para o cálculo do imposto devido à unidade federada de origem;

c) recolher, para a unidade federada de destino, o imposto correspondente à diferença entre o imposto calculado na forma da alínea "a" e o calculado na forma da alínea "b".

§1º A base de cálculo do imposto de que tratam os incisos I e II do caput é o valor da operação ou o preço do serviço, observado o disposto no §1º do art. 13 da Lei Complementar nº 87, de 13 de setembro de 1996.

§2º Considera-se unidade federada de destino do serviço de transporte aquela onde tenha fim a prestação.

§3º O recolhimento de que trata a alínea "c" do inciso II do caput não se aplica quando o transporte for efetuado pelo próprio remetente ou por sua conta e ordem (cláusula CIF – *Cost, Insurance and Freight*):

[...];

Cláusula terceira. O crédito relativo às operações e prestações anteriores deve ser deduzido do débito correspondente ao imposto devido à unidade federada de origem, observado o disposto nos arts. 19 e 20 da Lei Complementar nº 87/96 [...].

Observa-se que a alteração constitucional se verificara em relação às operações que destinem bens e serviços a consumidor final que não seja contribuinte do ICMS, localizado em outro estado, passando a ser devido o ICMS pelo remetente (i) ao Estado de origem, com alíquota interestadual; e (ii) ao estado de destino, com a diferença entre a alíquota interna e a interestadual.

Entende-se que, (i) nas vendas a consumidor final não contribuinte do imposto, somente deve ser recolhido o ICMS a outro estado se houver a obrigação do vendedor de entregar a mercadoria vendida em outra unidade federada; caso contrário, deve ser aplicada a alíquota interna; (ii) no caso de aquisições realizadas por não contribuintes inscritos no Cadastro de Contribuintes do ICMS, permanece a adoção de alíquota interna, como é o caso de construtoras que adquirem mercadoria para ser aplicada em obra localizada no mesmo estado em que ocorre a operação.[325]

Argutamente fora observado que "o diferencial de alíquota só era devido nas operações em que o destinatário final era contribuinte do imposto; e que, nas hipóteses em que o destinatário não era contribuinte, o fornecedor (sujeito passivo) recolhia o ICMS considerando a alíquota interna". E assinala "a nova redação não diferencia as operações pelo critério 'destinatário final contribuinte ou não do imposto', para fins de aplicação da alíquota interestadual, porquanto a mesma pessoa passou a incidir em ambos os casos, mas a utiliza para a atribuição de responsabilidade".[326]

Argumenta-se que não caberia regular a matéria por meio de convênios, por se tratar de competência reservada à lei complementar, destacando-se as ações diretas de inconstitucionalidade seguintes.

---

[325] CARVALHO, Osvaldo dos Santos; MARTINES, Tatiana. Os impactos da Emenda Constitucional 87-15 e do Convênio ICMS 93-15 nas operações interestaduais e benefícios fiscais. *In*: CARVALHO, Paulo de Barros. *Direito tributário e novos horizontes do processo*. São Paulo: Noeses e IBET, 2015. p. 1013-1014.

[326] DIAS, Karem Jureidini; BARBOSA, Fernanda Possebon. E-Commerce e repartição da arrecadação do ICMS – Emenda Constitucional 87/2015. *In*: MACEDO, Alberto; CASTRO, Leonardo Freitas de Moraes e (Coord.). *Tributação indireta empresarial* – Indústria, comércio e serviços. Quartier Latin 2016, p. 410-411.

- *ADIn nº 5.439* (Rel. Min. Cármen Lucia) demonstra que os convênios usurparam a competência de lei complementar, sobre:
a) relação jurídica tributária entre contribuinte do estado de origem da mercadoria e o estado de destino da mercadoria, na venda interestadual para destinatário final;
b) fato gerador do ICMS devido ao estado de destino da mercadoria pelo contribuinte do estado de origem da mercadoria, na venda interestadual para destinatário final;
c) responsabilidade tributária atribuída ao contribuinte do estado de origem pelo recolhimento do ICMS devido ao estado de destino da mercadoria na venda interestadual para destinatário final.
- *ADIn nº 5.469* (Rel. Min. Dias Toffoli) argumenta que o convênio violou a Constituição Federal, e tratou de matéria reservada à lei complementar, a saber:
a) instituição de novo fato gerador entre contribuinte habitual de ICMS e estado de destino das mercadorias, ferindo o princípio da legalidade;
b) criação de novas bases de cálculo face à previsão de recolhimento de ICMS para a unidade federativa de destino, referentes (i) à aplicação de alíquota interestadual; (ii) a diferencial de alíquota relativa à partilha para o estado de origem; e (iii) a diferencial de alíquota para o estado de destino;
c) disposição relativa à base de cálculo do diferencial de alíquota na origem, com observância da legislação da unidade de destino do bem ou serviço, sem previsão em lei complementar;
d) violação ao princípio da não cumulatividade ao tratar exclusivamente do crédito relativo às operações e prestações anteriores, omitindo-se com relação ao tributo recolhido no destino, que, então, seria cumulativo e não compensável.
- *ADIn nº 5.464* (Rel. Min. Dias Toffoli) examina a ilegitimidade da cláusula nona do Convênio ICMS nº 93/2015, editado pelo Confaz, que estatuíra o seguinte:

> Aplicam-se as disposições deste convênio aos contribuintes optantes pelo Regime Especial Unificado de Arrecadação de Tributos e Contribuições devidos pelas Microempresas e Empresas de Pequeno Porte – Simples Nacional – instituído pela Lei Complementar nº 123, de 14 de dezembro de 2006, em relação ao imposto devido à unidade federada de destino.

A requerente enfatizara o seguinte:
a) ofensa ao art. 97 do CTN e às disposições da LC nº 123/06, porque o Confaz não poderia determinar a aplicação do convênio em debate às microempresas e empresas de pequeno porte, em razão da ausência de lei complementar;
b) no regime tributário da LC nº 123/06, os tributos são calculados mediante aplicação de uma alíquota única incidente sobre a receita bruta mensal;
c) não haveria a incidência de ICMS em cada operação de venda realizada, mas sim um fato gerador único verificado no final de cada mês-calendário;
d) novas obrigações acessórias para tais empresas somente poderiam ter sido instituídas na forma da LC nº 123/06;

e) impossibilidade de cobrança do diferencial de alíquotas em razão do princípio da uniformidade geográfica;

f) a norma questionada acarreta vários impactos como o acúmulo de créditos de ICMS, pois o convênio permite ao remetente compensar os créditos de ICMS apenas com o imposto devido ao estado de origem.

A respeito da regulação da EC nº 87/2015, pertinente ao *diferencial de alíquota* (Difal), por meio de convênios, examinei a temática concernente aos procedimentos operacionais; à inconstitucionalidade por se tratar de matéria reservada à lei complementar.[327]

O STF decidiu a respeito de inconstitucionalidades contidas no Convênio ICMS nº 93/2015, sob os fundamentos seguintes:

> Ação direta de inconstitucionalidade. Legitimidade ativa da associação autora. Emenda Constitucional nº 87/15. ICMS. Operações e prestações em que haja destinação de bens e serviços a consumidor final não contribuinte do ICMS localizado em estado distinto daquele do remetente. Inovação constitucional. Matéria reservada a lei complementar (art. 146, inciso III, d, e parágrafo único, CF/88), Cláusulas primeira, segunda, terceira e sexta do Convênio ICMS nº 93/2015. Inconstitucionalidade. Tratamento tributário diferenciado e favorecido destinado a microempresas e empresas de pequeno porte. Simples Nacional. Matéria reservada a lei complementar (art. 146, inciso III, d, e parágrafo único CF/88). Cláusula nona do Convênio ICMS nº 93/2015. Inconstitucionalidade. Cautelar deferida na ADI nº 5.464/DF, *ad referendum* do Plenário.
>
> 1. A associação autora é formada por pessoas jurídicas ligadas ao varejo que atuam no comércio eletrônico e têm interesse comum identificável. Dispõe, por isso, de legitimidade ativa *ad causam* para ajuizamento da ação direta de inconstitucionalidade (CF/88, art. 103, IX).
>
> 2. Cabe à lei complementar dispor sobre conflitos de competência em matéria tributária e estabelecer normas gerais sobre os fatos geradores, as bases de cálculo, os contribuintes dos impostos discriminados na Constituição e a obrigação tributária (art. 146, I, e III, a e b). Também cabe a ela estabelecer normas gerais em matéria de legislação tributária sobre definição de tratamento tributário diferenciado e favorecido para as microempresas e as empresas de pequeno porte, podendo instituir regime jurídico de arrecadação de impostos e contribuições.
>
> 3. Especificamente no que diz respeito ao ICMS, o texto constitucional consigna caber à lei complementar, entre outras competências, definir os contribuintes do imposto, dispor sobre substituição tributária, disciplinar o regime de compensação do imposto e de definição do estabelecimento responsável e fixar a base de cálculo do imposto (art. 155, §2º, XII, a, b, c e i).
>
> 4. A EC nº 87/15 criou uma nova relação jurídico-tributária entre o remetente do bem ou serviço (contribuinte) e o estado de destino nas operações com bens e serviços destinados a consumidor final não contribuinte do ICMS. Houve, portanto, substancial alteração na sujeição ativa da obrigação tributária. O ICMS incidente nessas operações e prestações, que antes era devido totalmente ao estado de origem, passou a ser dividido entre dois sujeitos ativos, cabendo ao estado de origem o ICMS calculado com base na alíquota interestadual e sua alíquota interna.

---

[327] MELO, José Eduardo Soares de. Emenda Constitucional nº 87/2015 – ICMS – Diferencial de alíquota. Questões operacionais (não cumulatividade, incentivos fiscais, substituição tributária). *In*: SCHOUERI, Luis Eduardo; BIANCO, João Francisco (Coord.); CASTRO, Leonardo de Moraes e; DUARTE FILHO, Paulo César Teixeira (Org.). *Estudos de direito tributário em homenagem ao Professor Gerd Willi Rothman*. Quartier Latin, 2016. p. 669-685.

5. Convênio interestadual não pode suprir a ausência de lei complementar dispondo sobre obrigação tributária, contribuintes, bases de cálculo/alíquotas e créditos de ICMS nas operações ou prestações interestaduais com consumidor final não contribuinte do imposto, como fizeram as cláusulas primeira, segunda, terceira e sexta do Convênio nº 93/2015.

6. A Constituição também dispõe caber a lei complementar – e não a convênio interestadual – estabelecer normas gerais em matéria de legislação tributária especialmente sobre definição de tratamento diferenciado e favorecido para as microempresas e as empresas de pequeno porte, o que inclui *regimes especiais ou simplificados* de certos tributos, como o ICMS (art. 146, III, d, da CF/88, incluído pela EC nº 42/03).

7. A LC nº 123/06, que instituiu o Regime Especial Unificado de Arrecadação de Tributos e Contribuições devidos pelas Microempresas e pelas Empresas de Pequeno Porte – Simples Nacional –, *trata de maneira distinta* as empresas optantes desse regime em relação ao tratamento constitucional geral atinente ao denominado diferencial de alíquotas de ICMS referentes às operações de saída interestadual de bens ou de serviços a consumidor final não contribuinte. Esse imposto, nessa situação, integra o próprio regime especial e unificado de arrecadação instituído pelo citado diploma.

8. A cláusula nona do Convênio ICMS nº 93/15, ao determinar a extensão da sistemática da Emenda Constitucional nº 87/15 aos optantes do Simples nacional, adentra no campo material de incidência da LC nº 123/06, que estabelece normas gerais relativas ao tratamento tributário diferenciado e favorecido a ser dispensado a microempresas e empresas de pequeno porte.

9. Existência de medida cautelar deferida na ADI nº 5.464/DF, *ad referendum* do Plenário, para suspender a eficácia da cláusula nona do Convênio ICMS nº 93/15, editado pelo Conselho Nacional de Política Fazendária (CONFAZ), até o julgamento final daquela ação.

10. Ação julgada procedente, declarando-se a inconstitucionalidade formal das cláusulas primeira, segunda, terceira, sexta e nona do Convênio ICMS nº 93, de 17 de setembro de 2015, do Conselho Nacional de Política Fazendária (CONFAZ), por invasão de campo próprio de lei complementar federal.

11. Modulação dos efeitos da declaração de inconstitucionalidade das cláusulas primeira, segunda, terceira, sexta e nona do convênio questionado, para que a decisão produza efeitos quanto à cláusula nona, desde a data da concessão da medida cautelar nos autos da ADI nº 5.464/DF, e, quanto às cláusulas primeira, segunda, terceira e sexta, a partir do exercício financeiro seguinte à conclusão deste presente julgamento (2022), aplicando-se a mesma solução em relação às respectivas leis dos estados e do Distrito Federal, para as quais a decisão deverá produzir efeito a partir do exercício financeiro seguinte à conclusão deste julgamento (2022), exceto no que diz respeito às normas legais que versarem sobre a cláusula nona do Convênio ICMS nº 93/15, cujos efeitos deverão retroagir à data da concessão da medida cautelar nos autos da ADI nº 5.464/DF. Ficam ressalvadas da modulação as ações judiciais em curso.

(ADI 5.469 – DF – Plenário – Rel. Min. Dias Toffoli – Sessão de 24.02.21).

Tese fixada para o Tema nº 1.093 de Repercussão Geral:

"A cobrança do diferencial de alíquota alusivo ao ICMS, conforme introduzido pela EC nº 87/2015, pressupõe a edição de lei complementar veiculando normas gerais".

(RE 1287119/DF – Plenário – Rel. p. ac. Min. Dias Toffoli – Sessão de 24.02.21).

A Lei Complementar nº 192, de 11.03.22 – que definira os combustíveis sobre os quais haverá incidência monofásica – atribuira aos Convênios a competência para dispor sobre as alíquotas do ICMS.

O STF suspendera a eficácia da íntegra do Convênio ICMS 15/2022, editado pelo CONFAZ, por falecer competência para dispor sobre alíquotas, conforme analisado no tópico 1.20.5 (ADI 7164/MC/DF, relator Min. André Mendonça, j. 17.06.22).

*Questões operacionais*

a) *Compra presencial realizada por consumidor final.*

Concessionária de veículos (SP) efetua a venda de veículos novos importados para pessoa física, em operação interestadual, com compra efetuada presencialmente (em SP).

Tratando-se de aquisição procedida por consumidor final não contribuinte do imposto, presencialmente, em que o veículo é a ele entregue neste estado, considera-se como operação interna do ICMS, sendo aplicada a alíquota interna do imposto (SP).[328]

Entretanto, no caso de ocorrer a entrega da mercadoria em outra unidade da Federação pelo estabelecimento remetente, ou por sua conta e ordem, caracteriza-se como operação interestadual, devendo a vendedora recolher o imposto devido pela saída interestadual da mercadoria, bem como o imposto correspondente à diferença entre a alíquota interna e a interestadual, a ser partilhada entre as unidades federadas de origem e de destino (SP).[329]

*Comentários*

Observo que a Fazenda paulista já havia se pronunciado no sentido de que "na venda de mercadoria via *internet* destinada a pessoas físicas ou jurídicas, não-contribuintes do imposto, localizadas em outros Estados, aplica-se a alíquota interna ás operações realizadas por contribuinte paulista (SP)".[330]

Entendo que não basta o comparecimento físico (presencial) no estabelecimento paulista para caracterizar uma operação interna. É imprescindível que o negócio jurídico seja realizado exclusivamente pela pessoa natural. A circunstância de – em momento posterior – o comprador destinar-se a outro estado poderá constituir situação irrelevante para a tipificação tributária, uma vez que o destinatário tem a liberdade de dar o destino ao bem que melhor lhe aprouver.

b) *Mercadoria em garantia.*

Exame do comércio atacadista de máquinas e equipamentos para uso industrial, partes e peças, especialmente no caso de operações para conserto ou troca em virtude de garantia, entre contribuinte paulista e consumidor final não contribuinte, localizado em outro estado.

A Fazenda paulista firmara o entendimento seguinte:

I. A garantia é a obrigação assumida pelo remetente ou fabricante de substituir ou consertar a mercadoria, se esta apresentar defeito, ou seja, se ela está condicionada a uma saída de mercadoria realizada anteriormente.

II. O estabelecimento paulista que receber mercadoria em devolução, ou retorno em virtude de garantia, poderá se creditar do imposto anteriormente recolhido correspondente à alíquota interestadual, assim como de parcela do diferencial de alíquotas que cabe à unidade federada de origem, nos termos do Regulamento do ICMS/2000.

III. A saída de outra mercadoria em virtude garantia se caracterizará como uma nova operação e, dessa forma, na remessa dessa nova mercadoria com destino ao consumidor final localizado em outro Estado deverá ser aplicada a alíquota interestadual e recolhido

---
[328] Consulta nº 10.291/2016, de 3.5.2016.
[329] Consulta nº 8.982/2016, de 28.3.2016.
[330] Consulta nº 5.660/2015, de 7.10.2015.

o diferencial de alíquota, repartindo o montante devido entre o Estado de origem e de destino.[331]

c) *Substituição tributária.*
Análise de comércio varejista de produtos farmacêuticos, sem manipulação de fórmula, com aquisição de medicamentos de fornecedores de outros estados, sob o regime de substituição tributária em São Paulo.

A Fazenda paulista assinala o seguinte:

I. Nas operações interestaduais destinadas a não contribuinte com mercadoria cujo imposto foi recolhido antecipadamente por substituição tributária, o contribuinte substituído, por ocasião da saída da mercadoria, deverá realizar um novo recolhimento do imposto aplicando a alíquota referente à operação interestadual, bem como recolher o imposto correspondente à diferença entre a alíquota interna e a interestadual a ser partilhado entre as unidades federadas de origem e de destino.

II. O contribuinte substituído que promover saída de mercadoria destinada a outro Estado tem direito ao ressarcimento do valor do imposto retido, ou da parcela do imposto retido anteriormente em favor deste Estado, referente a operação subsequente, observada a disciplina estabelecida pela Secretaria da Fazenda.

III. A parte do DIFAL que cabe a este Estado de São Paulo deverá ser apurada em conta gráfica mensal, não sendo necessário o recolhimento imediato de tal valor por ocasião da saída da mercadoria.[332]

Aduz que o ressarcimento do valor do imposto retido ou da parcela do imposto retido não impedirá o aproveitamento do crédito pelo contribuinte substituído, quando admitido (ou seja, quando se tratar de operação de saída normalmente tributada pelo ICMS; ou, não o sendo, com expressa previsão de manutenção do crédito), do imposto incidente sobre a operação de saída promovida pelo sujeito passivo por substituição (substituto tributário), mediante lançamento em livro de apuração.

*Comentários*
A figura do substituto decorre do fato imponível e da materialidade descrita na norma jurídica. O legislador afasta o verdadeiro contribuinte do tributo (substituído), prevendo o encargo da obrigação a outra pessoa (substituto), que fica compelida a pagar o valor tributário como dívida própria.

Assim, salvo sistemática diferenciada de cada estado, não deveria ser exigido do substituído um novo recolhimento do imposto, pela singela circunstância de que já sofrera a antecipada retenção do imposto.

A previsibilidade de ressarcimento – embora possa constar da legislação –, nem sempre é viável devido às condições, e restrições, que acabem sendo impostas por normas administrativas.

---
[331] Consulta nº 9.977/2016, de 26.4.2016.
[332] Consulta nº 9.095/2016, de 24.3.2016.

d) *Reduções de base de cálculo*.

Nas operações interestaduais para não contribuintes do ICMS a base de cálculo é única, e corresponde ao valor da operação (Convênio ICMS nº 93/15, cláusula segunda, §1º).

Esta diretriz não obsta a aplicação de benefícios fiscais específicos, aprovados pelo Confaz, que acarretem diferentes reduções de base de cálculo para os estados de origem, e de destino (caso do Convênio ICMS nº 52/91).

A Fazenda paulista conclui seu posicionamento:

> As reduções de base de cálculo autorizadas por meio de Convênios, e implementadas nos Estados, serão consideradas no cálculo do valor do ICMS correspondente à diferença entre a alíquota interestadual, e a alíquota interna, da unidade federada da localização do consumidor final não contribuinte do ICMS, por ocasião das operações e prestações que destinem bens e serviços a estes.[333]

Argumenta que, relativamente à redução mencionada, o contribuinte deverá encaminhar sua dúvida à Fazenda do estado de destino das mercadorias, porque o contribuinte do imposto responsável pelo recolhimento do diferencial de alíquotas situado na unidade federada de origem deverá observar a legislação da unidade federada de destino do bem ou do serviço.

Todavia, procedeu à ressalva seguinte:

> Na hipótese de a operação interna com medicamento para tratamento de câncer ser normalmente tributada no Estado de destino, a consulente deverá recolher a diferença entre a alíquota interna e a interestadual (DIFAL), seguindo a regra de partilha entre as unidades federadas de origem e de destino, cabendo ao Estado de São Paulo como unidade de origem.[334]

*Comentários*

Não se deve confundir a plena consideração dos incentivos – que não pode ser afetada em razão do diferencial de alíquota –, com a duplicidade de utilização dos incentivos, situação em que o Judiciário (para fins de não cumulatividade) veda a cumulação de direitos, de conformidade com posturas do STF:

> [...]; 2. Situação peculiar. Regime alternativo e opcional para apuração do tributo. Concessão de benefício condicionada ao não registro de créditos. Pretensão voltada à permanência do benefício cumulado ao direito de registro de créditos proporcionais ao valor cobrado. Impossibilidade. Tratando-se de regime alternativo, e facultativo de apuração do valor devido, não é possível manter o benefício sem a contrapartida esperada pelas autoridades fiscais, sob pena de extensão indevida do incentivo. (Ag. Reg. no RE nº 471.511 – 2ª T. – Rel. Min. Joaquim Barbosa – j. 14.2.12 – *DJe* de 8.3.12, p. 70/1)

---

[333] Consulta nº 9.071/2016, de 24.3.2016.
[334] Consulta nº 8.971/2016, de 28.3.2016.

Recurso Extraordinário. 2. Direito Tributário. 3. Não Cumulatividade. Interpretação do disposto no art. 155, §2º, II, da Constituição Federal. Redução de base de cálculo. Isenção parcial. Anulação proporcional dos créditos relativos ás operações anteriores, salvo determinação legal em contrário na legislação estadual. 4. Previsão em convênio (CONFAZ). Natureza autorizativa. Ausência de determinação legal estadual para manutenção integral dos créditos. Anulação proporcional do crédito relativo ás operações anteriores. 5. Repercussão geral. 6. Recurso extraordinário não provido. (RE nº 635.688-RS – Plenário – Rel. Min. Gilmar Mendes – j. 16.10.2014)

e) *Material publicitário e brindes.*

Material publicitário é um gênero do qual sobressaem duas espécies – (i) impressos personalizados, e (ii) brindes, conferindo-se tratamentos jurídicos próprios (Decisão Normativa CAT nº 5/2015, da Secretaria da Fazenda de SP).

O material gráfico destinado a fins publicitários (distribuição não onerosa, sem integração aos produtos comercializados, colocado dentro da embalagem, sem caracterizar mercadoria) pode se incluir na categoria de impresso personalizado (não sujeito à incidência do ICMS, no caso de se enquadrar no disposto no item 3 da Decisão Normativa CAT nº 5/2015).

Assim, podem ser considerados *impressos personalizados* aqueles (i) cuja finalidade seja restrita à de mera divulgação de mensagem publicitária nele estampado (sem utilidade adicional significativa em benefício de outrem que não o encomendante – remetente do bem); e (ii) que, pelo valor e natureza do material utilizado, não preponere circulação de mercadorias (ex.: folhetos, catálogos, fôlderes, cartazes e *banners*, confeccionados em papel, papelão ou papel plastificado).

No caso de material publicitário que não se classifique como impresso personalizado (ex.: *displays* e gôndolas), regra geral, deverá ter o tratamento disciplinado para brinde, conceituado como mercadoria que – não constituindo objeto normal da atividade do contribuinte – tiver sido adquirido para distribuição a consumidor ou usuário final.

A Fazenda paulista conclui o seu modo de pensar:

> Na remessa interestadual dos materiais publicitários, quando sujeita à incidência do imposto estadual, o estabelecimento remetente deverá recolher o valor do diferencial de alíquotas devido para o Estado de São Paulo, e para o Estado de destino (artigo 36 das Disposições Transitórias do RICMS/2000).[335]

*Comentários*

O material publicitário (*displays* e gôndolas) não tem condição jurídica de ser equiparado a brinde, para efeito de incidência do ICMS, pelo fato de não poder ser caracterizado como mercadoria.

Conceitualmente, mercadoria é o bem (corpóreo ou virtual) da atividade empresarial do produto, industrial e comerciante, tendo por objeto sua distribuição para consumo, compreendendo-se no estoque do empresário (ativo circulante), distinguindo-se das coisas que tenham qualificação diversa, segundo o direito e a ciência contábil.

---

[335] Consulta nº 10.315/2016, de 15.5.2016.

f) *Locação de equipamentos.*

Empresa exerce atividade relacionada ao "aluguel de móveis, utensílios e aparelhos de uso doméstico e pessoal; instrumentos musicais", efetuando a locação de aparelhos eletroeletrônicos, como televisores e condicionadores de ar, todos pertencentes ao ativo imobilizado.

Mesmo não se caracterizando como contribuinte do ICMS, possui inscrição estadual que lhe permite emitir notas fiscais para acompanhar o trânsito de seus equipamentos em operações amparadas pela não incidência do ICMS.

A Fazenda paulista assim se pronunciou:

> I. A empresa que realize locação de equipamentos não se caracteriza como contribuinte do ICMS, ainda que esteja inscrita no CADESP.
> II. Na aquisição de mercadorias por não contribuinte do imposto de fornecedores localizados em outro Estado, o responsável pelo recolhimento do imposto, que corresponderá à diferença entre a alíquota interna e a alíquota interestadual devido a este Estado, é o contribuinte remetente da mercadoria.[336]

*Comentários*

Além da locação de bens, também deverão ser considerados nesta sistemática (não incidência do ICMS) demais negócios envolvendo circulação de bens que não se caracterizam como operações mercantis, como mudança de estabelecimento; mútuo, comodato, demonstração e doação; consignação, operações societárias (conferência de bens, cisão, incorporação, fusão e transformação).

g) *Serviço de transporte.*

Empresa dedica-se ao transporte rodoviário de carga – exceto produtos perigosos e mudanças (intermunicipal, interestadual e internacional) –, realizado prestações de serviços, inclusive, transporte interestadual para destinatários, tomadores contribuintes e não contribuintes.

Observando, de forma geral, que o destinatário do serviço de transporte é o tomador do serviço, a Fazenda paulista considera que o serviço de transporte é final, quando o tomador não for realizar operação ou prestação subsequente sujeita à incidência do ICMS.

Portanto, quando o tomador do serviço for consumidor final não contribuinte do imposto, localizado em outra unidade da Federação, não se poderá cogitar de operação ou prestação subsequente, em razão do que a transportadora deve recolher o diferencial de alíquotas, no caso de a alíquota interna do estado de destino ser superior à interestadual.

No caso em que o tomador de serviço é contribuinte do imposto, e a prestação estiver vinculada à operação ou prestação subsequente (ex.: transporte de mercadorias), não há que se falar em recolhimento do diferencial de alíquotas referente à prestação de serviço de transporte interestadual, uma vez que o recolhimento do referido diferencial para a unidade federada de destino não se aplica na hipótese de serviço de transporte realizado por conta e ordem do estabelecimento remetente contribuinte do ICMS (cláusula CIF – *Cost. Insurance and Freight*).[337]

---

[336] Consulta nº 9.019/2016 de 26.3.2016.
[337] Consulta nº 8.974/2016, de 28.3.2016.

*Comentários*

Incabível a incidência do ICMS no transporte realizado pelo próprio contribuinte, tendo por objeto meras transferências a seus estabelecimentos, porque "não ocorre uma efetiva execução de serviços de transporte, pois ninguém presta serviço a si próprio" (SP).[338]

h) *Venda ao consumidor final localizado em outra unidade federada.*

I. São consideradas internas as operações com mercadorias entregues ao consumidor final não contribuinte do imposto no território deste Estado, independentemente do seu domicílio ou da sua eventual inscrição no Cadastro de Contribuintes do ICMS de outra unidade federada.

II. No caso de venda a consumidor final não contribuinte, de nacionalidade estrangeira, que não possua número do CPF, no campo da Nota Fiscal Eletrônica (NF-e) correspondente ao CPF do destinatário deverá ser informada a tag "idEstrangeiro", com número do passaporte ou outro documento legal (Manual de Orientação do Contribuinte – versão 6.00).

III. Conforme prevê o artigo 36 da DTT do RICMS/SP/2000, em decorrência das alterações realizadas pela Emenda Constitucional nº 87/2015, caso a mercadoria tenha sido revendida até 31/12/2018, será devido ao Estado de São Paulo nas operações interestaduais com consumidor final o imposto calculado mediante utilização da alíquota interestadual, bem como a diferença entre a alíquota interna da unidade federada de destino e a interestadual (DIFAL), seguindo a regra de partilha entre as unidades federadas de origem e de destino.[339]

i) *Mercadorias entregues a empresas de construção civil dentro e fora do estado.*

I. As empresas dedicadas à atividade de construção civil, em regra, não se caracterizam como contribuintes do ICMS, mas do ISSQN. Essa constatação não é alterada pelo fato estarem tais empresas sujeitas à inscrição no Cadastro de Contribuintes do Estado, para cumprimento de obrigações acessórias estatuídas na legislação tributária de cada unidade da Federação.

II. O critério que define o Estado de destino da operação é a circulação física da mercadoria, ou seja, é o local de sua entrega, seja pelo remetente ou por sua conta e ordem, ao consumidor final não contribuinte do imposto, nos termos do §3º do artigo 52 do Regulamento do ICMS/SP/2000.

III. Quando um consumidor final não contribuinte (empresa de construção civil), localizado neste Estado, adquirir mercadoria junto a contribuinte paulista e solicitar que este realize a entrega em obra localizada em outro Estado, o estabelecimento paulista fornecedor deverá recolher, além do imposto devido pela saída interestadual a mercadoria, a diferença entre a alíquota interna do Estado de destino (local da entrega) e a interestadual (FIAL), observada a partilha prevista no artigo 36 das DDTT do RICMS/SP/2000, até 31/12/2018 [...].[340]

j) *Comércio eletrônico.*

[...] II. Nas operações interestaduais, quando um consumidor final não contribuinte e domiciliado em outro Estado adquirir mercadoria junto a contribuinte paulista e a entrega ocorrer naquele Estado, ainda que acessando o ambiente virtual dentro da loja física

---

[338] Consultas nº 1.380/1991, de 8.5.1992 e nº 1.052/1990, de 11.12.1992.
[339] Consulta nº 1.884/2018, de 9.1.2019.
[340] Consulta nº 18.872/2018, de 18.1.2019.

paulista, o estabelecimento Centro de Distribuição paulista deverá recolher, além do imposto devido pela saída interestadual da mercadoria, o diferencial de alíquotas (DIFAL), devendo seguir, para os fatos geradores ocorridos até 31/12/2018, a regra de partilha entre as unidades federadas de origem e de destino, conforme artigo 36 DDTT do RICMS/SP.

III. Diversamente, na situação em que o Centro de Distribuição estiver situado em outro Estado, tendo em vista que a operação ocorre fora do território paulista, deve ser observada a legislação pertinente ao Estado envolvido. No entanto, no caso de o adquirente ser não contribuinte paulista e a entrega ocorrer neste Estado, o estabelecimento Centro de Distribuição deverá, ainda, recolher o diferencial de alíquota devido ao Estado de São Paulo, nos termos do artigo 2º, inciso XVII e §8º e 35 DDTT do RICMS/SP.

h) *Aquisição de veículos para o ativo imobilizado*

As operações internas com mercadoria enquadrada no inciso X do artigo 54 do RICMS/000 têm alíquota de 12%, com o complemento de 2,5%. Desse modo, embora seja, em tese, devido o diferencial de alíquotas, no caso específico dessas mercadorias, como a alíquota interestadual é igual à alíquota interna, não há recolhimento a ser realizado, tendo em vista que o DIFAL resulta em valor nulo.[341]

A LC nº 190, de 4.01.2022 (publicada em 5.1.22) disciplina a cobrança do ICMS nas operações e prestações interestaduais destinadas a consumidor final não contribuinte do imposto, introduzindo alterações na LC 87/96, nos termos básicos seguintes:

I – *Contribuinte* – Nas operações ou prestações que destinem mercadorias, bens e serviços a consumidor final domiciliado ou estabelecido em outro Estado, em relação à diferença entre a alíquota interna do Estado de destino e a alíquota interestadual:

a) o destinatário da mercadoria, bem ou serviço, na hipótese de contribuinte do imposto;

b) o remetente da mercadoria ou bem ou o prestador de serviço, na hipótese de o destinatário não ser contribuinte do imposto.

II – *Local da Operação* – Tratando-se de operações ou prestações interestaduais destinadas a consumidor final, em relação à diferença entre a alíquota interna do Estado de destino e a alíquota interestadual:

a) o do estabelecimento do destinatário, quando o destinatário ou o tomador for contribuinte do imposto;

b) o do estabelecimento do remetente ou onde tiver início a prestação, quando o destinatário ou tomador não for contribuinte do imposto;

c) na hipótese da alínea "b", quando o destino final da mercadoria, bem ou serviço ocorrer em Estado diferente daquela em que estiver domiciliado ou estabelecido o adquirente ou o tomador; o imposto correspondente à diferença entre a alíquota interna e a interestadual será devido ao Estado no qual efetivamente ocorrer a entrada física da mercadoria ou bem ou o fim da prestação do serviço;

d) na hipótese de serviço de transporte interestadual de passageiros cujo tomador não seja contribuinte do imposto:

d.1) o passageiro será considerado consumidor final do serviço, e o fato gerador considerar-se-á ocorrido no Estado referidos nas alíneas "a" ou "b", conforme o caso, não se aplicando o disposto no inciso V do caput e no §7º deste artigo;

d.2) o destinatário do serviço considerar-se-á localizado no Estado da ocorrência do fato gerador e a prestação ficará sujeita à tributação pela alíquota interna.

III – *Fato Gerador*

a) do início da prestação de serviço de transporte interestadual, nas prestações não vinculadas a operação ou prestação subsequente, cujo tomador não seja contribuinte do imposto domiciliado ou estabelecido no Estado de destino;

---

[341] Consulta nº 14587/2021, de 3.11.21.

b) da entrada do território do Estado de bem ou mercadoria oriundos de outro Estado adquiridos por contribuinte do imposto e destinados ao seu uso ou consumo ou à integração ao seu ativo imobilizado;

c) da saída, de estabelecimento de contribuinte, de bem ou mercadoria destinados a consumidor final não contribuinte do imposto domiciliado ou estabelecido em outro Estado.

IV – *Base de Cálculo*

a) nas hipóteses dos incisos XIII e XV do caput do art. 12 da LC 87/96

a.1) o valor da operação ou prestação no Estado de origem, para o cálculo do imposto devido a esse Estado;

a.2) o valor da operação ou prestação no Estado de destino, para o cálculo do imposto devido a esse Estado.

a.3) nas hipóteses dos incisos XIV e XVI do caput do art. 12 da LC 87/96, o valor da operação ou o preço do serviço, para o cálculo do imposto devido ao Estado de origem e ao de destino.

b) integra a base de cálculo do imposto, inclusive nas hipóteses dos incisos V, IX e X do caput do artigo;

c) no caso da alínea "b" do inciso IX e do inciso X do caput deste artigo, o imposto a pagar ao Estado de destino será o valor correspondente à diferença entre a alíquota interna do Estado de destino e a interestadual.

V – *Alíquota*

a) utilizar-se-á para os efeitos do inciso IX do caput deste artigo:

a.1) a alíquota prevista para a operação ou prestação interestadual, para estabelecer a base de cálculo da operação ou prestação no Estado de origem;

a.2) a alíquota prevista para a operação ou prestação interna, para estabelecer a base de cálculo da operação ou prestação no Estado de destino.

b) – utilizar-se-á, para os efeitos do inciso X do caput deste artigo, a alíquota prevista para a operação ou prestação interna no Estado de destino para estabelecer a base de cálculo da operação ou prestação.

VI – *Crédito*

Nas hipóteses dos incisos XIV e XVI do caput do art. 12 da LC, o crédito relativo às operações e prestações anteriores deve ser deduzido apenas do débito correspondente ao imposto devido à unidade federada de origem.

VII – *Portal Próprio*

a) os Estados e o Distrito Federal divulgarão, em portal próprio, as informações necessárias ao cumprimento das obrigações tributárias, principais e acessórias, nas operações e prestações interestaduais, conforme o tipo, devendo conter, inclusive:

a.1) a legislação aplicável à operação ou prestação específica, incluídas soluções de consulta e decisões em processo administrativo fiscal de caráter vinculante;

a.2) as alíquotas interestadual e interna aplicáveis à operação ou prestação;

a.3) as informações sobre benefícios fiscais ou financeiros e regimes especiais que possam alterar o valor a ser recolhido do imposto;

a.4) as obrigações acessórias a serem cumpridas em razão da operação ou prestação realizada.

b) o Portal conterá ferramenta que permita a apuração centralizada do imposto pelo contribuinte (definido no inciso II do §2º, do art. 4º da LC), e a emissão de guias de recolhimento, para cada ente da Federação, da diferença entre a alíquota interna do Estado de destino e a alíquota interestadual da operação;

c) para o cumprimento da obrigação principal e da acessória, os Estados e o Distrito Federal definirão em conjunto os critérios técnicos necessários para a integração e a unificação dos portais das respectivas secretarias de fazenda dos Estados e do Distrito Federal;

d) para a adaptação tecnológica do contribuinte, o inciso II do §2º, do art. 4º, a alínea "b" do inciso V do caput do art. 11 e o inciso XVI do caput do art. 12 da LC somente produzirão efeito no primeiro dia útil do terceiro mês subsequente ao da disponibilização do portal.

VIII – *Apuração e Recolhimento do Imposto.*

Nas operações e prestações interestaduais, de que trata a alínea "b" do inciso V do caput do art. 11 da LC será observado definido em convênio celebrado nos termos da LC 24/75, e, naquilo que não lhe for contrário, nas respectivas legislações tributárias.

IX – *Revogação da alínea "c", do inciso XIII, do art. 12, da LC 87/96.*

Dispunha sobre específico local da prestação ("o do estabelecimento destinatário do serviço").

X – *Vigência e Produção de Efeitos.*

Data da publicação (5.1.2022), e regra contida na alínea "c", do inciso III, do caput, do art. 150 da Constituição Federal ("antes de decorridos noventa dias da data em que haja sido publicada a lei que os instituiu ou aumentou, observado o disposto na alínea *b*").

Todavia, penso que também deve ser observado o princípio constitucional da anterioridade do exercício financeiro (art. 150, III, "*b*"), porque o regime jurídico instituído ("operações e prestações interestaduais, destinadas a consumidor final não contribuinte"), caracterizou aumento de tributação, tendo em vista que institui novas categorias de contribuintes; novas previsões de ocorrência de fato gerador; bases de cálculo; alíquotas; e créditos de ICMS.

Assim, as novas regras e decorrentes exigências tributárias somente poderão produzir efeitos a partir de 1.1.2023.

Assinalo a celebração do Convênio ICMS nº 236, de 27.12.21 (publicado em 6.1.22), dispondo sobre os procedimentos a serem observados nas mencionadas operações e prestações; que, também, devem se adequar, plenamente, às diretrizes da LC 190/22.

Registro o ajuizamento da ADI 7066 (em 14.1.22), pela Associação Brasileira da Indústria de Máquinas e Equipamentos – ABIMAQ, pleiteando o seguinte:

a) suspensão, de imediato, a produção de efeitos da LC 190/22 para todo o presente ano de 2022, tendo em linha a excepcional urgência do caso e diante das informações e comunicações que os Estados já estão publicando (via secretarias de fazenda), no sentido de iniciar a cobrança do referido DIFAL a partir de transcorridos apenas noventa dias da publicação da LC 190/22;

b) interpretação conforme a Constituição ao art. 3º da LC 190/22, no sentido de que determine seja observada quanto à produção de efeitos, o disposto na alínea "b" e "c" do inciso III do caput o art. 150 da Constituição Federal, ou seja, a produção de efeitos tão somente a partir de 1º de janeiro de 2023.

Proferida a *decisão* seguinte:

"Trata-se de um conjunto de Ações Direta de Inconstitucionalidade, todas com pedido de medida cautelar, nas quais se questiona a Lei Complementar 190/2022, no que altera a Lei Complementar 87/1996 (Lei Kandir) para tratar da cobrança do ICMS nas operações interestaduais destinadas a consumidor final não contribuinte do imposto, em vista do que foi decidido pelo SUPREMO TRIBUNAL FEDERAL no julgamento da ADI 5469, no sentido de que as alterações da Emenda Constitucional 87/2015 dependeriam de regulamentação por lei complementar.

[...]

Na presente hipótese, ainda em sede de cognição sumária, fundada em mero juízo de probabilidade, entendo AUSENTES os requisitos necessários para a concessão da medida liminar pleiteada por todos os Requerentes.

A CORTE apreciou matéria relacionada à instituição do diferencial de alíquota de ICMS no julgamento do RE 1.287.019-RG, Relator para acórdão o Ministro DIAS TOFFOLI, julgado sob o rito da repercussão geral (Tema 1093), fixou tese no sentido de que:

*"A cobrança do diferencial de alíquota alusivo ao ICMS, conforme introduzido pela Emenda Constitucional nº 87/2015, pressupõe a edição de lei complementar veiculando normas gerais".*

Naquela mesma oportunidade, julgou-se a ADI 5469, também da relatoria do Min. DIAS TOFFOLI, com conclusão no sentido de que as inovações operadas pela EC 87/2015 importariam em *"uma nova relação jurídico-tributária entre o remetente do bem ou serviço (contribuinte) e o estado de destino nas operações com bens e serviços destinados a consumidor final não contribuinte do ICMS".*

Desse modo, a *"substancial alteração na sujeição ativa da obrigação tributária"* exigiria regulamentação por lei complementar, o que não era satisfeito por convênios interestaduais, e somente veio a ser sanado pela LC 190/2022, na linha do que fora assinalado pela CORTE, como modulação de efeitos da declaração de inconstitucionalidade para sanar a irregularidade formal sem descontinuidade do arranjo fiscal estabelecido pela EC 87/2015, já praticado pelas Fazendas estaduais. [...]

Houve a estipulação de novas regras de divisão de receitas do ICMS na circulação interestadual de mercadorias e serviços, sem o propósito de elevar o ônus fiscal a cargo do contribuinte. Como mencionado, as alterações no texto constitucional visaram a conciliar um conflito entre as Fazendas dos Estados, sem repercussão fiscal e econômica entre os sujeitos passivos da tributação. [...]

A LC 190/2022 não modificou a hipótese de incidência, tampouco da base de cálculo, mas apenas a destinação do produto da arrecadação, por meio de técnica fiscal que atribuiu a capacidade tributária ativa a outro ente político – o que, de fato, dependeu de regulamentação por lei complementar – mas cuja eficácia pode ocorrer no mesmo exercício, pois não corresponde a *instituição* nem *majoração* de tributo. [...]

Diante do exposto:

(a) JULGO EXTINTO o processo, sem solução de mérito, com base no art. 21, IX, do Regimento Interno do Supremo Tribunal Federal e no art. 485, VI, do Código de Processo Civil de 2015, relativamente à ADI 7075 proposta pelo SINDISIDEER;

(b) INDEFIRO AS MEDIDAS CAUTELARES requeridas na ADI 7066, proposta pela ABIMAQ, bem como aquelas pleiteadas pelos Governadores dos Estados de Alagoas e do Ceará, respectivamente, nas ADIs 7070 e 7078. (ADI nº 7.066/DF – Rel. Min. Alexandre de Moraes, j. 18.05.2022)

## 3 Específicas

O Senado Federal fixara as alíquotas seguintes:

a) operações ou prestações interestaduais, destinadas a contribuintes localizados nos Estados de Minas Gerais, Rio de Janeiro, São Paulo, Paraná, Santa Catarina e Rio Grande do Sul – 12% (Resolução nº 22, de 19.5.99);

b) operações ou prestações destinadas a contribuintes localizados em demais Estados e Distrito Federal, não previstos na alínea anterior – 7% (Resolução nº 22, de 19.5.99); e

c) operações interestaduais com bens e mercadorias importados do exterior – 4%. (Resolução nº 13, de 25.4.2012)

O disposto na alínea "c" aplica-se aos bens e mercadorias importados do exterior que, após o seu desembaraço aduaneiro:

I – não tenham sido submetidos a qualquer processo de transformação, beneficiamento, montagem, acondicionamento, reacondicionamento, renovação ou recondicionamento, e que resultem em mercadorias ou bens com "Conteúdo de Importação" superior a 40%.

II – o "Conteúdo de Importação" é o percentual correspondente ao quociente entre o valor da parcela importada do exterior e o valor total da operação de saída interestadual da mercadoria ou bem.

III – o Conselho Nacional de Política Fazendária (Confaz) poderá baixar normas para fins de definição dos critérios e procedimentos a serem observados no processo de "Certificação de Conteúdo de Importação (CCI)".

IV – o disposto nos incisos anteriores não se aplica:

a) aos bens e mercadorias importados do exterior que não tenham similar nacional, a serem definidos em lista a ser editada pelo Conselho de Ministros da Câmara de Comércio Exterior (Camex) para os fins desta Resolução; e

b) aos bens produzidos em conformidade com os processos produtivos básicos de que tratam o Decreto-lei nº 288, de 28 de fevereiro de 1967, e as Leis nºs 8.248, de 23 de outubro de 1991, 8.387, de 30 de dezembro de 1991, 10.176, de 11 de janeiro de 2001, e 11.484, de 31 de maio de 2007.

V – o disposto nesta Resolução não se aplica às operações que destinem gás natural importado do exterior a outros Estados.

VI – A Resolução entra em vigor em 1º de janeiro de 2013.

## Observações à Resolução nº 13/2012:

I – *Regulamentação* operada pelas normas seguintes:
Convênio ICMS 38, de 22.5.13 e Resoluções da Camex dispondo sobre os produtos considerados sem similar nacional.

II – *Ação Direta de Inconstitucionalidade nº 4.858* proposta pela Mesa Diretora da Assembléia Legislativa do Estado do Espírito Santo, em 19.9.12 (ainda não julgada em caráter definitivo até julho de 2017), contra disposições da referida Resolução, sob os fundamentos básicos seguintes:

a) Incompetência do Senado para dispor sobre alíquotas do ICMS com objetivos diversos da repartição de receitas entre Estados e o Distrito Federal;

b) Impossibilidade de criar discriminação tributária em função da origem (nacional ou importada) dos produtos sujeitos ao ICMS;

c) Distinção entre nacionais e importados contraria o critério da essencialidade;

d) Violação ao princípio da reserva legal por ausência de tipicidade;

e) Delegação indevida de competência legislativa a órgãos do Poder Executivo.

III – Débitos e Créditos de ICMS

O fisco do Estado de origem *não* tem interesse na aplicação da alíquota de 4% porque resulta débito de imposto a menor; ou interesse na aplicação de alíquotas de 12% ou 7% (débitos a maior)?

O fisco do Estado de origem *tem* interesse na aplicação da alíquota de 4%, porque as autorizações sobre a utilização dos créditos que se acumulam dependem de sua anuência?

O fisco do Estado de destino *tem* interesse na aplicação da alíquota de 4% no Estado de origem, porque implicará montante de crédito a menor na escrita do adquirente dos bens e mercadorias?

Os contribuintes (dos Estados de origem e de destino) ficam vulneráveis, em decorrência de entendimentos e interesses particulares dos respectivos fiscos?

No caso de o fisco não conceder (i) regimes especiais de tributação; (ii) créditos presumidos; (iii) diferimentos parciais, estará prejudicado o amplo direito constitucional à não cumulatividade do imposto?

f) Violação de princípios constitucionais de natureza econômica

A informação da composição do preço em documentos fiscais fere o art. 170 da CF, que trata da "livre concorrência", "livre iniciativa", "sigilo fiscal"?

As empresas de pequeno e médio porte que vendem para comerciante do Simples, que estão sujeitos à alíquota de 12%, têm condição de concorrer com produtos importados em 4%.

A sistemática inserta nos apontados incisos VII e VIII, antes da EC nº 87/15, implicara controvérsia tributária, nas aquisições provenientes de outros Estados realizadas por *empresas de construção civil*, relativamente à alíquota considerada pelo remetente, e, por decorrência, à necessidade de complementação pelo destinatário.

No caso de as remessas de materiais para uso nas obras, e bens destinados ao ativo imobilizado, terem sido efetuadas mediante a aplicação de alíquota interestadual (12%), é inexigível que o destinatário proceda à complementação do diferencial de alíquota para São Paulo.

Com efeito,

> o fato de a empresa de construção civil estar obrigada a inscrever-se no cadastro de contribuintes do Estado, para efeito de cumprimento das obrigações fiscais estaduais estatuídas na legislação tributária de cada Unidade da Federação, não basta para caracterizar a condição de contribuinte do ICMS das aludidas empresas. Tampouco a ocorrência esporádica do fato gerador do imposto transforma o contribuinte eventual em contribuinte habitual, isto é, aquele que realiza, com freqüência, operações relativas ao ICMS.[342]

Entendo que esta matéria se restringe à consideração de alíquotas de ICMS, com a consequente obrigação (ou não) de o destinatário efetuar o recolhimento do respectivo diferencial, e o direito do estado destinatário dos bens, como analisado no subitem 1.17.8 ("construção civil").

Assim, como de pronto não se adequaria à competência da lei complementar, nada haveria que ser questionado a respeito da falta de tratamento específico na LC nº 87/96.

Entretanto, como argutamente observado[343] a referida lei complementar não fez menção expressa à definição da ocorrência no momento da entrada de mercadorias oriundas de outro estado, nem ao respectivo adquirente, inexistindo, portanto, forma juridicamente possível de se imputar o recolhimento de parcela do imposto (diferencial de alíquota), mesmo que previsto constitucionalmente, ao contrário do que ocorreu com a prestação de serviços.

Creem os autores que tal omissão se revelou intencional, uma vez que todas as aquisições de bens passaram a permitir a consideração de créditos de ICMS, em razão do que a parcela devida a título de diferencial de alíquota seria passível de aproveitamento de crédito, anulando, consequentemente, o efeito de recolhimento, em face do que um débito "x", relativo ao diferencial de alíquota, originaria um crédito de igual montante.

Embora concorde com a impossibilidade jurídica de exigência do aludido diferencial (nas hipóteses previstas constitucionalmente), pelo fato de inexistir previsão de fato gerador, e contribuinte, penso não seja o caso de omissão intencional, uma vez

---

[342] Consulta nº 28/95, de 22.1.95, da Consultoria Tributária de São Paulo.
[343] GAEDE, Henrique; ROLIM, João Dácio. Diferencial de alíquota – Exigência quanto ao recolhimento após a edição da Lei Complementar nº 87/96. *In*: ROCHA, Valdir de Oliveira (Coord.). *ICMS, a LC 87/96 e questões jurídicas atuais*. São Paulo: Dialética, 1997. p. 181-197.

que nem sempre o recolhimento do diferencial de alíquota permitirá a recuperação do respectivo valor tributário, mas, muitas vezes, se verificará mera escrituração formal de crédito, que ficará à mercê da Fazenda estadual no tocante à possibilidade de seu respectivo aproveitamento.

*A construtora (ou equiparada)* não tem que recolher o ICMS relativamente à diferença de alíquota em operação interestadual, porque se encontra fora do campo de incidência do tributo, tendo o Judiciário firmado as diretrizes seguintes:

> As construtoras que adquirem material em Estado-membro instituidor de alíquota de ICMS mais favorável não estão compelidas, ao utilizarem essas mercadorias como insumos em suas sobras, à satisfação do diferencial de alíquota de ICMS do Estado destinatário, uma vez que são, de regra, contribuintes do Imposto sobre Serviços de Qualquer Natureza, de competência dos Municípios. (Ag.Reg. no RE nº 598.075-8 – 2ª T. – Rel. Min. Eros Grau – j. 12.5.2009 – *DJe* de 28.5.2009, p. 89)

> Tributário. ICMS. Operações Interestaduais.
> Diferencial de Alíquotas. Empresa de Construção Civil. Não-incidência.
> 1 – As empresas de construção civil não são contribuintes do ICMS, salvo nas situações que produzem bens e com eles pratiquem atos de mercancia diferentes da sua real atividade, como a pura venda desses bens a terceiros; nunca quando adquirem mercadorias e as utilizam como insumos em suas obras.
> 2 – Há de se qualificar a construção civil como atividade de pertinência exclusiva a serviços, pelo que "as pessoas (naturais ou jurídicas) que promovem a sua execução sujeitar-se-ão exclusivamente à incidência de ISS, em razão de que quaisquer bens necessários a essa atividade (como máquinas, equipamentos, ativo fixo, materiais, etc.) não devem ser tipificados como mercadorias sujeitas a tributo estadual" (José Eduardo Soares de Melo, in "Construção Civil – ISS ou ICMS?" *in Revista de Direito Tributário* 69, Malheiros, p. 253).
> 3 – Embargos de divergência rejeitados. (Embargos de Divergência no RE nº 149.946-MS – 1998/0018824-0 – 1ª S. – Rel. Min. Ari Pargendler – j. 6.12.99 – *DJU* 1 de 20.3.2000, p. 33-34)

> As empresas de construção civil não estão obrigadas a pagar ICMS sobre mercadorias adquiridas como insumos em operações interestaduais. (Súmula nº 432 do STJ)

Entretanto, o STJ também apreciou caso em que legislação estadual de Goiás estabelecera exclusivamente multa pela aquisição de mercadoria ou serviço, em operação estadual acobertada por documento fiscal no qual se consignara, indevidamente, a alíquota interestadual, sob a pretensa condição de contribuinte do destinatário da mercadoria ou serviço.

Na decisão, entendera ser notório que o vendedor da mercadoria emite nota fiscal de acordo com as informações prestadas pelo adquirente (nome, endereço, qualificação). Impensável que as construtoras não saibam que as notas fiscais estão sendo emitidas erroneamente, com aplicação da alíquota interestadual, em violação direta do art. 155, §2º, VII, "b", da CF.

Asseverara que as empresas que adquirem mercadorias em outros estados como se fossem contribuintes do ICMS, embora não o sejam, agem com deslealdade perante o Fisco e afrontam o princípio da boa-fé objetiva, ainda mais quando pretendem o bônus da condição de contribuintes (alíquota interestadual menor), mas não o ônus do pagamento (diferencial ao estado de destino, conforme art. 155, §2º, VIII, da CF).

Concluíra pela legitimidade da legislação do Estado de Goiás, apenando a ação das *empresas de construção civil* que, embora não contribuintes do ICMS (conforme a jurisprudência do STJ, a legislação federal e a estadual), apresentam-se como tais no momento da aquisição das mercadorias em outros estados, lesando o Erário e a economia local (EDcl em RMS nº 12.062-GO – 2ª T. – Rel. Min. Herman Benjamim – j. 13.5.2008 – *DJe* de 13.2.2009).

Imperioso notar que a Súmula nº 569 do STF, que dispõe ser "inconstitucional a discriminação de alíquotas do imposto de circulação de mercadorias nas operações interestaduais, em razão de o destinatário ser, ou não, contribuinte" (do ICM), deve ser considerada com cautela, haja vista ter sido expedida em época anterior à EC nº 23/83, que fundamentou a redação contida na CF/88.

A matéria encontra-se regrada de conformidade com as competências, a fim de preservar o regime federativo e o equilíbrio tributário dos titulares do ICMS, sem eliminar sua autonomia.[344]

Oportuna manifestação do STJ no sentido de que:

> O ICMS deve ser recolhido pela alíquota interna, no Estado onde saiu a mercadoria para o consumidor final, após a sua fatura, ainda que tenha sido negociada a venda em outro local, através da empresa filial. (AgRg no REsp nº 67.025-MG – 2ª T. – Rel. Min. Eliana Calmon – j. 23.5.2000 – *DJU* 1 de 25.9.2000, p. 83/4)

Em *contrato de prestação de garantia e fornecimento de peças diretamente pelas concessionárias aos consumidores finais*, embora por conta do fabricante, incide a alíquota interna, já que se cuida de operação mercantil própria, ou seja, entre contribuinte do tributo e não contribuinte (STJ – RMS nº 23.765-PI – 2ª T. – Rel. Min. Eliana Calmon – j. 16.9.2008 – *DJe* de 21.10.2008).

*Na arrematação de bem ou mercadoria em leilão promovido pela Receita Federal*, caso o arrematante esteja localizado no Estado de São Paulo, deve ser utilizada alíquota interna do ICMS aplicável ao produto adquirido.

Caso o adquirente seja contribuinte habitual do ICMS localizado em outro estado, deve ser aplicada a alíquota interestadual, desde que ocorra a efetiva saída da mercadoria do território paulista.

Na hipótese do adquirente não se qualificar como contribuinte habitual do ICMS, e esteja localizado em outro estado, devem ser aplicadas as normas constantes do art. 155, §2º, incs. VII e VIII, da CF.[345]

---

[344] As alíquotas do imposto em São Paulo são basicamente as seguintes: Operações ou prestações internas: 18% (em geral); 12%, e 7% (conforme as específicas operações e prestações); Operações ou prestações interestaduais, destinadas a contribuintes a) localizados nos Estados de Minas Gerais, Rio de Janeiro, Paraná, Santa Catarina e Rio Grande do Sul – 12%; b) localizados em demais Estados não previstos na alínea anterior – 7%; Operações ou prestações interestaduais destinadas a não contribuintes: 18%, 7% e 12% (conforme as específicas operações e prestações); Serviços de transporte aéreo: 4%; Importação: 18%, 7%, e 12%(conforme as específicas operações e prestações); Serviços prestados no exterior (18%). Obs.: o STF declarou a inconstitucionalidade de dispositivos (arts. 3º a 9º, inclusive) da Lei nº 6.556, de 30.11.89, do Estado de São Paulo, que majoraram, até 3.12.90, a alíquota de ICMS de 17% para 18%, por ofensa ao art. 167, IV, da Constituição Federal, que veda a vinculação de receita de impostos a órgão, fundo ou despesas (RE nº 183.906-SP – Rel. Min. Marco Aurélio – j. 18.9.97 – *DJU* 1 de 29.9.97, p. 48.068). A inconstitucionalidade também foi considerada relativamente às Leis nºs 7.003 de 27.12.90, 7.646 de 26.12.91, e 8.207 de 30.12.92 (RE nº 194.123-5 – 1ª T. – Rel. Min. Moreira Alves – j. 7.12.99 – *DJU* 1-E de 25.2.2000, p. 75).

[345] Consulta nº 1840/M1/2014, de 22.1.15 SP.

Na *venda de mercadorias via internet* destinada a pessoas físicas ou jurídicas, não contribuintes do imposto, localizadas em outros estados, aplica-se a alíquota interna às operações realizadas por contribuinte paulista (Consulta nº 5.660/15, de 7.10.15).

## 4 Zero

Entendo que a menção a "0" só poderá significar total desoneração tributária, e não flexibilidade para aumentar o gravame fiscal.

Objetivo o magistério seguinte: "A designada alíquota zero representa nítida isenção, mercê do aniquilamento do critério quantitativo".[346]

E categoricamente se observa que:

> queremos nos referir à técnica legislativa ou mesmo ao expediente do Poder Executivo, desde que exercitado nos limites da outorga da lei, de reduzir o valor percentual a zero... o preceito da isenção inibe um dos componentes imprescindíveis à organização intrínseca da norma-modelo da incidência roubando-lhe a juridicidade, pois, ainda que ocorra o fato hipoteticamente descrito, não se inaugura a relação jurídico-tributária.[347]

Na mesma linha jurídica:

> a alíquota zero não é senão uma das formas de isenção, pois expressa, claramente, em lei e com as mesmas conseqüências jurídicas. Dizer o legislador que um produto é isento do IPI ou que a alíquota é zero é dizer, de forma clara e inequívoca, que por força de um favor legal, o produto referido não sofre qualquer incidência tributária. Os termos se equivalem, e, por conseqüência o que aplicado for para as leis de exclusão de exigência tributária quanto à isenção, aplicado deveria ser para a alíquota zero.[348]

E de modo incisivo: "Alíquota zero também é fórmula de isenção".[349]

A circunstância de o STF haver expedido a Súmula nº 576 ("é lícita a cobrança do ICM sobre produtos importados sob o regime da alíquota zero") não pode constituir dogma jurídico, nem verdade sagrada, inquestionável ou perpétua, porque a edição pretoriana enfocada ocorreu há mais de duas décadas, tendo sido quase integralmente alterada a composição do STF, no apontado lapso de tempo. Ademais, as próprias súmulas, muitas vezes, com o decorrer do tempo, deixam de expressar o pensamento ou uma diretriz fixada em determinada época.

Assim é que, posteriormente, o TJSP houve por bem decidir o seguinte:

> O douto Magistrado também teve oportunidade de se reportar à questão ligada à alíquota zero do imposto de importação, com a qual o produto está beneficiado. A matéria foi suscitada na inicial e merece, portanto, análise também. Sobre o tema verifica-se que ainda nesta Egrégia Câmara já se teve oportunidade de considerar que de acordo com

---

[346] BARRETO, Aires. *Base de cálculo, alíquota e princípios constitucionais*. São Paulo: RT, 1987. p. 57.
[347] CARVALHO, Paulo de Barros. *Regra matriz do ICM*. Tese (Livre-Docência) – Faculdade de Direito, PUC-SP, 1981. p. 382-384.
[348] MARTINS, Ives Gandra da Silva. Alíquota. *In*: ALVIM, Teresa; ALVIM, Arruda (Coord.). *Repertório Enciclopédico Carvalho Santos*. São Paulo: RT, [s.d.].
[349] CARRAZZA, Roque Antonio. *ICMS*. 13. ed. São Paulo: Malheiros, 2009. p. 10, nota de rodapé nº 9.

manifestações do Supremo Tribunal Federal a alíquota zero na prática se confunde com a "isenção tributária" (Embargos no Recurso Extraordinário nº 77.712-SP), daí se segue que também neste ponto não existem óbices à concessão da segurança. (Ap. Civ. nº 129.289-2 – 9ª C.C. – Rel. Des. Lair Loureiro – j. 15.9.88 – *RJTJESP*, v. 118, p. 176-177)

Alerta-se para o perigo de não se questionarem as súmulas, o que poderia acarretar a estagnação do direito. A dinâmica da vida, a diversidade de situações fáticas, a evolução dos costumes, a pletora significativa de novas regras e institutos jurídicos provavelmente terão efeitos modificativos em sedimentada jurisprudência.

Observa-se que "A súmula não impede a discussão das novas teses levadas ao Tribunal. Evita, sim, as questiúnculas estéreis, do dia-a-dia, as saborosas controvérsias úteis aos desvãos dos entendimentos humanos, porém, inúteis".[350]

A Emenda nº 45, de 8.12.2004 (art. 103-A, da CF), dispõe que o STF poderá aprovar a *súmula vinculante* em relação ao Judiciário e à Administração Pública direta e indireta, nas esferas federal, estadual e municipal, bem como proceder à sua revisão ou cancelamento. A súmula terá por objetivo a validade, a interpretação e a eficácia de normas determinadas, acerca das quais haja controvérsia atual entre órgãos do Judiciário ou entre esses e a Administração Pública que acarrete grave insegurança jurídica e relevante multiplicação de processos sobre questão idêntica.

Como arremate, sublinho que somente a Lei federal nº 8.032, de 12.4.90, veio dispor que "os bens importados com alíquota 0 (zero) do Imposto sobre a Importação estão sujeitos aos tributos internos, nos termos das respectivas legislações" (art. 7º); o que também seria altamente questionável face ao princípio da autonomia dos estados e dos municípios.

Entretanto, é de se convir que, anteriormente a 12.4.90, inexistia qualquer tipo de óbice à integral desoneração tributária, por força, também, do princípio da irretroatividade das normas.

Em conclusão, penso que a expressão "alíquota zero", em termos jurídicos, significa forma de desoneração da carga tributária.

## 5 Seletividade

O STF decidira questão relativa à aplicação de alíquotas para as atividades de energia elétrica e serviços de telecomunicação, no âmbito da seletividade, fixando o entendimento seguinte:

EMENTA
Recurso extraordinário. Repercussão geral. Tem nº 745. Direito tributário. ICMS. Seletividade. Ausência de obrigatoriedade. Quando adotada a seletividade, há necessidade de se observar o critério da essencialidade e de se ponderarem as características intrínsecas do bem ou do serviço com outros elementos. Energia elétrica e serviços de telecomunicação. Itens essenciais. Impossibilidade de adoção de alíquota superior àquela que onera as operações em geral. Eficácia negativa da seletividade.

---

[350] ROSAS, Roberto. Do assento e do prejulgado à súmula do STF. *Revista dos Tribunais*, São Paulo, v. 404. p. 19-21.

1. O dimensionamento do ICMS, quando presente sua seletividade em função da essencialidade da mercadoria ou do serviço, pode levar em conta outros elementos além da qualidade intrínseca da mercadoria ou do serviço.

2. A Constituição Federal não obriga os entes competentes a adotar a seletividade do ICMS. Não obstante, é evidente a preocupação do constituinte de que, uma vez adotada a seletividade, haja a ponderação criteriosa das características intrínsecas do bem ou serviço em razão de sua essencialidade com outros elementos, tais como a capacidade econômica do consumidor final, a destinação do bem ou serviço e, ao cabo, a justiça fiscal, tendente à menor regressividade desse tributo indireto. O estado que adotar a seletividade no ICMS terá de conferir efetividade a esse preceito em sua eficácia positiva, sem deixar de observar, contudo, sua eficácia negativa.

3. A energia elétrica é item essencial, seja qual for seu consumidor ou mesmo a quantidade consumida, não podendo ela, em razão da eficácia negativa da seletividade, quando adotada, ser submetida a alíquota de ICMS superior àquela incidente sobre as operações em geral. A observância da eficácia positiva da seletividade – como, por exemplo, por meio da instituição de benefícios em prol de classe de consumidores com pequena capacidade econômica ou em relação a pequenas faixas de consumo –, por si só, não afasta eventual constatação de violação da eficácia negativa da seletividade.

4. Os serviços de telecomunicação, que no passado eram contratados por pessoas com grande capacidade econômica, foram se popularizando de tal forma que as pessoas com menor capacidade contributiva também passaram a contratá-los. A lei editada no passado, a qual não se ateve a essa evolução econômico-social para efeito do dimensionamento do ICMS, se tornou, com o passar do tempo, inconstitucional.

5. Foi fixada a seguinte tese para o Tema nº 745: Adotada pelo legislador estadual a técnica da seletividade em relação ao Imposto sobre Circulação de Mercadorias e Serviços (ICMS), discrepam do figurino constitucional alíquotas sobre as operações de energia elétrica e serviços de telecomunicação em patamar superior ao das operações em geral, considerada a essencialidade dos bens e serviços.

6. Recurso extraordinário parcialmente provido.

7. Modulação dos efeitos da decisão, estipulando-se que ela produza efeitos a partir do exercício financeiro de 2024, ressalvando-se as ações ajuizadas até a data do início do julgamento do mérito (5/2/21). (RE nº 714.139/SC – Plenário – red. Ac. Min. Dias Toffoli – Sessão de 18.12.2021)

A LC nº 194, de 23.6.2022, introduziu preceito no CTN (art. 18-A), reproduzido na LC nº 87/96, na forma seguinte:

Art. 32-A. As operações relativas aos combustíveis, ao gás natural, á energia elétrica, às comunicações e ao transporte coletivo, para fins de incidência de imposto de que trata esta Lei Complementar, são consideradas operações de bens e serviços essenciais e indispensáveis, que não podem ser tratados como supérfluos.

§1º Para efeito do disposto neste artigo:

I - é vedada a fixação de alíquotas sobre as operações referidas no caput deste artigo em patamar superior ao das operações em geral, considerada a essencialidade dos bens e serviços;

II - é facultada ao ente federativo competente a aplicação de alíquotas reduzidas em relação aos bens referidos no caput deste artigo, como forma de beneficiar os consumidores em geral; e

III - é vedada a fixação de alíquotas reduzidas de que trata o inciso II deste parágrafo, para os combustíveis, a energia elétrica e o gás natural, em percentual superior ao da alíquota vigente por ocasião da publicação deste artigo.

§2º No que se refere aos combustíveis, a alíquota definida conforme o disposto no §1º deste artigo servirá como limite máximo para a definição das alíquotas específicas (ad rem) a que se refere a alínea *b* do inciso V do caput do art. 3º da Lei Complementar nº 192, de 11 de março de 2022.

Nesse sentido, o Estado de São Paulo (em 27.6.22) emitiu o *Informativo* do teor seguinte:

> A Lei Complementar nº 194, de 23 de junho de 2022, alterou a Lei nº 5.172, de 25 de outubro de 1966 (Código Tributário Nacional), e a Lei Complementar nº 87, de 13 de setembro de 1966 (Lei Kandir), para considerar bens e serviços essenciais os relativos aos combustíveis, à energia elétrica, às comunicações e ao transporte coletivo.
>
> Considerando o disposto no §4º do artigo 24 da Constituição Federal de 1988, segundo o qual "a superveniência de lei federal sobre normas gerais suspende a eficácia da lei estadual, no que lhe for contrário, a Secretaria da Fazenda e Planejamento informa que, a partir de 23 de junho de 2022, as operações e prestações internas abaixo indicadas devem ser tributadas pelo ICMS à alíquota de 18% (dezoito por cento):
>
> 1 – operações com álcool etílico anidro carburante;
>
> 2 – operações com gasolina;
>
> 3 – operações com querosene de aviação, exceto quando destinadas a empresas de transporte aéreo regular de passageiros ou de carga nos termos do Decreto nº 64.319/2019;
>
> 4 – operações com energia elétrica, em relação á conta residencial que apresente consumo mensal acima de 200 (duzentos) kWh;
>
> 5 – prestações de serviços de comunicação".

O STF julgou procedentes ADIs, declarando a inconstitucionalidade de legislação dos estados do Pará, Tocantins, Minas Gerais, Rondônia e Goiás, adotando os parâmetros fixados no *leading case*, RE nº 714.139-RG, para que produza efeitos a partir do exercício financeiro de 2024 (ADIs nºs 7.111, 7.113, 7.116, 7.119 e 7.122 – Plenário – Rel. Min. Edson Fachin, sessão virtual de 19.8.2022 a 26.8.2022).

CAPÍTULO V

# LOCAL DA OPERAÇÃO E DA PRESTAÇÃO

## 1 Considerações gerais

Face a uma situação natural, os fatos tributários se verificam em um preciso lugar, cumprindo ao legislador estabelecer o local em que, uma vez acontecida a materialidade tributária, se entenda devida a obrigação.

Esse aspecto é designado como "a indicação de circunstâncias de lugar – contidas explícita ou implicitamente na hipótese de incidência – relevantes para a configuração do fato imponível".[351]

Pertinente a lição de que:

> Os fatos (núcleo e elementos adjetivos) que realizam a hipótese de incidência, necessariamente, acontecem num determinado tempo e lugar, de modo que a realização da hipótese de incidência sempre está condicionada às coordenadas de tempo e de lugar. O núcleo e os elementos adjetivos somente terão realizado a hipótese de incidência se tiverem acontecido no tempo e no lugar predeterminados, implícita ou explicitamente, pela regra jurídica.[352]

Objetivando estabelecer um critério científico no trato da matéria, Paulo de Barros Carvalho ensina o seguinte:

> Acreditamos que os elementos indicadores da condição de espaço, nos supostos das normas tributárias, hão de guardar uma dessas três formas compositivas, diretriz que nos conduz a classificar o gênero tributário na conformidade do grau de colaboração do critério espacial da respectiva hipótese tributária:
> a) hipóteses cujo critério espacial faz menção a determinado local para ocorrência do fato típico;
> b) hipóteses em que o critério espacial alude a áreas específicas, de tal sorte que o acontecimento apenas ocorrerá se dentro delas estiver geograficamente contido;

---

[351] ATALIBA, Geraldo. *Hipótese de incidência tributária*. 6. ed. 8. tir. São Paulo: Malheiros, 1999. §40.1.
[352] BECKER, Alfredo Augusto. *Teoria geral do direito tributário*. São Paulo: Saraiva, 1963. p. 301.

c) hipóteses de critério espacial bem genérico, onde todo e qualquer fato, que suceda sob o manto da vigência territorial da lei instituidora, estará apto a desencadear seus efeitos peculiares.[353]

## 2 Situações operacionais

A LC nº 87/96 estabelece o seguinte:

Art. 11. O local da operação ou da prestação, para os efeitos da cobrança do imposto e definição do estabelecimento responsável é:
I - *tratando-se de mercadoria ou bem*:
a) o do estabelecimento onde se encontre, no momento da ocorrência do fato gerador;
b) onde se encontre, em situação irregular pela falta de documentação fiscal ou quando acompanhado de documentação inidônea, como dispuser a legislação tributária;
c) o do estabelecimento que transfira a propriedade, ou o título que a represente, de mercadoria por ele adquirida no País e que por ele não tenha transitado;
d) importado do estabelecimento, o do estabelecimento onde ocorrer a entrada física;
e) importado do exterior, o do domicílio do adquirente, quando não estabelecido;
f) aquele onde seja realizada a licitação, no caso de arrematação de mercadoria ou bem importados do exterior e apreendidos ou abandonados;
g) o do Estado onde estiver localizado o adquirente, inclusive consumidor final, nas operações interestaduais com energia elétrica e petróleo, lubrificantes e combustíveis dele derivados, quando não destinados à industrialização ou á comercialização;
h) o do Estado onde o ouro tenha sido extraído, quando não considerado como ativo financeiro ou instrumento cambial;
i) o do desembarque do produto, na hipótese de captura de peixes, crustáceos e moluscos.
II - tratando-se de *prestação de serviço de transporte*:
a) onde tenha início a operação;
b) onde se encontre o transportador, quando em situação irregular pela falta de documentação fiscal ou quando acompanhada de documentação inidônea, como dispuser a legislação tributária.
III - *tratando-se de prestação onerosa de serviço de comunicação:*
a) da prestação do serviço de radiodifusão sonora e de som e imagem, assim entendido o da geração, emissão, transmissão e retransmissão, repetição, ampliação e recepção;
b) o do estabelecimento da concessionária ou da permissionária que forneça ficha, cartão, ou assemelhados com que o serviço é pago;
c) o do estabelecimento destinatário do serviço, na hipótese e para os efeitos do inciso XIII do art. 12;
c-1) o do estabelecimento ou domicílio do tomador do serviço, quando prestado por meio de satélite;
d) onde seja cobrado o serviço, nos demais casos;
IV - *tratando-se de serviços prestados ou iniciados no exterior*, o do estabelecimento ou do domicílio do destinatário.
V - tratando-se de operações ou prestações interestaduais destinadas a consumidor final, em relação á diferença entre a alíquota interna do Estado de destino e a alíquota interestadual:

---

[353] CARVALHO, Paulo de Barros. *Curso de direito tributário*. 24. ed. São Paulo: Saraiva, 2012. p. 329.

a) o do estabelecimento do destinatário, quando o destinatário ou o tomador for contribuinte do imposto;

b) o do estabelecimento remetente ou onde tiver início a prestação, quando o destinatário ou tomador não for contribuinte do imposto.

§1º O disposto na alínea c do inciso I não se aplica às mercadorias recebidas em regime de depósito de contribuinte de Estado que não o depositário.

§2º Para os efeitos da alínea h do inciso I, o ouro, quando definido como ativo financeiro ou instrumento cambial, deve ter sua origem identificada.

Com relação a *estabelecimento*, a LC nº 87/96 (art. 11) considera o seguinte:

§3º [...] é o local, privado ou público, edificado ou não, próprio ou de terceiro, onde pessoas físicas ou jurídicas exerçam suas atividades em caráter temporário ou permanente, bem como onde se encontrem armazenadas mercadorias, observado, ainda, o seguinte:

I - na impossibilidade de determinação do estabelecimento, considera-se como tal o local em que tenha sido efetuada a operação ou prestação, encontradas a mercadoria ou constatada a prestação;

II - é autônomo cada estabelecimento do mesmo titular;

III- considera-se também estabelecimento autônomo o veículo usado no comércio ambulante e na captura de pescado;

IV - respondem pelo crédito tributário todos os estabelecimentos do mesmo titular.

§5º Quando a mercadoria for remetida para armazém geral ou para depósito fechado do próprio contribuinte, no mesmo Estado, a posterior saída considerar-se-á ocorrida no estabelecimento do depositante, salvo se para retornar ao estabelecimento remetente.

§6º Na hipótese do inciso III do caput deste artigo, tratando-se de serviços não medidos, que envolvam localidades situadas em diferentes unidades da Federação e cujo preço seja cobrado por períodos definidos, o imposto devido será recolhido em partes iguais para as unidades da Federação onde estiverem localizados o prestador e o tomador.

§7º Na hipótese da alínea "b" do inciso V do caput deste artigo, quando o destino final da mercadoria, bem ou serviço, ocorrer em Estado diferente daquele em que estiver domiciliado ou estabelecido o adquirente ou o tomador, o imposto correspondente à diferença entre a alíquota interna e a interestadual será devido ao Estado no qual efetivamente ocorrer a entrada física da mercadoria ou bem ou o fim da prestação do serviço.

§8º Na hipótese de serviço de transporte interestadual de passageiros cujo tomador não seja contribuinte do imposto:

I - o passageiro será considerado o consumidor final do serviço, e o fato gerador considerar-se-á ocorrido no Estado referido nas alíneas "a" ou "b" do inciso II do caput deste artigo, conforme o caso, não se aplicando o disposto no inciso V do caput e no §7º deste artigo; e

II - o destinatário do serviço considerar-se-á localizado no Estado da ocorrência do fato gerador, e a prestação ficará sujeita à tributação pela sua alíquota interna.

# CAPÍTULO VI

# PRINCÍPIO DA NÃO CUMULATIVIDADE

## 1 Aspectos básicos

A CF/88 reza que o ICMS:

> Será não-cumulativo, compensando-se o que for devido em cada operação relativa à circulação de mercadorias ou prestação de serviços com o montante cobrado nas anteriores pelo mesmo ou outro Estado ou pelo Distrito Federal. (Art. 155, §2º, I)

A LC nº 87/96 (art. 19) reproduz a diretriz constitucional.

A expressão "não cumulatividade", por si só, não apresenta nenhum significado, nem permite seja alcançado o verdadeiro desígnio constitucional, na forma engendrada para plena operacionalidade do ICMS.

Inútil tecer consideração de índole econômica e política para compreender o sentido de tal expressão, embora o resultado de sua aplicação possa apresentar implicações de cunho financeiro.

Só interessa ao intérprete o conceito eminentemente jurídico, os critérios norteadores do "abatimento":

> A Constituição não tomou emprestado da economia uma fugidia *não-cumulatividade*, para fazê-la iluminar a compreensão do sistema de abatimentos. Ao contrário, fez do ICM e do IPI tributos "não-cumulativos", *exatamente porque os submeteu aos efeitos jurídicos tipicamente produzidos por um determinado sistema de abatimento criado pela própria Constituição* (a não-cumulatividade é resultado, e não causa, do sistema de abatimentos).[354]

Repudiam a postura doutrinária que entende que o legislador constitucional procurou evitar "incidências em cascata", prenhe de considerações econômicas, estranhas ao direito. E, por esse prisma, totalmente despiciendas as afirmativas de que:

---

[354] ATALIBA, Geraldo; GIARDINO, Cleber. ICM e IPI. Direito de crédito, produção e mercadorias isentas ou sujeitas à alíquota zero. *Revista de Direito Tributário*, São Paulo, v. 46. p. 74.

1. o preceito da não-cumulatividade se volta para o consumidor, e não para os contribuintes do imposto; 2. o alcance do regime se reduz a inibir "duplo pagamento" do tributo sobre a mesma base; 3. no ICM e no IPI, ocorre o que os economistas chamam de "efeito de recuperação", autorizada a cobrança por inteiro de tributo incidente sobre operação sucessiva à anterior isenta, à vista de não haver, nesse caso "dupla incidência" sobre o mesmo "valor base"; 4. além disso, o controle do sistema se opera – ainda que por fórmulas simplificadas – "produto por produto"; 5. ambos os tributos são multifásicos, vale dizer, segmentados nas várias fases em que pode fracionar o chamado "ciclo de produção dos produtos".[355]

Argumenta-se, também, que o "sistema constitucional, considerado instrumentador da não cumulatividade" é indisponível, seja para o Estado, seja para os contribuintes (o que evidenciaria o óbvio, na medida em que fosse o "mercado" – como pretende essa teoria – o verdadeiro destinatário da tutela constitucional).[356]

A não cumulatividade tem origem na evolução cultural, social, econômica e jurídica do povo. Sendo essencial, a sua supressão do texto constitucional inevitavelmente causaria um sério e enorme abalo em toda a estrutura sobre a qual foi organizado o Estado. Constituindo-se num sistema operacional destinado a minimizar o impacto do tributo sobre os preços dos bens e serviços de transporte e de comunicações, a sua eliminação os tornaria artificialmente mais onerosos. Caso fosse suprimida, a cumulatividade tributária geraria um custo artificial indesejável aos preços dos produtos e serviços comercializados. Esses preços estariam totalmente desvinculados da realidade, da produção e da comercialização. Isso oneraria o custo de vida da população e encareceria o processo produtivo e comercial, reduzindo os investimentos empresariais, em face do aumento de custos ocasionado por esse artificialismo tributário oriundo da cumulatividade.

São diversos os métodos de cálculo para a exigência de tributos não cumulativos:

a) Método direto subtrativo: consiste na aplicação da alíquota do tributo sobre a diferença entre as saídas e as entradas. Deduz-se da base de cálculo do tributo (preço de venda, do serviço, do valor da receita, etc.) o montante correspondente às entradas necessárias ao desenvolvimento da atividade tributada, para, sobre esse resultado, aplicar-se a alíquota.

b) Método direto aditivo: determina a aplicação da alíquota tributária sobre o valor efetivamente agregado. Nesse caso, o *quantum* devido é calculado mediante a incidência da alíquota sobre o somatório da mão-de-obra, matérias-primas, insumos, margem de lucro, e quaisquer despesas do contribuinte, tendo em vista ser essa soma acrescida ao preço da atividade sujeita à tributação.

c) Método indireto subtrativo: determina o valor devido por meio da diferença entre a alíquota aplicada sobre as saídas e a alíquota correspondente às entradas. É a sistemática adotada para o IPI e ICMS.

d) Método indireto aditivo: estipula seja o tributo calculado por meio da somatória da aplicação da alíquota a cada um dos elementos que compõem o valor agregado pelo contribuinte. Por exemplo: o somatório da alíquota incidente sobre os fatores de

---

[355] ATALIBA, Geraldo; GIARDINO, Cleber. ICM e IPI. Direito de crédito, produção e mercadorias isentas ou sujeitas à alíquota zero. *Revista de Direito Tributário*, São Paulo, v. 46. p. 74-75.

[356] ATALIBA, Geraldo; GIARDINO, Cleber. ICM – Abatimento constitucional – Princípio da não-cumulatividade. *Revista de Direito Tributário*, São Paulo, v. 29/30. p. 114.

mão-de-obra, matérias-primas, margem de lucros e demais despesas voltadas à consecução da atividade do contribuinte.[357]

## 2 Aplicação dos princípios da igualdade e da capacidade contributiva

Os princípios mantêm congruência com o princípio da não cumulatividade. O objetivo último da produção e circulação de mercadorias e prestação de serviços é o consumidor final. É para a satisfação de sua necessidade que está direcionada a atividade dos produtores, das empresas industriais, comerciais, prestadoras de serviços etc. Estes, por sua vez, no desenvolvimento de suas atividades, submetem-se irrestritamente ao comando constitucional contido nos arts. 170 e seguintes, que lhes impõe o dever de observância à valorização do trabalho, da existência digna e da justiça social. Obriga-lhes, ainda, o respeito e a defesa do consumidor.

Os princípios da igualdade e da capacidade contributiva, por seu turno, são comandos constitucionais endereçados ao legislador ordinário. A ele incumbe a tarefa de instituir impostos que sejam uniformes e que respeitem a capacidade econômica de todos aqueles que estejam na mesma situação jurídica. Assim, deverá o legislador impor aos agentes do ciclo de produção/comercialização/prestação de serviços uma única regra de comportamento, para que a carga tributária incorporada ao preço das mercadorias seja uniforme. Sendo referidos tributos submetidos ao postulado da não cumulatividade, não será possível que algumas pessoas sejam mais beneficiadas do que outras no transcorrer do ciclo produtivo/comercial.

A lei não poderá estabelecer que, em certa etapa do ciclo, a não cumulatividade seja abolida. A igualdade e a capacidade contributiva de cada um dos agentes do ciclo de produção, de comercialização ou de prestação de serviços de transportes e de comunicação, estão intimamente ligadas à capacidade econômica daqueles. A sua preservação pelo legislador ordinário faz com que se mantenha o poder do consumidor de adquirir esses produtos e serviços.

Alinhando o princípio da proibição do efeito confiscatório dos tributos com o princípio da não cumulatividade, pode-se observar que eles se tocam e se complementam. Supondo-se que em algum momento, ou em determinada operação, o ente tributante venha a estabelecer a proibição total ou parcial do dever-poder do contribuinte de creditar-se do imposto incidente nas operações anteriores, estará ele, a um só tempo, provocando o efeito cumulativo, condutor de um aumento artificial no preço das mercadorias, produtos e serviços, em prejuízo do consumidor final.

Do mesmo modo, acarreta um efeito confiscatório, porque sobre o mesmo preço está ocorrendo mais de uma incidência do mesmo imposto, a retirar de cada um dos agentes do ciclo mais imposto do que o efetivamente devido. Assim, em nenhuma hipótese, o contribuinte poderá ser proibido de proceder aos créditos correspondentes ao imposto incidente nas operações anteriores, sob pena de provocar o efeito confiscatório, o que é vedado pela Constituição (art. 150, IV).[358]

---

[357] TOME, Fabiana Del Padre. A natureza jurídica da não-cumulatividade da contribuição ao PIS-Pasep e da Cofins: consequências e aplicabilidade. *In*: PEIXOTO, Marcelo Magalhães; FISCHER, Octávio Campos (Coord.). *PIS-Cofins* – Questões atuais e polêmicas. São Paulo: Quartier Latin, 2005. p. 542-543.

[358] LIPPO, Luiz Francisco; MELO, José Eduardo Soares de. *A não-cumulatividade tributária*. 3. ed. São Paulo: Dialética, 2008.

Perspicaz a observação de que:

> O princípio da não-cumulatividade, que na realidade é um subprincípio estruturante que perpassa todos os outros princípios constitucionais sobre a matéria (capacidade contributiva, neutralidade, país de destino e repercussão obrigatória), passou por profundas modificações constitucional e legal e exibe hoje nova potencialidade através do aperfeiçoamento do sistema de créditos em que assenta:
> a) o crédito físico se entrelaçou com o financeiro, principalmente a partir da LC 87/96;
> b) o crédito real se afirmou definitivamente com o advento da EC n. 23/83 e com o art. 155, §2º, II, da CF/88, passando a ser reconhecido o efeito de recuperação, que era o vexata quaestio da problemática dos impostos sobre o valor acrescido no Brasil;
> c) o crédito condicionado à ulterior saída tributada recebeu nova regulamentação, principalmente pela ampliação do quadro das imunidades das exportações e pelo reconhecimento de sua jusfundamentalidade.[359]

O STF acolheu o modelo do crédito *físico* vinculando à participação dos bens nas operações mercantis, e prestação de serviços; não aceitando a amplitude do crédito *financeiro*, nos termos seguintes:

> Tributário. Imposto sobre circulação de mercadorias e prestação de serviços de comunicação e de transporte intermunicipal e interestadual. Não-cumulatividade. Diferença entre crédito físico e crédito financeiro. Discussão sobre o modelo adotado pela Constituição de 1988. Processual civil. Agravo regimental.
> 1. Esta Corte tem sistematicamente entendido que a Constituição de 1988 não assegurou direito à adoção do modelo de crédito financeiro para fazer valer a não-cumulatividade do ICMS, em toda e qualquer hipótese. Precedentes.
> 2. Assim, a adoção de modelo semelhante ao do crédito financeiro depende de expressa previsão constitucional ou legal, existente para algumas hipóteses e com limitações na legislação brasileira.
> 3. A pretensão do contribuinte, de assemelhar o ICMS a modelo ideal de Imposto sobre Valor Agregado – IVA, sem prejuízo dos inerentes méritos econômicos e de justiça fiscal, não ressoa na Constituição de 1988.
> Agravo Regimental a que se nega provimento. (RE nº 337.470/PR – AgRg – 2ª T. – Rel. Min. Joaquim Barbosa – j. 14.9.10 – *DJe* de 8.10.10)

## 3 Imperatividade

A cláusula da "não cumulatividade" não consubstancia mera norma programática, nem traduz recomendação, sequer apresenta cunho didático ou ilustrativo, caracterizando, na realidade, "diretriz constitucional imperativa".[360]

Trata-se de uma autêntica obrigação a ser cumprida tanto pelo Poder Público, como pelo contribuinte.

---

[359] TORRES, Ricardo Lobo. O princípio da não-cumulatividade e o IVA no direito comparado. *In*: MARTINS, Ives Gandra da Silva (Coord.). *Pesquisas tributárias* – Nova Série, n. 10. São Paulo: Centro de Extensão Universitária e RT, 2004. p. 166-167.

[360] ATALIBA, Geraldo; GIARDINO, Cleber. ICM e IPI. Direito de crédito, produção e mercadorias isentas ou sujeitas à alíquota zero. *Revista de Direito Tributário*, São Paulo, v. 46. p. 75.

Num primeiro momento, ilustrados autores assinalaram que o abatimento "[...] é direito constitucional reservado ao contribuinte; direito público subjetivo de nível constitucional, oponível à Fazenda pelo contribuinte do imposto [...] como uma [...] *facultas agendi*, exercitável ou não".[361]

Enfatizaram:

> A *faculdade* de fazer valer os efeitos típicos do abatimento constitucional. Se quiser, usa o direito de abatimento; se não quiser, não o faz. Seu direito é *ex lege*, mas disponível. A Fazenda fica, diante dele, na situação passiva de ter que aguardar – e aceitar – as conseqüências de sua decisão, não podendo forçá-lo a tal exercício, nem impedi-lo.[362]

E que "O procedimento formal do abatimento (consoante os critérios instrumentais previstos na lei) incumbe ao contribuinte do imposto; em nenhum caso o Fisco pode se substituir a ele, presumindo sua vontade de abater".[363]

Todavia, completando o raciocínio, sublinharam:

> O que é essencial ao sistema tributário, e assim *indisponível para o Estado e contribuintes*, necessariamente, compõe e integra a regra de tributação. Nela se resolve o dever do contribuinte e o direito do Estado, *ambos juridicamente inibidos, mesmo que o quisessem, a receber ou a pagar mais do que a lei estabelece.*[364]

Assim, já se pode asseverar ser inadmissível a inobservância do comando constitucional, tanto no lançamento do ICMS (operações realizadas e serviços prestados), quanto na escrituração do crédito (aquisição de bens e serviços).

A inteligência da norma constitucional permite firmar a tranqüila diretriz de que o crédito não pode constituir uma mera faculdade outorgada ao contribuinte, traduzida em um procedimento discricionário. Como o débito deve ser exigido, lançado e liquidado, o mesmo ocorre com o crédito, sem o que o princípio resultaria ineficaz, frustrando-se a dicção constitucional.

Do mesmo teor as lições seguintes:

> é sabido que o sujeito passivo das obrigações do ICM tem interesse no aproveitamento do crédito, pelas implicações aritméticas que determinam uma diminuição do imposto líquido a recolher. *Ad argumentandum*, figuremos a hipótese em que a totalidade, ou expressiva maioria dos "contribuintes" desistissem de aproveitar seus créditos, pagando a quantia integral do tributo devido em cada operação. Nessa conjuntura, o cânone da não-cumulatividade ficaria anulado, assumindo o ICM a fisionomia própria dos gravames de incidência "em cascata". A ordem imperativa encartada no artigo 23, inciso II, tornar-se-ia inoperante e o imposto cumulativo. O absurdo da conclusão mostra, com cores vivas, o descabimento da premissa.[365]

---

[361] ATALIBA, Geraldo; GIARDINO, Cleber. ICM e IPI. Direito de crédito, produção e mercadorias isentas ou sujeitas à alíquota zero. *Revista de Direito Tributário*, São Paulo, v. 46. p. 76.

[362] ATALIBA, Geraldo; GIARDINO, Cleber. ICM e IPI. Direito de crédito, produção e mercadorias isentas ou sujeitas à alíquota zero. *Revista de Direito Tributário*, São Paulo, v. 46. p. 78.

[363] ATALIBA, Geraldo; GIARDINO, Cleber. ICM e IPI. Direito de crédito, produção e mercadorias isentas ou sujeitas à alíquota zero. *Revista de Direito Tributário*, São Paulo, v. 46. p. 78.

[364] ATALIBA, Geraldo; GIARDINO, Cleber. ICM e IPI. Direito de crédito, produção e mercadorias isentas ou sujeitas à alíquota zero. *Revista de Direito Tributário*, São Paulo, v. 46. p. 76.

[365] CARVALHO, Paulo de Barros. *Regra matriz do ICM*. Tese (Livre-Docência) – Faculdade de Direito, PUC-SP, 1981. p. 376.

E arremata:

> O primado da não-cumulatividade é uma determinação constitucional que deve ser cumprida, assim por aqueles que dela se beneficiam, como pelos próprios agentes da Administração Pública. E tanto é verdade, que a prática reiterada pela aplicação cotidiana do plexo de normas relativas ao ICM e ao IPI, consagra a *obrigatoriedade* do funcionário, encarregado de apurar a quantia devida pelo "contribuinte" de considerar-lhe os créditos, ainda que contra sua vontade.[366]

## 4 Natureza jurídica

Trata-se de distintas categorias jurídicas ("crédito" e "débito"), que:

> Desencadeiam relações jurídicas diferentes e independentes, nas quais credor e devedor se alternam. União e/ou Estados são credores (na primeira) e o contribuinte, na outra, e vice-versa no que tange à situação de devedores. Submetem-se, enfim a princípios, critérios e regras de interpretação totalmente distintas.[367]

Como relação jurídica que se instaura, por via do crédito e que tem como sujeito ativo o particular, não se pode enquadrá-la como de "natureza tributária".

A afirmativa de que a "omissão" do contribuinte em formalizar tempestivamente o seu direito não inibe o Estado de promover a cobrança normal do ICMS (e também do IPI) devido[368] deve ser levada em termos constitucionais. É evidente que não significa inibição, mas obrigação cometida ao Poder Público de tomar em boa conta o montante dos créditos gerados pelas aquisições de bens e serviços.

Na apuração do movimento tributável, realizada de ofício, a fiscalização não pode agir unilateralmente, nem que ressalve eventual (e futuro) direito do contribuinte, de apropriar os aludidos créditos. Não pode ignorar todo o ciclo operacional, envolvendo créditos e débitos em determinado período de apuração, impondo-se a compensação de tais elementos, a fim de realizar concretamente o princípio da não cumulatividade.

É certo que a "não cumulatividade", além de não consubstanciar natureza tributária, não integra a estrutura do ICMS, tendo operatividade em momento posterior à configuração do débito tributário. Não se confunde com base imponível (aspecto integrante da norma de incidência tributária), posto que a compensação dos débitos, com os créditos, é elemento estranho à quantificação do tributo.

Alega-se que:

> O comando constitucional da não cumulatividade, no arcabouço do plano normativo do ICM, está jungido tão somente ao método de consideração do valor periódico de cada recolhimento. Nada tem que ver com a base de cálculo, que se congrega à alíquota para determinar o signo patrimonial, correlativo à incidência tributária, em cada operação.[369]

---

[366] CARVALHO, Paulo de Barros. *Regra matriz do ICM*. Tese (Livre-Docência) – Faculdade de Direito, PUC-SP, 1981. p. 376.

[367] ATALIBA, Geraldo; GIARDINO, Cleber. ICM e IPI. Direito de crédito, produção e mercadorias isentas ou sujeitas à alíquota zero. *Revista de Direito Tributário*, São Paulo, v. 46. p. 77.

[368] ATALIBA, Geraldo; GIARDINO, Cleber. ICM – Abatimento constitucional – Princípio da não-cumulatividade. *Revista de Direito Tributário*, São Paulo, v. 29/30. p. 121.

[369] CARVALHO, Paulo de Barros. *Regra matriz do ICM*. Tese (Livre-Docência) – Faculdade de Direito, PUC-SP, 1981. p. 370.

Retomando o pensamento, o fato de se apurar um valor financeiro menor do que o correspondente ao débito do ICMS não significa cogitar-se de imposto do tipo sobre valor acrescido:

> A agregação de valor não é elemento essencial à integração da hipótese de incidência do ICM. Não configura "elemento financeiro" essencial do aperfeiçoamento do suporte fático da regra jurídica de tributação. Do contrário, como observa Brockstedt, numa venda de mercadoria abaixo do preço do custo, o contribuinte não teria nem mesmo que debitar-se sobre o valor da saída, porque faltar-lhe-ia "o elemento financeiro do fato gerador".[370]

O ICMS incide, recai e grava materialidade contida na Constituição, e descrita pelo legislador ordinário ("operação jurídica relativa à circulação de mercadorias e prestações de serviços de transporte interestadual/intermunicipal e de comunicações"), quantificada mediante a aplicação de uma alíquota sobre a base imponível, ou seja, um valor (tributário) líquido e certo.

Oportuna assertiva de que:

> As disposições constitucionais dos chamados "créditos de IPI e de ICM têm eficácia plena e aplicabilidade imediata, na classificação consagrada por José Afonso da Silva", eficácia normativa plena significa aptidão incondicional para produzir imediatos efeitos jurídicos, quando cabível a incidência do preceito. De nenhuma lei depende a eficácia do sistema de abatimentos.[371]

Os autores oferecem a seguinte síntese conclusiva:

a) o direito de crédito, tanto de ICM, quanto de IPI, é constitucional;
b) como tal, não emerge da lei, nem dela depende;
c) por isso mesmo, o legislador não pode condicionar o seu exercício;
d) esse direito surge com a realização de operação tributável em benefício do adquirente;
e) este (adquirente) passa a deter título jurídico (crédito) que poderá ser usado para abatimento de imposto a pagar (forma de pagamento – total ou parcial – de débito de ICM ou de IPI);
f) o crédito e o débito são entidades distintas e inconfundíveis, emergentes de fatos diversos, submetidos a regimes autônomos.[372]

## 5 ICMS "cobrado" significa ICMS "incidente"

Na análise do direito de abater, há que se ter em conta o sentido da expressão "montante cobrado", que não pode ser interpretado literalmente, porque a efetiva cobrança (arrecadação) escapa ao conhecimento do adquirente das mercadorias ou do tomador dos serviços.

---

[370] BORGES, José Souto Maior. *Lei complementar tributária*. São Paulo: RT, 1975. p. 160-161.
[371] ATALIBA, Geraldo; GIARDINO, Cleber. ICM e IPI. Direito de crédito, produção e mercadorias isentas ou sujeitas à alíquota zero. *Revista de Direito Tributário*, São Paulo, v. 46. p. 79.
[372] ATALIBA, Geraldo; GIARDINO, Cleber. ICM e IPI. Direito de crédito, produção e mercadorias isentas ou sujeitas à alíquota zero. *Revista de Direito Tributário*, São Paulo, v. 46. p. 80.

Considerando os diversos motivos pelos quais um contribuinte deixa de recolher o ICMS (esquecimento, falta de suporte financeiro, questionamento), ou o Fisco de lançá-lo (no prazo decadencial de cinco anos), entende-se que a prévia "cobrança" (ou a liquidação do tributo) não constitui pressuposto essencial do direito ao crédito.

A compreensão da norma pauta-se no sentido da existência de anterior operação, ou prestação, sendo de todo irrelevante exigir-se ato de cobrança, ou prova da extinção da obrigação, mesmo porque o prazo legal – para a realização de tais atos – pode ser maior do que o período para fruição normal do crédito fiscal.

No mesmo caminho, aponta-se que "o vocábulo 'cobrado' não pode ser entendido no sentido de ser concretamente exigido [...]" e que "o sentido de cobrar só pode ser o de incidir".[373]

Também se declara:

> Parece-nos que a acepção "montante (de imposto) cobrado" que vem de ser utilizada pelo legislador constitucional nos dois dispositivos acima transcritos, pressupõe, antes de mais nada, que se trata de (montante) imposto que foi objeto de lançamento. Este requisito, ínsito no próprio texto constitucional, não implica, para fins de abatimento ou dedução na prova do pagamento do imposto. Basta que haja formalização regular da obrigação tributária correspondente.[374]

Há que se considerar, com a devida cautela, o entendimento de que "a premissa do creditamento é a *comprovação, mediante documentação fiscal idônea, do recolhimento do tributo nas etapas anteriores*" (STF – Ag.Reg. no Ag.Reg. no Agravo de Instrumento nº 617.913-MG – 1ª T. – Rel. Min. Dias Toffoli – j. 6.8.13 – *DJe* de 27.9.13, p. 30).

Discordo, todavia, da condição de referência exclusiva à nota fiscal para permitir o direito ao crédito, visto que o documento representa mero dever acessório que não pode jamais sobrepor-se a princípio constitucional da mais alta envergadura. Conquanto os documentos tenham o condão de retratar (e materializar) os atos jurídicos realizados, não se lhes pode emprestar valor preeminente de modo a direcionar todo o direito (constitucional) de abatimento.

Inaceitável norma restritiva do direito ao crédito por questões atinentes a aspectos meramente formais, relativos a documentos, nos casos em que haja simples omissões e incorreções, como exemplo, de dados cadastrais, placas de veículos etc.

Existem situações em que o vendedor das mercadorias se nega a entregá-las (inadimplência, falência etc.), obrigando o adquirente a promover busca e apreensão judicial, compelindo a proceder à sua entrega, o que vem a ser realizado sem emissão de nota fiscal. Esta situação, por óbvio, não pode vedar o aproveitamento do respectivo crédito de ICMS calculado sobre o valor da venda.

Importante esclarecer que:

> A jurisprudência do Supremo Tribunal Federal sedimentou-se no sentido de entender irrelevante para o reconhecimento do direito ao crédito do Imposto sobre Circulação de Mercadorias o fato de haver ocorrido a transferência do ônus ao adquirente da mercadoria

---

[373] COSTA, Alcides Jorge. *ICM na Constituição e na lei complementar*. São Paulo: Resenha Tributária, 1978. p. 156.
[374] BONILHA, Paulo Celso Bergstrom. *IPI – ICM – Fundamentos da técnica não-cumulativa*. São Paulo: IBDT e Resenha Tributária, 1979. p. 143.

industrializada. Precedentes: embargos de divergência em embargos de declaração em Recursos Extraordinários nºs 114.599-4/SP e 109.241-6/SP, julgados pelo Pleno, tendo sido designado redator para o acórdão, do primeiro, o Ministro Carlos Velloso, e relatado, o segundo, pelo Ministro Célio Borja, com arestos veiculados nas Revistas Trimestrais de Jurisprudência nºs 149/870 e 132/370, respectivamente. (RE nº 170.830-1-SP – 2ª T. – Rel. Min. Marco Aurélio – j. 1.4.97 – *DJU* 1 de 30.5.97, p. 23.190)

## 6 Incidência monofásica

A circunstância de a EC nº 33/01 haver estabelecido a incidência monofásica para as operações com combustíveis e lubrificantes (art. 155, §2º, XII, "h") não prejudica a aplicação do princípio da não cumulatividade, porque não significa não incidência, tampouco isenção ou substituição tributária; nem se confunde com a imunidade (que, aliás, fica excluída), não podendo desencadear nenhum estorno de crédito no estabelecimento tributado (refinaria ou importadora), conforme observado.[375]

Os citados mestres apresentam exemplos extraídos da literatura francesa e adaptados ao seguinte caso:

Comerciante ou prestador de serviços, sujeito em suas atividades ao ICMS, adquire insumos (combustível) da distribuidora, havendo incidência única na apuração da refinaria:

*Exemplo A (Incidência em todas as Etapas)*

|  | Refinaria | Distribuidora | Comerciante |
|---|---|---|---|
| Preço | 900 + 100 | 1.000 + 200 | 1.200 + 300 |
| Margem/Lucro | 100 | 200 | 300 |
| Imposto 18,6% | 186 | 223 | 279 |
| Dedução |  | 186 | 223 |
| A recolher | 186 | 37 | 56 |
| Preço final | 1.500 + 279 = 1.779 | Imposto total: 279,00 |  |

*Exemplo B (Incidência Única na Refinaria)*

|  | Refinaria | Distribuidora | Comerciante |
|---|---|---|---|
| Preço | 900 + 100 | 1.186 + 200 | 1.386 + 300 |
| Margem/Lucro | 100 | 200 | 300 |
| Imposto | 186 | 223 | 279 |
| Dedução |  |  |  |
| A recolher | 186 |  | 313 |
| Preço final | 1.686 + 313 = 1.999 | Imposto total: 499,00 |  |

---

[375] COÊLHO, Sacha Calmon Navarro; DERZI, Misabel Abreu Machado. A Emenda Constitucional nº 33/01 e os princípios da não-cumulatividade, da legalidade e da anterioridade. *In*: ROCHA, Valdir de Oliveira (Coord.). *O ICMS e a EC 33*. São Paulo: Dialética, 2002. p. 186-191.

E concluem que "nenhuma exceção foi criada em relação à não cumulatividade. A Emenda Constitucional nº 33/01, ao contrário, cria apenas uma *incidência única,* sem alterar, reduzir, modificar o princípio da não cumulatividade".[376]

A LC nº 192/22, que define os combustíveis sobre os quais incidirá uma única vez o ICMS, não trata de matéria atinente a créditos do imposto.

## 7 Lei complementar

A CF confere competência à lei complementar para "disciplinar o regime de compensação do imposto" (art. 155, XII, "c"), o que jamais pode implicar restrição ou limitação ao direito de abatimento do ICMS incidente nas operações e prestações anteriores.

Fundamentado nos léxicos, fora apurado que "disciplinar não é alterar, não é retirar direitos, não é conceder privilégios, não é suprimir, não é adulterar, não é violar direitos, não é transigir 'pro domo' sua".[377] Assim, "disciplinar a não cumulatividade" apenas consiste na fixação de elementos necessários à operacionalização do regime de abatimento dos valores tributários, mediante a consideração de documentos periódicos de apuração, alocação a estabelecimentos do contribuinte, sistemática de transferências etc.

No ato de disciplinar, não pode o legislador complementar, determinar ou especificar os bens, produtos, mercadorias e serviços que permitem (ou não) o crédito do imposto; nem também fracionar esse direito a período de tempo ou utilização. O legislador infraconstitucional não é o dono do ICMS, pois deve obediência às diretrizes constitucionais e aos superiores princípios nelas constantes, não podendo subverter a ordem jurídica e os postulados econômicos.

As restrições do direito ao crédito (veiculadas após a edição da LC nº 87/96) têm sido aceitas pelo STF:

> A jurisprudência desta Corte é pacífica no sentido de que não enseja ofensa ao princípio da não cumulatividade a situação de inexistência do direito a crédito de ICMS pago em razão de operações de consumo de energia elétrica, de utilização de serviços de comunicação ou de aquisição de bens destinados ao ativo fixo e de materiais de uso e consumo. Precedentes. (Ag. Reg. no Agravo de Instrumento nº 783.509-SP – 1ª T. – Rel. Min. Ricardo Lewandowski – j. 19.10.2010 – *DJe* de 16.11.2010, p. 22)

A ementa do RE nº 598.460-AgR-PR (Relator Min. Eros Grau) expressa o entendimento seguinte:

> Lei Complementar n. 87/96. Superveniência da Lei Complementar n. 102/00. Crédito de ICMS. Limitação Temporal à sua Efetivação. Vulneração do Princípio da Não-cumulatividade. Inocorrência. Precedentes.

---

[376] COÊLHO, Sacha Calmon Navarro; DERZI, Misabel Abreu Machado. A Emenda Constitucional nº 33/01 e os princípios da não-cumulatividade, da legalidade e da anterioridade. *In*: ROCHA, Valdir de Oliveira (Coord.). *O ICMS e a EC 33*. São Paulo: Dialética, 2002. p. 197-198.

[377] MARTINS, Ives Gandra da Silva. Princípio da não-cumulatividade para bens do ativo permanente em face da Lei Complementar nº 102/2000. *In*: ROCHA, Valdir de Oliveira (Coord.). *O ICMS e a LC 102*. São Paulo: Dialética, 2000. p. 109.

1. O Plenário desta Corte, no julgamento da ADI-MC n. 2.325, DJ de 4.10.04, fixou entendimento no sentido de não ser possível a compensação de créditos de ICMS em razão de operações de consumo de energia elétrica ou utilização de serviços de comunicação ou, ainda de aquisição de bens destinados ao uso e/ou à integração no ativo fixo do próprio estabelecimento.
2. As modificações nos artigos 20, §5º, e 33, da Lei Complementar n. 87/96, não violam o princípio da não-cumulatividade.

Entretanto, o STF dispôs sobre repercussão geral nos termos seguintes:

IMPOSTO SOBRE CIRCULAÇÃO DE MERCADORIAS E SERVIÇOS. DIREITO DE CRÉDITO – PRINCÍPIO A ANTERIORIDADE – LEI COMPLEMENTAR Nº 122/2006. Possui repercussão geral a controvérsia sobre caber ou não a lei complementar – no caso, a nº 122/06 – dispor sobre o direito à compensação de créditos do Imposto sobre Circulação de Mercadorias e Serviços. (Repercussão Geral no Recurso Extraordinário nº 601.967-RS – Plenário – Rel. Min. Marco Aurélio – j. 9.12.10 – *DJ* de 2.3.11)

As LCs nºs 87/96 e 102/02 tratam de matérias referentes ao crédito do imposto, com peculiares desdobramentos, que implicam considerações específicas, a saber:
   a) *art. 21, incs. III e IV* – determina o estorno do imposto creditado no caso de o serviço usado ou da mercadoria entrada no estabelecimento que vier a ser utilizada em *finalidade alheia ao estabelecimento*, ou no caso de *perecer*, *deteriorar* ou *extraviar*.

Entendo que o fato de os bens terem sido utilizados em atividades não operacionais, ou objeto de furto, perecimento ou deterioração, não deve acarretar o estorno do crédito.

Realmente, tais situações não tipificam operação ou prestação subsequente, não sendo enquadradas nas restrições constitucionais (v. Capítulo V, item 3).

Peculiarmente, o fisco mineiro tem considerado "alheios à atividade do estabelecimento" (I) os veículos de transporte pessoal; (II) os bens entrados, inclusive mercadorias ou serviços recebidos, e que (a) sejam utilizados em atividade exercida no estabelecimento fora do campo de incidência do imposto; (b) sejam utilizados em atividades de capacitação técnica, de cultura, de lazer, esportivas, ou de profilaxia dos empregados, ainda que visem a aumentar a produtividade da empresa; (c) não sejam empregados na consecução da atividade econômica do estabelecimento, assim entendidos aqueles não utilizados na área de produção industrial, agropecuária, extrativa, de comercialização, ou de prestação de serviços; (III) as mercadorias e os serviços recebidos que se destinem à construção, reforma, ou ampliação do estabelecimento (Instrução Normativa DLT/SER nº 1, de 6.5.1998, da Diretoria de Legislação Tributária da Superintendência da Receita Estadual de Minas Gerais).

O Tribunal de Justiça de Minas Gerais conferiu legitimidade ao mencionado preceito regulamentar:

EMENTA. MATERIAIS UTILIZADOS NA CONSTRUÇÃO DAS USINAS E REDES DE TRANSMISSÃO E DISTRIBUIÇÃO DE ENERGIA ELÉTRICA. BENS ALHEIOS Á ATIVIDADE EMPRESARIAL. APROVEITAMENTO INDEVIDO DE CRÉDITO DE ICMS. INSTRUÇÃO NORMATIVA DLT/SER Nº 1/1998. LIMITAÇÃO TEMPORAL PREVISTA NA LEI COMPLEMENTAR Nº 87/96. LEGITIMIDADE [...]. (Processo. Ap. Civel/Reex

Necessário nº 1.0518.05.075526-4/00 – 5ª Cam. Civ. – Rel. Des. Versiani Penna – data da publicação da súmula 25.9.14)

Não se estornam créditos referentes a mercadorias e serviços que venham a ser objeto de operações ou prestações destinadas ao exterior ou de operações com o papel destinado à impressão de livros, jornais e periódicos (§2º do art. 21, com a redação determinada pela LC nº 120/05).

b) *art. 23, parágrafo único* – fixa o prazo de cinco anos para utilização do crédito, contado da emissão do documento.

Embora o crédito revista índole financeira, tendo em vista que a natureza tributária seja mais peculiar ao débito, o fato é que, fixando o mesmo lapso de tempo para a sua fruição – com manifesto objetivo isonômico –, o legislador confere-lhe característica tributária.

c) *art. 24 e incs. I a III* – estipulam o período de apuração, a ser fixado pelo legislador estadual, e tratam da liquidação por compensação ou mediante pagamento em dinheiro, inclusive a transferência do eventual saldo credor para o período seguinte.

d) *art. 25, caput, §§1º e 2º* – concerne à apuração de débitos e créditos em cada estabelecimento, compensando-se os saldos credores e devedores entre os estabelecimentos, do mesmo sujeito passivo, localizados no estado.

Saldos credores acumulados por estabelecimento que realizem operações e prestações de que tratam o inc. II do art. 3º, e seu parágrafo único, podem ser, na proporção que estas saídas representem do total das saídas realizadas pelo estabelecimento:

I - imputados pelo sujeito passivo a qualquer estabelecimento seu no estado;
II - havendo saldo remanescente, transferidos pelo sujeito passivo a outros contribuintes do mesmo estado, mediante a emissão pela autoridade competente de documento que reconheça o crédito.

Lei estadual poderá, nos demais casos de saldos credores acumulados, permitir que:

I – sejam imputados pelo sujeito passivo a qualquer estabelecimento seu no estado;
II – sejam transferidos, nas condições que definir, a outros contribuintes do mesmo estado.

e) *art. 26 (caput, incisos e parágrafos)* – em substituição ao regime de apuração (arts. 2 e 25), a lei estadual poderá estabelecer que:

I - o cotejo entre créditos e débitos se faça por mercadoria ou serviço dentro de determinado período;
II - o cotejo entre créditos e débitos se faça por mercadoria ou serviço em cada operação
III - em função do porte ou da atividade do estabelecimento, o imposto seja pago em parcelas periódicas e calculado por estimativa, para um determinado período, assegurado ao sujeito passivo o direito de impugná-la e instaurar processo contraditório.

§1º Na hipótese do inc. III, ao fim do período, será feito o ajuste com base na escrituração regular do contribuinte, que pagará a diferença apurada, se positiva; caso contrário, a diferença será compensada com o pagamento referente ao período ou períodos imediatamente seguintes.

§2º A inclusão de estabelecimento no regime de que trata o inc. III não dispensa o sujeito passivo do cumprimento de obrigações acessórias.

A norma reitera a aplicação do consagrado princípio da "autonomia dos estabelecimentos", vigente desde os primórdios do ICM (art. 58, §3º, do CTN, acolhido em legislações estaduais), compelindo cada estabelecimento a promover o cumprimento da obrigação principal, mediante apuração do valor tributário, em decorrência de escrituração de todas as operações/prestações de entradas e saídas. Também em cada estabelecimento, devem ser atendidas as obrigações acessórias específicas (emissão de documentos, escrituração de notas e livros fiscais).

Revela-se adequada a consideração do montante global dos débitos e créditos de todas as operações e serviços da empresa, a fim de evitar as distorções que podem ocorrer na aplicação dessa sistemática, uma vez que, enquanto alguns estabelecimentos apuram saldos credores – com manifesta perda financeira devido à impossibilidade de recuperação (ao menos, imediata) do tributo –, outros estabelecimentos apuram saldos devedores.

Diante dessa inusitada situação, o procedimento administrativo mais adequado é compatibilizar essa sistemática compensatória, de conformidade com o universo tributário do contribuinte.

Os lançamentos tributários (autos de infração), entretanto, formulam exigências com atinência exclusiva aos débitos do imposto (acrescidos de juros e multa penal), sem considerar os créditos de ICMS constantes da escrituração fiscal do contribuinte (livro de entrada e GIA), sob as assertivas seguintes:
  i) o fato de a empresa possuir crédito de ICMS, em valores superiores ao ICMS destacado nas notas fiscais (escrituradas ou não), não autoriza deixar de lavrar o auto de infração e promover compensação entre tais valores;
  ii) não pode ser impossibilitada a ação fiscal, porque se poderia entender que todo contribuinte, que tenha saldo credor, possa cometer infrações à legislação sem que se preocupe em sofrer autuação;
  iii) não há previsão na legislação tributária para se compensar tanto o imposto reclamado como a multa aplicada, em auto de infração, com o saldo credor porventura existente.

Todavia, entendo que há pleno amparo constitucional (art. 155, §2º, II), e legal (art. 24, I da LC nº 87/96), para impor-se a aplicação do *saldo credor do ICMS*, porque nos lançamentos de ofício devem ser considerados todos os créditos do imposto (valores suportados pelo contribuinte e que constituem direito oponível ao Estado), procedendo-se à recomposição da conta gráfica.

  f) art. 26, inc. III – dispõe sobre o pagamento do imposto sob *regime de estimativa*, assegurando ao sujeito passivo o direito de impugná-lo e acertar a diferença ao final do período fixado, mediante pagamento ou compensação complementar (mantendo a diretriz básica do Decreto-Lei nº 406/68, art. 7º, acrescentado pela LC nº 44/83).

É elementar entender-se que a estimativa não se compadece com as lindes tributárias, porque trata de frágil presunção de que o contribuinte apurará os valores previamente impostos pelo Fisco. Esta sistemática não oferece nenhuma segurança e certeza do exato valor do crédito tributário, e deveria ser repelida do ordenamento jurídico, porque o contribuinte pode praticar operações/prestações em valores superiores, ou inferiores, aos estimados; ou até mesmo nem exercer atividades no período considerado.

O STF adotara a postura seguinte:

> ICMS – REGIME DE APURAÇÃO – ESTIMATIVA – DECRETO – IMPROPRIEDADE. A criação de nova maneira de recolhimento do tributo, partindo-se de estimativa considerado o mês anterior, deve ocorrer mediante lei no sentido formal e material, descabendo para tal fim, a edição de decreto, a revelar o extravasamento do poder regulamentar do Executivo. (RE nº 632.265 – Plenário – Rel. Min. Marco Aurélio – j. 18.06.2015 – Tema nº 830 de Repercussão Geral)

Entende-se que a *devolução de mercadoria*, decorrente do desfazimento da venda, não confere direito ao contribuinte de lançar como crédito o ICMS pago por ocasião da saída, devido à circunstância de que, com a entrega ao usuário final, termina o ciclo da comercialização da mercadoria, considerando-se definitivo o recolhimento do imposto realizado nos estágios anteriores. Na hipótese de devolução em virtude de troca, poderá ser efetuado o crédito do imposto.[378]

A LC nº 190/22 determina o seguinte:

> Art. 20-A. Nas hipóteses dos incisos XIV e XVI do caput do art. 12 desta Lei Complementar, o crédito relativo às operações e prestações anteriores deve ser deduzido apenas do débito correspondente ao imposto devido à unidade federada de origem.

## 8 A glosa de créditos em operações incentivadas

A LC nº 24, de 7.1.75, dispôs sobre desonerações do ICMS pertinentes à isenção; redução de base de cálculo; devolução, total ou parcial, direta ou indireta, condicionada ou não, do tributo, ao contribuinte, a responsável ou a terceiros; concessão de créditos presumidos; outros incentivos ou favores fiscais ou financeiro-fiscais, concedidos com base no imposto de circulação de mercadorias, dos quais resulte redução ou eliminação, direta ou indireta, do respectivo ônus; e prorrogações e extensões das isenções vigentes.

Embora esta matéria seja objeto de exame em tópico específico (Capítulo VII), afeta o direito ao crédito do ICMS pelo fato de a LC nº 24/75 estabelecer o seguinte:

> Art. 8º A inobservância dos dispositivos desta Lei acarretará, cumulativamente:
> I - a nulidade do ato e a ineficácia do crédito fiscal atribuído ao estabelecimento recebedor da mercadoria;
> II - a exigibilidade do imposto não pago ou devolvido e a ineficácia da lei ou ato que conceda remissão do débito correspondente.

Por vezes, a legislação ordinária estadual dispõe que não se considera cobrado (para fins de consideração da não cumulatividade), ainda que destacado em documento fiscal, o montante do imposto que corresponder à vantagem econômica decorrente da concessão de qualquer subsídio, redução da base de cálculo, crédito presumido ou

---
[378] Consulta Tributária nº 145/06, de 20.4.2006.

outro incentivo ou benefício fiscal em desacordo com o disposto no art. 155, §2º, inc. XII, alínea "g", da Constituição Federal.

Assim, no caso em que um estado tenha concedido (unilateralmente – sem convênio entre unidades federativas) incentivo fiscal a determinada empresa que venha a fornecer mercadorias tributadas à empresa localizada em outro estado, e esta venha a se apropriar do respectivo crédito do ICMS, o Fisco do destinatário glosará o referido crédito, cobrando o valor tributário, acrescido de multa.

Argutamente fora observado que:

> A Constituição só proíbe o crédito do imposto nos casos de incentivos fiscais concedidos através de técnicas de isenção ou de não incidência. Os incentivos concedidos mediante redução do imposto devido, ou até mesmo mediante escrituração de crédito presumido, a rigor, não estão incluídos na exceção constitucional. O creditamento do imposto não pode ser obstado pelo Estado de destino da mercadoria se o imposto foi integralmente destacado na nota fiscal – ainda que no Estado de origem o contribuinte tenha tido sua carga tributária reduzida por incentivo fiscal.[379]

Aliás, o preceito restritivo ao crédito de ICMS, aos exclusivos casos de isenção ou não incidência (art. 155, §2º, II, da CF), concede aos estados (e DF) a faculdade de dispor em sentido diverso, ao estabelecer a exceção seguinte: "salvo determinação em contrário da legislação". Em decorrência, o que pode ocorrer é a legislação ordinária conceder o crédito, e não o vedar.

Ademais, o adquirente das mercadorias situado em outra unidade federativa, tendo amparo documental contendo todos os elementos do negócio mercantil, não tem a obrigação de pesquisar a respeito da situação tributária do vendedor das mercadorias, indagando sobre a concessão de incentivos, e eventual medida judicial que tenha sido interposta para suspender a sua eficácia, acompanhamento de renúncias fiscais realizadas por mais de duas dezenas de unidades federativas em relação ao ICMS.

Em suma, penso que o art. 8º, I, da LC nº 24/75 não foi recepcionado pela CF/88, porque esta não veda o direito a crédito no caso de concessão de incentivo sem amparo em convênio.

O STF, todavia, fixou a diretriz seguinte:

> TRIBUTÁRIO. ICMS. PRINCÍPIO DA NÃO CUMULATIVIDADE. CONCESSÃO DE CRÉDITO FICTÍCIO PELO ESTADO DE ORIGEM, SEM AUTORIZAÇÃO DO CONFAZ. ESTORNO PROPORCIONAL PELO ESTADO DE DESTINO. CONSTITUCIONALIDADE.
> O estorno proporcional de crédito de ICMS efetuado pelo Estado de destino, em razão de crédito fiscal presumido concedido pelo Estado de origem sem autorização do Conselho Nacional de Política Fazendária (CONFAZ), não viola o princípio constitucional da não cumulatividade (Tema 490 de Repercussão Geral). (RE nº 628.075 – Plenário – Rel. p/ acórdão Min. Gilmar Mendes – Sessão Virtual de 7 a 17.8.20)

Entendera constitucional o art. 8º, I, da Lei Complementar nº 24/1975, conferindo à decisão efeitos *ex nunc*, a partir do julgamento do Plenário, para que fiquem resguardados

---

[379] SILVA, Rogério Pires. Guerra fiscal e represálias dos estados contra os contribuintes. *Repertório IOB de Jurisprudência*, n. 6, 2ª quinz. mar. 2000. Caderno 1. p. 156.

todos os efeitos jurídicos das relações tributárias já constituídas; e, caso não tenha havido ainda lançamentos tributários por parte do estado de destino, este só poderá proceder ao lançamento em relação aos fatos geradores ocorridos a partir desta decisão.

## 9 A inidoneidade do contribuinte prejudicial ao crédito

Questões circunscritas ao contribuinte originário, às quais os adquirentes dos bens, ou tomadores dos serviços, são pessoas estranhas, e nem mesmo têm acesso – porque não lhes cabe o poder de polícia, de cunho fiscalizatório –, competem exclusivamente ao Poder Público.

A existência do negócio jurídico (aquisição de mercadorias e prestações de serviços de transporte e de comunicações) é fundamental para o gozo dos créditos do ICMS.

Tratando-se de "operações e prestações" realizadas e comprovadas pelo contribuinte, que estejam inseridas numa cadeia negocial, não há que se impedir o direito ao crédito, sob a assertiva fiscalista de que o emitente das notas fiscais é inidôneo (art. 23 da LC nº 87/96).

Reputo necessária, obrigatória, louvável sob todos os aspectos, a preocupação fazendária em coibir os negócios ilícitos, espúrios, e, sobretudo, sonegatórios que tenham por escopo permitir transferências de créditos, simuladas em pseudovendas de bens e prestações de serviços.

Embora a arrecadação dos tributos decorra da competência da pessoa de direito público, significando um autêntico poder-dever, indispensável para atender à eficaz prestação de serviços públicos, demais princípios constitucionais também devem ser observados de modo coerente, harmônico e sistemático, para que a ação governamental não se torne desmedida, desrespeitando o estatuto do contribuinte.

Mediante a aquisição de um bem industrial, comercial, ou determinado tipo de serviço, nasce para o contribuinte o direito à não cumulatividade tributária, operacionalizada por um crédito fiscal. Concretizando tal negócio jurídico, corporificado em nota fiscal (sempre que possível), o adquirente pode escriturar os respectivos créditos de ICMS, independentemente da situação empresarial e fiscal em que se encontra o fornecedor dos bens e serviços.

O que importa considerar é se a transação foi realizada com pessoa inscrita na repartição pública (justificada pela exibição da respectiva ficha cadastral).

O STF havia consagrado o entendimento de que "o comprador de café ao IBC, ainda que sem expedição de nota fiscal, habilita-se, quando da comercialização do produto, ao crédito do ICM que incidiu sobre a operação anterior" (Súmula nº 571).

Este entendimento fundamentara-se na CF/67 (na redação da EC nº 1/69, art. 23, II), que dispusera sobre a competência outorgada aos estados e ao DF para instituir o antigo ICM. Resultara da aplicação do Decreto-Lei nº 406, de 31.12.68, no sentido de que os adquirentes (torrefador, exportador etc.) do café fornecido pelo antigo Instituto Brasileiro do Café (entidade imune e que não emitia nota fiscal) tinham direito de apropriar, a título de crédito do extinto ICM, os valores constantes das notas fiscais emitidas nas operações anteriores (venda dos produtores ao IBC).

O novo ordenamento (CF/88, art. 155, II; e LC nº 87/96) alterou a fisionomia do tributo (de ICM para ICMS), vedando o direito ao crédito (art. 155, §2º, II, "a", da CF/88) nas aquisições com isenção ou não incidência do tributo.

Ressalte-se que a inidoneidade dos fornecedores dos bens e serviços não pode, pura e simplesmente, redundar em consequentes glosas de créditos na escrita fiscal dos adquirentes dos bens e tomadores dos serviços, se estes ignoram tal situação, isto é, se não houve publicação formal (oficial), do respectivo ato fazendário de bloqueio de inscrição fiscal.

Embora se argumente que o ato administrativo concernente à inidoneidade documental tem natureza meramente declaratória de irregularidade, e que a concessão de inscrição na repartição fazendária não constitui cheque em branco para possibilitar a emissão de documentos sem amparo em efetivos negócios, é imprescindível sua publicação para projetar os pretendidos efeitos jurídicos e não serem promovidos, unicamente, *interna corporis*.

Elucida-se o seguinte:

> 8. Ao travarem relação jurídica com ressonância fiscal os contratantes têm o dever de exibirem, um ao outro, suas Fichas de Inscrição de Contribuinte (FIC). Daí resulta participarem ambos de uma dupla situação jurídica, em reciprocidade, a saber: a) posição *passiva*, em relação ao outro, quanto ao dever de exigir documento; b) posição *ativa* em relação ao outro, quanto ao poder de exigir a exibição dele. Conforme esteja em uma ou outra dentre as duas posições jurídicas que devem ocupar reciprocamente, suas situações ante o fisco são distintas. Ou seja
> 
> a) *Quem exibe* (isto é, enquanto nesta posição) assume perante o Fisco a responsabilidade pelo que exibiu, pois a outra parte nada mais pode fazer senão consultar e conferir formalmente o documento que lhe é apresentado, nisto ficando esgotado seu dever;
> 
> b) *Quem recebe as informações* (isto é, enquanto nessa posição) assume perante o Fisco a responsabilidade de *transmitir com fidelidade* os dados que consultou no FIC. Não dele a obrigação quanto à correção do FIC, validade e operatividade dele. Desde que o documento apresentado possua a correta exteriorização do FIC, consistentes dos elementos que deve ter, só lhe assiste aceitá-lo. Sua posição é meramente a de quem exige da outra parte documento que a norma jurídica prevê. Sua função não é a de um investigador, nem a de um fiscal da Receita, nem a de um detetive, mas de um comerciante que *deve*, perante o Fisco, *colher* os dados que outrem está obrigado a lhe fornecer.[380]

A doutrina é caudalosa no sentido de repugnar a limitação ao crédito na situação enfocada no art. 23 da LC nº 87/96, consoante se colhe dos excertos seguintes:

> Temos para nós que é flagrantemente inconstitucional condicionar a fruição do direito à utilização dos créditos de ICMS – que nasce da Carta Magna – a exigências formais concernentes à documentação.
> 
> Ora, a documentação, como é de comum sabença, tem função "ad probatione", e não "ad substantia", do ato. Embora seja necessária, as falhas ou omissões nela contidas não têm o condão de impossibilitar o exercício do direito constitucional à compensação.[381]
> 
> Este dispositivo certamente vai gerar muitos problemas. Sua aplicação pelo fisco, com certeza, vai ensejar muitos litígios, porque a lei evidentemente não pode condicionar o uso do crédito, que é a forma de realização do princípio da não-cumulatividade.

---

[380] BANDEIRA DE MELLO, Celso Antônio. Ilícito tributário (notas frias). *Revista de Direito Tributário*, São Paulo, v. 62. p. 26.
[381] CARRAZZA, Roque Antonio. *ICMS*. 13. ed. São Paulo: Malheiros, 2009. p. 485.

Princípio albergado pela Constituição, por certo, não pode ser mutilado por exigências da norma inferior. [...]

Também a exigência de documento há de ser entendida em termos. Documento idôneo, aqui, é qualquer documento que seja hábil para comprovar a entrada que enseja o crédito. Não apenas a nota fiscal tal como exigida pela legislação estadual.[382]

24.2.4. Trata-se, portanto, de critérios legais conducentes à inidoneidade da documentação fiscal, encampados pela LC 87/96, art. 23, ora em comento, como prejudiciais ao direito de crédito.

24.2.5. Todavia, a simples ofensa a esses critérios jamais pode se constituir em obstáculo àquele direito, porque ele é de natureza estritamente constitucional e insuscetível de ser moldado pela legislação inferior.

24.2.6. Assim, qualquer irregularidade na emissão do documento fiscal pode ensejar ao seu emitente multa formal, não, contudo, a proibição de crédito para o seu destinatário, exceto, evidentemente em casos de falsidade ideológica ou material ou, ainda, de conluio e fraude entre este o emitente.[383]

As Constituições Federal (art. 37) e Estadual (SP) (art. 111) são categóricas em impor à Administração obediência ao "princípio da publicidade" de seus atos, em prestígio aos princípios da lealdade, evitação de surpresa, em plena e total transparência, própria de uma nação liberal e democrática.

Como é público e notório,

a publicidade é a divulgação oficial do ato para conhecimento público e início de seus efeitos externos. Daí por que as leis, atos e contratos administrativos, que produzem conseqüências jurídicas fora dos órgãos que as emitem, exigem publicidade para adquirirem validade universal, isto é, perante partes e terceiros.[384]

Por decorrência lógica, os procedimentos dos contribuintes – tomadores de créditos de ICMS –, antes que seja promovida publicação oficial da declaração de inidoneidade, da inexistência do estabelecimento e do bloqueio de inscrição etc., encontram-se amparados pelos princípios que resguardam o direito adquirido e o ato jurídico perfeito.

Significativa a postura seguinte:

I – É flagrantemente ilegítima e nula a lavratura de autos de infração e multa a contribuintes, sob inculca de haverem se atribuído indevidamente créditos de ICM, sucessivamente a negócio jurídico documentado por nota fiscal, com base apenas no fato de que o emitente dela estava com inscrição bloqueada na Secretaria da Fazenda, porém mediante ato não publicado e de conhecimento inacessível ao contribuinte autuado, inobstante este houvesse, como determina a lei e o regulamento do ICMS, exigido a exibição do FIC e conferido sua regularidade formal. Mais flagrantemente absurda, ainda, é a lavratura de auto de infração e multa, nas condições aludidas, em casos nos quais o bloqueio de inscrição da contraparte foi, ademais, posterior à relação presumida inexistente pelo Fisco;

---

[382] MACHADO, Hugo de Brito. *Aspectos fundamentais do ICMS*. São Paulo: Dialética, 1997. p. 145.
[383] MATTOS, Aroldo Gomes de. *ICMS* – Comentários à LC 87/96. São Paulo: Dialética, 1997. p. 162-163.
[384] MEIRELLES, Hely Lopes. *Direito administrativo brasileiro*. 18. ed. São Paulo: Malheiros, 1993. p. 86.

II – Ato praticado pela Administração, mantido em sua intimidade, sem publicação, não produz efeitos em relação a terceiros estranhos a ele; donde, não pode ser tomado como base para supeditar suspeita e muito menos ainda conclusão de procedimento injurídico por parte de quem atuou em desacordo com seus pretendidos efeitos.[385]

O STJ firmara o entendimento seguinte:

Processo Civil. Recurso Especial Representativo de Controvérsia. Artigo 543-C do CPC. Tributário. Crédito de ICMS. Aproveitamento (Princípio da Não-Cumulatividade). Notas Fiscais Posteriormente Declaradas Inidôneas. Adquirente de Boa-Fé.
1. O comerciante de boa-fé que adquire mercadoria, cuja nota fiscal (emitida por empresa vendedora) posteriormente seja declarada inidônea, pode engendrar o aproveitamento do crédito de ICMS pelo princípio da não-cumulatividade, uma vez demonstrada a veracidade da compra e venda efetuada, porquanto o ato declaratório de inidoneidade somente produz efeitos a partir de sua publicação (Precedentes das Turmas de Direito Público).
2. A responsabilidade do adquirente de boa-fé reside na exigência, no momento da celebração do negócio jurídico, da documentação pertinente à assunção da regularidade do alienante, cuja verificação de inidoneidade incumbe ao fisco, razão pela qual não incide, à espécie, o artigo 136, I, do CTN, segundo o qual "salvo disposição de lei em contrário, a responsabilidade por infrações da legislação tributária independe da intenção do agente ou do responsável e da efetividade, natureza e extensão dos efeitos do ato" (norma aplicável, *in casu*, ao alienante).
3. A boa-fé do adquirente em relação às notas fiscais declaradas inidôneas após a celebração do negócio jurídico (o qual fora efetivamente realizado), uma vez caracterizada, legitima o aproveitamento dos créditos de ICMS [...]. (REsp nº 1.148.444-MG – 1ª S. – Rel. Min. Luiz Fux – j. 14.4.2010)

A Corte firmara a diretriz seguinte:

É lícito ao comerciante de boa-fé aproveitar os créditos de ICMS decorrentes de nota fiscal posteriormente declarada inidônea, quando demonstrada a veracidade da compra e venda. (Súmula nº 509)

Entretanto, o STJ decidira que:

o creditamento pelo adquirente em relação ao ICMS destacado nas notas fiscais de compra de mercadorias de contribuinte devedor contumaz, incluído no regime especial e fiscalização, pode ser condicionado à comprovação da arrecadação do imposto, não havendo que se falar em violação dos princípios da não cumulatividade, isonomia, proporcionalidade ou razoabilidade. (AREsp nº 1.241.527-RS – 2ª T., Rel. Min. Francisco Falcão – j. 19.3.2019)

Assinale-se que não pode ter aplicação indiscriminada, e absoluta, do instituto da solidariedade, de modo a permitir ao Fisco a livre indicação ou escolha indiscriminada do sujeito passivo da obrigação tributária.

---

[385] BANDEIRA DE MELLO, Celso Antônio. *Elementos de direito administrativo*. São Paulo: RT, 1980. p. 31.

Significativas ponderações seguintes:

[...] 15. É desprovida de juridicidade a exigência fiscal de pagamento do ICMS, por solidariedade (art. 11, inciso XI, do RICMS/SP), uma vez que não resta caracterizado o "interesse comum" entre as partes contratantes, previsto no artigo 124, inciso I, do Código Tributário nacional. O mero interesse econômico (como é o caso das pessoas jurídicas integrantes do mesmo conglomerado econômico) não é elemento suficiente para a consecução da situação de solidariedade em matéria tributária.

16. É ilegítima a cobrança do ICMS por solidariedade do contribuinte substituído porque este já arca com ônus financeiro decorrente da transferência do valor do imposto estadual retido antecipadamente (pelo contribuinte substituto) no preço da mercadoria ou do serviço adquirido. E, ainda que assim não fosse sem a demonstração de que o contribuinte substituído teria participado ativamente da simulação realizada por terceiro, faz-se necessária a notificação prévia (antes da lavratura do AIIM) do contribuinte substituído, para a cobrança do ICMS-ST.[386]

## 10 A desvinculação dos negócios jurídicos

Inaceitável restringir-se o direito ao crédito a "mercadoria ou serviço", ou à vista de "cada operação" (na forma alvitrada no Convênio ICM nº 66/88, art. 29, itens II e III, e na LC nº 87/96, art. 26, I e II), uma vez que a CF/88 nada limita ou condiciona, antes estabelece diretriz de créditos/débitos.

Observa-se que:

> O contribuinte tem direito incontrastável de reduzir o montante a ser por ele recolhido em conseqüência da operação de que resulta a saída por ele promovida, mediante abatimento, desse montante, da totalidade do ICM pago no mesmo período por aqueles outros contribuintes que lhe forneceram mercadorias ou matérias primas tributadas. Nesse sentido é a jurisprudência do STF, que considerou inconstitucionais leis de Estados que, por diferentes razões e através de diversos caminhos, pretenderam restringir ou reduzir os totais abatíveis (entre outros, Recurso Extraordinário nº 79.687 em *RTJ* 76/847, Representação 973, id., v. 86, p. 765, RE 70.212, id., de 12.9.75, p. 6.519).[387]

Este mesmo caminho já havia sido apontado:

> Tanto a operação que faz surgir o direito de crédito, como a que determina o nascimento do débito – embora devam ter por objeto mercadorias e/ou produtos industrializados genericamente considerados – não supõem que tais produtos ou mercadorias sejam os mesmos; quer dizer, a relação que a Constituição estabelece é *entre duas simples operações* sucessivas e não entre operações sucessivas respeitantes à *mesma* mercadoria ou ao *mesmo* produto industrializado.[388]

---

[386] MELO, José Eduardo Soares de. "VIII. Créditos de ICMS. Desdobramentos recentes relativos a negócios jurídicos celebrados com contribuinte inidôneo. *In*: MELO, José Eduardo Soares de; CORAZZA, Edison Aurélio (Coord.). *ICMS* – Temas fundamentais. Quartier Latin, 2018, p. 184.

[387] CANTO, Gilberto de Ulhôa. ICM. Não-cumulatividade – Abatimento constitucional. *Revista de Direito Tributário*, São Paulo, v. 29/30. p. 205.

[388] ATALIBA, Geraldo; GIARDINO, Cleber. ICM e IPI. Direito de crédito, produção e mercadorias isentas ou sujeitas à alíquota zero. *Revista de Direito Tributário*, São Paulo, v. 46. p. 80.

E prosseguem os autores: "O elo de ligação – entre operação atual e operações anteriores – não é, destarte, a presença *da mesma mercadoria ou do mesmo produto* (ainda porque, como na generalidade dos casos, não é rigorosamente, o 'mesmo bem', que figura nessa sequência de fatos)".[389]

Advertem que:

> Não é, do contrário do que gratuitamente se tem dito, a natureza específica da mercadoria ou do produto, o referencial jurídico deflagrador desses correspectivos direitos. A Constituição não determina que o "crédito" (relativo às operações anteriores) é assegurado apenas quando se cuida de negócios com os *mesmos* bens adquiridos que, agora, são objeto de nova operação (de revenda). Considera, isso sim, *a pessoa do contribuinte,* do partícipe das operações – atual e anteriores – porque a ele é que endereçou a sujeição e a titularidade, respectivamente, desses direitos recíprocos.[390]

A vedação ao crédito está prevista de forma expressa e precisa no art. 155, §2º, do texto constitucional:

> II - a isenção ou não incidência, salvo determinação em contrário da legislação:
> a) não implicará crédito para compensação com o montante devido nas operações ou prestações seguintes;
> b) acarretará a anulação do crédito relativo às operações anteriores.

Referido preceito fora introduzido no ordenamento jurídico pela via da EC nº 23/83 (à CF/67), com eficácia a partir de 1º.1.94, ficando prejudicada anterior diretriz do STF:

> ICM – Isenção. Creditamento. Importação de matéria-prima.
> Até a entrada em vigor da Emenda Constitucional nº 23 de 1983, tem direito o contribuinte, havendo isenção na importação da matéria-prima, de creditar-se, na operação subseqüente, do valor do imposto, que seria devido, não fora a isenção. (RE nº 105.680-1-RJ – 1ª T. – Rel. Min. Rafael Mayer – j. 31.5.85 – *RTJESP*, v. 83, p. 243-244)

> ICM – Isenção de matéria-prima. Crédito tributário.
> Até a edição da Emenda Constitucional 23, havendo isenção na importação da matéria-prima há direito ao crédito do valor correspondente, à hora da saída do produto industrializado. (RE nº 104.725-9-SP – 2ª T. – Rel. Min. Francisco Rezek – j. 6.12.85 – *RTJESP*, v. 91, p. 226-232)

O alcance, o efeito e os limites da regra constitucional restritiva devem ser captados da lição seguinte:

> Para que não sejamos obrigados a afirmar que o Constituinte estabeleceu um conflito antinômico, cabe uma interpretação restritiva das regras contidas nas alíneas *a* e *b*, do inciso II, §2º do art. 155; e que o critério da especialidade implica que estas regras só devam valer

---

[389] ATALIBA, Geraldo; GIARDINO, Cleber. ICM e IPI. Direito de crédito, produção e mercadorias isentas ou sujeitas à alíquota zero. *Revista de Direito Tributário*, São Paulo, v. 46. p. 81.
[390] ATALIBA, Geraldo; GIARDINO, Cleber. ICM e IPI. Direito de crédito, produção e mercadorias isentas ou sujeitas à alíquota zero. *Revista de Direito Tributário*, São Paulo, v. 46. p. 82.

para aqueles casos excepcionais que não provoquem uma quebra no telos protegido pelo princípio da não-cumulatividade.[391]

Sempre que uma operação e prestação forem isentas, ou não se configurar hipótese de incidência do ICMS (como situações estranhas ao negócio mercantil ou aos serviços de transporte e de comunicações), o adquirente de tais mercadorias (ou serviços) não poderá apropriar os respectivos créditos do valor tributário.

A "imunidade" também não se adequa a esta situação, uma vez que não haveria o mínimo sentido jurídico em a Constituição proibir a incidência tributária, e, ao mesmo tempo, vedar a manutenção dos créditos. Sem dúvida, este estranho entendimento implicaria a tributação parcial das operações/prestações não tributadas.

Entretanto, apenas a EC nº 42/2003 assegurou a manutenção e o aproveitamento do montante do imposto cobrado nas operações e prestações anteriores, relativamente às operações que destinem mercadorias para o exterior, e sobre serviços prestados a destinatários no exterior (alteração do art. 155, §2º, inc. X, "a", da CF/88).

Assim, todas as mercadorias, insumos, materiais intermediários, materiais de embalagem etc., adquiridos pelo industrial, comerciante, produtor e prestador de serviço, com destino ao exterior, ou que sejam utilizados na confecção de produtos destinados à exportação, deveriam autorizar o creditamento do ICMS, incidente sobre as operações e serviços anteriores.

No caso do *diferimento*, os créditos têm (ou não) aplicação, de conformidade com critérios jurídicos e jurisprudenciais expostos em ponto específico desta obra (Capítulo V, item 8).

Do mesmo modo, realizando operações e prestações isentas, ou sem incidência de ICMS, o contribuinte deverá estornar os créditos do imposto relativos a operações e prestações anteriores. É o caso do bem adquirido com incidência de ICMS, permitindo o crédito do respectivo valor e que, por ocasião da subsequente operação, inocorra tributação. Deve o contribuinte anular o referido crédito.

Trata-se de vedação de créditos (art. 20, §3º, I e II, da LC nº 87/96), ou de seu estorno (art. 21, I e II, da LC nº 87/96).

Operações tributadas, posteriores a saídas de que trata o §3º, do art. 20, dão ao estabelecimento que as praticar o direito a creditar-se do imposto cobrado nas operações anteriores às isentas ou não tributadas sempre que a saída isenta ou não tributada seja relativa a:

I – produtos agropecuários;

II – quando autorizado em lei estadual, outras mercadorias.

Deliberação dos estados poderá dispor que não se aplique, no todo ou em parte, a vedação prevista no parágrafo anterior (§4º, do art. 20 da LC nº 87/96).

O STF havia firmado a diretriz de que *a base de cálculo reduzida* não obriga a estorno de crédito, a saber:

> ICMS – Princípio da Não-cumulatividade – Mercadoria usada – Base de incidência menor – Proibição de crédito – Inconstitucionalidade.

---

[391] FERRAZ, Tércio Sampaio. *Interpretação e estudos da Constituição de 1988*. São Paulo: Atlas, 1990. p. 63.

Conflita com o princípio da não-cumulatividade norma vedadora da compensação do valor recolhido na operação anterior. O fato de ter-se a diminuição valorativa da base de incidência não autoriza, sob o ângulo constitucional, tal proibição. Os preceitos das alíneas "a" e "b" do inciso II do §2º do artigo 155 da Constituição Federal, somente têm pertinência em caso de isenção, ou não incidência, no que voltadas à totalidade do tributo, institutos inconfundíveis com o benefício fiscal em questão. (RE nº 161.031-0 – Pleno – Rel. Min. Marco Aurélio – j. 5.2.97 – *DJU* 1 de 6.6.97, p. 2.488/1)

O STF reformulou o referido entendimento (RE nº 382.372-AgRg-MG – Pleno – j. 17.3.2005 – *DJU* de 30.9.2005), ao preceituar que os créditos relativos à entrada de insumos usados em industrialização de produtos cujas saídas foram realizadas com *redução da base de cálculo caracterizam isenção parcial*, sendo constitucional a previsão de estorno proporcional (RE nº 174.478 – Pleno – Rel. p/ acórdão Min. Cezar Peluso – j. 17.3.2005 – *DJU* 1, de 30.9.2005).

Todavia, em casos excepcionais, o STF não tem aplicado referida diretriz, convalidando a manutenção dos créditos de ICMS (Medida Cautelar em Ação Cautelar nº 1.753-0/RN – Decisão do Rel. Min. Cezar Peluso, em 27.8.2007, *DJU* 1, de 10.9.2007, p. 44). Tratou-se da inaplicabilidade do entendimento contido no RE nº 174.478, uma vez que a operação se referia à remessa de insumos para industrialização, cujo produto final tinha redução da base de cálculo; e que, no caso, a entrada de mercadorias, que teria gerado o direito ao crédito integral, consistiria na aquisição de produto já acabado para consumo.

Posteriormente mantivera o entendimento seguinte:

Recurso Extraordinário. 2. Direito Tributário. ICMS. 3. Não Cumulatividade. Interpretação do disposto no art. 155, §2º, II, da Constituição Federal. Redução de base de cálculo. Isenção parcial. Anulação proporcional dos créditos relativos às operações anteriores, salvo determinação legal em contrário na legislação estadual. 4. Previsão em convênio (CONFAZ). Natureza autorizativa. Ausência de determinação legal estadual para manutenção integral dos créditos. Anulação proporcional do crédito relativo às operações anteriores. 5. Repercussão geral. 6. Recurso extraordinário não provido. (RE nº 635.688-RS – Plenário – Rel. Min. Gilmar Mendes – j. 16.10.14 e pub. em 13.2.15)

O STF fixou o Tema nº 299 de Repercussão Geral nos termos seguintes:

A redução da base de cálculo do ICMS equivale à isenção parcial, o que acarreta a anulação proporcional de crédito relativo ás operações anteriores, salvo disposição em lei estadual em sentido contrário.

Singularmente, decidira pela *vedação de cumulação de direitos* (regime alternativo de benefício fiscal e manutenção de crédito), a saber:

[...]; 2. Situação peculiar. Regime alternativo e opcional para apuração do tributo. Concessão de benefício condicionada ao não registro de créditos. Pretensão voltada à permanência do benefício cumulado ao direito de registro de créditos proporcionais ao valor cobrado. Impossibilidade. Tratando-se de regime alternativo e facultativo de apuração do valor devido, não é possível manter o benefício sem a contrapartida esperada pelas autoridades fiscais, sob pena de extensão indevida do incentivo. (Ag.Reg. no RE nº 471.511 – 2ª T. – Rel. Min. Joaquim Barbosa – j. 14.2.12 – *DJe* de 8.3.2012, p. 70/1)

O STF também já decidiu que:

> A mercadoria adquirida de outra unidade federativa sob o regime de alíquota reduzida não gera direito ao crédito pela diferença, não havendo que se falar em afronta ao princípio da não-cumulatividade do ICM. (RE nº 278.885-6-SP – 1ª T. – Rel. Min. Ilmar Galvão – j. 26.9.2000 – *DJU* 1-E de 2.2.2001, p. 143)

Nesse sentido, contém-se o julgado seguinte:

> O crédito na operação seguinte só pode corresponder ao *quantum* recolhido. Impossibilidade, assim, de o contribuinte creditar-se de ICMS correspondente à diferença de alíquotas relacionadas com operações interestaduais. (Ag. Reg. no Agravo de Instrumento nº 387.197-2-PR – 2ª T. – Rel. Min. Carlos Velloso – j. 23.9.2003 – *DJU* 1 de 17.10.2003, p. 23)

É questionável o critério conservador do direito ao crédito, consistente na vinculação dos bens materiais aos processos de fabricação. Tais bens seriam consumidos (ainda que de forma parcial), nas operações de industrialização, compreendendo-se o desgaste, o desbaste, o dano, a perda das propriedades físicas ou químicas, com a ação direta sobre o produto em fabricação, ou desses sobre o insumo.

Procurou-se distinguir as máquinas e o ferramental pesado (*gros outillage*), e o ferramental leve (*petit outillage*), para concluir que a entrada deste último, que se desgasta rapidamente, gera direito ao crédito, porque é contabilizado não como ativo fixo, e sim, como "Despesas de Fabricação".[392]

Expôs que a noção de matéria-prima é de caráter técnico e não jurídico e que:

> O conceito de matérias-primas deve ser limitado tão-só aos elementos que, sendo indispensáveis à fabricação do produto acabado (no sentido de que sem eles essa fabricação não seria possível), ainda que se integrem no produto acabado, através de combinação química ou de simples adjunção física (isto é, com ou sem alteração de sua estrutura molecular), e não apenas participem do processo de fabricação.[393]

Oportuno citar tradicional doutrina sobre a matéria:

> As matérias-primas e produtos intermediários consumidos no processo de industrialização, embora não se integrando no novo produto, compõem exatamente o quadro do sistema não-cumulativo, que compreende somente as deduções físicas. O que não está aí compreendido são os chamados bens de capital representados pelas máquinas e equipamentos. Mas, em relação aos produtos consumidos no processo industrial, basta ver que eles entram, como as matérias-primas, diretamente nos custos de produção. A aquisição destes produtos não é um investimento e sim uma despesa direta da produção.[394]

---

[392] SOUSA, Rubens Gomes de. O imposto de consumo, IPI e os produtos intermediários. *Revista de Direito Público*, São Paulo, v. 12. p. 40-53.
[393] SOUSA, Rubens Gomes de. O imposto de consumo, IPI e os produtos intermediários. *Revista de Direito Público*, São Paulo, v. 12. p. 43.
[394] NOGUEIRA, Ruy Barbosa. *Conceito de insumos e direito ao crédito de IPI* – Crédito físico e crédito financeiro. Fisco e contribuinte. [s.l.]: [s.n.], set. 1969. p. 651 e seguintes.

Discute-se a respeito do cerceamento ou limitação do crédito ao consumo direto, integral ou imediato, dos materiais ou produtos que participam do processo industrial, pois a interpretação teleológica direciona-se no sentido do cumprimento de sua efetiva utilização.

Por isso que "o que permite assunção dos citados 'créditos' (com rigor constitucional) é só a circunstância de o contribuinte haver participado de operações anteriores envolvendo quaisquer produtos ou mercadorias" (nessas operações adquirindo-lhes a titularidade)".[395]

A dicção constitucional não impõe (de modo categórico) que o crédito esteja vinculado a determinado bem adquirido, e só possa ser mantido se o produto final (em que tenha sido utilizado, aplicado, integrado ou participado) for tributado, gerando débito de ICMS.

Com efeito, a expressão "operações anteriores", para a CF, significa *o conjunto de operações negociais*, todas relativas a produtos ou mercadorias das quais, precedentemente, "em que participou o adquirente como adquirente, o contribuinte que hoje promove novas operações".[396]

Todavia, o STF entendeu que as peças de máquinas, aparelhos, equipamentos industriais e material para a manutenção, inclusive com a frota de veículos para o transporte de mercadoria a clientes, não permitiriam a apropriação do respectivo crédito de ICMS, porque não são consumidas ou integradas no produto final, inocorrendo processo de transformação em nova mercadoria (RE nº 195.894-4 – 2ª T. – Rel. Min. Marco Aurélio – j. 14.11.2000 – *DJU* 1-E, de 16.2.2001, p. 140).

Relativamente aos *serviços de telecomunicações*, o STF decidira questão relativa à *inadimplência dos usuários*, nos termos seguintes:

> Imposto sobre Circulação de Mercadorias E Serviços – Telecomunicações – Inadimplência absoluta dos usuários – Direito ao crédito – Princípio da não cumulatividade – Recurso extraordinário – Repercussão Geral configurada.
>
> Possui repercussão geral a controvérsia relativa ao direito do contribuinte de aproveitar valores pagos do Imposto sobre a Circulação de Mercadorias e Serviços, para abatimento do tributo devido quanto a operações subsequentes, alusivos a prestação de serviços de comunicação, quando ocorrida inadimplência absoluta dos respectivos usuários. (Repercussão Geral no RE com Agravo nº 668.974-DF – Plenário – Rel. Min. Marco Aurélio – j. 6.3.14)

## 11 Bens destinados ao ativo permanente

## 11.1 Sistemática no período de 1º.11.1996 a 31.7.2000

A LC nº 87/96 introduziu novidade no âmbito eminentemente legal da não cumulatividade, ao conferir ao sujeito passivo o direito de creditar-se do imposto anteriormente cobrado em operações de que tenha resultado a entrada, real ou simbólica, no estabelecimento, de mercadoria destinada ao ativo permanente, a partir de 1º.11.96 (arts. 20 e 33, III).

---

[395] ATALIBA, Geraldo; GIARDINO, Cleber. ICM e IPI. Direito de crédito, produção e mercadorias isentas ou sujeitas à alíquota zero. *Revista de Direito Tributário*, São Paulo, v. 46. p. 81.

[396] ATALIBA, Geraldo; GIARDINO, Cleber. ICM e IPI. Direito de crédito, produção e mercadorias isentas ou sujeitas à alíquota zero. *Revista de Direito Tributário*, São Paulo, v. 46. p. 82.

Entretanto, estabelecera as restrições seguintes:
a) vedação de crédito no caso de entradas de mercadorias resultantes de operações isentas ou não tributadas, ou que se refiram a mercadorias ou serviços alheios à atividade do estabelecimento; dispondo que, salvo prova em contrário, se presumem alheios à atividade do estabelecimento os veículos de transporte pessoal (art. 20, §§1º e 2º);
b) vedação de crédito relativo à mercadoria ingressada no estabelecimento para integração ou consumo em processo de industrialização ou produção rural, quando a saída do produto resultante não for tributada ou estiver isenta do imposto, exceto se tratar-se de saída para o exterior; e, ainda, para comercialização, ou prestação de serviço, quando a saída ou a prestação subsequente não forem tributadas ou estiverem isentas do imposto, com exceção daquelas destinadas ao exterior (art. 20, §3º, I e II);
c) operações tributadas, posteriores a saídas de que trata o §3º, dão ao estabelecimento que as praticar direito a creditar-se do imposto cobrado nas operações anteriores às isentas ou não tributadas, sempre que a saída isenta ou não tributada seja relativa a produtos agropecuários, e a outras mercadorias, quando autorizado em lei estadual (art. 20, §6º).

Entendo que a vedação ao crédito no caso de se referirem a operações desoneradas do imposto deflui de regra constitucional (art. 155, §2º, II, "a").

Entretanto, é injurídica a apontada vedação ao crédito nos demais casos, uma vez que *o texto constitucional não cogita da utilização dos bens em atividades estranhas ao seu objeto social*, além de ser difícil precisar a sua efetiva aplicação.

É o caso de um computador, decorrente de aquisição tributada, que sempre deve possibilitar o direito ao crédito, sendo impertinente o fato de vir a ser comercializado, aplicado em veículo de transporte, ou utilizado no estabelecimento do contribuinte (demonstração dos produtos a clientes, treinamento ou mero lazer dos empregados, visitantes etc.).

Estranhável a consideração aos veículos na forma apontada, uma vez que concernem a bens de propriedade, ou posse, do estabelecimento (amparados por documentos fiscais pertinentes), tendo por finalidade o atendimento aos objetivos empresariais (transportes de sócios, administradores, funcionários, clientes, mercadorias, prestações de serviços de transporte, comunicação etc.).

A LC nº 87/96 dispusera que além do lançamento em conjunto com os demais créditos, para efeito de compensação tributária, os créditos resultantes de operações de que decorra entrada de mercadorias destinadas ao ativo permanente serão objeto de outro lançamento, em livro próprio ou de outra forma que a legislação determinar (art. 20, §5º).

Impusera o estorno dos créditos referentes aos bens do ativo permanente, alienados antes de decorrido o prazo de cinco anos contado da data de sua aquisição, no montante de vinte por cento por ano ou fração que faltasse para completar o quinquênio. Esta regra não se aplicava no caso de referir-se a mercadorias ou serviços objeto de operações ou prestações destinadas ao exterior (art. 21, §1º).

Determinara o estorno (art. 21), observando-se as disposições seguintes:
a) em qualquer período de apuração do imposto, se bens do ativo permanente forem utilizados para a produção de mercadorias cuja saída resulte de

operações isentas ou não tributadas ou para prestação de serviços isentos ou não tributados, haverá estorno dos créditos escriturados (§4º);
b) em cada período, o montante do estorno previsto (§4º do art. 21) será o que se obtiver multiplicando-se o respectivo crédito pelo fator igual a um sessenta avos da relação entre a soma das saídas e prestações isentas e não tributadas e o total das saídas e prestações no mesmo período. Para este efeito, as saídas e prestações com destino ao exterior equiparam-se às tributadas (§5º);
c) o quociente de um sessenta avos será proporcionalmente aumentado ou diminuído, *pro rata die*, caso o período de apuração for superior ou inferior a um mês (§6º);
d) o montante que resultar será lançado no livro próprio como estorno de crédito (§7º); e
e) ao fim do quinto ano contado da data do lançamento a que se refere o §5º do art. 20, o saldo remanescente do crédito será cancelado de modo a não mais ocasionar estornos (§8º).

Os preceitos (art. 21, §§1º e 4º a 8º) – no exclusivo âmbito legal – tiveram eficácia no período de 1º.11.1996 a 31.7.2000, uma vez que foram revogados pela LC nº 102/00 (art. 8º), não se cogitando mais de qualquer espécie de estorno.

## 11.2 Sistemática vigente (após 1º.8.2000)

A LC nº 102/00 estabelece (art. 20, §5º, incs. I a VII) que, a partir de 1º.8.2000, o procedimento específico para efeito de créditos decorrentes de entrada de mercadorias no estabelecimento destinadas ao ativo permanente passa a ser o seguinte:
a) a apropriação será feita à razão de um quarenta e oito avos por mês, devendo a primeira fração ser apropriada no mês em que ocorrer a entrada no estabelecimento;
b) em cada período de apuração do imposto, não será admitido o creditamento de que trata o inc. I, em relação à proporção das operações de saídas ou prestações isentas ou não tributadas sobre o total das operações de saídas ou prestações efetuadas no mesmo período;
c) para aplicação do disposto nos incs. I e II, o montante do crédito a ser apropriado será o obtido multiplicando-se o valor total do respectivo crédito pelo valor igual a um quarenta e oito avos da relação entre o valor das operações de saídas e prestações do período, equiparando-se às tributadas, para fins deste inciso, as saídas e prestações com destino ao exterior ou as saídas de papel destinado à impressão de livros, jornais e periódicos (redação dada pela LC nº 120/05);
d) o quociente de um quarenta e oito avos será proporcionalmente aumentado ou diminuído, *pro rata die*, caso o período de apuração seja superior ou inferior a um mês;
e) na hipótese de alienação dos bens do ativo permanente, antes de decorrido o prazo de quatro anos contado da data de sua aquisição, não será admitido, a partir da data da alienação, o creditamento de que trata este parágrafo em relação à fração que corresponderia ao montante do quadriênio;
f) serão objeto de outro lançamento, além do lançamento em conjunto com

os demais créditos, em livro próprio ou de outra forma que a legislação determinar; e

g) ao final do quadragésimo oitavo mês contado da data da entrada do bem no estabelecimento, o saldo remanescente do crédito será cancelado.

As regras transcritas (LC nº 87/97 e LC nº 102/00) – proibindo os contribuintes de aproveitar os créditos de ICMS antes de 1º.11.96 e sujeitos a determinados requisitos e restrições – seriam absolutamente injurídicas por contrariarem a diretriz e o sentido constitucional do princípio da não cumulatividade, além de consubstanciarem a equivocada premissa de que só há condição de manter os créditos na medida em que ocorra posterior saída tributada.

Certamente, desde a edição da EC nº 23/83, a integração no "ativo permanente" não pode acarretar a anulação do respectivo crédito de ICM e ICMS, simplesmente porque tais situações de natureza contábil/fiscal não se subsumem às restrições constitucionais (art. 155, §2º, II, e objeto de análise em tópico precedente).

Inexiste substância jurídica na afirmativa de que somente a partir da edição da LC nº 87/96 é que os "créditos financeiros" (impostos pertinentes a bens que não se integram em mercadorias, produtos e serviços) passaram a ser considerados na temática da "não cumulatividade". Com efeito, além de a lei complementar não ser o instrumento competente para conceder ou excluir créditos – mas exclusivamente a Constituição Federal – de há muito tempo quaisquer espécies de bens corpóreos já se contêm no âmbito do crédito.

É irrelevante a circunstância de tais bens serem utilizados genericamente nas atividades do contribuinte, ou integrarem bens produzidos (tributados ou não tributados). A "não cumulatividade" só pode compreender o confronto de créditos de ICMS *versus* débitos de ICMS, alcançando todo o universo de suas atividades (operacionais e não operacionais).

Nesse sentido, tem-se afirmado que:

> O contribuinte tem o direito incontornável de lançar em sua escrita contábil o "crédito financeiro" de todos os custos incorporados às mercadorias ou serviços anteriores, tributados (ou tributáveis) pelo ICMS, para, no momento oportuno (em geral, a cada trinta dias), utilizá-lo como "moeda de pagamento" deste tributo. Na medida em que o ICMS não é um "imposto sobre valor agregado", todas as "operações de entrada" de mercadorias, bens ou serviços, devem ser levadas em conta, no momento de calcular-se a quantia de dinheiro a desembolsar.[397]

O STF acolheu o *modelo do crédito físico e não adotou o crédito financeiro*, sob os fundamentos constantes em julgado sobre a matéria (AG.Reg. no Agravo de Instrumento nº 670.898 – 2ª T. – Rel. Min. Joaquim Barbosa – j. 14.2.12 – *DJe* de 23.3.2012, p. 27), como comentado em tópico específico (item 2 do Capítulo V).

Evidente que a mudança legislativa acarretou sensível ônus para o contribuinte, uma vez que, se antes poderia apropriar integralmente o valor do crédito pertinente aos bens adquiridos, a partir de 1º.8.2000, o crédito só será usufruído de modo diluído

---

[397] CARRAZZA, Roque Antonio. ICMS – Aproveitamento de créditos – inconstitucionalidade da Lei Complementar 87/96. *Revista Dialética de Direito Tributário*, São Paulo, n. 25. p. 168.

(48 meses). Além disso, na medida em que a LC nº não dispõe sobre a atualização dos referidos valores, novas perdas financeiras terão que ser suportadas, amesquinhando o princípio constitucional da não cumulatividade.

As Turmas do STF consideram indevida a compensação de créditos do ICMS oriundos da aquisição de bens destinados ao ativo fixo, em período anterior à entrada em vigor da LC nº 87/96 (Ag. Reg. no Agravo de Instrumento nº 407.499-7 – 2ª T. – Rel. Min. Joaquim Barbosa – j. 14.10.2008 – *DJe* de 27.11.2008, p. 117).

Relativamente ao termo inicial para fruição do crédito do imposto, a Fazenda paulista firmara o entendimento seguinte:

> ICMS – Crédito – Fabricação de bem destinado ao ativo imobilizado.
> 1. Na fabricação de bens para o ativo imobilizado, o direito ao crédito do valor do ICMS que onera a entrada das partes e peças utilizadas para esse fim dar-se-á a partir do momento em que os bens produzidos entrarem em operação, e iniciarem a produção e/comercialização de mercadorias regularmente tributadas pelo ICMS, e não a partir da entrada de suas respectivas partes e peças.
> 2. O início da apropriação do crédito de ICMS, à razão de 1/48 avos ao mês, relativo ao bem em questão deverá ser realizado durante 48 (quarenta e oito) meses consecutivos, desde que o bem, devidamente registrado no Ativo Imobilizado, estiver sendo utilizado na produção de mercadorias regularmente tributadas.[398]

Relativamente à *incorporação de empresa de transporte aéreo*, com alteração da titularidade de estabelecimento (CNPJ) e inscrição, manifestou-se da forma seguinte:

> I. Na incorporação, quando o estabelecimento, de forma integral, permanecer em atividade, os créditos existentes na respectiva escrita fiscal devem continuar válidos e passíveis de aproveitamento sob a titularidade da empresa incorporadora.
> II. Tendo em vista que, devido à incorporação, é necessário alterar tanto a inscrição do estabelecimento no Cadastro Nacional de Pessoas Jurídicas do Ministério da Fazenda (CNPJ), quanto a Inscrição Estadual (IE) no Cadastro de Contribuintes do ICMS, é recomendável que, antes de efetuar alteração referente à baixa de inscrição da titularidade anterior, o contribuinte busque, junto ao Posto Fiscal de vinculação desse estabelecimento, orientação sobre os procedimentos a serem seguidos, em especial para garantir o aproveitamento de eventual crédito.[399]

No que concerne ao *bem do ativo imobilizado recebido em transferência de filial localizada em outra unidade da Federação*, fora entendido o seguinte:

> Caso o bem tenha sido transferido antes de ocorrida a apropriação integral do crédito do imposto cobrado pela operação que tenha resultado na entrada de mercadoria no estabelecimento da filial localizada em outra unidade federada, é cabível a apropriação do saldo remanescente pelo estabelecimento paulista, caso seja destinado à utilização em processo produtivo (considerando-se que o referido bem tenha entrado em funcionamento no estabelecimento paulista, e que as saídas do produto resultantes sejam tributadas pelo ICMS.[400]

---

[398] Consulta nº 1.280, de 4.3.13.
[399] Consulta de 21.8.15.
[400] Consulta nº 18.465/2018, de 2.4.19.

Por outro lado, a *cessão em comodato* dos bens do ativo permanente não obriga a estornar os créditos, a saber:

> Tributário. ICMS. Bens Importados. Ativo Permanente. Direito ao Creditamento. Cessão em Comodato a Terceiros. Circulação de Mercadoria. Não Ocorrência. Ausência do Dever de Estornar. Autuação Fiscal Improcedente.
> 1. Hipótese em que se discute se existe o dever de o contribuinte estornar crédito de ICMS apurado na importação de bem para o ativo permanente, cedido em comodato a terceiro.
> 2. Os arts. 20, §3º, I, e 21, I, da LC 87/96 se complementam. O primeiro autoriza o creditamento do imposto cobrado na operação que tenha resultado a entrada de mercadoria no estabelecimento, mesmo a destinada ao ativo permanente (caso dos autos), mas excepciona a hipótese em que a saída subsequente não for tributada ou estiver isenta. O segundo impõe ao contribuinte o dever de estornar o ICMS creditado, se incidir essa regra excepcional, isto é, quando o próprio creditamento for vedado.
> 3. Se os equipamentos são cedidos em comodato, não se pode falar em "saída", sob a perspectiva da legislação do ICMS, entendida como circulação de mercadoria com transferência de propriedade. Nesse caso, os bens não deixam de integrar o patrimônio do contribuinte.
> 4. Portanto, a hipótese dos autos não se subsume aos arts. 20, §3º, I, e 21, I, da LC 87/1996, o que permite a conclusão pela possibilidade de manutenção do crédito de ICMS. Se não havia o dever de estornar, afigura-se indevida a autuação. No mesmo sentido: RMS 24.911/RJ, Rel. Ministro Mauro Campbell Marques, Segunda Turma, DJe 6/8/2012 [...]. (REsp nº 1.307.876-SP – 2ª T. – Rel. Min. Herman Benjamin – j. 5.2.2013 – *DJe* de 15.2.2013)

> ICMS – CREDITAMENTO – EMPRESA PRESTADORA DE SERVIÇOS DE TELEFONIA MÓVEL – APARELHO CELULAR – CESSÃO EM COMODATO – POSSIBILIDADE. Observadas as balizas da Lei Complementar nº 87/1996, é constitucional o creditamento de Imposto sobre Operações relativas à Circulação de Mercadorias – ICMS cobrado na entrada, por prestadora de serviço de telefonia móvel, considerado aparelho celular posteriormente cedido, mediante comodato. (RE nº 1.141.756-RS – Plenário – Rel. Min. Marco Aurélio – sessão de 28.9.2020)

Relativamente às aquisições, fornecimentos e utilizações de materiais, concernentes *à construção de bem imóvel*, penso que – para fins de fruição de créditos de ICMS – devem ser consideradas as atividades desenvolvidas na forma seguinte:
  a) *empresas de construção civil*:
    – a aquisição de materiais (com ICMS), que sejam remetidos para os locais onde são realizadas as obras civis, não permite manter o crédito na construtora, porque esta presta serviços não onerados pelo ICMS;
    – a aquisição de bens destinados ao seu ativo permanente assegura a manutenção dos créditos de ICMS. Embora conceitualmente não seja contribuinte do tributo estadual, poderá vir a sofrer seus ônus quando incidir nas ressalvas legais (itens 7.02, 7.04, 7.05 da LC nº 116/03). Ocorrendo tais situações, o crédito gerado por tais aquisições poderá ser compensado com os débitos das operações tributadas;
  b) *empresas contratantes de obras civis*: o recebimento de materiais destinados à edificação de bens imóveis não possibilita o aproveitamento de créditos, se tiverem sido fornecidos pela empresa de construção civil (sem incidência do ICMS), mas poderão ser escriturados no caso de terem sido adquiridos dos fornecedores originários (comerciantes), com lançamento deste imposto.

Esta temática foi objeto de amplo estudo na Secretaria da Fazenda de São Paulo,[401] inclusive as aquisições de partes e peças empregadas na reconstrução, reforma, atualização, conserto de máquina ou equipamento do ativo imobilizado (Decisão Normativa nº 1.199, de 14.7.2000).

O STJ decidiu o seguinte:

> Execução Fiscal. ICMS. Hipermercado. Material de Construção utilizado na Edificação da Sede. Art. 20, §1º, da Lei Complementar nº 87/96. Emprego em Atividade alheia à Finalidade da Empresa. Creditamento. Impossibilidade [...].
> I – Esta Corte tem-se manifestado no sentido da possibilidade de creditamento dos valores despendidos para aquisição de bens destinados ao ativo imobilizado. Todavia, a hipótese dos autos se subsume à exceção prevista no parágrafo 1º do artigo 20 da Lei Complementar nº 87/96, pois os bens adquiridos pelo executado foram empregados na construção do prédio onde funciona o hipermercado.
>
> Neste caso, por serem aplicados em atividade alheia à finalidade da empresa, a aquisição dos referidos bens não dá direito ao creditamento pretendido. (REsp nº 860.701-MG – 1ª T. – Rel. Min. Francisco Falcão – j. 19.4.2007 – *DJU* 1 de 17.5.2007, p. 215)
>
> Empresa que se dedica à produção e ao comércio de cervejas, refrigerantes, bebidas em geral, e gás carbônico, e que adquirem vitrines, chopeiras, freezer expositores, mesas e cadeiras, em razão de *contratos de comodato* realizados com terceiros (revendedores) tem direito ao aproveitamento de créditos. (RMS nº 24.911-RJ – 2ª T. – Rel. Min. Mauro Campbell Marques – j. 26.6.2012 – *DJe* de 6.8.2012)

Nas aquisições de bem ou serviço de contribuinte sujeito ao Regime do Simples Nacional, o contribuinte não poderá se creditar do valor do imposto indicado na nota fiscal, por força do disposto no inciso XI, do artigo 63, do RICMS/SP/2000.[402]

## 12 Bens destinados ao uso e consumo

A LC nº 87/96 havia assegurado ao sujeito passivo o direito de creditar-se do ICMS anteriormente cobrado em operações resultantes da entrada de mercadorias, real ou simbolicamente, no estabelecimento, inclusive as destinadas ao seu uso ou consumo, a partir de 1º.1.98 (arts. 20 e 33, I).

O início de eficácia do direito ao crédito foi adiado para 1º.1.2000 (LC nº 92/97), prorrogado para 1º.1.2003 (LC nº 99/99), 1º.1.2007 (LC nº 114/02), 1º.1.2011 (LC nº 122/06), 1º.1.2020 (LC nº 138/10), e 1.1.2033 (LC nº 171/2019).

As mesmas considerações jurídicas expendidas no tocante aos "bens do ativo permanente" – procedendo-se à devida adequação – são plenamente aplicáveis aos bens em comento, reiterando que o direito ao crédito de ICMS passou a ter existência com a edição da EC nº 23/83, e não apenas com a previsão na LC nº 87/96.

---

[401] Consultas nº 282, de 18.9.97, *Boletim IOB*, n. 44, 1997, p. 7-10, e n. 212, de 7.10.97, aprovada pela Decisão Normativa CAT nº 2 de 7.11.2000.
[402] Consulta nº 18.550/2018, de 8.11.2018.

É totalmente irrelevante a circunstância de tais espécies de bens (óleos, lubrificantes, graxas, cafés etc.) serem utilizados genericamente nas atividades do contribuinte, sem integrarem ou participarem concretamente das mercadorias, ou dos serviços pertinentes ao tributo estadual, objeto de posterior saída ou prestação de serviços.

O STF, todavia, adota a postura seguinte:
a) sistematicamente entende que a Constituição de 1988 não assegurou direito à adoção do modelo do crédito financeiro para fazer valer a não cumulatividade do ICMS, em toda e qualquer hipótese;
b) a adoção de modelo semelhante ao do crédito financeiro depende de expressa previsão constitucional ou legal, existente para algumas hipóteses e com limitações na legislação brasileira; e
c) a pretensão do contribuinte, de assemelhar o ICMS a modelo ideal de Imposto sobre Valor Agregado – IVA, sem prejuízo dos inerentes méritos econômicos e de justiça fiscal, não ressoa na Constituição de 1988 (Ag. Reg. no Agravo de Instrumento nº 670.898 – 2ª T. – Rel. Min. Joaquim Barbosa – j. 14.2.2012 – *DJe* de 23.3.2012, p. 27).

Oportuno relacionar diversas manifestações judiciais e administrativas esposadas ao longo de vários anos, referentes a bens empregados em atividades mercantis ou industriais no que concerne à fruição dos créditos do imposto:

Imposto – Circulação de mercadorias e serviços – Ferramentas – Direito de crédito – Ocorrência – Bens discriminados que se desgastam durante o processo de produção, não constituindo partes ou peças dos equipamentos nos quais trabalhou autor, nem se incorporam ao produto final – Inciso II do artigo 29 da Lei Estadual nº 440, de 1974 – Sentença confirmada. (TJSP, Ap. Civ. nº 234.292-2 – 16ª C.C. – Rel. Des. Pereira Calças – j. 14.6.94 – *RJTJESP*, v. 160, p. 118-121)

O acórdão permite o crédito na utilização de escova de aço, discos, abrasivos, ferramenta de fazer rosca, brita, serra, serra de fita, pastilhas, broca, *kits*, bedames, por entender que não integram o ativo permanente e são consumidos durante a fase de produção.

Secretaria da Fazenda de São Paulo:
a) conferem direito a crédito:
1) medicamentos, farelo de soja e de trigo, farinha de carne, energia elétrica, complexos vitamínicos, suplementos alimentares, milho adquirido fora do estado, semente, herbicida, material de higiene (prevenção de transmissão de doenças viroses) – *estabelecimentos agrícolas*;[403]
2) esquadrias de alumínios – fornecimentos de vidros e material de embalagem;[404]
3) lenha;[405]
4) ouro em lingotes em decorrência de saídas tributadas – *aquisição originária para investimento*;[406]

---

[403] Consulta nº 465/90, de 9.3.91, *Boletim Tributário*, v. 465, p. 92-101.
[404] Consultas nº 13.272, de 12.6.79, e nº 2.091, *Boletim APT*, n. 4, p. 5.
[405] Consulta nº 35, de 28.1.81, *Boletim Tributário*, v. 199, p. 792/4.
[406] Consulta nº 613, de 8.9.81, *Boletim Tributário*, v. 217, p. 8.

5) areia, explosivos, energia elétrica, óleo diesel (setor de tração), lâmina de aço, lâmina diamantada, granalha de aço, areia, cal, carbureto (setor de serraria), pratos de desbaste, fresa diamantada (quando brasiva), abrasivos, lenços de chumbo, poteia, pó de tinta de xadrez, cloreto de magnésio, alvaiade, grafite, óxido de magnésio, carbureto, cera, parafina, cerilox, glasox, feltro e feltro de chumbo, serra diamantada (quando abrasiva), disco de corte diamantado (quando abrasivo), rebolo, copo, rebolo diamantado, massa plástica, disco de lixa (setor de marmoraria), isopor e espumas, plásticos, caixa de madeira e de papelão, fitas para amarro e selo de metal, gesso (setor de embalagem) – *industrialização de mármores e granitos*;[407] e

6) escova de aço, pelo, pano, feltro, pincéis, esmeril, rebolo, fitas adesivas, lixas, tachas, pregos, etiquetas, cepos para balancim.[408]

De modo exemplificativo, assinalou os seguintes insumos que se desintegram totalmente no processo produtivo de uma mercadoria ou são utilizados nesse mesmo processo produtivo para limpeza, identificação, desbaste, solda etc.: lixas; discos de corte; discos de lixa; eletrodos; oxigênio e acetileno; escovas de aço; estopa; materiais para uso em embalagens em geral – como etiquetas, fitas adesivas, fitas crepes, papéis de embrulho, sacolas, materiais de amarrar ou colar (barbantes, fitas, fitilhos, cordões e congêneres), lacres, isopor utilizado no isolamento e proteção dos produtos no interior das embalagens, tinta, giz, pincel atômico e lápis para marcação de embalagens; óleos de corte; rebolos; modelos/matrizes de isopor utilizados pela indústria; produtos químicos utilizados no tratamento de água afluente, efluente e no controle de qualidade e de testes de insumos e de produtos (Decisão Normativa CAT nº 1, de 25.4.2001 – *DOE*-SP de 27.4.2001).

b) não conferem direito a crédito:

1) facas, formas e matrizes, navalhas, fitas, rachadeira, chanfradeira/manuais, anéis para escovas, roletas para lixas, ferragens para roletes, borracha de lixadeira, boneca, fresas, chapa de fresa, limas, alicates, tesouras, martelos, filete de ferro, máscaras protetoras, óculos, lentes, vazadores, revólver para pintura e seus acessórios, rolamentos, roletes, correias, resistências elétricas, peças e partes de manutenção, óleos lubrificantes e graxas;[409]

2) bitz, bedames, brocas, fresas, pastilhas de metal duro, alargadores, machos, retificadores, diamantados e abrasivos;[410]

3) brocas, serras de aço rápido, porta-ferramenta para torno, limas, diamantes industriais, cortadores *shaving*, cadinhos e cortadores tipo caracol, pente *felloxs* e de perfil constante; e

4) fio helicoidal ou cordoalha, broca de aço, *short bits* (setor de extração) – *industrialização de mármores e granitos*.[411]

Os *materiais refratários* – como insumos empregados nos processos industriais para obtenção de gusa, aço e suas ligas – têm sido objeto de questionamento em razão do que existe pertinência no exame mais detido da matéria.

---

[407] Consulta nº 980, de 26.6.93, *Boletim*, ago. 1994, p. 527/9.
[408] Consulta nº 344, de 15.8.88, *Respostas da consultoria tributária*. p. 343.
[409] Consulta nº 344, de 15.8.88, *Respostas da consultoria tributária*. p. 343-344.
[410] Consulta nº 137, de 29.7.80, *Boletim Tributário*, v. 189, p. 769.
[411] Consulta nº 980/93, de 27.6.94, *Boletim Tributário*, v. 94, p. 527/9.

Estudo específico esclarece que existe uma série de materiais refratários, para diversas formas e locais de utilização, bem como variáveis quantidades, diversidade de tempo de duração, agrupando-se em a) placas refratárias para canais de lingoteira; b) refratários dos fornos de fusão de aço; e c) refratários de caçambas de vazamento do aço.[412]

O STF tratou da questão em pauta:

> Tributário – ICM – Não-cumulatividade. Materiais refratários utilizados na indústria siderúrgica, que se consomem no processo de fabricação, ainda que não se integrando no produto final [...]. (RE nº 96.643-9-MG – 2ª T. – Rel. Min. Décio Miranda – j. 9.8.83 – *JSTF*, v. 59, p. 110/113)

Anteriormente, o antigo TFR já havia decidido que:

> Os materiais refratários que a empresa utiliza em sua produção são produtos intermediários, desde que se desgastam no processo de fabricação, de nada mais servindo o resíduo. (Ap. Civ. nº 36.662 – 2ª T. – Rel. Min. Amarílio Benjamim – j. 14.3.75 – *ICM-IPI*..., cit., p. 370)

O STJ analisou a questão da forma seguinte:

> Tributário. IPI. Materiais refratários. Direito ao creditamento. Os materiais refratários empregados na indústria, sendo inteiramente consumidos, embora de maneira lenta, não integrando, por isso, o novo produto e nem o equipamento que compõe o ativo fixo da empresa, devem ser classificados como produtos intermediários, conferindo direito ao crédito fiscal. (REsp nº 18.361-0-SP – 2ª T. – Rel. Min. Hélio Mosimann – j. 5.6.95 – *DJU* 1 de 7.8.95, p. 23.026)

O STJ decidiu que as *sacolas plásticas cedidas à clientela em supermercados*, para acondicionar as mercadorias, não se agregam aos produtos vendidos por serem item de conveniência fornecido aos fregueses, portando-se, ainda, como veículo de propaganda da empresa por constarem o seu logotipo, lema e endereço, caracterizando material de uso do estabelecimento, sem direito a crédito de ICMS (REsp nº 279.024-SP – 1ª T. – Rel. Min. José Delgado – j. 8.5.2001 – *DJU* de 13.8.2001).

Entretanto, entendeu que as *bandejas de isopor*, os *filmes plásticos* e os *cartuchos de papel* para embalar produtos *in natura* são embalagens obrigatórias, que se agregam ao produto, pelo que o ICMS pago na aquisição desses serve como parcela de crédito a integrar a fórmula contábil do imposto a ser apurado.

Também compreendera o seguinte:

> O creditamento somente é factível nas hipóteses restritas e constantes do §1º, do artigo 20 da Lei Complementar n. 87-96, qual seja a entrada de mercadorias que façam parte da atividade do estabelecimento. Consectariamente, é de clareza hialina porque o direito de creditamento do ICMS pago anteriormente somente exsurge quando se tratar de insumos que se incorporam ao produto final ou que são consumidos no curso do processo de

---

[412] AKSELRAD, Moisés. ICM – IPI – Direito ao crédito – materiais refratários utilizados em siderurgia. *In*: AKSELRAD, Moisés. *Conceitos, estudos e prática de direito tributário*. São Paulo: LTr, 1980. p. 366-380.

industrialização. Precedentes: REsp 762.748-SC, Rel. Min. Luiz Fux, DJ 12.4.2007; REsp 626.181-SC, Rel. Min. Eliana Calmon, DJ 16.05.2006, Segunda Turma, julgado em 4.04.2006, DJ 16.5.2006. (REsp nº 889.414-RJ – 1ª T. – Rel. Min. Luiz Fux – j. 17.4.2008 – *DJe* de 14.5.2008)

A jurisprudência do STF se firmou no sentido de que:

A aquisição de produtos intermediários aplicados no processo produtivo, *que não integram fisicamente o produto final, não gera direito ao crédito de ICMS*, forte no argumento de que, notoriamente, em tais aquisições, o adquirente figura como consumidor final (RE nº 503.877/MG – AgR, Relator o Ministro Ricardo Lewandowski, *DJe* de 6.8.10; AI nº 807.119/MG-AgR, Relator o Ministro Gilmar Mendes, Segunda Turma, *DJe* 1.7.11).
*Os combustíveis* e *lubrificantes* são insumos necessários à prestação do serviço de transporte fluvial, e não bens de simples uso e consumo, quando consumido, necessariamente, na atividade-fim da sociedade empresária, conforme precedentes jurisprudenciais do STJ (RMS nº 31.110-PA – 1ª T. – Rel. Min. Benedito Gonçalves – j. 21.9.10 – *DJe* de 20.10.10; REsp nº 1.435.626-PA – 1ª T. – Rel. Min. Ari Pargendler – j. 3.6.14 – *DJe* de 16.6.14)

Muitas vezes, os materiais caracterizam-se como *produtos intermediários*, devendo ser considerados os principais mecanismos de desgaste (adesão, abrasão, fadiga superficial e reações triboquímicas), que ocorrem durante o processo de manuseio. As condições de usinagem também exercem influência, sendo empregados na produção os seguintes processos: torneamento, furação, fresamento, serramento, alargamento, escareamento e roscamento.

Peculiar exame da matéria entendera o seguinte:

O conceito que hoje prevalece de produto intermediário/secundário em sede doutrinária e judicial tanto para o IPI como para o ICMS, está atrelado principalmente à comprovação de sua *necessidade, utilidade e essencialidade* ao processo produtivo e, especialmente, à atividade-fim desenvolvida pela Sociedade, mesmo que seu consumo se dê de forma lenta e gradual (não imediata/instantânea) e sem ter a necessidade de compor fisicamente o produto final ou ter contato com a matéria prima, abrangendo ainda partes e peças que se desgastam em período inferior a 12 (doze) meses.[413]

## 13 Energia elétrica

A CF/88 estabeleceu a incidência do ICMS sobre o fornecimento de energia elétrica (art. 155, §3º), que, embora não se encontre materializada, passou a ser considerada mercadoria para fins de incidência tributária.

A sistemática em foco não se aplica às diversificadas fontes de energia:[414]

a) *hidráulica* – água, que movimenta as turbinas das usinas hidrelétricas;
b) *solar* – painéis fotovoltaicos, que convertem a luz do sol em energia;

---

[413] MACHADO, Michele Viegas; CARNEIRO, Daniel Dix. Conceito de crédito do ICMS (financeiro vs. físico). A real extensão do art. 20, caput, da LC 87/96 e jurisprudência recente do STJ e STF. In: CARNEIRO, Daniel Diz; MATA, Juselder Cordeiro da; LOBATO, Valter de Souza (Coord.). *25 anos da Lei Kandir* – Questões controvertidas do ICMS. São Paulo: ABRADT, Arraes Editores, ABDF, 2021.

[414] *Revista Exame*, ano 46, n. 12, ed. 1.019, 27.6.2012. CARNEIRO, Daniel Diz; MATA, Juselder Cordeiro da; LOBATO, Valter de Souza (Coord.). *25 anos da Lei Kandir* – Questões controvertidas do ICMS. São Paulo: ABRADT, Arraes Editores, ABDF, 2021. p. 67.

c) *eólica* – ventos que movimentam as pás de cataventos ligados a geradores;
d) *biomassa (agrícola)* – queima de bagaço de cana-de-açúcar, palha de milho e casca de arroz, entre outros;
e) *biogás* – lixo orgânico de aterros sanitários, esgoto e dejetos de fazendas de porcos e aves;
f) *biocombustível (etanol e biodiesel)* – cana-de-açúcar, milho, beterraba, para o etanol, e oleoginosas, como seja, para o biodiesel;
g) resíduos sólidos urbanos (incineração) – queima de lixo urbano;
h) *mar e geotérmica* – movimento das águas ou das marés; calor no interior da terra;
i) *térmicas (combustíveis fósseis)* – queima de gás natural, carvão ou derivados de petróleo; e
j) *nuclear* – fissão nuclear que gera calor da divisão do átomo do urânio.

Todas as empresas adquirentes ou consumidoras de energia elétrica (oneradas pelo imposto) passaram a ter o direito de escriturar os respectivos valores como créditos, para fim de aplicação do princípio da não cumulatividade.

Na vigência do Convênio ICM nº 66/88, algumas Fazendas estaduais condicionavam o direito a crédito às situações seguintes:
   a) consumo direto no processo de produção ou preparação de mercadorias, bem como no de comercialização destas, e de outras adquiridas para revenda;
   b) na iluminação dos ambientes onde se desenvolvem os aludidos processos, e na dos locais destinados à guarda, depósito e conservação dos estoques, que integram as mercadorias produzidas, de materiais consumidos na produção, preparo ou utilizados na comercialização de produtos acabados ou em processo de fabricação, e de mercadorias destinadas à revenda;
   c) no funcionamento de máquinas, aparelhos e recipientes usados para armazenagem ou conservação dos referidos estoques.

Recomendavam que, existindo apenas um aparelho medidor no estabelecimento, responsável pela manutenção da energia elétrica utilizada no setor produtivo (industrial, comercial etc.) e, também, no setor administrativo, deveria o contribuinte identificar e quantificar – do valor total de energia elétrica (consignado em documento fiscal) – as parcelas correspondentes ao consumo direto no processo industrial (comercial etc.).

Sugeriam ao contribuinte que se munisse de elementos capazes de justificar os cálculos que levaram à cifra lançada, como crédito nos livros fiscais, como planilhas de apropriação de quilowatts consumidos e laudo técnico por perito.

Evidente que todo o local do consumo da energia elétrica (fábrica, pátio de estacionamento, escritório, guarita etc.) sempre permitiria o direito ao crédito do respectivo ICMS, porque a CF não estabelecera essa espécie de restrição, mas apenas a impossibilidade de creditar-se de imposto em específica situação tributária (casos de isenção ou não incidência – art. 155, II, "a").

Por conseguinte, resulta equivocado o posicionamento do STF com relação ao ICMS pertinente a estabelecimento comercial, a saber:

> Tributário. Pretendido crédito relativo ao ICMS incidente sobre a energia elétrica consumida em estabelecimento comercial.
> Não implicará o crédito para compensação com o montante do imposto devido, nas operações ou prestações seguintes, a entrada de bens destinados a consumo ou à integração no ativo fixo do estabelecimento (art. 31, II, do Convênio ICMS 66/88).

Se não há saída do bem, ainda que na qualidade de componente de produto industrializado, não há falar-se em cumulatividade tributária. (RE nº 200.168-6-RJ – 1ª T. – Rel. Min. Ilmar Galvão – j. 8.10.96 – *DJU* 1 de 22.11.96, p. 458)

Realmente, o direito ao crédito não se encontra condicionado ao tipo ou espécie de contribuinte do ICMS (estabelecimento produtor, comercial, industrial, prestador de serviços, ou até mesmo importador), muito menos estar restrito ou vinculado a um produto industrializado.

É indiferente a natureza da atividade do contribuinte, além do que o estabelecimento não deverá ser considerado consumidor final pelo fato de praticar operações, ou serviços, sujeitos ao ICMS, inseridos no ciclo operações/serviços.

Essa questão encontrava-se superada face ao advento da Lei Complementar nº 87, de 13.9.96, que tratou do direito ao crédito relativo à energia elétrica usada ou consumida no estabelecimento (sem restrição), a partir de 1º.11.96 (art. 33, II).

Entretanto, a LC nº 102/00 veio estabelecer que somente dará direito a crédito – a partir de 1º.8.2000 – a entrada de energia elétrica no estabelecimento (art. 33, II):
   a) quando for objeto de operação de saída de energia elétrica;
   b) quando consumida no processo de industrialização;
   c) quando seu consumo resultar em operação de saída ou prestação para o exterior, na proporção destas sobre as saídas ou prestações totais; e
   d) a partir de 1º.1.2033, nas demais hipóteses (redação da LC nº 171/19).

A vinculação do crédito às exclusivas operações com energia elétrica e industrialização, de modo injustificado, prejudica todas as demais categorias e atividades profissionais (comerciantes, prestadores de serviços de transporte e produtores), sujeitas à sistemática do ICMS, porque não mais poderão apropriar (a título de crédito) os valores tributários devidos pelo consumo de energia. A legislação inferior (LC nº 102/00) ofende o texto constitucional.

O STJ permitira o crédito de ICMS para *supermercado* que, ao lado da atividade comercial, desenvolvia processo industrial de alimentos (panificação e congelados) e produzia mercadoria (REsp nº 404.432-RJ – Rel. Min. Eliana Calmon – j. 6.6.2002 – *DJU* 1, de 5.8.2002, p. 301).

Posteriormente, firmara o entendimento de que as atividades de *panificação e congelamento de alimentos*, realizadas por estabelecimento comercial, não se caracterizam como processo de industrialização, razão pela qual inexiste direito ao creditamento do ICMS recolhido em relação à energia elétrica consumida na realização de tais atividades (REsp nº 1.117.139-RJ – 1ª S. – Rel. Min. Luiz Fux – *DJe* de 18.2.2010).

O STF reconheceu a existência de repercussão geral da questão constitucional, nos termos seguintes:

Recurso Extraordinário. Tributo. Imposto sobre Circulação de Mercadorias e Serviços – ICMS. Creditamento. Direito não reconhecido na origem. Aquisição de energia elétrica por supermercado. Exercício de atividade industrial. Processamento de alimentos. Questão da ofensa ao princípio constitucional da não cumulatividade. Relevância. Repercussão geral reconhecida. Apresenta repercussão o recurso extraordinário que verse sobre a admissibilidade de ser considerada como atividade industrial o processamento de alimentos realizado por supermercado para fins de crédito de ICMS. (Rep. Geral no RE nº 588.954-SC – Plenário – Rel. Min. Cezar Peluso – j. 22.10.09 – *DJe* 13.11.09)

A Fazenda paulista disciplinou o direito de crédito de ICMS relativo à energia elétrica despendida em operações de efetiva industrialização promovidas por supermercado, mediante a análise das atividades de panificação e confeitaria; açougue e corte de frios; *rotisserie*; e locais de iluminação e refrigeração (Decisão Normativa CAT nº 1, de 8.3.2007).

As atividades desenvolvidas em *supermercado* implicaram considerações relativas ao creditamento do imposto.

- panificação e confeitaria: entendidos como o local físico onde se realiza a fabricação de pães e doces, ou seja, o setor de transformação de insumos em produtos acabados, o crédito pode ser admitido;
- açougue e corte de frios: a admissão do crédito é dependente do acondicionamento em embalagem de apresentação, assim entendida aquela que objetive valorizar o produto em razão da qualidade do material nele empregado, da perfeição do seu acabamento ou da sua utilidade adicional; não satisfaz este requisito a mercadoria (carne ou frios) meramente cortada, sobreposta a uma bandeja, tendo como envoltório um plástico PVC, com etiqueta contendo seu peso e preço, ainda que contenha o nome do estabelecimento comercial ou sua marca;
- iluminação: apenas se admite o crédito de ICMS da energia elétrica despendida na área onde se realiza o processo de industrialização;
- refrigeração: admite-se o crédito de ICMS pela energia elétrica consumida em fase de industrialização ou em momento anterior, ou seja, na refrigeração dos insumos dos quais resultará um produto industrializado; uma vez que, se o produto estiver pronto, não há que se falar mais em industrialização e sua conservação em geladeiras inerentes à atividade comercial; a energia despendida na refrigeração de produtos não confere o direito de crédito.

A Fazenda paulista negara direito ao crédito, para empresa *prestadora de serviços de telecomunicações*, por entender que utiliza a energia elétrica para disponibilizar meio para a troca de mensagens entre terceiros.[415]

Também vedara o crédito para posto de gasolina relativo ao gasto com energia elétrica na utilização de bombas para sucção e purificação (filtragem) dos combustíveis de tanques localizados no subsolo do posto; bem como para os equipamentos de sua lanchonete (loja de conveniência), utilizados para assar, refrigerar, conservar e proteger as mercadorias do seu comércio.[416]

Para tanto, asseverara que as atividades industriais podem ser executadas em estabelecimentos prestadores de serviços, como também alguma prestação de serviço pode ocorrer em estabelecimentos industriais. Ressaltara que:

> A energia elétrica nunca é consumida como tal e sim, por exemplo, como energia cinética (ventiladores), energia luminosa (lâmpadas), razão pela qual ela sempre passa por um processo de transformação. No seu sentir, não se pode considerar a transformação de energia elétrica em outra forma de energia como um "processo industrial", pois esse termo tem conotação própria no contexto do nosso sistema tributário.

---

[415] Decisão Normativa CAT nº 2, de 27.9.2004, *DOE* de 28.9.2004.
[416] Consulta nº 379/2003, referida na Decisão CAT nº 2/04.

A jurisprudência do STF firmou-se no sentido de não reconhecer, ao contribuinte do ICMS, o direito de creditar-se do valor do ICMS, quando pago em razão de operações de consumo de energia elétrica, ou de utilização de serviços de comunicação ou, ainda, de aquisição de bens destinados ao uso e/ou integração no ativo fixo do seu próprio estabelecimento (AgRg no Agravo de Instrumento nº 720.466-0 – 2ª T. – Rel. Min. Celso de Mello – j. 2.9.2008 – *DJe* de 2.10.2008, p. 74-5).

Relativamente à energia elétrica atinente aos *serviços de telecomunicações*, o STJ fixara a diretriz seguinte:

> Tributário. Serviços de Telecomunicação. Energia Elétrica. Creditamento. Possibilidade. Art. 33, II, "b", da LC 87/96. Decreto 640/02. Equiparação à Indústria Básica para Todos os Efeitos Legais. Validade e Compatibilidade com o Ordenamento Jurídico Atual. Ordem em Mandado de Segurança Concedida. Recurso Especial. Não Provido.
> 1. O art. 1º do Decreto nº 640/62, que equiparou, para todos os efeitos legais, os serviços de telecomunicação à indústria básica, é compatível com o ordenamento jurídico vigente, em especial com a Lei Geral de Telecomunicações, com o Regulamento do IPI e com o Código Tributário Nacional.
> 2. O art. 33, II, "b", da LC 87/96 autoriza o creditamento do imposto incidente sobre energia elétrica quando "consumida no processo de industrialização". Como o art. 1º do Decreto 640/62 equipara, para todos os efeitos legais, a atividade de telecomunicações ao processo industrial, faz jus a impetrante ao creditamento pretendido.
> 3. Segundo a regra do art. 155, II, da CF/88, o ICMS comporta três núcleos distintos de incidência: (i) circulação de mercadorias; (ii) serviços de transporte; e (iii) serviços de comunicação.
> 4. O princípio da não cumulatividade, previsto no §2º do art. 155 da CF/88, abrange três núcleos de incidência, sem exceção, sob pena de tornar o imposto cumulativo em relação a um deles.
> 5. No caso dos serviços de telecomunicação, a energia elétrica além de essencial, revela-se como único insumo, de modo que impedir o creditamento equivale a tornar o imposto cumulativo em relação a um deles.
> 6. O art. 33, II, da LC 87/96 precisa ser interpretado conforme a Constituição, de modo a permitir que a não cumulatividade alcance os três núcleos de incidência do ICMS previstos no Texto Constitucional, e não apenas a circulação de mercadorias, vertente central, mas não única da hipótese de incidência do imposto.
> 7. O ICMS incidente sobre a energia elétrica consumida pelas empresas de telefonia, que promovem processo industrial por equiparação, pode ser creditado para abatimento do imposto devido quando da prestação dos serviços.
> 8. Recurso especial provido. (REsp nº 842.270-RS – 1ª S. – Rel. Min. Luiz Fux – j. 23.5.2012 – *DJe* de 26.6.2012)

O aresto considerara que a prestação de serviços de telecomunicações pressupõe um processo de transformação da energia elétrica (matéria-prima), seu insumo essencial, em vibrações sonoras e *bits* e destes novamente em vibrações sonoras, sendo certo que, no contexto do ICMS, o processo de industrialização não pode ser restringido tão somente à transformação de bens móveis corpóreos.

## 14 Serviços de comunicação

Na vigência da LC nº 87/96, o prestador dos serviços de comunicação tinha assegurado o direito ao crédito do ICMS anteriormente cobrado em operações resultantes de entrada de mercadoria, real ou simbólica, no estabelecimento, inclusive a destinada ao ativo permanente, ao seu uso ou consumo, ou o recebimento de serviços de transporte interestadual e intermunicipal e de *comunicação* (art. 20).

Embora também fossem aplicadas as mesmas normas restritivas – como apontado nos itens anteriores –, essa específica atividade era considerada da mesma forma que as demais operações e prestações.

A LC nº 102/00 (introduzindo o inc. IV ao art. 33 da LC nº 87/96) passou a dispor o seguinte:

> IV - somente dará direito a crédito o recebimento de serviços de comunicação utilizados pelo estabelecimento:
> a) ao qual tenham sido prestados na execução de serviços da mesma natureza;
> b) quando sua utilização resultar em operação de saída ou prestação para o exterior, na proporção desta sobre as saídas ou prestações totais; e
> c) a partir de 1º de janeiro de 2033, nas demais hipóteses. (Redação dada pela LC nº 171/19)

Constata-se que os industriais, comerciantes, produtores e prestadores de serviços de transporte interestadual e de comunicação sofreram uma contundente restrição no seu direito ao crédito, uma vez que o ICMS incidente sobre os serviços de comunicação (telefonia, por exemplo), a partir de 1º.8.2000, terá que ser integralmente suportado, em razão de vedação ao crédito.

Todavia, o STJ *equiparou os serviços de telecomunicação à indústria*, permitindo o crédito de energia elétrica, nos termos seguintes:

> Tributário. Serviços de Telecomunicação. Energia Elétrica. Creditamento. Possibilidade. Art. 33, II, "b" da LC 87/96. Decreto 640/62. Equiparação à Indústria Básica para Todos os Efeitos Legais. Validade e Compatibilidade com o Ordenamento Jurídico Atual. Matéria Decidida pela Primeira Seção. Recurso Especial provido.
> 1. O art. 1º do Decreto nº 640/42, que equiparou, *para todos os efeitos legais*, os serviços de telecomunicação à indústria básica, é compatível com o ordenamento jurídico vigente, em especial com a Lei Geral de Telecomunicações, com o Regulamento do IPI e com o Código Tributário Nacional.
> 2. O art. 33, II, "b" da LC 87/96 autoriza o creditamento do imposto incidente sobre energia elétrica quando "consumida no processo de industrialização". Como o art. 1º do Decreto 640/42 equipara, para *todos os efeitos legais* a atividade de telecomunicações ao processo industrial, faz jus a impetrante ao creditamento pretendido.
> 3. Segundo a regra do art. 155, II, da CF/88, o ICMS comporta três núcleos distintos de incidência: (i) circulação de mercadorias; (ii) serviços de transporte; (iii) serviços de comunicação.
> O princípio da não cumulatividade, previsto no §2º do art. 155 da CF/88, abrange os três núcleos de incidência, *sem exceção* sob pena de tornar o imposto cumulativo em relação a um deles.
> 4. No caso dos serviços de telecomunicação, a energia elétrica, além de essencial, revela-se como único insumo, em afronta ao texto constitucional.

5. O art. 33, II, da LC 87/96 precisa ser interpretado conforme a Constituição, de modo a permitir que a não cumulatividade alcance os três núcleos de incidência previstos no Texto Constitucional, e não apenas a circulação de mercadorias, vertente central, mas não única da hipótese de incidência do imposto.

6. O ICMS incidente sobre a energia elétrica consumida pelas empresas de telefonia, que promovem processo industrial por equiparação, pode ser creditado para abatimento do imposto devido quando da prestação dos serviços.

7. Matéria decidida pela Primeira Seção no Julgamento do REsp 842.270/RS, Rel. Min. Luiz Fux, Rel. p/acórdão Min. Castro Meira, DJ de 26.6.2012.

8. Recurso especial provido. (REsp nº 1.286.617-PR – 2ª T. – Rel. Min. Castro Meira – j. 4.9.2012 – *DJe* de 11.9.2012)

Relativamente ao direito ao crédito do imposto no caso de *inadimplência absoluta dos usuários*, o STF assentara o seguinte:

> Imposto sobre Circulação de Mercadorias e Serviços – Telecomunicações – Inadimplência Absoluta dos Usuários – Direito ao Crédito – Princípio da não Cumulatividade – Recurso Extraordinário – Repercussão Geral Configurada. Possui repercussão geral a controvérsia relativa ao direito do contribuinte de aproveitar valores pagos do Imposto sobre a Circulação de Mercadorias e Serviços, para abatimento do tributo devido quanto a operações subsequentes, alusivos a prestações de serviço de comunicação, quando ocorrida inadimplência absoluta dos respectivos usuários. (Repercussão Geral no Recurso Extraordinário com Agravo nº 668.974 – Plenário – Rel. Min. Marco Aurélio – *DJe* de 8.8.14, p. 25)

## 15 Créditos decorrentes de situações específicas

A legislação ordinária tem conferido o direito de o contribuinte creditar-se independente de autorização:

> I - do valor do imposto debitado por ocasião da saída da mercadoria, no período que tiver ocorrido a sua entrada no estabelecimento, nas seguintes hipóteses:
> 
> a) devolução de mercadoria, em virtude de garantia ou troca, efetuada por produtor ou por qualquer pessoa natural ou jurídica não considerada contribuinte ou não obrigada à emissão de documentos fiscais;
> 
> b) retorno de mercadoria por qualquer motivo não entregue ao destinatário;
> 
> c) devolução de mercadoria, efetuada por estabelecimento de contribuinte sujeito às normas do Regime Especial Unificado de Arrecadação de Tributos e Contribuições devidos pelas Microeempresas e Empresas de Pequeno Porte – "Simples Nacional", ou por estabelecimento sujeito a regime especial de tributação sempre que for vedado o destaque do valor do imposto no documento fiscal emitido por esses estabelecimentos.
> 
> II - do valor do imposto pago indevidamente, em virtude de erro de fato ocorrido na escrituração dos livros fiscais ou no preparo da guia de recolhimento, mediante lançamento, no período de sua constatação, no livro Registro de Apuração do ICMS, no quadro "Crédito do Imposto – Outros Créditos", anotando a origem do erro;
> 
> III - do valor do imposto correspondente à diferença, a seu favor, verificada entre a importância recolhida e a apurada em decorrência de desenquadramento do regime de estimativa, no período de apuração;

IV - do valor do crédito recebido em devolução ou transferência, efetuada em hipótese expressamente autorizada e com observância da disciplina estabelecida pela legislação, no período de seu recebimento;

V - do valor do imposto indevidamente pago, inclusive em caso de reforma, anulação, revogação ou rescisão da decisão condenatória, quando a restituição tiver sido requerida administrativamente e, por motivos a que o interessado não tiver dado causa, a decisão não tiver sido proferida em determinado prazo, contado da data do respectivo pedido;

VI - do valor recolhido antecipadamente, a título de imposto, no caso de não ocorrer o fato gerador;

VII - do valor do imposto destacado na nota fiscal relativa à aquisição do bem pela empresa arrendadora, por ocasião da entrada no estabelecimento de bem objeto de arrendamento mercantil, observadas as regras pertinentes ao crédito, inclusive sobre vedação e estorno;

VIII - do valor do imposto relativo às mercadorias existentes no estoque, no caso de enquadramento no Regime Periódico de Apuração após exclusão do Regime do "Simples Nacional".

A Consultoria Tributária (São Paulo) entendera que a *mudança de endereço do estabelecimento* não acarreta a perda do direito à manutenção do saldo de créditos existente na sua escrita fiscal, caso a atividade desenvolvida no novo local seja a continuidade daquela desenvolvida pelo estabelecimento anteriormente à mudança.[417]

Examinara atividade concernente à *incorporação de empresa*, elucidando que a continuidade material de um estabelecimento requer a manutenção de sua condição de unidade autônoma, o que envolve a conservação de sua funcionalidade de tal forma que, nos termos do art. 1.142 do Código Civil, continue a ser um complexo de bens organizado para o exercício da atividade empresária. Nesse cenário, se houver transferência da titularidade do estabelecimento, contanto que haja continuidade formal e material, o saldo credor do ICMS porventura existente em sua escrituração fiscal poderá ser aproveitado pela empresa incorporadora.

Aduzira que, afinal, trata-se da manutenção do crédito do ICMS na mesma unidade operacional que, como entidade autônoma, continua a exercer normalmente o seu objeto social, apesar da alteração do seu titular. A baixa formal dos registros cadastrais do estabelecimento apenas ocorre por questões de integração dos sistemas informatizados da Secretaria da Fazenda e da Receita Federal do Brasil.[418]

## 16 Diferimento

Constitui uma técnica impositiva de deslocamento da exigência do tributo para momento posterior à ocorrência do originário fato gerador, com a imputação da responsabilidade de seu recolhimento a terceiro.

É utilizado para operações de pequeno porte, ou realizadas por contribuintes sem estrutura empresarial, de proporções modestas ou mesmo sem um efetivo estabelecimento, objetivando a simplificação fiscal de determinadas operações.

Diversas atividades vêm sendo enquadradas nesta sistemática, como exemplo, as relativas às seguintes mercadorias: algodão em caroço, café cru, cana-de-açúcar em

---

[417] Consulta nº 24.565/2021, de 28.10.21.
[418] Consulta nº 23.852/2-21, de 30.7.21.

caule, feijão, mamona, soja, produtos *in natura*, semente, insumos agropecuários, coelho, gado em pé, equino de raça, subprodutos da matança do gado, leite, pescado, resíduos de materiais, metal não ferroso, componentes de processamento de dados.

Usualmente, o ICMS fica diferido para operações posteriores como remessa para outro estado, industrialização etc.

Estudos têm sido realizados a respeito da natureza do diferimento e sua implicação com o crédito de ICMS (operações anteriores e posteriores), no contexto da não cumulatividade.

Pioneiramente, fora procedida à minuciosa análise do instituto, firmando conclusão de que não se trata de retardamento, adiamento ou procrastinação de operação, lançamento, pagamento ou não incidência do ICMS.[419]

Sustentaram que a operação não seria diferida porque ninguém pode negar a existência de operações como negócios de direito comercial, sendo que cada incidência há que corresponder a um lançamento (autônomo e independente). Observaram que ver incidência, sem ver produção de efeitos (lançamento, pagamento), seria cair no absurdo.

Representaria exclusão da oneração tributária da operação, tendo efeito igual ao da isenção ou outras formas de não incidência, e que, por virtude do seu mecanismo, as operações não são tributadas.

Embora entendam que o diferimento não se confunde com isenção (complexo de normas que fixa um dado regime tributário), e de não serem a mesma coisa, nada impede que tenha seus efeitos iguais.

Considerando que os sujeitos de possíveis relações tributárias (sucateiros etc.) são ignorados pela legislação do ICMS e postos de lado; e, como não há relação sem sujeito e como tais sujeitos não existem, não haveria, na verdade, relação tributária (e, por decorrência, inexistência dos tributos e de sua incidência).

Nesta matéria fora assinalado o seguinte:

> O princípio da não cumulatividade é um vero princípio da não cumulatividade de tributos e de não distribuição necessária da carga tributária pelos contribuintes, de tal maneira que cargas tributárias inexistentes passam a ser existentes para efeito de cálculo futuro; e que não é afetado pela adoção da técnica do diferimento que transfere toda a realização fenomênica da incidência e lançamento tributário para a última operação, que é aquela que, em nítida abordagem, deve ser examinada para a verificação da ocorrência, ou não, da cumulatividade, nesta ou em operações anteriores.[420]

O autor discorda da equivalência dos institutos ao ponderar que "Em direito, todos têm o seu conteúdo, densidade, terminologia e conformação próprios. A imunidade não se confunde com a isenção, esta com o diferimento, este com a não incidência e nenhum deles com qualquer outros".[421]

---

[419] ATALIBA, Geraldo; GIARDINO, Cleber. ICM – Diferimento – Estudo teórico-prático. *Estudos e Pareceres*, São Paulo, n. 1, 1980.
[420] MARTINS, Ives Gandra da Silva. *A técnica do diferimento da incidência do ICM* – Constitucionalidade do princípio da não-cumulatividade quando de sua adoção. Parecer para a Procuradoria-Geral do Estado. p. 24.
[421] MARTINS, Ives Gandra da Silva. *A técnica do diferimento da incidência do ICM* – Constitucionalidade do princípio da não-cumulatividade quando de sua adoção. Parecer para a Procuradoria-Geral do Estado. p. 128.

Salienta que:

[...] na isenção o que pretende efetivamente o legislador é outorgar um benefício, enquanto que no diferimento não há tal intenção, mas mera adoção de técnica arrecadatória que não visa beneficiar o sujeito passivo da relação tributária, mas simplificar a fórmula de recebimento do ICM pelo sujeito ativo da referida relação.[422]

O STF emitiu os pronunciamentos seguintes:

ICM – Crédito – Sucata de vidro adquirida para industrialização – Imposto diferido. Não tendo sido pago o tributo quando da aquisição da sucata, o qual ficou diferido para incidir sobre o produto já industrializado, não tem o industrial direito ao crédito referente à compra. Embargos de divergência conhecidos e recebidos. (Embargos no RE nº 92.675-2-SP – Pleno – Rel. Min. Cunha Peixoto – *RTJ*, v. 104, p. 213)

ICM – Industrialização de sucata. Diferimento da incidência do imposto.
O diferimento da incidência do ICM, previsto na legislação do Estado de São Paulo, não ofende o princípio constitucional da não-cumulatividade desse tributo. Recurso extraordinário não conhecido. (RE nº 87.493 – 2ª T. – Rel. Min. Moreira Alves – *RTJ*, v. 87, p. 324)

Prossegue Ives Gandra:

Se o diferimento implica a não-incidência de ICM, isto é, no não nascimento nem de obrigação, nem de crédito tributário nas operações anteriores, não há por que falar em crédito correspondente a uma obrigação não nascida. Em crédito de obrigação inexistente. Em crédito fantasma. Em um "ghost credit".[423]

Examinando a temática sobre outro enfoque, fora obtemperado que

a figura do diferimento não se confunde com a substituição. E isso porque o diferimento importa subsunção do pagamento da prestação tributária à ocorrência de um fato futuro e incerto: nova operação relativa à circulação da mesma mercadoria. A substituição envolve, exclusivamente, alteração do sujeito passivo. Análise das circunstâncias jurídicas demonstra que, antes de verificada nova operação relativa à circulação da mesma mercadoria, inexiste débito ou relação tributária. Isso comprova que o diferimento se insere dentro da categoria da não-incidência. Somente haverá fato imponível se e enquanto ocorrer uma operação relativa à circulação da mercadoria, subseqüentemente àquela sujeita ao regime do diferimento.[424]

E continua:

quando se dá o diferimento, contudo, não é tal que ocorre. Se fosse, o "substituto" estaria simplesmente obrigado a pagar *nas mesmas e exatas condições* previstas para o "substituído". Tão logo verificado o fato imponível, surgiria o dever de pagar, exercitando seu poder de reembolso para compensar-se. Mas, no caso de diferimento, o que se determina é que, *quando* e *se* houver operação relativa à circulação da mesma mercadoria, é que o tributo será devido.

---

[422] MARTINS, Ives Gandra da Silva. *A técnica do diferimento da incidência do ICM* – Constitucionalidade do princípio da não-cumulatividade quando de sua adoção. Parecer para a Procuradoria-Geral do Estado. p. 130.
[423] MARTINS, Ives Gandra da Silva. *A técnica do diferimento da incidência do ICM* – Constitucionalidade do princípio da não-cumulatividade quando de sua adoção. Parecer para a Procuradoria-Geral do Estado. p. 145.
[424] JUSTEN FILHO, Marçal. *Sujeição passiva tributária*. São Paulo: Cejup, 1986. p. 355, 32ª conclusão.

E arremata:

> suponha-se, por exemplo, que uma dada mercadoria, que é adquirida pelo comerciante sob regime de diferimento, venha a perder-se acidentalmente. Logo, não haverá operação futura relativa à sua circulação, porquanto não existe mais. Assim, explica-se porque só se tornará devida a prestação tributária se e *quando houver posterior relativa à circulação daquela mercadoria*. É que não está pendente nenhuma prestação tributária, pois inocorreu fato imponível; a operação anterior é, tributariamente, irrelevante para o fisco, que não poderá exigir qualquer quantia exatamente por ainda não ser credor.
>
> Por decorrência, só se pode concluir que a norma que estabelece o "diferimento" está, em realidade, subtraindo à incidência da norma do ICM uma certa operação relativa à circulação de mercadorias. Inocorre fato imponível porque a conjugação das duas normas impede que uma delas seja aplicável.[425]

*O diferimento tributário não constitui um benefício fiscal*, até porque não há dispensa do pagamento do tributo (como ocorre com a isenção ou com a não incidência), mas técnica de arrecadação, que visa otimizar tarefas típicas do Fisco, de fiscalizar e arrecadar tributos. Logo, por representar conveniência para o Estado, cabe a ele, exclusivamente, a fiscalização dessas operações. E nem poderia ser diferente, pois, ao vendedor que, via de regra, nessa modalidade de tributação, é pequeno produtor rural (de milho, na espécie), a lei não confere poderes para fiscalizar as atividades da empresa que adquire os seus produtos (STJ – Emb. Div. em REsp nº 1. 119.205-MG – 1ª S. – Rel. Min. Benedito Gonçalves – j. 27.1.2010 – DJe de 8.11.2010).

O STF decidira o seguinte:

> Não se confunde a hipótese de diferimento do lançamento tributário com a de concessão de incentivos fiscais ou benefícios fiscais de ICMS, podendo ser estabelecida sem a prévia celebração de convênio. Precedentes. (ADI nº 3.676 – Plenário – Rel. Min. Alexandre de Moraes – sessão de 30.8.2019)

Em conclusão, afirma inserir-se o diferimento na categoria da não incidência.

Normalmente, a legislação ordinária considera interrompido o diferimento do ICMS, e decreta a responsabilidade subsidiária do contribuinte sempre que, nas saídas de produtos agrícolas ou da pecuária, acompanhadas de documentação formalmente idônea, não for localizado o suposto destinatário da mercadoria (o substituto tributário), com o que não concorda respeitável doutrinador.[426]

Este autor afirma que, no diferimento, não há exoneração tributária porque o tributo continua devido, somente não é devido pelo contribuinte, e esta circunstância é que torna inconfundível o contribuinte substituído com o contribuinte isento ou imune à tributação. Na substituição regressiva, projeta-se sobre todos os fatos geradores pretéritos, ocorrendo suspensão da incidência tributária e o *diferimento do tributo*.

A questão dos créditos de ICMS tem que ser assentada sobre o direito do contribuinte, relativamente às operações anteriores (aquisições de mercadorias com incidência

---

[425] JUSTEN FILHO, Marçal. *Sujeição passiva tributária*. São Paulo: Cejup, 1986. p. 335.
[426] DENARI, Zelmo. Sujeito Ativo e Passivo da Relação Jurídica Tributária. *In*: MARTINS, Ives Gandra (Coord.). *Curso de direito tributário*. 3. ed. São Paulo: Cejup, [s.d.]. p. 212-213.

do tributo). Assim, tranquilo o direito aos créditos em razão de tais mercadorias virem a ser objeto de futuras operações tributadas (embora diferidas), como tem expressado a Fazenda paulista.[427]

No que concerne às operações realizadas com diferimento, é vedado o posterior crédito, por parte do adquirente das mercadorias, à luz da tranquila jurisprudência de que o diferimento não ofende a não cumulatividade, tendo o STF decidido o seguinte:

> Constitucional. Tributário. ICMS. Diferimento. Transferência de Crédito ao Adquirente. Princípio da Não-cumulatividade. Impossibilidade.
>
> 1. O regime de diferimento, ao substituir o sujeito passivo da obrigação tributária, com o adiamento do recolhimento do imposto, em nada ofende o princípio da não-cumulatividade (RE 112.098, DJ 14.02.92, e RE 102.354, DJ 23.11.84).
>
> 2. O princípio da não-cumulatividade do ICMS consiste em impedir que, nas diversas fases da circulação econômica de uma mercadoria, o valor do imposto seja maior que o percentual correspondente à sua alíquota prevista na legislação. O contribuinte deve compensar o tributo pago na entrada da mercadoria com o valor devido por ocasião da saída, incidindo a tributação somente sobre valor adicional ao preço.
>
> 3. Na hipótese dos autos, a saída da produção dos agravantes não é tributada pelo ICMS, pois sua incidência é diferida para a próxima etapa do ciclo econômico. Se nada é recolhido na venda da mercadoria, não há que se falar em efeito cumulativo.
>
> 4. O atacadista ou industrial, ao comprar a produção dos agravantes, não recolhe o ICMS, portanto não escritura qualquer crédito desse imposto. Se a entrada da mercadoria não é tributada, não há créditos a compensar na saída.
>
> 5. Impertinente a invocação do princípio da cumulatividade para permitir a transferência dos créditos de ICMS, referente à compra de insumos e maquinário, para os compradores da produção agrícola, sob o regime de diferimento. (Ag. Reg. no RE nº 325.623-8 – 2ª T. – Rel. Min. Ellen Gracie – j. 14.3.2006 – *DJU* 1 de 7.12.2006, p. 65)

A legislação pode estabelecer prazos diferenciados para o recolhimento do ICMS diferido, seja por a) guia especial, na data da entrada da mercadoria no estabelecimento destinatário, a tantos dias dessa entrada, no momento da saída do estabelecimento etc.; ou b) por apuração normal (mensal, quinzenal etc.), em conjunto com as operações realizadas no período de apuração do imposto.

O STJ decidira que "se a matéria-prima não é isenta do ICM, mas amparada pelo diferimento, o imposto será recolhido quando da saída do produto fabricado com a mesma cumulativamente" (REsp nº 52.095-SP – 2ª T. – Rel. Min. Peçanha Martins – j. 4.8.98 – *DJU* 1 de 3.11.98, p. 105).

Entende-se que:

> as operações realizadas ao abrigo do diferimento previsto nos arts. 392 e 400-D, do RICMS/SP/2000 são tributadas, permitindo, em tese, o aproveitamento do crédito por parte do adquirente industrial da mercadoria, responsável pelo recolhimento do imposto. O aproveitamento do crédito será permitido desde que a operação seja regularmente escriturada, a mercadoria objeto da industrialização seja revendida em operação tributada e não estejam presentes hipóteses de vedação e estorno do crédito.[428]

---

[427] Consultas nº 713/92, de 8.9.92, *Boletim Tributário*, v. 483-A, p. 430, e n. 465/90, de 9.3.91, *Boletim Tributário*, v. 451, p. 97/101.

[428] Consulta nº 18.779, de 29.11.2018.

Entretanto, relativamente às saídas com *diferimento* cujas entradas tenham sido adquiridas com incidência tributária, fora entendido o seguinte:

> As saídas internas amparadas por diferimento do lançamento do imposto são operações normalmente tributadas, com a particularidade de o lançamento do imposto correspondente encontrar-se adiado para uma outra fase de circulação da mesma mercadoria ou de outra dela resultante, portanto, tais saídas incluem-se no conceito de saídas tributadas, e sendo assim, por terem sido adquiridas de fornecedores cujo CNAE principal sejam os códigos 1020-1/01 ou 1020-1/02, a partir de 1.1.2.2018, com o destaque do imposto, há direito á apropriação do crédito do imposto relativamente à sua entrada no estabelecimento, nos termos do artigo 61 observado o disposto no artigo 60, parágrafo único, ambos do RICMS/SP/2000.[429]

O STF, em *operações relativas à aquisição de combustíveis renováveis*, suscitou repercussão geral de matéria constitucional, nos termos seguintes:

> Recurso Extraordinário com Agravo. Tributário. Imposto Sobre Circulação de Mercadorias e Serviços – ICMS. Aquisição de mercadoria com diferimento. Direito a creditamento do tributo. Vedação. Hipótese de substituição tributária para trás. Alegada violação ao princípio da não-cumulatividade. ADI 4.171. (Repercussão Geral no RE nº 781.926-GO – Plenário – Rel. Min. Luiz Fux – j. 21.11.13)

## 17 Microempresa e empresa de pequeno porte (Simples Nacional)

A LC nº 123/2006 (com atualizações) trata das *matérias* seguintes:
a) *vedação* – as ME e as EPP *optantes* pelo Simples Nacional não farão jus à apropriação nem transferirão créditos relativos a impostos (art. 23);
b) *direito* – as pessoas jurídicas e aquelas a elas equiparadas pela legislação tributária, *não optantes* pelo Simples Nacional, terão direito a crédito correspondente ao ICMS incidente sobre as suas aquisições de mercadorias de ME ou EPP optante pelo Simples Nacional, desde que destinada à comercialização ou industrialização e observado, como limite, o ICMS efetivamente devido pelas optantes pelo Simples Nacional em relação a essas aquisições (art. 23, §2º). A alíquota aplicável ao cálculo do crédito de que trata o §1º deverá ser informada no documento fiscal e corresponderá ao percentual de ICMS previsto nos Anexos I ou II da LC para a faixa de receita bruta que a ME ou EPP estiver sujeita no mês anterior ao da operação (art. 23, §2º);
c) inaplicabilidade das regras de vedação e direito ao crédito – à ME ou às EPP, sujeitas à tributação do ICMS no Simples Nacional por valores fixos mensais, que não informarem a alíquota no documento fiscal; e quando houver isenção estabelecida pelo estado ou Distrito Federal, que abranja a faixa de receita bruta a que a ME ou EPP estiverem sujeitas no mês da operação;
d) *remetente* – por opção, o remetente da operação ou prestação pode considerar que a alíquota determinada na forma do *caput* e nos §§1º e 2º do art. 18 da LC nº 123 deverá incidir sobre a receita recebida no mês;

---
[429] Consulta nº 18.843/2018, de 28.2.2019.

e) *pessoas não optantes pelo Simples – créditos de insumos* – mediante deliberação exclusiva e unilateral dos estados e do Distrito Federal, poderá ser concedido às pessoas jurídicas, e àquelas a ela equiparadas pela legislação tributária não optantes pelo Simples Nacional, crédito correspondente ao ICMS incidente sobre os insumos utilizados nas mercadorias adquiridas de indústria optante pelo Simples Nacional, sendo vedado o estabelecimento de diferenciação no valor do crédito, em razão da procedência dessas mercadorias;

f) *incentivo fiscal – vedação* – as ME e as EPP optantes pelo Simples Nacional não poderão utilizar ou destinar qualquer valor a título de incentivo fiscal (art. 24 da LC).

Como aspecto crítico, aponta-se que o tratamento favorecido às ME e às EPP não poderia restringir o princípio da não cumulatividade, mantendo-se o integral abatimento do ICMS incidente nas operações/prestações anteriores, apesar de o referido regime jurídico diferenciado retirar seu fundamento de validade do art. 146, III, "d", da CF, e não do art. 155, §2º, da CF.

Sob essa perspectiva jurídica, podem ser firmadas as *conclusões* seguintes:

a) a não cumulatividade do ICMS deve ser rigorosamente obedecida pela legislação (inclusive em operações com o Simples), como medida de preservação de valores constitucionais (diminuição dos ônus tributários pertinentes às vendas e serviços, objetivando a proteção da defesa do consumidor);

b) em todas as aquisições tributadas, deve ser considerado o crédito de ICMS, independente da qualificação do contribuinte, ou da aplicação do regime tributário;

c) a única restrição ao crédito só pode circunscrever-se às operações desoneradas (isenção ou não incidência do ICMS);

d) o Simples Nacional também deve ter como fundamento de validade (constitucional) a sistemática estabelecida para o ICMS (não cumulatividade) que implica direito a crédito;

e) é inconstitucional a restrição ao crédito do ICMS pela ME e pela EPP, em relação às suas aquisições tributadas, sendo irrelevante a característica facultativa mediante opção do contribuinte;

f) é injurídica a vedação do crédito de ICMS pelos adquirentes de bens e serviços fornecidos pela ME ou pela EPP;

g) a proibição (total ou parcial) ao crédito de ICMS pode acarretar majoração de ônus (custos) nas aquisições da ME ou da EPP, comparativamente aos fornecimentos realizados por pessoas não optantes pelo Simples, porque somente nesta situação há possibilidade do creditamento do valor integral do ICMS incidente nas operações e nas prestações;

h) a União (Simples Nacional) também usurpou a competência dos estados e do Distrito Federal, especialmente na fixação de alíquotas inferiores àquelas previstas para as operações interestaduais.

## 18 Correção monetária

É legítimo o direito à atualização dos créditos, tendo em vista a natureza da correção monetária, o ordenamento jurídico e as posturas da doutrina e da jurisprudência.

A recuperação de valores tributários (ou financeiros) em favor dos particulares, com (ou sem) correção monetária, tem dependido dos procedimentos pautados pelo contribuinte e pelo Fisco.

Se o contribuinte recolheu valores indevidos, cabe-lhe pedir a respectiva restituição, devidamente atualizada, fundada no princípio de que tal quantia não compõe a materialidade financeira do Poder Público.

Assim, a morosidade na restituição do indébito, em período de inflação, acarreta o enfraquecimento da moeda e a própria instabilidade do direito. Por conseguinte, não pode haver locupletamento do Poder Público, ante sua própria inércia, uma vez que jamais deveria ter recebido valores indevidos, competindo-lhe promover, espontaneamente, sua restituição ao contribuinte.

Tal situação configura autêntico enriquecimento ilícito, desprovido de qualquer causa.

Por tais razões é que o Judiciário, de longa data, vem condenando o Poder Público a restituir os valores recebidos indevidamente, com correção monetária, *ex vi* de tranquila jurisprudência do antigo TFR, consubstanciado na Súmula nº 46:

> Nos casos de devolução do depósito efetuado em garantia de instância e de repetição de indébito tributário, a correção monetária é calculada desde a data do depósito ou do pagamento indevido e incide até o efetivo recebimento da importância reclamada.

O STF tem pontificado que:

> Também na repetição do indébito fiscal, a correção monetária flui da data do recolhimento indevido, mesmo que anterior à Lei 6.899.[430]

Relativamente ao *crédito extemporâneo*, em que o próprio contribuinte deixou de apropriá-lo no momento em que teve seu nascimento, ou mesmo a atualização de créditos acumulados e saldo credor existente na escrita do estabelecimento, argumenta-se que tal valor não compôs materialmente nenhum ingresso financeiro, estando sua titularidade nas mãos exclusivas do mesmo sujeito passivo.

Em termos claros e objetivos, assevera-se que não poderia o Poder Público sofrer qualquer tipo de ônus (correção monetária dos valores), não só porque não deu causa à intempestividade do crédito, mas também porque não teria criado nenhum obstáculo a direito ou pretensão do contribuinte e, principalmente, porque nem geriu referidos recursos.

Nesta temática fora exposto que:

> A correção monetária, embora sem lei expressa a conformá-la, é devida, na hipótese, pelo princípio da integração analógica, plasmada no art. 108, I, do CTN. Se não tivesse sido obrigada a não se creditar, à época, teria sido recolhido tributo a menor em valores, que se projetados, ao dia de hoje, expressariam, em tese, o valor corrigido da moeda.[431]

---

[430] *RTJ*, v. 106, p. 860.
[431] MARTINS, Ives Gandra da Silva. ICM – Direito de creditar-se – Crédito escritural pretérito de ICM referente a operações isentas. *Revista de Direito Tributário*, São Paulo, v. 37. p. 59.

Também fora asseverado o seguinte:

> Não vemos como se possa razoavelmente repudiar a admissibilidade da correção monetária dos *créditos* de ICM e/ou de ICMS que o contribuinte venha a acumular em sua conta-corrente fiscal. Essa situação, quiçá pouco freqüente, não é insólita. "Poderá haver" – exemplifica Gilberto de Ulhôa Canto (em ICM – Não-cumulatividade – *RDT* 29-30/204-205) – "a situação exposta, como a de empresa que tenha tanto crédito que pode deixar por algum tempo de efetuar recolhimentos de ICM, como no caso de quem estocou muitas mercadorias adquiridas por preços relativamente altos e tem de vender num mercado de procura escassa e por preços não muito elevados, caso no qual os créditos acumulados nas aquisições sustentarão os débitos decorrentes das vendas, sem necessidade de recolhimentos".
>
> Todos os caminhos, pelo contrário, levam à conclusão da admissibilidade de tal correção: seja o emprego do instrumental dogmático pertinente à *compensação* que o sistema constitucional impõe como traço da não-cumulatividade do tributo, seja o recurso à analogia ou ao princípio eterno do Direito – na linguagem expressiva de Agostinho Alvim – que proscreve o enriquecimento sem causa.[432]

Demonstra-se que a não correção de créditos de ICMS implica cumulativas ofensas à Constituição:

> a) fere o *princípio da compensação*, porque os créditos do Estado são corrigidos e os do contribuinte não o são; ora, só há verdadeira compensação quando os termos compensáveis são homogêneos; e, homogeneidade só há se os dois valores (crédito e débito) forem apurados segundo a mesma medida (ou ambos valores reais, ou ambos valores nominais);
> b) fere o *princípio da não-cumulatividade*, porque a compensação, pelo valor nominal, equivale à compensação parcial, e, conseqüentemente, transforma o ICMS em imposto parcialmente cumulativo;
> c) fere o *princípio da estrita legalidade*, porque maior dispêndio equivale a aumento de imposto sem lei;
> d) fere o *preceito do art. 150, II*, na medida que exige menor desembolso dos contribuintes cujo giro de negócios é ágil, em confronto com aqueles, cujas atividades se desenvolvem em áreas econômicas mais lentas.[433]

Assinala-se que:

> Se a moeda de pagamento do ICMS (os créditos acumulados nas operações e prestações anteriores) já não tem o mesmo valor real (poder aquisitivo) do dinheiro necessário para completar o pagamento do tributo, o contribuinte impedido de fazer as necessárias correções monetárias fica em situação de nítida desvantagem para com o Erário. De fato, ele paga o tributo em moeda atualizada (corrigida) e se compensa com uma moeda inteiramente defasada, em aberta afronta ao *princípio da não-cumulatividade*.[434]

---

[432] ALBUQUERQUE, Xavier. ICMS – Correção monetária de créditos acumulados. *Revista de Direito Tributário*, São Paulo, v. 59. p. 56-72.
[433] BARRETO, Aires. Tributos e indexação. *VI Congresso Brasileiro de Direito Tributário*, São Paulo, set. 1992. Separata da Revista de Direito Tributário. p. 20.
[434] CARRAZZA, Roque Antonio. *ICMS*. 13. ed. São Paulo: Malheiros, 2009. p. 524.

E aduz que "[...] a não-correção monetária dos créditos de ICMS acarreta, por via oblíqua, um aumento do tributo, já que obriga o contribuinte a desembolsar maior quantidade de dinheiro, para saldar seu débito com o Fisco".[435]

E completa seu raciocínio:

> São, assim, inconstitucionais as leis, os decretos, as portarias, etc. que vedam a utilização do crédito corrigido, no instante do pagamento do ICMS. Tais inconstitucionalidades mais se evidenciam se considerarmos que, na hipótese do contribuinte incidir em mora, ou utilizar créditos de ICMS indevidos, terá – como nunca se questionou – que pagar o tributo até então não recolhido, *com correção monetária*.[436]

O Judiciário vem sendo sensível às oscilações da moeda, ante a espiral inflacionária e a realidade econômica que de tempos em tempos assola o país, tendo dado marcantes passos na trilha da plena aplicação da correção monetária.

Assim é que, a despeito de ter sido instituída para corrigir débitos fiscais (Lei federal nº 4.357, de 16.7.64, art. 7º), veio considerá-la para casos de ressarcimento de danos causados por atos ilícitos.

O STF já havia decidido que:

> A incidência da correção monetária, antes mesmo do advento da Lei nº 6.899/81, já era admissível pela construção jurisprudencial, consubstanciada em que a obrigação do devedor não é a de pagar uma quantia em dinheiro, mas sim a de restaurar o patrimônio do devedor, na situação em que se encontrava anteriormente à lesão. (RE nº 79.979 – *RTJ*, v. 73, p. 956, e RE nº 81.451 – *RTJ*, v. 76, p. 623)

O preceito legal que impõe a escrituração do crédito por seu valor nominal (como é o caso da Lei paulista nº 6.374/89, art. 38, §2º) não pode ser erigido em dogma, especialmente por haver considerado a questão jurídica de modo unilateral, ferindo superiores princípios de equidade e isonomia, que determinam tratamento igualitário entre Fisco-contribuinte.

As Turmas do STF têm denegado o direito ao crédito do ICMS:

> Tributário. ICMS. Correção de Créditos Escriturados. Afronta aos Princípios da Não-cumulatividade e da Isonomia.
> Ambas as Turmas do Supremo Tribunal Federal já se manifestaram no sentido de que não têm os contribuintes do ICMS o direito de corrigir monetariamente os créditos escriturais excedentes (RE 213.583, Rel. Min. Maurício Corrêa, e AgRAg 181.138, Rel. Min. Moreira Alves).
> Recurso conhecido e provido. (RE nº 238.116-0-RS – 1ª T. – Rel. Min. Moreira Alves – j. 13.4.99 – *DJU* de 6.8.98)

> Recurso Extraordinário. ICMS. Correção Monetária dos Débitos Fiscais e Inexistência de Previsão Legal para a Atualização do Crédito Tributário. Alegação de Ofensa ao Princípio da Isonomia e ao da Não-cumulatividade. Improcedência.

---

[435] CARRAZZA, Roque Antonio. *ICMS*. 13. ed. São Paulo: Malheiros, 2009. p. 525.
[436] CARRAZZA, Roque Antonio. *ICMS*. 13. ed. São Paulo: Malheiros, 2009. p. 526.

1. Crédito do ICMS. Natureza meramente contábil. Operação escritural, razão pela qual não se pode pretender a aplicação do instituto da atualização monetária.
2. A correção monetária do crédito do ICMS, por não estar prevista na legislação gaúcha – (Lei nº 8.280/89 – não pode ser deferida pelo Judiciário sob pena de substituir-se o legislador estadual em matéria de sua estrita competência.
3. Alegação de ofensa ao princípio da isonomia e ao da não-cumulatividade. Improcedência. Se a legislação estadual só previa a correção monetária dos débitos tributários, nada dispondo sobre a atualização dos créditos, não há que se falar em tratamento desigual, a situações equivalentes.
3.1. A correção monetária incide sobre o débito tributário devidamente constituído, ou crédito escritural – técnica de contabilização para a equação entre débitos e créditos –, a fim de fazer valer o princípio da não-cumulatividade.
4. Hipótese anterior à edição das Leis Gaúchas nos 10.079/94 e 10.183/94.
Recurso extraordinário conhecido e provido. (RE nº 234.917-8-RS – 2ª T. – Rel. Min. Maurício Corrêa – j. 21.9.98 – *DJU* 1 de 4.12.98, p. 32-33)

Entretanto, o STF *admite a correção de valores* que não puderam ser escriturados na época própria pelo contribuinte, em decorrência de obstáculo criado pelo Fisco, sob o fundamento seguinte:

> [...] 1. Créditos escriturais não realizados no momento adequado por óbice do Fisco, em observância à suspensão cautelar da norma autorizadora. Retorno da situação ao *status quo* anterior. Garantia de eficácia da lei desde sua edição. Correção monetária devida, sob pena de enriquecimento sem causa da Fazenda Pública.
> 2. Atualização monetária que não advém da permissão legal de compensação, mas do impedimento causado pelo Estado para o lançamento na época própria. Hipótese diversa da mera pretensão de corrigir-se, sem previsão legal, créditos escriturais do ICMS. Acórdão mantido por fundamentos diversos. (RE nº 282.120-9-PR – 2ª T. – Rel. Min. Maurício Corrêa – j. 15.10.2002 – *DJU* 1 de 22.11.2002, p. 55)

## 19 Transferência de créditos

A simples existência de saldos credores de ICMS, em decorrência das atividades operacionais dos contribuintes, por si só, não permite concretizar o desígnio constitucional da não cumulatividade, porque de nada adianta ser conferido o direito ao abatimento dos débitos se o contribuinte permanece com créditos do imposto sem que lhe seja concedido o direito de utilizar integralmente os respectivos valores.

Usualmente, as legislações ordinárias dispõem que o crédito acumulado decorre da aplicação de alíquotas diversificadas em operações de entrada e de saída de mercadoria ou em serviço tomado ou prestado; podendo ser transferido para estabelecimento de empresa interdependente, mediante prévio reconhecimento da interdependência pela Secretaria da Fazenda; e, ainda, para estabelecimento fornecedor, a título de pagamento das aquisições feitas por estabelecimento industrial, até determinado limite do valor total das operações de compra de insumos ou bens industriais etc.

A LC nº 87/96 (art. 25, §1º) conferiu tratamento específico para os créditos acumulados por estabelecimento, em decorrência de operações e prestações relativas à *exportação*. Assim, na proporção em que as saídas relativas a exportações representem no total das saídas realizadas, permite que referidos saldos I – sejam imputados pelo sujeito passivo a qualquer estabelecimento no seu estado; II – havendo saldo remanescente, transferido pelo sujeito passivo a outros contribuintes do mesmo estado, mediante a emissão pela autoridade competente de documento que reconheça o crédito.

Parece-me que o aproveitamento dos saldos de créditos relativos à exportação de produtos industrializados, e dos semielaborados, não deveria condicionar-se a regras específicas (e restritivas, muitas vezes), da legislação ordinária. Realmente, como se trata de situações de natureza imunitória que obrigam à plena e total desoneração do ICMS, o objetivo constitucional só poderá ser alcançado se o contribuinte (exportador) puder utilizar livremente os saldos acumulados de créditos (transferências para outros estabelecimentos, ou para terceiros).

A ingerência da lei complementar no específico âmbito da imunidade caracteriza desrespeito a mandamento jurídico superior, de índole constitucional.

No tocante às desonerações previstas na LC nº 87/96, penso que o Poder Público não deve cercear (de modo indireto ou oblíquo) o aproveitamento do saldo acumulado, como poderá ocorrer no caso de simplesmente omitir-se quanto à emissão de documento reconhecedor do crédito.

Para os demais casos de saldos credores acumulados – *estoque, ativo permanente, material de uso e consumo* – a LC nº 87/96 (art. 25, §2º) estabelece que, a partir de sua vigência (16.9.96), a lei estadual poderá permitir que I – sejam imputados pelo sujeito passivo a qualquer estabelecimento seu no estado; II – sejam transferidos, nas condições que definir, a outros contribuintes do mesmo estado.

O preceito em comento é sobremodo estranho, porque, na verdade, não disciplinou o regime de compensação do imposto (art. 155, II, "c", CF), uma vez que, de modo discutível, outorgou competência às unidades federativas; que, a seu turno, poderão agir de modo discricionário e facultativo, de modo a limitar ou impedir a efetiva fruição dos saldos acumulados.

Sou de opinião que, positivada a legítima e regular existência dos saldos credores, seus titulares têm direito a pleitear sua utilização às Fazendas dos estados (e do DF); e, no caso de ocorrer omissão, ou decisão negativa sem o devido amparo, promover o referido aproveitamento, embasado no superior direito à não cumulatividade.

É evidente que o aproveitamento dos saldos acumulados de créditos de ICMS, em desacordo com as legislações ordinárias, pode sujeitar os sujeitos passivos às diversificadas exigências tributárias (o próprio crédito transferido, multas etc.), em razão do que devem acautelar-se para evitar as ações fazendárias, como apontei anteriormente.[437]

Assinalo que a legislação ordinária (RICMS/SP, arts. 96 a 102) tem estabelecido que os saldos devedores e credores, resultantes de apuração efetuada a cada período em cada um dos estabelecimentos do mesmo titular, localizados em território do respectivo estado, poderão ser compensados *centralizadamente*, sendo o resultado, quando devedor, objeto de recolhimento único.

Para a compensação, os referidos saldos serão transferidos, total ou parcialmente, para o estabelecimento centralizador, eleito segundo o regime de apuração do imposto, pelo titular, entre aqueles que estiverem sujeitos a menor prazo para pagamento do

---

[437] MELO, José Eduardo Soares de. Créditos de ICMS após a Lei Complementar nº 87/96. In: *6º Simpósio Nacional IOB de Direito Tributário*. São Paulo: IOB, 1997. p. 41-42.

imposto. Esta sistemática somente é adotada para estabelecimentos enquadrados no mesmo regime de apuração do imposto.

Examina-se situação em que o contribuinte objetivava transferir saldos de ICMS a terceiros, que não se referiam a créditos decorrentes de operações ligadas a produtos ou serviços destinados à exportação, mas "aos demais casos de saldos credores", de que trata o §2º do art. 25 da LC nº 87/96. Diziam respeito a créditos decorrentes de entrada de mercadorias importadas, sucatas, matérias-primas e produtos agregados utilizados no processo industrial, não se aplicando o §1º do aludido preceito legal.

O STJ manifestou-se da forma seguinte:

> A Lei Complementar 87/96 autorizou a transferência de saldos credores de ICMS acumulados a outros contribuintes do mesmo Estado em duas hipóteses: a) nos casos de créditos de *"operações e prestações que destinem ao exterior mercadorias, inclusive produtos primários e produtos industrializados semi-elaborados, ou serviços"* nos termos do art. 25, §1º, cumulado com o art. 3º, II, e parágrafo único, ambos da Lei Kandir. Nessas hipóteses, é desnecessária a edição de lei estadual regulamentadora, pois se trata de norma de eficácia plena; (b) nos demais casos de saldos credores acumulados, os quais serão definidos pelo legislador estadual, conforme delegação prevista no §2º do art. 25 da LC 87/96 (RMS 13.544/PA – 2ª Turma, Rel. Min. Eliana Calmon, DJ de 2.6.2003; RMS 13.969/PA, 1ª T. Rel. Min. Francisco Falcão – DJ de 4.4.2005). (RMS nº 21.240-RJ – 1ª T. – Rel. Min. Denise Arruda – j. 16.12.2008 – DJe de 11.2.2009)

Registro situação peculiar apreciada pela Fazenda paulista:

> ICMS – Centralização da apuração e do recolhimento do imposto, prevista nos artigos 96 e seguintes do RICMS – Obrigatoriedade de inclusão de todos os estabelecimentos do contribuinte optante.[438]

Tratou-se de prestadora de serviços de transporte de cargas em geral, titular de dois estabelecimentos paulistas, pretendendo abrir mais quatro estabelecimentos em São Paulo e que, entre os seis estabelecimentos, um deles continuaria a atender exclusivamente a um cliente tomador do estado, assim gerando crédito do ICMS, pois as operações seriam sempre substituídas; outro estabelecimento (matriz) continuaria a dar suporte nas operações, sendo utilizado apenas para efetuar devoluções e compras da empresa (não gerando crédito nem débito de ICMS); dois outros passariam a atender exclusivamente a um cliente tomador fora do estado (gerando ICMS a pagar); e os dois restantes atenderiam a este mesmo cliente específico, porém em operações nas quais o tomador estaria dentro do estado (SP), sendo as operações substituídas (devendo gerar crédito).

O Fisco assinalou que a opção pela centralização da apuração e do recolhimento (ou a renúncia a ela) implica a inclusão nessa sistemática (ou a exclusão dela) de todos os estabelecimentos paulistas do mesmo titular submetidos ao mesmo regime de apuração. As eventuais apropriação e utilização de crédito acumulado do imposto deverão ser realizadas no próprio estabelecimento em que ele tiver sido gerado; e o estabelecimento centralizado que apresente saldo devedor terá que o transferir integralmente para o

---

[438] Consulta nº 698/05, de 9.6.2006.

estabelecimento centralizador, que, se apresentar saldo credor, poderá transferi-lo total ou parcialmente.

## 20 Vigência e eficácia da Lei Complementar nº 102/2000
## 20.1 Considerações básicas

A aplicabilidade das regras estabelecidas na lei complementar enfocada enseja dificuldades não só porque devem ser considerados adequadamente os postulados da teoria geral do direito, como também pelo fato de os estados (e o DF) não observarem um tratamento uniforme. Assim, é conveniente proceder às digressões jurídicas pertinentes para que possam ser evitados os naturais conflitos entre Fisco e contribuinte.

A legislação tributária deve atender a determinados requisitos e condições, para que possa ser exigida e cumprida por todos os seus destinatários, de conformidade com tradicionais diretrizes da Lei de Introdução às normas do Direito Brasileiro – LINDB (objeto da Lei federal nº 12.376, de 30.12.2010), que observa as disposições legais aplicáveis às normas jurídicas em geral – e do CTN, devidamente embasados nos princípios constitucionais.

A vigência insere-se num dos planos dos atos jurídicos em geral, como a existência e a validade da lei, decorrentes de legítima produção formal e material.

Lei válida é aquela expedida pelo órgão legislativo competente, em seu âmbito constitucional de atuação, e oficialmente publicada. A lei presume-se válida e apta a gerar os seus peculiares efeitos, salvo o caso de posterior modificação, revogação ou pronunciamento definitivo do Judiciário (decretação de inconstitucionalidade pelo Supremo Tribunal Federal, art. 102, I, "a", III, "a" e "b"), com a consequente suspensão de sua execução pelo Senado Federal (art. 52, X, da CF).

A lei começa a vigorar em todo o país em 45 dias depois de oficialmente publicada (art. 1º da LINDB), salvo se houver expressa disposição no seu texto (na data de sua publicação, a partir do primeiro dia do mês seguinte ao de sua publicação etc.).

A lei nova revoga a anterior quando expressamente a declare, quando seja com ela incompatível, ou quando regule inteiramente a matéria de que trata a lei anterior (§1º do art. 2º da LINDB). Entretanto, a lei nova, que estabeleça disposições gerais ou especiais a par das já existentes, não revoga nem modifica a anterior (§2º do art. 2º da LINDB), porque devem ser preservadas as regras gerais.

O período compreendido entre a publicação e a entrada em vigor da lei denomina-se *vacatio legis*, significando que – embora tenha existência e validade – ainda não tem condição de projetar efeitos jurídicos. Entretanto, possibilita aos destinatários o prévio conhecimento de seus comandos, evitando surpresas, permitindo-lhes planejar seus negócios e atividades que somente não se torna efetivamente viável no caso de mediar exíguo período de tempo (lei publicada no último dia do ano, com eficácia a partir do primeiro dia do ano seguinte).

O CTN (arts. 101 a 104) também estabelece regras de vigência da legislação tributária, que devem se harmonizar com os princípios constitucionais da irretroatividade e anterioridade (art. 150, III, "a" e "b").

A lei deve ser provida de eficácia, compreendida como requisito normativo indispensável para a produção dos efeitos jurídicos dos seus preceitos. O fato gerador da obrigação tributária só passa a ter nascimento, permitindo sua exigibilidade, se a lei contiver todos os elementos do respectivo tipo tributário.

Deve a lei observar os princípios e normas constitucionais, e serem veiculadas por diploma competente, face o que a lei complementar terá por função, e finalidade, conferir eficácia às normas constitucionais; enquanto a lei ordinária terá por objetivo integrar os seus preceitos no respectivo âmbito territorial, conferindo direitos e obrigações aos seus destinatários.

Além disso, os decretos, regulamentos e demais atos administrativos têm como conteúdo regras para a aplicação de lei tributária, de forma específica, tendo como limite os estritos termos da lei, não se concebendo a figura de regulamento autônomo.

## 20.2 A necessidade de lei ordinária

As regras contidas na LC nº 102/00 têm que ser necessariamente veiculadas por lei ordinária, para que os estados (e o DF) possam exigir o pleno cumprimento por parte dos seus destinatários (contribuintes e agentes fiscais).

Trata-se da estrita observância do princípio da legalidade, harmonizado com a competência constitucional das pessoas políticas de direito público, e o princípio da tripartição dos poderes.

Regra geral, a lei complementar não tem força jurídica suficiente para impor os seus comandos às unidades federativas, em razão de as competências serem privativas, exclusivas e facultativas. Somente após a edição de lei (estadual e distrital) é que os industriais, comerciantes, prestadores de serviços de transporte (interestadual e intermunicipal) e de comunicação poderão ficar sujeitos às novas obrigações e restrições tributárias afetas ao ICMS.

Categoricamente, o CTN (art. 97) estabelece que somente a lei pode estabelecer I) a instituição de tributos, ou a sua extinção; II) a majoração de tributos, ou a sua redução, com expressas ressalvas; e III) a definição do fato gerador da obrigação principal.

As diversificadas matérias tratadas na LC nº 102 (modificando preceitos da LC nº 87) concernem a elementos que estruturam e quantificam o ICMS, compreendendo novas definições de contribuinte (adquirente de energia elétrica de outros estados), de local de operação (estabelecimento ou domicílio do tomador do serviço, por meio de satélite), local de recolhimento (serviço de comunicação a distintas unidades federativas), momento do fato gerador (entrada de energia elétrica de outros estados), restrições a créditos (bens destinados ao ativo permanente, energia elétrica e serviço de comunicação) e compensação (saldos credores e devedores).

Em absoluto se pode considerar desnecessária a edição de lei ordinária, sob o equivocado entendimento de que bastaria a mera informação em ato administrativo, uma vez que tal ato deveria estar necessariamente adstrito, e decorrer, de norma hierarquicamente superior (lei estadual). Somente após a edição de lei ordinária, incorporando as modificações da lei complementar, é que passa a ter cabimento a sua regulamentação.

Há mais de quarenta anos, já fora decidido que a simples previsão de incidência do antigo ICM relativa à importação de mercadorias, em norma complementar (no caso, o Decreto-Lei nº 406/68), não constituía situação normativa suficiente para que os estados (e DF), sem o respaldo em lei, pudessem expedir decretos regulando a matéria, impondo a respectiva exigência tributária.

Nessa temática, o STF decidira o seguinte:

> ICM. Mercadoria importada. Tributo cobrado com base em simples decreto estadual. Impossibilidade, nos termos da jurisprudência já firmada pelo Supremo Tribunal Federal. Recurso extraordinário não conhecido. (RE nº 72.851-SP – 1ª T. – Rel. para o acórdão Min. Cunha Peixoto – j. 18.4.78 – *JSTF*, v. 2 – *Lex*, fev. 1979)

O Tribunal considerou que a circunstância de estar vigendo o Decreto-Lei nº 406/68 não era suficiente para permitir a exigibilidade do ICM com base em decreto (nº 51.345, de 31.1.69, de São Paulo), tanto que se tornou necessária a edição da Lei estadual nº 91, de 27.12.72, criando o fato gerador pertinente à entrada de mercadoria importada.

Portanto, é imprescindível a edição de lei ordinária para que as normas da LC nº 102/00 sejam incorporadas à legislação dos estados e do Distrito Federal, em razão do que serão desprovidos de legitimidade os respectivos atos emanados pelo Executivo (decretos, portarias, resoluções, comunicados etc.), sem amparo em nova lei.

## 20.3 A exigência do ônus tributário a partir do exercício seguinte

As normas constantes da LC nº 102/00 implicadoras de novos encargos tributários (definição de novos contribuintes, restrições ao direito ao crédito etc.) só poderiam ter eficácia a partir do primeiro dia do exercício seguinte àquele em que for editada a lei ordinária.

O princípio da anterioridade tributária (art. 150, III, "b", da CF) permite conferir aos contribuintes a certeza do *quantum* a ser recolhido aos cofres públicos, podendo planejar seus negócios e atividades, traduzindo diretriz constitucional no sentido de que a lei tributária não pode retroagir em prejuízo do contribuinte nem atingir fatos geradores (ou restrições tributárias de qualquer natureza), que tiveram seu início ou estavam em formação.

Os fatos futuros é que se encaixarão à nova previsão normativa tributária, sendo que os atos e fatos jurídicos anteriores foram plasmados em legislação existente, válida e eficaz, tornando-se uma aberração jurídica cogitar-se da aplicação de lei posterior a situações consumadas e perfeitas. A finalidade desse postulado é conferir segurança às atividades do contribuinte, mediante planejamento prévio à ocorrência dos fatos tributários, evitando-se a surpresa fiscal.

Com a edição da LC nº 102/00, surgiram novas exigências tributárias, como é o caso das restrições ao crédito de ICMS, nas aquisições de bens destinados ao ativo permanente. Se na vigência da LC nº 87/96 o contribuinte poderia apropriar de uma só vez o valor integral do ICMS, a partir da LC nº 102/00 só poderá fazê-lo em 48 meses. Como não está prevista a correção monetária desses créditos (durante o lapso de quatro anos), é evidente que haverá manifesta perda financeira (de origem tributária), uma vez que um menor crédito mensal (apenas 1/48, e não mais 100%) significará um menor valor a ser compensado com os débitos do período, aumentando o saldo devedor a ser recolhido.

Assim, para que os contribuintes não sejam prejudicados, é legítimo o direito à atualização do valor apropriado, que tem por finalidade possibilitar a utilização do valor correspondente ao crédito em sua integralidade.

Do mesmo modo, a LC nº 87/96 permitia a utilização do ICMS incidente sobre o consumo de energia elétrica, por quaisquer contribuintes; a partir da LC nº 102/00, somente será possível a apropriação do crédito quando ocorrer operação de saída de energia elétrica, utilização em processo de industrialização e exportação. Em decorrência, os produtores, comerciantes e prestadores de serviços passam a sofrer um ônus tributário, uma vez que não poderão recuperar o referido ICMS, o que implica um maior volume de saldo devedor.

Em situação semelhante encontram-se os créditos de ICMS relativos a serviços de comunicação (como é o caso da telefonia), que, a partir da LC nº 102/00, só poderão ser usufruídos pelos prestadores de serviços da mesma natureza e exportadores (proporcionalmente), em consequência do que todos os demais contribuintes terão aumentado o saldo devedor, ao final de cada período de apuração.

São inconstitucionais as restrições ao crédito, nas situações apontadas – consumo de energia elétrica e serviço de comunicação – uma vez que a Constituição somente veda o crédito em específicas situações (isenção ou não incidência). A competência da lei complementar – "disciplinar o regime de compensação do imposto" (art. 12, XII, "c", da CF) – não pode jamais implicar restrição ou limitação ao direito ao abatimento do ICMS incidente nas operações e prestações anteriores.

Por conseguinte, as normas da LC nº 102/00 que, de qualquer forma, acarretem a exigência ou aumentem a carga tributária só podem ter eficácia a partir do primeiro dia do exercício seguinte àquele em que for editada a lei ordinária.

A este posicionamento não pode ser, eventualmente, oposta a diretriz firmada pelo STF na Súmula nº 615 ("o princípio constitucional da anualidade não se aplica à revogação de isenção do ICM"), uma vez que a isenção constitui figura totalmente distinta das normas definidoras de contribuinte e créditos do ICMS.

O STF proferiu a seguinte *decisão*:

> O Tribunal, por unanimidade, apreciando a questão do princípio da anterioridade, deferiu, em parte, a cautelar para, mediante interpretação conforme à Constituição e sem redução de texto, afastar a eficácia do artigo 7º da Lei Complementar nº 102, de 11 de julho de 2000, no tocante à inserção do §5º do artigo 20 da Lei Complementar nº 87/96 e às inovações introduzidas no artigo 33, II, da referida lei, bem como à inserção do inciso IV. Observar-se-á, em relação a esses dispositivos, a vigência consentânea com o dispositivo constitucional da anterioridade, vale dizer, terão eficácia a partir de 1º de janeiro de 2001. (Med. Caut. em Ação Direta de Inconstitucionalidade nº 2.325-0 – Plenário – Rel. Min. Marco Aurélio – j. 23.9.2004 – *DJU* de 6.10.2006, p. 32)

Entretanto, no caso da regra inserta no art. 25, *caput*, da LC nº 102/00, não deverá ser considerado o princípio da anterioridade se a nova modalidade de compensação não acarretar majoração tributária. Com efeito, na compensação dos saldos credores com os saldos devedores pertinentes a todos os estabelecimentos do contribuinte, poderá ser apurado um valor menor de ICMS, do que o valor que poderia ser obtido em razão da compensação entre créditos e débitos de ICMS em cada estabelecimento, isoladamente.

Considerando que o cânone da anterioridade (art. 150, III, "b", da CF) somente é obrigatório relativamente à instituição ou aumento de tributos, não se justifica aguardar o exercício financeiro seguinte para implementar-se o novo regime de compensação se não implicar majoração tributária.

Nessa mesma situação se enquadra o direito a manutenção do crédito relativo às exportações de mercadorias e serviços, na forma prevista na EC nº 42/03.

Importante ressaltar que, a partir da EC nº 42/03 (alínea "c", inc. III, art. 150, da CF/88), as novas restrições ao crédito (implicadores de aumento de carga tributária) somente poderão ter eficácia após decorridos 90 dias da data em que haja sido publicada a respectiva legislação ordinária, observado o princípio da anterioridade ao exercício financeiro (alínea "b", inc. III, art. 150 da CF/88).

Por conseguinte, devem ser atendidas as anterioridades nonagesimal, e do exercício financeiro.

CAPÍTULO VII

# SELETIVIDADE

A seletividade é expressamente consagrada na CF:
a) art. 153, §3º, estabelecendo que o IPI será seletivo em função da essencialidade do produto; e
b) art. 155, §2º, III, dispondo que o ICMS poderá ser seletivo em função da essencialidade das mercadorias e serviços.

Portanto, constitui princípio constitucional a ser rigorosamente obedecido no âmbito do IPI, e de modo *permitido* no caso do ICMS, embora seja sempre obrigatório.[439]

Decorre de valores colhidos pelo constituinte, como é o caso do salário mínimo que toma em consideração as necessidades vitais básicas, como moradia, alimentação, educação, saúde, lazer, vestuário, higiene, transporte e previdência (art. 7º, IV).

É certo que sempre há que se considerar a dignidade da pessoa humana (art. 1º, III, da CF/88), o desenvolvimento nacional (art. 5º, II, da CF/88), a erradicação da pobreza, da marginalização e redução das desigualdades sociais (art. 5º, III, da CF/88).

Tratando do conceito de essencialidade (que se atrela à seletividade), observa-se o pronunciamento seguinte:

> 12.6 – o conceito de "essencialidade" não deve ser interpretado estritamente para cobrir apenas as necessidades biológicas (alimentação, vestuário, moradia, tratamento médico), mas deve abranger também aquelas necessidades que sejam pressupostos de um padrão de vida mínimo decente, de acordo com o conceito vigente da maioria.
>
> 12.7 – Conseqüentemente, os fatores que entram na composição das necessidades essenciais variam de acordo com o espaço (conforme países e regiões) e o tempo (grau de civilização e tecnologia). [...]
>
> 12.9 – Em um país, que se encontra em fase avançadíssima de desenvolvimento, como é o caso do Brasil, a imposição seletiva sobre o consumo em função da essencialidade é um instrumento para frenar o consumo de produtos indesejáveis ou ao menos necessários, para liberar forças para investimentos merecedores de apoio, e, ao mesmo tempo, constitui instrumentalidade para nivelar diferenças excessivas no consumo de diversas classes em diversificadas zonas e alcançar a meta de redistribuição de rendas e maior aproximação da Justiça Fiscal.[440]

---

[439] CARRAZZA, Roque Antonio. *ICMS*. 13. ed. São Paulo: Malheiros, 2009. p. 537.
[440] TILBERY, Henry. *Direito tributário atual*. São Paulo: IBDT e Resenha Tributária, [s.d.]. v. 10. p. 2.969/3.031.

Desde os primórdios do IPI, fora enfatizado:

> [...] impondo que as alíquotas do imposto sejam estipuladas seletivamente, em função do grau d e essencialidade dos produtos, serviu-se, para tanto, da divisão dos produtos em três categorias: a) necessários à subsistência (alíquotas suaves); b) úteis mas não necessários (alíquotas moderadas) e c) os produtos de luxo (alíquotas significativas).[441]

Entendera que a finalidade era de suavizar a injustiça do imposto, determinando o impacto tributário que deve ser suportado pelas classes mais protegidas e onerando os bens consumidos em padrões sociais mais altos (ex.: alimentos e remédios são essenciais, enquanto caviar e champanhe não o são, em geral).

Aponta-se o seguinte:

> A seletividade significa discriminação ou sistema de alíquotas diferenciadas por espécies de mercadorias, como adequação do produto à vida do maior número de habitantes do país. As mercadorias essenciais à existência civilizada deles devem ser tratadas mais suavemente, ao passo que as maiores alíquotas devem ser reservadas aos produtos de consumo restrito, isto é, o supérfluo das classes de maior poder aquisitivo.[442]

Concordo com os referidos fundamentos, frisando que (na esfera do IPI) não se trata de mera recomendação, pois a Constituição não estabelece conselhos; ao contrário, determina o comportamento do legislador ordinário, tendo sido discorrido o seguinte:

> A própria ordem econômica social, a proteção à família, a valorização do trabalho humano, a função social da propriedade, a harmonia entre as categorias sociais da produção e a expansão da oportunidade de empregos produtivos constituem valores prestigiados pela Constituição, razão pela qual deve ocorrer graduação de alíquotas do IPI, de forma a reduzir ou eliminar os respectivos ônus dos produtos essenciais.[443]

Note-se que a essencialidade consiste na distinção entre cargas tributárias, em razão de diferentes produtos, mercadorias e serviços, traduzidos basicamente em alíquotas descoincidentes.

Embora permitida (e não obrigatória), penso que a seletividade do ICMS também deverá obedecer às diretrizes constitucionais que nortearão o IPI. As únicas diferenças de tributação consistirão no elemento espacial (território nacional, como unidade; e territórios estaduais, e distrital, isoladamente), e no tipo de coisa (produtos industrializados e mercadorias/serviços).

Conquanto a facultatividade constitua o elemento impulsionador da edição do ICMS seletivo, não poderá haver, propriamente, mero critério de conveniência e oportunidade, porque se impõe obediência a inúmeros postulados constitucionais (como já apontado para o IPI).

Não podem ser cometidas arbitrariedades, como é o caso de serem estabelecidas alíquotas mais elevadas com o propósito precípuo de incrementar arrecadação do ICMS, relativamente a bens que não sejam de primeira necessidade,

---

[441] CARVALHO, Paulo de Barros. Introdução ao estudo do Imposto sobre Produtos Industrializados. *Revista de Direito Público*, São Paulo, v. 11, 1970. p. 75-85.

[442] BALEEIRO, Aliomar. *Direito tributário brasileiro*. Rio de Janeiro: Forense, 1984. p. 206.

[443] CRUZ, Antonio Maurício. *O IPI* – Limites constitucionais. São Paulo: RT, 1984. p. 66.

e nem com referência a fatores diferentes, geográficos ou políticos, uma vez que se tal distinção fosse permitida, daria ensejo a possível favorecimento de uma região em detrimento de outras, contrariando o preceito constitucional que determina a uniformidade de tributos no território nacional.[444]

Depreende-se do exposto que a seletividade implica observância ao princípio da isonomia, embora nem sempre seja possível aferir a capacidade contributiva, tendo ponderado que "A seletividade é o meio pelo qual, nos impostos em que a personalização é inviável, se realizar a isonomia possível, quer adequando a tributação à capacidade econômica do contribuinte, aferida indiretamente, quer atingindo finalidades extrafiscais".[445]

Interessante a manifestação seguinte:

> O critério de seletividade tanto se ajusta ao critério de proporcionalidade, porque pode ocorrer a existência de alíquotas meramente proporcionais, mas diferentes de caso para caso, como também pode haver tabelas de progressividade de caso para caso. Assim, só há incompatibilidade entre o critério da proporcionalidade e da progressividade como da seletividade, nos casos em que haja um comando para adoção do critério da generalidade, já que este é o critério contrário ao da seletividade.[446]

Oportuno trazer à sirga estudo que toca na "possibilidade do controle judicial em matéria de seletividade do ICMS", porque,

> embora haja certa margem de liberdade para o Legislativo tornar o imposto seletivo em função da "essencialidade das mercadorias e serviços", estas expressões, posto fluidas, possuem um *conteúdo mínimo*, que permite se afira se o princípio em tela foi observado, em cada caso concreto.

E argumenta que, "Se o Poder Legislativo dispensar um tratamento mais gravoso, por meio de ICMS, à comercialização de uma mercadoria suntuária do que a de um gênero de primeira necessidade, nada impede que o interessado pleiteie e obtenha a tutela judicial".[447]

Exemplificativamente, a seletividade se operacionaliza na instituição de diversificadas alíquotas para distintos negócios jurídicos (18% para serviços prestados no exterior; 4% para serviço de transporte aéreo; e 17% nos serviços de comunicação).

Esta temática implicou peculiar estudo pertinente à tributação ecológica, tendo em vista preceito constitucional (art. 225) declarando que "todos têm direito ao meio ambiente ecologicamente equilibrado", cabendo ao Poder Público e à coletividade o dever de defendê-lo e preservá-lo para a presente e futuras gerações, sendo afirmado que "produtos industriais afinados com a proteção do meio ambiente – equipamentos,

---

[444] HAMATI, Cecilia Maria Marcondes. Princípios constitucionais tributários. *Caderno de Pesquisas Tributárias*, São Paulo, n. 18, 1993. p. 342.
[445] GARCIA, Fátima Fernandes de Souza; OMORI, Maria Aurora Cardoso da Silva. Princípios constitucionais tributários. *Caderno de Pesquisas Tributárias*, São Paulo, n. 18, 1992. p. 594.
[446] OLIVEIRA, Ricardo Mariz de. *Fundamentos do Imposto de Renda*. São Paulo: Instituto Brasileiro de Direito Tributário, 2020. v. I. p. 406.
[447] CARRAZZA, Roque Antonio. *ICMS*. 13. ed. São Paulo: Malheiros, 2009. p. 542.

máquinas, bens de consumo – devem ser tributados minimamente, ou mesmo não tributados pelo IPI",[448] que também pode ser estendida ao ICMS.

Segue-se a conclusão seguinte:

> É o caso, pois, de colocar, sob salvaguarda da *seletividade*, os produtos que poderíamos denominar de *ecologicamente corretos*, como os fabricados com matérias primas biodegradáveis, os que não ofereçam riscos à camada de ozônio ou que resultem da *reciclagem responsável* de resíduos industriais, dejetos e semelhantes.

Entendendo que a escala de valoração da essencialidade dos bens resulta sempre do trabalho discricionário, precioso estudo assevera o seguinte:

> Não há indicações, no direito positivo, de critérios específicos para graduar a necessidade social dos produtos industrializados.
>
> Sendo o subprincípio da seletividade em função da essencialidade vinculado ao princípio maior da *capacidade contributiva*, que por seu turno, se subordina à ideia de *justiça distributiva*, segue-se que a sua concretização da norma jurídica se faz mediante os critérios jurídicos e éticos do legislador, que lhe abrem a possibilidade de valor os dados políticos e econômicos da conjuntura social. Em suma, não existe nenhuma "regra de ouro", clara e unívoca, aplicável à justiça tributária em matéria de impostos sobre o consumo.[449]

A seletividade deveria excluir a incidência do ICMS relativamente aos gêneros de primeira necessidade (mercadorias componentes da cesta básica compreendendo alimentos, produtos de higiene, material escolar), o que nem sempre é observado, como no caso de fornecimento de energia elétrica e da prestação de serviços de comunicação onerados com a alíquota de 25%.

O STF examinou controvérsia relativa à constitucionalidade de norma estadual mediante a qual foi prevista a alíquota de 25% alusiva ao Imposto sobre a Circulação de Mercadorias e Serviços incidente no fornecimento de energia elétrica e nos serviços de telecomunicação, em patamar superior ao estabelecido para as operações em geral – 17%.

Proferira a decisão seguinte:

> EMENTA
>
> Recurso extraordinário. Repercussão geral. Tema nº 745. Direito tributário. ICMS. Seletividade. Ausência de obrigatoriedade. Quando adotada a seletividade, há necessidade de se observar o critério da essencialidade e de se ponderarem as características intrínsecas do bem ou do serviço com outros elementos. Energia elétrica e serviços de telecomunicação. Itens essenciais. Impossibilidade de adoção de alíquota superior àquela que onera as operações em geral. Eficácia negativa da seletividade.
>
> 1. O dimensionamento do ICMS, quando presente sua seletividade em função da essencialidade da mercadoria ou do serviço, pode levar em conta outros elementos além da qualidade intrínseca da mercadoria ou do serviço.

---

[448] BOTTALLO, Eduardo Domingos. *Fundamentos do Imposto sobre Produtos Industrializados*. Tese (Doutorado) – Pontifícia Universidade Católica de São Paulo, São Paulo, 2001.
[449] TORRES, Ricardo Lobo. O IPI e o princípio da seletividade. *Revista Dialética de Direito Tributário*, São Paulo, n. 98, 2003. p. 98.

2. A Constituição Federal não obriga os entes competentes a adotar a seletividade no ICMS. Não obstante, é evidente a preocupação do constituinte de que, uma vez adotada a seletividade, haja a ponderação criteriosa das características intrínsecas do bem ou serviço em razão de sua essencialidade com outros elementos, tais como a capacidade econômica do consumidor final, a destinação do bem ou serviço e, ao cabo, a justiça fiscal, tendente à regressividade desse tributo indireto. O estado que adotar a seletividade no ICMS terá de conferir efetividade a sesse preceito em sua eficácia positiva, sem deixar de observar, contudo, sua eficácia negativa.

3. A energia elétrica é item essencial, seja qual for seu consumidor ou mesmo a quantidade consumida, não podendo ela, em razão da eficácia negativa da seletividade, quando adotada, ser submetida á alíquota de ICMS superior àquela incidente sobre as operações em geral. A observância da eficácia positiva da seletividade – como, por exemplo, por meio da instituição de benefícios em prol de classe de consumidores com pequena capacidade econômica ou em relação a pequenas faixas de consumo –, por si só, não afasta a eventual constatação de violação da eficácia negativa da seletividade.

4. Os serviços de telecomunicação, que no passado eram contratados por pessoas com grande capacidade econômica, foram se popularizando de tal forma que as pessoas com menor capacidade contributiva também passaram a contratá-los. A lei editada no passado, a qual não se ateve a essa evolução econômico-social para efeito do dimensionamento do ICMS, se tornou, com o passar do tempo, inconstitucional.

5. Foi fixada a seguinte tese para o Tema nº 745: Adotada pelo legislador estadual a técnica da seletividade em relação ao Imposto sobre Circulação de Mercadorias e Serviços (ICMS), discrepam do figurino constitucional alíquotas sobre operações de energia elétrica e serviços de telecomunicação em patamar superior ao das operações em geral, considerada a essencialidade dos bens e serviços.

6. Recurso extraordinário parcialmente provido.

7. Modulação dos efeitos da decisão, estipulando-se que ela produza efeitos a partir do exercício financeiro de 2024, ressalvando-se as ações ajuizadas até a data do início do julgamento do mérito (5/2/21). (RE 714.139-SC – Plenário – red. p/ac. Min. Dias Toffoli – sessão de 18/12/2021)

A LC nº 194, de 23.6.2022, dispôs o seguinte:

Art. 1º A Lei nº 5.172, de 25 de outubro de 1966 (Código Tributário Nacional) passa a vigorar acrescida do seguinte art. 18-A.

"Art. 18-A. Para fins de incidência do imposto de que trata o inciso II do caput do art. 155 da Constituição Federal, os *combustíveis, o gás natural, a energia elétrica, as comunicações e o transporte coletivo* são considerados bens e serviços essenciais e indispensáveis, que não podem ser tratados como supérfluos.

Parágrafo único. Para efeito do disposto neste artigo:

I – é vedada a fixação de alíquotas sobre as operações referidas no caput em patamar superior ao das operações em geral, considerada a essencialidade dos bens e serviços;

II – é facultada ao ente federativo competente a aplicação de alíquotas reduzidas em relação aos bens referidos no caput deste artigo, como forma de beneficiar os consumidores em geral; e

III – é vedada a fixação de alíquotas reduzidas de que trata o inciso II deste parágrafo, para os combustíveis, a energia elétrica e o gás natural, em percentual superior ao da alíquota vigente por ocasião da publicação deste artigo".

Em consequência, a LC nº 194/2022 (art. 2º) insere referidos preceitos na LC nº 87/96 (art. 32-A).

# CAPÍTULO VIII

# ISENÇÃO E INCENTIVOS FISCAIS

## 1 Regime jurídico

O Poder Público estabelece situações desonerativas de gravames tributários, mediante a concessão de incentivos e benefícios fiscais, com o natural objetivo de estimular o contribuinte à adoção de determinados comportamentos, tendo como subjacente o propósito governamental à realização de diversificados interesses públicos.

Argutamente fora observado o seguinte:

> Os incentivos fiscais manifestam-se, assim sob várias formas jurídicas, desde a forma imunitória até a de investimentos privilegiados, passando pelas isenções, alíquotas reduzidas, suspensão de impostos, manutenção de créditos, bonificações, créditos especiais – dentre eles os chamados créditos-prêmio – e outros tantos mecanismos, cujo fim último é, sempre, o de impulsionar ou atrair, os particulares para a prática das atividades que o Estado elege como prioritárias, tornando, por assim dizer, os particulares em participantes e colaboradores da concretização das metas postas como desejáveis ao desenvolvimento econômico e social por meio da adoção do comportamento ao qual são condicionados.[450]

Salientam cogitar-se de determinado tratamento (*regime jurídico especial*) situado no campo da *extrafiscalidade*, com o emprego dos instrumentos tributários para fins não fiscais, mas ordinatórios (isto é, para condicionar comportamentos de virtuais contribuintes), e não, propriamente, para abastecer os cofres públicos.[451]

Nesta seara jurídica ponderou-se o seguinte:

> O combate ao desemprego, à inflação e ao desequilíbrio da balança de pagamentos, com vistas à estabilização da economia por intermédio de instrumentos tributários, significa que a utilização destes deve orientar-se por princípios e obedecer a *técnicas flexíveis*, pois se é certo que a inflação pode ser combatida mediante a imposição de tributos elevados, estes contribuem para acentuar o desemprego, ao passo que o desequilíbrio da balança

---

[450] ATALIBA, Geraldo; GONÇALVES, José Artur Lima. Crédito-prêmio de IPI – Direito adquirido – Recebimento em dinheiro. *Revista de Direito Tributário*, São Paulo, v. 55. p. 167.

[451] CARRAZZA, Roque Antonio. *Curso de direito constitucional tributário*. 9. ed. São Paulo: Malheiros, 1997. p. 443.

de pagamentos se processa pela utilização dos tributos que recaem sobre o comércio exterior, ou vice-versa [...].[452]

Há quatro décadas, a doutrina já traçava distinção entre tributos propriamente "financeiros", que decorrem do poder de tributar; e aqueles denominados tributos "ordinatórios", que decorrem do poder de regular, para estabelecer um regime jurídico diferenciado.[453]

O direito à utilização, fruição ou realização dos benefícios fiscais – em termos lógico-jurídicos – não pode ter vinculação ou atinência estrita ao regime jurídico de tributação, uma vez que, na referida relação jurídica, o contribuinte é o credor (sujeito ativo), enquanto o Poder Público qualifica-se como devedor (sujeito passivo). A relação eminentemente tributária consubstancia situação nitidamente oposta, ou seja, o Poder Público é o sujeito ativo enquanto o contribuinte é o sujeito passivo.

Em realidade, os incentivos fiscais representam dispêndio para o Poder Público e benefício para os contribuintes, em razão do que só podem ser enquadrados em regime jurídico distinto do tributário, compreendendo o auferimento de receitas públicas (tributos). O *regime financeiro* não se encontra adstrito à rigidez dos inúmeros princípios de natureza constitucional, havendo significativa discricionariedade na aplicação dos estímulos fiscais, com a manutenção dos direitos dos contribuintes.

Assim, ocorrendo a adesão espontânea do contribuinte ao plexo de incentivos, "será favorecido com vantagens fiscais que funcionam como *sanções premiais*, no objetivo de estimulá-lo a, voluntariamente, participar das atividades prestigiadas de acordo com o planejamento estatal".[454] A ordem social pode estatuir determinada conduta humana, e, simultaneamente, ligar a esta conduta a concessão de uma vantagem de um prêmio,[455] tendo o editor da norma procurado motivar um comportamento qualificado.[456]

O *direito premial* denota peculiar característica jurídica no sentido de que os benefícios e as recompensas são outorgadas, reguladas e operacionalizadas sem a rigidez normativa, com o timbre da discricionariedade.

Nesse sentido, percuciente análise deste instituto aponta fundamental questão:

> E, se o Direito Premial não pode ser implantado com respaldo no que está acima referido, seria possível sua constituição com fundamento nas condutas além do exigido, as quais se nos apresentam de difícil regulamentação legal? Tal impasse advém das múltiplas modalidades de prêmios e recompensas existentes, além da grande liberdade de concessão, atribuição e repartição de referidas recompensas, muitas vezes sem interveniência da lei. O Direito Premial, para caracterizar-se como tal, não necessitaria de estar submetido a preceitos legais taxativos, de maneira análoga como se faz com o Direito Penal, que é a sua expressão simétrica.[457]

---

[452] CANTO, Gilberto de Ulhôa. *Direito tributário aplicado*. Pareceres. Rio de Janeiro: Forense Universitária, 1992. p. 46, notas 85-159.
[453] NOGUEIRA, Ruy Barbosa. *Da interpretação e da aplicação das leis tributárias*. 2. ed. São Paulo: RT, 1965. p. 46-128.
[454] OLIVEIRA, Yonne Dolácio de. *A tipicidade no direito tributário brasileiro*. São Paulo: Saraiva, 1980. p. 153.
[455] KELSEN, Hans. *Teoria pura do direito*. 4. ed. Tradução de João Batista Machado. Coimbra: Arménio Amado, 1976. p. 49.
[456] FERRAZ, Tercio Sampaio. *Teoria da norma jurídica*. 2. ed. Rio de Janeiro: Forense, 1986. p. 91.
[457] MELO FILHO, Álvaro. *Teoria e prática dos incentivos fiscais*. Rio de Janeiro: Eldorado, 1976. p. 70.

Ressalta o autor a flexibilidade necessária na utilização do *direito premial*, a saber:

> O Direito não mais significa um preceito estático de manutenção do *status quo*, mas a mola propulsora do bem-estar social. E através do *incentivo fiscal*, que é o mais poderoso instrumento do Direito Premial, o Estado contemporâneo abdica da parte de sua renda em benefício do setor privado, objetivando estimular e orientar os investimentos e alocação de recursos necessários ao desenvolvimento. Acentue-se que o incentivo fiscal, teleologicamente, pode ser vislumbrado pelo seu aspecto motivacional positivo, daí porque, inteira razão assiste a Parsons quando afirma que "no sistema social, a atribuição de recompensa exerce a dupla função de manter ou modificar a motivação, e de afetar a atribuição de bens ou meios" (*Hacia una Teoría General de la Acción*, Kaplusz, Buenos Aires, 1968, p. 238-39). Ademais, quanto à sua problemática, é importante salientar que deve existir um grau razoável de flexibilidade na concessão dos incentivos fiscais, em virtude de possíveis modificações ou influências da conjuntura, de ineficiência do mercado e do término de condições que originaram sua adoção.[458]

A Procuradoria da Fazenda Nacional sintetizou este tema na forma seguinte:

> 12.6 Os incentivos e estímulos fiscais se subsumem no modelo de sanção premial, e nem por se encontrar esta ainda um pouco desenvolvido na doutrina pátria, e que não haveria a mais perfeita disciplina civilística da promessa de recompensa há de servir, sem dúvida, como base institucional para disciplinamento jurídico-administrativo dos incentivos e estímulos-fiscais.[459]

A elasticidade na concessão de quaisquer incentivos fiscais em absoluto implica desrespeito, menoscabo ou desprezo ao consagrado postulado da legalidade, significando peculiarmente que os princípios, critérios e procedimentos norteadores desses benefícios (natureza financeira) não se revestem da mesma inflexibilidade das normas fiscais (natureza tributária).

## 2 Características da isenção

A doutrina alienígena enquadrara a isenção como:
a) delimitação negativa do suposto das normas tributárias;[460]
b) fato impeditivo do nascimento da obrigação tributária;[461] [462] [463] [464]
c) valor jurídico autônomo, objeto de tutela legal específica, diversamente das exclusões, segundo critério extrajurídico, que configuraria mera expressão de irrelevância jurídica de determinados fatos.[465]

---

[458] MELO FILHO, Álvaro. *Teoria e prática dos incentivos fiscais*. Rio de Janeiro: Eldorado, 1976. p. 206.
[459] BRASIL. Procuradoria da Fazenda Nacional. *Pareceres*. Procuradoria da Fazenda Nacional: Brasília, 1994. t. III. p. 1.283.
[460] XAVIER, Alberto. *Conceito e natureza do lançamento tributário*. São Paulo: Juriscredi, 1972.
[461] ALLORIO, Enrico. *Diritto processuale tributario*. 5. ed. Torino: Unione Tipográfico, 1969. p. 388.
[462] BERLIRI, Antonio. *Corso instituzionale di diritto tributario*. 9. ed. Milano: Giuffrè, 1974. v. 1. p. 191.
[463] SAINZ DE BUJANDA, Fernando. *Hacienda y derecho*. Madrid: Instituto de Estudios Políticos, 1963. v. III. p. 430-431.
[464] VILLEGAS, Hector. *Curso de finanzas, derecho financiero y tributario*. 2. ed. Buenos Aires: Depalma, 1975. p. 252.
[465] ROSA, Salvatore de la. *Egualianza tributária*. Milano: Esenzioni Fiscais, 1968.

Os juristas nacionais trilharam por vias diversas:
a) exclusão do tributo que poderia ser decretado constitucionalmente;[466]
b) omissão do ente público que tem competência para cobrar determinados tributos do exercício de sua competência;[467]
c) norma jurídica não juridicizante;[468]
d) hipótese de não incidência legalmente qualificada;[469]
e) dispensa legal do pagamento do tributo devido;[470]
f) fórmula inibitória da operatividade funcional da regra-matriz, impedindo a irradiação de seus efeitos, porque a relação obrigacional não se instaura.[471]

Destaco a obra científica elaborada por João Augusto Filho, analisando o instituto e as diversas correntes do pensamento, concluindo que:

> As normas de isenção se caracterizam como normas permissivas que abrem exceção a uma norma de obrigação, traduzindo sempre a configuração jurídica de um interesse público relevante de natureza não tributária que, sobrepondo-se à obrigação tributária, funciona como fato jurídico impeditivo do nascimento desta.[472]

A isenção, veiculada por legislação ordinária, delimita a regra de incidência tributária, impedindo que ocorra o nascimento do respectivo fato gerador. Exclui da tributação o fato que naturalmente geraria a obrigação tributária. Assim, a saída de mercadorias do estabelecimento comercial é fato gerador do ICMS, mas o legislador (por exemplo) estabelece que é isenta deste imposto a operação com arroz.

Em regra, ainda quando prevista em contrato, a isenção é sempre decorrente de lei que especifique as condições e requisitos exigidos para a sua concessão, os tributos a que se aplica; e, sendo o caso, o prazo de sua duração (art. 176 do CTN).

Embora a lei seja o instrumento competente para dispor sobre as isenções, no âmbito do ICMS está prevista uma sistemática especial, conferindo-se à lei complementar a regulação da forma como, mediante deliberação dos estados e do Distrito Federal, serão concedidas e revogadas (§3º do art. 155 da CF), como já era o caso da Lei Complementar nº 24, de 7.1.75, que dispõs sobre *a celebração de convênios entre as unidades da Federação*.

Por força do art. 34, §§4º e 5º, do Ato das Disposições Constitucionais Transitórias (ADCT), a referida lei complementar, e os convênios que dela decorreram, foram recepcionados pela vigente Constituição, tendo o §3º do mesmo ADCT estabelecido que os respectivos incentivos fiscais também deveriam ser reavaliados e reconfirmados no prazo de dois anos a partir da promulgação da mesma Constituição. Em consequência, centenas de convênios foram objeto de reexame, sendo ratificados (ou não), bem como novos convênios vieram a ser expedidos.

---

[466] BALEEIRO, Aliomar. Isenção de impostos estaduais. *Revista de Direito Administrativo*, São Paulo, v. 61. p. 308.
[467] CANTO, Gilberto de Ulhôa. Algumas considerações sobre a imunidade tributária dos entes públicos. *Revista de Direito Administrativo*, São Paulo, v. 52. p. 34.
[468] BECKER, Alfredo Augusto. *Teoria geral do direito tributário*. São Paulo: Saraiva, 1963. p. 276.
[469] BORGES, José Souto Maior. *Isenções tributárias*. São Paulo: Sugestões Literárias, 1969. p. 182.
[470] SOUSA, Rubens Gomes de. *Projeto do Código Tributário Nacional*. [s.l.]: [s.n.], [s.d.].
[471] CARVALHO, Paulo de Barros. *Curso de direito tributário*. 24. ed. São Paulo: Saraiva, 2012. p. 561-569.
[472] CARVALHO, Paulo de Barros. *Curso de direito tributário*. 24. ed. São Paulo: Saraiva, 2012. p. 561-569.

Os *convênios* de ICMS têm natureza impositiva (adoção obrigatória por todas as unidades federativas), ou autorizativa (utilização facultativa), observando a sistemática seguinte:
a) celebração pelos estados (e Distrito Federal), por intermédio de seus secretários de Fazenda, ou de Finanças;
b) publicação no *Diário Oficial da União* (*DOU*) até dez dias após sua celebração;
c) ratificação estadual, no prazo de quinze dias da publicação no *DOU*, com sua publicação nos *Diários Oficiais dos estados* (e no Distrito Federal);
d) ratificação nacional, no prazo de até vinte e cinco dias após a publicação no *DOU* pelos estados (e Distrito Federal), mediante ato do presidente da Comissão Técnica Permanente do ICMS (Cotepe/ICMS), ratificando ou rejeitando o convênio;
e) no trigésimo dia após a ratificação nacional, o convênio passa a vigorar.

A revogação do convênio necessariamente acarreta perda de direitos do contribuinte (desoneração parcial ou total do tributo), uma vez que deixam de existir as isenções, reduções de bases de cálculo etc. Em consequência, as específicas operações mercantis e prestações de serviços passam a ser tributadas.

A nova carga tributária só deveria incidir relativamente aos fatos imponíveis que ocorressem a partir do primeiro dia do exercício seguinte, em prestígio ao princípio constitucional da anterioridade, insculpido no art. 150, III, "b", da CF/88, que veda a cobrança dos tributos, no mesmo exercício financeiro em que haja sido publicada a lei que os instituiu ou os aumentou.

Esse mandamento aplicar-se-ia rigorosamente ao ICMS, uma vez que a exceção ao cânone da anterioridade só é aplicável aos impostos de importação, exportação, produtos industrializados, operações de crédito, câmbio, seguro, ou relativos a títulos ou valores mobiliários e de guerra (art. 150, §1º da CF/88).

O STF, entretanto, consagrou que "o princípio constitucional da anualidade (anterioridade) não se aplica à revogação de isenção do ICM" (Súmula nº 615).

Deveria haver obediência ao princípio da anterioridade, mostrando a peculiaridade no caso de isenção concedida por lei complementar. Nessa situação, não há revogação, mas apenas paralisação de eficácia das leis estaduais e distritais que com ela conflitem.

Nesse caso, verifica-se que:

> Revogada a lei complementar a que alude o art. 155, §2º, XII, *e*, do Texto Excelso, as leis de ICMS locais (que não tenham deixado o palco jurídico) readquirem *eficácia jurídica* plena e, destarte, não precisam ficar à espera do término do exercício financeiro, para voltarem a incidir. De revés, incidem de imediato, já que o princípio da anterioridade, que as alcançou no passado (quando entraram em vigor), a elas não mais se aplica.[473]

# 3 Guerra fiscal

## 3.1 Espécies de benefícios

Os convênios têm concedido isenção tributária, e demais incentivos de natureza diversificada, especialmente a redução de base de cálculo, o crédito presumido do imposto e a anistia.

---
[473] CARRAZZA, Roque Antonio. *ICMS*. 13. ed. São Paulo: Malheiros, 2009. p. 641.

Entretanto, unilateralmente, as unidades federativas têm expedido leis, decretos e atos administrativos, outorgando vantagens fiscais, financeiras, creditícias e operacionais, que afetam a carga impositiva, a saber:

a) *fiscais:* isenção de imposto para novas empresas, sem produção similar no estado, válida por determinado período de tempo; isenção ou redução do imposto para as micro e pequenas empresas, redução da alíquota do imposto para situações e produções especiais; postergação dos prazos de pagamento, adiamento do pagamento do imposto por longo prazo; isenção ou redução do imposto sobre produtos específicos destinados ao exterior;

b) *financeiros:* aquisição de ativos fixos; formação ou recomposição de capital de trabalho; financiamento do pagamento do imposto; participação acionária; financiamento para o desenvolvimento tecnológico; financiamento para empresas de turismo;

c) *estímulo para infraestrutura:* venda de lotes e galpões por preços reduzidos; permuta de terrenos para a localização de empresas; doação de áreas e lotes industriais; implantação de áreas e distritos industriais;

d) *outros estímulos:* simplificação do processo de registro de empresas; simplificação do processo de licitação para pequenas empresas; assistência técnica na elaboração do projeto; apoio à formação de capacitação de pessoal.

Jurisprudência dominante:

O diferimento do pagamento de débitos relativos ao ICMS, sem a concessão de qualquer redução do valor devido, não configura benefício fiscal, de modo que pode ser estabelecido sem convênio prévio. (ADI nº 4.481 – Plenário – Rel. Min. Roberto Barroso – j. 11.3.15 – *DJe* de 19.5.15, p. 49)

CONSTITUCIONAL E TRIBUTÁRIO. ICMS. DIFERIMENTO. INEXIGÊNCIA DE DELIBERAÇÃO POR ESTADOS E DISTRITO FEDERAL E DE FORMALIZAÇÃO PRÉVIA DE CONVÊNIO. CONSTITUCIONALIDADE. IMPROCEDÊNCIA.
*Não se confunde a hipótese de diferimento do lançamento tributário com a de concessão de incentivos ou benefícios fiscais de ICMS, podendo ser estabelecida sem a prévia celebração de convênio.* Precedentes [...]. (ADI nº 3.676 – Plenário – Rel. Min. Alexandre de Moraes, j. 30.8.2019 – pub. 16.9.2019)

AGRAVO REGIMENTAL NO RECURSO EXTRAORDINÁRIO COM AGRAVO TRIBUTÁRIO. ICMS. CONCESSÃO DE DIFERIMENTO PELO ENTE TRIBUTANTE. INSTITUTO QUE NÃO SE CONFUNDE COM BENEFÍCIO FISCAL. CONTROVÉRSIA INFRACONSTITUCIONAL LOCAL. VEDAÇÃO. INCIDÊNCIA DA SÚMULA 280/STF. CONSTITUIÇÃO. ART. 102, III, D. AUSÊNCIA DE CONFLITO DE COMPETÊNCIAS LEGISLATIVAS. AGRAVO REGIMENTAL A QUE SE NEGA PROVIMENTO, COM APLICAÇÃO DE MULTA.
I – O Tribunal de origem, com fundamento na legislação infraconstitucional aplicável (Decreto estadual nº 6.080/2012) concluiu que a concessão de diferimento não defere benefício fiscal.
De acordo com a jurisprudência desta Corte, diferimento não pode ser considerado benefício fiscal, podendo ser disciplinado diretamente por legislação do ente tributante

(ADI 2.056/MS – Rel. Min. Gilmar Mendes). (ARE nº 1.204.716, AgR – 2ª T. – Rel. Min. Ricardo Lewandowski – j. 14.4.2020 – pub. 28.2.2020)

## 3.2 Objeção jurisprudencial

O STF, de longa data, vem mantendo tradicional entendimento no sentido de que são inconstitucionais os benefícios concedidos unilateralmente pelos estados (sem a celebração de convênios), conforme se colhe de arestos mais recentes:

> Inconstitucionalidade. Ação Direta. Lei n. 11.393-2000, do Estado de Santa Catarina. Tributo. Imposto sobre Circulação de Mercadorias e Serviços – ICMS. Benefícios fiscais. Cancelamento de notificações fiscais e devolução dos correspondentes valores recolhidos ao erário. Concessão. Inexistência de suporte em convênio celebrado no âmbito do Confaz, nos termos da LC 24-75. Expressão da chamada "guerra fiscal". Inadmissibilidade. Ofensa aos arts. 153, §6º, 152 a 155, §2º. inc. XII, letra "g", a CF. Ação julgada procedente. Precedentes.
> Não pode o Estado-membro conceder isenção, incentivo ou benefício fiscal, relativos ao Imposto sobre Circulação de Mercadorias e Serviços – ICMS, de modo unilateral, mediante decreto ou outro ato normativo, sem prévia celebração de convênio intergovernamental no âmbito do Confaz. (ADIn nº 2.345-SC – Pleno – Rel. Min. Cezar Peluso – j. 30.6.2011 – *DJe* de 5.8.2011, p. 74)

> Constitucional. Tributário. Imposto sobre Operações de Circulação de Mercadorias e Serviços. ICMS. Benefícios Fiscais. Necessidade de Amparo em Convênio Interestadual. Art. 155, XII, g, da Constituição.
> Nos termos da orientação consolidada por esta Corte, a concessão de benefícios fiscais do ICMS depende de prévia aprovação em convênio interestadual, como forma de evitar o que se convencionou chamar de *guerra fiscal*. Interpretação do art. 155, XII, *g* da Constituição.
> São inconstitucionais os art. 6º, no que se refere a *"benefícios fiscais"*, art. 7º e 8º da Lei Complementar estadual 93/2001, por permitirem a concessão de incentivos e benefícios atrelados ao ICMS sem amparo em convênio interestadual.
> Ação direta de inconstitucionalidade julgada parcialmente procedente. (ADIn nº 3.794 – Pleno – Rel. Min. Joaquim Barbosa – j. 1º.6.2001 – *DJe* de 1º.8.2011, p. 79)

> Decisão: [...]
> "Guerra Fiscal" – Pronunciamento do Supremo. Drible.
> Surge inconstitucional lei do Estado que, para mitigar pronunciamento do Supremo, implica, quanto a recolhimento de tributo, dispensa de acessórios – multa e juros de mora – e parcelamento. Inconstitucionalidade da Lei n. 3.394, de 4 de maio de 2000, regulamentada pelo Decreto n. 26.273, da mesma data, do Estado do Rio de Janeiro. (ADIn nº 2.906 – Pleno – Rel. Min. Marco Aurélio – j. 1º.6.2011 – *DJe* de 10.8.2011, p. 17)

> Decisão: [...]
> Tributo – "Guerra Fiscal" – Consubstancia a "guerra fiscal" o fato de a unidade da Federação reduzir a alíquota do ICMS sem a existência de consenso, mediante convênio, entre os demais Estados. (ADIn nº 3.674 – Pleno – Rel. Min. Marco Aurélio – j. 1º.6.2011 – *DJe* de 29.6.2011, p. 25)

Ação direta de inconstitucionalidade. Art. 12, *caput* e parágrafo único, da Lei estadual (PA) n. 5.780-93. Concessão de benefícios fiscais de ICMS independentemente de deliberação do Confaz. Guerra Fiscal. Violação dos arts. 150, §6º, e 155, §2º, XII, "g", da Constituição Federal.

1. É pacífica a jurisprudência deste Supremo Tribunal Federal de que são inconstitucionais as normas que concedam ou autorizem a concessão de benefícios fiscais de ICMS (isenção, redução de base de cálculo, créditos presumidos e dispensa de pagamento), independentemente de deliberação do Confaz, por violação dos arts. 150, §6º, e 155, inciso XII, alínea "g", da Constituição Federal, os quais repudiam a denominada "guerra fiscal". Precedente: ADI n. 2.548-PR, Relator o Ministro Gilmar Mendes, DJ 15-6-07.

2. Inconstitucionalidade do art. 12, *caput*, da Lei n. 5.780-03 do Estado do Pará, e a expressão "sem prejuízo do disposto no *caput* deste artigo", contida no seu parágrafo único, na medida em que autorizam ao Poder Executivo conceder diretamente benefícios fiscais de ICMS sem observância das formalidades previstas na Constituição.

3. Ação direta julgada parcialmente procedente. (ADIn nº 1.247-PA – Rel. Min. Dias Toffoli – j. 1º.6.2011)

## 3.3 Cade

O Conselho Administrativo de Defesa Econômica (Cade), órgão do Ministério da Justiça, examinou consulta formulada pela entidade Pensamento Nacional das Bases Empresariais (PNBE), referente a aspectos concorrenciais envolvendo as unidades federativas e pertinentes à "guerra fiscal".

Mediante exaustiva análise de diversos preceitos constitucionais, o Cade respondeu à consulta sobre a nocividade, ou não, à livre concorrência da prática conhecida como "guerra fiscal", adotando os entendimentos seguintes:

> 1) Incentivos financeiros-fiscais possuem o mesmo efeito que incentivos fiscais tanto para a empresa beneficiada quanto para o mercado.
>
> 2) Tais incentivos importam na redução do montante do imposto a pagar, resultando, dada a estrutura tributária brasileira, em aumento de lucro para as empresas beneficiadas de até centenas de pontos percentuais em comparação com aquelas não favorecidas, como demonstrado numericamente.
>
> 3) Incentivos concedidos no âmbito da "guerra fiscal" podem portanto, alterar a dinâmica econômica e o nível de bem-estar da coletividade, ao gerar os seguintes efeitos: retira o estímulo ao aumento constante do nível geral de eficiência da economia, permitindo uso menos eficiente de recursos e afetando negativamente a capacidade de geração de riquezas do país; protege as empresas incentivadas da concorrência, mascarando seu desempenho, permitindo que mantenham práticas ineficientes e desestimulando melhorias na produção ou inovação; possibilita que empresas incentivadas, ainda que auferindo lucros, possam "predatoriamente" eliminar do mercado suas concorrentes não favorecidas, mesmo que estas sejam mais eficientes e inovadoras, em função da enorme vantagem de que dispõem; prejudica as demais empresas que, independentemente de sua capacidade, terão maiores dificuldades na luta pelo mercado, gerando com isso mais desincentivo ao investimento, à melhoria de eficiência e inovação; gera incerteza e insegurança para o planejamento e tomada de decisão empresarial, dado que qualquer cálculo pode ser drasticamente alterado – e qualquer inversão realizada pode ser drasticamente inviabilizada com a concessão de um novo incentivo; desestimula a realização de investimentos tantos novos quanto na expansão de atividades em andamento, gerando perda de eficiência alocativa na economia, com conseqüente redução de bem-estar.

4) Princípios constitucionais da livre concorrência e da promoção do bem-estar devem ser compatibilizados com outros princípios, como o da redução das desigualdades regionais, de forma que um deles possa ser relativizado, em um caso concreto, para assegurar a realização de outro.

5) Incentivos fiscais e financeiro-fiscais podem ser concedidos, na forma prevista na Constituição Federal, pela União ou pela unanimidade dos Estados, o que, ao menos formalmente, assegura o balanceamento dos diferentes objetivos e princípios envolvidos.

6) O simples cumprimento da legislação sobre a concessão de incentivos fiscais realizaria a necessária compatibilização entre os princípios constitucionais mencionados, permitindo a relativização pontual do princípio da livre concorrência apenas naqueles casos em que se avança o princípio da redução das desigualdades, na medida adequada, de maneira a trazer benefícios líquidos para a coletividade.

7) Propostas que reduzam a possibilidade de "guerra fiscal" ou que disciplinem a concessão de incentivos de forma previsível e segundo um sistema racional (definido pelas autoridades constitucionalmente competentes), podem contribuir para atenuar os danos hoje provocados por esta prática para a eficiência da economia e para o bem-estar e merecem pelas autoridades responsáveis uma cuidadosa atenção.

8) Dada a patente relação do tema com a defesa da concorrência, o Cade permanece passível de engajamento no debate, dentro evidentemente da sua esfera de competência legal.[474]

## 3.4 Adquirente de bens incentivados de outros estados (e DF)

As posturas judiciais e a manifestação administrativa transcrita revestem-se de significativo embasamento constitucional, demonstrando que os incentivos fiscais, concedidos ao arrepio de convênios, favorecem indevidamente determinados empreendimentos estabelecidos em determinada unidade federativa.

Os estados (e Distrito Federal) que se sentem prejudicados – em razão da fuga de empresas para outras regiões do país – possuem substancial fundamento para pleitear a invalidação dos incentivos outorgados unilateralmente.

Entretanto, a "guerra fiscal" não pode atingir terceiros estranhos aos benefícios, como é o caso dos adquirentes das mercadorias, ou os tomadores dos serviços (transporte interestadual, intermunicipal e de comunicação), especialmente quando se encontrem estabelecidos em distinta unidade da Federação.

Os mencionados adquirentes de bens e serviços não podem sofrer a glosa de crédito fiscal, ou qualquer outra medida constritiva, por parte do Fisco estadual (ou distrital) de sua jurisdição, sob a assertiva de que o estado (ou o Distrito Federal) da localidade do fornecedor da mercadoria, ou do serviço, concedera indevido incentivo fiscal.

Os destinatários das mercadorias originadas de outras unidades federativas encontram-se num preocupante dilema: a) adquirem as mercadorias de outros estados (e Distrito Federal), correndo o risco de sofrerem ação fiscal (glosa de créditos, cominação de penalidades, representações criminais, cassação de regimes especiais etc.); ou b) evitam adquirir as mercadorias, ocasionando problemas relativos aos fornecimentos, acarretando a dificuldade de suprimento de seus produtos.

As operações ocorridas nas unidades federativas de origem envolvem o Fisco local e os contribuintes daquelas regiões geográficas, tendo por objeto incentivos específicos

---

[474] Consulta nº 38/99 – Rel. Cons. Marcelo Calliari – j. 22.3.2000 – *DOU* 1 de 28.4.2000, p. 1.

(ex.: crédito presumido de ICMS). Considerando que este benefício teria desrespeitado a sistemática legal (inexistência de convênio), os estados e as entidades prejudicadas poderão promover ação direta de inconstitucionalidade para obter do Judiciário decisão obstando seus efeitos (decretação de nulidade e de ineficácia do referido crédito).

A situação verificada no estado destinatário abrange, unicamente, o Fisco da respectiva região e o contribuinte a que se encontra jurisdicionado, relativamente à apropriação do crédito de ICMS, decorrente de legítima operação, amparada em nota fiscal contendo todos os elementos do negócio mercantil (identificação de comprador e vendedor, descrição das mercadorias, preço, e valor do imposto).

O Protocolo ICMS nº 19 (publicação em 12.4.2004), firmado entre determinados estados, dispusera sobre a vedação da apropriação de crédito do ICMS nas entradas, decorrentes de operações interestaduais de mercadorias cujos remetentes estivessem beneficiados com incentivos concedidos em desacordo com a legislação de regência do imposto.

Este protocolo fora ratificado por São Paulo (Decreto nº 48.605, de 20.4.2004) no prazo de 15 dias, na forma prevista na LC nº 24/75 (art. 4º). Todavia, em 4.5.2004, perdera seus efeitos por força do despacho do Secretário Executivo do Confaz, por haver sido rejeitado pela Cotepe (Plenário de 27.4.2004).

Outrossim, a Resolução nº 78/98 do Senado Federal, dispondo sobre as operações de crédito interno e externo dos estados, do DF, e de suas autarquias e fundações, inclusive concessão de garantias, seus limites e condições de autorização, estipulara (art. 3º, inc. IV) ser vedado aos estados, e ao DF, que pleitearem autorização para contratar as operações de créditos regidas por esta resolução, conceder isenções, incentivos, reduções de alíquotas e quaisquer outros benefícios tributários ou financeiros, relativos ao ICMS, que não atendam ao disposto no §6º do art. 150, e no inc. VI e na alínea "g" do inc. XII do §2º do art. 155 da CF (exigência de lei/convênios para a concessão de benefícios fiscais).

Os comandos normativos contidos na resolução têm como destinatários as unidades federativas que poderão ficar impedidas de obter créditos, na medida em que deixem de observar as diretrizes constitucionais na concessão de incentivos fiscais.

É possível que os próprios estados (e DF) impugnem a eventual vedação à concessão de créditos, nos casos em que o STF não tenha declarado a inconstitucionalidade da legislação dispondo sobre a outorga dos benefícios fiscais.

Constata-se que referidas normas jurídicas não se aplicam aos contribuintes, nada dispondo com relação à eventual glosa de créditos tributários, em razão do que se pode entender que, por si só, a existência de tais normas não tem a virtude de prejudicar os adquirentes das mercadorias.

O STJ não invalida o crédito de ICMS apropriado pelo destinatário da mercadoria, localizado em outro estado, no caso de inexistência de julgamento de ADIn, nos termos seguintes:

> I) Tributário. Mandado de Segurança. ICMS. Operação Interestadual. Concessão de Crédito Presumido ao Fornecedor na Origem. Pretensão do Estado de Destino limitar o Creditamento do Imposto ao Valor efetivamente Pago na Origem. Desconsideração do Benefício Fiscal Concedido. Impossibilidade. Compensação. Lei. Autorização. Ausência.
> 1. O *mandamus* foi impetrado contra ato do Secretário de Estado da Fazenda, com o objetivo de afastar a exigência do Fisco de, com base no Decreto Estadual 4.504/04, limitar o creditamento de ICMS, em decorrência de incentivos ou benefícios fiscais concedidos

pelo Estado de origem da mercadoria. Deve-se destacar que a discussão travada na lide não diz respeito à regularidade do crédito concedido na origem, mas a possibilidade de o ente estatal de destino obstar diretamente esse creditamento, autuando o contribuinte que agiu de acordo com a legislação de outro ente federativo. [...]

4. O benefício de crédito presumido não impede o creditamento pela entrada nem impõe o estorno do crédito já escriturado quando da saída da mercadoria, pois tanto a CF-88 (art. 155, §2º, II), quanto a LC 87-96 (art. 20, §1º) somente restringem o direito de crédito quando há isenção ou não tributação na entrada ou na saída, o que deve ser interpretado restritivamente. Dessa feita, o creditamento do ICMS em regime de não cumulatividade prescinde do efeito (sic) recolhimento na etapa anterior, bastando que haja a incidência tributária.

5. Se outro Estado da Federação concede benefícios fiscais de ICMS sem a observância das regras da LC 24/75 e sem autorização do Confaz, cabe ao Estado lesado obter junto ao Supremo, por meio de ADIn, a declaração de inconstitucionalidade da lei ou ao normativo de outro Estado – como aliás foi feito pelos Estados de São Paulo e Amazonas nos precedentes citados pela Ministra Eliana Calmon – e não simplesmente autuar os contribuintes sediados em seu território. Vide ainda: ADI 3.312, Relator Min. Eros Grau, DJ 09.03.07 e ADI 3.389-MC, Rel. Min. Joaquim Barbosa, DJ 23.06.06. (MS nº 31.714-MT – 2ª T. – Rel. Min. Castro Meira – j. 3.5.2011)

Tributário. ICMS. Guerra Fiscal. Benefício Concedido em Convênio Interestadual. Art. 8º, I, da LC 24/1975. Inexistência de ADIn. Reconhecimento do Crédito.

1. A Segunda Turma do STJ fixou a jurisprudência no sentido de impor observância ao crédito fictício de ICMS pelo Estado de destino, acolhendo a tese de que a inconstitucionalidade deve ser previamente declarada em ADIn específica relativa à lei do Estado de origem (RMS 31.714-MT, j. 3.5.2011, Rel. Min. Castro Meira).

2. Decorre do provimento integral dado ao Recurso Ordinário a obrigação de a autoridade coatora respeitar o conteúdo do acórdão, o que, evidentemente, implica reconhecer o direito de a contribuinte não ser autuada por conta do aproveitamento do crédito fictício, além de poder compensar o que indevidamente recolhido, pedidos formulados na inicial e na petição recursal.

3. Embargos de Declaração acolhidos, sem efeito infringente. (EDcl no Recurso em Mandado de Segurança nº 32.453-MT – 2ª T. – Rel. Min. Herman Benjamin – j. 16.8.2011 – DJe de 5.9.2011)

O STJ traça distinção dos âmbitos jurídicos da questão dos incentivos concedidos unilateralmente, na forma seguinte: a) prestigiam a diretriz do STF no tocante à inconstitucionalidade dos benefícios fiscais, mas b) mantêm a validade do crédito de ICMS (pelo contribuinte localizado no estado destinatário) no caso de inexistência de ADIn (ação direta de inconstitucionalidade).

O adquirente da mercadoria localizado em São Paulo, distinto do estado que concedera o incentivo, apresenta os argumentos seguintes:

a) a glosa do incentivo não se encontra prevista em ato da Secretaria da Fazenda de São Paulo (Comunicado CAT nº 36/2004);
b) direito constitucional ao crédito de ICMS (princípio da não cumulatividade);
c) falta de competência de São Paulo para impugnar incentivos concedidos por outros estados;
d) a Resolução SF nº 52/093 e o Comunicado CAT nº 36/04 não expressam conteúdo normativo próprio;

e) o direito a crédito independe de pagamento anterior do imposto;
f) o questionamento do incentivo somente vincula os estados;
g) decisões do STF não prejudicam o direito ao crédito do ICMS;
h) os incentivos fiscais do estado fornecedor das mercadorias somente podem ser anulados por específica ação judicial; e
i) a cobrança de ICMS pelo estado destinatário implica invasão de competência constitucional tributária, e viola o princípio da autonomia estadual.

Todavia, a legislação paulista passa a dispor que:

> Nas operações interestaduais destinadas a contribuinte paulista, beneficiadas ou incentivadas em desacordo com o disposto na alínea "g", do inciso XII, do §2º, do art. 155 da Constituição Federal, o Poder Executivo poderá exigir o recolhimento, no momento da entrada da mercadoria em território paulista, do imposto correspondente ao valor do benefício ou incentivo. (Lei nº 13.918 dando redação ao art. 60-A da Lei nº 6.374-89, com efeitos a partir de 23.12.2009)

Entendo que a instituição de novo fato gerador do ICMS – "entrada de mercadoria de outro Estado" – não tem fundamento jurídico, porque a Constituição Federal somente tratara de materialidade do ICMS relativa à entrada ("fato gerador") nas operações de importação (art. 155, XI, "a"), e nas aquisições interestaduais relativas a petróleo, combustível, energia elétrica etc. (art. 155, X, "b").

O STF reconheceu a existência de repercussão geral (Tema nº 490) no julgamento seguinte:

> TRIBUTÁRIO. ICMS. PRINCÍPIO DA NÃO CUMULATIVIDADE. CONCESSÃO DE CRÉDITO FICTÍCIO PELO ESTADO DE ORIGEM SEM AUTORIZAÇÃO DO CONFAZ. ESTORNO PROPORCIONAL PELO ESTADO DE DESTINO. CONSTITUCIONALIDADE.
> O estorno proporcional de crédito de ICMS efetuado pelo Estado de destino, em razão de crédito fiscal presumido concedido pelo Estado de origem sem autorização do Conselho Nacional de Política Fazendária (CONFAZ), não viola o princípio constitucional da não cumulatividade (Tema 490 da repercussão geral). (RE nº 628.075-RS – red. p/acórdão Min. Gilmar Mendes – Plenário – Sessão Virtual de 7 a 17.8.2020)

Entendera constitucional o art. 8º, I, da Lei Complementar nº 24/1975, tendo conferido à decisão efeitos *ex nunc* a partir da decisão do Plenário da Corte, para que fiquem resguardados todos os efeitos jurídicos das relações tributárias já constituídas; e, caso não tenha havido ainda lançamentos tributários por parte do estado de destino, este só poderá proceder ao lançamento em relação aos fatos geradores ocorridos a partir da presente decisão.

## 3.5 Importação por conta e ordem – Estado do Espírito Santo

O Convênio ICMS nº 36, de 26.3.2010, autorizou os estados do Espírito Santo e de São Paulo a reconhecer, relativamente às operações de importação de bens e mercadorias por conta e ordem de terceiros, nas quais o importador e o adquirente não se localizem no mesmo estado, os recolhimentos do ICMS devido pela importação que tenham sido efetuados em desacordo com o Protocolo ICMS nº 23, de 3.6.2009, de acordo com cronograma específico.

O disposto neste convênio não se aplica I) às hipóteses de evasão fiscal, inclusive de simulação das operações ou de falsidade ou omissão no preenchimento dos documentos de importação; II) às operações realizadas em desconformidade com o disposto nas alíneas "d" e "e" do inc. I do art. 11 da Lei Complementar nº 87, de 13.9.96; III) às operações realizadas por contribuinte que deixar de cumprir a disciplina prevista no Protocolo ICMS nº 23/09.

O Decreto nº 56.045, de 26.7.2010, do Estado de São Paulo, dispôs que serão extintos os créditos tributários devidos a São Paulo, por reconhecimento do recolhimento ao Estado do Espírito Santo, decorrentes das mencionadas importações, mediante as condições e situações básicas seguintes:

a) o contribuinte paulista que tivesse adquirido bens ou mercadorias do exterior, por meio de operações de importação "por conta e ordem de terceiros", promovidas por importadores situados no Estado do Espírito Santo, deveria requerer, até 31.10.2010, o reconhecimento dos recolhimentos realizados ao Espírito Santo, englobando as importações contratadas até o dia 20.3.2009 e cujo desembaraço aduaneiro tivesse ocorrido até 31.5.2009, apresentando a documentação pertinente;

b) formalizado o requerimento, a Secretaria da Fazenda procederia à suspensão dos correspondentes procedimentos de fiscalização, exceto para eventualmente prevenir iminente decadência, bem como dos autos de infração, informando ao Espírito Santo;

c) de posse de certidão emitida pelo Espírito Santo atestando, relativamente à específica declaração e importação, que o ICMS devido pela importação foi integralmente realizado, na forma da legislação daquele estado, estando apto a ser reconhecido por São Paulo, ficaria mantida a referida suspensão; e

d) seriam extintos os créditos tributários que estivessem suspensos em datas específicas, no que concerne aos créditos relativos a recolhimentos também realizados em datas específicas.

## 3.6 Guerra dos portos

Trata-se de incentivos criados por determinados estados, relativamente às importações, consistentes em sistemáticas diferenciadas como suspensão ou diferimento do ICMS nas operações de entrada de mercadorias do exterior; ou concessão de crédito outorgado ou presumido nas operações de saída de mercadorias dos estados.

Em termos objetivos, não exigem o imposto nos desembaraços aduaneiros (18%), e deixam de cobrar o imposto nas operações interestaduais (12% ou 7%) outorgando um crédito simbólico (75% do valor da operação). O resultado significa uma efetiva carga tributária a menor (3%).

O produto estrangeiro é tributado em 18%, sendo 12% no local onde ocorre o desembaraço aduaneiro (estado "de origem"), e em 6% no estado ("de destino"), onde será vendido ou consumido.

Mediante a concessão de "crédito presumido", o estado "de origem" concede uma espécie de subsídio ("crédito presumido"), que acarreta a devolução de 75% do imposto pago.

Em consequência, a alíquota de 12% cobrada na origem diminui para 3%.

A Resolução nº 13, de 25.4.2012, do Senado Federal, de modo indireto, teria procurado solucionar o conflito tributário ao estabelecer a alíquota de 4% de ICMS nas operações interestaduais com bens e mercadorias importados do exterior, que, após o seu desembaraço aduaneiro: I) não tenham sido objeto de processo de industrialização; e II) ainda que submetidos a qualquer processo de industrialização; formação, beneficiamento, montagem, acondicionamento; reacondicionamento, renovação ou recondicionamento, resultem em mercadorias ou bens com conteúdo de importação superior a 40%.

A unificação da alíquota em 4% cobrada nas operações interestaduais neutralizará a vantagem oferecida pelos estados nas importações.

Entretanto, diversas situações dificultam o término da guerra fiscal, a saber:
a) necessidade de edição de normas pelo Conselho Nacional de Política Fazendária (Confaz) para fins de definição dos critérios e procedimentos a serem observados no processo de Certificação de Conteúdo de Importação (CCI);
b) as empresas não têm ideia de como a certificação será realizada, sendo que o conteúdo CCI deverá ser dado por empresas certificadoras especializadas, devido à sua complexidade;
c) as comercializadoras que promovam as vendas interestaduais não têm acesso ao valor de importação;
d) em razão do CCI não se aplicar aos bens e mercadorias importados do exterior que não tenham similar nacional, haverá necessidade de verificação pela Câmara de Comércio Exterior (Camex), o que pode implicar morosidade para aplicação (ou não) da alíquota para as diversas mercadorias desembarcadas; e
e) a existência de dúvida quanto à aplicação da alíquota de 4% restrita à primeira venda interestadual, ou também considerada nas subsequentes operações.

## 3.7 Comércio eletrônico

### 3.7.1 Sistemática e controvérsias jurídicas

O local da operação e o conceito de estabelecimento para a tributação das operações mercantis contratadas pela internet não recebera tratamento normativo específico, envolvendo particularidades por envolver a comercialização e a prestação de bens e serviços intangíveis, e pela desnecessidade de vinculação do *site* a um ponto geográfico.[475]

Neste sentido, são apontadas situações em que a fixação do local da operação se torna complexa:

> [...] c) *Compra em loja virtual e entrega física por estabelecimento da empresa*: o local da operação é o do estabelecimento que dá saída física à mercadoria. Conforme os artigos 11, inciso I, "a", e §3º e 12, inciso I, da Lei Complementar nº 87/1996, o ICMS é devido ao estado do estabelecimento que promove a saída física da mercadoria, ainda que diverso do domicílio tributário indicado pelo estabelecimento virtual contratado pelo adquirente;

---

[475] MINATO, Maki. *Guerra fiscal*: ICMS e comércio eletrônico. Dissertação (Mestrado) – Faculdade de Direito, Universidade de São Paulo, São Paulo, 2014. p. 57.

d) *Compra em loja virtual e saída física da mercadoria por armazém*: o local da operação é o do estabelecimento que transfere a propriedade da mercadoria, independentemente do trânsito físico. Para a aplicação da regra prevista no artigo 11, inciso I, alínea "c", da Lei Complementar nº 87/1996, é necessário identificar o endereço do estabelecimento virtual que realiza transferência da propriedade.

O Protocolo ICMS nº 21, de 1º.4.2001, firmado por 21 estados, dispusera sobre a exigência a favor da unidade federada de destino da mercadoria ou bem, da parcela do ICMS devida na operação interestadual, em que o consumidor final adquire mercadoria ou bem em que o consumidor final proceda à aquisição de forma não presencial por meio de internet, *telemarketing* ou *showroom*.

A exigência do imposto pela unidade federada destinatária da mercadoria, ou bem, aplica-se nas operações procedentes de unidades da Federação não signatárias do protocolo.

Nas operações interestaduais, o estabelecimento remetente, na condição de substituto tributário, será responsável pela retenção e recolhimento do ICMS, em favor da unidade federada de destino, relativo à parcela de que trata a cláusula específica, que será obtida pela aplicação da sua alíquota interna sobre o valor da respectiva operação, deduzindo-se o valor equivalente a determinados percentuais aplicados sobre a base de cálculo utilizada para cobrança do imposto devido na origem, a saber:

I – 7% para as mercadorias ou bens oriundos das Regiões Sul e Sudeste, exceto do Estado do Espírito Santo;

II – 12% para as mercadorias ou bens procedentes das Regiões Norte, Nordeste e Centro-Oeste e do Estado do Espírito Santo.

O ICMS devido à unidade federada de origem da mercadoria ou bem, relativo à obrigação própria do remetente, é calculado com a utilização de alíquota interestadual.

A parcela do imposto a que se refere a cláusula primeira deverá ser recolhida pelo estabelecimento remetente antes da saída da mercadoria ou bem, por meio de Documento de Arrecadação Estadual (DAE) ou Guia Nacional de Recolhimento de Tributos Estaduais (GNRE), exceto quando o remetente se credencie na unidade federada de destino, hipótese em que o recolhimento será feito até o dia nove do mês subsequente à ocorrência do fato gerador.

Será exigível, a partir do momento do ingresso da mercadoria ou bem no território da unidade federada do destino e na forma da legislação de cada unidade federada, o pagamento do imposto relativo à parcela a que se refere a cláusula primeira, na hipótese de a mercadoria ou bem estarem desacompanhados do documento correspondente ao recolhimento do ICMS, na operação procedente da unidade federada; (I) não signatária deste protocolo; (II) signatária deste protocolo, realizada por estabelecimento remetente não credenciado na unidade federada de destino.

As regras do protocolo não se aplicam às operações com veículos novos, previstas no Convênio ICMS nº 51-00, de 15.12.2000.

Argumentara-se pela inconstitucionalidade do protocolo em face de desrespeito ao art. 150, incs. IV e V, e art. 155, inc. II, §2º, incs. II, VI e VII, alínea "b" da CF, na forma seguinte:

a) estabelecera hipótese e repartição de alíquotas em operações interestaduais destinadas a consumidores finais, não contribuintes do imposto;

b) extravasara o âmbito de competência adstrito à implementação conjunta de políticas fiscais; permuta de informações e fiscalização conjunta; e outros assuntos de interesse dos estados e Distrito Federal, não se prestando ao estabelecimento de norma que aumentem, reduzam ou revoguem benefícios fiscais (art. 38 do Regimento Interno do Confaz);
c) não fora firmado por diversos estados (São Paulo, Minas Gerais, Rio de Janeiro, Rio Grande do Sul, Santa Catarina e Paraná), deixando de revestir a natureza de convênio.

Os estados signatários do protocolo apresentaram a justificativa de que, nas vendas não presenciais (por meio de internet, *telemarketing* e *showroom*), a empresa vai à cidade do consumidor, onde realiza a operação, sendo o deslocamento da mercadoria simples transporte entre o galpão do estoque e o endereço do destinatário.

Estudo específico da matéria assinalara que vários conceitos podem ser postos em debate, a saber: (i) conceito jurídico legal de estabelecimento físico e estabelecimento virtual; (ii) o momento da ocorrência do fato jurídico tributário da obrigação tributária e suas implicações em relação ao critério temporal da regra padrão de incidência do ICMS; (iii) o estabelecimento físico e sua influência no critério espacial da regra padrão de incidência do imposto; (iv) o Protocolo ICMS como veículo normativo competente para tratar de substituição tributária; e (v) o protocolo, por ser ato administrativo, estaria sujeito ao controle abstrato de constitucionalidade.[476]

Aduzira o autor que o conceito jurídico de estabelecimento virtual somente ingressaria no sistema quando introduzido por normas de caráter de direito civil ou de direito comercial, cuja competência para edição é privativa da União. O contrato de compra e venda pode ser celebrado por aqueles que possam figurar no polo ativo ou passivo de relações jurídicas, ou seja, por entes dotados de personalidade jurídica, não sendo possível a contratação com um estabelecimento virtual.

Observa-se que a EC nº 87/15 passou a disciplinar a repartição do ICMS – entre o estado de origem e o estado de destino –, relativo a vendas ao consumidor final que não seja contribuinte do imposto, localizado em outro estado.

### 3.7.2 Inconstitucionalidade

O Conselho Federal da Ordem dos Advogados do Brasil propôs ação judicial face à Lei nº 6.041, de 30.12.2010, do Estado do Piauí, que dispôs sobre a incidência do ICMS nas entradas no estado, de mercadorias ou bens oriundos de outras unidades da Federação destinados a pessoa física ou jurídica não inscrita no Cadastro de Contribuintes do Estado (CAGEP), independentemente de quantidade, valor ou habitualidade que caracterize ato comercial, violando o princípio da liberdade de tráfego, além de bitributação de operações interestaduais que destinem bens ao consumidor final não contribuinte, além de fixar alíquotas em patamar interior à alíquota máxima para as operações interestaduais.

---

[476] CARVALHO, Osvaldo dos Santos. *A não cumulatividade do ICMS e o princípio da neutralidade tributária*. Tese (Doutorado) – Faculdade de Direito, Pontifícia Universidade Católica de São Paulo, São Paulo, 2012. p. 204.

O STF decidira na forma seguinte:

EMENTA: DIREITO TRIBUTÁRIO. ICMS. LEI DO ESTADO DO PIAUÍ Nº 6.041/2010. ANTERIOR À EC nº 87/2015. AQUISIÇÃO NÃO PRESENCIAL. CONSUMIDOR FINAL NÃO CONTRIBUINTE. COBRANÇA PELO ESTADO DE DESTINO. INCONSTITUCIONALIDADE.

1. Trata-se de ação direta de inconstitucionalidade em que se discute a possibilidade de o Estado de destino cobrar ICMS nos casos de aquisição de mercadorias de forma não presencial, em outra unidade da Federação, por consumidor final não contribuinte desse imposto.

2. A controvérsia envolve a confrontação direta da lei estadual impugnada com a Constituição, sendo desnecessário o exame da legislação infraconstitucional. Cabimento da ação direta de inconstitucionalidade.

3. No julgamento da ADI 4.628, Rel. Min. Luiz Fux, o Plenário do Supremo Tribunal Federal, ao analisar a constitucionalidade do Protocolo nº 21/2011 do CONFAZ, firmou a orientação de que esse protocolo ofende a Constituição por atribuir ao Estado de destino, sem autorização constitucional, a diferença entre a sua alíquota interna de ICMS e a alíquota interestadual do Estado de origem, frente à circulação de mercadorias não presencial e destinada ao consumidor final não contribuinte desse imposto.

4. No julgamento das ADIs 4.596 e 4.712, sob a relatoria do Min. Dias Toffoli, o Plenário desta Corte, da mesma forma, reafirmou a sua jurisprudência, ressaltando que, a *"pretexto de corrigir desequilíbrio econômico, os entes federados não podem utilizar sua competência legislativa concorrente ou privativa para retaliar outros entes federados"*.

5. O constituinte optou por positivar a repartição do poder de tributar entre os entes federados, introduzindo regras constitucionais, que, sobretudo no que toca aos impostos, predeterminaram as materialidades tributárias. O desenho constitucional, por conseguinte, encerra um modelo que visa impedir que uma mesma materialidade tributária venha a concentrar mais de uma incidência de imposto (s) por um esmo ente (vedação ao *bis in idem*) ou por entes diversos (vedação à bitributação). A Lei nº 6.041/2010, do Estado do Piauí, contudo, permitiu que tanto o Estado de destino quanto o Estado de origem pudessem tributar um mesmo evento: a circulação de mercadorias não presencial dirigida a não contribuinte do ICMS, independentemente de autorização constitucional e de manifestação adicional de capacidade contributiva.

6. A instituição de um imposto estadual despida de autorização constitucional, de maneira a dificultar a circulação de mercadorias provenientes de outros Estados da Federação, viola o princípio da liberdade de tráfego (art. 155, V, da Constituição), além de introduzir uma discriminação entre as mercadorias em razão de sua origem, em ofensa ao art. 152 da Constituição.

7. A busca de maior equilíbrio econômico e social entre os Estados da Federação não pode ser alcançada pela violação das regras constitucionais de competência – normas inderrogáveis ou insuperáveis, diante do modelo rígido de repartição do poder de tributar entre os entes federados traçado pelo Constituinte originário.

8. A competência atribuída, com base no art. 155, II, da Constituição, para a instituição do ICMS compreende somente a circulação *jurídica* de *mercadorias*, entendida como a transferência de propriedade destas. Não por outra razão a orientação jurisprudencial do Supremo Tribunal Federal é de que a transferência física de mercadorias entre estabelecimentos do mesmo contribuinte não configura a sua circulação jurídica, descaracterizando a materialidade do ICMS. Precedentes.

9. É competência de o Senado Federal definir as alíquotas mínimas e máximas das operações internas (art. 155, §2º, VI, da Constituição), sendo que tais alíquotas, normalmente, não podem ser inferiores às interestaduais (art. 155, §2º, VII, da Constituição). Considerando

que a alíquota geral nas operações interestaduais é de 12%, nos termos da Resolução nº 22/1989, do Senado Federal, é vedado aos Estados-membros estabelecer alíquotas internas inferiores a esse patamar, salvo deliberação em contrário no âmbito do CONFAZ.

10. Ação direta de inconstitucionalidade *conhecida* e *julgada procedente* com a fixação da seguinte tese: "*É inconstitucional lei estadual anterior à EC nº 87/2015 que estabeleça a cobrança de ICMS pelo Estado de destino das operações interestaduais de circulação de mercadorias realizadas de forma não presencial e destinadas a consumidor final não contribuinte desse imposto*". (ADI nº 4.565 Piauí – Plenário – Rel. Min. Roberto Barroso – Sessão Virtual de 12.2.2021 a 23.2.2021)

## 3.8 Cobrança dos incentivos julgados inconstitucionais

O STF julgou procedente ação cível originária (nº 541 – Rel. Min. Gilmar Mendes, j. 19.4.2006, *DJU* de 30.6.2006) ajuizada pelos estados da Bahia e de São Paulo face o Distrito Federal, e empresas beneficiadas, que postularam a anulação do Termo de Acordo de Regime Especial (Tare) nº 1/98-DF. Em caso específico, permitira a exigibilidade e o recolhimento do ICMS nas operações interestaduais a ser calculado conforme alíquotas fixadas pela Resolução nº 22/89 do Senado Federal.

No pleito, fora argumentado que o regime especial concedido à empresa permitia que esta, através de seu estabelecimento de origem, adquirisse a mercadoria de seus fornecedores, registrasse a remessa dela para seu estabelecimento localizado no Distrito Federal e, logo após, determinasse sua entrega física diretamente ao seu estabelecimento de Uberlândia (MG) sob a alíquota privilegiada de 7%.

O relator destacou que o STF, ao analisar a ADIn nº 2.021, decidiu que as alíquotas do ICMS não podem ser alteradas pelos entes federados senão por deliberação conjunta. Dessa forma, a Tare nº 1/98, além de prever hipótese ficta de incidência do ICMS, dispôs sobre receita indevida ao Distrito Federal, através do recolhimento do tributo sem correspondente fato impositivo real, prejudicando a incidência dos impostos aos estados remetentes e destinatários do imposto.

O Ministério Público do *Distrito Federal* ingressou com mais de 600 ações judiciais contra empresas atacadistas e o governo do DF, pleiteando a devolução de R$8 bilhões em créditos de ICMS concedidos de 2000 a 2008, dentro do programa Tare.[477]

Argumenta o MP que não poderiam ser firmados acordos individuais para tratar de tributos, e que o desconto de ICMS resulta em renúncia fiscal indevida, causando prejuízo aos cofres públicos.

Decisões do Tribunal de Justiça do DF julgam procedentes as ações para cobrança das empresas da diferença entre a alíquota cheia do ICMS e os créditos concedidos pela Tare.

As empresas alegam que agiram de boa-fé, seguindo uma norma vigente publicada pelo governo do DF, e que a diferença tributária não permaneceu no seu caixa, tendo sido repassada no preço.

Asseveram, ainda, que as ações teriam perdido objeto com a edição do Convênio nº 86, do Confaz, celebrado em setembro de 2011, que concedeu anistia às empresas em relação aos créditos utilizados no passado, sendo objeto de incorporação pela Lei Distrital nº 4.732.

---

[477] *Jornal Valor*, 8 maio 2012. E1.

O STF solucionou a controvérsia nos termos seguintes:

> Ementa: DIREITO TRIBUTÁRIO. RECURSO EXTRAORDINÁRIO COM REPERCUSSÃO GERAL. ICMS. BENEFÍCIOS FISCAIS JULGADOS INCONSTITUCIONAIS. REMISSÃO DE CRÉDITOS TRIBUTÁRIOS PRECEDIDA DE CONVÊNIOS. POSSIBILIDADE.
> 1. Recurso extraordinário com repercussão geral reconhecida para definir se é constitucional que os Estados e o Distrito Federal, com amparo em convênios do CONFAZ, concedam remissão de créditos de ICMS oriundos de benefícios fiscais declarados inconstitucionais.
> 2. O ICMS é imposto de competência dos Estados e do DF, mas, devido a seu potencial lesivo ao pacto federativo, a Constituição determinou que cabe ao legislador complementar estabelecer a forma como são concedidos e revogados benefícios fiscais a ele relacionados, a fim de impedir a guerra fiscal. O legislador complementar, por sua vez, previu a obrigatoriedade de autorização do CONFAZ, mediante convênio, como pressuposto de validade da lei estadual de desoneração.
> 3. No caso ora em julgamento, a lei distrital concedeu a remissão de créditos de ICMS devidamente autorizada por dois convênios do CONFAZ. Indevida, portanto, a intervenção desta Corte para limitar a autonomia dos entes quando eles atuam dentro das balizas constitucionais.
> 4. A hipótese não se confunde com constitucionalização superveniente, uma vez que a lei distrital impugnada não convalidou as leis anteriormente julgadas inconstitucionais.
> 5. Desprovimento do recurso extraordinário, reconhecendo-se a constitucionalidade da Lei do Distrito Federal nº 4.732/2011, com a redação dada pela Lei nº 4.969/2012, com a fixação da seguinte tese: "É constitucional a lei estadual ou distrital que, com amparo em convênio do CONFAZ, conceda remissão de créditos de ICMS oriundos de benefícios fiscais anteriormente julgado inconstitucionais" (Tema 817 de Repercussão Geral", nos termos do voto do Relator.
> Brasília, 10 a 17 de dezembro de 2021. (RE nº 851.421-DF – Plenário – Rel. Min. Roberto Barroso – j. 18.12.2021)

## 3.9 Aspectos práticos na aplicação dos incentivos (Repetro)

Os estados do Rio de Janeiro (decretos nºs 25.403, de 2.7.99, e 26.005, de 10.2.2000) e do Espírito Santo (Decreto nº 153-R de 16.6.2000) – unilateralmente (sem base em convênio entre os estados) – concederam benefícios do ICMS nos fornecimentos de bens para as plataformas marítimas, e demais operações relativas à exploração e produção de petróleo.

O Estado de São Paulo não havia estabelecido a desoneração do ICMS nas referidas exportações, uma vez que somente a efetiva exportação é tratada como não incidência do imposto. Aguardava a aprovação de convênio (em tramitação no Cotepe) dispondo sobre a isenção nas referidas operações.

Ficara prejudicada a participação das indústrias paulistas em razão da dificuldade de concorrer com as empresas do Rio de Janeiro e de Vitória, e, também, em igualdade de condições com o exportador estrangeiro, em face do que poderiam ser cogitados os procedimentos seguintes:
   a) aguardar o convênio. Entretanto, até sua edição, as empresas poderiam perder concorrências;
   b) interposição de ação direta de inconstitucionalidade, objetivando a invalidade dos decretos do Rio de Janeiro e do Espírito Santo. O seu acolhimento

implicaria a igualdade de tratamento tributário das empresas de todos os estados, mas as operações continuariam oneradas pelo ICMS, situação em que as empresas estrangeiras seriam indiretamente beneficiadas;
c) impetração de mandado de segurança coletivo pela entidade de classe, com os mesmos objetivos apontados na alínea "b".

O Estado de São Paulo expedira o Decreto nº 45.362, de 6.11.2000, dispondo sobre a desoneração do ICMS nas operações com insumos, materiais, máquinas e equipamentos nele especificados destinados à construção, ampliação, reparo, conserto, modernização, transformação e reconstrução de plataformas de petróleo e de embarcações utilizadas na prestação de serviços marítimos, na navegação de cabotagem e de interior, no apoio *offshore* e no apoio de serviços portuários e no comércio exterior e interno.

O Governador de Minas Gerais propôs a ADI nº 2.377-2, tendo o STF, por unanimidade, deferido o pedido de medida cautelar para suspender a eficácia do decreto de São Paulo (Plenário de 22.2.2001, Rel. Min. Sepúlveda Pertence), em razão do que o Estado de São Paulo expediu o Decreto nº 45.737, de 3.4.2001 (revogando o Decreto nº 45.362/00).

Transcrevo o acórdão para conhecimento da postura do STF:

> ICMS "guerra fiscal", concessão unilateral de benefícios fiscais (incluída a outorga de crédito presumido) por Estado federado: "guerra fiscal" repelida pelo STF: liminar deferida.
> 1. A orientação do Tribunal é particularmente severa na repressão à guerra fiscal entre as unidades federadas, mediante a prodigalização de isenções e benefícios fiscais atinentes ao ICMS, com afronta da norma constitucional do art. 155, §2º, II, *g* – que submete sua concessão à decisão consensual dos Estados na forma da lei complementar (ADIn 84-MG, 15.2.96, Galvão, DJ 19.4.96; ADInMC 128-AL, 23.11.89, Pertence, RTJ 145/707; ADInMC 902, 3.3.94, Marco Aurélio, RTJ 151/444; ADInMC 1.296-PI, 14.6.95, Celso; ADInMC 1.247-PA, 17.8.95, Celso, RTJ 168/754; ADInMC 1.179-RJ, 29.2.96, Marco Aurélio, RTJ 164/881; ADInMC 2.021-SP, 25.8.99, Corrêa; ADIn 1.587, 19.10.00, Gallotti, Informativo 207, *DJ* 15.8.97; ADInMC 1.999, 30.6.99, Gallotti, *DJ* 31.3.00; ADInMC 2.352, 19.12.00, Pertence, *DJ* 9.3.01).
> 2. As normas constitucionais, que impõem disciplina nacional ao ICMS, são preceitos contra os quais não se pode opor a autonomia do Estado, na medida em que são explícitas limitações.
> 3. O propósito de retaliar preceito de outro Estado, inquinado da mesma balda, não valida a retaliação: inconstitucionalidades não se compensam.
> 4. Concordância do *periculum in mora* para a suspensão do ato normativo estadual que – posto que inspirada na razoável preocupação de reagir contra o Convênio 58/99, que privilegia a importação de equipamentos de pesquisa e lavra de petróleo e gás natural contra os produtos nacionais similares – acaba por agravar os prejuízos igualmente acarretados à economia e às finanças dos demais Estados-membros que sediam empresas do ramo, "as quais, por força da vedação constitucional, não hajam deferido benefícios unilaterais. (Medida Cautelar em ADIn nº 2.377-2-MG – Rel. Min. Sepúlveda Pertence – j. 22.2.2001 – *DJU* 1 de 7.11.2003, p. 81).
> Ação judicial prejudicada em razão da perda superveniente do objeto (revogação do Decreto Estadual), nos termos da decisão do STF proferida pelo Min. Menezes de Direito, em 7.11.2007.

O Convênio ICMS nº 130, de 27.11.2007, dispôs sobre a isenção e redução da base de cálculo em operação com bens ou mercadorias destinados às atividades de pesquisa, exploração ou produção de petróleo e gás natural.

## 3.10 Diretrizes fazendárias

### 3.10.1 Comunicado CAT nº 36/04-SP

A Fazenda de São Paulo expediu o Comunicado CAT nº 36, de 29.7.2004 (publicado em 31.7), esclarecendo sobre a impossibilidade de aproveitamento dos créditos de ICMS provenientes de operações ou prestações amparadas por benefícios fiscais de ICMS não autorizados por convênio celebrado nos termos da LC nº 24/75, na forma seguinte:

> 1. O crédito do ICMS correspondente à entrada de mercadoria remetida ou de serviço prestado a estabelecimento localizado em território paulista, por estabelecimento localizado em outra unidade federada que se beneficie com incentivos fiscais (referidos nos Anexos I e II do Comunicado), somente será admitido até o montante em que o imposto tenha sido efetivamente cobrado pela unidade federada de origem.
>
> 2. O crédito do ICMS relativo a qualquer entrada de mercadoria ou recebimento de serviço com origem em outra unidade federada somente será admitido ou deduzido, na conformidade do disposto no item 1, ainda que as operações e prestações estejam beneficiadas por incentivos decorrentes de atos normativos não listados expressamente nos mencionados Anexos I e II.

Relação dos Benefícios Fiscais Sujeitos à Glosa de Créditos Fiscais.
Anexo I
Benefícios Contestados em Ações Diretas de Inconstitucionalidade
Propostas pelo Estado de São Paulo

| UF | Legislação | Produto/Atividade Beneficiada | ADIn |
|---|---|---|---|
| Minas Gerais | Leis 11.393/94, 12.281/96, 12.228/96, 13.431/99. Decretos 35.435/94, 38.106/96, 39.563/98, 40.884/00, 41.176/00, 41.587/01, 38.290/96, 39.217/97, 38.290/96, 39.217/97, 40.558/99, 40.848/99, 40.982/2000, 41.021/00, 41.311/00, 41.532/01 e 41.840/01. | Programas que instituem benefícios de caráter geral ou destinados a determinados setores econômicos. Financiamentos vinculados ao ICMS. | 2.561-9 |
| Paraná | Decreto 2.736/96. Artigo 15, III, "d", Artigo 51, IV, §§3º e 4º, Artigo 51, XV, §15 Artigo 51, XVI, §15 – Artigo 51, XVII, §16 – Artigo 59, I Artigo 57, §2º, "a" e "c". | Fios de seda. Produtos de informática. Produtos do abate de aves, gado, coelho. Insumos para a fabricação. | 2.155-9 |
| Paraná | Decreto 3.708/97 Decreto 2.736/96 Art. 637. | Estação Aduaneira de Maringá – importações em geral. | 2.166-9 |

| UF | Legislação | Produto/Atividade Beneficiada | ADIn |
|---|---|---|---|
| Paraná | Leis 13.212/01 e 13.214/01. | Crédito outorgado de 7% para abate de aves, gado bovino, bubalino ou suíno, industrialização de pescados. Crédito em operações interestaduais com bobinas e tiras de aço, produtos de informática e automação. Redução de base de cálculo em operações interestaduais com farinha de trigo. | 2.548-1 |
| Rio de Janeiro | Lei 2.273/94 Decreto 20.326/94. | Indústria e Agroindústria. | 1.179-1 |
| Bahia | Lei 7.508/99 Artigo 3º, "a", "b" e "c" Decreto 7.699/99 Artigo 8º, I, II, III e §§1º e 2º. | Cobre e derivados do cobre. | 2.157-5 |
| Bahia | Decreto 4.316/95 Decreto 6.741/97 e Decreto 7.341/98. | Produtos de informática eletrônica e telecomunicação. | 2.156-7 |
| Distrito Federal | Lei 2.382/92 e Decreto 20.322/99 Leis 2.427/99, 2.483/99 e 2.719/01 Decretos 20.957/00 e 23.210/02. | Atacadistas e Distribuidores Empreendimentos do PRODF – Financiamento de 70% do ICMS. | 2.440-0 2.543-0 |

| UF | Legislação | Produto/Atividade Beneficiada | ADIn |
|---|---|---|---|
| Goiás | Lei nº 9.489, de 31/7/84 – Art. 1º, art. 2º, "a", "c", "d" e art. 4º e §<br>Lei nº 11.180, de 20/04/90 Art. 2º, I, II e V, Art. 3º, I, II, III, IV, Art. 004º e §<br>Lei nº 11.660, de 27/12/91 Art. 2º, §e 7º, II "a" e "b"<br>Lei nº 12.181, de 3/12/93 Arts. 5º, 6º e 7º<br>Lei nº 12.425, de 15/8/94 Art. 1º e §3º, §4º e §5º<br>Lei nº 12.855, de 19/04/96 Art. 2º e §e art. 6º<br>Lei nº 13.213, de 29/12/97 Art. 1º, I, II Art. 3º Art. 27, I, II<br>Lei nº 13.246, 13/01/98 Art. 3º, I, II Art. 4º Art. 6º<br>Lei nº 13.436, de 30/12/98 Art. 4º, I, II e III<br>Lei nº 13.533, de 15/10/99 Art. 1º e §1º e §2º Art. 2º<br>Lei nº 13.581, de 10/01/00 Art. 3º<br>Decreto nº 3.503, de 13/08/90 Decreto nº 3.822, de 13/08/92 Decreto nº 4.419, de 13/08/95 Decreto nº 4.756, de 13/08/97 Decreto nº 4.989, de 13/08/98 Decreto nº 5.036, de 13/08/99 Art. 37 e I, "a", "b", "c", "d",<br>§002º, §003º Art. 8º, I, II, V Art. 9º, I, "a", II, "a" e "b" Art. 16 Art. 17, I, II, III, V, IX, §2º, §3º – Art. 20, I, II, III, IV, V, VI, VII, X, XI e XII, §1º, §2º, I e II Art. 024, art. 025, art. 026 e art. 027, 00I e III<br>Decreto nº 5.265, de 31/12/00. | Incentivos.<br>Programas de concessão de incentivos fiscais e financeiros denominados Fomentar ou Produzir e todos os demais programas deles decorrentes. | 2.441-8 |
| Mato Grosso do Sul | Lei 1.798/97<br>Lei 2.047/99<br>Lei 2.182/00<br>Decreto 9.115/98. | Setor industrial.<br>Programa de concessão de incentivos fiscais e financeiros denominado Proação e todos os programas dele decorrentes. | 2.439-6 |

Anexo II
Lista Exemplificativa dos Demais Benefícios Fiscais
(não prejudica a aplicação do disposto no item 2)

| 1 – Amazonas | | |
|---|---|---|
| Item | Mercadoria | Benefício |
| 1.1 | Programa Geral de Incentivos Fiscais – Política Estadual de Incentivos Fiscais e Extrafiscais do Estado do Amazonas. | Financiamento, renúncias fiscais e créditos presumidos de até 100% do valor do imposto devido, concedidos por produto e região do Estado.<br>Lei 2.826/03 e Decreto 23.994/03 – a partir de 26-9-2003. |

| 2 – Bahia | | |
|---|---|---|
| Item | Mercadoria | Benefício |
| 2.1 | Atacadista de leite e seus derivados. | Crédito presumido de 16,667% do valor do imposto incidente nas operações interestaduais (Art. 2º do Dec. 7.488/98, de 31/12/98 a 09/05/2000, e Art. 2º do Dec. 7.799/2000, a partir de 10/05/2000, prorrogado por prazo indeterminado pelo Dec. 8.865/03 e observado o Dec. 8.869/04). |
| 2.2 | Atacadista de farinhas, amidos e féculas. | Crédito presumido de 16,667% do valor do imposto incidente nas operações interestaduais (Art. 2º do Dec. 7.488/98, de 31/12/98 a 09/05/2000, e Art. 2º do Dec. 7.799/2000, a partir de 10/05/2000, prorrogado por prazo indeterminado pelo Dec. 8.865/03 e observado o Dec. 8.869/04). |
| 2.3 | Atacadista de frutas, verduras, raízes, tubérculos, hortaliças e legumes frescos. | Crédito presumido de 16,667% do valor do imposto incidente nas operações interestaduais (Art. 2º do Dec. 7.488/98, de 31/12/98 a 09/05/2000, e Art. 2º do Dec. 7.799/2000, a partir de 10/05/2000, prorrogado por prazo indeterminado pelo Dec. 8.865/03 e observado o Dec. 8.869/04). |
| 2.4 | Atacadista de aves vivas e ovos. | Crédito presumido de 16,667% do valor do imposto incidente nas operações interestaduais (Art. 2º do Dec. 7.488/98, de 31/12/98 a 09/05/2000, e Art. 2º do Dec. 7.799/2000, a partir de 10/05/2000, prorrogado por prazo indeterminado pelo Dec. 8.865/03 e observado o Dec. 8.869/04). |
| 2.5 | Atacadista de carnes e produtos de carnes. | Crédito presumido de 16,667% do valor do imposto incidente nas operações interestaduais (Art. 2º do Dec. 7.488/98, de 31/12/98 a 09/05/2000, e Art. 2º do Dec. 7.799/2000, a partir de 10/05/2000, prorrogado por prazo indeterminado pelo Dec. 8.865/03 e observado o Dec. 8.869/04). |
| 2.6 | Atacadista de pescados e frutos do mar. | Crédito presumido de 16,667% do valor do imposto incidente nas operações interestaduais (Art. 2º do Dec. 7.488/98, de 31/12/98 a 09/05/2000, e Art. 2º do Dec. 7.799/2000, a partir de 10/05/2000, prorrogado por prazo indeterminado pelo Dec. 8.865/03 e observado o Dec. 8.869/04). |
| 2.7 | Atacadista de massas alimentícias em geral. | Crédito presumido de 16,667% do valor do imposto incidente nas operações interestaduais (Art. 2º do Dec. 7.488/98, de 31/12/98 a 09/05/2000, e Art. 2º do Dec. 7.799/2000, a partir de 10/05/2000, prorrogado por prazo indeterminado pelo Dec. 8.865/03 e observado o Dec. 8.869/04). |
| 2.8 | Atacadista de outros produtos alimentícios. | Crédito presumido de 16,667% do valor do imposto incidente nas operações interestaduais (Art. 2º do Dec. 7.488/98, de 31/12/98 a 09/05/2000, e Art. 2º do Dec. 7.799/2000, a partir de 10/05/2000, prorrogado por prazo indeterminado pelo Dec. 8.865/03 e observado o Dec. 8.869/04). |

| 2 – Bahia | | |
|---|---|---|
| Item | Mercadoria | Benefício |
| 2.9 | Atacadista de máquinas, aparelhos e equipamentos elétricos de uso pessoal e doméstico. | Crédito presumido de 16,667% do valor do imposto incidente nas operações interestaduais (Art. 2º do Dec. 7.488/98, de 31/12/98 a 09/05/2000, e Art. 2º do Dec. 7.799/2000, a partir de 10/05/2000, prorrogado por prazo indeterminado pelo Dec. 8.865/03 e observado o Dec. 8.869/04). |
| 2.10 | Atacadista de aparelhos eletrônicos de uso pessoal e doméstico. | Crédito presumido de 16,667% do valor do imposto incidente nas operações interestaduais (Art. 2º do Dec. 7.488/98, de 31/12/98 a 09/05/2000, e Art. 2º do Dec. 7.799/2000, a partir de 10/05/2000, prorrogado por prazo indeterminado pelo Dec. 8.865/03 e observado o Dec. 8.869/04). |
| 2.11 | Atacadista de produtos de higiene pessoal. | Crédito presumido de 16,667% do valor do imposto incidente nas operações interestaduais (Art. 2º do Dec. 7.488/98, de 31/12/98 a 09/05/2000, e Art. 2º do Dec. 7.799/2000, a partir de 10/05/2000, prorrogado por prazo indeterminado pelo Dec. 8.865/03 e observado o Dec. 8.869/04). |
| 2.12 | Atacadista de cosméticos e produtos de perfumaria. | Crédito presumido de 16,667% do valor do imposto incidente nas operações interestaduais até 28-5-2003 (Art. 2º do Dec. 7.488/98, de 31/12/98 a 09/05/2000, e Art. 2º do Dec. 7.799/2000, a partir de 10/05/2000). |
| 2.13 | Atacadista de produtos de higiene, limpeza e conservação domiciliar. | Crédito presumido de 16,667% do valor do imposto incidente nas operações interestaduais (Art. 2º do Dec. 7.488/98, de 31/12/98 a 09/05/2000, e Art. 2º do Dec. 7.799/2000, a partir de 10/05/2000, prorrogado por prazo indeterminado pelo Dec. 8.865/03 e observado o Dec. 8.869/04). |
| 2.14 | Atacadista de produtos de higiene, limpeza e conservação domiciliar, com atividade de fracionamento e acondicionamento associada. | Crédito presumido de 16,667% do valor do imposto incidente nas operações interestaduais (Art. 2º do Dec. 7.488/98, de 31/12/98 a 09/05/2000, e Art. 2º do Dec. 7.799/2000, a partir de 10/05/2000, prorrogado por prazo indeterminado pelo Dec. 8.865/03 e observado o Dec. 8.869/04). |
| 2.15 | Atacadista de artigos de escritório e papelaria; papel, papelão e seus artefatos. | Crédito presumido de 16,667% do valor do imposto incidente nas operações interestaduais (Art. 2º do Dec. 7.799/2000 e Dec. 7.902/01). |
| 2.16 | Atacadista de móveis. | Crédito presumido de 16,667% do valor do imposto incidente nas operações interestaduais (Art. 2º do Dec. 7.488/98, de 31/12/98 a 09/05/2000, e Art. 2º do Dec. 7.799/2000, a partir de 10/05/2000, prorrogado por prazo indeterminado pelo Dec. 8.865/03 e observado o Dec. 8.869/04). |
| 2.17 | Atacadista de embalagens. | Crédito presumido de 16,667% do valor do imposto incidente nas operações interestaduais (Art. 2º do Dec. 7.488/98, de 31/12/98 a 09/05/2000, e Art. 2º do Dec. 7.799/2000, a partir de 10/05/2000, prorrogado por prazo indeterminado pelo Dec. 8.865/03 e observado o Dec. 8.869/04). |

| 2 – Bahia | | |
|---|---|---|
| Item | Mercadoria | Benefício |
| 2.18 | Atacadista de equipamentos de informática e comunicação. | Crédito presumido de 16,667% do valor do imposto incidente nas operações interestaduais (Art. 2º do Dec. 7.488/98, de 31/12/98 a 09/05/2000, e Art. 2º do Dec. 7.799/2000, a partir de 10/05/2000, prorrogado por prazo indeterminado pelo Dec. 8.865/03 e observado o Dec. 8.869/04). |
| 2.19 | Atacadista de mercadoria em geral sem predominância de artigos para uso na agropecuária. | Crédito presumido de 16,667% do valor do imposto incidente nas operações interestaduais (Art. 2º do Dec. 7.488/98, de 31/12/98 a 09/05/2000, e Art. 2º do Dec. 7.799/2000, a partir de 10/05/2000, prorrogado por prazo indeterminado pelo Dec. 8.865/03 e observado o Dec. 8.869/04). |
| 2.20 | Componentes, partes e peças destinados à fabricação de produtos de informática, eletrônica e telecomunicações importados. | Crédito presumido de 70,834% do valor do ICMS incidente nas saídas interestaduais (Dec. 4.316/95, art. 7º, parágrafo único). |
| 2.21 | Artigos esportivos importados. | Crédito presumido de 55% do valor do ICMS incidente nas saídas interestaduais (Dec. 7.727/99, art. 2º). |

| 3 – Distrito Federal | | |
|---|---|---|
| Item | Mercadoria | Benefício |
| 3.1 | Atacadista ou distribuidor de biscoitos do tipo Água e Sal, Cream Cracker, Maisena e Maria; café torrado e moído; creme vegetal; margarina; halvarina; polvilho; açúcar refinado e cristal; alho; arroz; leite tipo C; leite em pó; macarrão tipo comum; farinha de mandioca; feijão; óleo de soja; extrato de tomate, concentrado ou simples concentrado; pão francês de 50g; sal de cozinha; fubá de milho; rapadura; água sanitária; papel higiênico; sabonete, exceto os glicerinados, hidratantes ou adicionados de óleos especiais; sabão em barra. | Crédito presumido de 11% sobre o montante das operações interestaduais. (Dec. 20.322/99 e Portarias 293/99 e 586/01) (a partir de 01/02/2004 – Decreto 24.371/2004). |

| 3 – Distrito Federal | | |
|---|---|---|
| Item | Mercadoria | Benefício |
| 3.2 | Atacadista ou distribuidor de animais vivos das espécies: bovinos, bufalinos, caprinos, coelhos, ovinos, rãs, suínos, aves, bem como as carnes, os produtos e os subprodutos comestíveis resultantes do abate desses animais, e pescado. | Crédito presumido de 10% sobre o montante das operações interestaduais. (Dec. 20.322/99 e Portarias 293/99 e 434/99) (a partir de 01/02/2004 – Decreto 24.371/2004).<br>Obs.: para carnes, pescados e seus derivados, no período de 23/06/99 a 19/12/99, crédito presumido de 11%. |
| 3.3 | Atacadista ou distribuidor de bebidas não sujeitas ao regime de substituição tributária. | Crédito presumido de 9,5% sobre o montante das operações interestaduais. (Dec. 20.322/99 e Portaria 293/99) (a partir de 01/02/2004 – Decreto 24.371/2004). |
| 3.4 | Atacadista ou distribuidor de mercadorias sujeitas ao regime de substituição tributária. | Crédito presumido de 9,5% sobre o montante das operações interestaduais. (Dec. 20.322/99 e Portaria 293/99) (a partir de 01/02/2004 – Decreto 24.371/2004). |
| 3.5 | Atacadista ou distribuidor de produtos farmacêuticos constantes do Convênio ICMS 76/94. | Crédito presumido de 10% sobre o montante das operações interestaduais. (Dec. 20.322/99 e Portarias 293/99 e 13/2000) (a partir de 01/02/2004 – Decreto 24.371/2004). |
| 3.6 | Atacadista ou distribuidor de outros produtos de higiene e limpeza não enquadrados no subitem 3.5. | Crédito presumido de 9,5% sobre o montante das operações interestaduais. (Dec. 20.322/99 e Portaria 293/99) (a partir de 01/02/2004 – Decreto 24.371/2004). |
| 3.7 | Atacadista ou distribuidor de outros produtos do gênero alimentício, exceto carnes, pescados e seus derivados. | Crédito presumido de 10,5% sobre o montante das operações interestaduais. (Dec. 20.322/99 e Portaria 293/99) (a partir de 01/02/2004 – Decreto 24.371/2004). |
| 3.8 | Atacadista ou distribuidor de móveis e mobiliário médico cirúrgico. | Crédito presumido de 9,5% sobre o montante das operações interestaduais. (Dec. 20.322/99 e Portaria 293/99) (a partir de 01/02/2004 – Decreto 24.371/2004). |
| 3.9 | Atacadista ou distribuidor de vestuário e seus acessórios. | Crédito presumido de 9,5% sobre o montante das operações interestaduais<br>(Dec. 20.322/99 e Portaria 293/99) (a partir de 01/02/2004 – Decreto 24.371/2004). |
| 3.10 | Atacadista ou distribuidor de artigos de papelaria. | Crédito presumido de 9,5% sobre o montante das operações interestaduais. (Dec. 20.322/99 e Portaria 293/99) (a partir de 01/02/2004 – Decreto 24.371/2004). |
| 3.11 | Atacadista ou distribuidor de produtos de perfumaria e cosméticos. | Crédito presumido de 9,5% sobre o montante das operações interestaduais. (Dec. 20.322/99 e Portaria 293/99) (a partir de 01/02/2004 – Decreto 24.371/2004). |

## 3 – Distrito Federal

| Item | Mercadoria | Benefício |
|---|---|---|
| 3.12 | Atacadista ou distribuidor de material de construção. | Crédito presumido de 11% sobre o montante das operações interestaduais. (Dec. 20.322/99 e Portarias 293/99 e 641/02) (a partir de 01/02/2004 – Decreto 24.371/2004). |
| 3.13 | Atacadista ou distribuidor de: Papel (Códigos NBM-SH 4.802, 4.804, 4.807, 4.809, 4.810, 4.811, 4.817 e 4.823). | Crédito presumido de 10,5% sobre o montante das operações interestaduais. (Dec. 20.322/99 e Portarias 293/99, 92/2000 e 475/02) (a partir de 01/02/2004 – Decreto 24.371/2004). |
| 3.14 | Atacadista ou distribuidor de produtos da indústria de informática e automação e suporte físico e programa de computadores, quando não seja elaborado sob encomenda, exceto jogos. | Crédito presumido de 11% sobre o montante das operações interestaduais. (Dec. 20.322/99 e Portarias 293/99 e 92/2000) (a partir de 01/02/2004 – Decreto 24.371/2004). |
| 3.15 | Atacadista ou distribuidor de outras mercadorias não relacionadas nos subitens 3.1 a 3.14. | Crédito presumido de 9,5% sobre o montante das operações interestaduais. (Dec. 20.322/99 e Portaria 293/99) (a partir de 01/02/2004 – Decreto 24.371/2004). |

## 4 – Espírito Santo

| Item | Mercadoria | Benefício |
|---|---|---|
| 4.1 | Qualquer mercadoria, exceto café, energia elétrica, lubrificantes, combustíveis, mercadorias para consumidor final e aquelas sujeitas à substituição tributária promovidas por estabelecimento comercial atacadista estabelecido no Estado. | Crédito presumido de 11% do valor da operação nas saídas interestaduais (Art. 107 do RICMS do ES – Decreto 1.090/2002). |

## 5 – Goiás

| Item | Mercadoria | Benefício |
|---|---|---|
| 5.1 | Estabelecimento de comércio atacadista que destine mercadoria para comercialização, produção ou industrialização. | Crédito presumido, no período de 21/11/94 a 31/07/2000, de 2%, e a partir de 01/08/2000 de 3% (Art. 11, III do Anexo IX do Dec. 4.852/97). |

| 6 – Mato Grosso do Sul | | |
|---|---|---|
| Item | Mercadoria | Benefício |
| 6.1 | Mercadoria recebida de estabelecimento atacadista (CAE 40.100, 40.130, 40.410, 40.804, 40.902 e 41.070). | Crédito presumido de 2% Art. 4º, III, do Dec. n. 10.098 e Dec. n. 10.481/2001. Obs.: Dependente de autorização, que pode excluir determinada mercadoria. |

| 7 – Pernambuco | | |
|---|---|---|
| Item | Mercadoria | Benefício |
| 7.1 | Comércio atacadista de produtos importados. | Crédito presumido de 47,5% a 52,5% (Lei nº 11.675/99 e art. 9º do Decreto nº 21.959/99). |
| 7.2 | Central de distribuição. | Crédito presumido de 3% a 8% (Lei nº 11.675/99 e art. 10 do Decreto nº 21.959/99). |
| 7.3 | Produtos alimentícios, de limpeza, de higiene e bebidas. | Crédito presumido de 3,25% a 19,25% aplicáveis sobre o valor de aquisição dos produtos por estabelecimento atacadista pernambucano (Lei nº 12.202/2002 e Decreto nº 24.422/2002 – art. 2º). |

| 8 – Rio de Janeiro | | |
|---|---|---|
| Item | Mercadoria | Benefício |
| 8.1 | Tecidos, calçados, bolsas, lingerie, roupas em geral e bijuterias. | Crédito presumido de 10% do ICMS incidente nas vendas decorrentes do lançamento de novas coleções às indústrias de fiação e tecelagem e do setor de moda e confecções – de 22-9-2000 a 31-12-2002 (Art. 2º do Dec. 27.158/2000). |
| 8.2 | Atacadistas e Centrais de Distribuição – Rio Logística. | Crédito presumido de 2% sobre o valor das vendas interestaduais realizadas pelas empresas beneficiárias. Crédito presumido de 2% sobre o valor das entradas interestaduais a título de compra ou transferência (Lei 4.173/03). |
| 8.3 | Importadores – Rio Portos. | Financiamento vinculado ao ICMS – até 9% do valor da importação (Lei 4.184/03) e Termo de Acordo de Regime Especial. |
| 8.4 | Geral – Fundo de Desenvolvimento Econômico e Social – Fundes. | Financiamento vinculado ao ICMS (Lei 2.823/97, Decreto 23.012/97) e Termo de Aprovação de Ingresso no Programa. |
| 8.5 | Geral – Programa de Atração de Estruturantes – Rio Invest. | Financiamento vinculado ao ICMS (Decreto 23.012/97) e Termo de Aprovação de Ingresso no Programa. |
| 8.6 | Petróleo e Derivados – Programa Setorial de Desenvolvimento da Indústria do Petróleo no Estado do Rio de Janeiro – Riopetróleo. | Financiamento vinculado ao ICMS (Decreto 24.270/98) e Termo de Aprovação de Ingresso no Programa. |

| 8 – Rio de Janeiro | | |
|---|---|---|
| Item | Mercadoria | Benefício |
| 8.7 | Plástico e Resinas Plásticas – Programa de Desenvolvimento da Indústria de Transformação de Resinas Petroquímicas – Rioplast. | Financiamento vinculado ao ICMS (Decreto 24.584/98) e Termo de Aprovação de Ingresso no Programa. |
| 8.8 | Fármacos e Químicos – Programa Setorial de Desenvolvimento da Indústria Química do Estado do Rio de Janeiro – Riofármacos. | Financiamento vinculado ao ICMS (Decreto 24.857/98) e Termo de Aprovação de Ingresso no Programa. |
| 8.9 | Fármacos e Químicos – Programa Setorial de Desenvolvimento da Indústria Química do Estado do Rio de Janeiro – Riofármacos. | Financiamento vinculado ao ICMS (Decreto 24.857/98) e Termo de Aprovação de Ingresso no Programa. |
| 8.10 | Autopeças e Navipeças – Programa de Desenvolvimento dos Setores de Autopeças e Navipeças do Estado do Rio de Janeiro – Riopeças. | Financiamento vinculado ao ICMS (Decreto 24.858/98) e Termo de Aprovação de Ingresso no Programa. |
| 8.11 | Têxteis – Programa de Desenvolvimento dos setores Têxtil e de Confecções no Estado do Rio de Janeiro. | Financiamento vinculado ao ICMS (Decreto 24.863/98) e Termo de Aprovação de Ingresso no Programa. |
| 8.12 | Telecomunicações e Eletro-eletrônicos – Programa de Desenvolvimento do setor Eletro-eletrônico e de Telecomunicações – Riotelecom. | Financiamento vinculado ao ICMS (Decreto 24.862/98) e Termo de Aprovação de Ingresso no Programa. |
| 8.13 | Geral – Programa Básico de Fomento à Atividade Industrial no Estado do Rio de Janeiro – Pró-indústria. | Financiamento vinculado ao ICMS (Decreto 24.937/98) e Termo de Aprovação de Ingresso no Programa. |
| 8.14 | Geral – Programa de Desenvolvimento Industrial das Regiões Norte e Noroeste Fluminenses. | Financiamento vinculado ao ICMS (Decreto 26.140/00) e Termo de Aprovação de Ingresso no Programa. |
| 8.15 | Programa de Desenvolvimento do Setor de Empresas Emergentes no Estado do Rio de Janeiro – Rio Empresa Emergente. | Financiamento vinculado ao ICMS (Decreto 26.052/00) e Termo de Aprovação de Ingresso no Programa. |

| 8 – Rio de Janeiro | | |
|---|---|---|
| Item | Mercadoria | Benefício |
| 8.16 | Industrial, distribuidor ou atacadista de perfume e água de colônia de qualquer tipo, desodorante, talco, cosmético e produto de toucador (Anexo Único do Decreto 35.418/04). | Crédito presumido de 4% sobre o valor da operação interestadual (Decretos 35.419/04 e 35.418/04). |

| 9 – Rio Grande do Norte | | |
|---|---|---|
| Item | Mercadoria | Benefício |
| 9.1 | Alimentos, bebidas alcoólicas e artigos de armarinho. | Crédito presumido de 3% a 5% sobre as aquisições interestaduais e de 1% a 3% sobre as saídas interestaduais.<br>Decreto 16.573, de 27-2-2003. |

| 10 – Tocantins | | |
|---|---|---|
| Item | Mercadoria | Benefício |
| 10.1 | Comércio atacadista. | Crédito presumido de 11% (Lei 1.201/2000) crédito presumido de 2% (Lei 1.039/98, art. 3º e Dec. 462/97 – RICMS, art. 34, X) *Revogado* pelo Decreto 1.615 de 17/10/2002 Obs.: não se aplica às mercadorias sujeitas à substituição tributária. |

## 3.10.2 Argumentos fazendários

No item 8 do Capítulo V deste livro, analisei as glosas dos créditos em operações incentivadas, questionando-se a pertinência do comunicado fazendário, em razão de argumentar-se que constituiria medida prejudicial em razão de antecipar-se à propositura de ações diretas de inconstitucionalidade (ADIns), e por levantar preocupações nos contribuintes, que podem deixar de realizar determinadas operações com receio de autuações futuras.

A autoridade expedidora do comunicado entendera[478] que este ato administrativo e as ADIns não são medidas excludentes entre si, mas providências complementares, conforme assinala:

a) O objeto da ADIn é retirar uma lei inconstitucional do ordenamento jurídico. A declaração de inconstitucionalidade de uma norma que instituiu benefícios fiscais sem amparo em convênio tem, tacitamente, a finalidade de tornar ineficaz o crédito de ICMS gerado durante o período em que a norma jurídica inconstitucional vinha sendo aplicada. Com tal declaração, haverá glosa de créditos fiscais gerados irregularmente.

Como a ADIn demora alguns anos para ser decidida, e a declaração de inconstitucionalidade opera retirando a norma do ordenamento com efeito retroativo, os contribuintes que vinham recebendo créditos provenientes de benefício irregular terão

---

[478] A GUERRA fiscal e o contribuinte paulista. *Jornal Valor Econômico*, São Paulo, 5 jan. 2005. p. E2.

que corrigir o passado de sua escrita fiscal, devendo recolher de uma só vez todo o valor correspondente aos créditos de que se aproveitaram no período em que a norma vinha sendo aplicada.

      b) O comunicado, que não tem conteúdo normativo próprio e cuja pretensão não é a de retirar normas do ordenamento, ou declará-las inconstitucionais, somente alerta para o fato de que é prudente não se creditar do ICMS, não amparado por convênio.

Preocupa-se em evitar autuações futuras, permitindo ao contribuinte que avalie seus fornecedores quanto à possível obtenção de benefícios fiscais irregulares de ICMS.

Assim, o contribuinte poderá negociar melhor seus preços na aquisição de mercadoria, avaliando corretamente o risco jurídico envolvido em determinadas operações.

Assevera que, ao se considerar o fator concorrencial, se percebe que o tempo de tramitação de uma ADIn é suficiente para que um fornecedor que goza de um benefício irregular distorça os mercados e retire completamente a competitividade das empresas tributadas regularmente.

Esclarece ser comum, no contexto da guerra fiscal, que uma mesma empresa monte estabelecimentos em São Paulo e em um estado que concede o benefício fiscal irregular, transferindo mercadorias incentivadas irregularmente para São Paulo. A vantagem concorrencial é enorme, visto que a mesma empresa fabrica e utiliza o crédito de ICMS, dominando mercados.

Observa que grande parte dos benefícios fiscais irregulares não é concedida mediante a edição de leis ou decretos, mas por regimes especiais que escondem verdadeiros contratos entre um estado e um particular, para criar condições privilegiadas de tributação de ICMS. Nessa situação, não cabe a propositura de ADIn.

### 3.10.3 Jurisprudência

A ADIn nº 3.350, de 23.11.2004, interposta pelo Estado do Amazonas, postulou a declaração da inconstitucionalidade do Anexo II, item 1.1, do Comunicado CAT nº 36/04, e declaração de nulidade parcial sem redução de texto (ou aplicação da técnica da interpretação conforme) para garantir a não incidência do comando vazado no item 2 do referido comunicado sobre créditos originários do Estado do Amazonas.

Para tanto, arguiu a inconstitucionalidade formal (violação aos arts. 5º, II, 84, IV, 150, I, 37, 2º e 155, §2º, XII, "c", da CF) e material (violação aos arts. 5º, *caput*, LIV, XXXVI, 3º, III, 37, *caput*, 170, VII, 165, §7º, 43, §2º, III, 151, I, da CF e 40, 92 do ADCT).

Monocraticamente, o Ministro Gilmar Mendes, do STF, decidiu que o Comunicado CAT nº 36/2004 constitui mero ato administrativo despido de normatividade, isto é, não é ato normativo autônomo, geral e abstrato, e, portanto, não pode ser submetido à fiscalização abstrata de sua constitucionalidade, conforme a consolidada jurisprudência da Corte, e negou provimento à ação direta de inconstitucionalidade (ADIn nº 3.350-6, em 9.2.2006, *DJU* 1, de 9.2.2006).

Em ação proposta por sindicato de São Paulo, o Tribunal de Justiça decretou a ilegitimidade das glosas fazendárias previstas na mencionada orientação fazendária, a saber:

Tributário. ICMS. Operações Interestaduais. Comunicado CAT 36/2004 que impede apropriação de crédito em operações interestaduais praticadas com determinados Estados da Federação. Sentença terminativa do feito. Reforma. Art. 155, §2º, inciso XI, alínea "g" da Constituição Federal que exige edição de lei complementar para concessão de benefícios fiscais, não financeiros. Inaptidão de ato infralegal fazer as vezes de meio de impugnação à constitucionalidade de leis, na medida em que pretendeu antecipar o resultado de ADIns opostas contra as leis que instituirá tais benefícios. Concessão da segurança. Recurso Provido. (Ap. Cível com revisão nº 518.847-5/5-00 – 7ª Câmara de Direito Público – Rel. Des. Nogueira Difenthaler – j. 23.7.2007 – *Revista Dialética de Direito Tributário*, n. 146, p. 156-159)

Significativos os argumentos contidos no *leading case*, a saber:

> O fundamento legal do diploma não autoriza que a Administração Fazendária Bandeirante interfira unilateralmente e ao seu próprio talante na política financeira dos demais Estados da Federação.
> Sim, pois as leis discriminadas no anexo I do comunicado instituíram benefícios financeiros, benefícios estes que não dependem de edição de Lei Complementar conforme exige o art. 155, §2º, inciso XII, alínea "g" da Constituição Federal (que se refere à hipótese outra, de *benefícios fiscais*). Assim sendo, incide na órbita de autonomia dos Estados a disciplina daqueles, de forma a lhes possibilitar concessão dos referidos favores; [...]
> Outro aspecto que também cobra relevo é o de que o comunicado, tal como editado, pretende fazer as vezes de provimento jurisdicional e mais, usurpar o mister constitucional do controle de constitucionalidade de leis deferido ao Supremo Tribunal Federal.
> Os supostos benefícios "fiscais" instituídos por lei devem ser impugnados pela via própria, e não obviados por mero ato normativo infralegal. Tanto é assim que os inúmeros diplomas constantes do anexo I (os quais a apelada pretende não reconhecer) são objetos de diversas ações declaratórias de inconstitucionalidade intentadas pelo Estado de São Paulo. À exceção de liminar deferida pela Excelsa Corte, ou julgamento definitivo destas ADINs, contam as leis com plena aplicabilidade, em face a presunção de constitucionalidade que detém.

O STF – em razão de questões de natureza econômica (concorrência entre categorias profissionais e perda de arrecadação – mas sem sopesar os argumentos pertinentes à inconstitucionalidade do comunicado fazendário, deferiu pedido do estado para suspender a execução do acórdão do Tribunal de Justiça de São Paulo, que concedera a segurança (Suspensão de Segurança nº 3.482-1 – Rel. Min. Presidente Gilmar Mendes – despacho de 7.2.2008 – *DJe*, 25/2008, de 14.2.2008, p. 71-72).

Em sede de agravo regimental, fora decidido que a questão relativa às restrições impostas pelo Comunicado CAT nº 36/04 não possui natureza constitucional apta a desencadear a competência do STF para julgamento do pedido de contracautela. A apreciação do pedido demandaria a análise prévia da legislação infraconstitucional pertinente (Lei estadual nº 6.374/89, e Lei Complementar nº 24/75), de modo que a eventual ofensa à Constituição Federal seria apenas indireta (*DJe* de 3.3.2011).

Assim, em juízo de retratação, fora reconsiderada a anterior decisão do STF (despacho do Min. Cezar Peluso, em 24.2.2012, *DJe* de 29.2.2011).

## 3.11 Ação direta de inconstitucionalidade

Existindo expressa previsão de remédio constitucional (ação direta de inconstitucionalidade – ADIn) contida no art. 102, I, "a", da Constituição Federal de 1988, não há fundamento jurídico no procedimento do Poder Executivo em sustar unilateralmente a aplicabilidade de normas jurídicas concessivas de incentivos de benefícios, sob o suposto de tratar-se de preceitos inquinados de inconstitucionais.

O *princípio da separação dos poderes*, enunciado nas Constituições republicanas, repugna qualquer juízo arbitrário e injurídico que possa atribuir ao Poder Executivo o poder inerente aos órgãos jurisdicionais, como há cinquenta anos já preconizara esmerada doutrina. Confira-se:

> Todos os destinatários da norma jurídica sejam particulares ou funcionários públicos, têm o dever de negar aplicação à lei, verificar que ela é adversa à Constituição, ou a outra lei hierarquicamente superior.
>
> O poder de decretar a inconstitucionalidade das leis, no Brasil, compete privativamente ao Judiciário. Não o pode exercer o Legislativo, porque lhe é vedado ser Juiz em causa própria; aliás, a sua função consiste em elaborar ou revogar leis, não em apreciar a sua validade. Também não o pode exercer o Executivo, pois isso o tornaria superior ao Congresso.[479]

O jurista concluiu que "a função de apreciar a inconstitucionalidade privativa do Poder Judiciário, não pode ser exercida concomitantemente pelo Poder Executivo, sob pena de se confundirem as suas atribuições".[480]

A observância aos preceitos legais tem a virtude de conferir ao ordenamento pátrio a devida *segurança jurídica*,

> como uma exigência objetiva de regularidade estrutural e funcional do sistema jurídico, por intermédio de suas normas e instituições. Em sua face subjetiva, apresenta-se como a certeza do Direito, isto é, como projeção das situações pessoais. Em decorrência de sua publicidade, o sujeito de certo ordenamento jurídico pode saber com clareza e previamente, aquilo que é mandado, permitido ou proibido.[481]

Precisa a lição de conteúdo prático:

> É o direito à segurança que define a sustentação, a firmeza e eficácia do ordenamento jurídico. Ele garante que cada pessoa possa saber de si, de seus direitos, tê-los por certos e seguros em sua aplicação, para que cada qual durma e acorde ciente de que os seus direitos são os que estão conhecidos do sistema, e que a sua mudança não se fará senão segundo e quando nele estabelecido (o que, numa democracia, não será de atropelo nem sem o prévio conhecimento do que vem a ser cada item jurídico mudado ou produzido como novo direito).[482]

---

[479] BUZAID, Alfredo. *Da ação direta de declaração de inconstitucionalidade no direito brasileiro*. São Paulo: Saraiva, 1958. p. 36; 41.

[480] BUZAID, Alfredo. *Da ação direta de declaração de inconstitucionalidade no direito brasileiro*. São Paulo: Saraiva, 1958. p. 42-46.

[481] PÉREZ LUÑO, Antonio Enrique. *La seguridad jurídica*. Barcelona: Ariel Derecho, 1991. p. 21-22.

[482] ROCHA, Cármen Lúcia Antunes. Princípio de coisa julgada e o vício de inconstitucionalidade *apud* CLÈVE, Clèmerson Merlin. *Crédito-prêmio de IPI* – Estudos e pareceres. Barueri: Minha Editora e Manole, 2005. p. 134.

Somente se pode considerar a segurança jurídica quando se observa supremacia da Constituição Federal de 1988, controle da constitucionalidade, legalidade, certeza, estabilidade, garantia, tutela judiciária dos direitos, universalidade da jurisdição, legalidade estrita da tributação, e previsibilidade da ação estatal.[483]

Apenas se torna possível cogitar de efetiva segurança jurídica quando os contribuintes tenham prévio conhecimento das exigências (ou dos benefícios fiscais, financeiros etc.), que lhes permita planejar, organizar e exercer suas atividades particulares ou profissionais. A ciência antecipada dos gravames tributários ou das desonerações fiscais possibilita ao empresário mensurar suas obrigações de forma cautelar e ordenada.

Estando em vigência as normas jurídicas instituidoras de quaisquer espécies de incentivos, essas devem permanecer válidas e eficazes, em razão de não ter havido qualquer pronunciamento judicial decretando-as inconstitucionais.

O Plenário do STF proferiu julgamentos importantes sobre a matéria:

a) Declarou inconstitucional parte da Lei nº 6.489/02 (art. 5º, inc. I) do Estado do Pará, que permitia a concessão de benefícios fiscais (isenção, redução de base de cálculo, diferimento, crédito presumido e suspensão do ICMS) a empresas participantes da política de incentivos ao desenvolvimento do estado (ADIn nº 3.246 – Rel. Min. Carlos Ayres Britto – j. 19.4.2006, *DJU* de 1º.9.2006).

Os benefícios foram concedidos de forma unilateral pela lei paraense, ferindo o dispositivo constitucional que exige a celebração de convênios entre os estados "de forma a evitar a competição predatória entre os entes federados, usualmente chamada de guerra fiscal".

A inconstitucionalidade fora declarada com efeito retroativo (*ex tunc*) do dispositivo da lei estadual, anulando seus efeitos desde 2002.

b) Julgou procedente a ação cível originária (nº 541 – Rel. Min. Gilmar Mendes, j. 19.4.2006, *DJU* de 30.6.2006) ajuizada pelos estados da Bahia e de São Paulo contra o Distrito Federal e empresa beneficiada, que postularam a anulação do Termo de Acordo de Regime Especial (Tare) nº 1/98-DF, que permitira a exigibilidade e o recolhimento do ICMS nas operações interestaduais a ser calculado conforme as alíquotas fixadas pela Resolução nº 22/89, do Senado Federal.

No pleito, foi argumentado que o regime especial concedido à empresa permite que esta, através de seu estabelecimento paulista, adquira a mercadoria de seus fornecedores, registre a remessa da mercadoria para seu estabelecimento localizado no Distrito Federal e, logo após, determine sua entrega física diretamente ao seu estabelecimento em Uberlândia (MG), sob a alíquota privilegiada de 7%.

O relator destacou que o STF, ao analisar a ADIn nº 2.021, decidiu que as alíquotas de ICMS não podem ser alteradas pelos entes federados senão por deliberação conjunta. Dessa forma, a Tare nº 1/98, além de prever hipótese ficta de incidência do ICMS, dispôs sobre receita indevida ao Distrito Federal, através do recolhimento do tributo sem correspondente fato impositivo real, prejudicando a incidência dos impostos aos estados remetentes e destinatários do imposto.

---

[483] MALERBI, Diva. Segurança jurídica e tributação. *Revista de Direito Tributário*, n. 47, p. 203-211.

c) Declarou a inconstitucionalidade de legislação do Estado do Paraná (leis nºs 13.212/01 e 13.214/01), que concedera benefícios fiscais de ICMS de várias espécies (isenção, redução de base de cálculo, créditos presumidos e dispensa de pagamento), sem a observância da LC nº 24/75, e sem a existência de convênio entre os estados e o DF (ADIn nº 2.548-1-PR – Rel. Min. Gilmar Mendes – j. 10.11.2006. *DJU* de 15.6.2007).

## 3.12 Convalidação e reinstituição dos benefícios fiscais

A LC nº 160, de 7.08.2017, dispôs sobre convênio que permite aos estados e ao Distrito Federal deliberar sobre a *remissão* dos créditos tributários, constituídos ou não, decorrentes das isenções, dos incentivos e dos benefícios fiscais ou financeiro-fiscais instituídos em desacordo com o disposto na Constituição Federal (alínea "g", do inc. XII, do §2º, do art. 155), e a *reinstituição* das respectivas isenções, incentivos e benefícios fiscais ou financeiro-fiscais.

Aspectos principais (com alteração da LC nº 186, de 27.12.2021):[484]

A) Os estados e o DF, mediante convênio, poderão deliberar sobre:
   I – a *remissão* dos créditos tributários, constituídos ou não, decorrentes das isenções, dos incentivos e dos benefícios fiscais ou financeiro-fiscais instituídos em desacordo com a Constituição Federal por legislação estadual publicada até a data de início de produção de efeitos da LC nº 160/17;
   II – a *reinstituição* das isenções, dos incentivos, e dos benefícios fiscais, ou financeiro-fiscais referidos no inc. I que ainda se encontrem em vigor.
B) O convênio poderá ser aprovado e ratificado com o voto favorável de, no mínimo, 2/3 (dois terços) das unidades federadas; e 1/3 (um terço) das unidades federadas integrantes de cada uma das 5 (cinco) regiões do país, atendendo, no mínimo, à seguinte condicionante: publicar, em seus respectivos diários oficiais, relação com a identificação de todos os atos normativos referentes às isenções, aos incentivos fiscais e aos benefícios fiscais ou financeiro-fiscais, abrangido no item I.
C) A unidade federada que editou o ato concessivo, concernente ao item I, cujas exigências de publicação, registro e depósito foram atendidas, é autorizada a concedê-los e prorrogá-los, nos termos do ato vigente na data de publicação do respectivo convênio, não podendo seu prazo de fruição ultrapassar específicos prazos, de conformidade com os segmentos econômicos. São estabelecidas específicas situações relativas à vigência; produção de efeitos; autorização para revogação ou modificação; dever de informações; extensão de benefícios etc.
D) Ficam afastadas as restrições decorrentes da aplicação do art. 14 da LC nº 101/2000, que trata de renúncia fiscal.
E) A remissão ou a não constituição de créditos concedidos por lei da unidade federada de origem da mercadoria, do bem ou do serviço afastam as condições previstas na LC nº 24/75 (art. 8º), retroativamente à data original de concessão

---

[484] MELO, Eduardo Soares de. A convalidação de benefícios fiscais do ICMS na LC 160/17 e no Convênio ICMS 190/17. É o fim da Guerra Fiscal? *In*: ELALI, André; ZARANZA, Evandro; LUCENA JUNIOR, Fernando (Coord.). *Direito corporativo* – Temas atuais – 15 anos André Elali Advogados. São Paulo: Quartier Latin, 2021.

da isenção etc., vedadas a restituição e a compensação de tributo e a apropriação de crédito extemporâneo por sujeito passivo.

F) Para os fins de aprovação e de ratificação do convênio previsto no art. 1º da LC nº 160/2017, aplicam-se os demais preceitos contidos na LC nº 24/75, que não sejam contrários aos dispositivos da LC nº 160/2017.

O Convênio ICMS nº 190/17, de 15.12.2017 (com alterações), dispôs sobre a *remissão* dos créditos tributários, constituídos ou não, decorrentes das isenções, dos incentivos e dos benefícios fiscais ou financeiro-fiscais, relativos ao ICMS, instituídos por legislação estadual ou distrital publicada até 8.8.2017, em desacordo com o disposto na Constituição Federal (alínea "g", do inc. XII, do §2º, do art. 155), bem como sobre a reinstituição dessas isenções etc., observado o contido na LC nº 160/2017, e neste convênio.

Aspectos principais:

A) Consideram-se, para os efeitos deste convênio:

I – Atos normativos: quaisquer atos instituidores dos benefícios publicados até 8.8.2017.

II – Atos concessivos: quaisquer atos de concessão dos benefícios fiscais editados com base nos atos normativos de que trata o inc. I.

III – Registro e depósito: atos de entrega pela unidade federada, em meio digital, à Secretaria Executiva do Confaz, de relação com a identificação dos atos normativos e concessivos dos benefícios fiscais e da correspondente documentação comprobatória, assim entendidos os próprios atos e suas alterações, para arquivamento perante o Confaz.

IV – O disposto neste convênio não se aplica aos benefícios fiscais instituídos por legislação estadual nos termos do art. 15 da LC nº 24/75, e pelo art. 4º do Decreto-Lei nº 288/1967, ambos com fundamento no art. 40 do Ato das Disposições Constitucionais Transitórias – ADCT da CF.

V – Para os fins do disposto neste convênio, os benefícios fiscais concedidos para fruição total ou parcial, compreendem as seguintes espécies:

a) isenção;
b) redução da base de cálculo;
c) manutenção de crédito;
d) devolução do imposto;
e) crédito outorgado ou crédito presumido;
f) dedução de imposto apurado;
g) dispensa do pagamento;
h) dilação do prazo para pagamento do imposto, inclusive o devido por substituição tributária, em prazo superior ao estabelecido no Convênio ICM nº 38/88, e em outros acordos celebrados no âmbito do Confaz;
i) antecipação do prazo para apropriação do crédito do ICMS correspondente à entrada de mercadoria, ou bem, e ao uso do serviço previsto nos arts. 20 e 33 a LC nº 87/96;
j) financiamento do imposto;
k) crédito para investimento;
l) remissão;
m) anistia;
n) moratória;

o) transação;
p) parcelamento em prazo superior ao estabelecido no Convênio nº 24/75, ou em outros acordos celebrados no âmbito do Confaz;
q) outro benefício ou incentivo, sob qualquer forma, condição ou denominação, do qual resulte, direta ou indiretamente, a exoneração, dispensa, redução, eliminação, total ou parcial, do ônus do imposto devido na respectiva operação ou prestação, mesmo que o cumprimento da obrigação se vincule à realização de operação ou prestação posterior, ou, ainda, a qualquer outro evento futuro.

VI – As unidades federadas, para a remissão, anistia, e reinstituição previstas neste convênio, devem atender condicionantes relativas às publicações em órgãos oficiais, relação com identificação de todos os atos normativos; e efetuar o registro e o depósito na Secretaria Executiva do Confaz da respectiva documentação comprobatória, em determinados prazos.

VII – Fica instituído o Portal Nacional da Transparência Tributária disponibilizado no sítio eletrônico do Confaz, onde devem ser publicadas as informações e a documentação comprobatória dos atos normativos e dos atos concessórios relativos aos benefícios fiscais, reservado o acesso às administrações tributárias dos estados e do Distrito Federal.

VIII – Ficam remitidos e anistiados os créditos tributários do ICMS, constituídos ou não, decorrentes dos benefícios fiscais instituídos, por legislação estadual ou distrital publicada até 8.8.2017, em desacordo com o disposto na Constituição Federal (alínea "g", do inc. XII, do §2º, do art. 155).

A remissão e a anistia aplicam-se também aos benefícios fiscais:
a) desconstituídos judicialmente, por não atender ao mencionado preceito constitucional;
b) decorrentes de, no período de 8.8.2017 até a data da reinstituição, desde que a reinstituição não ultrapasse 31.7.2019 para os enquadrados nos incs. I a IV da cláusula décima: b.1) concessão pela unidade federada a contribuinte localizado em seu território, com base em ato normativo vigente em 8.8.2017, observadas suas condições e limites; b.2) prorrogação pela unidade federada de ato normativo ou concessivo; b.3) modificação pela unidade federada de ato normativo ou concessivo, para reduzir-lhe o alcance ou montante.

A remissão e a anistia ficam condicionadas à desistência:
a) de ações ou embargos à execução fiscal relacionados com os respectivos créditos tributários, com renúncia ao direito sobre o qual se fundam, nos autos judiciais respectivos, com a quitação integral pelo sujeito passivo das custas e demais despesas processuais;
b) de impugnações, defesas e recursos eventualmente apresentados pelo sujeito passivo no âmbito administrativo;
c) pelo advogado do sujeito passivo da cobrança de eventuais honorários de sucumbência da unidade federada.

Também se aplicam aos benefícios fiscais que foram objeto de revogação antes de sua reinstituição, ou que já tenham alcançado o prazo final de fruição até 31.12.2018.

IX – Ficam as unidades federadas autorizadas, até 31.7.2019, excetuados os enquadrados em situações específicas, cuja autorização se encerra em

28.12.2018, a reinstituir os benefícios fiscais por meio de legislação estadual ou distrital, publicada nos respectivos diários oficiais, decorrentes de atos normativos editados pela respectiva unidade federada, publicados até 8.8.2017, e que ainda se encontrem em vigor, devendo haver a informação à Secretaria Executiva do Confaz.

X – As unidades federadas que editaram os atos, e que atenderam às exigências previstas no convênio, ficam autorizadas a conceder ou prorrogar os benefícios fiscais, nos termos dos atos vigentes na ata da publicação da ratificação nacional deste convênio, desde que o correspondente prazo de fruição não ultrapasse:

   a) 31.12.2032, quanto àqueles destinados ao fomento das atividades agropecuária e industrial, inclusive agroindustrial, e ao investimento em infraestrutura rodoviária, aquaviária, ferroviária, portuária, aeroportuária e de transporte urbano;

   b) 31.12.2025, quanto àqueles destinados à manutenção ou ao incremento das atividades portuária e aeroportuária vinculadas ao comércio internacional, incluída a operação subsequente à da importação, praticada pelo contribuinte importador;

   c) 31.12.2022, quanto àqueles destinados à manutenção ou ao incremento das atividades comerciais, desde que o beneficiário seja o real remetente das mercadorias;

   d) 31.12.2020, quanto àqueles destinados às operações e prestações interestaduais com produtos agropecuários e extrativos vegetais *in natura*;

   e) 31.12.2018, quanto aos demais.

XI – Os estados e o Distrito Federal podem estender a concessão dos benefícios fiscais referidos no item X a outros contribuintes estabelecidos em seu respectivo território, sob as mesmas condições e nos prazos-limites de fruição.

XII – Os estados e o Distrito Federal podem aderir aos benefícios fiscais concedidos ou prorrogados por outra unidade federada da mesma região, na forma dos itens IX e X.

XIII – As unidades federadas acordam em permitir, mutuamente, o acesso irrestrito, nos termos previstos em ajuste Sinief, às informações constantes dos documentos fiscais eletrônicos emitidos e a escrituração fiscal digital dos contribuintes.

XIV – A remissão ou a não constituição de créditos tributários concedidos por lei da unidade federada de origem da mercadoria do bem ou do serviço, nos termos deste convênio, afastam as sanções previstas no art. 8º da LC nº 24/75, retroativamente à data original de concessão os benefícios fiscais de que tratam o item I, vedadas a restituição e a compensação de tributo e a apropriação de crédito extemporâneo por sujeito passivo.

XV – O convênio entrara em vigor na data da publicação de sua ratificação nacional no *Diário Oficial da União*.

A Portaria nº 76, de 26.2.2019, regulamenta o art. 6º da LC nº 160/2017, e estabelece critérios e procedimentos para verificação do cumprimento das condições estabelecidas na LC nº 24/1975, em razão de representação apresentada por governador do estado ou do Distrito Federal, e seu acolhimento pelo ministro da Economia.

O Estado de São Paulo expediu a Resolução Conjunta SFP/PGE, de 7.5.2019, dispondo sobre as medidas necessárias para o reconhecimento de créditos relativos ao ICMS decorrentes de operações para as quais tenham sido concedidos benefícios em desacordo com o previsto na CF (art. 155, §2º, XII, "g", e na LC nº 24/75).

Percuciente estudo sobre a matéria suscitou importantes questões:

a) a remissão, que poderá alcançar a data da concessão do ato original (ato normativo que concedeu o benefício), se revela irrestrita na medida em que, em consonância com o que dispõe a Cláusula Primeira, §4º, e incisos, do Convênio ICMS nº 190/17, compreende ampla gama de espécies de benefícios, como exemplo: isenção, redução de base de cálculo, crédito outorgado, crédito presumido, remissão, anistia, dispensa de prazo de pagamento, dilação de prazo de pagamento;

b) relativamente às condicionantes para a remissão, e reinstituição, dos incentivos, observa-se que, enquanto o ato normativo trata da instituição do benefício fiscal (mediante, por exemplo, a edição de lei), o ato concessivo do benefício concede o benefício de forma individualizada ou de maneira generalizada (específico setor econômico). Pode ocorrer, contudo, que um ato seja, cumulativamente, de natureza normativa e concessiva;

c) a remissão poderá resultar em desprestígio ao contribuinte que agiu com zelo, em consonância com a legislação tributária;

d) no que concerne ao Portal Nacional de Transparência Tributária (PNTT), assinala que o acesso ao sítio eletrônico do Confaz, para a verificação de ato concessivo do benefício, poderá implicar a divulgação de dados sigilosos do mesmo contribuinte à concorrência, o que não poderia ser admitido;

e) parece não estar inserido na convalidação de benefício o ato que, por exemplo, prorroga o prazo para implantação de empreendimento, em que pese tratar-se de condição para a fruição da desoneração do tributo;

f) embora o *apoio fiscal* (redução de carga tributária, diferimento do imposto etc.) existente em programa criado por ato normativo destinado a contribuintes do ICMS deva ser objeto de convalidação; o mesmo não pode ser dito no que é pertinente ao *apoio locacional* (cessão, permuta ou venda de terrenos e galpões industriais a preços subsidiados), e *apoio de infraestrutura* (implantação do sistema de abastecimento de água, gás natural, energia elétrica etc.).

A LC nº 186, de 27.10.21, alterara a LC nº 160/17, para permitir a prorrogação por até 15 (quinze) anos, das isenções, dos incentivos e dos benefícios fiscais ou financeiro-fiscais vinculados ao ICMS, destinados à manutenção ou ao incremento das atividades comerciais, desde que o beneficiário seja o real remetente da mercadoria, às prestações interestaduais com produtos agropecuários e extrativos vegetais *in natura* e à manutenção ou ao incremento das atividades portuária e aeroportuária vinculadas ao comércio internacional, incluída a operação subsequente à da importação, praticada pelo contribuinte importador.

Modificara o art. 3º, da LC nº 160/17, relativamente à fixação de prazos pertinentes aos mencionados segmentos econômicos, e a adequação do convênio – de que trata o art. 1º da LC nº 160/17 –, considerando as alterações introduzidas pela LC nº 186/21, e pela LC nº 170/19, sob pena de essas alterações serem automaticamente incorporadas ao referido convênio.

## 4 A renúncia tributária em face da responsabilidade na gestão fiscal

A LC nº 101, de 4.5.2000, dispôs sobre normas de finanças públicas voltadas para a responsabilidade dos administradores fazendários, que contém íntima conotação com a concessão dos incentivos fiscais.

No que atina à temática em exame, referido diploma legal estabeleceu o seguinte:

> Art. 1º [...]
> §1º A responsabilidade na gestão fiscal pressupõe a ação planejada e transparente, em que se previnem riscos e corrigem desvios capazes de afetar o equilíbrio das contas públicas, mediante o cumprimento de metas de resultado entre receitas e despesas e *a obediência a limites e condições no que tange a renúncia da receita,* geração de despesas com pessoal, da seguridade social e outras, dívidas consolidada e mobiliária, operações de crédito, inclusive por antecipação de receita, concessão de garantia e inscrição em Restos a pagar. [...]
> Art. 14. A concessão ou ampliação de incentivo ou benefício de natureza tributária da qual decorra renúncia de receita deverá estar acompanhada de estimativa do impacto orçamentário-financeiro no exercício em que deva iniciar sua vigência e nos dois seguintes, atender ao disposto na lei de diretrizes orçamentárias e a pelo menos uma das seguintes condições:
> I - demonstração pelo proponente de que a renúncia foi considerada na estimativa de receita da lei orçamentária, na forma do art. 12, e de que não afetará as metas de resultados fiscais previstas no anexo próprio da lei de diretrizes orçamentárias;
> II - estar acompanhada de medidas de compensação, no período mencionado no *caput*, por meio do aumento de receita, proveniente da elevação de alíquotas, ampliação da base de cálculo, majoração ou criação de tributo ou contribuição.
> §1º A renúncia compreende anistia, remissão, subsídio, crédito presumido, concessão de isenção em caráter não geral, alteração de alíquota ou modificação de base de cálculo que implique redução discriminada de tributos ou contribuições, e outros benefícios que correspondam a tratamento diferenciado.
> §2º Se o ato de concessão ou ampliação do incentivo ou benefício de que trata o *caput* deste artigo decorrer da condição contida no inciso II, o benefício só entrará em vigor quando implementada as medidas referidas no mencionado inciso.

A concessão dos incentivos fiscais continua plenamente válida de conformidade com a sistemática instituída pela Lei Complementar nº 24/75, não ficando afetada nem prejudicada pela superveniência da LC nº 101.

Todavia, como os benefícios fiscais implicam natural e automática renúncia de receita, doravante os agentes públicos passam a ficar sujeitos a determinadas limitações, e condições, para que tais benefícios não acarretem a imputação de responsabilidade.

Face a este novo estatuto jurídico, os agentes não mais se encontram totalmente tranquilos para conceder benefícios fiscais, não só pelo risco de eventual providência por parte do estado (ou Distrito Federal) que se sinta prejudicado, mas também pela circunstância de que o desatendimento às condições da LC nº 101 pode redundar na aludida responsabilidade. De nada adiantará conceder incentivos, se, por outro lado, ficam compelidos a aumentar a receita com a imposição de novos ônus tributários.

O preceito invocado (art. 14) implicou distintas considerações jurídicas, a saber:

> Sendo certo que a autonomia das pessoas políticas de Direito Público é decorrência necessária do Princípio Federativo, a vedação de renúncia de receita e a imposição de

medidas de compensação estabelecidas pelo art. 14 da Lei de Responsabilidade Fiscal consubstanciam-se em medidas inconstitucionais, pois que lhes limitam a prerrogativa de autogovernabilidade.

Dentre as prerrogativas inerentes à autogovernabilidade das pessoas políticas de Direito Público está a plena autonomia arrecadatória e de gerência financeira, o que abrange a faculdade de conceder isenções, incentivos e benefícios fiscais.

O art. 14 da L.C. 101/2000 é inoperante, pois ao invadir as competências legislativas e administrativas dos Estados e Municípios encerra comando inconstitucional.[485]

> A *renúncia*, enfim, compreende, não só as *isenções*, mas também, a *anistia*, a *remissão*, o *crédito presumido*, a *alteração de alíquota*, a *modificação da base de cálculo* (cf. §1º do art. 14), tudo isto *condicionado* à compensação supra-referida, sob pena de vigência do ato de concessão somente ocorrer quando implementadas as *medidas de compensação*.
>
> Essas *condições* alteram o Código Tributário Nacional sem que a Lei Complementar nº 101/2000 seja específica de matéria tributária, tal como o determina o art. 146 da Constituição. São, assim, *condições* inconstitucionais. Isto porque essa lei não respeita as disposições desse Código quanto à classificação que ele faz das *isenções* em *objetivas, subjetivas* e *onerosas*.[486]

Vislumbrando certa conciliação dos princípios informadores da atividade tributária, com os preceitos do novo diploma da responsabilidade fiscal, abalizada doutrina aponta o seguinte:

> À primeira vista, a previsão legal retro-referida colide frontalmente com a autonomia dos entes federativos, de vez que praticamente impede que estes concedam benefícios (*lato sensu*) fiscais de qualquer ordem, salvo se não afetarem as metas fiscais trazidas pela LDO. Ora, a concessão de benefícios fiscais, pela própria natureza destes, é feita para buscar minorar desigualdades regionais e sociais. Diríamos, até, que a concessão de uma isenção, por exemplo, é forma legítima de procurar a igualdade. É desigualando-se que, muitas vezes, se iguala. Certos incentivos, outorgados com vistas a estimular determinadas atividades, estão proibidos de ser concedidos por um Município, por exemplo? Queremos crer que não.
>
> Da mesma forma, afigura-se-nos perfeitamente possível que a LRF diga o que disse com relação à renúncia fiscal, porquanto, em rigor, não impede que benefícios sejam concedidos. Exige, isso sim, que eles não comprometam as metas fiscais estabelecidas para serem alcançadas e que, de todo modo, se preveja alguma forma de compensação para contrabalançar a perda da receita. Estas exigências se quadram perfeitamente, segundo pensamos, na categoria de *normas de gestão patrimonial* que justificam a própria existência da LRF.[487]

---

[485] GRUPENMACHER, Betina Treiger. Lei de Responsabilidade Fiscal, competência tributária, arrecadação e renúncia. *In*: ROCHA, Valdir de Oliveira (Coord.). *Aspectos relevantes da Lei de Responsabilidade Fiscal*. São Paulo: Dialética, 2001. p. 23.

[486] BRITO, Edvaldo. Lei de Responsabilidade Fiscal, competência tributária, arrecadação e renúncia. *In*: ROCHA, Valdir de Oliveira (Coord.). *Aspectos relevantes da Lei de Responsabilidade Fiscal*. São Paulo: Dialética, 2001. p. 121.

[487] HORVATH, Estevão. A Constituição e a Lei Complementar nº 101/2000 ('Lei de Responsabilidade Fiscal'). Algumas questões. *In*: ROCHA, Valdir de Oliveira (Coord.). *Aspectos relevantes da Lei de Responsabilidade Fiscal*. São Paulo: Dialética, 2001. p. 160-161.

A LC nº 192/22, que trata da tributação dos combustíveis, estabelecera o seguinte: Art. 8º O disposto nos incisos I e II do caput e no §2º do art. 154 da Lei Complementar nº 101, de 4 de maio de 200 (Lei de Responsabilidade Fiscal, e nos arts. 124, 125, 126, 127 e 128, da Lei nº 14.194 de 20 de agosto de 2021, não se aplica às proposições legislativas e aos atos do Poder Executivo que entrarem em vigor no exercício de 2022 relativamente aos impostos e contribuições previstos no inciso II do caput do art. 155 e no §4º do art. 177, na alínea b do inciso I e no inciso IV do caput do art. 195 e no art. 239 da Constituição Federal nas operações que envolvam biodiesel óleo de querosene de aviação, gás liquefeito de petróleo, derivado de petróleo e de gás natural, gasolina, exceto de aviação, álcool, inclusive para fins carburantes e gás natural no referido exercício (reação dada pela Lei Complementar nº 194 de 2022.

## 5 *Drawback*

Consiste em incentivo à exportação que permite eliminar os gravames tributários incidentes na importação de mercadorias, que tenham por objeto a utilização nas operações concernentes à fabricação, beneficiamento, acondicionamento ou complementação de produtos destinados à exportação.

O incentivo colima diminuir o custo de produtos nacionais, para possibilitar que concorram com seus similares estrangeiros.

A legislação regradora desse instituto (Regulamento Aduaneiro – Decreto federal nº 6.759 de 5.2.2009, arts. 383 a 403) estabelece as modalidades seguintes:
   a) *suspensão* do pagamento dos tributos exigíveis na importação de mercadoria a ser exportada após beneficiamento ou destinada à fabricação, complementação ou acondicionamento de outra a ser exportada;
   b) *isenção* dos tributos exigíveis na importação de mercadoria, em qualidade e quantidade equivalente à utilizada em beneficiamento, fabricação, complementação ou acondicionamento de produto exportado;
   c) *restituição*, total ou parcial, dos tributos pagos na importação de mercadoria exportada após beneficiamento, ou utilizado na fabricação, complementação ou acondicionamento de outra exportada.

Relativamente ao âmbito das operações e bens abrangidos pelo incentivo, a legislação dispõe que o estímulo pode ser aplicado:
   a) à mercadoria importada para beneficiamento no país e posterior exportação;
   b) à mercadoria – matéria-prima, produto semielaborado ou acabado – utilizada na fabricação de outra exportada, ou a exportar;
   c) à peça, parte, aparelho e máquina complementar de aparelho, máquina, veículo ou equipamento exportado ou a exportar;
   d) à mercadoria destinada à embalagem, acondicionamento ou apresentação de produto exportado ou a exportar;
   e) aos animais destinados a abate e posterior exportação.

Na *suspensão*, o benefício será concedido após o exame do plano da exportação do beneficiário, mediante expedição em cada caso, de ato concessório do qual constarão:
   a) qualificação do beneficiário;
   b) especificação e código tarifário das mercadorias a serem importadas, com as quantidades e os valores respectivos, estabelecidos com base na mercadoria a ser exportada;

c) quantidade e valor da mercadoria a exportar;
d) prazo para a exportação.

Na *isenção*, o benefício será concedido mediante ato do qual constarão:
a) valor e especificação da mercadoria exportada sujeita ao regime fiscal;
b) especificação e código tarifário das mercadorias a serem importadas, com as quantidades e os valores respectivos, estabelecidos com base na mercadoria exportada;
c) valores da unidade importada utilizada no beneficiamento, fabricação, complementação ou acondicionamento da mercadoria exportada.

Na *restituição*, de competência da Secretaria da Receita Federal, o benefício consistirá na concessão de crédito fiscal a ser utilizado em qualquer importação posterior.

Cada modalidade implica uma maior (ou menor) gama de benefícios, resultante da desoneração tributária, em contrapartida com a perda de parte dos incentivos, e outras condições de caráter fiscal e comercial, que afetam as operações aduaneiras.

A legislação vigente no momento do pleito dos incentivos – e, também, à época de sua efetiva utilização – é que determinará a amplitude do regime e a maior (ou menor) vantagem referente a cada tipo de modalidade.

A *suspensão* permite ao importador não suportar o ônus financeiro relativo ao pagamento dos tributos incidentes na importação, ou seja, imposto de importação, imposto sobre produtos industrializados, ICMS – entre os principais –, e as demais contribuições que não correspondam à efetiva contraprestação de serviços, como o AFRMM (Adicional ao Frete para Renovação da Marinha Mercante).

Trata-se de benefício condicional, uma vez que o importador firma termo de responsabilidade junto à repartição aduaneira no momento da liberação dos bens importados, comprometendo-se – dentro de determinado prazo – a cumprir as obrigações previstas nos atos concessórios governamentais, sob pena de exigência dos tributos ou glosas penais.

Esse regime fiscal também tem sido utilizado em casos peculiares, como em operações no mercado interno, destinando-se os produtos industrializados (com os insumos importados) a empresas estabelecidas no país.

De forma específica, tem sido aplicado nas seguintes situações:
a) aquisições pelas companhias comerciais exportadoras (*tradings companies*) de matérias-primas ou produtos intermediários;
b) remessas pelas *tradings companies* desses mesmos bens industriais a terceiros para fabricação de produtos industrializados;
c) exportação do produto industrializado pelas *tradings*.

Convênios possibilitaram a aplicação do regime na esfera estadual – modalidade de *suspensão* – mediante as condições seguintes:

I – haja a concessão de suspensão do pagamento do imposto de importação e do IPI;
II – resulte, para a exportação, produto para o qual a legislação estabeleça a manutenção do crédito;
III – o importador entregue à repartição fiscal a documentação atinente à importação e promova a efetiva exportação do produto resultante da industrialização da mercadoria importada, devidamente comprovada.

O Fisco paulista já não considerava o benefício sob a forma de *restituição*,[488] nem ainda nas operações do denominado "*drawback* verde amarelo".[489]

O regime também pode ser aplicado nas modalidades seguintes:

I – *Drawback integrado suspensão* – a aquisição no mercado interno ou a importação, de forma combinada ou não, de mercadoria para emprego ou consumo na industrialização de produto a ser exportado, com suspensão dos tributos exigíveis na importação e na aquisição no mercado interno.

II – *Drawback integrado isenção* – a aquisição no mercado interno ou a importação, de forma combinada ou não, de mercadoria equivalente à empregada ou consumida na industrialização de produto exportado, com isenção do Imposto de Importação e com redução a zero do IPI, da Cofins e do PIS.

O regime *integrado suspensão* aplica-se também:

a) à aquisição no mercado interno ou à importação de mercadorias para emprego em reparo, criação, cultivo ou atividade extrativista de produto a ser exportado;

b) às aquisições no mercado interno ou importações de empresas denominadas fabricantes-intermediários, para industrialização de produto intermediário, a ser diretamente fornecido às empresas industriais-exportadoras, para emprego ou consumo na industrialização do produto final a ser exportado (*drawback intermediário*).

O regime *integrado isenção* aplica-se também à aquisição no mercado interno ou à importação de mercadoria equivalente à empregada:

a) em reparo, criação, cultivo ou atividade extrativista de produto já exportado;

b) na industrialização de produto intermediário fornecido diretamente à empresa industrial-exportadora, e empregado ou consumido na industrialização de produto final já exportado.

III – *Drawback genérico* – operação especial concedida apenas na modalidade suspensão – seja integrado, fornecimento ao mercado interno ou embarcação – em que é admitida a discriminação genérica da mercadoria e o seu respectivo valor, dispensadas a classificação na NCM e a quantidade.

IV – *Drawback sem expectativa de pagamento* – operação especial, concedida exclusivamente na modalidade de suspensão – seja integrada, fornecimento ao mercado interno ou embarcação – que se caracteriza pela não expectativa de pagamento, parcial ou total, da importação.

V – *Drawback intermediário* – operação especial concedida a empresas denominadas fabricantes-intermediários, que importam e/ou adquirem no mercado interno mercadorias destinadas à industrialização de produto intermediário a ser fornecido a empresas industriais-exportadoras, para emprego na industrialização de produto final destinado à exportação.

VI – *Drawback para embarcação* – operação especial concedida para importação de mercadoria utilizada em processo de industrialização de embarcação, destinada ao mercado interno.

---

[488] Consulta nº 11.705, de 6.3.79, *Respostas da consultoria tributária*. v. 2, p. 229.
[489] Consulta nº 246, de 20.6.83, *Respostas da consultoria tributária*. v. 3, p. 401.

VII – *Drawback para fornecimento no mercado interno* – operação especial concedida para importação de matérias-primas, produtos intermediários e componentes destinados à fabricação no país de máquinas e equipamentos a serem fornecidos, no mercado interno, em decorrência de licitação internacional, contra pagamento em moeda conversível proveniente de financiamento concedido por instituição financeira internacional, da qual o Brasil participe, ou por entidade governamental estrangeira, ou ainda pelo BNDES, com recursos captados no exterior.

Para o cumprimento do compromisso de exportação, o STJ decidira que

> para a concessão do regime de *drawback* não é necessário que exista uma identidade absoluta do produto que foi importado e o exportado, pois em se tratando de bem fungível pode ser utilizado outro de igual espécie, qualidade e quantidade para que faça valer o benefício fiscal, segundo precedentes do STJ. (AgRg no REsp nº 591.624-RS – 2ª T. – Rel. Min. Humberto Martins – j. 23.4.2009 – *DJe* de 8.5.2009)

Não há necessidade de que o insumo importado integre o produto final a ser exportado, sendo suficiente apenas que tenha de qualquer forma (direta ou indireta) participado da industrialização.

Trata-se de incentivo à exportação aplicável aos bens importados com os objetivos seguintes:

a) desonerar a importação de insumos importados empregados na produção de bens destinados à exportação com objetivo de estímulo e causando o ingresso de divisas no País;
b) reduzir o custo final do produto;
c) aprimorar o grau de competitividade dos exportadores brasileiros no mercado externo, retirando dos seus produtos encargos fiscais que incidiriam sobre a importação de insumos, partes, peças, etc.; e
d) fortalecer a indústria nacional.

Situação peculiar fora examinada pela Secretaria da Fazenda de São Paulo,[490] na forma seguinte:

> ICMS – Importação de insumos sob o regime de "*Drawback*-Suspensão" – Devolução de produto defeituoso (exportado) e posterior exportação de novo produto em substituição – A isenção prevista no artigo 22 do Anexo I do RICMS/2000 condiciona-se a que o produto resultante da industrialização da mercadoria importada seja efetivamente exportado.
> I. No desembaraço aduaneiro de mercadoria importada, sob o regime de "drawback" suspensão, a ser utilizada como insumo na fabricação de produto a ser exportado, aplica-se a isenção do artigo 22 do Anexo I do RICMS/2000, desde que cumpridos os requisitos ali descritos. Na emissão da Nota Fiscal de venda do produto fabricado, para o adquirente do exterior, deve ser utilizado o CFOP 7.127 (venda de produção do estabelecimento sob o regime de "drawback").
> II. Concretizada a operação de exportação, o fato do produto exportado não ser recebido pelo importador no exterior (ou recebido pelo importador no exterior, mas com defeito

---

[490] Consulta nº 5.332/15, de 29.9.15.

impeditivo de sua utilização, motivo pelo qual é destruído no exterior o retornado a este país) não tem o condão de afastar a aplicabilidade da isenção prevista no referido artigo 22 do Anexo I do RICMS/2000.

III. No caso de retorno do produto ao Brasil, no desembaraço aduaneiro promovido pelo próprio contribuinte que o exportou, poderá aplicar-se a isenção do artigo 39 do Anexo I do RICMS/2000, desde que, na nova operação de importação, não tenha havido contratação de câmbio nem incidência do Imposto de Importação, e atendidos os requisitos do mesmo artigo 39.

IV. Na entrada do produto recebido em seu estabelecimento, o contribuinte deve emitir a Nota Fiscal prevista no artigo 136, I, "f", do RICMS/2000, utilizando o CFOP 3.201 ("devolução de venda de produção do estabelecimento"), sejam em "retorno de exportação" (sem cobertura cambial e sem incidência do Imposto de Importação), quando preenchidos os requisitos do artigo 39 do Anexo I do RICMS/2000, seja em devolução com cobertura cambial (com a devolução do preço pago).

V. Na saída do novo produto (resultante da industrialização do produto defeituoso anteriormente devolvido) do seu estabelecimento, o contribuinte deve utilizar, na Nota Fiscal relativa à saída, o CFOP específico para cada operação realizada (interna, interestadual ou com destino ao exterior), conforme a Tabela I do Anexo V do RICMS/2000.

# 6 Acordos internacionais

## 6.1 Considerações genéricas

Os tratados (inclusive convenções e atos internacionais) são celebrados pelo presidente da República, ou seus auxiliares, sujeitos a referendo do Congresso Nacional, nos casos que acarretam encargos ou compromissos gravosos ao patrimônio nacional (arts. 84, VIII, e 49, I, CF). Mediante a promulgação, ocorre a integração de seus preceitos no ordenamento jurídico nacional, passando a constituir o próprio direito interno, com aptidão para produzir seus efeitos jurídicos.

A viabilidade da eficácia das normas dos tratados constitui diretriz do nosso ordenamento, consoante consagrado no art. 5º da Constituição:

> 2º Os direitos e garantias expressos nesta Constituição não excluem outros decorrentes do regime e dos princípios por ela adotados, ou dos tratados internacionais em que a República Federativa do Brasil seja parte.

O texto constitucional não deixa margem à dúvida no sentido de que também aos tratados seriam conferidos os mesmos atributos concernentes às demais normas do direito positivo interno; e, por consequência, em princípio, podem implicar supressão ou alteração das regras já existentes no ordenamento jurídico nacional.

A aplicabilidade das normas constantes dos tratados decorre do superior postulado da soberania (art. 1º, I, CF), cujo conceito complexo e flutuante na evolução histórica revela um caráter de supremacia, concernente ao poder jurídico; distintiva do estado dirigida a todos os habitantes de seu território, e também nas relações recíprocas entre os estados.

A soberania se encontra limitada pelo próprio ordenamento legal: a) interno (direitos e garantias individuais); e b) externo (ordem jurídica internacional). Em realidade, emana do povo, em nome de quem é exercida nos limites da Constituição, sendo que "as leis, atos e sentenças de outro país, bem como quaisquer declarações de vontade, não terão eficácia no Brasil, quando ofenderem a soberania nacional, a ordem pública e os bons costumes" (Lei de Introdução ao Código Civil, art. 17).

Nessa temática, cabe registrar o posicionamento seguinte:

> A compreensão da soberania como conceito jurídico, sujeito à reformulação de dogma político intocável, é decisiva para situar a questão de modo mais adequado, na medida em que nos leva a rejeitar o caráter absoluto da soberania, em favor da Nação, cujo conteúdo e exercício são determinados por normas jurídicas. Assim, seja o advento da Sociedade das Nações, como estendendo a linha de raciocínio, o advento de sua sucessora, a ONU, ou a criação de blocos regionais integrados, como mercados comuns, ou uniões econômico-monetárias, partindo de Tratados constitutivos regidos pelo Direito dos Tratados, regulados por normas diretamente aplicáveis aos Estados-membros, através de instituições de caráter supra nacional, não acarreta a supressão da soberania, mas a reestruturação de sua regulamentação.[491]

No espectro do "direito das gentes" significa que, imperando o princípio da igualdade jurídica e autodeterminação dos povos (art. 4º, II e V, da CF), fica vedada a intromissão de um estado nas atividades de outro estado. Considerando a igualdade de direitos e obrigações, devem ser respeitados os princípios e normas constitucionais próprias, mediante a delimitação e respectiva competência normativa, conformadoras de uma ordem jurídica internacional.

Descarto a teoria monista (existência de uma única ordem jurídica – interna e externa), aceitando o dualismo (distintas ordens jurídicas, com a necessidade de lei interna que reproduza os preceitos dos tratados internacionais), tendo sido apurado o seguinte:

> Possui, o Estado brasileiro, um sistema dualista com temperamentos, pois admite a incorporação automática ao direito nacional, após a ratificação, apenas dos tratados que disponham sobre os direitos e garantias individuais, sendo que, em relação aos demais tratados, faz-se imprescindível a aprovação pelo Congresso Nacional, através de Decreto Legislativo, seguido de ratificação, promulgação e publicação, para que a norma de tratado tenha vigência e assim eficácia no ordenamento interno, e ainda assim, na ausência de dispositivo constitucional em sentido contrário, e à luz da jurisprudência do STF, as normas de direito internacional não têm qualquer primazia sobre o direito interno.[492]

Além da soberania, também a independência nacional (art. 4º, I, CF) constitui elemento fundamental de uma nação livre e democrática, que inviabiliza a interferência de um estado nas atividades do outro. Também há de ser uma norma fechada do sistema tributário brasileiro consubstanciada no art. 150, I, da CF, e no art. 97 do CTN, que traça a rigidez no que concerne às normas instituidoras de qualquer espécie de exação, que consagram um autêntico estatuto do contribuinte. Impõe estrita observância ao plexo de normas regradoras do federalismo, da autonomia municipal e do princípio republicano (tripartição dos poderes), além de contemplar demais princípios (explícitos e implícitos).

---

[491] CASELLA, Paulo Borba. *Mercosul*: exigência e perspectivas. São Paulo: LTr, 1996. p. 87.
[492] GRUPENMACHER, Betina Treiger. *Tratados internacionais em matéria tributária e ordem interna*. São Paulo: Dialética, 1999. p. 142.

Entretanto, devido à previsão constitucional e à necessidade de integração dos países, constata-se um crescente processo de globalização visando à cooperação internacional, em que devem ser respeitados os tratados, cujas normas venham a ser integradas em nosso país.

Candentes as assertivas seguintes:

> Assim, se o país assume compromissos com outros Países, por meio de tratado internacional, fixando de comum acordo os níveis tarifários que vai aplicar aos produtos importados, bem como, comprometendo-se a seguir determinados critérios para o estabelecimento da base de cálculo do Imposto de Importação e, se esses tratados foram integrados, segundo procedimento constitucionalmente previsto, ao ordenamento interno, nem o legislador federal, nem o Poder Executivo, poderá desrespeitar essas normas e cobrar imposto fora dos referidos parâmetros, salvo mediante denúncia do tratado. Deverão necessariamente ser respeitados os ditames traçados nos próprios Acordos para a eventual denúncia e consultados os outros países com os quais se tem compromissos.[493]

Normalmente, os tratados celebrados em matéria tributária colimam evitar a dupla incidência de imposto de renda, a eliminação de direitos alfandegários, e restrições não tarifárias à circulação de produtos, bem como medida objetivando o livre trânsito de bens, serviços e fatores produtivos entre os países signatários.

Questionável a manutenção da eficácia do CTN (art. 98), dispondo que "os tratados e as convenções internacionais revogam ou modificam a legislação tributária interna e serão observados pela que lhes sobrevenham", relativamente a tributos internos que não sejam de exclusiva competência da União, sob o fundamento básico de que a esta é vedado "instituir isenções de tributos da competência dos Estados, do Distrito Federal ou dos Municípios" (art. 151, III, CF).

Esta contém impropriedade terminológica, a saber:

> É incorreta a redação deste preceito quando se refere "à revogação" da lei interna pelos tratados. Com efeito, não se está aqui perante um fenômeno ab-rogativo, já que a lei interna mantém a sua eficácia plena fora dos casos subtraídos à sua aplicação pelo tratado. Trata-se, isso sim, de limitação da eficácia na lei que se torna relativamente inaplicável a certo círculo de situações e pessoas, limitação esta que caracteriza o instituto da derrogação.[494]

No que tange à primazia (ou não) dos tratados sobre a legislação interna, registro a dissenção doutrinária:

> Sempre se entendeu no Brasil que as normas sobre vigência, interpretação e aplicação da legislação tributária são, por excelência, normas gerais de direito tributário, de observância pela União, Estados e Municípios. Ao que o art. 98 do CTN encartado no capítulo que trata precisamente dessas matérias harmoniza-se com a Constituição à perfeição.[495]

---

[493] ENDRES, Silvana Bussab. *O Imposto de Importação na Constituição Federal de 1988*. Dissertação (Mestrado) – Pontifícia Universidade Católica de São Paulo, São Paulo, 1998. p. 155.
[494] XAVIER, Alberto. *Direito tributário internacional do Brasil*. 2. ed. Rio de Janeiro: Forense, 1993. p. 102-103.
[495] COÊLHO, Sacha Calmon Navarro. Tratados internacionais em matéria tributária perante a Constituição Federal de 1988. *Revista de Direito Tributário*, São Paulo, v. 59. p. 186.

O art. 98 do Código Tributário Nacional seria inútil, porque, de um lado, lhe faleceria aptidão para impor o primado dos tratados, e, de outro lado, também lhe seria negada valia para explicitar a necessidade de harmonizar-se a lei interna (norma geral) com a disciplina do tratado (enquanto norma especial), pois, como vimos no tópico precedente, essa harmonização não depende do preceito inscrito naquele dispositivo legal.[496]

A observância dos tratados prestigia a segurança jurídica nas relações entre as nações, conferindo à União a representatividade da totalidade do Estado brasileiro, com plena soberania e prevalecimento do interesse nacional sobre os interesses internos.

Argumenta-se em sentido oposto, porque a União – quer representando o Estado brasileiro, quer atuando como pessoa política interna – não pode obrigar estados e municípios a observarem regras ajustadas com demais países, porque acarretaria violação dos princípios federativo e da autonomia municipal. Existe absoluta igualdade entre a União e os estados/Distrito Federal – e também os municípios – delineando-se a natureza isonômica das pessoas de direito público e nenhuma hierarquia, mas apenas distintas faixas de competência.

Louvado em tais premissas, entende-se que as isenções tributárias e os incentivos fiscais previstos nos tratados não deveriam vincular os estados ou municípios, e o Distrito Federal, salvo se o fizerem por meio dos instrumentos jurídicos adequados – leis ordinárias locais, ou, no caso do ICMS, por convênios ratificados pelas respectivas casas legislativas,[497] em que pese os ponderáveis argumentos em direção oposta.[498]

O STF firmou a diretriz seguinte:

> Direito Tributário. Recepção pela Constituição da República de 1988 do Acordo Geral de Tarifas e Comércio. Isenção de Tributo Estadual Prevista em Tratado Internacional firmado pela República Federativa do Brasil. Artigo 151, inciso III, da Constituição da República. Artigo 98 do Código Tributário Nacional. Não Caracterização de Isenção Heterônoma. Recurso Extraordinário Conhecido e Provido.
> 1. A isenção de tributos estaduais prevista no Acordo Geral de Tarifas e Comércio para as mercadorias importadas dos países signatários quando o similar nacional tiver o mesmo benefício foi recepcionado pela Constituição da República de 1988.
> 2. O artigo 98 do Código Tributário Nacional *"possui caráter nacional, com eficácia para a União, os Estados e os Municípios"* (voto do eminente Ministro Ilmar Galvão).
> 3. No direito internacional apenas a República Federativa do Brasil tem competência para firmar tratados (art. 52, §20, da Constituição da República), dela não dispondo a União, os Estados-membros ou os Municípios. O Presidente da República não subscreve tratados como Chefe de Governo, mas como Chefe de Estado, o que descaracteriza a existência de uma isenção heterônoma. (RE nº 229.096-0-RS – Rel. p. acórdão Min. Cármen Lúcia – Plenário – j. 16.8.07 – *DJe* de 10.4.08, p. 56-7)

---

[496] AMARO, Luciano da Silva. *Direito tributário brasileiro*. 14. ed. São Paulo: Saraiva, 2008. p. 184.
[497] CARRAZZA, Roque Antonio. Mercosul e tributos estaduais, municipais e distritais. *Revista de Direito Tributário*, São Paulo, v. 64. p. 190-191.
[498] MARTINS, Natanael. Tratados internacionais em matéria tributária. *Caderno de Direito Tributário e Finanças Públicas*, São Paulo, n. 12, jul./set. 1995. p. 193-201; e ROCHA, Valdir de Oliveira. Tratados internacionais e vigência das isenções por eles concedidas, em face da Constituição de 1988. *Repertório IOB de Jurisprudência*, São Paulo, n. 8, 1ª quinz. mar. 1991. Caderno 1. p. 83.

## 6.2 Integrações regionais

A integração entre os países decorre, basicamente, da instituição dos sistemas seguintes,[499] sintetizados da forma seguinte:

a) *Zonas preferenciais*

*Redução de tarifas* para determinados produtos, sem abranger o universo tarifário, nem implicar a eliminação total dos direitos aduaneiros e outras restrições à importação. Fixa-se uma *margem de preferência* para os países integrantes do tratado. Tendo o GATT (*General Agreement on Tariffs and Trade*) proibido a formação de novas áreas preferenciais, em caráter excepcional e não discriminatório, só serão permitidas para países em desenvolvimento, como é o caso do SGP (Sistema Geral de Preferências); e, mais recentemente, o SGPC (entre países em desenvolvimento).

b) *União aduaneira*

Adoção de *Tarifa Externa Comum* (TEC), tendo o GATT definido como a formação de um território aduaneiro, em substituição a dois ou mais outros, quando essa substituição tem por consequências que os direitos e outras restrições ao comércio sejam eliminados para substancialmente todo o comércio dos bens produzidos nesses países; que os mesmos gravames aduaneiros e outras disposições de comércio sejam aplicáveis por cada Estado-Membro ao comércio com países de fora da União. O acordo só admite uniões aduaneiras entre partes contratantes, e não entre uma ou mais partes contratantes e países não membros do GATT.

c) *Mercado comum*

Livre circulação de mercadorias e de fatores produtivos (capital e mão de obra).

d) *Uniões econômicas*

Estágio mais avançado da integração, no qual os países-membros procedem também à coordenação e à harmonização de suas políticas econômica, fiscal e monetária, de forma a abolir as discriminações resultantes das disparidades existentes entre as políticas.

Na união econômica total ocorre forma de integração na qual se produziria unificação das políticas monetárias, fiscais e sociais. Exige o estabelecimento de uma autoridade supranacional, cujas decisões sejam obrigatórias para os Estados-Membros.[500]

## 6.3 Espécies

Os tratados mais significativos são os seguintes:

I) *Convenção de Viena*

Firmada por 110 países, em 23.5.69 (em vigor desde 27.1.80), estabelecendo as regras disciplinadoras da negociação, conclusão, entrada em vigor, interpretação e extinção dos atos internacionais, firmando o *conceito de tratado*, como um acordo internacional celebrado por escrito entre estados e regido pelo direito internacional, quer conste de um instrumento único, quer de dois ou mais instrumentos conexos, qualquer que seja sua denominação específica.

---

[499] QUINTELLA, Thereza Maria Machado. *Teoria de integração econômica*. Brasília: Esaf, 1982 *apud* CARLUCCI, José Lence. *Uma introdução ao direito aduaneiro*. 2. ed. São Paulo: Aduaneiras, 2001. p. 164-172.

[500] CARLUCCI, José Lence. *Uma introdução ao direito aduaneiro*. 2. ed. São Paulo: Aduaneiras, 2001. p. 168.

As regras de interpretação (arts. 31 a 33) estabelecem que um tratado deve ser interpretado de boa-fé, segundo o sentido comum dos termos do tratado em seu contexto à luz de seu objeto e finalidade. O contexto compreende, além do texto, seu preâmbulo e anexos (a) qualquer acordo relativo ao tratado é efeito entre todas as partes por ocasião da conclusão do tratado; (b) qualquer instrumento estabelecido por uma das partes como instrumento relativo ao tratado.

A extinção dos atos internacionais ocorre por uma das formas seguintes:
a) de conformidade com o que o próprio ato dispuser;
b) pelo consentimento de todas as partes, após consulta aos outros Estados contratantes, que não tenham chegado a tornar-se partes, pela falta de ratificação;
c) quando for substituído por outro ato internacional, sobre o mesmo assunto e entre as mesmas partes;
d) quando for violado substancialmente;
e) quando seu cumprimento se tornar impossível;
f) quando deixar de existir uma circunstância de fato que tenha constituído uma condição essencial do consentimento das partes em que se obrigarem pelo ato, de sorte que, a partir do desaparecimento da circunstância de que se trate, transformem-se radicalmente as obrigações ainda pendentes de cumprimento em virtude do ato; e
g) pela superveniência de uma norma de direito costumeiro imperativo para todos os Estados e conflitante com o ato internacional.

II) *GATT*

O Acordo Geral de Tarifas Aduaneiras e Comércio (*General Agreement on Tariffs and Trade*), em vigor pela Lei nº 313/1948, é uma organização internacional intergovernamental para a cooperação econômica e atividade comercial de seus membros, mediante a aceitação da cláusula da nação mais favorecida, objetivando uma redução geral dos tributos aduaneiros e abolição de discriminação na relação entre seus membros.

Estabelecera que, nas relações comerciais, os signatários podem observar procedimentos para evitar práticas danosas à sua economia interna, conforme consta de acordos *anti dumping*, subsídios e medidas compensatórias sobre salvaguardas, e sobre barreiras técnicas ao comércio, valoração aduaneira, receitas e formalidades relacionadas à importação e à exportação.

Definira a "tarifa" como um dos princípios básicos, estabelecendo os níveis máximos de tarifa de importação que cada país pode praticar. A consolidação brasileira encontra-se prevista no documento denominado "Lista III", em que os bens são referidos por ordem de NCM (Nomenclatura Comum do Mercosul).

Objetivando facilitar o comércio internacional, devem ser reduzidas ou eliminadas as formalidades relativas às operações de exportação e importação; sendo prevista a liberdade de trânsito, pela qual os Estados não deverão tomar medidas destinadas a dificultar ou impedir a passagem, por seus territórios, de mercadorias destinadas a terceiros mercados.

O Acordo Geral sobre o Comércio de Serviços (GATS) foi assinado em 1994, visando a regulamentar o comércio internacional de serviços, exceto aqueles prestados por autoridades governamentais, ou seja, qualquer serviço que não seja prestado em bases comerciais nem em competição com um ou mais prestadores de serviços.

III) *ALALC*

A Associação Latino-Americana de Livre Comércio foi instituída pelo Tratado de Montevidéu, em 1960, objetivando a implantação de um mercado comum regional, mediante a formação de uma zona livre de comércio, a promoção de desenvolvimento econômico e social, a coordenação de políticas em finanças, comércio exterior, agricultura e questões monetárias, expansão do intercâmbio, complementação econômica, e tratamento favorável aos países de menor desenvolvimento econômico, no prazo de doze anos, ampliado para 31.12.80 (Decreto federal nº 58.656/61).

IV) *Aladi*

A Associação Latino-Americana de Integração foi criada pelo Tratado de Montevidéu (Decreto nº 87.054, de 23.3.82) incorporando resoluções aprovadas pela ALALC, tendo por objetivo estabelecer, de forma gradual e progressiva, um mercado comum latino-americano; permitir, mediante condições de reciprocidade, o comércio intrarregional, pela adoção de tratamentos tarifários e administrativos preferenciais; promover o comércio, complementação econômica, ampliação dos mercados; desenvolvimento equilibrado e harmônico; e estabelecimento de preferências regionais (Decreto Legislativo nº 66 de 16.11.81, e Decreto nº 88.419, de 20.6.83).

V) *OMC*

A Organização Mundial do Comércio foi criada como resultado da Rodada do Uruguai do GATT, em 31.12.94 (Decreto nº 1.355, de 30.12.94, objeto do Decreto Legislativo nº 30 de 15.12.94), constituindo um sistema multilateral de comércio integrado, apresentando conclusões relativas ao comércio de bens, de serviços, direitos de propriedade intelectual relacionados com o comércio, regras que regem a solução de controvérsias, mecanismo de exame de políticas comerciais e acordos plurilaterais de comércio. Engloba todos os resultados da Rodada do Uruguai e quatro acordos plurilaterais surgidos na Rodada de Tóquio.

VI) *Mercosul*

O Tratado de Assunção, de 26.3.91, teve por finalidade a constituição de um mercado comum integrado originariamente por Argentina, Brasil, Paraguai e Uruguai (aprovado pelo Decreto Legislativo nº 197, de 25.9.91, publicado em 27.9.91, com a Carta de Ratificação depositada pelo Brasil em 30.10.91, objeto do Decreto nº 350, de 21.11.91, entrada em vigor internacional em 29.11.91, e estabelecimento em 31.12.94, do Mercado Comum do Sul).

O Mercosul é formado pelos membros seguintes: Argentina, Brasil, Paraguai e Uruguai.

A Venezuela, a partir de 2012, passou a compor o Mercosul (entrada em vigor do Protocolo de Adesão firmado com os presidentes em 2006, objeto do Decreto nº 7.859, de 6.12.2012), mas fora removida do grupo em 2016.

O Mercosul tem cinco estados associados: Chile, Colômbia, Equador, Peru, Guiana e Suriname.

Em seu cronograma foram previstas as fases seguintes: 1) zona livre de comércio (período de transição de 26.3.91 a 31.12.94); 2) União Aduaneira (período de consolidação: de 1º.1.95 a 31.12.2005); e 3) Mercado Comum (em 1º.1.2006).

Este Mercado Comum implica:

    a) a livre circulação de bens, serviços e fatores produtivos entre os países, através, entre outros, da eliminação dos direitos alfandegários e restrições não tarifárias à circulação de mercadorias de qualquer outra medida de efeito equivalente;

b) o estabelecimento de uma Tarifa Externa Comum (TEC) e a adoção de uma política comercial comum em relação a terceiros Estados, ou agrupamentos de Estados, e a coordenação de posições em foros econômicos-comerciais, regionais e internacionais;
c) a coordenação de políticas macroeconômicas e setoriais entre os Estados-Partes – de comércio exterior, agrícola, industrial, fiscal, monetária, cambial e de capitais, de serviços, alfandegária, de transportes e comunicações e outras que se acordem –, a fim de assegurar condições adequadas de concorrências entre os Estados-Partes; e
d) o compromisso dos Estados-Partes de harmonizar suas legislações nas áreas pertinentes, para lograr o fortalecimento do processo de integração.

Estabeleceu (art. 7º) que, em matéria de impostos, taxas e outros gravames internos, os produtos originários do território de um Estado-Parte gozarão, nos outros Estados-Partes, do mesmo tratamento que se aplique ao produto nacional.

As regras do Mercosul passam a constituir preceitos do nosso ordenamento jurídico, havendo de ser compatibilizados com outros tratados de natureza tributária assinados pelo Brasil, que se mostrem conflitantes com o Tratado de Assunção.

O Conselho do Mercado Comum do Mercosul aprovou o novo Código Aduaneiro do Mercosul, em 2.8.2010 (edição do Mercosul/CMC/DEC 27/2010).

## 6.4 ICMS

Perquire-se a respeito da juridicidade dos acordos internacionais, relativamente a tributos internos (ICMS), face ao preceituado no art. 151, III, da CF/88, que veda à União "instituir isenções de tributos da competência dos Estados, do Distrito Federal ou dos Municípios".

Esta questão foi objeto de parecer da Procuradoria-Geral da Fazenda Nacional do Ministério da Fazenda, mediante análise das isenções concedidas pelo Acordo-Quadro de Cooperação Econômica, Industrial Científico-Tecnológica, Técnico-Cultural (Decreto nº 431, de 20.1.92), realizado entre Brasil e Itália.

Devido à peculiaridade e relevância do tema, extraio as principais considerações do aludido parecer, como segue:

> No direito brasileiro, os tratados ou convenções internacionais somente podem ser celebrados pela União, na pessoa do Presidente da República, *ad referendum* do Congresso Nacional, conforme o art. 84, VIII e art. 49 da CF.
> A partir da CF/88 (art. 151, III), extinguiu-se a chamada "isenção heterônoma" que permitia ao Legislativo de uma Pessoa Jurídica de Direito Público (União) conceder isenção de tributo cuja instituição não estivesse na sua esfera de competência. Com a Constituição atual, tal prática não é mais cabível se não estiver na sua esfera de competência.
> Nos termos da Lei Complementar nº 24, de 7.1.75, a isenção do ICMS somente pode ser concedida por convênio. Assim, já se pronunciou esta Procuradoria-Geral no Parecer CAT 329/93.
> Em relação ao Direito Internacional tem-se que levar em consideração uma outra realidade, qual seja, a segurança jurídica nas relações entre as nações.
> Sendo a União competente para representar a República Federativa do Brasil nos tratados internacionais, ela agirá dotada de soberania, em nome da Nação, atuando perante o "direito das gentes".

No plano internacional, a União representa a totalidade do Estado brasileiro, isto é, atua perante o "direito das gentes", em nome da República Federativa do Brasil, exercendo seus direitos e cumprindo seus deveres. Sob esse enfoque, concentrando a soberania da Nação, que exerce, em pé de igualdade, perante os demais Estados independentes (art. 21, I e II da CF). Desfruta, pois, da chamada personalidade do "direito das gentes".

No plano internacional, a União representa a totalidade do Estado brasileiro, isto é, atua perante o "direito das gentes", *status* que é negado aos Estados que a compõem.[501]

Não se pode confundir as limitações da União como pessoa jurídica de direito interno e enquanto representante da Federação, com sua atuação no concerto das Nações na qualidade de legítima representante da República Federativa.

Se a atual Constituição Federal resguarda as cláusulas abordadas nos tratados internacionais (art. 155, §2º), é perceptível que os tratados celebrados antes da Constituição têm as cláusulas de isenção de impostos (federais, estaduais e municipais) amparadas pelo novo ordenamento. Além do que, sendo o tratado um acordo, lei entre as partes, é ato jurídico perfeito, devendo ser cumprido conforme estabelecido.

A Lei nº 8.032/90, que revoga as isenções e reduções de impostos de importação especificamente em relação a bens de procedência estrangeira (art. 1º), não acarreta modificações no Acordo.

E aponta as conclusões:

II – quanto ao pleito dos executores dos projetos financiados pelos italianos ao amparo do Acordo-Quadro Brasil-Itália, solicitando a isenção dos impostos incidentes sobre a importação de bens italianos a serem utilizados nesses projetos, procede em relação aos impostos federais (II e IPI), bem como ao imposto estadual (ICMS). [...]

IV – sendo a União competente para representar a República Federativa do Brasil nos tratados internacionais, ela agirá dotada de soberania, podendo, inclusive, conceder isenções de impostos federais, estaduais e municipais.[502]

Nessa temática, não se pode deixar de registrar as lições seguintes:

A proibição de isenção heterônoma na ordem interna não deve ser utilizada como argumento para impedir que a República Federativa do Brasil disponha sobre o regime tributário de bens e serviços tributados pelo ICMS em encerros de tratado internacional. De tudo quanto vimos, sobraram as seguintes conclusões:

a) a Constituição reconhece o tratado como fonte de direitos;

b) o tratado assinado pelo Presidente ou Ministro plenipotenciário e referendado pelo Congresso, empenha a vontade de todos os brasileiros, independente do Estado em que residem;

c) o CTN assegura a prevalência do tratado sobre as legislações da União, dos Estados e dos Municípios;

d) a proibição da isenção heterônoma é restrita à competência tributária exonerativa da União como ordem jurídica parcial e não como Pessoa Jurídica de Direito Público Externo;

e) o interesse nacional sobreleva os interesses estaduais e municipais internos e orienta a exegese dos tratados;

---

[501] CARRAZZA, Roque Antonio. *Curso de direito constitucional tributário*. 2. ed. São Paulo: RT, 1991. p. 77.
[502] Parecer PGFN/CAT nº 907/93, publicado na RT, *Caderno de Direito Tributário*, n. 5, out./dez. 1993, p. 186-191.

f) a competência da União para celebrar tratados, em nome e no interesse da República Federativa do Brasil, não fere a teoria do federalismo, se é que existe, ante as diversidades históricas das federações, nem arranha o federalismo arrimado na Constituição do Brasil de 1988.[503]

Argumenta-se que:

No sistema tributário nacional da Constituição de 1988 as isenções de quaisquer tributos podem ser decorrentes de tratados internacionais; se concedidas antes da nova Constituição foram por ela recepcionadas. Tratado é lei interna do Estado Brasileiro, e não simplesmente da União, assim obriga a esta como aos demais entes que formam a República Federativa do Brasil. Caem bem, por isso, como fecho a estas considerações as palavras de Miguel Reale: "Geralmente se pratica o erro de pensar que o Estado Brasileiro é a União, quando a União é efetivamente um dos aspectos internos do Estado Brasileiro. Para quem focaliza o Brasil, digamos assim, considerando-o de fora, como um todo, não existem Municípios, nem Estados, nem a União; existe apenas e tão-somente a pessoa jurídica unitária do Estado Brasileiro.[504]

A questão jurídica concernente à prevalência (ou não) dos tratados face à ordem interna continua oportuna e aplicável mesmo diante da OMC, que substituiu o GATT, e do Mercosul. Esta matéria é problemática pelo fato de os Estados estrangeiros não poderem se intrometer nas peculiares atividades internas e violar os princípios consagrados na Constituição do Brasil (federalismo, república, tipicidade fechada, estrita legalidade).

## 6.5 Jurisprudência

O Judiciário tem apreciado esta matéria sob diversos ângulos, revelando-se a necessidade de se proceder à retrospectiva de seus pronunciamentos face às normas dos acordos internacionais, a saber:

À mercadoria importada de país signatário do Gatt, ou membro da Alalc, estende-se a isenção do imposto de circulação de mercadorias. (STF – Súmula nº 575)

ICM. Importação de maquinário destinado a integrar ativo fixo da empresa. Gatt. Constituição Federal de 1969, art. 23, §11, Súmula 575.
A tese sufragada pelo acórdão recorrido está amparada na jurisprudência do Supremo Tribunal Federal, orientada no sentido de que não existe incompatibilidade entre o art. 23, §11 da Constituição anterior, e o reconhecimento da isenção do ICM a produto importado de país signatário do Gatt, cujo similar nacional goza de idêntico benefício. Orientação expressa na Súmula 575. Recurso extraordinário não conhecido. (RE nº 115.624/4-210-SP – 1ª T. – Rel. Min. Ilmar Galvão – j. 24.4.91 – *RJTJESP*, v. 134, p. 126/129)

---

[503] COÊLHO, Sacha Calmon Navarro. Validade e extensão dos tratados internacionais em matéria tributária perante a Constituição Federal do Brasil de 1988. *In*: SANTOS, Ernane Fidelis dos (Coord.). *Atualidades jurídicas*. Belo Horizonte: Del Rey, 1993. p. 58.
[504] ROCHA, Valdir de Oliveira. *Lições preliminares de direito*. 13. ed. São Paulo: Saraiva, 1986. p. 235 ("Tratados Internacionais e Vigência das Isenções por eles Concedidos, em face da Constituição de 1988", *Repertório IOB de Jurisprudência*, n. 8, 1ª quinz. mar. 1991. Caderno 1. p. 83).

Constituição. Tributário. ICM. Gatt. Isenção. Emenda Constitucional nº 3, de 1983.
I – Isenção de similar nacional. Súmula nº 575 – STF. A incidência inscrita no §11 do art. 23 da Constituição (emenda Constitucional nº 23, de 1983) não interfere com a isenção do ICM ao produto importado de país signatário do Gatt, quando isento o similar nacional.
II – Recurso não conhecido. (RE nº 130.765 – 2ª T. – Rel. Min. Carlos Velloso – j. 7.5.92 – *RTJ*, v. 147, p. 302)

A simples existência de tratado não pode constituir causa suficiente para eliminar-se ou minorar-se a carga tributária incidente na importação, eis que deve existir similaridade com o produto nacional, principalmente no que tange à sua *destinação.*
Idêntico critério esposado pelo STJ:

A mercadoria importada de país signatário do Gatt é isenta do ICM, quando contemplado com esse favor o similar nacional. (Súmula nº 20)

O bacalhau importado de país signatário do Gatt é isento do ICM. (Súmula nº 70).

Além da *isenção*, também pode ser aplicado o instituto do *diferimento* do ICMS (constante da legislação interna):

Imposto – Circulação de mercadorias e serviços – Suplemento vitamínico (vitamina B12) importado de país signatário do Gatt – Diferimento – Similaridade com o produto nacional – Ocorrência – artigo 98 do Código Tributário Nacional e Súmula nº 575 do Supremo Tribunal Federal – Hipótese ademais de documento comprobatório (guia de importação) da destinação exclusiva do produto na pecuária e na avicultura – Interpretação e aplicabilidade do artigo 168-F, §1º, inciso III do RICM, acrescido pelo Decreto Estadual nº 30.355, de 1989 – Segurança concedida – Recursos não providos – Voto vencido. (Ap. Civ. nº 1178.99115-2 – 10ª C.C. – Rel. Des. Aroldo Viotti – *RJTJESP*, v. 134, p. 126/129)

Em casos assemelhados, o STJ analisou a aplicação da *redução de base de cálculo*:

Tributário. Máquina Importada de País Signatário do Gatt para integrar o Ativo Fixo da Empresa. Mercadoria Similar Nacional Favorecida em Virtude da Redução de 50% da Base de Cálculo do ICM. Extensão do Benefício ao Bem Importado. Obrigatoriedade. Precedentes. Embargos Recebidos.
I – A cláusula 2 do artigo III, parte II, do General Agreement on Tarifs and Trade proíbe que a mercadoria importada de país signatário do acordo tenha maior tributação do que os produtos similares do país importador (*in casu*, máquina produtora de escova de dentes), de país signatário do Gatt (Bélgica) faz jus à redução da base de cálculo do tributo (ICM), no mesmo percentual em que é favorecida a mercadoria nacional (50%, conforme estabelecido na alínea "b" da cláusula 3ª do Convênio ICM 20/84). É a inteligência dos arts. 96 e 98 do CTN, bem como a aplicação *mutatis mutandi* da orientação consubstanciada no Enunciado 575 da Súmula do STF, a qual é compatível com o §11 do art. 23 da Emenda Constitucional nº 23 à Constituição de 1967. Precedentes de ambas as Turmas da Seção de Direito Público: REsp nº 30.539/SP; REsp nº 7.551/SP, REsp nº 33.940/SP, REsp nº 20.234/SP, REsp nº 8.029/SP, REsp nº 28.973/SP e REsp nº 12.381/SP.
II – Embargos de divergência recebidos para conceder a Segurança. (STJ – Embargos de Divergência no REsp nº 12.419-SP – 1ª S. – Rel. Min. Adhemar Maciel – j. 10.11.97 – *DJU* 1 de 1º.12.97, p. 62.658)

O STJ tem perfilhado as seguintes posturas sobre a matéria:

Tributário. Isenção. ICMS. Tratado Internacional.

1 – O sistema tributário instituído pela CF/88 vedou a União Federal de conceder isenção de tributos de competência dos Estados, do Distrito Federal e Municípios (art. 151, III).
2 – Em conseqüência, não pode a União firmar tratados internacionais isentando o ICMS de determinados fatos geradores, se inexiste lei estadual em tal sentido.
3 – A amplitude da competência outorgada à União para alterar tratados sofre os limites impostos pela própria Carta Magna.
4 – O art. 98 do CTN há de ser interpretado com base no panorama jurídico imposto pelo novo Sistema Tributário nacional.
5 – Recurso especial improvido. (REsp nº 90.871-PE – 1ª T. – Rel. Min. José Delgado – j. 17.6.97 – *DJU* 1 de 20.10.97, p. 52.977)

Isenção Heterônoma e Acordo Internacional.

Quem tributa ou isenta do ICMS são os Estados, mas a União pode, por acordo internacional, garantir que a tributação, quando adotada, não discrimine os produtos nacionais e os estrangeiros, em detrimento destes. Embargos de declaração acolhidos sem efeitos modificativos. (Embargos de Declaração em REsp nº 147.236-RJ – 2ª T. – Rel. Min. Ari Pargendler – j. 11.12.97)

## 7 Microempresa e empresa de pequeno porte (Simples Nacional)

A LC nº 123/2006 (e alterações) dispôs sobre a sistemática tributária especial consistente no recolhimento unificado de tributos federais, ISS e ICMS para a *microempresa* (ME) que aufira, em cada ano-calendário, receita bruta igual ou inferior a R$360.000,00; para a *empresa de pequeno porte* (EPP) que aufira, em cada ano-calendário, receita bruta superior a R$4.800.000,00, bem como para a *sociedade empresária*, a *sociedade simples*, a *empresa individual de responsabilidade limitada* ou o *empresário*.

Para fins de enquadramento como ME ou EPP, poderão ser auferidas receitas no mercado interno até o limite apontado, conforme o caso, e adicionalmente, receitas decorrentes da exportação de mercadorias ou serviços, inclusive quando realizada por meio de comercial exportadora ou da sociedade de propósito específico, desde que as receitas de exportação não excedam os referidos limites de receita bruta anual.

Para a determinação da alíquota, da base de cálculo, e das majorações de alíquotas, serão consideradas separadamente as receitas brutas auferidas no mercado interno e aquelas decorrentes da exportação.

A MP e a EPP optantes pelo Simples Nacional deverão recolher, na qualidade de contribuinte ou responsável, nos termos da legislação aplicável às demais pessoas jurídicas, o ICMS devido nas seguintes situações:

    a) nas operações ou prestações sujeitas ao regime de substituição tributária, concentrada em uma única etapa (monofásica) e sujeitas ao regime de antecipação do recolhimento do imposto com encerramento de tributação, envolvendo operações específicas;

    b) por terceiro, a que o contribuinte se ache obrigado, por força da legislação estadual ou distrital vigente;

c) na entrada, no território do estado ou do Distrito Federal, de petróleo, inclusive lubrificantes e combustíveis líquidos ou gasosos dele derivados, bem como energia elétrica, quando não destinados à comercialização ou à industrialização;
d) por ocasião do desembaraço aduaneiro;
e) na aquisição ou manutenção em estoque de mercadoria desacobertada de documento fiscal;
f) na operação ou prestação desacobertada de documento fiscal;
g) nas operações com bens ou mercadorias sujeitas ao regime de antecipação do recolhimento do imposto, nas aquisições em outros estados e Distrito Federal: (1) com encerramento de tributação; (2) sem encerramento da tributação, hipótese em que será cobrada a diferença entre a alíquota interna e a interestadual, sendo vedada a agregação de qualquer valor;
h) nas aquisições em outros estados e Distrito Federal de bens ou mercadorias, não sujeitas ao regime de antecipação do recolhimento do imposto, relativo à diferença entre a alíquota interna e a interestadual.

A diferença entre a alíquota interna e a interestadual do ICMS de que tratam as alíneas "g" e "h" referidas será calculada tomando-se por base as alíquotas aplicáveis às pessoas jurídicas não optantes pelo Simples Nacional.

A ME e EPP optantes pelo Simples nacional não farão jus à apropriação nem transferirão créditos relativos a impostos abrangidos por esta sistemática, em que se inclui o ICMS.

As pessoas jurídicas, e aquelas a elas equiparadas pela legislação tributária, não optante pelo Simples Nacional, terão direito ao crédito correspondente ao ICMS incidente sobre as suas aquisições de mercadorias de ME ou EPP optantes pelo Simples Nacional, desde que destinadas à comercialização ou à industrialização e observado, como limite, o ICMS efetivamente devido pelos optantes pelo Simples Nacional em relação a essas aquisições.

Mediante deliberação exclusiva e unilateral dos estados e do Distrito Federal, poderá ser concedido às pessoas jurídicas e àquelas equiparadas pela legislação tributária não optante pelo Simples Nacional crédito correspondente ao ICMS incidente sobre os insumos utilizados nas mercadorias adquiridas de indústria optante pelo Simples Nacional, sendo vedado o estabelecimento de diferenciação no valor do crédito em razão da procedência dessas mercadorias.

Questionável a vedação ao crédito do ICMS por parte das ME e EPP, optantes pelo Simples Nacional, no seu valor integral, na medida em que o tratamento diferenciado (CF, art. 146, III, "d", parágrafo único, IX, art. 179) é mais desvantajoso do que a sistemática normal prevista para a fruição do crédito do ICMS (art. 155, §2º), não sendo o caso de aplicar-se a única restrição constitucional (casos de isenção e não incidência, previstos nas alíneas "a" e "b", inc. II, do art. 155).

Realmente, a proibição (total ou parcial) ao crédito do imposto pode acarretar majoração de ônus (custos) nas aquisições das ME ou EPP, comparativamente aos fornecimentos realizados por pessoas não optantes pelo Simples Nacional, porque somente nesta situação há possibilidade do crédito do valor integral do imposto incidente nas operações e prestações.

A LC nº 169/19 autoriza a constituição de *sociedade de garantia solidária* (SGS), sob a forma de sociedade por ações, para a concessão de garantia a seus sócios participantes, com as características básicas seguintes:
  a) os atos das sociedades serão arquivados no Registro Público de Empresas Mercantis e Atividades Afins;
  b) é livre a negociação entre sócios participantes, de suas ações na respectiva sociedade, respeitada a participação máxima que cada sócio pode atingir;
  c) podem ser admitidos como sócios participantes os pequenos empresários, microempresários e microempreendedores e as pessoas jurídicas constituídas por esses associados;
  d) sem prejuízo do disposto na presente lei complementar, aplicam-se à sociedade as disposições da lei que rege as sociedades por ações;
  e) o contrato de garantia tem por finalidade regular a concessão de garantia pela sociedade ao sócio participante, mediante o recebimento de taxa de remuneração pelo serviço prestado, devendo fixar as cláusulas necessárias ao cumprimento das obrigações do sócio beneficiário perante a sociedade;
  f) a sociedade pode conceder garantia sobre o montante de recebíveis de seus sócios participantes que sejam objeto de securitização.

A LC nº 169/19 também autoriza a constituição de *sociedade de contragarantia* que tem como finalidade o oferecimento de contragarantias à sociedade de garantia solidária, nos termos a serem definidos em regulamento.

As duas espécies de sociedade integrarão o Sistema Financeiro Nacional e terão sua constituição, organização e funcionamento disciplinados pelo Conselho Monetário Nacional.

# CAPÍTULO IX

# IMUNIDADES

## 1 Considerações gerais

A imunidade tributária consiste na exclusão de competência das pessoas políticas de direito público (aplicável aos estados e ao Distrito Federal), para instituir tributos relativamente a atos, fatos, pessoas, estados e situações, expressamente previstas na Constituição Federal.

Do mesmo modo que outorga competências para instituir tributos sobre determinadas materialidades, a CF também estabelece outras específicas situações por intermédio das quais as referidas materialidades são afastadas dos gravames tributários.

Considera-se a natureza da imunidade como limitação constitucional ao poder de tributar.[505] É uma classe finita e imediatamente determinável de normas jurídicas, contidas no texto da Constituição da República, e que estabelecem, de modo expresso, a incompetência das pessoas políticas de direito constitucional interno para expedir regras instituidoras de tributos que alcancem situações específicas e suficientemente caracterizadas.[506]

A imunidade pode ser definida como

> a exoneração, fixada constitucionalmente, traduzida em norma expressa impeditiva da atribuição de competência tributária, ou extraível, necessariamente, de um ou mais princípios constitucionais, que confere direito público subjetivo a certas pessoas, nos termos por ela delimitados, de não se sujeitarem à tributação.[507]

Peculiarmente fora entendido que:

> A imunidade é regra constitucional expressa (ou implicitamente necessária), que estabelece a não competência das pessoas políticas da federação para tributar certos fatos

---
[505] BALEEIRO, Aliomar. *Limitações constitucionais ao poder de tributar*. 7. ed. Rio de Janeiro: Forense, 1999. p. 226; Gilberto de Ulhôa Canto, Temas de Direito Tributário, v. III, Rio de Janeiro: Alba, p. 190.
[506] CARVALHO, Paulo de Barros. *Curso de direito tributário*. 30. ed. São Paulo: Saraivajur, 2019. p. 214.
[507] COSTA, Regina Helena. *Imunidades tributárias* – Teoria e análise da jurisprudência do STF. 2. ed. São Paulo: Malheiros, 2006. p. 361.

e situações, de forma amplamente determinada, delimitando negativamente, por meio de redução parcial, a norma de atribuição do poder tributário. A imunidade é, portanto, regra de exceção e de delimitação de competência que atua, não de forma sucessiva no tempo, mas concomitantemente. A redução que opera no âmbito da abrangência da norma concessiva de poder tributário é tão-só lógica, mas não temporal.[508]

A regra jurídica da imunidade é a regra jurídica no plano da competência dos poderes públicos – obsta à atividade legislativa impositiva –, retira ao corpo que cria impostos qualquer competência para pôr, na espécie.[509]

O regime formal da imunidade tributária implica considerar os seguintes pressupostos básicos, a saber:
1) a imunidade tributária é matéria sob reserva da Constituição;
2) a imunidade tributária tem voz dirigida às entidades tributantes, vedando a instituição de imposto e alcançando indiretamente a competência tributária;
3) a imunidade tributária não pode ser recusada nem renunciada;
4) a imunidade tributária não pode ser tida como um privilégio, um favor ou um benefício fiscal;
5) a imunidade tributária opera *ope legis* sem necessidade de concessões, autorizações ou despachos.[510]

Categoricamente, se contém o ensinamento seguinte, *verbis*:

> Sempre que a Constituição estabelece uma imunidade, está, em última análise, indicando a *incompetência* das pessoas políticas para legislarem acerca daquele fato determinado. Impõe-lhes, de conseguinte, o dever de se absterem de tributar, sob pena de irremissível inconstitucionalidade.
>
> É imune a pessoa que, por sua natureza, pela atividade que desempenha ou por estar relacionada com determinados fatos, bens ou situações prestigiadas pela Carta Magna, encontra-se fora do alcance da entidade tributante. Esta, em função da regra constitucional imunizante, é *incompetente* para tributá-la, até porque as normas imunizantes são de eficácia plena e aplicabilidade imediata.
>
> Em suma, a imunidade, por assim dizer, reduz as dimensões do campo tributário das várias pessoas políticas.[511]

O objetivo da imunidade é a preservação de valores considerados de superior interesse nacional, ou seja, manutenção das entidades federadas, exercício das atividades religiosas, democracia, instituições educacionais, assistenciais, e de filantropia, acesso à cultura e às informações etc.

Trata-se de exclusão da própria competência tributária, originária da Constituição Federal de 1988. Não caracteriza benefício, favor fiscal, privilégio ou desinteresse da

---

[508] DERZI, Misabel Abreu Machado. A imunidade das instituições de educação ou de assistência social. *In*: ROCHA, Valdir de Oliveira (Coord.). *Imposto de Renda* – Alterações fundamentais. São Paulo: Dialética, 1988. v. 2. p. 173.
[509] MIRANDA, Pontes de. Questões forenses. t. III. p. 364. *In*: MIRANDA, Pontes de. *Comentários à Constituição de 1946*. Rio de Janeiro: Forense, 1953. v. II. p. 156.
[510] MORAES, Bernardo Ribeiro de. *A imunidade tributária e seus novos aspectos; e imunidades tributárias*. Nova Série 4, São Paulo: Revista dos Tribunais e do Centro de Extensão Universitária, 1998. p. 115-118.
[511] CARRAZZA, Roque Antonio. *Curso de direito constitucional tributário*. 24. ed. São Paulo: RT, 2008. p. 709-710.

competência; mas, na realidade, compreende uma pauta axiológica prestigiando os bens imprescindíveis à sociedade.

Os elementos essenciais da imunidade consistem,[512] no seguinte:
1) norma constitucional continente e exoneração tributária (aspecto formal: impossibilidade de tributação de pessoas, bens e situações, resultantes da vontade constitucional);
2) forte conteúdo axiológico, destinado à realização de princípio constitucional (aspecto teleológico).

Colima suprir as deficiências do governo, mediante a utilização do instrumento (imunidade) para atrair as pessoas privadas a colaborarem com o Estado, que não deve onerar o patrimônio dos particulares. Deve atuar em sentido oposto, tomando providências com o escopo de conferir condições para que possam atender às finalidades de natureza pública, o que somente tem condição de ser conseguido mediante a desoneração das cargas tributárias.

Avaliação crítica da matéria submetendo as cláusulas ao conceito habitual do teste de congruência lógica. Percorre os conceitos tradicionais e procede à devida inovação do pensamento científico, a saber:

a) *A imunidade é uma limitação constitucional às competências tributárias.*

Entende que o raciocínio não procede por inexistir cronologia justificadora da outorga de prerrogativas de inovar a ordem jurídica, pelo exercício de competências tributárias definidas pelo legislador constitucional, para, em momento subsequente, ser mutilada ou limitada pelo recurso da imunidade.

Concebe os dispositivos que consagram a imunidade como singelas regras que colaboram no desenho do quadro das competências por meio de esquemas sintáticos proibitivos ou vedatórios.

b) *Imunidade como exclusão do poder tributário.*

Observa que tal ideia hospeda idêntico absurdo, apresentado de modo mais grosseiro, posto que "excluir" pressupõe a expulsão de algo que estivera incluído, enquanto suprimir traz à mente o ato de eliminar.

É de sentir que cabe reunir e aglutinar princípios, segundo o critério associativo do entrelaçamento vertical (subordinação hierárquica) e horizontal (coordenação) para montar-se a arquitetura do sistema jurídico em vigor, descrevendo-o metodologicamente.

c) *Imunidade como providência constitucional que impede a incidência tributária.*

No plano constitucional, o objeto da preocupação normativa é definir os campos de competência das entidades tributantes, não tendo sentido aludir às imunidades como barreiras, embaraços ou obstáculos às incidências dos tributos.

O importante é tomar em boa conta a palavra "incidência", meio pelo qual a proposição normativa qualifica as pessoas, coisas e estado de coisas, bem como é incidindo que o sistema, como um todo, atinge a disciplina integral do relacionamento intersubjetivo.

d) *A imunidade é sempre ampla e indivisível, não comportando fracionamentos.*

A incidência se dá, invariavelmente, de maneira automática e infalível, sendo provocada pela porta dos supostos normativos, sendo certo que o fenômeno de

---

[512] COSTA, Regina Helena. *Imunidades tributárias* – Teoria e análise da jurisprudência do STF. 2. ed. São Paulo: Malheiros, 2006. p. 361.

"amplitude" e "indivisibilidade" não é atributo das imunidades, mas de todas as disposições prescritivas do direito positivo.

Após discorrer largamente sobre o processo de positivação das normas jurídicas (de aplicação e construção), e o método para isolamento temático do instituto das imunidades, considerando as categorias de Norberto Bobbio, conclui as linhas básicas da figura jurídica em foco:

> É uma classe finita e imediatamente determinável de normas jurídicas, contidas na Constituição Federal, que estabelecem expressamente a incompetência das pessoas políticas de Direito Constitucional interno para expedir regras instituidoras de tributos que alcancem situações específicas e suficientemente caracterizadas.[513]

A *repercussão econômica* não era levada em consideração para fins imunitórios, porque o seu âmbito era restrito ao denominado "contribuinte de direito", ou seja, quem suportava o dever tributário relativo ao recolhimento do imposto. Na condição de adquirente ("contribuinte de fato"), sujeitava-se ao respectivo encargo financeiro, uma vez que o STF firmara a diretriz de que "a imunidade ou isenção tributária do comprador não se estende ao produtor, contribuinte do Imposto sobre Produtos Industrializados" (Súmula nº 591).

Todavia, argumenta-se no sentido de que:

> Parece fora de dúvida razoável que a imunidade alcança também os chamados impostos indiretos, incidentes sobre mercadorias e serviços adquiridos pelas pessoas jurídicas de direito constitucional interno e seus órgãos nos casos em que os adquirentes suportam o encargo econômico do imposto.[514]

Para tanto, asseveram que:

> A regra que garante a imunidade se aplica a esses impostos quando eles não puderem ser recuperados pelo sistema de crédito (não-cumulatividade), ou não puderem ser repassados a terceiros. Ora, se houver a tributação o adquirente suportará o peso econômico do tributo que reverterá em favor do ente tributante, e isso equivaleria a esvaziar o sentido da norma concessiva de imunidade. Esse entendimento começa a ser adotado pelo STF (*RTJ* 133/857, e 172/619), em alguns julgamentos em que se discute o alcance da imunidade tributária das entidades de educação e assistência social.[515]

É indiscutível a presença do "contribuinte de fato", sendo

> indefectível sua existência até pela disposição que trata o CTN em seu art. 166, bem como a súmula n. 546 do STF, em que todos dão conta da total existência e reconhecimento do contribuinte de fato, ou seja, aquele que embora não esteja diretamente obrigado a implementar o tributo acaba por fazê-lo.[516]

---

[513] CARVALHO, Paulo de Barros. Limitações ao poder de tributar. *Revista de Direito Tributário*, São Paulo, v. 46. p. 146-150.

[514] ANDRADE FILHO, Edmar Oliveira. Imunidades tributárias na Constituição Federal. *In*: PEIXOTO, Marcelo Magalhães; CARVALHO, Cristiano (Coord.). *Imunidade tributária*. São Paulo: MP Editora e APET, 2005. p. 116.

[515] ANDRADE FILHO, Edmar Oliveira. Imunidades tributárias na Constituição Federal. *In*: PEIXOTO, Marcelo Magalhães; CARVALHO, Cristiano (Coord.). *Imunidade tributária*. São Paulo: MP Editora e APET, 2005. p. 116.

[516] MAZETO, Cristiano de Souza; RIBEIRO, Maria de Fátima. A imunidade dos partidos políticos e suas repercussões no contexto econômico social. *In*: PEIXOTO, Marcelo Magalhães; CARVALHO, Cristiano (Coord.). *Imunidade tributária*. São Paulo: MP Editora e APET, 2005. p. 104.

O STF firmara a tese seguinte:

> A imunidade tributária subjetiva aplica-se a seus beneficiários na posição de contribuinte de direito, mas não na de simples contribuinte de fato, sendo irrelevante para verificação da existência do beneplácito constitucional a repercussão econômica do tributo envolvido. (RE nº 608.872 – Plenário – j. 22.2.2017)

O Tribunal manteve a exigência do ICMS incidente sobre as aquisições feitas por entidade filantrópica, sob o fundamento de que a incidência não implica tributar patrimônio, renda ou serviços da entidade, mas traz mera repercussão econômica para o comprador. Entendera que o repasse dos custos nesses casos é de difícil mensuração, uma vez que depende de outros fatores que influem no preço como a margem de lucro.

## 2 Interpretação das normas jurídicas imunizantes

A interpretação constitui um processo mental de compreensão, integração e aplicação do discurso normativo, objetivando desentranhar o conteúdo do preceito, razão pela qual não há qualquer sentido jurídico em traçar limites para o hermeneuta, de forma a cercear o seu livre labor científico.

O intérprete deve considerar o sentido da norma num contexto dinâmico, a sua permanente renovação e interação, porque os comandos que nela se contêm impõem uma atualização adaptada à realidade social. A mutabilidade dos acontecimentos e as transformações sociais obrigam à apreensão dos fenômenos sociais segundo uma atualidade, pois é claro que os fatos e os conceitos são plenamente alteráveis.

O pluralismo metodológico deve ser a pauta de comportamento do intérprete, pois

> o que se observa é a pluralidade ou equivalência, sendo os métodos aplicados de acordo com o caso e com os valores ínsitos na norma; ora se recorre ao método sistemático, ora ao teleológico, ora ao histórico, até porque não são contraditórios, mas se completam e se intercomunicam.[517]

A análise da temática "interpretação da norma imunizante" permitiu firmar o entendimento de que: "A interpretação há que ser teleológica e sistemática – vale dizer, consentânea com os princípios constitucionais envolvidos e o contexto a que se refere".[518]

A interpretação não pode circunscrever-se a restritos âmbitos jurídicos, tendo o STF consagrado a "interpretação teleológica das normas de imunidade tributária, de modo a maximizar-lhes o potencial de efetividade, como garantia ou estímulo à concretização dos valores constitucionais que inspiram limitações ao poder de tributar" (RE nº 237.718-SP – Pleno – Rel. Min. Sepúlveda Pertence – j. 29.3.2001 – *DJU* 1 de 6.9.2001). Neste aresto, tratara-se de estender a imunidade do Imposto sobre a Propriedade Predial Territorial Urbana (IPTU) das instituições de assistência social para imóvel ainda quando alugado a terceiro.

---

[517] TORRES, Ricardo Lobo. *Normas de interpretação e integração do direito tributário*. Rio de Janeiro: Forense, 1991. p. 83.
[518] COSTA, Regina Helena. *Imunidades tributárias* – Teoria e análise da jurisprudência do STF. 2. ed. São Paulo: Malheiros, 2006. p. 127.

O STF (acórdão proferido no RE nº 237.718-SP) também invocara decisões conferindo *alcance extensivo à imunidade tributária*, a saber:

> São exemplos marcantes dessa tendência a aplicação liberal que a Casa tem dado à imunidade de livros, jornais e periódicos (*v.g.*, RE 101.441, Pleno, 4.11.87, Sanches, *RTJ* 126/216; ERE 104.563, Pleno, 09.06.93, Néri, *RTJ* 151/235), assim como à do papel destinado à sua impressão (RE 174.476, Pleno, 26.09.96, M. Aurélio; RE 203.859, Pleno, 17.12.96, Corrêa). Também expressivo dessa mesma orientação é a decisão que alçou, não apenas a imunidade recíproca dos entes estatais, mas também as imunidades tributárias do art. 150, VI, *b* e *c*, à dignidade de limitações ao poder de reforma da Constituição, em razão da relevância dos direitos e liberdades fundamentais a cuja proteção estão voltadas.

Percebe-se que o STF *acolhe a interpretação extensiva para a imunidade*, mantendo a interpretação restritiva para as demais formas desonerativas, nos termos do art. 111 do CTN, tendo sido asseverado o seguinte:

> É evidente que as normas constitucionais devem ser interpretadas através de uma exegese *ampla*, com a utilização de diversos métodos interpretativos, com o mais rigoroso exame do Texto Constitucional. Dar à norma constitucional um sentido restrito seria correr o perigo de caminhar na linha da inconstitucionalidade.[519]

No acórdão pertinente ao RE nº 174.476-SP (Pleno – j. 12.12.97), o Min. Marco Aurélio asseverara que:

> O preceito constitucional há de merecer interpretação teleológica, buscando-se atingir, de forma plena, o objeto visado, que outro não é senão afastar procedimentos que, de algum modo, possam inibir a produção material e intelectual de livros, jornais e periódicos. Sob o meu ponto de vista, a parte final do preceito concernente à imunidade e à referência a livros, jornais e periódicos, não é exaustiva, e, tampouco, merecedora de interpretação literal, a ponto de dizer-se que somente tem direito à imunidade quanto à venda e aos atos que digam respeito diretamente ao papel utilizado.
> Destaco as digressões jurídicas seguintes:
> "Recurso extraordinário. Repercussão geral. Tributário. *Imunidade objetiva* constante do art. 150, VI, d, da CF/88. *Teleologia multifacetada.* Aplicabilidade. Livro eletrônico ou digital. Suportes. *Interpretação evolutiva. Avanços tecnológicos, sociais e culturais.* Projeção. Aparelhos leitores de livros eletrônicos (ou *e-readers*).
> 1. *A teleologia da imunidade* contida no art. 150, VI, d, da Constituição aponta para a proteção de valores, princípios e ideias de elevada importância, tais como a liberdade de expressão, voltada à democratização e à difusão da cultura; a formação cultural do povo indene de manipulações; a neutralidade, de modo a não fazer distinção entre grupos políticos, etc., a liberdade de informar e de ser informado; o barateamento do custo de produção dos livros, jornais e periódicos; de modo a facilitar e estimular a divulgação de ideias, conhecimentos e informações, etc. Ao se invocar a *interpretação finalística*, se o livro não constituir veículo de ideias, de transmissão de pensamento, ainda que formalmente possa ser considerado como tal, será descabida a aplicação da imunidade. [...]

---

[519] MORAES, Bernardo Ribeiro de. *A imunidade tributária e seus novos aspectos; e imunidades tributárias*. Nova Série 4, São Paulo: Revista dos Tribunais e do Centro de Extensão Universitária, 1998. p. 133.

3. *A interpretação das imunidades tributárias* deve se projetar no futuro e levar em conta os novos fenômenos sociais, culturais e tecnológicos. Com isso, evita-se o esvaziamento das normas imunizantes por mero lapso temporal, além de se propiciar a constante atualização do alcance de seus preceitos [...]". (RE nº 330.817-RJ – Plenário – Rel. Min. Dias Toffoli – j. 8.3.17)

## 3 Recíproca

A Constituição (art. 150, VI, "a") dispõe sobre a proibição à União, aos estados, ao Distrito Federal e aos municípios de instituírem impostos sobre o patrimônio, renda ou serviços, uns dos outros, abrangendo as atividades das próprias pessoas políticas de direito público.

Assim, a) a União não poderá cobrar dos estados, Distrito Federal e municípios imposto sobre a renda relativamente a valores que estas pessoas políticas auferirem em razão de suas atividades públicas; b) aos estados e Distrito Federal é vedado cobrar da União e dos municípios o imposto sobre a propriedade de veículos automotores, referente aos carros pertencentes a estas pessoas; c) os municípios não poderão exigir da União, estados e Distrito Federal o imposto sobre a propriedade predial urbana, no que concerne aos prédios de que estes sejam proprietários.

Trata-se de obediência ao federalismo, cuja manutenção é promovida mediante a evitação de cargas tributárias que possam desfalcar a capacidade econômica das pessoas políticas. Mediante a eliminação desses gravames, não ficarão prejudicadas e comprometidas no livre exercício de suas atividades públicas. Objetiva o preceito a igualdade, a harmonia e a independência das pessoas políticas.

Entendo que a imunidade à tributação do patrimônio não pode circunscrever-se apenas a específicos bens móveis e imóveis, mas também deve resguardar todos os elementos que o integram, especialmente os valores financeiros. A importação de bens e mercadorias implica a normal incidência do ICMS, obrigando o importador a recolher esses tributos. Por essa razão, tem pleno cabimento a aplicação da imunidade, excluindo a exigibilidade dos tributos aduaneiros nas importações realizadas pelos estados e pelo Distrito Federal.

O Judiciário já assentou que:

> Não há invocar, para o fim de ser restringida a aplicação da imunidade, critérios de classificação dos impostos, adotados por normas infraconstitucionais, mesmo porque não é adequado distinguir entre bens e patrimônio, dado que este se constitui do conjunto daqueles. (RE nº 193.969-SP – 2ª T. – Rel. Min. Carlos Velloso – j. 17.9.96 – *DJU* 1 de 6.12.96, p. 48.733)

Esta imunidade é extensiva às autarquias e às fundações instituídas e mantidas pelo Poder Público, no que se refere ao patrimônio, à renda e aos serviços vinculados às suas finalidades essenciais ou às delas decorrentes (§2º do art. 150 da CF), significando que a fruição do benefício é também aplicável a tais entidades, em razão de serem consideradas verdadeira extensão da Administração Pública, praticando atos e procedimentos que lhes são peculiares.

Todavia, as vedações aos impostos não se aplicam ao patrimônio, à renda e aos serviços relacionados com exploração de atividades econômicas regidas pelas normas aplicáveis a empreendimentos privados, ou em que haja contraprestação ou pagamento de preços ou tarifas pelo usuário, nem exonera o promitente comprador da obrigação de pagar impostos relativamente ao bem imóvel. (§3º do art. 150 da CF)

Na medida em que os Poderes Públicos (inclusive autarquias e fundações) atuam como particulares, despidos das prerrogativas de Poder Público (especialmente a supremacia do interesse público sobre o privado), não há que se cogitar da referida desoneração tributária. É o que se dá no caso de tais entidades exercerem atividades particulares, de conformidade com o princípio da autonomia da vontade, em plena concorrência com aqueles, como acontece no caso de o município promover o fornecimento de refeições, em regime de liberdade contratual, situação em que os valores respectivos estão sujeitos ao ICMS.

Relativamente ao *serviço postal*, decidira o seguinte:

Ação Cível Originária 959-4-Rio Grande do Norte
Relator – Min. Menezes de Direito
Autora – Empresa Brasileira de Correios e Telégrafos – ECT
Réu – Estado do Rio Grande do Norte
Tributário. Imunidade recíproca. Art. 150, VI, "a", da Constituição Federal. Extensão. Empresa pública prestadora de serviço público. Precedentes da Suprema Corte.
1. Já assentou a Suprema Corte que a norma do art. 150, VI, "a", da Constituição Federal alcança as empresas públicas prestadoras de serviço público, como é o caso da autora, que não se confunde com as empresas públicas que exercem atividade econômica em sentido estrito. Com isso, impõe-se o reconhecimento da imunidade tributária prevista no art. 150, VI, "a", da Constituição Federal.
2. Ação cível originária julgada procedente.

O STF considerara a imunidade no *transporte de encomendas indissociável do serviço postal*, nos termos seguintes:

Recurso extraordinário com repercussão geral. Imunidade recíproca. Empresa Brasileira de Correios e Telégrafos. Peculiaridades do Serviço Postal. Exercício de atividades em regime de exclusividade e em concorrência com particulares. Irrelevância. ICMS. Transporte de encomendas. Indissociabilidade do serviço postal. Incidência da Imunidade do art. 150, VI, a, da Constituição. Condição de sujeito passivo de obrigação acessória. Legalidade.
1. Distinção, para fins de tratamento normativo, entre empresas públicas prestadoras de serviço público e empresas públicas exploradoras de atividade econômica.
2. As conclusões da ADPF 46 foram no sentido de se reconhecer a natureza pública dos serviços postais, destacando-se que tais serviços são exercidos em regime de exclusividade pela ECT.
3. Nos autos do Re nº 601.392/PR, Relator para o acórdão o Ministro Gilmar Mendes, ficou assentado que a imunidade recíproca prevista no art. 150, VI, a, CF, deve ser reconhecida à ECT, mesmo quando relacionada às atividades em que a empresa não age em regime de monopólio.

4. O transporte de encomendas está inserido no rol das atividades desempenhadas pela ECT, que deve cumprir o encargo de alcançar todos os lugares do Brasil, não importa quão pequenos ou subdesenvolvidos.
5. Não há comprometimento do status de empresa pública prestadora de serviços essenciais por conta do exercício da atividade de transporte de encomendas, de modo que essa atividade constitui *conditio sine qua non* para a viabilidade de um serviço postal contínuo, universal e de preços módicos.
6. A imunidade tributária não autoriza a exoneração de cumprimento das obrigações acessórias. A condição de sujeito passivo de obrigação acessória dependerá única e exclusivamente de previsão na legislação tributária.
7. Recurso extraordinário do qual se conhece e ao qual se dá provimento, reconhecendo a imunidade da ECT relativamente ao ICMS que seria devido no transporte de encomendas. (RE nº 627.051-PE – Plenário – Rel. Min. Dias Toffoli – j. 12.11.04)

Situação específica à questão enfocada é a exigência do ICMS sobre a *energia elétrica utilizada no fornecimento de iluminação pública* que o município presta aos seus habitantes e transeuntes. Trata-se de prestação de serviço público, de conformidade com o regime jurídico insculpido na Constituição, sendo irrelevante a circunstância de ser realizada por concessionárias, pois sempre se estará diante de uma atividade de natureza pública.

Por tais razões é que existe fundamento jurídico no entendimento de que:

> O ICMS pretendido pelo Estado e que seria recebido das Prefeituras através da concessionária sob seu controle é, de rigor, não uma incidência do Estado, sobre si mesmo, mas sobre serviço que o Município é obrigado a prestar e que, sem o suporte energético, estaria impossibilitado de fazê-lo; não há como visualizar, com meridiana clareza, que o ICMS sobre energia elétrica, quando exigido do Município, violenta o princípio da imunidade recíproca.[520]

Esta questão foi solucionada pelo STJ na forma seguinte:

> Tributário. ICMS. Energia Elétrica e Serviços de Telefonia.
> 1. A imposição do princípio da imunidade tributária entre pessoas jurídicas de direito público não alcança o ICMS exigido do município por empresas concessionárias de serviço de telefonia ou de fornecimento de energia elétrica.
> 2. O Estado do Paraná cobra o ICMS das empresas concessionárias de telefonia ou de fornecimento de energia elétrica. Não o faz dos Municípios.
> 3. Essas entidades, empresas de direito privado, não estão favorecidas pela imunidade tributária. Esta só ocorre entre pessoas jurídicas de direito público.
> 4. Recuso improvido. (RMS nº 6.827-PR – 1ª T. – Rel. Min. José Delgado – j. 5.6.96 – *DJU* 1 de 14.10.96)

> Tributário e Constitucional – ICMS – Energia Elétrica – Telecomunicação – Mandado de Segurança – Suspensão da Exigibilidade do Tributo – art. 150, inciso IV, alínea "a", da CF – Suposta Imunidade Tributária – Inexistência.

---

[520] MARTINS, Ives Gandra da Silva. Incidência de ICMS sobre energia elétrica, utilizada pelos municípios para fornecer iluminação pública – Inconstitucionalidade por ferir o princípio da imunidade recíproca. *Revista Dialética de Direito Tributário*, São Paulo, n. 26. p. 101.

1. Restringe-se a controvérsia acerca da imunidade tributária recíproca entre o município e o Estado-membro no que tange à incidência do ICMS.

2. A imunidade recíproca ou intergovernamental recíproca decorre da essência do sistema federativo pátrio. Por certo, depreende-se da Constituição da República que os entes de Direito Público, quais sejam, União, Estados, Distrito Federal e Municípios não podem instituir impostos sobre diversas entidades, serviços ou rendas uns dos outros (art. 150, inciso VI, alínea "a", da CF).

3. Na hipótese dos autos, o ICMS não incide sobre o patrimônio a renda ou os serviços dos Municípios, mas incide sobre o fornecimento dos serviços de energia elétrica e de telefonia por ele consumidos, descaracterizando, por conseguinte, a suposta imunidade recíproca do art. 150, inciso VI, alínea "a", da Constituição da República. (RMS nº 19.711-SC – 2ª T. – Rel. Min. Humberto Martins – j. 27.2.2007 – *DJU* 1 de 9.3.2007, p. 297)

Não sendo contribuinte do ICMS, o Município não tem legitimidade passiva para, buscando-se eximir desse tributo, acionar o Secretário da Fazenda Estadual que, a seu turno, é parte ilegítima para figurar no polo passivo da ação.

O princípio da imunidade tributária entre pessoas jurídicas de direito público não alcança o ICMS exigido do Município por concessionárias dos serviços de telefonia e fornecimento de energia elétrica. (RMS nº 7.040/PR, 96/24223-1 – 2ª T. – Rel. Min. Peçanha Martins, j. 11.12.1997, *DJU* 1 de 9.3.1998, p. 60)

O STF entendeu que a *imunidade recíproca não se aplica à Petrobras* pelos fundamentos seguintes:

a) trata-se de sociedade de economia mista destinada à exploração econômica em benefício de seus acionistas, pessoas de direito público e privado, e a salvaguarda não se presta a proteger aumento patrimonial dissociado de interesse público primário;
b) a Petrobras visa a distribuição de lucros, e, portanto, tem capacidade contributiva para participar do apoio econômico aos entes federados; e
c) a tributação de atividade econômica lucrativa não implica risco ao pacto federativo (Ag. Reg. no RE nº 290.956-SP – 2ª T. – Rel. Min. Joaquim Barbosa – j. 6.4.2010 – *DJe* de 6.5.2010, p. 86/7)

Relativamente aos *tributos aduaneiros* tem cabimento a aplicação da imunidade para excluir a exigência nas importações, a saber:
 a) os estados e o DF não poderão cobrar o ICMS da União e dos municípios;
 b) os estados e o DF não poderão cobrar ICMS das entidades religiosas, partidos políticos, suas fundações, entidades sindicais dos trabalhadores, e instituições de educação e assistência social;
 c) os estados e o DF não poderão cobrar ICMS sobre livros (e produtos assemelhados), jornais, e periódicos (inclusive filmes e papéis fotográficos), compreendendo os programas tecnológicos e de informática, os *kits* (pecinhas) e demais materiais de natureza pedagógica ou didática.

## 4 Templos

A imunidade dos templos de qualquer culto (art. 150, VI, "b", da CF) significa que as atividades religiosas em igrejas, casas paroquiais, missas etc., podem ser exercidas sem a exigência de impostos, propiciando a prática da crença religiosa diversificada (católica, protestante, israelita, budista, maometana, evangélica, xintoísta etc.).

Os valores auferidos em decorrência de casamentos, batizados, missas e atividades correlatas não tipificam serviços tributáveis, que não podem ser objeto de cobrança do imposto sobre operações jurídicas e serviços de qualquer natureza.

No caso de manterem uma emissora de televisão por assinatura (com cobrança de valores dos contratantes-usuários), que tenha por escopo a transmissão de programas de cunho religioso, poderão ficar imunes ao ICMS.

É evidente que a vedação impositiva ao patrimônio, à renda e aos serviços "relacionados com as finalidades essenciais dos templos" (art. 150, §4º) implicará obrigação do ICMS no caso de manterem supermercado para fornecer quaisquer tipos de mercadorias.

A imunidade vincula-se aos pressupostos religiosos dos serviços, sendo imprescindível que as receitas tenham origem da prática de liturgias, traçando-se importante distinção:

> A venda de imagens de santos pela igreja está ao abrigo da imunidade, na medida em que os santos são integrantes do ritual de oração, constituindo-se num importante objeto para a prática religiosa. A mesma imagem de santo, vendida por uma pessoa que não seja a mantenedora do templo, a exemplo de um antiquário, não está agasalhada pela imunidade. Isto porque, embora essa pessoa comercialize um objeto sacro, a mesma não possui nenhum vínculo com o templo. O objeto da relação de imunidade é necessariamente vinculado ao templo e suas atividades.[521]

O autor aponta:

> A venda de velas de sete dias, por exemplo, está ao abrigo da imunidade, pois essas integram o ritual de orações, ao passo que a simples venda de velas perfumadas não está, pois são meramente decorativas. Em razão disso, podemos notar que a imunidade não se relaciona com a natureza intrínseca do objeto, mas sim a destinação religiosa que se atribua ao mesmo fator extrínseco.[522]

A Fazenda paulista entende albergada pela imunidade do templo a operação de repasse (ou venda), aos fiéis e às igrejas da mesma doutrina, de produtos religiosos (bíblias, hinários, véus e livros), quando (i) seja efetuada diretamente pelo templo (igreja); (ii) seja realizada gratuitamente ou, na hipótese de venda, que o valor cobrado seja igual (ou inferior) ao "preço de custo" ou ao "custo de reposição" (preço de aquisição atualizado) dos produtos; e que estes sejam essenciais à prática do próprio culto, sendo utilizados dentro das edificações do tempo.[523]

---

[521] VERGUEIRO, Guilherme Von Muller. Teoria constitucional da imunidade dos templos religiosos. *In*: PEIXOTO, Marcelo Magalhães; CARVALHO, Cristiano (Coord.). *Imunidade tributária*. São Paulo: MP Editora e APET, 2005. p. 162.
[522] VERGUEIRO, Guilherme Von Muller. Teoria constitucional da imunidade dos templos religiosos. *In*: PEIXOTO, Marcelo Magalhães; CARVALHO, Cristiano (Coord.). *Imunidade tributária*. São Paulo: MP Editora e APET, 2005. p. 162.
[523] Consulta nº 1.640/13 de 18.7.13.

## 5 Partidos políticos, suas fundações, entidades sindicais dos trabalhadores e instituições de educação e de assistência social

### 5.1 Finalidades e normas complementares

O constituinte objetivou preservar valores de relevante interesse nacional, como a democracia, a força trabalhadora, a educação, a saúde, a previdência e a proteção aos carentes, impedindo ônus tributários que pudessem afetar sua capacidade econômica, necessária ao desenvolvimento de suas atividades societárias e pessoais.

Essas entidades não sofrerão a exigência de impostos sobre o patrimônio, a renda e os serviços, se não tiverem finalidade lucrativa, e atenderem aos requisitos da lei (art. 150, VI, "c", da CF), que é o CTN. Embora este diploma jurídico tenha sido editado em 1966 (anteriormente à Constituição de 1988), já havia disciplinado idêntica regra constitucional (Emenda nº 18, de 1º.12.65, à Carta de 1946), sendo recepcionado pelo vigente ordenamento constitucional (art. 34, §5º, do Ato das Disposições Transitórias).

Categoricamente, a CF/88 deferiu à lei complementar a competência para regular as limitações constitucionais ao poder de tributar (art. 146, III), que constitui matéria pertinente às imunidades (Seção II, Capítulo I, Título VI, da CF), tendo o CTN (art. 14) estabelecido os requisitos seguintes:

> I - não distribuírem qualquer parcela de seu patrimônio ou de suas rendas, a qualquer título [redação dada pela LC nº 104];
> II - aplicarem integralmente, no País, os seus recursos na manutenção dos seus objetivos institucionais;
> III - manterem escrituração de suas receitas e despesas em livros revestidos de formalidades capazes de assegurar sua exatidão.

É facilmente perceptível a justificativa para considerar-se a exclusividade da lei complementar no regramento da imunidade, uma vez que, constituindo a competência matéria estritamente constitucional, é lógico que a exclusão de competência – como se configura a imunidade – só pode ser veiculada por norma (lei complementar), que tenha de ser considerada pelas pessoas políticas.

Realmente, se ao legislador ordinário fosse possibilitado instituir regras próprias de imunidade, as normas complementares poderiam ser alteradas, desprezadas ou suprimidas, eliminando-se obliquamente as limitações para tributar, que, a seu turno, consubstanciam irremovíveis direitos e garantias individuais.

Curiosa a afirmativa de que:

> Pode-se cogitar de uma situação intermediária, onde a lei complementar (CF, art. 146, III) e a lei "ordinária" (CF, art. 150, VI, c) conviveriam, harmonicamente, em campos próprios e compatíveis do instituto da imunidade e, de outro, os também respeitáveis interesses do Erário, que merecem ser tutelados, desde que isto se dê sem atropelo aos direitos e garantias fundamentais.[524]

---

[524] BOTTALLO, Eduardo Domingos. Imunidade de instituições de educação e de assistência social e lei ordinária – Um intrincado confronto. In: ROCHA, Valdir de Oliveira (Coord.). *Imposto de renda* – Alterações fundamentais. São Paulo: Dialética, 1998. v. 2. p. 53-63.

A questão suscitada não representa mera indagação acadêmica, de cunho teórico; ao revés, revela superior importância e aplicação prática, especialmente à luz da Lei federal nº 9.532, de 11.12.97, que pretendeu introduzir preceitos próprios no âmbito da imunidade, modificando as diretrizes encartadas no CTN, e, até mesmo, os superiores princípios constitucionais.

Nesse contexto normativo, o STF decidiu:

> [...] *II. Imunidade tributária* (CF, art. 150, VI, *c* e 146, II): *"instituições de educação e de assistência social, sem fins lucrativos, atendidos os requisitos da lei"*: delimitação dos âmbitos da matéria reservada, no ponto, à intermediação da lei complementar e da lei ordinária: análise, a partir daí, dos preceitos impugnados (L. 9.532, arts. 12 a 14): cautelar parcialmente deferida.
> Conforme precedente no STF (RE 93.770, Muñoz, *RTJ* 102/304), e na linha da melhor doutrina, o que a Constituição remete à lei ordinária, no tocante à imunidade tributária considerada, é a fixação de normas sobre a constituição e o funcionamento da entidade educacional ou assistencial imune; não, o que diga respeito aos lindes de imunidade, que, quando susceptíveis de disciplina infraconstitucional, ficou reservado à lei complementar. (ADIn nº 1.802-3-DF – Pleno – Rel. Min. Sepúlveda Pertence – j. 27.8.88 – *DJU* de 13.2.2004, p. 10)

No que concerne à aplicação dos recursos, esta nem sempre pode ser realizada de modo preferencial, ou exclusivo, para as atividades básicas da instituição, como é o caso de aquisição de equipamentos cirúrgicos, ambulâncias, salários de médicos, ou compra de móveis, pagamento de funcionários etc.

A finalidade de tais investimentos consiste na manutenção dos bens da entidade, ou instituição, razão pela qual atendem aos benefícios da imunidade os resultados percebidos em aplicações financeiras, os aluguéis de imóveis de sua propriedade etc., uma vez que estas entidades não estão concorrendo com terceiros, sequer praticando atividades especulativas.

Os vocábulos "instituições" e "entidades" não apresentam peculiaridades e distinções para as finalidades imunitórias, compreendendo o terceiro setor, que "corresponde às instituições com preocupações e práticas sociais, sem fins lucrativos, que geram bens e serviços de caráter público, tais como: ONGs, instituições religiosas, clubes de serviços, entidades beneficentes, centros sociais, organizações de voluntariado etc.",[525] como é o caso das fundações privadas (arts. 62 e seguintes do Código Civil), as associações civis (art. 44 do CC), e as cooperativas sociais (Lei federal nº 9.867, de 10.11.99).

Deve ser levado em conta o significado do vocábulo "educação", amplamente referido na CF (arts. 205, 208 e 214). Pugna-se pela interpretação ampla do conceito de *instituição de educação*, que não é "apenas a de caráter estritamente didático, mas toda aquela que aproveita à cultura em geral, como laboratório, instituto, centro de pesquisas, o museu, o *atelier* de pintura ou escultura, o ginásio de desportos, as academias de letras, artes e ciências".[526]

---

[525] CARDOSO, Lais Vieira. Imunidade e terceiro setor. *In*: PEIXOTO, Marcelo Magalhães; CARVALHO, Cristiano (Coord.). *Imunidade tributária*. São Paulo: MP Editora e APET, 2005. p. 216.
[526] BALEEIRO, Aliomar. *Limitações constitucionais ao poder de tributar*. 7. ed. Rio de Janeiro: Forense, 1999. p. 314-315.

A CF preceitua o seguinte:

> Art. 203. A *assistência social* será prestada a quem dela necessitar, independentemente de contribuição à seguridade social, e tem por objetivos:
> I - a proteção à família, à maternidade, à infância, à adolescência e à velhice;
> II - o amparo às crianças e adolescentes carentes;
> III - a promoção da integração ao mercado de trabalho;
> IV - a habilitação e reabilitação das pessoas portadoras de deficiência e a promoção de sua integração ao mercado de trabalho;
> V - a garantia de um salário mínimo de benefício mensal à pessoa portadora de deficiência e ao idoso que comprovem não possuir meios de prover à própria manutenção ou tê-la provida por sua família, conforme dispuser a lei.

A *assistência social* pode significar o atendimento aos direitos sociais enumerados no art. 6º da Carta Magna (a educação, a saúde, o trabalho, o lazer, a segurança, a previdência social, a proteção à maternidade e a infância, a assistência aos desamparados), sendo de responsabilidade do Estado e da sociedade.[527]

Nesta temática devem ser consideradas diversas instituições que se enquadram no *terceiro setor*, distinto dos âmbitos do primeiro setor (Estado) e do segundo setor (mercado), de natureza não lucrativa e não governamental, interagindo entre as esferas públicas e privadas, destacando-se (a) as *organizações sociais* (OS), previstas na Lei federal nº 9.637, de 15.5.1998; (b) *organizações da sociedade civil de interesse público* (OSCIP), dispostas na Lei federal nº 9.790, de 23.9.1999; (c) as *organizações não governamentais* (ONGs); (d) as *escolas comunitárias*, previstas na Lei federal nº 9.394, de 20.12.1996; (e) as *escolas confessionais* e (f) as *escolas filantrópicas*.[528]

Destaco as seguintes regras da referida Lei nº 9.532:

> Art. 12. Para efeito do disposto no art. 150, VI, alínea "c", da Constituição, considera-se imune a instituição de educação ou de assistência social que preste os serviços para os quais houver sido instituída e os coloque à disposição da população em geral, em caráter suplementar às atividades do Estado, sem fins lucrativos.

Inexiste previsão constitucional de as entidades estarem abertas à população em geral, pois podem atender exclusivamente aos seus associados, complementando atividades precípuas do Estado (ensino, serviços médicos, hospitalares, previdenciários etc.). Embora, num primeiro relance, tais entidades possam aparentar um caráter restrito e exclusivo (como é o caso dos serviços direcionados aos empregados de um grupo empresarial, de entidade de que seja parte integrante), em realidade, abrangem um número significativo de pessoas.

Para tanto, basta constatar que a prestação exclusiva a tais beneficiários (empregados e seus dependentes), muitas vezes, chega a alcançar cinquenta mil pessoas, isto é, um universo mais amplo do que a população de diversos municípios (STF – RE nº 60.834 – *RTJ*, v. 65, p. 145), não havendo entendimento tranquilo no tocante a clientelas restritas (RE nº 115.970 – *RTJ*, v. 126/849 e RE nº 193.775).

---

[527] SOUZA, Leandro Marins de. *Tributação do terceiro setor no Brasil*. São Paulo: Dialética, 2004. p. 165.
[528] ADIN nº 2.028, Plenário, Rel. Min. Rosa Weber, j. 2.3.17.

1º Não estão abrangidos pela imunidade os rendimentos e ganhos de capital auferidos em aplicações financeiras de renda fixa, ou de renda variável.

O STF entendeu chapada a inconstitucionalidade formal e material da exclusão questionada, porque a norma atinente à delimitação do objeto da imunidade supera a alçada da lei ordinária e se reserva – segundo o parâmetro do precedente acolhido – à lei complementar.

Ademais, os referidos rendimentos e ganhos caracterizam "renda", alcançados pela imunidade constitucional, quando beneficiária dela a instituição imune, e, portanto, não subtraíveis, sequer por lei complementar, do âmbito da vedação constitucional de tributar, motivo que decretou a suspensão do referido preceito (ADIn nº 1.802-3-DF – Pleno – Rel. Min. Sepúlveda Pertence – j. 27.8.98 – *DJU* 1 de 13.2.2004, p. 10).

A proibição de finalidade lucrativa deve ser compreendida no sentido de que os objetivos institucionais não perseguem o lucro – implicador de caráter comercial – que, naturalmente, pudesse acarretar o posterior repasse ou distribuição aos seus sócios. É normal e compreensível que as instituições de beneficência – como quaisquer outras entidades de natureza assemelhada – colimem sempre um resultado positivo de suas atividades para poderem aprimorar e incrementar os serviços.

2º Para o gozo da imunidade, as instituições a que se refere este artigo estão obrigadas a atender os seguintes requisitos:
a) não remunerar, por qualquer forma, seus dirigentes pelos serviços prestados.

Além de esta vedação não encontrar correspondência em nenhum requisito do CTN, é imperioso convir que o pagamento a diretor ou qualquer administrador das instituições imunes não representa nenhuma violação aos preceitos básicos da imunidade.

A própria Administração federal já havia tomado na devida conta a questão remuneratória, no sentido de que:

Nada obsta, contudo, que a instituição imune remunere serviços necessários à sua manutenção, sobrevivência e funcionamento como os realizados por administradores, professores e funcionários. Esses pagamentos não desfiguram ou prejudicam o gozo da imunidade visto não serem vedados por lei, mas é de exigir rigorosamente, que a remuneração seja paga tão-somente como contraprestação pela realização de serviços ou execução de trabalhos, sem dar margem a se traduzir tal pagamento em distribuição de parcela ou das rendas da instituição.[529]

É evidente que as relações de direito privado se assentam e decorrem do princípio da autonomia da vontade, conferindo às partes a faculdade de pactuar a remuneração pelos valores que entenderem adequados. Entretanto, na peculiar situação em tela, a contraprestação do serviço tem que corresponder razoavelmente aos valores de mercado, a fim de não se vislumbrar a condenável prática de distribuição disfarçada de lucros.

O STF (Plenário de 2.3.2017, Rel. Min. Marco Aurélio) firmou o entendimento de que "os requisitos para o gozo da imunidade devem estar previstos em lei complementar" (ADIs nºs 2.028, 2.036, 2.228 e 2.621, e RE nº 566.622).

---
[529] Parecer Normativo CST nº 71/73, do Ministério da Fazenda.

§3º Considera-se sem fins lucrativos a que não apresente superávit em suas contas ou, caso o apresente em determinado exercício, destine referido resultado integralmente ao incremento do seu ativo imobilizado.

Estranho o conceito formulado, uma vez que a inexistência de superávit, por si só, não significa que a entidade tenha fins lucrativos, pela singela razão de que tal situação econômica é própria de qualquer atividade ao buscar o resultado positivo, pois não é crível admitir-se intenção em sentido oposto (almejar resultado negativo, prejuízo, situação deficitária).

Relativamente ao *ICMS na venda de mercadorias por ente imune*, o STF chegou a firmar posição no sentido de que não há imunidade, eis que o ICMS seria suportado pelo adquirente.[530]

## 5.2 Entidades previdenciárias

Cabe, como luva, a proposição seguinte:

> Também são havidas por instituições assistenciais as *instituições fechadas e de previdência privada*, também chamadas de "fundos de pensão", que, por sua natureza orgânica e finalidades, estão abrangidas pelo benefício constitucional, já que: a) não têm *animus distribuendi* (embora, por vezes, tenham o *animus lucrandi*); b) preenchem o requisito da *universalidade* (*generalidade*), ainda que restrita a uma categoria de pessoas [...]; e c) miram o interesse público. Desde que atendidos os requisitos estabelecidos na lei complementar ou do ato normativo que lhe faça as vezes (art. 14 do CTN, têm jus à imunidade).[531]

Nesse passo, também as entidades de previdência privada devem ser consideradas como imunes, mas o STF consolidou a diretriz seguinte:

> Recurso Extraordinário. Constitucional. Previdência Privada. Imunidade Tributária. Inexistência.
> 1. Entidade fechada de previdência privada. Concessão de benefício aos filiados mediante recolhimento das contribuições pactuadas. Imunidade tributária. Inexistência, dada a ausência das características de universalidade e generalidade da prestação, próprias dos órgãos de assistência social.
> 2. As instituições de assistência social, que trazem ínsito em suas finalidades a observância ao princípio da universalidade, da generalidade e concede benefícios a toda a coletividade, independentemente da contraprestação, não se confundem e não podem ser comparada com as entidades fechadas de previdência privada que, em decorrência da relação contratual firmada, apenas contempla uma categoria específica, ficando o gozo dos benefícios previstos em seu estatuto social dependente do recolhimento das contribuições avençadas, *conditio sine qua non*, para a respectiva integração no sistema. (RE nº 202.700-6-DF – Pleno – Rel. Min. Maurício Corrêa – j. 8.11.2001 – *DJU* de 1º.3.2002)

Revela-se injurídica a obrigatória destinação do superávit (utilização no ativo imobilizado), porque cria obrigação não prevista no CTN, acrescido da circunstância

---

[530] RE nº 191.067-4, 1ª T., Rel. Min. Moreira Alves, j. 26.10.1999, *DJU* 1 3.12.1999, p. 23.
[531] CARRAZZA, Roque Antonio. *Curso de direito constitucional tributário*. 24. ed. São Paulo: RT, 2008. p. 484.

de que o administrador pode realizar diferentes tipos de aplicações, desde que estejam vinculadas à manutenção dos seus objetivos. Parece sobremodo razoável a utilização do superávit para fazer face às despesas com professores, médicos, enfermagens, cursos de especialização.

## 5.3 Restrições

O preceito que estabelece que "as vedações expressas no inc. VI, alíneas 'b' e 'c', compreendem somente o patrimônio, a renda e os serviços, relacionados com as finalidades essenciais das entidades nelas mencionadas" (§4º do art. 150 da CF) tem sido examinado judicialmente:

> ICM. Entidade de assistência social que aufere renda com produção e venda de pães. Não é ela alcançada pela imunidade prevista no artigo 19, III, "c", da Ementa Constitucional 1/69. Precedentes do STF, Recurso Extraordinário não conhecido. (STF – RE nº 134.573-0-SP – 1ª T. – Rel. Min. Moreira Alves – j. 2.5.95 – *DJU* 1 de 29.9.95, p. 31.906 – *Revista Dialética de Direito Tributário*, n. 2, p. 185)

O STF firmou a jurisprudência seguinte:

> ICMS. Entidade de assistência social. Alegação de imunidade.
> Esta Corte, quer com relação à Emenda Constitucional nº 1/69 quer com referência à Constituição de 1988 (assim, nos REEE 115.096, 134.573 e 164.162), tem entendido que a entidade de assistência social não é imune à incidência do ICM ou do ICMS na venda de bens fabricados por ela, porque esse tributo, por repercutir economicamente no consumidor e não no contribuinte de direito, não atinge o patrimônio, nem desfalca as rendas, nem reduz a eficácia dos serviços dessas entidades.
> Recurso extraordinário não conhecido. (RE nº 191.067-4 – 1ª T. – Rel. Min. Moreira Alves – j. 26.10.99 – *DJU* 1 de 3.12.99, p. 23)

Esta postura guarda sintonia com antiga diretriz, no sentido de que "a imunidade ou a isenção tributária do comprador não se estende ao produtor, contribuinte do imposto sobre produtos industrializados" (Súmula nº 591 do STF).

De modo mais explícito, observe-se o pronunciamento do STJ:

> Tributário – ICM – Imposto sobre Circulação de Mercadorias – Imunidade de instituição de assistência social.
> Embora o Código Tributário Nacional (CTN) vede a incidência de imposto sobre o patrimônio, a renda ou serviços das instituições civis não econômicas, o Decreto-lei nº 406, de 1968 (art. 6º, §1º, III), não as deixou incólumes da exigência tributária pertinente às operações relativas à circulação de mercadorias.
> O ICM recai sobre operação de circulação de mercadoria, quando há transferência da posse ou propriedade dela a terceiros, atividade praticada pela recorrida, com venda de medicamentos.
> Na hipótese, se reconhecida a imunidade, resultaria ela em benefício a terceiros, perdendo assim o seu caráter objetivo.
> Recurso conhecido e provido, para restabelecer em seu todo, a sentença de primeiro grau. (REsp nº 485 – 1ª T. – Rel. Min. Demócrito Reinaldo – j. 21.8.91 – *RSTJ*, v. 24, ago. 1991, p. 264-268)

## 5.4 Importação de bens, serviços e atividades paralelas

Nas operações de importação de bens e serviços, o ônus do ICMS é suportado diretamente pela importadora, razão pela qual há que se considerar a não incidência tributária, sendo despiciendo o fato de a CF (art. 150, IV, "a") referir-se a "patrimônio, renda e serviço", porque o STF assentou o seguinte:

> Constitucional. Tributário. ICMS. Imunidade Tributária. Instituição de Educação sem Fins Lucrativos. CF, art. 150, VI, c.
> I – Não há invocar, para o fim de ser restringida a aplicação da imunidade, critérios de classificação dos impostos adotados por normas infraconstitucionais, mesmo porque não é adequado distinguir entre bens e patrimônio, dado que este se constitui do conjunto daqueles. O que cumpre perquirir, portanto, é se o bem adquirido, no mercado interno ou externo, integra o patrimônio da entidade abrangida pela imunidade.
> II – Precedentes do STF.
> III – Agravo não provido. (Agravo Reg. em Recurso Extraordinário nº 225.671-0 – 2ª T. – Rel. Min. Carlos Velloso – j. 21.9.88 – *DJU* 1 de 23.10.98, p. 6)

Também se tem questionado a respeito da receita proveniente de estacionamento de veículos, *bonbonnière*, bares e refeitórios, lojas de vestuários e cinemas pertencentes à própria entidade assistencial/educacional, que integram o seu estabelecimento, com o exclusivo objetivo de prestar um atendimento complementar às pessoas (e familiares) que são beneficiárias de seus serviços.

Há que se atentar para o fato de que a aplicação dos recursos nem sempre pode ou, mesmo, deve ser realizada de modo preferencial ou exclusivo para as atividades básicas da instituição, como é o caso de aquisição de equipamentos cirúrgicos, ambulâncias, salários de médicos, enfermeiras (assistência social), ou compra de cadeiras, merenda escolar, pagamento de professores (educação).

Por vezes, é conveniente utilizar os valores financeiros de forma indireta, de modo momentâneo mais adequado para a preservação dos patrimônios das instituições imunes, como é o caso de aplicações no sistema financeiro, ou investimentos imobiliários (compra, alienação, locação de bens), com o objetivo precípuo de evitar a perda do capital e a desvalorização da moeda, de modo a permitir futura reaplicação direta em suas finalidades assistenciais.

A finalidade de tais investimentos consiste na manutenção dos bens da entidade assistencial, razão pela qual atendem aos benefícios da imunidade os resultados percebidos com aplicações financeiras, os aluguéis de imóveis de sua propriedade etc., uma vez que essas entidades não estão concorrendo com terceiro, sequer praticando atividades exclusivamente especulativas.

No contexto das Constituições (anterior e vigente), o STF assim se manifestou:

> ICMS. Entidade de assistência social. Alegação de imunidade.
> Esta corte quer com relação à Emenda Constitucional nº 1/69, quer com referência à Constituição de 1988 (assim, nos RREE 115.096, 134.573 e 164.162), tem entendido que a entidade de assistência social não é imune à incidência do ICM ou ICMS na venda de bens fabricados por ela, porque esse tributo, por repercutir economicamente no consumidor e não no contribuinte de direito, não atinge o patrimônio, nem desfalca as rendas nem reduz a eficácia dos serviços dessas entidades.

Recurso extraordinário não conhecido. (RE nº 191.067-4-SP – 1ª T. – Rel. Min. Moreira Alves – j. 26.10.99 – *DJU* 1 de 3.12.99, p. 23)

## 6 Livros, jornais, periódicos e o papel destinado à sua impressão

A CF determina:

> Seção II. Das Limitações do Poder de Tributar.
> Art. 150. Sem prejuízo de outras garantias asseguradas ao contribuinte, é vedado à União, aos Estados, ao Distrito Federal e aos Municípios: [...]
> VI - instituir impostos sobre: [...]
> d) livros, jornais, periódicos e o papel destinado à sua impressão.

Aludida imunidade objetiva preservar a divulgação de ideias, conhecimentos, cultura e a livre expressão do pensamento (como dever do Estado, art. 5º, inc. IV, da Constituição Federal de 1988), veiculados pelos referidos instrumentos, traduzindo procedimento peculiar a um autêntico regime democrático. Considere-se que a manifestação do pensamento, a criação, a expressão e a informação, sob qualquer forma, processo ou veículo, não sofrerão quaisquer restrições (art. 220 da CF/88).

A CF proíbe a exigência de impostos incidentes sobre a importação, produção, distribuição, objetivando desonerar o ciclo produtivo, barateando o seu custo para permitir que a coletividade tenha acesso aos "livros, jornais e periódicos", num verdadeiro fenômeno de fomento e difusão da cultura e das informações de maneira geral.

Por intermédio da eliminação de impostos, torna-se mais facilitada a confecção e a distribuição dos referidos bens, pouco interessando o seu formato, conteúdo e os elementos que neles se contêm, uma vez que o *princípio da isonomia* não consente qualquer efeito discriminatório. Embora muitas vezes seja fácil identificar a figura de um livro, nem sempre é possível caracterizá-lo de forma precisa, o mesmo ocorrendo com os periódicos, tendo em vista as diferenciadas situações que se apresentam.

A LC nº 87/96 também dispõe que "o imposto não incide sobre operações com livros, jornais, periódicos e o papel destinado a sua impressão" (art. 3º, I).

### 6.1 "Livros". Evolução de seu significado e o abrangente conceito legal

Na Antiguidade, a *Biblioteca de Alexandria*, no Egito, com suas centenas de milhares de papiros, era a guardiã do maior acervo cultural e científico do mundo. Inaugurada em 295 antes de Cristo (a.C.), foi destruída pelo fogo em 272 a.C., por ordem do Imperador romano Aureliano.

Hodiernamente, em plena era digital, um projeto da Unesco, a *World Digital Library* (Biblioteca Digital do Mundo), tornará tesouros de vários países disponíveis gratuitamente na internet. O portal da WDL terá, na primeira fase, mapas, fotografias e manuscritos digitalizados, tudo com textos explicativos em árabe, chinês, espanhol, inglês, francês, português e russo.[532]

---

[532] O BRASIL no mundo da Biblioteca Digital. *Jornal O Estado de S.Paulo*, ano 128, n. 41.622, 2 out. 2007.

A Lei federal nº 10.753, de 30.10.2003, instituidora da política nacional do livro, consagra o objetivo imunitório ao dispor em seu art. 1º, inc. II, que "o livro é o meio principal e insubstituível da difusão da cultura e transmissão do patrimônio nacional, a transformação e aperfeiçoamento social e da melhoria da qualidade de vida". Considera *livro* a publicação de textos escritos em fichas ou folhas, não periódica, grampeada, colada ou costurada, em volume cartonado, encadernado ou em brochura, em capas avulsas, em qualquer formato ou acabamento.

Referido diploma legal estabelece que são equiparados a "livro", *verbis*:

> Art. 2º [...]
> §2º [...]
> I - fascículos, publicações de qualquer natureza que representem parte de livro;
> II - materiais avulsos relacionados com o livro, impressos em papel ou em material similar;
> III - roteiros de leitura para controle e estudo de literatura ou de obras didáticas;
> IV - álbuns para colorir, pintar, recortar ou armar;
> V - atlas geográficos, históricos, anatômicos, mapas e cartogramas;
> VI - textos derivados de livro ou originais, produzidos por editores, mediante contrato de edição celebrado com o autor, com a utilização de qualquer suporte;
> VII - livros em meio digital, magnético e ótico, para uso exclusivo de pessoas com deficiência visual;
> VIII - livros impressos no Sistema "Braille".

Portanto, para a caracterização da imunidade ao livro, é irrelevante o meio de publicação, a apresentação, o formato, o acabamento, ou o material de sua produção. O papel já não mais configura elemento essencial para revelar sua natureza, em razão de ser desnecessário estar escrito (como é o caso dos álbuns para colorir, recortar, pintar, armar etc.), e ter que ser apresentado em papel (como se verifica na apresentação digital, magnética, ótica, sistema "Braille" etc.).

Estudo jurídico acerca da matéria em comento ensina que:

> A formatação, o número de páginas, o material empregado, etc., não são elementos essenciais para a caracterização das revistas, podendo ser apresentadas em CD-ROM, disquetes, fonadas em discos, fitas cassetes, etc. Com efeito, o material empregado na impressão não precisa ser necessariamente papel; poderia ser em pergaminho, plástico, polietileno, etc. A amplitude, nessa mesma linha de raciocínio, das revistas e periódicos não encontra fim.[533]

Argutamente entende-se que:

> São os fins a que se destinam os livros e equivalentes, e, não, sua forma que os tornam imunes a impostos. Livros, na acepção da alínea *d*, do inc. VI, do art. 150, da CF, são os veículos do pensamento, vale dizer, os que se prestam para difundir idéias, informações, conhecimentos etc. Pouco importa o suporte material de tais veículos (papel, celulóide, plástico, etc.), e a forma de transmissão (caracteres alfabéticos, signos Braille, impulsos magnéticos etc.[534]

---

[533] ICHIARA, Yoshiaki. *Imunidades tributárias*. São Paulo: Atlas, 2000. p. 295.

[534] CARRAZZA, Roque Antonio. Importação de bíblias em fitas – Sua imunidade – Exegese do art. 150, VI, d, da Constituição Federal. *Revista Dialética de Direito Tributário*, São Paulo, n. 26. p. 139.

## 6.2 Evolução jurisprudencial

O Judiciário vem conferindo um significativo tratamento à imunidade tributária, conforme se colhe da jurisprudência. Confira-se:

> *Listas Telefônicas*:
> A edição de listas telefônicas (catálogos ou guias) é imune ao I.S.S. art. 19, III, "d", da C.F.), mesmo que nelas haja publicidade paga. Se a norma constitucional visou facilitar a confecção, e distribuição do livro, do jornal e dos periódicos, imunizando-os ao tributo, assim como o próprio papel destinado à sua impressão, é de se entender que não estão excluídos da imunidade os *periódicos* que cuidam apenas e tão-somente de informações genéricas ou específicas, sem caráter noticioso, discursivo, literário, poético ou filosófico, mas de *inegável utilidade pública*, como é o caso das *listas telefônicas*. (STF – RE nº 101.441-5 – Pleno – Rel. Min. Sydney Sanches – j. 4.11.87 – *Revista dos Tribunais*, v. 635, p. 300/333).
> A edição de listas telefônicas (catálogos ou guias) é imune ao ISS (art. 19, III, *d*, da Constituição Federal), mesmo que nelas haja publicidade paga. (STF – RE nº 111.960-8-SP – Rel. Sydney Sanches – *DJU* 1 de 12.8.88, p. 19.517)

Embora a lide tenha se referido expressamente ao ISS, inexiste óbice jurídico para obstar sua aplicação no âmbito do ICMS, ainda na vigência da CF/88, idêntica à anterior Constituição, no que tange ao preceito imunitório.

Pondera-se que:

> Para prevalecimento da imunidade não interessa sua finalidade, o tipo de idéias veiculáveis, pois o constituinte pretendeu evitar a manipulação da opinião pública por parte dos detentores do poder, sob a alegação de que determinados tipos de publicação estariam protegidos pela intenção legal, e outros não. Dessa forma, a liberdade de expressão, requisito constitucional de um País democrático e livre, não poderia ser atingida por força de uma eventual escalada tributária [...].[535]

E prosseguindo seu raciocínio:

> [...] a liberdade de expressão é a tônica a ser preservada pela mencionada vedação. De outra forma, não se compreenderia que as revistas pornográficas de todo tipo, que infestam as bancas de jornais, possam ser consideradas proteção à cultura e educação, mas porque representam forma de expressão, por serem "periódicos", são publicações imunes.[536]

Não apenas as listas telefônicas devem enquadrar-se na sistemática da imunidade, mas também todos aqueles *periódicos* que tragam divulgação da cultura, pensamento, conhecimento, utilidade – *liberdade de expressão* (logicamente não evidencie conotação meramente comercial).

Interessante observação do referido jurista: "não é despiciendo lembrar que jornais existem que aparecem sob o formato de revistas, revistas existem que aparecem

---

[535] MARTINS, Ives Gandra da Silva. Imunidade constitucional de publicações – Interpretação teleológica da norma maior – Análise jurisprudencial. *Revista de Direito Tributário*, São Paulo, v. 41. p. 221 e seguintes.

[536] MARTINS, Ives Gandra da Silva. Imunidade constitucional de publicações – Interpretação teleológica da norma maior – Análise jurisprudencial. *Revista de Direito Tributário*, São Paulo, v. 41. p. 228.

sob o formato de livros, livros existem que são publicados em jornais e folhas soltas".
E prossegue:

> O próprio parecerista [...] tem seus pareceres algumas vezes coletaneados em livros, outras vezes, ofertados em "separatas" das *revistas*, nem *periódicos* deixariam de ser imunes, por terem número de páginas limitado (10, 15, 20, páginas no máximo).
> *Apostilas*:
> Imunidade – Impostos – Livros, Jornais, Periódicos e Papel Destinado à Impressão – Apostilas. O preceito da alínea "d" do inciso VI do artigo 150 da Carta da República alcança as chamadas apostilas, veículo de transmissão de cultura simplificado. (STF – RE nº 183.403 – 2ª T. – Rel. Min. Marco Aurélio – j. 7.11.2000 – *DJU* 1 de 4.5.2001, p. 35)

O acórdão consignou tratar-se de manuais técnicos (apostilas), como implemento da educação e da cultura, com o mesmo objetivo do livro, ou seja, a veiculação de mensagem, a comunicação do pensamento num contexto de obra de cultura. Abandona a interpretação meramente verbal, gramatical, que deve ser observada em conjunto com métodos mais seguros, como é o teleológico.

*Livros como acessórios de CDs e fitas de vídeo*:

> Constitucional e Tributário. Imunidade Tributária. Produto Composto de Livro, CDs e Fitas de Vídeo. Aplicabilidade da Imunidade aos Livros.
> I – A imunidade tributária sobre livros, jornais e periódicos é objetiva. Seu fundamento é político e cultural.
> II – A liberdade de expressão do pensamento e a disseminação da cultura inspiraram o legislador constitucional a erigir *in casu* o livro à condição de material imune à tributação.
> III – O fato dos livros fazerem parte de coleção e virem embalados em conjunto a CDs, e fitas de videocassetes, não impede a incidência da imunidade objetiva conferida pela Constituição Federal no art. 150, inc. VI, letra "d".
> IV – Ainda que agregadas a outras mercadorias, o livro não perde a característica que o identifica [...]. (TRF da 2ª Região – AMS nº 25.212 – 1ª T. – Rel. Des. Fed. Ney Fonseca – j. 31.8.99)

*Livro eletrônico*:

> Recurso extraordinário. Repercussão geral. Tributário. Imunidade objetiva constante do art. 150, VI, d, da CF/88. Teleologia multifacetada. Aplicabilidade. Livro eletrônico ou digital. Suportes. Interpretação evolutiva. Avanços tecnológicos, sociais e culturais. Projeção. Aparelhos leitores de livros eletrônicos (ou e-readers).
> 1. A teleologia da imunidade contida no art. 150, VI, d, da Constituição, aponta para a proteção de valores, princípios e ideais de elevada importância, tais como a liberdade de expressão voltada á democratização e à difusão da cultura; a formação cultural do povo indene de manipulações; a neutralidade, de modo a não fazer distinção entre grupos economicamente fortes e fracos, entre grupos políticos, etc; a liberdade de informar e de ser informado; o barateamento do custo de produção dos livros, jornais e periódicos, de modo a facilitar e estimular a divulgação de ideias, conhecimentos e informações, etc. Ao se invocar a *interpretação finalística*, se o livro não constituir veículo de ideias, de transmissão de pensamentos, ainda que formalmente possa ser considerado como tal, será descabida a aplicação da imunidade.
> 2. A *imunidade* dos livros, jornais e periódicos e do papel destinado a sua impressão não deve ser interpretada em seus extremos, sob pena de se subtrair da salvaguarda toda a

racionalidade que inspira seu alcance prático, ou de transformar a imunidade em *subjetiva*, na medida em que acabaria por desonerar de todo a pessoa do contribuinte, numa imunidade a que a Constituição atribui desenganada feição *objetiva*. A delimitação negativa da competência tributária apenas abrange os impostos incidentes sobre materialidades próprias das operações com livro, jornais, periódicos e com o papel destinado à sua impressão.

3. A interpretação das imunidades tributárias deve se projetar no futuro e levar em conta os novos fenômenos sociais, culturais e tecnológicos. Com isso, evita-se o esvaziamento das normas imunizantes por mero lapso temporal, além e se propiciar a constante atualização do alcance de seus preceitos.

4. O art. 150, IV, d, da Constituição não se refere apenas ao método gutenberguiano da produção de livros, jornais e periódicos. O vocábulo "papel" não é, do mesmo modo, essencial ao conceito desses bens finais. O suporte das publicações é apenas o continente (*corpus mechanicum*) que abrange o conteúdo (*corpus misticum*) das obras. O corpo mecânico não é o essencial ou o condicionante para o gozo da imunidade, pois a variedade de tipos de *suporte* (tangível ou intangível) que um livro pode ter aponta para a direção de que ele só pode ser considerado como *elemento acidental* no conceito de livro. A imunidade de que trata o art. 150, VI, d, da Constituição, portanto, alcança o livro digital (*e-book*).

5. É *dispensável* para enquadramento do livro na imunidade em questão que seu destinatário (consumidor) tenha necessariamente que passar sua visão pelo texto e decifrar os signos da escrita. Quero dizer que a imunidade alcança o denominado *"áudio book"*, ou audiolivro (livros gravados em áudio, seja no suporte CD-Rom, seja em qualquer outro).

6. A tecnologia da regra de imunidade igualmente alcança os aparelhos leitores de livros eletrônicos (ou *e-readers*) confeccionados exclusivamente para esse fim, ainda que, eventualmente, estejam equipados com funcionalidades acessórias ou rudimentares que auxiliam a leitura digital, tais como dicionário de sinônimos, marcadores, escolha do tipo e do tamanho da fonte, etc. Esse entendimento não é aplicável aos aparelhos multifuncionais, como *tablets, smartphones e laptops,* os quais vão muito além de meros equipamentos utilizados para a leitura de livros digitais.

7. O CD-Rom é apenas um corpo mecânico ou suporte. Aquilo que está nele fixado (seu conteúdo textual) é o livro. Tanto o suporte (o CD-Rom) quanto o livro (conteúdo) estão abarcados pela imunidade da alínea d do inciso VI do art. 150 da Constituição Federal.

8. Recurso extraordinário a que se nega provimento.

TESE DA REPERCUSSÃO GERAL:

9. Em relação ao tema nº 593 da Gestão por Temas de Repercussão Geral do portal do STF na *internet*, foi aprovada a seguinte tese:

"A imunidade tributária constante do art. 150, VI, d, da CF/88 aplica-se ao livro eletrônico (e-book), inclusive aos suportes exclusivamente utilizados para fixá-lo". (RE nº 330.817-RJ – Plenário – Rel. Min. Dias Toffoli – j. 8.3.2017)

IMUNIDADE – UNIDADE DIDÁTICA – COMPONENTES ELETRÔNICOS. A imunidade prevista no artigo 150, inciso VI, da Constituição Federal, alcança componentes eletrônicos, quando destinados, exclusivamente, a integrar a unidade didática. (RE nº 595.676/RJ – Plenário – Rel. Min. Marco Aurélio – j. 8.3.2017 – Tema nº 259 de Repercussão Geral)

Entendo que a *comunicação jornalística e de natureza editorial via internet*, independentemente dos processos de sua elaboração (eletrônica, gráfica etc.), goza da imunidade tributária (art. 150, VI, "d", da CF), uma vez que o objetivo constitucional é preservar a liberdade do pensamento. Não se poderia conceber a existência de livros imunes (se elaborados com papel) e livros tributados (se elaborados por meios eletrônicos).

*Álbum de figurinhas*:

Constitucional. Tributário. Imunidade. Art. 150, VI, "d" CF/88. "Álbum de Figurinhas". Admissibilidade.
1. A imunidade tributária sobre livros, jornais, periódicos, e o papel destinado à sua impressão tem por escopo evitar embaraços ao exercício da liberdade de expressão intelectual, artística, científica e de comunicação, bem como facilitar o acesso da população à cultura, à informação e à educação.
2. O constituinte, ao instituir esta benesse, não fez ressalvas quanto ao valor artístico ou didático, à relevância das informações divulgadas ou à qualidade cultural de uma publicação.
3. Não cabe ao aplicador da norma constitucional em tela afastar este benefício instituído para proteger direito tão importante ao exercício da democracia por força de um juízo subjetivo acerca da qualidade cultural ou do valor pedagógico de uma publicação destinada ao público infanto-juvenil.
4. Recurso extraordinário conhecido e provido. (RE nº 221.239-6-SP – 2ª T. – Rel. Min. Ellen Gracie – j. 25.5.2004 – *DJU* 1 de 8.8.2004)

Mencionado acórdão fora fundamentado na circunstância de que:

A imunidade tributária sobre livros, jornais, periódicos, e o papel destinado à sua impressão, tem por escopo evitar embaraços ao exercício da liberdade de expressão intelectual, artística, científica e de comunicação, consagrada no inciso IX do art. 5º da Constituição Federal. Visa também facilitar o acesso da população à cultura, à informação e à educação, com a redução do preço final.

Adicionalmente, ressaltara o seguinte:

O Constituinte, ao instituir a imunidade ora discutida, não fez ressalvas quanto ao valor artístico ou didático, à relevância das informações divulgadas ou à qualidade cultural de uma publicação. Da mesma forma, não há no texto da Lei Maior restrições em relação à forma de apresentação de uma publicação. Por isso, o fato de figuras, fotos ou gravuras de uma determinada publicação serem vendidos separadamente em envelopes lacrados não descaracteriza a benesse consagrada no art. 150, VI, *d*, da Constituição Federal. [...]
Ora, se o fim desta norma constitucional é facilitar o acesso à cultura e à informação, o *"álbum de figurinhas"* nada mais é do que uma maneira de estimular o público infantil a se familiarizar com meios de comunicação impressos, atendendo, em última análise, à finalidade do benefício tributário.

A imunidade é extensiva aos *cards*, ou figurinhas colecionáveis com ilustrações da literatura *Magic the Gathering*, que não só acompanham o respectivo álbum ilustrado, mas dizem respeito a personagem de obras literárias desse segmento retirados dessas histórias de ficção e aventuras (Ag.Reg. no RE nº 656.203-SP – 2ª T. – Rel. Min. Cármen Lúcia – j. 25.9.2012 – *DJe* 25.10.2012, p. 36).

*Kits (pecinhas) como complementos de fascículos*:

Constitucional. Tributário. Importação de Fascículos Acompanhados de Material Demonstrativo. Imunidade. Art. 150, VI, *d*, da Constituição Federal.
I – A imunidade do art. 150, VI, *d*, da Constituição Federal objetiva reduzir o custo do produto, favorecendo a veiculação das informações, do ensino, da educação e da cultura.

II – Os kits (pecinhas) que acompanham os fascículos devem ser abrangidos pela imunidade, pois têm nítido caráter educativo e servem para fixação e sedimentação da teoria obtida.

III – O escopo da referida norma constitucional é garantir a liberdade de comunicação e de pensamento, e, também, incentivar a divulgação do conhecimento e a disseminação da cultura, por isso, deve ser interpretada teleologicamente para que sejam incluídas as "pecinhas" do kit no conceito de fascículos. (TRF da 2ª Região – AMS nº 2002.51.01.008864-2 – 5ª T., Rel. Juiz Fed. Conv.do Franca Neto – j. 16.11.2004)

O acórdão ressalta o seguinte:

Considerando-se os avanços tecnológicos que permeiam o mundo do conhecimento globalizado, o processo pedagógico é efetivado por inúmeros mecanismos que visam a dar maior eficácia à transmissão e à assimilação das idéias que se quer transmitir. Sem dúvida alguma, no presente caso, o material demonstrativo para ministrar curso de robótica deve ser abrangido pela imunidade, pois são peças indissociáveis para o reforço do aprendizado da matéria, assimilação e fixação do conteúdo e não podem ser comercializadas separadamente. Além disso, tais peças, vendidas conjuntamente com os periódicos, têm natureza acessória.

*Revistas infantis*:

Yoshiaki Ichiara esclarece que as "revistas infantis Tio Patinhas, Pato Donald, Batman, Cebolinha, Mônica, Cascão, etc. que, apesar de apresentadas em forma de revista em quadrinhos e dirigidas preferencialmente aos leitores mirins, sem dúvida alguma, são revistas, portanto periódicos imunes à tributação.[537]

Nesse sentido, destaca aresto do Tribunal de Justiça do Estado de São Paulo (TJSP), *verbis*:

ICM – Livros infantis – Imunidade tributária – Benefício previsto no art. 19, III, "d", da CF de 1969 e no art. 150, VI, "d", da CF vigente – Extensão a envelopes, "displays" e "mobile" que constituem respectivamente embalagem, mostruários e material promocional e de divulgação de livros.
A imunidade prevista constitucionalmente (art. 19, III, "d", da CF anterior) tem natureza objetiva, não cabendo aí, tanto quanto não cabe à luz da previsão contida no art. 150, VI, "d", da CF de 1988, qualquer restrição. Nasce, evidentemente, como proteção à livre expressão da atividade intelectual a partir do dever do Estado de apoiar e incentivar as manifestações culturais. O valor artístico ou didático não cabe ser apropriado, nessa linha, em função do maior ou menor conteúdo do enredo. (Apelação nº 196.626-2/0 (reexame) – Rel. Luiz Tâmbara – 3ª Câmara de Férias – j. 22.12.92 – *Revista dos Tribunais*, n. 693, p. 142)

---

[537] MARTINS, Ives Gandra da Silva. Imunidade constitucional de publicações – Interpretação teleológica da norma maior – Análise jurisprudencial. *Revista de Direito Tributário*, São Paulo, v. 41. p. 295.

*Filmes e papéis fotográficos*:
A Súmula nº 657 do STF assevera:

A imunidade prevista no art. 150, VI, "d", da CF abrange os filmes e papéis fotográficos necessários à publicação de jornais e periódicos.

Entendo que deve ser considerada a imunidade na importação de papéis fotográficos, sensibilizados, não impressionados, não revelados para imagens monocromáticas e outros papéis para artes gráficas, porque não se pode conceber a circulação de jornais com papel em branco. Tampouco que a imunidade aos insumos, que se fazem necessários para a edição do jornal, menos não fora que abrir brecha para a legislação ordinária tornar a imunidade constitucional letra morta ou de pequeno valor, uma vez tributados os produtos que integram a sua composição gráfica (clichês, tintas etc.).

## 6.3 A natureza pedagógica dos bens importados

A pedagogia atual necessita de recursos modernos, oferecendo-se educação à criança de forma mais amena possível, em razão do que não se cogita de mero brinquedo, que teria sido elaborado apenas para provocar o entretenimento sem finalidade de aprendizado.

A respeito desta temática, oportunas as considerações seguintes:

> Nesse sentido, são também livros os que encerram dobraduras, mais conhecidos como *pop up* (literalmente, que "pulam para fora"). Explicando melhor, os *pop up* são livros que, quando abertos, formam figuras (castelos, jardins, veículos, etc.), que ilustram as histórias infantis ou facilitam o aprendizado da criança, dando-lhe, ao lado do texto descritivo, por exemplo, noções de perspectiva. O *pop up* intitulado *No mundo da arte,* de Ron van der Meer e Frank Whitford, quando aberto, reproduz, em três dimensões, a tela *Alegoria da Arte da Pintura,* de Jean Vermeer e, ao mesmo tempo, fornece informações sobre a vida e a obra deste importante artista. Acreditamos que ninguém negará a esse objeto, o caráter deste livro.[538]

## 7 Exportação de produtos industrializados, semielaborados, primários e mercadorias

## 7.1 Produto semielaborado (CF – redação original do art. 155, X, "a")

A CF/88 estabelecera (redação original) que o ICMS não incidirá sobre operações que destinem ao exterior produtos industrializados, excluídos os semielaborados, definidos em lei complementar (art. 155, X, "a").

A regra imunitória objetivara facilitar a exportação diante da competição internacional, constituindo um autêntico instrumento para a realização do comércio exterior e o ingresso de divisas, colimando uma situação positiva na balança de pagamentos.

---

[538] CARRAZZA, Roque Antonio. *Curso de direito constitucional tributário.* 24. ed. São Paulo: RT, 2008. p. 782.

A CF não contém um conceito explícito de produto industrializado, em razão do que deveria ser compreendido como o bem resultante do processo de industrialização e traduzir-se como um produto (resultado) decorrente de uma atividade (física) exercida sobre matéria-prima, com emprego (ou não) de materiais auxiliares, produtos intermediários, materiais secundários e de embalagem, implicadores da modificação de sua natureza ou finalidade.

Este conceito só poderia ser haurido e informado por considerações de caráter tecnológico, uma vez que a Constituição nada estabelece a respeito desta matéria, sendo certo que a única nota peculiar reside na antinomia com a atividade de "prestação de serviços". Embora tenha implicação com a "industrialização", numa obrigação de "fazer", distinguem-se pelo resultado efetivo, como demonstrado em tópico anterior.

No âmbito do ICMS (ao contrário do disposto para o IPI – art. 153, §3º, III), em princípio, torna-se difícil continuar perquirindo, em termos tecnológicos, se a elaboração do bem se deu de modo "completo" ou "parcial", posto que, embora possa ter até ocorrido "industrialização completa", a característica do produto – para fins imunitórios – há que ser buscada na sistemática estatuída pela lei complementar (no caso, a de nº 65, de 15.4.91).

Com a edição da CF/88, importante celeuma fora levantada sobre a temática dos "semielaborados", uma vez que os estados celebraram o Convênio nº 66/88, inserindo normas disciplinadoras da imunidade (com fulcro no §8º do art. 34 do ADCT), tendo em vista que, no prazo de sessenta dias, da promulgação da CF, não havia sido editada a mencionada lei complementar.

Neste sentido, o art. 3º estabelecera regras definitórias de produto "semielaborado", de forma minudente, tendo provocado o repúdio de significativa doutrina.

Critica:

3. A definição de semi-elaborados no convênio, pela sua abrangência, não estaria contrariando o texto constitucional que determina a não incidência do ICMS na exportação de produtos industrializados? Não estaria ela reduzindo indevidamente os produtos industrializados pela não incidência do tributo?

O Convênio 66/88, abusivamente, pretendeu definir semi-elaborado. Tal definição é inconstitucional porque isto é privativo da lei complementar. Nem se alegue que esse convênio está dando seqüência ao §8º do art. 34 das disposições transitórias, porque, como disposição transitória e excepcional, este exige interpretação restritiva, que se confirma pela qualificação "necessária" por ele mesmo atribuída à lei complementar. Ora, como demonstrado amplamente neste estudo, o ICM, de modo geral, já está instituído, tendo sido a legislação respectiva recebida pelo novo sistema. Somente a tributação de serviços pelos Estados é nova. Só nesse ponto, assim, seria "necessária" lei complementar. Portanto, só aí caberia a invocação do preceito transitório. Em consequência, só para isso teria cabimento o dito convênio.[539]

Interessante esclarecimento:

O texto reconhece que os produtos semi-elaborados são produtos industrializados. É o caso da espécie com relação ao gênero. Como só lei complementar pode definir o que

---

[539] ATALIBA, Geraldo. ICMS. Semi-elaborados. *Revista de Direito Tributário*, São Paulo, v. 48. p. 25-50.

são produtos industrializados semi-elaborados, enquanto esta lei não for promulgada, à espécie "semi-elaborados" deverá ser dispensado o mesmo tratamento do gênero produtos industrializados. Vale dizer, enquanto a lei complementar não entra em vigor, os Estados não poderão cobrar imposto sobre operações que destinem ao exterior produtos semi-elaborados, seja qual for a definição que a esta venha a ser dada.[540]

De modo taxativo, argumenta-se:

Não creio necessário aduzir novas considerações para concluir que o Convênio 66/88 não tem caráter regular e provisório, mas se reveste, indevidamente, de todos os requisitos e características de uma Lei Complementar, infringindo, inegavelmente, o disposto no §8º do art. 34 do Ato das Disposições Constitucionais Transitórias, tanto na letra quanto em seu espírito. [...]
O Convênio 66/88 está eivado de inconstitucionalidade, na medida em que foi baixado:
a) não como um conjunto de *normas provisórias* necessárias apenas à instauração do ICMS no exercício fiscal de 1989, tal como se acha autorizado no §8º do art. 34 do Ato das Disposições Constitucionais Transitórias;
b) mas sim com a indevida estrutura de Lei Complementar, como se tivesse havido esdrúxula *delegação legislativa*;
c) abrangendo ilicitamente o poder de definir o que se deva entender por *produto semi-elaborado*, só admissível em Lei Complementar própria e de caráter definitivo;
d) o que implicou em manutenção explícita do aproveitamento dos créditos gerados pelo pagamento do ICMS, quando da aquisição de matéria-prima utilizada na obtenção de produtos industrializados destinados à exportação, consoante assegurado no Dec.-lei 406/68).[541]

Reporto-me, ainda, a judicioso parecer jurídico.[542]
O STF firmou jurisprudência:

Recurso Extraordinário. Constitucional. Tributário. ICMS. Produtos Semi-Elaborados. Art. 155, §2º, X, "a" da Constituição Federal. Lei Complementar: Existência de Vácuo Legislativo. Legitimidade do Convênio 66/88 para definir e conceituar o Produto Industrializado Semi-elaborado.
1. A Constituição pretérita, em seu art. 23, §7º, com a nova redação dada pela EC 23/83, dispunha que o ICM não incidiria sobre as operações que destinassem ao exterior produtos industrializados, remetendo à legislação infraconstitucional a possibilidade de indicar outros.
2. O Decreto-Lei nº 406/68, embora preexistente à EC 23/83, com ela era compatível, dado que reprisava o teor da norma constitucional. Apesar da possibilidade de indicação de outros produtos, mediante norma inferior, sua redação não foi alterada e nem se fez qualquer menção aos semi-elaborados.
3. A Constituição Federal de 1988, ao revés, foi expressa ao excluir os semi-elaborados da não-incidência do ICMS – art. 155, §2º, X, "a", condicionando a incidência da exação à edição de lei complementar que os definisse.

---

[540] COSTA, Alcides Jorge. Tributação dos semi-elaborados. *Revista de Direito Tributário*, São Paulo, v. 47. p. 69-70.
[541] REALE, Miguel. ICMS – Semi-elaborados. *Revista de Direito Tributário*, São Paulo, v. 47. p. 7-13.
[542] SOUZA, Hamilton Dias de; GRECO, Marco Aurélio. ICMS – Semi-elaborados. *Revista de Direito Tributário*, São Paulo, v. 47. p. 72-87.

4. Não editada a necessária lei complementar, os Estados e o Distrito Federal, em face da autorização contida no art. 34, §8º do ADCT/88, editaram convênios definindo e conceituando o *produto industrializado semi-elaborado,* para a incidência do ICMS na sua exportação. Legitimidade do Convênio 66/88, complementado pelos Convênios 07, 08, 09 de 1989. Recurso extraordinário não conhecido. (RE nº 205.634-1-RS – Plenário – Rel. Min. Maurício Corrêa – j. 7.8.97 – *DJU* 1-E de 15.12.2000, p. 105)

Neste entretempo, foi expedida a LC nº 65, de 15.4.91, compreendendo no campo de incidência do ICMS *o produto industrializado semielaborado destinado ao exterior*:

I - que resulte de matéria prima de origem animal, vegetal ou mineral sujeito ao imposto, quando exportada "in natura";

II - cuja matéria prima de origem animal, vegetal ou mineral não tenha sofrido qualquer processo que implique modificação da natureza química originária;

III - cujo custo da matéria prima de origem animal, vegetal ou mineral represente mais de sessenta por cento do custo do correspondente produto, apurado segundo o nível tecnológico no País. (Art. 1º)

Conferiu, outrossim, competência ao Conselho Nacional de Política Fazendária (Confaz) para estabelecer regras para apuração do custo industrial, e elaborar lista dos produtos industrializados semielaborados, atualizando-a, sempre que necessário. Assegurou ao contribuinte o direito de reclamar contra a inclusão do bem de sua fabricação, entre os produtos semielaborados (art. 2º).

Em decorrência, foi expedido o Convênio nº 15/91, de 28.4.91, determinando que, para efeito do disposto no art. 2º da LC nº 65/91, compreendem o custo industrial os elementos primários, a matéria-prima e a mão de obra direta; enquanto, para efeito do preceituado no seu inc. II, continua aplicável a lista anexa ao Convênio ICMS nº 7, de 27.2.89, com as alterações introduzidas, mediante a inclusão dos produtos classificados nos códigos da Nomenclatura Brasileira de Mercadorias – Sistema Harmonizado (NBM-SH), de 28.11.88.

Acerca da legitimidade da LC nº 65/91, o STJ veio se posicionando no sentido seguinte:

Tributário – ICMS – Exportação de produtos semi-elaborados – Lei Complementar 65/91 – Constitucionalidade – Confaz – Delegação de competência – Convênio 15/91.

I – "Definir" e "relacionar" constituem atividades distintas.

II – A Lei Complementar 65/91 definindo "produto industrial semi-elaborado" se conteve nos limites da outorga constitucional (art. 155, I, §2º, X, *a*).

III – Quando transferiu ao Confaz o encargo de elaborar a lista dos produtos semi-elaborados, a LC 65/91 (art. 2º) não operou delegação ilícita de competência. (Rec. em MS nº 3.889-0-RN – 1ª T. – Rel. Min. Humberto Gomes de Barros – j. 11.5.94 – *RSTJ,* v. 65, p. 255)

Examinando específico produto ("suco de laranja"), o STJ decidiu que, "ao inseri-lo no rol dos produtos semi-industrializados, o Convênio nº 7/89 terá, quando menos, construído uma ficção legal, que ao Poder Judiciário se impõe observar" (EDcl no REsp nº 28.216-4-SP – 1ª T. – Rel. Min. Humberto Gomes de Barros – j. 3.8.94 – *DJU* de 29.8.94, p. 2.174).

Ressalte-se que o relator do processo em causa havia assinalado que:

> Editada a Lei Complementar nº 65/91, e ratificado o Convênio ICMS 7/89 (D.O. 28-02-89, p. 29.080), pelo Convênio ICMS 15/91 (D.O. 29-04-91, p. 7.932), que em Lista Anexa define o suco de laranja concentrado como produto semi-elaborado, inquestionável a hipótese de incidência do ICMS em operação de exportação. Ao inserir o suco de laranja na lista, o Diploma Normativo fez com que esta substância passasse a ser tratada – para os efeitos jurídicos – como produto semi-industrializado.
> Ainda que, em realidade, o suco merecesse figurar no rol dos produtos industrializados, o Poder Judiciário não poderia alterar a lista.
> É que, em tal hipótese, haveria uma ficção legal.
> No primoroso conceito de Eduardo Couture, ficção é uma "proposição normativa consistente em a lei atribuir certas conseqüências a determinados eventos nela previstos, ainda que contra a efetiva realidade.[543]

Não há dúvida de que os valores "certeza e segurança" exigem o tipo cerrado para a criação e alteração dos tributos, coartando a liberdade das partes, do legislador e do aplicador do direito, razão pela qual compete sempre ao exportador verificar a possibilidade jurídica do não enquadramento do produto como "semielaborado", atendo-se aos critérios pautados na LC nº 65/91.

É o caso da questão enfrentada pelo TJSP relativa à exportação de preparado de café com açúcar, caracterizado como produto industrializado completo, no âmbito da não incidência do ICMS, cujo acórdão se reproduz:

> O produto industrializado pela Apelante não é semi-elaborado; eis que apto ao consumo final, sem quaisquer outras fases de industrialização. O legislador constitucional buscou isentar os produtos industrializados, quando da exportação, para facilitar a entrada de divisas. Excluiu os semi-elaborados da isenção, ou seja, aqueles que não se destinem ao consumo final, que necessitem de outra ou outras fases de industrialização, a saber, aqueles que têm por finalidade ser matéria-prima de outro produto a ser industrializado no exterior. O laudo de fls. 56/62, ainda que prova emprestada, atesta que o produto industrializado pela apelante é destinado ao consumidor final, portanto não é semi-elaborado e sim industrializado elaborado. [...] a inclusão no Convênio 15/91 foi indevida, portanto. Não há falar-se em incidência do ICMS na exportação do preparado de café com açúcar, para consumo final, por tratar-se de produto industrializado elaborado, aperfeiçoado para consumo. (Ac. nº 205.108-2/5 – 16ª C.C. – Rel. Des. Viana dos Santos – j. 21.9.93 – *Repertório IOB de Jurisprudência*, n. 2/94 – caderno 1, p. 29)

Será estranhável, e até mesmo revestido de injuridicidade, o fato de, eventualmente, automóveis, ou elevadores, desprovidos de espelhos – por exemplo – serem desconsiderados do âmbito do produto industrializado completo, e, por mera ficção, serem travestidos como "semielaborados", passíveis de incidência do ICMS.

A questão pertinente à constitucionalidade (ou não) das normas complementares à Constituição pendia de solução, conforme se pode constatar de posições antagônicas no próprio seio do STJ, como se contém dos arestos seguintes:

---

[543] *Vocabulário Jurídico*. Buenos Aires: Depalma, 1988. p. 289; *Repertório IOB de Jurisprudência*, n. 18, 1994. Caderno 1. p. 351.

Tributário – Imposto sobre Circulação de Mercadorias e Serviços (ICMS) – Exportação de produtos semi-elaborados – Lei Complementar nº 65/91, art. 2º – Convênio nº 15/91 – Inconstitucionalidade – CF/88, arts. 68, §1º, e 155, §2º.
I - O art. 2º da Lei Complementar nº 65, de 15.04.91, bem como o Convênio 15, de 25.4.91, que nele se apóia, são inconstitucionais por violarem os arts. 68, §1º, e 155, §2º, da Constituição da República.
II - Incidente de inconstitucionalidade que se suscita, com encaminhamento dos autos à Corte Especial (Constituição, art. 93; RISTJ, art. 200). (RMS nº 5.063-7-PE – 2ª T. – Rel. Min. Antonio Pádua Ribeiro – un. – *DJU* de 4.9.95)

A inconstitucionalidade em pauta tem como fundamento básico o fato de que o referido regramento contraria o princípio da reserva legal (arts. 5º, II, 150, I, da Constituição Federal, e art. 97 do CTN), além da circunstância de ser permitido ao Confaz estabelecer critérios de conceituação e arrolar os produtos tidos como elaborados, ferindo o princípio da indelegabilidade de competência (no caso restrita, constitucionalmente, à Lei Complementar).

A Corte Especial do STJ decidiu que:

O art. 2º da Lei Complementar nº 65, de 15.4.91, bem como o Convênio nº 15, de 25.4.91, que nele se apóia, são inconstitucionais por violarem os arts. 68, §1º, e 155, §2º, X, *a*, da Constituição da República. (Arguição de Inconstitucionalidade no Recurso em Mandado de Segurança nº 5.063-PE – Rel. Min. Antônio de Pádua Ribeiro – j. 18.6.97 – *DJU* 1 de 24.11.97, p. 61.085)

Entretanto, o STF negou seguimento a recurso extraordinário versando sobre a questão em epígrafe, com fundamento em postura assumida pelo Plenário (RE nº 205.634-RS, relatado pelo Ministro Maurício Corrêa), na forma contida na ementa seguinte:

Recurso Extraordinário. Constitucional. Tributário. ICMS. Produtos semi-elaborados. Art. 155, §2º, "a" da Constituição Federal. Lei Complementar: existência de vácuo legislativo. Legitimidade do Convênio 66/88 para definir e conceituar o produto industrializado semi-elaborado.
1. A Constituição pretérita, em seu art. 23, §7º, com a nova redação dada pela EC 23/83, dispunha que o ICM não incidiria sobre as operações que destinassem ao exterior produtos industrializados, remetendo à legislação infraconstitucional a possibilidade de indicar outros.
2. O Decreto-lei nº 406/68, embora preexistente à EC 23/83, com ela era incompatível, dado que reprisava o teor da norma constitucional. Apesar da possibilidade de indicação de outros produtos, mediante norma inferior, sua redação não foi alterada e nem se fez qualquer menção aos semi-elaborados.
3. A Constituição Federal de 1988, ao revés, foi expressa ao excluir os semi-elaborados da não incidência do ICMS – art. 155, §2º, X, "a" – condicionando a incidência da exação à edição de lei complementar que os definisse.
4. Não editada a necessária lei complementar, os Estados e o Distrito Federal, em face de autorização contida no art. 34, §8º do ADCT/88, editaram convênios definindo e conceituando o *produto industrializado semi-elaborado*, para a incidência do ICMS na sua exportação. Legitimidade do Convênio 66/88, complementado pelos Convênios 07, 08, 09 de 1989.
Recurso extraordinário não conhecido. (RE nº 149.963-0-SP – Rel. Min. Sydney Sanches – j. 27.10.97 – *DJU* 1 de 13.11.97)

A propósito, arguta a ponderação de que:

> é induvidosa a inconstitucionalidade da norma que atribui ao Confaz poder para estabelecer as normas para a apuração do custo industrial, e com isto colocar no campo de incidência do imposto produtos que seguramente não se enquadram no conceito comum de semi-elaborado. Note-se que não se trata do custo real do produto sobre cuja exportação se questiona a incidência do ICMS, mas de um custo teórico. É possível mesmo que o Confaz já tenha com o mecanismo que lhe foi atribuído, listado entre os semi-elaborados cuja exportação fica sujeita ao ICMS produtos já definidos pela jurisprudência como industrializados.[544]

O STF entendeu que:

> a lei complementar, no caso, não delegou ao Confaz competência normativa, mas, tão-somente a de relacionar os produtos compreendidos na definição, à medida que forem surgindo no mercado, obviamente, para facilitar a sua aplicação. Tanto assim, que previu a atualização do rol, "sempre que necessário", providência que, obviamente, não exige lei ou, mesmo decreto. (RE nº 240.186-1 – Pleno – Rel. Min. Ilmar Galvão – j. 28.6.2000 – *DJU* 1, de 28.2.2003, p. 10)

A solução desta conflituosa situação tributária implica uma adequada harmonização dos princípios e normas integrantes do sistema jurídico, razão pela qual, para efeito de imunidade (ou não) do ICMS, e como subsídio à operacionalidade da lei complementar definidora do conceito de semielaborado, é pertinente a utilização dos critérios e diretrizes consubstanciadas na legislação do IPI, no tocante às espécies de industrialização.

Em face das alterações introduzidas na CF/88 deve ser aplicada, com cautela, a Súmula nº 536, do STF, dispondo que "são objetivamente imunes ao imposto sobre circulação de mercadorias os produtos industrializados em geral, destinados à exportação, além de outros, com a mesma destinação, cuja isenção a lei determinar".

O STJ consolidou o entendimento seguinte:

> O produto semi-elaborado, para fins de incidência do ICMS, é aquele que preenche cumulativamente os três requisitos do art. 1º da Lei Complementar n. 65/1991. (Súmula nº 433)

## 7.2 Produtos, mercadorias e serviços

A LC nº 87/96 (art. 3º, II) passou a estabelecer que o ICMS não incide sobre "operações e prestações que destinem ao exterior mercadorias, inclusive produtos primários e produtos industrializados semi-elaborados, ou serviços".

Equiparam-se às mencionadas operações a saída de mercadoria realizada com o fim específico de exportação para o exterior (parágrafo único, do art. 3º), destinada: (I) à empresa comercial exportadora, inclusive *tradings* ou outro estabelecimento da mesma empresa; e (II) a armazém alfandegado ou entreposto aduaneiro.

---

[544] MACHADO, Hugo de Brito. ICMS na exportação e o conceito de produto semi-elaborado. *Repertório IOB de Jurisprudência*, São Paulo, n. 5, 1996. Caderno 1. p. 114-115.

Desta forma, a partir de 16.9.96 (art. 32, I), procurou fixar a desoneração tributária para qualquer espécie de bem, relativamente à operação de exportação, abrangendo os "semielaborados" – cuja situação será complexa –, e, ainda os produtos primários, que tradicionalmente sofriam imposição fiscal.

O benefício fiscal – obviamente – aplica-se também à saída dos referidos bens com fim específico de exportação para o exterior, destinada à empresa comercial exportadora (inscrita no Cadastro de Exportadores e Importadores da Secretaria de Comércio Exterior – Secex – do Ministério da Indústria, Comércio e do Turismo), inclusive *tradings companies* (Decreto-Lei nº 1.248 de 29.11.72); ou outro estabelecimento da mesma empresa, bem como a armazém alfandegado ou entreposto aduaneiro (parágrafo único, incs. I e II, do art. 3º).

O benefício também poderá ser considerado (RICMS/SP): a) na transferência de mercadoria de um para outro entreposto aduaneiro, mesmo quando situado em outro estado, mantida a exigência do fim específico de exportação (art. 7º, §3º); e b) na saída do produto industrializado para uso e consumo de embarcação ou aeronave de bandeira estrangeira aportada no país, observadas determinadas condições (art. 7º, §1º, item 2).

Na denominada "exportação via balcão", em que o fornecedor apenas entrega a mercadoria a pessoas localizadas na fronteira, para posterior efetivação de vendas, será devido o imposto. O mesmo ocorre na alienação de mercadoria à empresa situada no exterior e entregue a estabelecimento situado em território nacional.[545]

No caso de não ser realizada a exportação por qualquer motivo, ou vir a ser concretizada a operação no mercado interno, o ICMS restará devido, uma vez que deixará de ser atendida a condicionante de não incidência.

A LC nº outorgou uma amplitude significativa às operações/prestações destinadas ao exterior, ao permitir a manutenção dos respectivos créditos do ICMS incidentes sobre operações/serviços anteriores (§2º, art. 21, e itens I e II do §3º, art. 20).

Além disso, a partir de 16.9.96, os saldos credores acumulados por estabelecimentos que realizem operações e prestações podem ser, na proporção que estas saídas representem no total das saídas realizadas pelo estabelecimento (§1º, art. 25), como anteriormente apontado (Capítulo V, item 9).

A EC nº 42/03 passou a dispor que o ICMS não incidirá "sobre operações que destinem mercadorias para o exterior, nem sobre serviços prestados a destinatários no exterior, assegurada a manutenção e o aproveitamento do imposto cobrado nas operações e prestações anteriores" (nova redação dada ao art. 155, X, "a", da CF/88).

Verifica-se o alargamento das desonerações tributárias, afastando a restrição constitucional aos produtos semielaborados que não fossem definidos em lei complementar, embora a LC nº 87/96 já tivesse excluído a incidência do ICMS sobre bens de diversificada natureza (mercadorias, inclusive produtos primários, industrializados, semielaborados e serviços – art. 3º, II).

O STF reconheceu a repercussão geral de matéria constitucional, nos termos seguintes:

> Recurso Extraordinário. ICMS. Aquisição de *bem do ativo fixo*. Creditamento. Operação de saída. Exportação. Imunidade. Aproveitamento dos créditos das operações anteriores.

---

[545] Consulta nº 106, de 26.3.2001, *Boletim Tributário*, maio 2001. p. 322-323.

Princípio da não-cumulatividade. Critério material ou financeiro. Inteligência do art. 155, §2º, X, a, CF/88. Artigo 33 da Lei Complementar 87/96. (Tema nº 619 de Repercussão Geral no RE 662.976-RJ – Plenário – Rel. Min. Luiz Fux – j. 22.11.12 – *DJe* de 3.12.12)

Recurso Extraordinário. ICMS. Aquisição de bem de uso e consumo. Cadeia produtiva. Creditamento. Operação de exportação. Imunidade. Aproveitamento dos créditos das etapas anteriores. Critério material ou financeiro. Inteligência do art. 155, §2º, Inciso X, Alínea *a*, e inciso XII, alínea *c*, CF/88. Artigo 33 da Lei Complementar 87/96). (Tema nº 663 de Repercussão Geral no RE nº 704.815-SC – Plenário – Rel. Min. Luiz Fux – j. 14.2.13)

A *prestação de serviço de transporte interestadual no território nacional*, de produto destinado ao exterior, não se encontra abrigada pela imunidade, a saber:

CONSTITUCIONAL. TRIBUTÁRIO. ICMS: PRODUTOS INDUSTRIALIZADOS DESTINADOS AO EXTERIOR: IMUNIDADE. OPERAÇÕES E PRESTAÇÕES DE SERVIÇOS. DISTINÇÃO. C.F., art. 155, II, §2º, IV, X, e I. ICMS: [...] Deixou expresso a C.F., art. 155, §2º, IV. V. – R.E. conhecido e provido. (RE nº 212.637 – Segunda Turma – Rel. Min. Carlos Velloso – *DJ* de 17.09.1999)

É pacífico o entendimento de ambas as Turmas desta Corte no sentido de que a imunidade tributária prevista no artigo 155, §2º, X, "a" da Constituição Federal, excludente da incidência do ICMS às operações que destinem ao exterior produtos industrializados, não é aplicável ás prestações de serviço de transporte interestadual de produtos industrializados destinados à exportação. Agravo regimental desprovido. (RE nº 340.855, AgR – Primeira Turma – Rel. Min. Ellen Gracie – *DJ* de 4.10.2002)

SERVIÇO UTILIZADO NO TRANSPORTE INTERESTADUAL OU INTERMUNICIPAL DE PRODUTOS INDUSTRIALIZADOS DESTINADOS AO EXTERIOR. PRETENDIDA NÃO INCIDÊNCIA DO ICMS. ARTIGO 155, §2º, X, A, DA CONSTITUIÇÃO FEDERAL.

A imunidade tributária prevista no artigo 155, §2º, X, a, da Constituição Federal é um benefício restrito às operações de exportação de produtos industrializados, não abrangendo o transporte interestadual ou intermunicipal dos referidos bens [...]. (RE nº 602.399 – ED – Primeira Turma – Rel. Min. Roberto Barroso – *DJe* de 1.4.2016)

As *operações com produtos*, o *fornecimento de mercadorias* etc. no mercado interno, com posterior exportação, também foram objeto de análise pelo STF, a saber:

Recurso extraordinário. Repercussão geral. Direito Tributário. Imunidade. Operações de exportação. Artigo 155, §2º, X, a, CF. ICMS. Operações e prestações no mercado interno. Não abrangência. Possibilidade de cobrança do ICMS. Manutenção e aproveitamento dos créditos.
1. A Corte, sempre que se manifestou sobre as imunidades constitucionais, se ateve às finalidades constitucionais às quais estão vinculadas as mencionadas regras. Nas operações de exportação, é clara a orientação quanto à impossibilidade de, a pretexto de se extrair da regra imunitária o máximo de efetividade, se adotar uma interpretação ampliativa, de modo a se abarcarem fatos, situações ou objetos a priori não abrangidos pela expressão literal do enunciado normativo.

2. Ao estabelecer a imunidade das operações de exportação ao ICMS, o art. 155, §2º, X, da Constituição se ocupa, a contrário sensu, das operações interna, pressupondo a incidência e estabelecendo o modo pelo qual o ônus tributário é compensado: mediante a manutenção e o aproveitamento dos créditos respectivos.

3. Caso não houvesse imunidade para as operações internas, de modo que não fosse cobrado o ICMS em nenhuma das etapas anteriores á exportação seria inútil e desproposidata a regra de manutenção e aproveitamento dos créditos.

4. Diante do exposto, nega-se provimento ao recurso extraordinário.

5. Tese do Tema nº 475 da Gestão por Temas da Repercussão Geral:

"A imunidade a que se refere o art. 155, §2º, X, a, da CF não alcança operações ou prestações anteriores à operação de exportação". (RE nº 754.917 – Plenário – Rel. Min. Dias Toffoli – j. 5.8.2020)

## 8 Petróleo, lubrificantes, combustíveis e energia elétrica em operações interestaduais

A CF/88 estabelece que o ICMS não incidirá sobre operações que destinarem a outros estados petróleo, inclusive lubrificantes, combustíveis líquidos e gasosos dele derivados, e energia elétrica (art. 155, X, "b").

O permissivo constitucional é categórico e não deveria ensejar nenhum tipo de questionamento, ou seja, sempre deveria defluir o cristalino entendimento de que, em todos os negócios jurídicos (venda, troca, doação etc.), compreendendo referidos bens, haveria plena e integral desoneração do ICMS.

Assim, tanto a remessa das mencionadas mercadorias, promovidas pelas pessoas localizadas no Estado remetente, como as entradas procedidas pelas pessoas situadas no estado destinatário, não seriam passíveis de incidência do ICMS, em razão do imperativo constitucional.

Ante a inexistência de qualquer diferenciação de regime jurídico imunitório, não poderia ser editada qualquer medida normativa tendente a vislumbrar a tributação, segundo a qualificação de seu destinatário, em outro estado.

Entretanto, tais premissas jurídicas têm sido postas em choque com argumentos doutrinários, entre os quais se destacam os seguintes:

a) a interpretação simplista da não incidência instaura o conflito normativo entre disposições constitucionais, pois, ao concluir pela liberação com referência à tributação nega o princípio da capacidade contributiva, conduzindo a uma discriminação em relação ao destino das mercadorias e desiguala a concorrência;

b) o legislador, desde que não negue o princípio da cumulatividade e da autonomia dos Estados (nem viole direitos e garantias individuais), tem competência e legitimidade para instituir mecanismos operacionais que resultem no atingimento desta capacidade;

c) o destinatário legal do imposto é o contribuinte de fato (consumidor) a quem a carga tributária do ICMS referente a operações com petróleo, combustíveis e derivados se dirige, e cuja manifestação de capacidade contributiva deve ser captada pelo tributo;

d) é impossível praticar o princípio da não-cumulatividade contra o princípio da imunidade nas operações interestaduais (com estes itens). Um perturba o outro;

e) há que se perquirir e distinguir entre a imunidade clássica (que desonera) com a imunidade *sui generis* que não desonera mas apenas desloca a cobrança;

f) a intenção constitucional não foi a de eliminar a carga tributária nas operações com tais produtos, sendo o petróleo reputado como importante elemento definidor da geração de receitas para os Estados;

g) aplicando-se a diretriz encartada no §9º do art. 34 do ADCT – regulando a energia elétrica – é forte indicador da maneira pela qual deve ser regulada a tributação nos casos de petróleo e seus derivados (por substituição, pelo ciclo inteiro e com receita para o Estado de destino);

h) a sustentação da imunidade implica em violar a igualdade e instaurar uma discriminação que afeta a concorrência. O consumidor final que, ao adquirir os produtos, manifesta capacidade contributiva captável pelo ICMS, sofreria os ônus do tributo se adquirisse de contribuinte de seu próprio Estado, e não sofreria a carga do ICMS se adquirisse de contribuinte situado em outro Estado;

i) a diferencial tributação conduz a uma distorção na concorrência no mercado. Os vendedores situados em outros Estados encontrar-se-iam em situação privilegiada, comparativamente com os do mesmo Estado, pois poderiam praticar preços sensivelmente inferiores, o que compromete a concorrência, cuja proteção está assegurada pelo art. 170, IV e pelo art. 173, §4º da CF-88. (Hamilton Dias de Souza)

a) a imunidade só alcança as operações mercantis, que têm o sentido de atos ou de negócios jurídicos que impliquem mudança de titularidade de mercadorias. Não abrange as prestações de serviço de transporte interestadual. Por conseguinte, pode o Estado do Paraná exigir I.C.M.S. pelo transporte de petróleo, etc. e energia elétrica para outros Estados;

b) contribuintes do I.C.M.S., sitos em outros Estados, fazem jus à imunidade, que exclui da sua incidência operações com petróleo e seus derivados. Essa imunidade não alcança, porém, consumidores finais desses bens, ainda que localizados em outros Estados. (Ataliba)

Em contradita, são lançados os seguintes argumentos:

a) o art. 155, §2º, X, *b*, trata de não incidência constitucionalmente qualificada, o mesmo que imunidade constitucional, sendo que a clareza do texto dispensa artifícios exegéticos;

b) a consideração artificiosa de que podem ocorrer situações mais vantajosas para contribuintes de outros Estados em operações interestaduais, do que as realizadas em seu próprio Estado, constitui argumento manifestamente econômico, que não pode ser tomado em conta em se tratando de interpretação jurídica;

c) os inconvenientes econômicos devem ser solucionados por emenda ou revisão constitucional (arts. 60 e 3º do ADCT), não podendo prosperar correção pela via exegética;

d) improcede a aplicação do art. 152 que proíbe a diferença tributária entre bens de qualquer natureza, em razão de sua procedência ou destino ante o expresso preceito imunitório, desarticulando o sistema constitucional tributário. A exceção do art. 152 não é a única, face a existência do art. 151, *b, in fine* (incentivos fiscais que limitam a regra da uniformidade tributária em território nacional);

e) não se deve distinguir onde a CF não distinguiu. Quanto às operações de circulação (não-imunes) que destinem bens a consumidor final, adotar-se-á a alíquota interestadual quando o destinatário for contribuinte do ICMS (art. 155, §2º, VII, *a*), e a alíquota interna, quando o destinatário não for contribuinte dele (art. 155, §2º, VII, *b*). Aí a CF claramente distinguiu;

f) não há intenção do constituinte em desonerar o adquirente da mercadoria. A isonomia resulta do seu desenho constitucional. Não entra em consideração a igualdade quando se trata de operações internas *versus* operações interestaduais com derivados de petróleo, colocando-se todos os que praticam operações internas em pé de igualdade e todos os que praticam operações interestaduais nas mesmas condições;

g) a metáfora do deslocamento de incidência oculta a verdadeira natureza do argumento, que pretende que a imunidade teria o efeito de um diferimento do ICMS, substituição tributária para frente (Emenda nº 3/93);

h) inviável pretender-se unificação do regime jurídico-constitucional entre a energia elétrica (ADCT, art. 34, §9º) e os derivados de petróleo (CF, art. 155, §2º, X, b). A tributação de energia elétrica é na circulação toda. (Souto Maior Borges)[546]

Ponderações jurídicas oferecidas:

a) a substituição tributária nas operações interestaduais não tem natureza de substituição, não passando da conversão do imposto multifásico em imposto monofásico, com base de cálculo fixada arbitrariamente pela autoridade fiscal, de modo arbitrário e incompatível com a Constituição;

b) inexiste desigualdade entre os consumidores. A desigualdade resultaria do fato de não haver incidência do imposto sempre que consumidor final comprasse combustíveis e lubrificantes noutro Estado. Entretanto, como qualquer consumidor pode comprar estes produtos em outro Estado, a desigualdade aparente desaparece;

c) inocorre ofensa à livre concorrência uma vez que qualquer empresa pode fazer este tipo de venda a consumidor de outro Estado;

d) considerando que a CF diz – e mais claramente não é possível – que o ICMS não incidirá sobre operações que destinem a outros Estados petróleos, inclusive lubrificantes, combustíveis líquidos e gasosos dele derivados, não é possível criar esta incidência pelo artifício da troca, entre os Estados, de competência que cada um deve exercer dentro do seu território.[547]

Considerações adicionais:

[...] se uma distribuidora de derivados de petróleo prefere fazer vendas a clientes domiciliados em outros Estados, em face da imunidade estabelecida no art. 155, item X, letra b, ela está no exercício legítimo de seu direito de pagar menos impostos. A opção pela prática da operação imune é juridicamente válida. Ninguém pode ser obrigado a realizar operações tributadas, se as pode realizar sem a incidência do tributo. [...]

Se uma distribuidora vende derivados de petróleo a consumidor final, domiciliado em outro Estado, não se pode falar em transferência de responsabilidade tributária, porque não haverá operação seguinte tributável. [...]

De todo modo, a regra da imunidade, inserida no art. 155, item X, letra "b", da vigente Constituição, teve por fim excluir a operação interestadual com petróleo e seus derivados do ônus tributário, da incidência do ICMS. Desta forma, a cobrança desse imposto, naquelas operações, seja a que título for, contraria os fins visados pela Constituição. A norma que a determina, portanto, padece de inconstitucionalidade substancial insanável. E se reside em convênio celebrado pelos Estados, como é o caso, padece também de inconstitucionalidade formal.[548]

---

[546] Os pareceres de Hamilton Dias de Souza, Geraldo Ataliba e Souto Maior Borges foram objeto de publicação interna pela Secretaria da Fazenda de São Paulo, sob o título "Combustíveis (Substituição Tributária das Operações Interestaduais)", 1994.

[547] COSTA, Alcides Jorge. Operações interestaduais com combustíveis líquidos e gasosos, e lubrificantes. *Repertório IOB de Jurisprudência*, n. 18, 1994. Caderno 1. p. 364.

[548] MACHADO, Hugo de Brito. Operações interestaduais imunes ao ICMS. *Repertório IOB de Jurisprudência*, São Paulo, n. 21, 1994. Caderno 1. p. 431.

Categoricamente se expõe que "a imunidade, disciplinada no art. 155, §2º, X, 'b', foi concedida de forma ampla, incondicionada e limitada, sem qualquer discriminação ou restrição, estendendo-se tanto às operações interestaduais, feitas diretamente a consumidor final, como a contribuintes. Qualquer distinção é modificação ilegítima da Constituição"; e assevera-se que "não se pode excluir da referida imunidade objetiva e ampla, o transporte que está ligado à operação mercantil, à circulação que lhe é inerente".[549]

Concordo com os fundamentos que mantêm fora do alcance do ICMS as mencionadas operações, acrescentando que não tem cabimento jurídico invocar-se a aplicação da figura da *substituição tributária* pela singela circunstância de que, por raciocínio elementar, só se poderia cogitar de tal substituição no caso de haver uma operação tributada. O substituto (adquirente do produto no estado de destino) só poderia ser responsável por tributo, se e quando estivesse substituindo algum contribuinte (no sentido amplo do vocábulo). Como inexiste contribuinte – sujeito passivo direto de obrigação tributária – e substituído, fica prejudicada a imposição de ICMS para quaisquer das partes integrantes da relação jurídica (alienante e adquirente de estados diferentes).

O TIT repeliu procedimentos fiscais de cobrança de ICMS, nas operações da espécie, firmando como *leading case* o julgamento proferido no Processo DRT-10-nº 1.715/93 – Câmaras Reunidas – Sessão de 22.11.94 (*DO* de 26.11.94).

O STJ proferira decisões descoincidentes, como se contêm dos arestos seguintes:

É devido o ICMS na aquisição de combustíveis e lubrificantes, quando se tratar de consumidor final, que adquire para seu consumo produtos em outros Estados da federação. Imunidade tributária não conhecida. (RMS nº 6.174-MG – Reg. nº 9.544.441-0 – 1ª T. – Rel. Min. José de Jesus Filho – j. 16.10.95 – *DJU* 1 de 27.11.95, p. 40.848/9)

Constitucional e Processual Civil. Mandado de Segurança. ICMS. Petróleo e seus derivados. Operações destinadas a outros Estados. Imunidade.
I – Consoante jurisprudência pacificada nesta Corte, não incide ICMS nas operações interestaduais relativas à venda de petróleo e seus derivados.
II – A previsão legal sobre contribuintes do tributo está inscrita no art. 6º e seus parágrafos do Decreto-lei nº 406, de 31.12.68, e somente pode ser modificada por norma de igual hierarquia, Lei Complementar, por isso a este nível foi elevado o Decreto-lei pela Constituição Federal de 1988 (CF art. 146, inciso III, alínea "a"). Não cabe, assim, por impróprio, e por ser manifestamente inconstitucional, ao Convênio estabelecer outras hipóteses de substituição tributária. Precedentes.
III – Recurso a que se dá provimento, sem discrepância. (RMS nº 5.537-0-MT – 1ª T. – Rel. Min. Demócrito Reinaldo – j. 26.3.96 – *DJU* 1 de 6.5.96, p. 14.732)

A LC nº 87/96 procura afastar do âmbito da imunidade "a entrada, no território do Estado destinatário, de petróleo, inclusive lubrificantes e combustíveis líquidos e gasosos dele derivados, e de energia elétrica quando não destinados à comercialização ou à industrialização, decorrentes de operações interestaduais [...]" (art. 2º, §1º, III).

---

[549] COÊLHO, Sacha Calmon Navarro. ICMS – A imunidade das operações interestaduais com petróleo e seus derivados, combustíveis líquidos e gasosos. A irrelevância na espécie do conceito de consumidor final. *In*: COÊLHO, Sacha Calmon Navarro; DERZI, Misabel Abreu Machado. *Direito tributário atual* – Pareceres. Rio de Janeiro: Forense, 1997. p. 491.

Este preceito – que elimina parcialmente a total desoneração tributária em operações interestaduais com as aludidas mercadorias – foi analisado em tópico específico (Capítulo I, subitem 1.18) – chegando-se à conclusão de que padece de vício de inconstitucionalidade, razão pela qual continua subsumindo-se à moldura normativa constitucional.

Todavia, o STF firmou a diretriz seguinte:

> Tributário. ICMS. Lubrificantes e Combustíveis Líquidos e Gasosos. Derivados do Petróleo. Operações Interestaduais. Imunidade do Art. 155, §2º, X, *b*, da Constituição Federal. Benefício Fiscal que não foi instituído em prol do consumidor, mas do Estado de destino dos produtos em causa, ao qual caberá, em sua totalidade, o ICMS sobre eles incidente, desde a remessa até o consumo.
> Conseqüente descabimento das teses da imunidade e da inconstitucionalidade dos textos legais, com que a empresa consumidora dos produtos em causa pretendeu obviar, no caso, a exigência tributária do Estado de São Paulo. (RE nº 198.088-5 – 1ª T. – Rel. Min. Ilmar Galvão – j. 17.5.2000 – *DJU* 1 de 5.9.2003, p. 32)

A regra de "não incidência do ICMS sobre operações que destinem a outros Estados combustíveis e lubrificantes" (art. 155, X, "b") ficará prejudicada com o advento de lei complementar que definiu os referidos produtos sobre os quais o imposto incidirá uma única vez, qualquer que seja a sua finalidade (inserção da alínea "h", ao inc. XII, do art. 155), conforme assinalado anteriormente (Capítulo I, item 1.18).

A LC nº 192/2022, define os combustíveis sobre os quais incidirá uma única vez o ICMS, ainda que as operações se iniciem no exterior, sendo certo que a incidência monofásica se aplica, qualquer que seja a sua finalidade, para a gasolina e etanol anidro combustível, diesel e biodiesel, e gás liquefeito de petróleo, inclusive o derivado de gás natural.

## 9 Ouro

A CF/88 (art. 153, §5º) dispôs que "o ouro, quando definido em lei como ativo financeiro ou instrumento cambial, sujeita-se exclusivamente à incidência do imposto de que trata o inc. V do '*caput*' deste artigo, devido na operação de origem [...]". Esta diretriz é reproduzida na LC nº 87/96 (art. 2º, IV).

Conjugando-se o art. 153, §5º, com o art. 155, I, "b" – ambos da CF/88 – é legítimo o entendimento de que o "ouro" sofrerá a incidência do IOF, quando definido (em lei) como ativo financeiro ou instrumento cambial; e, do ICMS, quando passar a ter tratamento exclusivamente mercantil, sendo devido ao Estado onde tenha sido extraído (LC nº 87/96, art. 11, I, "h").

A Lei federal nº 7.766, de 11.5.89, deu tratamento tributário ao "ouro" na forma seguinte:

> Art. 1º O ouro, em qualquer estado de pureza, em bruto ou refinado, quando destinado ao mercado financeiro ou à execução da política cambial no País, em operações realizadas com a interveniência de instituições integrantes do Sistema Financeiro Nacional, na forma e condições autorizadas pelo Banco Central, será, desde a extração inclusive, considerado ativo financeiro ou instrumento cambial.

§1º Enquadram-se na definição deste artigo:
I - o ouro envolvido em operações de tratamento, refino, transporte, depósito ou custódia, desde que formalizado compromisso de destiná-lo ao Banco Central do Brasil ou instituição por ele autorizada;
II - as operações praticadas nas regiões de garimpo onde o ouro é extraído, desde que o ouro na saída do município tenha o mesmo destino a que se refere o inciso I deste parágrafo. [...]
Art. 8º O fato gerador do imposto é a primeira aquisição do ouro, ativo financeiro, efetuada por instituição autorizada, integrante do Sistema Financeiro Nacional.
Parágrafo único. Tratando-se de ouro físico oriundo do exterior, ingressado no País, o fato gerador é o seu desembaraço aduaneiro.

O ouro, como

"ativo financeiro ou instrumento cambial", que, pela "ficção constitucional" não é mercadoria, nem produto industrializado, passa a valer como se título fosse, e, ao longo de seu caminho, dentro do mercado financeiro, poderá encontrar-se nas várias situações descritas na lei, como fatos geradores de ISOF, nas operações relativas a títulos e valores mobiliários [...].[550]

Referida lei tem sofrido objeção constitucional por não ter sido veiculada como "lei complementar" (art. 146, II, CF/88), tratando-se de uma limitação constitucional ao poder de tributar).[551] [552]

O último autor invocado enfatiza que "a norma abrigada no §5º do art. 153 da Constituição é norma de eficácia limitada, dependendo para sua aplicação, de lei complementar integrativa" e "até que sobrevenha a lei complementar veiculadora da definição do ouro-ativo financeiro, prevalece a incidência do ICMS sobre todas as operações relativas à circulação de mercadorias realizadas com este metal em estado natural ou industrializado".[553]

Sob este enfoque, pertinente a doutrina que empreendeu a classificação científica das normas constitucionais (segundo sua eficácia e aplicabilidade), a saber:

I) normas de eficácia plena e aplicabilidade direta, imediata e integral;
II) normas de eficácia contida e aplicabilidade direta, imediata, mas possivelmente não-integral;
III) normas de eficácia limitada, compreendendo:
a) declaratórias de princípios institutivos ou organizativos;
b) declaratórias de princípios programáticos.[554]

E especifica que "uma norma constitucional de eficácia limitada exige, para aplicação ou execução, outra lei que pode ser considerada 'complementar', porque integra, completa a eficácia daquela".

---

[550] Parecer da Procuradoria-Geral da Fazenda Nacional – *DOU* de 30.11.90, p. 23.007/10.
[551] CARRAZZA, Roque Antonio. *ICMS*. 13. ed. São Paulo: Malheiros, 2009. p. 117.
[552] BORGES, José Alfredo. Regime tributário do ouro. *Revista de Direito Tributário*, São Paulo, v. 55. p. 340.
[553] BORGES, José Alfredo. Regime tributário do ouro. *Revista de Direito Tributário*, São Paulo, v. 55. p. 341.
[554] SILVA, José Afonso da. *Aplicabilidade das normas constitucionais*. 3. ed. 3. tir. São Paulo: Malheiros, 1999. p. 86.

Portanto, assiste razão aos doutrinadores, no sentido de que a lei "ordinária" revela duvidosa constitucionalidade; *ipso fato*, não possibilitaria a exigência do IOF, mantendo-se a legitimidade do ICMS, em quaisquer etapas do processo circulatório (desde a promulgação da CF/88).

Nesta ótica, recorda-se que, também por falta de edição de lei complementar, o STF julgou inconstitucional lei ordinária paulista que havia criado o Adicional de Imposto de Renda, previsto no art. 155, II, CF/88 (Ação Direta de Inconstitucionalidade nº 28-4 – Pleno – Rel. Min. Sydney Sanches – j. 6.10.93 – *DJU* de 12.11.93).

Todavia, a Fazenda paulista não faz restrição à juridicidade da Lei federal nº 7.766/89, como apta para definir o ouro como ativo financeiro, desde sua extração (inclusive), ainda que envolvida em operações de tratamento ou refino, com sujeição exclusiva ao tributo federal, ressaltando que:

> O ouro enquadrado nessa definição não é mercadoria, e, portanto, não pode ser alcançado pela tributação do ICMS por expressa disposição constitucional. Deixando de lastrear operações do mercado financeiro, incorpora-se no contexto das demais mercadorias e sujeita-se ao gravame do imposto estadual; para efeito de seu recolhimento, na falta de normatização específica, deve ser seguido o regime normal de tributação, segundo as normas vigentes na legislação.[555]

Entretanto, quando definido como ativo financeiro ou instrumento cambial, deve ter sua origem identificada (LC nº 87/96, art. 11, §2º).

Sublinha-se: "cabe ICMS (e, não IOF) quando o 'ouro' é posto 'in commercium', para, por exemplo, ser utilizado na fabricação de uma jóia. Aí ele assume a natureza jurídica de mercadoria e a operação com ele realizada assume a natureza mercantil".[556]

O ouro, transformado em lingotes ou barras, mediante processo metalúrgico de fundição que não altera sua identidade química, passa a integrar o elenco de produtos industrializados, subordinando-se à competência tributária do estado e, por conseguinte, ao ICMS (STJ – REsp nº 841-0-PR – 2ª T. – Rel. Min. Peçanha Martins – j. 21.3.96 – *DJU* 1 de 29.4.96, p. 13.401).

## 10 Transporte internacional

*As prestações de serviços de transporte internacional não são abrangidas pelo ICMS*, uma vez que este somente se aplica àquelas de natureza intermunicipal ou interestadual (art. 155, I, "b", da CF/88).

Nem sempre é fácil delimitar a linha divisória existente entre transportes internos e fora do país, como é o caso de serviços contratados por empresa nacional com destinatários no exterior, em que somente os veículos permissionados (com autorização específica) têm condição de cruzar as fronteiras.

Por essa circunstância, a empresa de transporte, contratante do frete com o destinatário estrangeiro, vê-se compelida a fragmentar o referido transporte, uma vez que se encontra impedida de ultrapassar os limites do território nacional.

---

[555] Consulta nº 786/90, de 25.10.90, aprovada pela CAT, *Boletim Tributário*, v. 443. Série A. p. 48-51.
[556] CARRAZZA, Roque Antonio. *ICMS*. 13. ed. São Paulo: Malheiros, 2009. p. 118.

Esta situação peculiar tem implicado entendimento fazendário de que, contratado o redespacho para efetuar o serviço de transporte com início e fim em território brasileiro (interestadual ou intermunicipal), esta prestação será tributada normalmente pelo ICMS, pela ocorrência do fato gerador do imposto (art. 2º, IX, do Convênio ICM nº 66/88).[557]

Por outro lado, também se entende que no caso de o transporte ser realizado desde o local do estabelecimento do exportador até o destinatário no exterior (porta a porta), pelo mesmo transportador e com o mesmo veículo, tal execução foge à incidência do tributo, posto que este apenas recai sobre as prestações de natureza intermunicipal e interestadual.

Outrossim, a Fazenda paulista pondera que o transporte de natureza internacional – ainda que parte do percurso seja feito em território nacional (normalmente os pontos entre o local de saída da mercadoria e a divisa com o país vizinho) – não é fato alcançado pela incidência do imposto; essa execução não admite a forma mista do contrato de transporte, pois, sendo ele único, assim como o veículo transportador, cujo itinerário liga dois pontos extremados em países diferentes, é serviço de natureza internacional que extrapola o limite de incidência definido no texto legal; a circunstância de que uma parte da execução esteja compreendida na hipótese de incidência é acidental, pois todo o percurso é o que caracteriza a prestação internacional.[558]

Convenço-me de que o transbordo não constitui uma nova prestação de serviços, mas, em realidade, mera continuidade de prestação iniciada no país. Não se cogita, propriamente, de dois contratos de transporte, mas de um único apenas, quadrando-se à modalidade "sucessiva", isto é, "quando a mercadoria, para alcançar o destino final necessitar ser transbordada em veículos da mesma modalidade de transporte" (art. 8º, III, da Lei nº 6.288/75).

## 10.1 Mercadorias, produtos e serviços (após a LC nº 87/96)

O Código Civil dispusera que "aos contratos de transporte, em geral, são aplicáveis, quando couber, desde que não contrariem as disposições deste Código, os preceitos constantes da legislação especial e de tratados e convenções internacionais" (art. 732).

A Convenção de Varsóvia (Decreto nº 20.704, de 24.11.31), conforme redação do Protocolo de Haia, objeto do Decreto nº 56.463, de 15.6.65, art. 1º, alínea 2), dispusera o seguinte:

> [...] 2. Para os fins da presente Convenção, a expressão *"transporte internacional"* significa todo o transporte em que, de acordo com o estipulado pelas partes, o *ponto de partida e o ponto de destino, haja ou não interrupção de transporte, ou baldeação, estejam situados no território de duas Altas Partes Contratantes*, ou mesmo no de uma só, havendo escala prevista no território de outro Estado, mesmo que este não seja uma Alta Parte Contratante. O transporte sem escala entre dois pontos do território de uma só Alta Parte Contratante não é considerado internacional nos termos da presente Convenção.

---

[557] Consulta nº 125/89.
[558] Consulta nº 113/90, de 24.10.90, *Boletim Tributário*, v. 448. Série A.

Saliente-se que a regra do art. 155, §2º, I, "b", da CF/88 contém, de modo implícito e oblíquo, uma situação imunitória, vedando a incidência do ICMS nas prestações de serviços que não foram previstas (natureza internacional). A razão dessa diretriz é elementar, pois tem por finalidade desonerar as exportações nacionais, facilitando o acesso das empresas do país no mercado internacional.

Esta, a natural finalidade da falta de previsão da incidência do ICMS nos serviços de transporte destinado ao exterior.

Considerando que a competência para legislar sobre o comércio exterior e interestadual é privativa da União (art. 22, VIII, da CF/88), é irrelevante a prestação de serviços de transporte por uma, ou mais empresa, com efetivação (ou não) de transbordo, para fins de não incidência do ICMS.

A LC nº 87/96 (art. 3º, II) explicita a imunidade ao dispor sobre a não incidência do imposto na prestação de serviços destinados ao exterior, conferindo, ainda, os benefícios da manutenção dos créditos dos insumos (anteriores prestações de serviços), e utilização de saldos credores acumulados, mediante transferências a estabelecimento do mesmo contribuinte, no estado, condicionado à prévia anuência fazendária (itens I e II do §3º do art. 20; §1º, e incs. I e II do art. 25).

O STF proferiu decisões sobre a aplicação restritiva da desoneração tributária, a saber:

> Tributário. Serviço Utilizado no Transporte Interestadual ou Intermunicipal de Produtos Industrializados Destinados ao Exterior. Pretendida Não-incidência do ICMS. Art. 155, §2º, X, *a*, da Constituição Federal.
> Benefício restritivo às operações de exportação de produtos industrializados, não abrangendo o serviço utilizado no transporte interestadual ou intermunicipal dos referidos bens. Precedentes do Supremo Tribunal Federal.
> Recurso não conhecido. (RE nº 218.975-7 – 1ª T. – Rel. Min. Ilmar Galvão – j. 14.9.99 – *DJU* 1 de 12.11.99, p. 13)

> Constitucional. Tributário. ICMS: Produtos Industrializados Destinados ao Exterior. Imunidade. Operações e Prestações de Serviço. Distinção. CF, art. 155, II, §2º, IV, X, *a*, XII, *e*.
> I – ICMS. Hipóteses de incidência distintas: a) operações relativas à circulação de mercadorias; b) prestações de serviço interestadual e intermunicipal e de comunicações: CF, art. 155, II.
> II – A Constituição Federal, ao conceder imunidade tributária relativamente ao ICMS, aos produtos industrializados destinados ao exterior, situou-se, apenas, numa das hipóteses de incidência do citado imposto: operações que destinem ao exterior tais produtos, excluídos os semi-elaborados definidos em lei complementar: art. 155, §2º, X, *a*.
> III – Deixou expresso a CF, art. 155, §2º, XII, *e*, que as prestações de serviços poderão ser excluídas, nas exportações para o exterior, mediante lei complementar.
> IV – Incidência do ICMS sobre a prestação de serviço de transporte interestadual, no território nacional, incidindo a alíquota estabelecida por resolução do Senado Federal: CF, art. 155, §2º, IV.
> V – RE conhecido e provido. (RE nº 212.637-3-MG – 2ª T. – Rel. Min. Carlos Velloso – j. 25.5.99 – *DJU* 1 de 17.9.99, p. 95)

Tendo em vista que a CF (redação original) preceituava que o ICMS "não incidirá sobre *operações* que destinem ao exterior produtos industrializados, excluídos os semi-elaborados, definidos em lei complementar" (art. 155, X, "a"), podendo ser excluída

sua incidência "nas exportações para o exterior, de *serviços e outros produtos*" (art. 155, XII, "e"), as atividades de exportação tinham os efeitos seguintes:
a) produtos industrializados – não incidência;
b) produtos semielaborados – incidência (regra geral); não incidência (definição em lei complementar);
c) produtos primários – incidência (regra geral); não incidência (convênios estaduais);
d) serviços de transporte internacional – não incidência (regra geral), pelo fato de a competência tributária circunscrever-se às prestações no território nacional;
e) serviços de transporte interestadual e de comunicação – incidência (regra geral); não incidência (lei complementar).

Mesmo que se procurasse considerar que as regras de imunidade implicam uma interpretação extensiva, e que a finalidade da desoneração tributária era possibilitar um barateamento dos bens destinados ao exterior (alcançando os produtos e o seu transporte), tornara-se problemático excluir a incidência do ICMS nos referidos serviços (transportes), uma vez que o próprio texto constitucional estabelecera as distinções de tratamento tributário, qual seja, a automática não incidência para os produtos industrializados; e a não incidência condicionada relativamente aos produtos semielaborados e serviços (sujeitos à lei complementar).

A simples leitura dos preceitos da LC nº 87/96 revela que a inexigibilidade tributária não se cinge, exclusivamente, aos serviços prestados no exterior – por parte do nacional –, mas também abrange as prestações de serviços realizadas no país que tenham por escopo impulsionar bens (produtos industrializados, semielaborados e primários) ao exterior.

Todavia, a Fazenda paulista manifestou entendimento de que o ICMS incide sobre a prestação de serviço de transporte intermunicipal e interestadual que destine mercadorias ao exterior, nos termos do inc. II do art. 2º da LC nº 87/96, sob o argumento básico de que a prestação de serviço de transporte dessa mercadoria do local do estabelecimento exportador até o local de embarque situado em território nacional configura uma prestação de serviço intermunicipal ou interestadual, e não uma exportação de serviço, haja vista que seus efeitos são exauridos dentro do território nacional.[559]

Ora, a expressão "prestação de serviços *para o exterior*" representa a realização de serviços numa manifesta e evidente amplitude geográfica (território nacional/exterior), devendo ser prestigiada a interpretação teleológica, uma vez que a finalidade do preceito é eliminar o ônus tributário (ICMS) sobre todos os negócios jurídicos (operações mercantis e prestações de serviços), no contexto do comércio exterior.

Não haveria sentido entender-se que o incremento das exportações poderia ser obtido com desoneração parcial do tributo, limitada aos produtos em si, mas permanecendo a incidência do ICMS sobre os serviços de transporte desses mesmos produtos.

Os julgados do STF não cogitam da situação alvitrada na apontada diretriz fazendária, porque não examinaram a questão sob a temática da LC nº 87/96, em razão do que não se pode concluir pela inaplicabilidade da isenção do ICMS relativamente às mencionadas prestações de serviços destinadas ao exterior.

---

[559] Consulta nº 347/98, de 2.6.98, *Boletim Tributário*, jun. 1998. p. 424-425.

É digno de nota o despacho proferido pelo Ministro Marco Aurélio (conhecendo de agravo e determinando o processamento de recurso extraordinário), ao entender que:

> O preceito constitucional (no caso, o inciso X, do §2º do artigo 155 da CF) alude a "operações", apanhando, assim, o gênero e não a espécie. Vale dizer: à primeira vista, o transporte das mercadorias destinadas à exportação está isento no pagamento do tributo. (Agravo de Instrumento nº 192.660-5-MG – despacho de 2.5.97 – *DJU* 1 de 16.6.97, p. 27.244/5)

O STJ examinou questão relativa ao transporte interestadual de mercadoria para outro país, apontando o caminho que faz a soja exportada do interior do Mato Grosso até o exterior, elucidando o seguinte:

1) Mato Grosso não possui limites com o oceano. Mister se faz, por conseguinte, que a soja seja transportada em caminhões até o porto;
2) nesse caminho, faz-se necessária a travessia de um rio. Os caminhões, obviamente, não poderão fazê-lo. É indispensável a contratação de um barco. *O transporte, porém, é o mesmo e continua a destinar produtos primários ao exterior*;
3) do outro lado desse rio, em Itacoatiara, a soja é armazenada e colocada em grandes navios, que a levarão até o país importador. Esta última fase do transporte, do mesmo modo, não pode ser feita nem pelos caminhões que o iniciaram, nem pelos barcos que fizeram a travessia do rio.

Entendera que o transporte é um só, desde o início destina bens ao exterior, sendo irrelevante a eventual mudança na empresa transportadora; pois muitas vezes o transporte é dividido em etapas por questões técnicas, físicas ou econômicas.

Face às tais circunstâncias, decidira o seguinte:

> Tributário – ICMS – Transporte Interestadual de Mercadoria Destinada ao Exterior – Isenção – art. 3º, II da LC 87/96. [...]
> 2. O art. 3º, II, da LC 87/96 dispôs que não incide ICMS sobre operações e prestações que destinem ao exterior mercadorias, de modo que está acobertado pela isenção tributária o transporte interestadual dessas mercadorias.
> 3. Sob o aspecto teleológico, a finalidade da exoneração tributária é tornar o produto brasileiro mais competitivo no mercado internacional.
> 4. Se o transporte pago pelo exportador integra o preço do bem exportado, tributar o transporte no território nacional equivale a tributar a própria operação de exportação, o que contraria o espírito da LC 87/96 e da própria Constituição Federal.
> 5. Interpretação em sentido diverso implicaria ofensa aos princípios da isonomia e do pacto federativo, na medida em que se privilegiaria empresas que se situam em cidades portuárias e trataria de forma desigual os diversos Estados que integram a Federação. (REsp nº 613.785-RO – 2ª T. – Rel. Min. Eliana Calmon – *DJU* 1 de 12.8.2005, p. 278)

Em razão de a EC nº 42/03 haver estabelecido que o ICMS não incidirá sobre "serviços prestados a destinatários no exterior" (nova redação ao art. 155, §2º, X, "a"), pode-se entender que fica prejudicado o questionamento da incidência do ICMS sobre a prestação dos serviços de transporte internacional, uma vez que o tomador dos serviços está localizado no exterior.

O STF decidira o seguinte:

> EMBARGOS DE DECLARAÇÃO RECEBIDOS COMO AGRAVO REGIMENTAL EM RECURSO EXTRAORDINÁRIO COM AGRAVO. TRIBUTÁRIO. SERVIÇO UTILIZADO NO TRANSPORTE INTERESTADUAL OU INTERMUNICIPAL DE PRODUTOS INDUSTRIALIZADOS DESTINADOS AO EXTERIOR. PRETENDIDA NÃO INCIDÊNCIA DO ICMS. ARTIGO 155, §2º, X, A, DA CONSTITUIÇÃO FEDERAL.
> A imunidade tributária prevista no artigo 155, §2º, X, a, da Constituição Federal, é benefício restrito às operações de exportação de produtos industrializados, não abrangendo o serviço utilizado no transporte interestadual ou intermunicipal dos referidos bens [...].[560]

As operações com *produtos, fornecimento de mercadorias* etc., no mercado interno, com posterior exportação, também foram objeto de análise pelo STF, sob os fundamentos seguintes:

> Recurso extraordinário. Repercussão geral. Direito Tributário. Imunidade. Operações de exportação. Artigo 155, §2º, X, a, da CF. ICMS. Operações e prestações no mercado interno. Não abrangência. Possibilidade de cobrança do ICMS. Manutenção e aproveitamento dos créditos.
> 1. A Corte, sempre que se manifestou sobre as imunidades constitucionais, se ateve às finalidades constitucionais às quais estão vinculadas as mencionadas regras. Nas operações de exportação, é clara a orientação quanto à impossibilidade de, a pretexto de se extrair da regra imunitória o máximo de efetividade, se adotar uma interpretação ampliativa, de modo a se abarcarem fatos, situações ou objetos a priori, não abrangidos pela expressão literal do enunciado normativo.
> 2. Ao estabelecer a imunidade das operações de exportação ao ICMS, o art. 155, §2º, X, da Constituição, se ocupa, a contrário sensu, das operações internas, pressupondo a incidência e estabelecendo o modo pelo qual o ônus tributário é compensado: mediante a manutenção e o aproveitamento dos créditos respectivos.
> 3. Caso não houvesse a imunidade para as operações internas, de modo que não fosse cobrado o ICMS em nenhuma das etapas anteriores à exportação, seria inútil e despropositada a rega de manutenção e aproveitamento dos créditos.
> 4. Diante do exposto, nega-se provimento ao recurso extraordinário.
> 5. Tese do Tema nº 475 da Gestão por Temas de Repercussão Geral:
> "A imunidade a que se refere o art. 155, §2º, X, a, da CF, não alcança operações ou prestações anteriores à operação de exportação".[561]

## 11 Serviços internacionais de comunicação

O fluxo de *ligações telefônicas internacionais* compreende os "tráfegos" seguintes:
a) *entrante* – ligações iniciadas no exterior e terminadas no Brasil, em que a operadora de telefonia estrangeira contrata uma operadora nacional para completar a transmissão ou recepção de sinal, com as características de exportação de serviços de comunicação; e

---

[560] RE nº 602.399-ED – 1ª T., Rel. Min. Roberto Barroso – *DJe* 1.4.2016.
[561] RE nº 754.817-RS – Plenário – Rel. Min. Dias Toffoli – j. 5.8.2020.

b) *sainte* – contratação de empresa estrangeira para concluir ligação telefônica iniciada no Brasil, com a natureza de importação de serviços.

Ponderou-se o seguinte:

> No caso de tráfego sainte, há de se identificar dois momentos distintos: (i) a prestação de serviços por Operadora brasileira a usuário brasileiro que efetua uma chamada no exterior; e (ii) a prestação de serviços por Operadora estrangeira à Operadora brasileira, para a *finalização da chamada telefônica* iniciada no Brasil e destinada ao exterior. Note-se, também, que o valor cobrado do usuário final contempla tanto (i) quanto (ii). Sobre o valor dos serviços cobrados do usuário final, há incidência de ICMS, tal como no caso dos serviços de telecomunicações prestados no Brasil [...].[562]

E complementa a autora:

> No entanto, em se tratando de serviços prestados pela Operadora estrangeira, não deveria haver qualquer incidência de ICMS. Isto porque, trata-se de serviços de telecomunicações *prestados no exterior*, e não "iniciados" no exterior, eis que a operadora estrangeira não pode operar diretamente em território brasileiro. Desta maneira, não há "serviço iniciado no exterior", mas sim *serviço prestado* integralmente no exterior.[563]

Nesta temática, interessa a prestação dos serviços de transmissão e recepção de mensagens relativas ao exterior, objetivando a diminuição de ônus tributários nas atividades internacionais.

Esta questão foi examinada pela Procuradoria-Geral da Fazenda Nacional, por solicitação da Cotepe-ICMS, relativamente às *ligações telefônicas internacionais*, iniciada no país, com destino ao exterior, por intermédio de canais instalados no Brasil.

Para tanto, a PGFN obteve manifestação da Anatel (Agência Nacional de Telecomunicações), que prestou os esclarecimentos seguintes:

> A prestação do serviço de longa distância internacional foi caracterizada no Plano Geral de Outorgas, promulgado pelo Decreto 2.534, de 2 de abril de 1998, em seu artigo 1º como:
> Art. 1º O serviço telefônico fixo comutado destinado ao uso público em geral será prestado nos regimes público e privado, nos termos dos arts. 18, inciso I, 64 e 65, inciso III, da Lei 9.472, de 16 de julho de 1997, e o disposto neste Plano Geral de Outorgas.
> §1º Serviço telefônico fixo comutado é o serviço de telecomunicações que, por meio da transmissão de voz e de outros sinais, destina-se à comunicação entre pontos fixos determinados, utilizando processos de telefonia.
> §2º São modalidades do serviço telefônico fixo comutado destinado ao uso público em geral o serviço local, o serviço de longa distância nacional e o *serviço de longa distância internacional*, nos seguintes termos:
> I – O serviço local destina-se à comunicação entre pontos determinados em uma mesma Área Local;

---

[562] UTUMI, Ana Cláudia Akie. A tributação dos serviços internacionais de telecomunicações. *In*: BORGES, Eduardo de Carvalho (Coord.). *Tributação nas telecomunicações*. São Paulo: Tributação Setorial, IPT e Quartier Latin, 2005. p. 35.

[563] UTUMI, Ana Cláudia Akie. A tributação dos serviços internacionais de telecomunicações. *In*: BORGES, Eduardo de Carvalho (Coord.). *Tributação nas telecomunicações*. São Paulo: Tributação Setorial, IPT e Quartier Latin, 2005. p. 3.

II – O serviço de longa distância nacional destina-se à comunicação entre pontos fixos determinados situados em Áreas Locais distintas no território nacional; e

III – O serviço de longa distância internacional destina-se à comunicação entre um ponto fixo situado no território nacional e um outro ponto no exterior.

Assim, na modalidade de serviço telefônico fixo comutado de longa distância internacional, caracteriza-se como um serviço iniciado em ponto do território nacional e terminado em outro ponto situado fora do território nacional. O serviço somente pode ser caracterizado como de longa distância internacional se a comunicação efetiva entre os dois pontos situados, um no Brasil e outro no exterior, se realizar.

A Prestadora de Longa Distância Internacional se vale de canais internacionais, em geral cabos transoceânicos, de propriedade compartilhada entre diversas operadoras internacionais e das redes de telecomunicações de outros países para terminar chamadas.

Quanto ao fluxo de pagamentos pela prestação do serviço internacional, esclarecemos que o usuário chamador paga pela chamada originada no território nacional e a Prestadora do Serviço de Longa Distância Internacional, no Brasil, remunera as Prestadoras de Serviço nos outros países.[564]

A PGFN ressalta que:

> Estão reunidos todos os elementos caracterizadores da incidência e cobrança do tributo. Há, indubitavelmente, a prestação do serviço de comunicação ligando um ponto situado no território nacional com outro ponto no exterior, o local da prestação define-se pela cobrança do serviço e a expressão quantitativa dá-se pelo valor desta operação. (Item 9)

Destaca que:

> o fluxo de pagamentos pela prestação dos serviços de ligação internacional às outras empresas participantes do sistema, aperfeiçoa-se via encontro de contas, após dado período de tempo, dependendo dos termos do acordo bilateral firmado para esse fim. Dessa forma, apura-se o quantitativo de ligações originadas do exterior com destino ao Brasil e vice-versa, compensando-se os custos. Caso haja crédito de algum dos lados, efetiva-se o repasse correspondente. (Item 10)

Embora entenda que a particularidade do repasse não pode influir na caracterização da prestação de serviço (item 11).

Firma-se a PGFN na expressão "operações e *prestações que destinem ao exterior* mercadorias ou serviços" (item 14), para argumentar que:

> Inexiste uma prestação de serviço destinado ao exterior. A ligação telefônica é que tem como destinatário alguém fora do território nacional, mas essa prestação de serviço dá-se internamente. O tomador do serviço (quem está utilizando a linha telefônica) paga, no Brasil. [...] O destinatário da ligação não participa desta relação jurídica, então formada entre tomador e prestador do serviço de comunicação, nem lhe é prestado qualquer serviço. A referência feita quanto ao ponto situado no exterior vale apenas para caracterizar o serviço como de longa distância internacional, pois somente quando houver interligação entre os dois pontos situados, um no Brasil e outro no exterior, a comunicação se realiza. (Item 15)

---

[564] Parecer nº 002/98 – Anatel.

A PGFN conclui:

> [...] a prestação de serviço consubstanciado em ligação telefônica internacional constitui-se em prestação interna, vez que tanto o tomador do serviço quanto a empresa que o efetiva estão localizados no território nacional, não sendo tal serviço albergado pela norma isentiva prevista no art. 3º, II, da Lei Complementar 87, de 1996.[565]

Penso que o entendimento fazendário não tem condição de ser plenamente acolhido, uma vez que pretende ignorar a efetiva comunicação internacional. O Serviço de Longa Distância Internacional (nos termos da legislação disciplinadora do assunto, informada pela própria Anatel) destina-se "à comunicação entre um ponto fixo situado no território nacional e um outro ponto no exterior".

Outrossim, a "relação comunicativa", que caracteriza e tipifica a prestação de serviços de comunicação, não pode cingir-se ao âmbito parcial (prestadora de serviço/operadora telefônica e tomadora do serviço/usuário no país). Só se pode cogitar de ligação internacional no caso de ocorrer a efetiva participação do destinatário situado no exterior, uma vez que a relação jurídica (pessoas situadas no país), por si só, não ocasiona o efetivo serviço de comunicação internacional.

Na medida em que as ligações internacionais não sofram o ônus do ICMS, é evidente que se tornará possível um incremento de negócios com o exterior.

Registro a postura firmada pela Fazenda paulista, relativamente à seguinte atividade:

a) empresa exporta serviços de comunicações para clientes estabelecidos nos Estados Unidos da América, por meio de subcontratação de serviços de telecomunicações, consistentes na prestação de serviços para interligação de CPCT tipo PABX digital à rede telefônica pública comutada (RTPC) via enlace;

b) os serviços de comunicações são viabilizados por intermédio de ligações entre os clientes da empresa (exportadora) e seus equipamentos instalados no país (SP), por meio dos quais trafegam sinais de "fax" e "voz" que, por sua vez, via interligações às redes telefônicas das prestadoras de serviços subcontratadas, são "transmitidos a destinatários sediados em diversas cidades brasileiras";

c) a empresa exportadora efetua o pagamento das contas apresentadas pelas subcontratadas e cobra o valor pactuado de seus clientes (sediados no exterior), tendo por base o minuto trafegado, sempre superior àquele assumido na condição de tomadora dos serviços junto às empresas subcontratadas.

A Fazenda paulista entendeu que a empresa consulente efetivamente realiza uma exportação de serviço de comunicação, havendo a devida cobertura cambial, em razão do que suas prestações não sofrem a incidência do ICMS, na forma prevista nos arts. 3º, inc. II, e 32, inc. I, da LC nº 87/96.[566]

Preciosa doutrina entende que a viabilização dos serviços de telecomunicação internacional, tanto quanto a própria prestação destes serviços, não se sujeitam, nem mesmo em tese, à tributação por meio do ICMS, pelos motivos seguintes:

---

[565] Parecer PGFN/CAT nº 381/99, aprovado em 8.4.99.
[566] Consulta nº 585/98 de 15.9.98, *Boletim Tributário*, set. 1998. p. 596-598.

I – as concessionárias limitam-se a prática, no território nacional, de atos preparatórios (atividades-meio) à implementação dos serviços em tela, que só ocorrem quando realizados "entre um ponto fixo situado no território nacional e um outro ponto no exterior" (Decreto nº 2.534/98, art. 1º, §2º, III);

II – mesmo quando os serviços em tela se implementam, eles estão cobertos por uma situação de *não-incidência*, fruto das limitações decorrentes do *princípio da territorialidade* das leis tributárias brasileiras, que, no caso do *ICMS* não podem irradiar efeitos no exterior;

III – ainda que superada a questão anterior, os serviços de comunicação internacional foram isentados de *ICMS*, pelo art. 3º, II e 32, I, ambos da Lei Complementar nº 87/96, que buscaram *fundamento de validade* no art. 155, §2º, XII, *e*, da Constituição Federal.[567]

Idênticas conclusões também foram firmadas por eminente jurista.[568]

## 12 Serviços de radiodifusão

A EC nº 42/03 estabeleceu que o ICMS não incidirá "nas prestações de serviço de comunicação nas modalidades de radiodifusão sonora e de sons e imagens de recepção livre e gratuita" (art. 155, X, "d").

A característica básica da *radiodifusão* (mantida pela Lei nº 9.472, de 16.7.97, art. 215, I) reside na comunicação (transmissão de sons e imagens à coletividade, de forma generalizada, com o timbre da gratuidade).

Os serviços de comunicação prestados pelas emissoras de rádio e televisão, abertas ao público em geral, não se encontravam sujeitos ao ICMS, por serem livres e gratuitos, inexistindo base de cálculo para apuração do *quantum* tributário.

Este posicionamento é compartilhado da forma seguinte:

> [...] quando uma mensagem é transmitida para pessoas indeterminadas (via televisão, por exemplo, em que há uma simples expectativa da emissora de que se encontre algum destinatário), há uma simples difusão de mensagens, intributável por via de ICMS. Como se isso não bastasse, não há nenhuma obrigação de fazer entre a emissora e seus destinatários (o que já descaracteriza o *fato imponível* do ICMS), e, ainda que houvesse, o imposto seria inexigível, por falta de base de cálculo, porquanto o serviço de televisão (como o de radiodifusão sonora) é gratuito (art. 6º, da Lei 4.117/62).[569]

> Também a atividade de radiodifusão não se pode incluir no conceito de comunicação. Enquanto esta estabelece uma ligação entre quem comunica e o destinatário da comunicação, aquela consiste na expedição de mensagem a destinatários incertos, não identificados. Consiste na difusão da mensagem, e não no envio desta ao destinatário certo e determinado.[570]

---

[567] CARRAZZA, Roque Antonio. ICMS – Sua não-incidência sobre prestações de serviços de telecomunicações internacional (serviços de longa distância internacional), bem como sobre os serviços que os viabilizam (serviços auxiliares). *Revista Dialética de Direito Tributário*, São Paulo, n. 60. p. 119.

[568] BOTTALLO, Eduardo Domingos. ICMS e serviços de comunicação internacional. *Revista Dialética de Direito Tributário*, São Paulo, n. 61. p. 19-25.

[569] ESCOBAR, J. C. Mariense. *O novo direito de telecomunicações*. Porto Alegre: Livraria do Advogado, 1999. p. 41.

[570] CARRAZZA, Roque Antonio. *ICMS*. 6. ed. São Paulo: Malheiros, 1997. p. 132.

Oportuna a observação de que:

> A exploração dos serviços de radiodifusão pelas televisões de sinais abertos, no que concerne à transmissão da programação cotidiana (novelas, noticiários, filmes, shows), não se coaduna com o conceito de "prestação de serviço", de comunicação, mas sim, como *mera atividade de comunicação, afastando-se a incidência de tributação do "ICMS"*.[571]

## 13 Fonogramas e videogramas musicais

A EC nº 75/2013 dispôs sobre as imunidades relativas

> aos fonogramas e videofonogramas musicais produzidos no Brasil contendo obras musicais ou litero musicais de autores brasileiros, e, ou obras interpretadas por artistas brasileiros bem como os suportes materiais ou arquivos digitais que os contenham, salvo na etapa de replicação industrial de mídias ópticas de leitura a laser.

Objetiva favorecer a produção musical brasileira, para que seja menos impactada pelos efeitos da concorrência de produtos falsificados comercializados, sem o pagamento de tributos, bem como pelo acesso facilitado e gratuito que as pessoas têm à música por meio da internet.

*Fonograma* "é o registro exclusivamente sonoro em suporte material, como disco, fita magnética etc.", ou "gravação de uma faixa de disco"; enquanto *videofonograma* "é o produto da fixação de imagem e som em suporte material", ou "o registro de imagens e sons em determinado suporte".[572]

Desse modo, a imunidade concerne a CDs, DVDs e *Blu-rays* de música e de *shows* musicais, como também abrange os discos de vinil.

A impressão que causa é que o benefício representa mais uma proteção à indústria nacional do que à produção cultural como um todo. As mesmas mercadorias produzidas fora do país não se encontram abrangidas pela imunidade.

Relativamente aos insumos, constituinte derivado referiu-se, genericamente, aos "suportes materiais ou arquivos digitais", alcançando os suportes em qualquer espécie de material ou formato.

A ressalva final – "salvo na etapa de replicação industrial de mídias ópticas de leitura a laser" – é apontada como preservação à Zona Franca de Manaus.

---

[571] CAMANO, Fernanda Donnabela. Incidência (ou não) das normas jurídicas tributárias do 'ICMS' sobre as atividades de telecomunicação exploradas pelas televisões de sinais abertos e TVs por assinatura. In: *XII Congresso Brasileiro de Direito Tributário*. São Paulo: Idepe, 1998. p. 9.

[572] FERREIRA, Aurélio Buarque de Holanda. *Novo Dicionário Aurélio da Língua Portuguesa*. [s.l.]: [s.n.], 2009, p. 920 e 2060; e HOUAISS, Antônio. *Dicionário Houaiss da Língua Portuguesa*. Rio de Janeiro: Objetiva, 2001. p. 914 e 1943, respectivamente.

CAPÍTULO X

# OBRIGAÇÕES ACESSÓRIAS

As obrigações acessórias decorrem da legislação tributária e têm por objeto as prestações, positivas ou negativas, nelas previstas no interesse da arrecadação ou da fiscalização dos tributos (§2º do art. 113 do CTN), tendo a natureza de obrigação de *fazer*, *não fazer*, ou mesmo de *tolerar*, desprovida do timbre de patrimonialidade.

Consistem em atribuição de deveres aos administrados (contribuintes, responsáveis), relativos à emissão de notas fiscais, escrituração de livros, prestações de informações, e não causar embaraço à fiscalização, com o objetivo fundamental de serem registrados e documentados fatos que tenham, ou possam ter, implicação tributária.

A legislação ordinária deve relacionar todas as espécies de obrigações, bem como estabelecer as penalidades decorrentes do seu descumprimento, que, apropriadamente, nem poderiam ser rotuladas de "acessórias", porque nem sempre têm efetiva conexão com a obrigação principal (não incidências, isenções, imunidades etc.).

Embora seja conceitualmente inaceitável a proposição legal (§3º do art. 113 do CTN) de que a simples inobservância à obrigação acessória se converte em principal, relativamente à penalidade pecuniária; em termos práticos, essa circunstância não tem maior efeito, em razão de o infrator ficar compelido (legalmente) a também recolher dinheiro aos cofres públicos.

O diploma instituidor dessas obrigações (Convênio ICM de 15.12.70, aprovando o Sinief – Sistema Nacional Integrado de Informações Econômico-Fiscais) sofreu diversas alterações (ajustes), especialmente com a promulgação da Constituição Federal (1988), sendo previsto nas legislações ordinárias.

No âmbito de São Paulo (Decreto nº 45.490/2000 – Regulamento do ICMS, arts. 124 a 212), as pessoas inscritas no Cadastro de Contribuintes do ICMS emitirão, conforme as operações e prestações que realizarem, os seguintes *documentos fiscais*:

I - nota fiscal;
II - nota fiscal de venda a consumidor;
III - cupom fiscal emitido por equipamento emissor de cupom fiscal;
IV - nota fiscal de produtor;
V - nota fiscal/conta de energia elétrica;
VI - nota fiscal de serviço de transportes;
VII - conhecimento de transporte rodoviário de cargas;
VIII - conhecimento de transporte aquaviário de cargas;

IX - conhecimento aéreo;
X - conhecimento de transporte ferroviário de cargas;
XI - bilhete de passagem rodoviário;
XII - bilhete de passagem aquaviário;
XIII - bilhete de passagem e nota de bagagem;
XIV - bilhete de passagem ferroviário;
XV - despacho de transportes;
XVI - resumo de movimento diário;
XVII - ordem de coleta de carga;
XVIII - nota fiscal de serviço de comunicação;
XIX - nota fiscal de serviços de telecomunicações;
XX - manifesto de carga;
XXI - conhecimento de transporte multimodal de carga;
XXII - documento fiscal eletrônico;
XXIII - documento auxiliar da nota fiscal eletrônica (DANFE);
XXIV - nota fiscal de serviço de transporte ferroviário;
XXV - documento auxiliar do conhecimento de transporte eletrônica (DACT);
XXVI - documento auxiliar do manifesto eletrônico de documentos fiscais (DAMDEF);
XXVII - documento auxiliar da nota fiscal de consumidor eletrônica – DANFE-NFC-e;
XXVIII - extrato de emissão do cupom fiscal eletrônico – CF-e SAT.

São documentos fiscais eletrônicos:

I - a nota fiscal eletrônica – NFe;
II - o cupom fiscal eletrônico – CF-e-SAT;
III - a nota fiscal de consumidor eletrônica – NFC-e;
IV - o conhecimento de transporte eletrônico – CT-e;
V - o manifesto eletrônico de documentos fiscais – MDF-e;
VI - a nota fiscal/conta de energia elétrica;
VII - a nota fiscal de serviço de comunicação;
VIII - a nota fiscal de serviço de telecomunicações;
IX - os demais documentos fiscais relativos à prestação de serviços de comunicação ou ao fornecimento de energia elétrica ou de gás canalizado;
X - os documentos fiscais para os quais tenha sido gerado o respectivo registro eletrônico de documento fiscal – REDF, desde que já decorrido o prazo para a retificação ou cancelamento deste

O contribuinte deverá manter em cada estabelecimento, conforme as operações ou prestações que realizar, os seguintes livros fiscais (arts. 213 a 252):

I - Registro de entradas (dois modelos);
II - Registro de saídas (dois modelos);
III - Registro de controle da produção e do estoque;
IV - Registro do selo especial de controle;
V - Registro de impressão de documentos fiscais e termos de ocorrências;
VI - Registro de inventário;
VII - Registro de apuração do IPI;

VIII - Registro de apuração do ICMS;
IX - Livro de movimentação de combustíveis – LMC;
X - Livro de movimentação de produtos – LMP.

A pessoa inscrita deverá declarar em Guia de Informação – GIA (arts. 253 a 258) – os valores das operações e das prestações do período; o valor do imposto a recolher ou do saldo credor; informações relativas ao seu movimento econômico, informações relacionadas com a apuração dos índices de participação dos municípios paulistas na arrecadação dos impostos; suas operações interestaduais de entrada ou saída de mercadoria, bem como os serviços tomados ou prestados, com detalhamento dos valores por estado remetente ou destinatário; outras informações econômico-fiscais relacionadas com sua atividade.

A sistemática do *Sintegra* (Sistema Integrado de Informações sobre Operações Interestaduais com Mercadorias e Serviços), também adotada por alguns estados para a totalidade das operações, objetiva o seguinte:
a) reduzir e simplificar as obrigações tributárias acessórias dos contribuintes na prestação de informações sobre operações com mercadorias e serviços;
b) consolidar o uso de sistemas informatizados para aperfeiçoamento dos controles do Fisco sobre as operações com mercadorias e serviços realizadas pelos contribuintes.

Entretanto, objetivando facilitar o cumprimento das obrigações fiscais, o contribuinte poderá obter (a critério do Fisco) *regime especial* para pagamento do imposto, bem como para a emissão de documentos e a escrituração de livros fiscais, mediante a apresentação dos modelos relativos ao sistema previsto, e (quando for o caso) cópia do ato concessivo de regime acaso concedido por outro estado (SP – RICMS/2100, art. 479-A; Portaria CAT nº 43, de 26.4.07, com as alterações das portarias CAT nºs 56/08, de 24.4.08, e 87/10, de 21.6.10).

O regime será concedido por prazo determinado de até cinco anos, podendo ser prorrogado, mediante pedido de sessenta dias antes do termo de vigência do ato concessivo. Poderá ser alterado de ofício, revogado ou cassado a qualquer tempo, a critério do fisco, cabendo recurso sem efeito suspensivo uma única vez para a autoridade administrativa superior àquela que houver proferido a decisão recorrida.

O *regime especial* tem sido concedido para diversificados interesses como a centralização de escrita fiscal; recolhimento do ICMS nas operações de importação de matéria-prima ou bens de capital; emissão de Certificado de Pesagem de Cana; manutenção de formulários contínuos de notas fiscais em estabelecimento de preposto; dispensa de emissão de nota fiscal nas saídas de jornais e periódicos (produtos imunes ao imposto).

Examina-se caso específico de empresa prestadora de serviços de manutenção de elevadores, com utilização de materiais e aplicação de peças, cujos funcionários devam sair do estabelecimento várias vezes durante o dia. Se fossem observar normalmente as disposições regulamentares, o contribuinte deveria emitir inúmeras notas fiscais (de entrada, saída etc.), com a decorrente escrituração (livros de entrada, saída etc.), com perda natural de tempo, dispêndios etc.

Assim, para facilitar suas atividades (simplificação documental e diminuição de custos), poderá pleitear a concessão de "regime especial" para que possa emitir uma única nota fiscal (saídas/entradas) por dia, estando os materiais e mercadorias acompanhados de romaneio etc.

A legislação paulista instituiu o *Regime Especial Simplificado de Exportação* (Decreto nº 48.957, de 21.9.04), concedendo ao contribuinte localizado no estado, que esteja credenciado perante a Secretaria da Fazenda e habilitado em Regime Aduaneiro Especial de Entreposto Industrial sob Controle Informatizado (Recof), ou Regime Especial de Entreposto Aduaneiro na Importação e na Exportação (restrito às industrializações), os benefícios fiscais seguintes:

a) diferimento na saída interna de matéria-prima, produto intermediário e material de embalagem;
b) suspensão na importação de matéria-prima, produto intermediário e material de embalagem.

A emissão eletrônica elimina essa repetição e reduz a papelada do processo, envolvendo três pontas: a) empresa vendedora do produto emitirá a nota *on-line* em um documento com assinatura digital, que será encaminhado à compradora e à repartição fiscal; b) a Fazenda emite protocolo autorizando o transporte da mercadoria; e c) o comprador validará a nota eletrônica para ter direito ao crédito do imposto lançado nessa etapa do processo.

Assim, antes de uma empresa promover a saída de mercadoria, deverá gerar um arquivo eletrônico com as informações fiscais da operação correspondente. O arquivo conterá assinatura digital, para garantir a integridade e a autoridade dos dados.

Esse arquivo eletrônico (nota fiscal eletrônica) e seus dados serão imediatamente transmitidos ao Fisco da jurisdição do contribuinte para verificação preliminar. Após a verificação, será emitido ao contribuinte um código de autorização de uso. Só então a mercadoria poderá sair do estabelecimento.

Os dados da *NF-e* ficarão à disposição do destinatário da mercadoria e de outros interessados que possuam a chave de acesso, para consulta via internet. O arquivo será ainda transmitido à Secretaria da Receita Federal (SRF) e, em caso de operação interestadual, para a fiscalização do estado de destino da mercadoria. A SRF funcionará como repositório nacional de todas as *NF-e* emitidas.

A SRF também será responsável pela identificação de casos de indisponibilidade de sistema de determinada Secretaria Estadual de Fazenda. Nesse caso, atuará como substituta na tarefa de autorizar os documentos eletrônicos emitidos, até a normalização do ambiente operacional. Se a indisponibilidade ocorrer no ambiente do contribuinte, este poderá emitir os *DANF-e* em formulário de segurança, que substituirão as *NF-e* até o restabelecimento do sistema e o envio dos arquivos digitais à fiscalização correspondente (*Portal do Governo do Estado de São Paulo – Secretaria da Fazenda* – 15.2.2006).

O *Sistema Público de Escrituração Digital – Sped* – é um instrumento que unifica as atividades de recepção, validação, armazenamento e autenticação de livros e documentos (emitidos em forma eletrônica) que integram a escrituração comercial e fiscal dos empresários e das sociedades empresárias, mediante fluxo único, computadorizado, de informações.

Esse sistema não dispensa o empresário, e a sociedade empresária, de manterem sob sua guarda e responsabilidade os livros e documentos na forma e prazos previstos na legislação aplicável.

São usuários do *Sped* (I) a Secretaria da Receita Federal do Brasil; (II) as Administrações Tributárias dos estados, do Distrito Federal e dos municípios, mediante convênio celebrado com a SRFB; e (III) os órgãos e as entidades da Administração Pública federal direta e indireta que tenham atribuição legal de regulação, normatização, controle e fiscalização dos empresários e das sociedades empresárias.

O acesso às informações armazenadas no *Sped* deverá ser compartilhado com seus usuários, no limite de suas respectivas competências e sem prejuízo da observância à legislação referente aos sigilos comercial, fiscal e bancário. O acesso também será possível aos empresários e às sociedades empresárias em relação às informações por eles transmitidas ao *Sped*.

A RFB, sempre que necessário, poderá solicitar a participação de representantes dos empresários e das sociedades empresárias, bem assim de entidades de âmbito nacional representativas dos profissionais da área contábil, nas atividades relacionadas ao *Sped*.

A *Escrituração Fiscal Digital – EFD* (instituída pelo Convênio ICMS nº 143, de 15.12.06, substituído pelo Ajuste Sinief nº 2/2009) –, pelo contribuinte do ICMS e do IPI, é parte integrante do projeto *Sped* e constitui um conjunto de registros de apuração de impostos referentes às operações e prestações praticadas pelo contribuinte, bem como de documentos fiscais e outras informações de interesse dos Fiscos das unidades federadas e da RFB.

O arquivo digital deve ser submetido a um programa validador, fornecido pelo *Sped*, por meio de *download*, o qual verifica a consistência das informações prestadas no arquivo. Os arquivos da *EFD* têm periodicidade mensal e devem apresentar informações relativas a um mês civil ou fração, ainda que as apurações dos impostos (ICMS e IPI) sejam efetuadas em períodos inferiores a um mês, segundo a legislação de cada imposto.

Examina-se a utilização de nota fiscal em *venda de equipamento a ser montado e instalado no estabelecimento adquirente*, com remessa parcelada do equipamento (partes e peças), em que se firmara a orientação seguinte:

> I. No fornecimento de mercadoria (equipamento, máquina, etc.) em que o remetente assume contratualmente a obrigação de entregá-la montada para uso, a operação praticada é a de fornecimento de mercadoria já montada para uso, sendo a base de cálculo o valor da operação. Nessas situações, o valor cobrado a título de instalação e montagem integra o valor da operação, e, consequentemente, a base de cálculo do ICMS.
>
> II. No fornecimento de mercadoria (equipamento, máquina, etc.) já montada para uso em que o preço de vem seja estabelecido para o todo e cuja remessa de suas partes e peças seja efetuada de forma fracionada: (i) será emitida Nota Fiscal para o todo, sem indicação correspondente a cada parte ou peça, com destaque do valor do imposto, devendo nela constar que a remessa será realizada em peças ou partes; e (ii) a cada remessa dessas partes e peças necessárias para a montagem deverá ser emitida Nota Fiscal, sem destaque do valor do imposto, com menção do número, da série e da data de emissão da Nota Fiscal emitida para o todo.[573]

No caso de *prestação de serviço de transporte seccionado* fora considerado o seguinte:

> ICMS – Obrigação acessória – Transporte de mercadoria envolvendo duas transportadoras distintas – Primeiro trecho realizado por transportadora contratada pelo remetente e trecho final efetuado por transportadora contratada pelo destinatário – Nota Fiscal Eletrônica

---
[573] Consulta nº 18.507/2018, de 14.11.2018.

(NF-e) – Conhecimento de Transporte Eletrônico (CT-e) – Prazo de estadia.

I – Na prestação de serviço de transporte seccionado, com distintos tomadores, cada transportadora deverá emitir um CT-e relativo ao trecho no qual prestará o serviço de transporte.

II – A Nota Fiscal Eletrônica emitida pelo remetente e que acobertará a circulação da mercadoria deverá indicar, nos campos relativos às informações do transportador, os dados da transportadora que efetuará o primeiro trecho e, no campo relativo às "Informações Complementares", a informação de que o transporte da mercadoria será seccionado, correspondendo a dois trechos distintos, com os dados da transportadora que efetuará o segundo trecho, bem como o percurso, o local do recebimento da carga e o de sua entrega, além de constar que o transporte desse segundo trecho será realizado por conta e ordem do destinatário.

III – O tomador paulista do serviço de transporte tem direito ao aproveitamento do crédito referente às prestações de serviço de transporte que contrata para condução de suas mercadorias, observada a legislação do imposto (artigo 59 e seguintes do RICMS/SP/2000 e Decisão Normativa CAT nº 01/2001), devendo guardar toda documentação idônea que comprove sua situação como efetivo tomador da prestação do serviço;

IV – A permanência da carga no estabelecimento transportador para que possa ser separada, acondicionada e consolidada, faz parte da atividade da empresa transportadora, não existindo, na legislação paulista relativa ao imposto estadual, limite de tempo para essa estadia.

V – A inexistência de limite temporal para a estadia não permite sua utilização para encobrir negócios jurídicos de outra natureza. Assim, a estadia deve se dar por tempo razoável e ser inerente à prestação do serviço de transporte, estando umbilicalmente ligada a ela ligada.[574]

O Convênio ICMS nº 235, de 27.12.2021 (publicado em 29.12), instituiu o *Portal Nacional* da diferença entre as alíquotas interna da unidade federada de destino e interestadual nas operações e prestações destinadas a não contribuinte do ICMS localizado em outra unidade da Federação, produzindo efeitos a partir de 1º.1.2022.

A LC nº 190, de 4.1.2022 (publicada em 5.1), alterando a LC nº 87/96, dispôs o seguinte:

Art. 24-A. Os Estados e o Distrito Federal divulgarão, em *portal próprio*, as informações necessárias ao cumprimento das obrigações tributárias, principais e acessórias, nas operações e prestações interestaduais conforme o tipo.

§1º O portal de que trata o caput deste artigo deverá conter, inclusive:

I - a legislação aplicável à operação ou prestação específica, incluídas soluções de consulta e decisões em processo administrativo fiscal de caráter vinculante;

II - as alíquotas interestadual e interna aplicáveis à operação ou prestação;

III - as informações sobre benefícios fiscais ou financeiros e regimes especiais que possam alterar o valor a ser recolhido do imposto; e

IV - as obrigações acessórias a serem cumpridas em razão da operação ou prestação realizada.

§2º O portal referido no caput deste artigo conterá ferramenta que permita a apuração centralizada do imposto pelo contribuinte definido no inciso II do §2º do art. 4º desta Lei Complementar, e a emissão das guias de recolhimento, para cada ente da Federação, da diferença entre a alíquota interna do Estado de destino e a alíquota interestadual da operação.

---

[574] Consulta nº 18.480/18, de 8.11.2018.

§3º Para o cumprimento da obrigação principal e da acessória disposta no §2º deste artigo, os Estados e o Distrito Federal definirão em conjunto os critérios técnicos necessários para a integração e a unificação dos portais das respectivas secretarias de fazenda dos Estados e do Distrito Federal.

§4º Para a adaptação tecnológica do contribuinte, o inciso II do §2º do art. 4º, a alínea "b" do inciso V do caput do art. 11 e o inciso XVI do caput do art. 12 desta Lei Complementar somente produzirão efeito no primeiro dia útil do terceiro mês subsequente ao da disponibilização do portal de que trata o caput deste artigo.

§5º A apuração e o recolhimento do imposto devido nas operações e prestações interestaduais de que trata a alínea "b" do inciso V do caput do art. 11 desta Lei Complementar observarão o definido em convênio celebrado nos termos da Lei Complementar nº 24, de 7 de janeiro de 1975, e, naquilo que não lhe for contrário nas respectivas legislações tributárias estaduais.

# CAPÍTULO XI

# PENALIDADES

## 1 Pressupostos

O descumprimento das normas tributárias tem acarretado a imputação de diversificados ônus para os contribuintes, correspondentes à cobrança de valores pecuniários e à restrição ao exercício das atividades profissionais.

A *sanção* tem sido entendida como reparação (punição) pela prática de ilícito tributário (falta de pagamento de tributos) e administrativo (inobservância a deveres documentais, informações etc.). Tem por finalidade inibir os possíveis infratores da legislação; puni-los, e evitar reincidências, com função educativa e proteção aos interesses da arrecadação, de modo a estimulá-los ao cumprimento das obrigações fiscais.

O "prêmio" também é uma espécie de sanção, consistente na concessão de incentivos fiscais e demais recompensas, com o objetivo de estimular os destinatários da norma à adoção de determinados comportamentos, tendo como propósito subjacente a concretização de variados interesses.

A *sanção administrativa* decorre da responsabilidade objetiva e compreende a cobrança de valores pecuniários (ex.: multa de xx% do valor do imposto, por falta de pagamento em razão de fraude); ou positiva-se pela restrição do exercício de atividades pessoais ou profissionais (ex.: impedimento para a realização de operações de crédito que envolva a utilização de recursos públicos, em face da inclusão no Cadin).

A *sanção penal* implica responsabilidade subjetiva (dolo) e privação de liberdade (ex.: pena de reclusão de dois a cinco anos, no caso de falsificar ou alterar nota fiscal, fatura, duplicata, nota de venda, ou qualquer outro documento relativo à operação tributável – art. 1º, III, da Lei federal nº 8.137, de 27.12.90).

O princípio da unidade ontológica do ilícito não possibilitaria a implicação de distintas injuridicidades (administrativa, tributária, penal etc.). Tratando-se de específico fato ilícito (ex.: apropriação de créditos de ICMS sem amparo em operação mercantil), e um único bem jurídico tutelado (patrimônio público), não se revelaria legítima a cumulação de sanções.

Não se justificaria a imposição de pena privativa de liberdade para constranger o particular à liquidação de meras dívidas, ainda que revelem interesse público.

Entretanto, o legislador confere significativo valor ao bem jurídico tutelado, cominando diversificadas sanções.

O operador do direito deve sempre examinar se a norma sancionatória guarda absoluta conexão e identidade com a indispensável norma anterior que estabelece um específico comportamento. Pode ocorrer que a penalidade tipifique uma situação não prevista no ordenamento; ou, ao contrário, a legislação estabeleça comportamentos para os quais inexista uma penalidade específica.

Trata-se da instituição de norma penal em branco, como um modelo aberto em que pudessem ser enquadradas situações genéricas, sem uma precisa determinação, como é o caso da legislação, estipulando multa no caso de crédito de ICMS em hipóteses não previstas em alíneas anteriores (Decreto estadual (SP) nº 45.490, de 30.11.2000, art. 527, II, "j"). Tal norma afronta os princípios da legalidade, tipicidade fechada e segurança jurídica.

Criteriosamente se considera que "O princípio da proporcionalidade constitui o adequado instrumento jurídico para o controle das sanções tributárias que escapam à vedação constitucional à utilização do tributo com efeito de confisco".[575]

> O conteúdo do princípio da proporcionalidade encontra-se intrinsecamente associado a outros princípios também relacionados à dosagem do instrumento sancionador do Estado, e assume especial relevância no ordenamento jurídico a partir da constatação de que a crescente exigência de tutela penal, pelos diversos setores da sociedade, vem acarretando um processo de progressiva corrosão na esfera de liberdade individual.[576]

## 2 Multa moratória

Decorre do simples atraso no recolhimento de tributo declarado, revelando natureza penal (e não ressarcitória), uma vez que o valor devido (normalmente) não guarda nenhuma proporção com o prejuízo real da Fazenda. Sempre revela caráter sancionatório porque não tem em mira a recomposição do patrimônio do credor pelo tempo transcorrido após o vencimento do prazo estipulado para pagamento do débito.

Constitui pena administrativa, não se incluindo no crédito habilitado na falência (Súmula nº 565 do STF), consubstanciando enunciado prevalecente mesmo após a superveniência da vigente Constituição Federal (STJ – Agravo Regimental em AG nº 152.793-RS – 2ª T. – Rel. Min. Ari Pargendler – j. 1º.9.97 – *DJU* 1, de 22.9.97, p. 46.437).

Todavia, com o advento da Lei federal nº 10.101, de 9.2.05, que revogou a antiga Lei de Falências, as multas tributárias passaram a ser incluídas no rol dos créditos da falência (art. 83, VII), não sendo mantida a exoneração objeto do art. 23, parágrafo único, III, da antiga Lei de Falências (Decreto-Lei nº 7.661, de 21.6.45). Também restou superada a Súmula nº 250 do STJ, que legitimara a cobrança de multa fiscal de empresa em regime de concordata.

O contribuinte informa ao Fisco suas operações realizadas dentro de determinado período de tempo de apuração (GIA – Guia de Informação e Apuração do ICMS), ou documento equivalente, mas deixa de efetuar o recolhimento do tributo. Em consequência, o Fisco passa a exigir (na esfera administrativa ou judicial) a referida multa (calculada em percentuais variáveis sobre o valor do débito).

---

[575] PONTES, Helenilson da Cunha. *O princípio da proporcionalidade e o direito tributário*. São Paulo: Dialética, 2000. p. 134.
[576] GOMES, Mariângela Gama Magalhães. *O princípio da proporcionalidade no direito penal*. São Paulo: RT, 2003. p. 74.

Esta penalidade não poderia alcançar até 20% (vinte por cento) do valor do tributo (como previsto no RICMS/SP, Decreto nº 45.490/00, art. 528), e deveria ser balizada pela Lei federal nº 9.289, de 1º.8.06, que introduziu modificação no Código de Defesa do Consumidor, reduzindo de 10% (dez por cento) para 2% (dois por cento) o percentual máximo das multas moratórias face ao inadimplemento das obrigações.

A denúncia espontânea da infração, com o recolhimento do tributo e acréscimos devidos, por força do art. 138 do CTN, não afasta a imposição de multa penal. A simples confissão do débito, mesmo que acompanhada de pedido de parcelamento, não configura denúncia espontânea, de modo a afastar a cobrança da multa e juros moratórios (Súmula nº 208 do antigo TFR).

Entretanto, não deve incidir sobre o débito oriundo de multa de ofício, sendo que a interposição de ação judicial, favorecida com medida liminar, interrompe a incidência da multa de mora, desde a concessão da medida, até 30 dias após a data da publicação da decisão judicial que considerar devido o tributo, de âmbito federal.

## 3 Multa penal

Constitui medida repressiva objetivando punir o devedor por infração a preceitos legais (obrigações principais ou acessórias). Em abstrato, como mera previsão normativa, paira como ameaça ao contribuinte, colimando reprimir o ilícito.

A graduação de tais penalidades toma em conta o montante tributário envolvido, ou o valor da operação mercantil, ou prestação de serviço, podendo ser flexionada em razão de circunstâncias agravantes (reincidências, inobservância de instruções fazendárias), ou qualificativas (sonegação, fraude, conluio), de conformidade com a legislação específica de cada unidade federativa.

De longa data, o Judiciário tem apreciado questões afetas à legislação que estabelece *multas confiscatórias*, decidindo pela sua nulidade ou abrandamento, a saber:

> Executivo Fiscal. Graduação de multa, de acordo com a gravidade da infração e com a importância desta para os interesses da arrecadação. Pode o Judiciário, atendendo às circunstâncias do caso concreto, reduzir a sanção excessiva, aplicada pelo Fisco. (STF – RE nº 57.904-SP – 1ª T. – Rel. Min. Evandro Lins e Silva – j. 25.4.66 – *RTJ*, 37/296-297)

O STF apreciou ação direta de inconstitucionalidade da Lei federal nº 8.846, de 21.1.94, que estabelecera o seguinte:

> Art. 3º Ao contribuinte, pessoa física ou jurídica, que não houver emitido a nota fiscal, recibo ou documento equivalente, na situação de que trata o artigo 2º, ou não houver comprovado sua emissão, será aplicada a *multa pecuniária de trezentos por cento sobre o valor do bem objeto da operação ou do serviço prestado*, não sendo passível de redução, sem prejuízo da incidência do Imposto sobre a Renda e Proventos de Qualquer Natureza, e das contribuições sociais.

Nesse sentido, prolatou a decisão seguinte:

> [...] A Tributação Confiscatória é Vedada pela Constituição da República.
> - É cabível, em sede de controle normativo abstrato, a possibilidade de o Supremo Tribunal Federal examinar se determinado tributo ofende, ou não, o princípio constitucional da

não confiscatoriedade consagrado no art. 150, IV, da Constituição da República. Hipótese que versa o exame de diploma legislativo (Lei nº 8.846/94, art. 3º e seu parágrafo único) que instituiu multa fiscal de 300% (trezentos por cento).

- A proibição constitucional de confisco em matéria tributária – ainda que se trate de multa fiscal resultante do inadimplemento, pelo contribuinte, de suas obrigações tributárias – nada mais representa senão a interdição, pela Carta Política, de qualquer pretensão governamental que possa conduzir, no campo da fiscalidade, à injusta apropriação estatal, no todo ou em parte, do patrimônio ou dos rendimentos dos contribuintes, comprometendo-lhes pela insuportabilidade da carga tributária, o exercício do direito a uma existência digna ou a prática de atividade profissional lícita, ou, ainda, a regular satisfação de suas necessidades vitais básicas.

- O Poder Público, especialmente em sede de tributação (mesmo tratando-se da definição do "quantum" pertinente ao valor das multas fiscais), não pode agir imoderadamente, pois a atividade governamental acha-se essencialmente condicionada pelo princípio da razoabilidade que se qualifica como verdadeiro parâmetro de aferição da constitucionalidade material dos atos estatais; [...]. (Med. Caut. em Ação Direta de Inconstitucionalidade nº 1.075-DF – Rel. Min. Celso de Mello – j. 17.6.98 – *DJU* 1 de 24.11.2006)

O STF firmou a diretriz seguinte:

A desproporção entre o desrespeito à norma tributária e sua conseqüência jurídica, a multa, evidencia o caráter confiscatório desta, atentando contra o patrimônio do contribuinte, em contrariedade ao mencionado dispositivo do texto constitucional federal. (ADIn nº 551-RJ – Plenário – Rel. Min. Ilmar Galvão – j. 24.10.2002 – *DJU* 1 de 14.2.2002, p. 58)

Justifica-se a postura judicial porque as "multas devem manter proporcionalidade com o valor da prestação tributária, sob pena de destruição da fonte produtora (pessoa natural ou jurídica), e violar o direito de propriedade, o direito de associação, a capacidade contributiva e o princípio do não confisco".[577]

Exemplificativamente, a legislação paulista (Decreto nº 45.490/00 – RICMS, art. 527) tem tipificado infrações relativas I) ao pagamento do imposto; II) ao crédito do imposto; III) à documentação fiscal em entrega, remessa, transporte, recebimento, estocagem ou depósito de mercadoria, ou, ainda, quando couber, em prestação de serviço; IV) a documentos fiscais e impressos fiscais; V) a livros fiscais e registros magnéticos; VI) à inscrição no Cadastro de Contribuintes, à alteração cadastral e a outras informações; VII) à apresentação de informação econômico-fiscal e à guia de recolhimento de imposto; VIII) a sistema eletrônico de processamento de dados e ao uso e intervenção em máquina registradora, Terminal Ponto de Venda (PDV), equipamento Emissor de Cupom Fiscal (ECF), ou qualquer outro equipamento; IX) à intervenção técnica em equipamento Emissor de Cupom Fiscal (ECF); X) ao desenvolvimento de *softwares* aplicativos para equipamento Emissor de Cupom Fiscal (ECF); e XI) infrações específicas (confecção de livro ou impresso sem prévia autorização; violação de dispositivos de segurança, inclusive lacre, utilizado pelo Fisco para controle de mercadorias etc.).

A jurisprudência do STF firmou-se no sentido de que é aplicável a proibição constitucional do confisco em matéria tributária, ainda que se trate de multa fiscal

---

[577] PACHECO, Ângela Maria da Motta. *Sanções tributárias e sanções penais tributárias*. São Paulo: Max Limonad, 1997. p. 253.

resultante do inadimplemento pelo contribuinte de suas obrigações tributárias. Assentou que tem natureza confiscatória a multa fiscal superior a duas vezes o valor do débito tributário (Ag. Reg. no AI nº 482.281-SP – Rel. Min. Ricardo Lewandowski – 1ª T. – *DJe* de 21.8.2009).

## 4 Apreensão de bens

A legislação permite a retenção de livros e documentos, para serem examinados pela fiscalização fora do estabelecimento; a apreensão de bem ou mercadoria, inclusive equipamento que possibilite o registro ou o processamento de dados relativos à operação ou prestação de serviços, que constituírem prova material de infração à legislação tributária.

Estabelece que a apreensão poderá ser feita, ainda, quando a mercadoria ou o bem estiverem: a) sendo transportados ou quando forem encontrados sem as vias dos documentos fiscais ou de qualquer outro documento exigido pela legislação, que devam acompanhá-los, ou quando encontrados em local diverso do indicado na documentação fiscal; b) acompanhados em seu transporte de documento com evidência de fraude; em poder de contribuinte que não provar a regularidade de sua inscrição fiscal etc. (RICMS-SP, Decreto nº 45.490/00, art. 499).

Esses procedimentos têm por escopo averiguar a situação fiscal do contribuinte, inseridos no regular exercício do poder de polícia que norteia a atividade da Administração Pública.

Entretanto, "é inadmissível a apreensão de mercadorias como meio coercitivo para pagamento de tributo" (Súmula nº 323 do STF), em razão do que, procedendo ao lançamento tributário (via intimação, notificação, ou lavratura de auto de infração), não se justifica a manutenção dos bens apreendidos com a repartição fiscal, a fim de não prejudicar o livre exercício das atividades profissionais.

É inconstitucional a norma que permite ao Fisco deixar de proceder à devolução do bem, livro, documento, impresso, papel, programa ou arquivo magnético.

O STF decidiu o seguinte:

> Fiscalização Tributária – Apreensão de Livros Contábeis e Documentos Fiscais Realizada, em Escritório de Contabilidade, por Agentes Fazendários e Policiais Federais, sem Mandado Judicial – Inadmissibilidade – Espaço Privado, não Aberto ao Público, Sujeito à Proteção Constitucional da Inviolabilidade Domiciliar (CF, art. 5º, XI) – Subsunção ao Conceito Normativo de "Casa". Necessidade de Ordem Judicial – Administração Pública e Fiscalização Tributária – dever de Observância por Parte de seus Órgãos e Agentes, dos Limites Jurídicos Impostos pela Constituição e pelas Leis da República – Impossibilidade de Utilização pelo Ministério Público de Prova Obtida em Transgressão à Garantia da Inviolabilidade Domiciliar – Prova Ilícita – Inidoneidade Jurídica – "Habeas Corpus" Deferido. (Habeas Corpus nº 82.788-RJ – 2ª T. – Rel. Min. Celso de Mello – j. 12.4.2005 – *DJU* 1 de 2.6.2006, p. 43)

Todavia, nem sempre se considera injustificada a apreensão, a saber:

> Ação Direta de Inconstitucionalidade. Art. 163, §7º da Constituição de São Paulo: Inocorrência de Sanções Políticas. Ausência de Afronta ao art. 5º, inc. XIII, da Constituição da República.

1. A retenção da mercadoria, até a comprovação da posse legítima daquele que a transporta, não constitui coação imposta em desrespeito ao princípio do devido processo legal tributário.

2. Ao garantir o livre exercício de qualquer trabalho, ofício ou profissão, o art. 5º, inc. XIII, da Constituição da República não o faz de forma absoluta, pelo que a observância dos recolhimentos tributários no desempenho dessas atividades impõe-se legal e legitimamente.

3. A hipótese de retenção temporária de mercadorias prevista no art. 163, §7º, da Constituição de São Paulo, é providência para a fiscalização do cumprimento da legislação tributária nesse território e consubstancia exercício do poder de polícia da Administração Pública Fazendária, estabelecida legalmente para os casos de ilícito tributário. Inexiste, por isso mesmo, a alegada coação indireta do contribuinte para satisfazer débitos com a Fazenda Pública.

4. Ação Direta de Inconstitucionalidade julgada improcedente. (STF – ADIn nº 395-0 – Pleno – Rel. Min. Cármen Lúcia – j. 17.5.2007 – *DJU* 1 de 17.8.2007, p. 22)

## 5 Perdimento de bens

O Código Tributário Nacional não trata da pena de perdimento de bens, tendo sido prevista largamente no Regulamento Aduaneiro (Decreto federal nº 6.759, de 5.2.09) que dispõe sobre o *perdimento de mercadoria, veículo,* e *dinheiro* em diversas hipóteses que configurarem dano ao Erário, quando se encontrarem em situação ilegal; quando descarregarem mercadoria estrangeira fora da zona aduaneira; ocultada a bordo de veículo ou na zona primária, abandonada, chegada ao país com falsa declaração de conteúdo etc. (com a redação básica do Decreto-Lei nº 1.455, de 7.4.76, art. 23; e Lei federal nº 10.637, de 30.12.02, art. 23).

Esse procedimento ensejara ações judiciais calcadas na inconstitucionalidade do DL nº 1.455/76, a seguir apontadas:

a) não ocorrência de dano ao Erário, que deve existir em caso concreto. A demora no desembaraço aduaneiro, por exemplo, não resulta diminuição patrimonial da União, porque o importador arca com os tributos aduaneiros, em valores atualizados;

b) caracterização de confisco, em face do desapossamento de um bem do particular, sem prévia indenização. O perdimento representa o ressarcimento da União pelo prejuízo causado a alguém, revestindo a natureza de uma pena;

c) ficção jurídica – dano ao Erário em face do abandono da mercadoria em virtude de decurso de prazo – não pode ferir o direito de propriedade. A perda desse direito somente é concebida como ressarcimento de um dano que tenha efetivamente ocorrido. A ficção é impraticável para contornar a garantia de direitos constitucionais;

d) a caracterização do abandono deve estar positivada em processo regular, em que inexista o mínimo interesse do importador. A supressão da garantia do devido processo legal viola direito dos cidadãos.

O vigente ordenamento jurídico (CF/88) não contém preceito específico sobre o "perdimento de bens por danos causados ao erário", a exemplo do que dispunha a Constituição anterior (art. 153, §11, da CF/67).

A CF/88 (art. 5º) estabelece um elenco significativo de direitos e garantias individuais, estabelecendo que "ninguém será privado da liberdade ou de seus bens sem o devido processo legal" (inc. LIV), em face do que sua aplicação somente poderia ser promovida pelo Judiciário em caso de condenação criminal (inc. XLV, "b"). Ademais, o DL nº 1.455/76 teria perdido eficácia porque não fora objeto de ratificação pelo Congresso Nacional (art. 25, §1º, do Ato das Disposições Transitórias).

Apenas se encontra prevista a decretação de perdimento de bens, nos termos da lei, em situações concernentes à pena criminal, que constitui matéria distinta da alfandegária, de cunho administrativo. Além disso, a CF/88 garante o direito de propriedade (art. 5º, inc. XXII), e o livre exercício de qualquer trabalho, ofício ou profissão, e de atividades econômicas (arts. 5º, inc. XIII, e 170, parágrafo único), que estará sendo coartado na medida em que o importador fique desapossado de seus bens.

Pertinente a decisão do STJ:

> 1. A aquisição, no mercado interno, de mercadoria importada, mediante nota fiscal, gera a presunção de boa-fé do adquirente, cabendo ao Fisco a prova em contrário.
> 2. A pena de perdimento não pode desconsiderar a boa-fé do adquirente, *máxime* quando o veículo fora adquirido, originariamente, em estabelecimento comercial sujeito a fiscalização, desobrigando-se o comprador a investigar o ingresso da mercadoria no país.
> 3. Aplicar-se ao comprador a perda de perdimento da mercadoria, em razão de a vendedora não ter comprovado o pagamento dos tributos devidos pela importação, revela solução deveras drástica para quem não importou e nem é responsável tributário, quiçá inconstitucional, à luz da cláusula pétrea de que a sanção não deve passar da pessoa do infrator (CF, art. 5º, XLV). Precedentes da 1ª Seção. (REsp nº 718.021/DF – 1ª T. – Rel. Min. Luiz Fux – j. 4.4.2006 – *DJU* 1 de 22.5.2006, p. 153-154)

No caso de "erro no preenchimento da fatura comercial", fora afastada a pena de perdimento, pois, no âmbito administrativo, deve-se levar em consideração os princípios da proporcionalidade e da razoabilidade, em razão de uma infração de potencial inexpressivo (REsp nº 569.163/PR, Rel. Min. Luiz Fux, j. 1º.4.2004, *DJU* de 9.3.2004).

É inconstitucional a legislação estadual (e distrital) que, simplesmente, estipule a pena de perdimento do bem ou da mercadoria.

## 6 Regime especial

Trata-se de sistema temporário de controle e pagamento de tributo, exigido pelo Fisco em decorrência de embaraço à fiscalização, constituição de empresa por pessoas que não sejam os verdadeiros sócios, realização de operações sem a devida inscrição, reincidências de infrações à legislação tributária.

No âmbito do ICMS, os regimes têm sido considerados nos procedimentos seguintes:
a) manutenção de fiscalização ininterrupta no estabelecimento;
b) recolhimento compulsório do imposto antes da saída da mercadoria do estabelecimento comercial, ou após a saída e antes da entrega ao destinatário;
c) vedação aos negociantes adquirentes de bens de utilizarem crédito do imposto a que têm direito, quando desacompanhados de guia especial de pagamento do tributo por parte do vendedor;
d) retenção dos talonários de nota fiscal, para aposição de um carimbo mostrando que o contribuinte se encontra sob regime especial;
e) publicação do ato impositivo da Administração na imprensa oficial.

Embora seja louvável a preocupação do Fisco em coibir as práticas sonegatórias, o fato é que, muitas vezes, esses expedientes violam diversos direitos individuais:
a) princípio da legalidade, ao estipular prazo de pagamento de forma diversa da prevista na legislação;
b) princípio da indelegabilidade de poderes, ao permitir à autoridade administrativa a execução dos referidos atos, sem embasamento jurídico;
c) princípio do livre exercício do trabalho, ao dificultar a prática dos negócios dos contribuintes;
d) princípio do sigilo profissional, ao divulgar a situação econômica e financeira do contribuinte, expondo-a ao conhecimento da coletividade.

O STF firmou diretriz no sentido de que:

> o regime especial do ICM, autorizado em lei estadual, porque impõe restrições e limitações à atividade comercial do contribuinte, viola a garantia constitucional da liberdade de trabalho (CF-67, art. 153, §23; CF-88, art. 5º, XIII), constituindo forma oblíqua de cobrança do tributo, assim execução política que a jurisprudência do Supremo Tribunal Federal sempre repeliu. (Súmulas nºs 70, 323 e 547; EREsp nº 115.452-7-SP – Pleno – Rel. Min. Carlos Velloso – j. 4.10.90 – *DJU* de 16.11.90 – *Lex-STF*, 146/129-134)

Todavia, tem sido considerada legítima a instituição de regime especial, em virtude do descumprimento de obrigações acessórias exigidas por lei, mediante a inclusão de contribuinte em Regime Especial de Fiscalização, situação que não se caracteriza como meio de coação ilícita ao pagamento de tributo (STJ – RMS nº 21.356-GO – 1ª T. – Rel. Min. Denise Arruda – j. 18.11.2008 – *DJe* de 17.12.2008).

A jurisprudência do STJ admite a inclusão de contribuinte em regime especial de fiscalização, arrecadação e controle quando há provas de reiterado inadimplemento de obrigações tributárias (REsp nº 1.032.515-SP – 2ª T. – Rel. Min. Eliana Calmon – j. 2.4.2009 – *DJe* de 29.4.2009).

## 7 Devedor remisso

As autoridades fazendárias cerceiam as atividades das pessoas (naturais e jurídicas) que estão com débito tributário, tendo o Judiciário solucionado tais práticas, mediante a fixação dos entendimentos seguintes:

> Não é lícito à autoridade proibir que o contribuinte em débito adquira estampilhas, despache mercadorias nas alfândegas e exerça suas atividades profissionais. (Súmula nº 547 do STF)

> Os certificados de quitação e de regularidade não podem ser negados, enquanto pendente decisão, na via administrativa, o débito levantado. (Súmula nº 29 do antigo TFR)

> Os certificados não podem ser negados se o débito estiver garantido por penhora regular. (Súmula nº 38 do antigo TFR)

Todavia, por vezes, a legislação dispõe sobre o Cadastro Informativo dos créditos não quitados de órgãos e entidades estaduais e distritais (Cadin), contendo a relação das pessoas físicas e jurídicas que: I) sejam responsáveis por obrigações pecuniárias vencidas e não pagas, para com os órgãos estaduais e distritais; II) estejam com a inscrição nos cadastros das Secretarias de Fazenda e de Finanças; III) estejam com a inscrição nos cadastros a) suspensa, b) cancelada ou c) declarada inapta.

A inclusão no Cadin após determinado prazo da comunicação ao devedor da existência do débito será passível de inscrição, sendo obrigatória a consulta prévia a este cadastro pelos órgãos estaduais e distritais, para I) realização de operações de crédito que envolvam a utilização de recursos públicos; II) concessão de incentivos fiscais e financeiros; III) celebração de convênios, acordos, ajustes ou contratos que envolvam desembolso, a qualquer título, de recursos públicos e aditamentos.

## 8 Interdição de estabelecimento

> Impede a execução dos negócios e atividades do contribuinte, sendo inadmissível como meio coercitivo para a cobrança de tributo. (Súmula nº 70 do STF)

Justifica-se, apenas, como exercício regular do poder de polícia, para evitar que sejam desenvolvidas atividades profissionais em estabelecimentos e locais que não ofereçam condições de segurança, higiene etc., ou consoante previsão em legislação excepcional (entidades financeiras etc.).

## 9 Protesto da Certidão da Dívida Ativa e Serasa

Constitui *dívida ativa tributária* a proveniente de crédito desta natureza, regularmente inscrito na repartição competente, depois de esgotado o prazo fixado para pagamento, pela lei ou por decisão final proferida em processo regular (art. 201 do CTN).

É necessária a prévia constituição do título de crédito (tributário) da Fazenda, que demanda lançamento (por declaração ou de ofício), ou exigência administrativa concernente a valores que não tenham sido antecipados pelo sujeito (no caso do denominado lançamento por homologação). Somente após serem percorridos todos os trâmites do processo administrativo, com a participação dos sujeitos passivos, e decisões acerca da legitimidade dos créditos, é que ocorrerá a constituição definitiva, conferindo-se à Fazenda o direito de promover sua inscrição.

O termo de inscrição na dívida ativa, autenticado pela autoridade competente, deverá conter todos os elementos imprescindíveis do crédito, inclusive a tipificação legal dos valores que compreendem tributo, juros, multa, atualização monetária, sendo previsto na legislação que regra o processo de sua cobrança judicial (ação de execução fiscal).

A omissão de quaisquer dos requisitos previstos no CTN (art. 202) ou o erro a eles relativo são causas de nulidade da inscrição e do processo de cobrança dela decorrente, mas a nulidade poderá ser sanada até a decisão de primeira instância, mediante substituição da certidão nula, devolvido ao sujeito passivo, acusado ou interessado, o prazo para defesa, que somente poderá versar sobre a parte modificada (art. 203 do CTN).

O título tributário (materializado no termo de inscrição da dívida) fundamenta e instrui a petição inicial do procurador da Fazenda do processo de execução fiscal, que não necessita reproduzir todos os específicos documentos e elementos que o embasaram. Basta, apenas, seja feita referência aos aspectos básicos da específica situação tributária.

Todavia, a ausência de qualquer dos referidos requisitos impede o executado de conhecer os pontos específicos da exigência tributária, implicando autêntico cerceamento de defesa, além do que nem mesmo o magistrado poderá oferecer a devida e regular prestação jurisdicional diante das omissões acaso existentes.

A dívida inscrita goza de presunção de certeza e liquidez e tem o efeito de prova pré-constituída, mas apresenta caráter relativo e pode ser ilidida por prova inequívoca, a cargo do sujeito passivo (CTN e art. 3º, parágrafo único, da Lei federal nº 6.830/80).

A Lei federal nº 9.492, de 10.9.97, disciplina os serviços de *protesto de títulos* considerado como o ato formal e solene pelo qual se prova a inadimplência e o descumprimento de obrigação originada em títulos e outros documentos de dívida. Compete privativamente ao tabelião de protesto de títulos, na tutela dos interesses públicos e privados, a protocolização, a intimação, o acolhimento da devolução ou do aceite, o recebimento do pagamento, do título e de outros documentos, de dívida, bem como lavrar e registrar o protesto ou acatar a desistência do credor em relação a esse, proceder às averbações, prestar informações e fornecer certidões relativas a todos os atos praticados.

A leitura apressada da legislação (CTN e Lei federal nº 9.429/97) poderia causar o entendimento de que a Certidão da Dívida Ativa possibilitaria o protesto em razão de se tratar de título líquido e certo.

Entretanto, esse pretenso direito fazendário tem sido objetado no Judiciário, a saber:

> Em decisão monocrática foram acolhidos os argumentos de que a Certidão de Dívida Ativa, por si só, já configura título executivo e que o fato de se promover o protesto a partir do boleto bancário conflita com a disciplina referente à cobrança do tributo. Entendera que a execução deve ser realizada da maneira menos gravosa pra [sic] o devedor, sendo o protesto, inegavelmente, medida coercitiva, conduzindo à execração pública, inserindo no rol dos inadimplentes. (STF – Suspensão de Segurança nº 2.080-3 – Rel. Min. Marco Aurélio – j. 18.10.2002 – *DJU* de 30.12.2002)

> Tributário e Comercial. Crédito tributário. Protesto prévio. Desnecessidade. Presunção de certeza e liquidez. Art. 204 do CTN. Fazenda Pública. Ausência de legitimação para requerer a falência do comerciante contribuinte. Meio próprio para cobrança do crédito tributário. Lei de Execuções Fiscais. Impossibilidade de submissão do crédito tributário ao regime de concurso universal próprio da falência. Arts. 186 e 187 do CTN. [...]
> II - A presunção legal que reveste o título emitido unilateralmente pela Administração Tributária serve tão-somente para aparelhar o processo executivo fiscal, consoante estatui o art. 38 da Lei 6.830/80 (Lei de Execuções Fiscais).
> III - Dentro desse contexto revela-se desnecessário o protesto prévio do título emitido pela Fazenda Pública.
> IV - Afigura-se impróprio o requerimento de falência do contribuinte comerciante pela Fazenda Pública, na medida em que esta dispõe de instrumento específico para cobrança do crédito tributário.
> V - Ademais, revela-se ilógico o pedido de quebra, seguido de sua decretação, para logo após informar-se ao juízo que o crédito tributário não se submete ao concurso falimentar, consoante dicção do art. 187 do CTN; [...]. (STJ – REsp nº 287.824-MG – 1ª T. – Rel. Min. Francisco Falcão – j. 20.10.2005 – *DJU* de 20.2.2006)

Tributário e Processual – Certidão de Dívida Ativa – Protesto Prévio – Desnecessidade – Presunção de Certeza e Liquidez – Ausência de Dano Moral – Deficiência de Fundamentação – Súmula 284/STF. [...]
A Certidão de Dívida Ativa além da presunção de certeza e liquidez é também ato que torna público o conteúdo do título, não havendo interesse de ser protestado, medida cujo efeito é a só publicidade.
É desnecessário e inócuo o protesto prévio da Certidão da Dívida Ativa. Eventual protesto não gera dano moral *in re ipsa*. [...]. (STJ – REsp nº 1.93.601-RJ – 2ª T. – Rel. Min. Eliana Calmon – j. 18.11.2008 – *DJe* de 15.12.2008)

Como razão de decidir fora argumentado que a Fazenda Pública cobra título por ela própria produzido, unilateralmente, sem qualquer manifestação de vontade do devedor, dentro da potestade que reveste a gênese da tributação. Assinala que a função do protesto é caracterizar a impontualidade e o inadimplemento do devedor, constituindo-o em mora.

Enfatiza o aresto que a simples ausência de recolhimento da exação tributária aos cofres públicos, no prazo legal, tem o condão de constituir o contribuinte em mora, o que revela a desnecessidade de protesto para este fim específico. Tendo a CDA presunção relativa de certeza e liquidez, servindo como prova pré-constituída, resta caracterizado o inadimplemento como elemento probante.

Assim, sobressairia a falta de interesse ao ente público que justifique o protesto prévio da Certidão da Ativa para satisfação do crédito tributário que este título representa.

Entende-se que a liquidez e certeza do crédito tributário nada têm a ver com o protesto, porque decorre, isto sim, de sua apuração em regular processo administrativo. A Fazenda Pública não precisa protestar o seu título (Certidão da Dívida Ativa), para que se configure a mora do contribuinte. O protesto constitui indiscutível abuso, que apenas tem o efeito de causar dano ao contribuinte, sem qualquer proveito para a Fazenda Pública.[578]

A Lei federal nº 12.767, de 27.12.12, acrescentou o parágrafo único ao art. 1º da Lei nº 9.492/97, dispondo que "incluem-se entre os títulos sujeitos a protesto, as certidões da dívida ativa da União, dos Estados, do Distrito Federal, dos Municípios, e das respectivas autarquias e fundações públicas".

O STF decidiu o seguinte:

O protesto das certidões de dívida ativa constitui mecanismo constitucional e legítimo por não restringir de forma desproporcional quaisquer direitos fundamentais garantidos aos contribuintes e, assim, não constitui sanção política. (ADI nº 5.135 – Plenário – Rel. Min. Luis Roberto Barroso – Sessão de 9.11.16)

O *Serasa* é uma empresa privada, constituída com base na Lei das Sociedades Anônimas, que se dedica à atividade de prestação de serviços de interesse geral a partir de seu banco de dados de informações para crédito, sendo reconhecida pelo Código de

---
[578] MACHADO, Hugo de Brito. Execução fiscal: novos questionamentos. *In*: MARTINS, Ives Gandra da Silva (Coord.). *Execução fiscal*. Pesquisas tributárias, Nova Série 14. São Paulo: Centro de Extensão Universitária e RT, 2008. p. 85-87.

Proteção e Defesa do Consumidor, como entidade de caráter público. A Lei federal nº 8.078, de 11.9.90 (art. 43, §4º), estabelece que os bancos de dados e cadastros relativos a consumidores, os serviços de proteção ao crédito e congêneres são considerados entidades de caráter público.

Sua atuação abrange todos os estados, reunindo dados sobre empresas e pessoas obtidos diretamente dos próprios interessados, cartórios extrajudiciais e outras serventias públicas, instituições financeiras, publicações oficiais e outras fontes próprias e pertinentes.

Referidas medidas cerceiam as atividades pessoais, e profissionais, das pessoas privadas na medida em que ficam impossibilitadas de obter financiamentos, realizar atos societários, adquirir imóveis, participar de licitações etc.

Argumenta-se que "sendo o Serasa instituição destinada à iniciativa privada, a inscrição do nome do contribuinte nesse cadastro não atende a nenhum interesse público legítimo, uma vez que seu único efeito será 'sujar' o seu nome, revelando o abuso de poder".[579]

O STJ manifestou o entendimento seguinte:

> Recurso especial – Divergência jurisprudencial – Não comprovação – Omissão – Inocorrência – Ação de indenização – Dano moral – *Inscrição no Serasa* – Execução fiscal – Fato verídico, público e previamente conhecido pelo consumidor – Ausência de comunicação do cadastramento – Irrelevância – Recurso não conhecido. [...]
> 3. De forma teleológica, encontra-se o art. 43, §2º, do CDC, atrelado ao direito dos consumidores que passam a integrar bancos de dados restritivos ao crédito de terem oportuna ciência acerca da circulação de informações negativas em seu nome, possibilitando-lhes o acesso às mesmas, a fim de pleitear a respectiva retificação em caso de inexatidão.
> 4. A falta de prévia comunicação acerca da inserção da recorrente no cadastro mantido pelo Serasa não lhe acarretou efetivo dano moral, porquanto anotado dado verídico, qual seja, a existência de execução fiscal em desfavor da recorrente, perfazendo-se irrelevantes a declaração de inexistência da dívida e a extinção da ação após o cadastramento e o ajuizamento da ação de indenização, pelo que descabido cogitar-se de retificação da informação ainda que comunicada a negativação.
> 5. Reconhecimento pela própria recorrente de inequívoca ciência do procedimento administrativo fiscal ajuizado, com vistas à inscrição de débito como dívida ativa e a expedição da respectiva certidão, o qual, segundo tramitação legalmente prevista, apenas culminou com a propositura da execução fiscal.
> 6. E, cuidando-se de dado extraído do Diário Oficial e constante do Cartório Distribuidor da Justiça Federal, ainda que não passasse a constar de cadastro mantido por órgão de proteção ao crédito, já possuía acesso franqueado ao público, pelo que inviável cogitar-se de prejuízo moral da sistematização de dados públicos pelo Serasa.
> 7. À vista do somatório das peculiaridades do caso *sub judice*, quais seja, inserção de dado verídico, público, e previamente conhecido pela recorrente, em banco de dados mantido pelo Serasa, não obstante a ausência de prévia comunicação acerca do cadastramento, afasta-se a ocorrência de dano moral imputável à recorrida. (REsp nº 720.493-SP – 4ª T. – Rel. Min. Jorge Scartezzini – j. 10.6.2005 – *DJU* 1 de 1º.7.2005, p. 558)

---

[579] SOUZA, Fátima Fernandes Rodrigues de. Execução fiscal. *In*: MARTINS, Ives Gandra da Silva (Coord.). *Execução fiscal*. Pesquisas tributárias, Nova Série 14. São Paulo: Centro de Extensão Universitária e RT, 2008. p. 122.

## 10 Prisão (crimes tributários)

## 10.1 Tipos penais

Constitui crime suprimir ou reduzir tributo, ou contribuição social e qualquer acessório (Lei federal nº 8.137/90, art. 1º) mediante as seguintes condutas: I) omitir informações, ou prestar declaração falsa às autoridades fazendárias; II) fraudar a fiscalização tributária, inserindo elementos inexatos, ou omitindo operação de qualquer natureza, em documento ou livro exigido pela lei fiscal; III) falsificar ou alterar nota fiscal, fatura, duplicata, nota de venda, ou qualquer outro documento relativo à operação tributável; IV) elaborar, distribuir, fornecer, emitir ou utilizar documento que saiba ou deva saber falso ou inexato; V) negar ou deixar de fornecer, quando obrigatório, nota fiscal ou documento equivalente, relativo à venda de mercadoria ou prestação de serviço, efetivamente realizada ou fornecê-la em desacordo com a legislação.

Também caracteriza crime (Lei nº 8.137/90, art. 2º): I) fazer declaração falsa, ou omitir declaração sobre rendas, bens ou fatos, ou empregar outra fraude, para eximir-se, total ou parcialmente, de pagamento de tributo; II) deixar de recolher, no prazo legal, valor de tributo ou de contribuição social, descontado ou cobrado na qualidade de sujeito passivo de obrigação e que deveria recolher aos cofres públicos; III) exigir, pagar ou receber, para si ou para o contribuinte beneficiário, qualquer percentagem sobre a parcela dedutível ou deduzida de imposto ou de contribuição como incentivo fiscal; IV) deixar de aplicar, ou aplicar em desacordo com o estatuído, incentivo fiscal ou parcelas de imposto liberadas por órgão ou entidade de desenvolvimento; V) utilizar ou divulgar programa de processamento de dados que permita ao sujeito passivo da obrigação tributária possuir informação contábil diversa daquela que é, por lei, fornecida à Fazenda Pública.

O conceito normativo consubstancia o dano, no plano da antijuridicidade, com embasamento natural no resultado. Reconhecida a ilicitude da conduta (antijuridicidade do fato típico) e constatado o dano, ou lesão (desfalque do Erário), estará positivado o fenômeno da subsunção com implicação punitiva.

Nos "crimes de resultado", o pagamento do tributo é fundamental para se afastar a tipicidade, diferentemente dos "crimes de mera conduta" em que – procedendo (ou não) ao recolhimento dos valores tributários – o agente incorre nas penas cominadas, uma vez que interessa unicamente o elemento volitivo, independente da lesão ao patrimônio público.

O procedimento criminal instaura-se mediante a apuração material de fatos considerados crimes e mediante suficientes indícios de sua autoria; mas consubstanciando mera presunção de crime e de sua culpabilidade, sem nenhuma segurança ou certeza da concretização desses, que permitam a prisão de um presumível criminoso, ante a existência de um presumível crime.

A falta de pagamento do tributo, ou a insuficiência no seu recolhimento, certamente, pode implicar penalidade pecuniária, em razão do princípio da responsabilidade objetiva (art. 136 do CTN). Constatando inadimplemento de obrigação tributária, o agente fiscal não necessita perquirir a respeito da causa desta situação, os propósitos ou a intenção do seu infrator, sequer se agiu com culpa ou dolo.

Todavia, no direito penal, a condenação e mesmo a prisão devem necessariamente decorrer da responsabilidade pessoal do criminoso, nada importando a simples constatação do fato objetivo (falta ou insuficiência do tributo).

Nos crimes tributários, as condutas especificadas revelam o caráter doloso da pessoa mediante fraudes, falsificações, adulterações e artifícios, ou seja, revelando manifesto propósito de obter o resultado sonegatório.

Entende-se que:

> O fundamento da aplicação cumulativa das sanções reside na diversidade de finalidades de cada uma, motivo pelo qual, ainda que o Estado tenha sido ressarcido do prejuízo decorrente do fato, e tenha sido satisfeita a finalidade compensatória da sanção administrativa, como a penal criminal não possui o mesmo sentido teleológico (posterior cobrança de indenização ou compensação dos efeitos do fato), sua incidência é justificada pelo efeito preventivo de proteção do patrimônio público contra lesões decorrentes de práticas de outras condutas criminosas, tanto pelo próprio autor do fato (prevenção especial ou individual), quanto por autores em potencial (prevenção geral ou coletiva), conforme abalisada doutrina.[580]

## 10.2 Prisão preventiva

Examina-se a legitimidade da "prisão preventiva" nos crimes tributários face os preceitos constitucionais (art. 5º) determinando que (LIV) "ninguém será privado de liberdade ou de seus bens sem o devido processo legal"; (LV) "aos litigantes, em processo judicial ou administrativo, e aos acusados em geral, são assegurados o contraditório e a ampla defesa com os meios e recursos a ela inerentes"; e (LVII) "ninguém será considerado culpado até o trânsito em julgado de sentença penal condenatória".

O poder de cautela judicial objetiva afastar do convívio da sociedade as pessoas violadoras das leis penais, tendo em vista diversas circunstâncias, como a gravidade do delito, a periculosidade da pessoa infratora ou o próprio clamor social.

Entretanto, os referidos preceitos constitucionais dificultam, ou mesmo impossibilitam, o constrangimento à liberdade, porque, embora preexista (ou esteja em curso) o "devido processo legal", seja assegurado "o contraditório e a ampla defesa", inexiste, ainda, coisa julgada decretando a condenação definitiva do infrator.

Prevalece em nosso ordenamento o princípio da excepcionalidade do crime culposo (modalidade não prevista nos crimes tributários), e da presunção de inocência haurida da Declaração Universal dos Direitos dos Homens, de 1948, *verbis*:

> Todo homem acusado de um ato delituoso tem o direito de ser presumido inocente até que a sua culpabilidade tenha sido provada de acordo com a lei, em julgamento público, no qual que tenham sido asseguradas todas as garantias necessárias à sua defesa.

A Constituição Federal contempla demais preceitos consagradores da liberdade pessoal (art. 5º) constantes dos incisos seguintes: (LXI) "ninguém será preso, senão em flagrante delito ou por ordem escrita e fundamentada de autoridade judiciária competente, salvo nos casos de transgressão militar ou crime propriamente militar, definidos em lei"; (LXV) "a prisão ilegal será imediatamente relaxada pela autoridade judiciária"; (LXVI) "ninguém será levado a prisão ou nela mantido quando a lei admitir

---

[580] EISELE, Andreas. *Crimes contra a ordem tributária*. 2. ed. São Paulo: Dialética, 2002. p. 46.

a liberdade provisória, com ou sem fiança"; (LXVII) "não haverá prisão civil por dívida, salvo a do responsável pelo inadimplemento voluntário e inescusável de obrigação alimentícia e a do depositário infiel".

O STJ decidiu:

> 1. A liberdade é a regra no Estado de Direito Democrático; a restrição à liberdade é a exceção, que deve ser excepcionalíssima, aliás. Ninguém é culpado de nada enquanto não transitar em julgado a sentença penal condenatória; ou seja, ainda que condenado por sentença judicial, o acusado continuará presumidamente inocente até que se encerrem todas as possibilidades para o exercício do seu direito à ampla defesa. 2. Assim, sem o trânsito em julgado, qualquer restrição à liberdade terá por finalidade meramente cautelar. A lei define as hipóteses para essa exceção e a Constituição Federal nega validade ao que o Juiz decidir sem fundamentação. (Habeas Corpus nº 3.871-RS – 5ª T. – Rel. Min. Edson Vidigal – j. 2.10.95 – *DJU* 1 de 13.11.95, p. 38.584/5)

No entanto,

> a prisão decorrente da omissão do recolhimento de contribuições previdenciárias descontadas dos empregados, por se referir à conduta tipificada criminalmente, não pode ser confundida com a prisão de natureza civil. Daí a impertinência na alegação de ofensa à Constituição Federal ou ao Pacto de São José da Costa Rica. (STJ – Habeas Corpus nº 13.957-RJ – 5ª T. – Rel. Min. Edson Vidigal – j. 5.12.2000 – *DJU* 1-E de 19.2.2001, p. 190)

Portanto, a simples inexistência de recolhimento integral do tributo é um elemento precário para imputar-se, com absoluta tranquilidade, a autoria e a responsabilidade de determinada pessoa, além de situações que interferem na sistemática penal como o erro quanto aos elementos do tipo, de proibição, ou mesmo mudanças de critério jurídico por parte da própria Administração Pública.

Ademais, questões importantes podem constituir situações prejudiciais ao próprio curso do processo criminal, como a mudança de critério jurídico por parte da Fazenda, não mais entendendo determinado ato como contrário à legislação tributária, ou, ainda, postura jurisprudencial declarando a inconstitucionalidade de norma que, originariamente, implicara ação penal.

Assim,

> a errônea exegese da lei tributária quanto ao cálculo correto do ICMS no lançamento do crédito, em face da diferença de alíquotas praticadas no Estado de destino e no de origem, ausente o elemento fraude, não configura infração tipificada no art. 1º, incisos I e II, da Lei nº 8.137/90. A segurança jurídica não pode nem deve permitir que simples desencontros interpretativos, ocorrentes muitas vezes até mesmo nas altas esferas do Judiciário, sirvam de pretexto para acionamento da Justiça Criminal, como meio rápido, eficaz e expedito de incrementar as receitas governamentais. (STJ – Recurso em Habeas Corpus nº 7.798-PR – 6ª T. – Rel. Min. Fernando Gonçalves, j. 25.9.99 – *DJU* 1 de 14.6.99, p. 227)

## 10.3 Representação criminal

O simples fato de o Fisco haver dado início ao processo administrativo não significa que se esteja diante de um ilícito tributário, de natureza criminal, com perfeita caracterização de responsabilidade penal da pessoa do infrator (criminoso). É precária a legislação que determina a imediata representação criminal ao Ministério Público, e a instauração de inquérito policial, uma vez que a materialidade do ilícito consiste em falta, ou insuficiência, de tributo, ou seja, "crime de dano".

Pondera-se que a Súmula nº 609, do STF ("é pública incondicionada a ação penal por crime de sonegação fiscal"), cuida apenas da procedibilidade autônoma (esferas administrativa e judicial), não declarando que a ação penal possa concluir tenha havido crime de sonegação.

O STF assentara que o Ministério Público pode promover a abertura da ação penal pública mediante o conhecimento de atos criminosos na ordem tributária, não ficando impedido de agir, desde logo, mediante a utilização dos meios de provas a que tiver acesso, independentemente do curso do processo administrativo (ADIn nº 1.571-1 – Pleno – Rel. Min. Néri da Silveira – j. 20.3.97 – *DJU* 1, de 25.9.98, p. 11).

Por consequência, em razão do processo administrativo (fiscal), pode ser promovida a abertura do inquérito policial, com trâmites distintos, ocorrendo o oferecimento da denúncia pelo MP, o seu recebimento pelo juiz de direito, e o andamento do processo criminal. Nesta ambígua situação, o contribuinte tributário pode até ser condenado (coisa julgada) pela prática de crime, e, depois, ser decretada a improcedência do lançamento tributário (em decisão administrativa, ou judicial).

Todavia, o STF reexaminou esta questão para firmar o entendimento seguinte:

I – Crime material contra a ordem tributária (L. 8.137/90, art. 1º). Art. 1º Lançamento do tributo pendente de decisão definitiva do processo administrativo: falta de justa causa para a ação penal, suspenso, porém, o curso da prescrição enquanto obstada a sua propositura pela falta do lançamento definitivo.
1. Embora não condicionada a denúncia à representação da autoridade fiscal (ADInMC 1.571), falta justa causa para a ação penal pela prática do crime tipificado no art. 1º da L. 8.137/90 – que é material ou de resultado – enquanto não haja decisão definitiva do processo administrativo de lançamento, quer se considere lançamento definitivo uma condição objetiva de punibilidade ou um elemento normativo do tipo.
2. Por outro lado, admitida por lei a extinção da punibilidade do crime pela satisfação do tributo devido, antes do recebimento da denúncia (L. 9.249/95, art. 34), princípios e garantias constitucionais eminentes não permitem que, pela antecipada propositura da ação penal, se subtraia do cidadão os meios que a lei mesma lhe propicia para questionar, perante o Fisco, a exatidão do lançamento provisório, ao qual se devesse submeter para fugir ao estigma e às agruras de toda a sorte do processo criminal.
3. No entanto, enquanto dure por iniciativa do contribuinte o processo administrativo, suspende o curso de prescrição da ação penal por crime contra a ordem tributária que dependa do lançamento definitivo. (Habeas Corpus nº 81.611-DF – Pleno – Rel. Min. Sepúlveda Pertence – j. 10.2.2003 – *DJU* 1 de 13.5.2005)

O STF firmou a diretriz seguinte:

Não se tipifica crime material contra a ordem tributária, previsto no artigo 1º, incisos I a IV, da Lei nº 8.137/90, antes do lançamento definitivo do tributo. (Súmula Vinculante nº 24)

O STJ entendera que:

O lançamento definitivo do crédito tributário é condição objetiva de punibilidade nos crimes contra a ordem tributária. (Ação Penal nº 449-AM – Corte Especial – Rel. Min. Humberto Gomes de Barros – j. 21.11.2007 – *DJU* 1 de 6.12.2007, p. 286)

Decidira o STF que é dispensável a conclusão de procedimento administrativo para configurar a justa causa legitimadora da persecução, no caso do tipo penal previsto no art. 2º, I, da Lei nº 8.137/90, que trata de *crime formal*, que independe da consumação do resultado naturalístico correspondente à aferição de vantagem ilícita em desfavor do Fisco, bastando a omissão de informações ou a prestação de declaração falsa, não demandando a efetiva percepção material do ardil aplicado (Emb. Decl. no Recurso em Habeas Corpus nº 90.532-3-CE – Plenário – Rel. Min. Joaquim Barbosa – j. 23.9.2009 – *DJe* de 5.11.2009, p. 17).

O STF julgara ação proposta pela Procuradoria-Geral da República, que pleiteava a declaração de inconstitucionalidade do art. 83, da Lei nº 9.430/96 (redação dada pela Lei nº 12.350/2010), que prevê a representação fiscal para fins penais relativa aos crimes contra a ordem tributária, e aos crimes contra a Previdência Social (apropriação indébita previdenciária e sonegação de contribuição previdenciária), depois da decisão final, na esfera administrativa, sobre a exigência fiscal do crédito tributário correspondente.

Nesse sentido decidira o seguinte:

EMENTA
AÇÃO DIRETA DE INCONSTITUCIONALIDADE. LEI N. 9.430/1996, ART. 83. REDAÇÃO DA LEI N. 12.350/2010. CRIME DE APROPRIAÇÃO INDÉBITA PREVIDENCIÁRIA. REPRESENTAÇÃO FISCAL PARA FINS PENAIS. EXAURIMENTO DO PROCESSO ADMINISTRATIVO-FISCAL. NORMA DE NATUREZA ADMINISTRATIVA. INEXISTÊNCIA DE AFRONTA AO ART. 62, CAPUT E §1º, "B", DA CONSTITUIÇÃO FEDERAL. VIOLÊNCIA AOS ARTS. ARTS. 3º; 150, II; 194, *CAPUT* E §1º, I, "B", DA CONSTITUIÇÃO FEDERAL. INOCORRÊNCIA. NÃO COMPROMETIMENTO DAS ATRIBUIÇÕES DO MINISTÉRIO PÚBLICO. TUTELA DA OPÇÃO DO LEGISLADOR. LINEARIDADE DO PROCEDIMENTO ADMINISTRATIVO-FISCAL. DIREITO PENAL ENQUANTO *ULTIMA RATIO*. [...];

3. A norma contida no art. 83 da Lei n. 9.430/1996 é voltada ao agente público responsável pela constituição do crédito tributário, não tratando de tema de direito penal ou processual penal. Ausência de violação ao rt. 62, *caput* e §1º, "b", da Constituição Federal. ADI 1.571, ministro Gilmar Mendes.

4. Não há falar em ofensa ao princípio da isonomia tributária, tendo em vista que o dispositivo impugnado introduziu linearidade no procedimento administrativo, estendendo aos crimes de apropriação indébita a sonegação previdenciária a solução prevista para os demais delitos contra a ordem tributária.

5. A exigência do exaurimento do processo administrativo para efeito de encaminhamento da representação fiscal ao Ministério Público é disciplina que, em vez de afrontar, privilegia os princípios da ordem constitucional brasileira e se mostra alinhada com a finalidade do direito penal enquanto *ultima ratio*.

6. O art. 83 da Lei n. 9.430/1996, com a redação da Lei n. 12.350/2010, apenas estabelece requisito, direcionado ao agente administrativo, quanto ao encaminhamento da representação fiscal para fins penais ao Ministério Público. Em nada modifica a natureza jurídica do crime de apropriação indébita previdenciária, tampouco trata da justa causa para os delitos contra a ordem tributária.

7. A validade da norma atacada independe da controvérsia relacionada à natureza dos delitos nela mencionados – se material ou formal –, notadamente o de apropriação indébita previdenciária.

8. Ação direta de inconstitucionalidade conhecida e, no mérito, julgada improcedente.
(ADI nº 4.980/DF – Plenário – Rel. Min. Nunes Marques – j. 10.3.2022)

A extinção da punibilidade (crimes definidos nas leis nºs 8.137/90 e 4.729/65) ocorre quando o agente promover o pagamento do tributo antes do recebimento da denúncia (art. 34 da Lei federal nº 9.249, de 26.12.95). O STJ aplicou a analogia em *bonam partem* para também aplicar referida regra quanto ao crime previsto no art. 95, letra "d", da Lei nº 8.212/91, embora não incluído no art. 34 da Lei nº 9.249/95, que também tratara da extinção da punibilidade (Ação Penal nº 100-RS – Corte Especial – Rel. Min. Antônio de Pádua Ribeiro – j. 1º.8.96 – *DJU* 1 de 21.10.96, p. 40.188).

Na esfera federal, a Portaria RFB nº 1.750, de 12.11.2018 (alterada pela Portaria RFB nº 199, de 13.7.2022), disciplinou a representação fiscal para fins penais referente a crimes contra a ordem tributária, contra a Previdência Social, e de contrabando ou descaminho, sobre representação para fins penais referente a crimes contra a Administração Pública Federal, em detrimento da Fazenda Nacional ou contra administração pública estrangeira e de "lavagem" ou ocultação de bens, direitos e valores, e sobre representação referente a atos de improbidade administrativa.

No âmbito do Estado de São Paulo, a Lei Complementar nº 970, de 10.1.05 (alterando a redação da LC nº 939, de 3.4.2003 – instituidora do Código de Direitos, Garantias e Obrigações do Contribuinte), dispôs o seguinte:

> Art. 5º São garantias do contribuinte: [...]
> IX - o não encaminhamento ao Ministério Público, por parte da administração tributária, de representação para fins penais relativa aos crimes contra a ordem tributária enquanto não proferida a decisão final, na esfera administrativa, sobre a exigência do crédito tributário correspondente.

A Portaria CAT nº 5, de 23.1.08, da Secretaria da Fazenda de São Paulo (com alterações das portarias CAT nºs 49, de 13.5.13, e 93, de 11.10.18), estabelece a disciplina para comunicação ao Ministério Público Estadual de fatos que configurem, em tese, ilícitos penais contra a ordem tributária, a Administração Pública, ou em detrimento à Fazenda Pública.

No caso de débito fiscal declarado e não recolhido no prazo legal, relativo a imposto retido por sujeição passiva por substituição, o delegado regional tributário deverá consultar o sistema de conta fiscal para elaboração da representação fiscal para fins penais.

## 10.4 Parcelamento

O STJ firmara a posição de que o seu deferimento em momento anterior ao recebimento da denúncia implicava a extinção da punibilidade, sendo desnecessário o pagamento integral do débito (RO em HC nº 11.598-SC – 1ª S. – Rel. Min. Gilson Dipp – j. 8.5.2002 – *DJU* 1, de 2.9.2002, p. 145). Todavia, o STF já assentara que o simples parcelamento do débito não significava o pagamento do tributo para o efeito de extinção da punibilidade (Questão de Ordem no Inquérito nº 1.028-6 – Pleno – *DJU* 1, de 20.8.96), mas veio manifestar-se no sentido de que "o pagamento do tributo a qualquer tempo, ainda que após o recebimento da denúncia extingue a punibilidade do crime tributário" (HC nº 81.929-0-RJ – 1ª T. – Rel. p/ acórdão Min. Cezar Peluso – j. 16.12.2003 – *DJU* 1 de 27.2.2004, p. 27).

Importante considerar as posturas firmadas pelo STJ:

> Processual Civil. Recurso em *Habeas Corpus*. Depositário Infiel. Penhora sobre Faturamento. Representante Legal da Executada que, sem Nada ter recebido em Depósito, assumiu o Compromisso de efetuar Mensalmente o Recolhimento de Parte do Faturamento da Empresa. Não-configuração da Condição de Depositário. Ilegitimidade da Prisão Civil.
> 1. A prisão civil constitui meio executivo de caráter excepcional, recaindo somente em relação a *"responsabilidade pelo inadimplemento voluntário e inescusável de obrigação alimentar e a do depositário infiel"* (art. 5º, LXVII, da CF/1988).
> 2. O depositário cuja empresa revela estado de inatividade e consequentemente não apresenta faturamento se incide em inadimplência desembolso mensal do *quantum* (30%) fixado para a penhora, não comete o ilícito da infidelidade do depósito o que deslegitima a ordem de prisão.
> 3. É que "não há depositário sem que tenha havido a regular constituição de um depósito, legal ou consensual. E não se pode considerar como depositário infiel quem, nada tendo recebido em depósito, simplesmente deixou de cumprir a obrigação que assumira de recolher em juízo parte do futuro faturamento da pessoa jurídica para fins de penhora." (RHC 19.246/SC – Rel. Min. Teori Albino Zavascki – Primeira Turma – DJ 29.05.2006)
> 4. Deveras, "a penhora sobre o faturamento deve observar as formalidades dos arts. 677 e 678, parágrafo único, do Código de Processo Civil, de sorte a assegurar que a medida não acarrete solução de continuidade nos serviços desenvolvidos pela empresa executada".
> 5. Ademais, "a elaboração de um plano de administração constitui verdadeiro pressuposto legal da penhora sobre faturamento, de modo que somente depois de aprovado dito plano pelo juiz é que tem lugar a implementação da medida constritiva" (HC 49.469/SP, Rel. Min. João Otávio Noronha, Segunda Turma, DJ 04.10.2006).
> 6. *Habeas Corpus* concedido. (RHC nº 20.075-SP – 1ª T. – Rel. Min. Francisco Falcão – j. 17.10.2006 – *DJU* 1 de 13.11.2006, p. 225)

## 10.5 Apropriação indébita

O STJ examinou a caracterização da prática do ilícito criminal, firmando o entendimento seguinte:

> *HABEAS CORPUS*. NÃO RECOLHIMENTO DE ICMS POR MESES SEGUIDOS. APROPRIAÇÃO INDÉBITA TRIBUTÁRIA. ABSOLVIÇÃO SUMÁRIA. IMPOSSIBILIDADE. DECLARAÇÃO PELO RÉU DO IMPOSTO DEVIDO EM GUIAS PRÓPRIAS. IRRELEVÂNCIA PARA A CONFIGURAÇÃO DO DELITO. TERMOS "DESCONTADO E COBRADO". ABRANGÊNCIA TRIBUTOS DIRETOS EM QUE HÁ RESPONSABILIDADE POR SUBSTITUIÇÃO E TRIBUTOS INDIRETOS. ORDEM DENEGADA.
> 1. Para a configuração do delito de apropriação indébita tributária – tal qual se dá com a apropriação indébita em geral – o fato de o agente registrar, apurar e declarar em guia própria, ou em livros fiscais, o imposto devido não tem o condão de ilidir ou exercer nenhuma influência na prática do delito, visto que este não pressupõe a clandestinidade.
> 2. O sujeito ativo do crime de apropriação indébita tributária é aquele que ostenta a qualidade de sujeito passivo da obrigação tributária, conforme claramente descrito pelo art. 2º, II, da Lei n. 8.137/1990, que exige, para sua configuração, seja a conduta dolosa (elemento subjetivo do tipo), consistente na consciência (ainda que potencial) de não recolher o valor do tributo devido. A motivação, no entanto, não possui importância no campo da tipicidade, ou seja, é prescindível a existência de elemento subjetivo especial.

3. A descrição típica do crime de apropriação indébita tributária contém a expressão "descontado ou cobrado", o que, indiscutivelmente, restringe a abrangência do sujeito ativo do delito, porquanto nem todo sujeito passivo de obrigação tributária que deixa de recolher tributo ou contribuição social responde pelo crime do art. 2º, II, da Lei n. 8.137/1990, mas somente aqueles que 'descontam' ou 'cobram' o tributo ou contribuição.

4. A interpretação consentânea com a dogmática penal do termo 'descontado' é a de que ele se refere aos tributos diretos quando há responsabilidade tributária por substituição, enquanto o termo 'cobrado' deve ser compreendido nas relações tributárias havidas com tributos indiretos (incidentes sobre o consumo), de maneira que não possui relevância o fato de o ICMS ser próprio ou por substituição, porquanto, em qualquer hipótese, não haverá ônus financeiro para o contribuinte de direito.

5. É inviável a absolvição sumária pelo crime de apropriação indébita tributária, sob o fundamento de que o não recolhimento do ICMS em operações próprias é atípico, notadamente quando a denúncia descreve fato que contém a necessária adequação típica e não há excludentes de ilicitude, como ocorreu no caso. Eventual dúvida quanto ao dolo de se apropriar há que ser esclarecida com a instrução criminal.

6. *Habeas corpus* denegado. (Habeas Corpus nº 399.109-SC – 2017/0106798-0 – Terceira Seção – Rel. Min. Rogério Schietti Cruz – sessão de 22.08.18 – *DJe* de 31.08.18)

O voto vencedor (ministro relator) aponta os aspectos essenciais que devem compor a prática do crime intitulado "apropriação indébita tributária":

1) inexistência de clandestinidade, fraude ou qualquer outro ardil, em que o fato de o agente registrar, apurar e declarar em guia própria ou em livros fiscais o imposto devido não tem o condão de elidir ou exercer nenhuma influência na prática do delito;
2) o sujeito ativo do crime de apropriação indébita tributária é aquele que ostenta a qualidade de sujeito passivo da obrigação tributária; não tendo o dolo como elemento subjetivo;
3) o delito de apropriação indébita tributária exige, para sua configuração, que a conduta seja dolosa (elemento subjetivo do tipo), consistente na consciência (ainda que potencial) de não recolher o valor do tributo;
4) a descrição típica do crime de apropriação indébita tributária contém a expressão "valor do tributo descontado ou cobrado".

*Comentários*:

1) Estranhas as assertivas, porque o procedimento do contribuinte (transparência dos fatos tributários) demonstra boa-fé, uma vez que possibilita ao Fisco o pleno conhecimento do ICMS devido.

A impressão que se tem é que, se o contribuinte não tem interesse ou condição de pagar o ICMS declarado na GIA, e ficará sujeito à imputação criminal, poderá entender preferível nada declarar, ganhando tempo na discussão do débito, esperar pela decadência e procrastinar ou evitar a ação penal.

2 e 3) A declaração do débito tributário não permite caracterizar o dolo, porque não haveria vontade livre e consciente de apropriar-se de coisa alheia (ICMS), na medida em que informa ao Fisco a existência da pseudocoisa alheia, permitindo a inscrição da dívida, ação de execução fiscal, penhora etc.

4) O próprio voto vencedor aparenta contradição ao assinalar que "nenhum sujeito passivo da obrigação tributária (direto ou indireto) desconta ou cobra" tributo; porque, na verdade, nada retém.

Ora, nas vendas/prestações não ocorre a "retenção do ICMS", mas apenas a integração do valor do imposto no valor/preço, ou a substituição tributária, em que o imposto passa a ser devido pelo substituto.

O *voto vencido* (Ministra Maria Thereza de Assis Moura), com absoluta propriedade, argumenta:

1) no caso do ICMS, o consumidor não é contribuinte do imposto, nem sujeito passivo da obrigação, jamais será cobrado pelo pagamento do imposto devido na operação;

2) o comerciante que não recolhe o ICMS, dentro dos prazos que a lei lhe assinala, não comete delito algum, muito menos o capitulado no art. 2º, II, da Lei nº 8.137/90;

3) o consumidor final não figura no polo passivo da obrigação de pagar o ICMS. Tanto não, que, se não houver o recolhimento tempestivo do tributo, não é ele que será executado ou sancionado, mas o comerciante, o industrial ou o produtor que praticou a operação mercantil.

*Concluo*:

O não recolhimento do ICMS, no prazo, não caracteriza apropriação indébita, seja em razão de débito declarado (operação mercantil e prestação de serviço, próprios), seja no caso de débito pertinente a terceiros (regime de substituição tributária).

As declarações constantes de GIAs, sem a liquidação do tributo, constituem inadimplência fiscal, evidenciando a boa-fé do contribuinte na medida em que nada esconde do Fisco – propiciando a respectiva inscrição da dívida, ajuizamento da ação de execução fiscal etc. –, sem a conotação de dolo, fraude, ardil, inexistindo intuito sonegatório.

Não se pode cogitar de "desconto" de ICMS, porque não se trata de retenção de valor tributário; e, sequer, de "cobrança" de ICMS, uma vez que o destinatário (consumidor) não se qualifica como contribuinte que deve recolher o imposto.

A circunstância de o contribuinte ter, ou não ter, recebido o preço da mercadoria alienada, ou o preço do serviço prestado, constitui situação de natureza privada, sendo irrelevante nos âmbitos tributário e penal.

O STF decidira na forma seguinte:

*Ementa*: DIREITO PENAL. RECURSO EM HABEAS CORPUS. NÃO RECOLHIMENTO DO VALOR DE ICMS COBRADO DO ADQUIRENTE DA MERCADORIA OU SERVIÇO. TIPICIDADE.

1. O contribuinte que deixa de recolher o valor do ICMS cobrado do adquirente da mercadoria ou serviço apropria-se de valor de tributo, realizando o tipo penal do art. 2º, II, da Lei nº 8.137/1990.

2. Em primeiro lugar, uma interpretação semântica e sistemática da regra penal indica a adequação típica da conduta, pois a lei não faz diferenciação entre as espécies de sujeitos passivos tributários, exigindo apenas a cobrança do valor do tributo seguida da falta de seu recolhimento aos cofres públicos.

3. Em segundo lugar, uma interpretação histórica, a partir dos trabalhos legislativos, demonstra a intenção do Congresso Nacional de tipificar a conduta. De igual modo, do ponto de vista do direito comparado, constata-se não se tratar de excentricidade brasileira, pois se encontram tipos penais assemelhados em países como Itália, Portugal e EUA.

4. Em terceiro lugar, uma interpretação teleológica voltada à proteção da ordem tributária e uma interpretação atenta às consequências da decisão conduzem ao reconhecimento

da tipicidade da conduta. Por um lado, a apropriação indébita do ICMS, o tributo mais sonegado do País, gera graves danos ao erário e à livre concorrência. Por outro lado, é virtualmente impossível que alguém seja preso por esse delito.

5. Impõe-se, porém, uma interpretação restritiva do tipo, de modo que somente se considera criminosa a inadimplência sistemática, contumaz, verdadeiro *modus operandi* do empresário, seja para enriquecimento ilícito, para lesar a concorrência ou para financiar as próprias atividades.

6. A caracterização do crime depende da demonstração de dolo, de apropriação, a ser apurado a partir de circunstâncias objetivas factuais, tais como o inadimplemento prolongado sem tentativa de regularização dos débitos, a venda de produtos abaixo do preço de custo, a criação de obstáculos à fiscalização, a utilização de "laranjas" no quadro societário, a falta de tentativa de regularização dos débitos, o encerramento irregular das suas atividades, a existência de débitos inscritos em dívida ativa em valor superior ao capital social integralizado etc.

7. Recurso desprovido.

8. Fixação da seguinte tese: *O contribuinte que deixa de recolher, de forma contumaz e com dolo de apropriação, o ICMS cobrado do adquirente da mercadoria ou serviço incide no tipo penal do art. 2º, II, da Lei nº 8.137/1990.* (Recurso Ordinário em Habeas Corpus nº 163.334/Santa Catarina – Plenário – Rel. Min. Roberto Barroso – j. 18.12.2019)

Opostos embargos de declaração, sem julgamento até dezembro de 2022.
*Comentários*:

O tipo penal implica obrigação de estar configurada a fraude, omissão, ou falsidade de informações ao Estado, porque a simples falta de pagamento de tributo – declarado pelo contribuinte – caracteriza mera inadimplência fiscal.

A confissão do débito tributário demonstra lisura do procedimento do contribuinte, face o que o preceito penal não significa simplesmente falta de pagamento de tributo, mas a inexistência de declaração de débito, ou débito declarado contendo inverdades, informações inverídicas, adulteração de valores etc.

Não se pode cogitar da existência de dolo na mera entrega de declaração (GIA) reconhecendo o débito fiscal, porque pode constituir crédito tributário (Súmula nº 436 do STJ).

A omissão do contribuinte no tocante ao recolhimento do imposto não causa efetivo prejuízo ao erário, uma vez que (i) a declaração do débito possibilita a inscrição da dívida; (ii) o débito passa a ser atualizado; (iii) a dívida pode ser protestada; (iv) há impossibilidade do pleno exercício das atividades empresariais porque se dificulta a obtenção de certidão negativa impedindo a participação em concorrência, obtenção de crédito em instituição financeira; e (v) inscrições nos serviços de proteção ao crédito.

A inadimplência pode decorrer das justificativas seguintes:

a) atraso no pagamento em razão de crise financeira que obrigue o contribuinte a liquidar obrigações mais aflitivas (empregados, fornecedores, encargos financeiros), sob pena de encerramento das atividades societárias (alienação de imóveis, alugueres, desempregos);

b) falta de recebimento do preço dos respectivos adquirentes de mercadorias, e tomadores de serviços, e de outros negócios societários;

c) observância a posturas jurisprudenciais (súmulas, repercussão geral, teses em repetitivos) firmadas no sentido da inexigibilidade do tributo;

d) interesse em aderir a programa de parcelamento;
e) perspectiva de propositura de medidas judiciais para evitar a exigência de tributo que tenha se revelado indevido, e obtenção de certidão negativa.

A eventual cogitação de responsabilidade criminal dos administradores da empresa devedora jamais poderá decorrer da falta de recolhimento do ICMS, no prazo legal, pela pessoa jurídica porque o mero inadimplemento não constitui crime tributário, sendo imprescindível a comprovação de que os administradores tenham praticado atos dolosos com excesso de poderes ou infração de lei, contrato social ou estatutos, consoante determina o CTN (art. 135, III).

O inadimplemento da obrigação tributária pela sociedade não gera, por si só, a responsabilidade solidária do sócio-gerente (Súmula nº 430 do STJ).

No direito penal, a denúncia (acusação), condenação e prisão devem, necessariamente, decorrer de responsabilidade pessoal do criminoso, de nada importando a simples constatação do fato objetivo (falta ou insuficiência do tributo).

Análise específica do julgado do STF[581] implicou as considerações seguintes:
a) discordo dos exemplos trazidos na decisão como configuradores do crime. A composição do quadro societário com laranjas e o encerramento irregular de atividades com simultânea criação de novas empresas não têm relação com o art. 2º, II, da Lei nº 8.137, de 1990, mas com o art. 1º que envolve fraude;
b) não se cogita de dolo na venda de produtos abaixo do preço de custo, como se o contribuinte não pudesse valer-se de tal expediente para recuperar parte do prejuízo ou esvaziar estoque;
c) quem declara não pode ser criminalizado porque confessa o débito, não oculta realidade para fugir de obrigação. Ao contrário, reconhece o crédito tributário antes de sua constituição e dá pleno conhecimento ao Fisco do valor devido, permitindo inscrição em dívida ativa e ação judicial com garantias;
d) contumácia, para o STF, é a inadimplência reiterada, *modus operandi* para o enriquecimento ilícito. Preocupa lei penal que a defina, sendo adequada lei complementar de âmbito nacional e índole tributária, conforme art. 146-A, da Constituição Federal;
e) legislações estaduais distintas poderão levar incerteza ao contribuinte do ICMS, uma vez que sua conduta poderá, para o estado "A", resultar em contumácia não vislumbrada pela legislação do estado "B";
f) há estado que considera contumaz quem não recolher o ICMS em 8 períodos de apuração (não) consecutivos nos últimos 12 meses. Outro, somente em 6 períodos.

## 11 Sigilo e violação de dados

A legislação ordinária dispõe que a ação fiscalizadora não pode ser embaraçada, estabelecendo a obrigação dos bancos, instituições financeiras e estabelecimentos de crédito prestar informações relativas a contribuintes ou pessoas relacionadas com operações mercantis e prestações de serviços de transporte interestadual e intermunicipal e de comunicação.

---

[581] MELO, Eduardo Soares de. Criminalização do ICMS e a pendência do STF. *Valor*, 2-3 jun. 2021. p. E2.

Não se questiona que a fiscalização constitui um autêntico poder-dever cometido às Fazendas Públicas, prestigiando o superior princípio da indisponibilidade do crédito tributário, do qual decorre o postulado da supremacia do interesse público sobre o interesse privado.

Considerando o aforismo "quem dá os fins (direito à instituição e arrecadação dos tributos) tem que dar os meios (direito à fiscalização)", é elementar entender-se que a Administração Pública tem que estar dotada dos instrumentos necessários para conhecer os elementos patrimoniais (bens, direitos, obrigações), os rendimentos de qualquer natureza e as atividades dos contribuintes (com substrato econômico).

O CTN preceitua que a legislação tributária pode regular, em caráter geral ou especificamente, em função da natureza do tributo de que se tratar, a competência e os poderes das autoridades administrativas em matéria de fiscalização. Serão aplicáveis às pessoas naturais ou jurídicas, contribuintes ou não, inclusive às que gozem de imunidade tributária ou de isenção de caráter pessoal (art. 194).

Assinala que, para os efeitos da legislação tributária, não têm aplicação quaisquer disposições legais excludentes ou limitativas do direito de examinar mercadorias, livros, arquivos, documentos, papéis e efeitos comerciais ou fiscais dos comerciantes, industriais ou produtores, ou da obrigação destes de exibi-los (art. 195 do CTN).

Entretanto, a Administração Pública deverá obedecer aos princípios da legalidade, da impessoalidade, da moralidade, da publicidade e da eficiência (art. 37 da CF), não havendo margem de dúvida de que não bastam serem observados os requisitos formais e materiais dos atos administrativos para que possam ser providos de eficácia, pois, necessariamente, requer-se a observância a um *plus* constitucional, pertinente à obediência às normas morais que regem o ato público.

O *sigilo de informações* tem sido objeto de proteção legal para diversas atividades, tendo o Código Penal estabelecido sanções para a violação do segredo profissional (art. 154) e de sigilo funcional (art. 325).

A *intimidade* e a *privacidade de dados* constituem valores prestigiados constitucionalmente (art. 5º, X, XII), mantendo íntima conexão com o *sigilo de dados*, atendidas as ressalvas apontadas, podendo ser transplantadas para a órbita profissional em que se impõe confiança e discrição.

O *sigilo bancário* – independentemente das teorias que o disciplinam (contratualista, direito de personalidade, responsabilidade civil, segredo profissional, contrato de adesão) – pode ser caracterizado como

> sendo a obrigação do banqueiro – em benefício do cliente – de não revelar certos fatos, cifras ou outras informações de que teve conhecimento por ocasião do exercício de sua atividade bancária e notadamente aqueles que concernem a seu cliente, sob pena de sanções muito rigorosas, civis, penais ou disciplinares.[582]

Informar a situação pessoal abala o natural relacionamento com seus clientes (fundados na confiança e no crédito), pois acarreta significativos reflexos porque pode despertar a cobiça de terceiros (com fins criminosos mediante sequestro, roubos etc.),

---

[582] FARHAT, Raymond. *Le Secret Bancaire*. Paris: [s.n.], 1980. p. 256 *apud* ABRÃO, Nelson. *Direito bancário*. 5. ed. São Paulo: Saraiva, 1999. p. 48.

a participação desleal de concorrentes em negócios, o irado procedimento de credores (perspectivas de bloqueios de valores), e da própria família (interpelação relativa a ganhos, gastos etc.).

Por esse motivo, aponta-se que "o sigilo bancário se enquadra no conceito mais amplo do segredo profissional", havendo "uma vinculação necessária entre a confiança, que se presume existir, por parte do cliente, no tocante às pessoas que exercem determinadas profissões, como as de advogado, médico ou banqueiro, e a necessidade de manter em sigilo as relações entre eles existentes".[583]

A proteção ao *sigilo bancário* situa-se entre os princípios informadores do mercado financeiro e de capitais, sinônimos do direito à privacidade, como se colhe do ensinamento seguinte:

> Dados que dizem respeito aos valores depositados em contas correntes bancárias, tipos e formas de aplicações financeiras, rendimentos auferidos em operações bursáteis, etc., representam coisas íntimas daqueles que participam do mercado financeiro e de capitais. Tais dados não podem ser revelados, sem que haja autorização legal para tanto, ou autorização expressa daquele que detém referido direito. Trata-se de direito personalíssimo, devendo manter-se em sigilo por aqueles que eventualmente o detenham (instituições financeiras, magistrados, auditores do Bance, funcionários da CVM, etc.) em razão de sua atividade profissional. O ocultamento dessas informações é atitude ética, oral, e, em especial, atitude expressamente assegurada pelo Texto Magno.[584]

Na vigência da Constituição de 1988, a Lei federal nº 8.012/90 (art. 8º) atribuíra competência à autoridade fiscal para solicitar informações sobre as movimentações financeiras, afastando a aplicação do art. 38 da Lei nº 4.595/64. Também a LC nº 70/91 dispusera que:

> Sem prejuízo do disposto na legislação em vigor, as instituições financeiras, as sociedades corretoras e distribuidoras de títulos e valores mobiliários, as sociedades de investimentos e as de arrendamento mercantil, os agentes do Sistema Financeiro da Habitação, as bolsas de valores, de mercadorias e de futuros e as instituições assemelhadas e seus associados, e as empresas administradoras de cartões de crédito fornecerão à Receita Federal, nos termos estabelecidos pelo Ministro da Economia, Fazenda e Planejamento, informações cadastrais sobre os usuários dos serviços, relativos ao nome, à filiação, ao endereço e ao número de inscrição do cliente no cadastro de pessoas físicas – CPF ou no cadastro geral de contribuintes – CGC. (Art. 12)

A LC nº 105, de 10.1.2001, revogando o art. 38 da Lei nº 4.595/64, também trata da conservação do sigilo em suas operações ativas e passivas, e serviços prestados, salvo expressas exceções.

No que interessa a este estudo, a *quebra de sigilo* poderá ser decretada quando necessária para a apuração de ocorrência de qualquer ilícito, em qualquer fase do inquérito ou do processo judicial, e especialmente nos crimes contra a ordem tributária e a previdência social.

---

[583] WALD, Arnoldo. O sigilo bancário no Projeto de Lei Complementar de Reforma do Sistema Financeiro e na Lei Complementar n. 70. *Caderno de Direito Tributário e Finanças Públicas*, São Paulo, n. 1, out./dez. 1992. p. 198.

[584] MOSQUERA, Roberto Quiroga. Princípios informadores do mercado financeiro de capitais. In: MOSQUERA, Roberto Quiroga (Coord.). *Aspectos atuais do mercado financeiro e de capitais*. Dialética: São Paulo, 1999. p. 268.

As autoridades e os agentes fiscais tributários somente poderão examinar documentos, livros e registros de instituições financeiras, inclusive os referentes a contas de depósitos e aplicações financeiras, quando houver processo ou procedimento fiscal em curso e tais exames sejam considerados indispensáveis pela autoridade administrativa competente.

Contra a quebra de sigilo pelo Fisco, se entende

> como absolutamente correta a postura do legislador e da jurisprudência em preservar o sigilo bancário do arbítrio e admitir a sua quebra sempre que houver autorização judicial. A autorização judicial que exterioriza o exame imparcial da ilicitude do pedido, só deve ocorrer na hipótese em que o interesse público assim o esteja exigindo e de que o sigilo esteja acobertando casos de sonegação evidente e não de mero palpite por parte da fiscalização. Não pode o Poder Judiciário hospedar uma "fishing exploration" que, comumente, os agentes fiscais promovem na tentativa de conseguir apurar faltas de recolhimento tributário, sem dados mais precisos.[585]

Não se questiona que seja importante para a Administração Pública ter conhecimento do trânsito de valores patrimoniais dos contribuintes e das entidades em geral para apurar a legitimidade de suas atividades e negócios de natureza financeira, não só no que tange ao cumprimento de obrigações tributárias, mas também no que atina à prática de crimes contra a ordem financeira, tráfico de entorpecentes, contrabando etc.

Não se ignora que a imposição de limites e restrições à ação fazendária, impossibilitando o pleno conhecimento dos negócios e valores movimentados, pode acarretar a ineficácia à persecução de seu objetivo constitucional (recebimento de tributos), o que poderia tornar indispensável obter-se informações amplas de quaisquer pessoas, entidades etc.

Atiladamente fora observado que:

> Numa questão tão delicada e complexa como esta do sigilo bancário que envolve um difícil *balanceamento de valores*, entre o pólo da intocabilidade pertinente à pessoa e o pólo oposto do que é exigido pelo interesse coletivo – não se podendo afirmar que um deles seja superior ao outro – penso que se deve optar por uma linha de *prudente qualificação* à conjuntura de cada caso concreto, obedecendo-se, desse modo, à diretriz indicada pelas mais atuantes correntes contemporâneas sobre o direito como concreção e experiência.[586]

Em *termos objetivos*, os depósitos, ainda que em valores desproporcionais às rendas ou valores declarados pelos contribuintes, não justificam a incidência tributária, porque podem decorrer dos mais variados motivos (estranhos aos tributos), a saber:
 a) os depósitos representariam bens de terceiros que não teriam ingressado no patrimônio do contribuinte;
 b) os depósitos corresponderiam a ingressos não tributáveis;
 c) os depósitos decorreriam de atividades sujeitas à incidência tributária, mas que já teriam sido oferecidos à tributação.

---

[585] MARTINS, Ives Gandra da Silva. Sigilo bancário. *Revista Dialética de Direito Tributário*, n. 1, p. 15-25.
[586] REALE, Miguel. O sigilo bancário no direito brasileiro. *Ciclo de Estudos de Direito Econômico*, IBCB, 1993. p. 139.

Em razão de diversas medidas judiciais, o STF solucionou a questão na forma seguinte:

> *Sigilo de dados – Afastamento.* Conforme disposto no inciso XII do artigo 5º da Constituição Federal, a regra é a privacidade quanto à correspondência, às comunicações telegráficas, aos dados e às comunicações, ficando a exceção – a quebra do sigilo – submetido ao crivo de órgão eqüidistante – o Judiciário – e, mesmo assim, para efeito de investigação criminal ou instrução processual penal.
> *Sigilo de dados bancários – Receita Federal.* Conflita com a Carta da República norma legal atribuindo à Receita Federal – parte na relação jurídico-tributária – o afastamento do sigilo de dados relativos ao contribuinte. (RE nº 389.808-PR – Plenário – Rel. Min. Marco Aurélio – j. 15.12.2010 – *DJe* de 10.5.2011)

Fundamentos básicos da decisão:
a) primado do Judiciário para afastar o sigilo de dados bancários para fins exclusivos de investigação criminal ou instrução processual penal, que não pode ser transferido a outros órgãos da Administração federal, estadual e municipal;
b) acesso delimitado e direto ao procurador-geral da República, na qualidade de fiscal da lei e titular exclusivo da ação penal pública perante o STF;
c) o procurador não se confunde com a Receita Federal, porque esta é parte da relação jurídico-tributária, tendo atuação restrita à cobrança de tributos;
d) o ministro de Estado da Fazenda também não pode ter acesso a dados bancários de certo cidadão;
e) cabe ao juiz decidir pela quebra do sigilo bancário, porque a Administração Tributária não guarda posição de equidistância com o contribuinte;
f) embora o sigilo bancário não tenha caráter absoluto, deixando de prevalecer em casos excepcionais, diante de exigências impostas pelo interesse público, reflete expressiva projeção da garantia fundamental da privacidade e da intimidade financeira das pessoas, em particular;
g) a decretação de quebra pressupõe, sempre, a existência de ordem judicial, sem o que não se imporá à instituição financeira o dever de fornecer as informações solicitadas pela Administração Tributária, pelo Ministério Público, e pela Polícia Judiciária;
h) a tutela do valor pertinente ao sigilo bancário não significa qualquer restrição ao poder de investigar e/ou de fiscalizar do Estado; as autoridades referidas sempre poderão requerer aos juízes e tribunais que ordenem às instituições financeiras o fornecimento das referidas informações;
i) a legislação de regência (Lei federal nº 9.311/96, Lei Complementar nº 105/2001 e Decreto nº 3.724/2001) tem que ser interpretada conforme a Constituição Federal, sendo conflitante com ela a legislação que implique afastamento do sigilo bancário do cidadão, da pessoa natural ou da jurídica sem ordem emanada do Judiciário.

CAPÍTULO XII

# PLANEJAMENTO TRIBUTÁRIO

## 1 Pressupostos

### 1.1 Elisão

As pessoas naturais e jurídicas de direito privado sentem-se sufocadas pelos inúmeros encargos tributários afetos aos seus patrimônios, que impedem o desenvolvimento empresarial e econômico e a livre iniciativa (CF, arts. 3º, II, e 170, IV, e parágrafo único), comprometendo a capacidade contributiva (art. 145, parágrafo único) e a dignidade humana (arts. 1º, III, e 170, *caput*).

As pessoas de direito público, por outro lado, necessitam de recursos para poder atingir seus objetivos fundamentais, consistentes na construção de uma sociedade livre, justa e solidária, no desenvolvimento nacional, na erradicação da pobreza e marginalização, na redução das desigualdades sociais e regionais, bem como na promoção do bem-estar da coletividade (art. 1º, §3º, da CF).

A execução de tarefas estatais implica utilização de pessoal, aquisição de bens, realização de investimentos, imóveis destinados às repartições públicas, demandando a imprescindível obtenção e manuseio de valores, atinentes a receitas, despesas, elaboração de orçamentos, significando um procedimento de gestão financeira.

A pauta de competências tributárias (impostos, taxas, contribuição de melhoria) confere às pessoas políticas o direito de exigir o recolhimento de valores tributários segundo normas específicas, harmonizadas com os princípios e as garantias individuais, conformando um autêntico estatuto do contribuinte.

Considerando que nem sempre existe distribuição equitativa de cargas tributárias, em consonância com a capacidade contributiva dos particulares, as pessoas que sofrem maior exigência procuram minimizá-las.

Nesse ponto é que transparece a figura da *elisão*, significando procedimento legítimo objetivando a subtração à incidência tributária. O encargo pode ser evitado mediante a simples abstenção de atos, operações, ou eliminação de situações, em razão do conhecimento dos efeitos tributários gravosos, que não sejam reputados convenientes. No entanto, esta última prática não se enquadra rigorosamente na apontada figura, que só tem efetiva existência no momento em que estaria sendo tipificada a obrigação tributária.

Antes que ocorra o fato gerador do ICMS – momento anterior à realização concreta dos elementos previstos na norma jurídica de incidência – a obrigação tributária não teve nascimento nem existência. Apenas quando materializados determinados fatos ("operações relativas à circulação de mercadorias"; "prestação de serviços de transporte interestadual e intermunicipal, e de comunicação", "importação de bens e mercadorias e serviços prestados ou iniciados no exterior"), previstos na norma jurídica, é que passa a ter sentido perquirir acerca da subtração a uma imposição fiscal. Enquanto tal evento não se realiza, não surge nenhum tipo de dever.

Por conseguinte, o marco inicial para a análise da *elisão* traduz-se em efetivo comportamento tendente a eliminar, minorar, ou retardar a obrigação tributária.

Ao contribuinte compete exercer discricionariamente seus negócios, gerir seu patrimônio, respaldado no princípio da autonomia da vontade (liberdade contratual); e, desde que não extrapole os lindes legais, não sofre nenhuma limitação ou cerceamento no seu direito de agir, podendo efetuar (ou não) os mais diversos negócios jurídicos.

Enquanto o administrador público somente pode atuar segundo o comando determinado em lei, aplicando-a de ofício; as pessoas privadas realizam negócios que atendam a seus objetivos particulares, tendo como único limite as normas proibitivas. Nesse mister, são livres para escolher a estrutura societária que entendam conveniente aos seus interesses, ou para promover a abertura de filiais em qualquer ponto do território nacional. Podem optar pela compra, pela locação ou pelo comodato de bens; ou, ainda, proceder à aquisição ou ao arrendamento mercantil de veículos, máquinas e equipamentos.

A livre vontade dos particulares é que determina a adoção dos modelos jurídicos dispostos pelo legislador (Código Civil) para o desempenho de suas atividades.

O próprio CTN (arts. 109 e 110) prestigia os institutos, conceitos e formas de direito privado na interpretação e integração da legislação tributária. A moldagem jurídica promovida pelo contribuinte, a utilização de campos lacunosos e até as imperfeições do texto normativo constituem formas elisivas que trazem ínsito o propósito de economia fiscal.

Operando em consonância com os institutos jurídicos contemplados pelo legislador, a Administração Fazendária não pode efetuar glosas fiscais, desconstituindo a forma legal utilizada pelo contribuinte.

A licitude do comportamento – em obediência ao princípio da estrita legalidade em matéria tributária, harmonizada com os princípios da autonomia da vontade, e da livre empresa, que permeia os atos privados – significa que, salvo excepcional e específica restrição legal, a efetivação de negócio menos gravoso não deve sofrer nenhuma objeção.

O legislador induz o particular a adotar procedimentos que implicam desoneração tributária, como é o caso das imunidades, isenções e demais incentivos e benefícios fiscais (alíquotas reduzidas, suspensão de impostos, redução de base de cálculo, manutenção de créditos, bonificações, créditos outorgados).

Essa situação tipifica negócio indireto (atingimento de fins diversos daqueles que evidenciam a moldagem típica do negócio), verificável em situações de exclusão (operação de não incidência), redução ou retardamento de carga tributária. É o caso, ainda, da escolha de domicílio fiscal diferente do originário, com o fito de valer-se de tratamento tributário diverso. Mesmo o fato de celebrar operação mercantil a preço mais baixo do que o previsto no mercado, a fim de obter uma carga tributária menor, não tem a virtude de desnaturar a operação.

A via oblíqua ou a tipicidade do negócio (perfeito nos seus efeitos) colima resultado diferenciado, não revestindo de ilicitude a aparente desconexão entre o fato econômico e o ato jurídico negocial.

Além de sua natureza lícita, a *elisão* se delineia de conformidade com o momento da ação do contribuinte, não sendo cabível sua configuração após já estar positivada a obrigação tributária. Enquanto esta não estiver concretizada, ainda tem lugar a figura elisiva pelo fato de penetrar na própria formação do ato privado, e concomitante interferência nos seus efeitos tributários.

## 1.2 Evasão

A *evasão* situa-se em polo oposto à *elisão*, que pode ser compreendida como toda ação (ou omissão) de natureza ilícita, minorando ou eliminando a obrigação tributária. Caracteriza-se por vício de consentimento devido a fatores exógenos (dolo, erro, coação), ou endógenos (simulação, fraude), no contexto do Código Civil (arts. 151 a 165).

Exemplo marcante é vislumbrado na "simulação", em que o ato tem a aparência contrária à realidade, isto é, a não coincidência entre o verdadeiro escopo e aquele declarado formalmente com o intuito de prejudicar terceiros ou violar preceito legal. Situação típica é a doação disfarçada em venda, em que a transferência do domínio do bem não tem como contraprestação o efetivo recebimento do numerário.

Na "fraude" ocorre violação ao comando normativo, mediante omissão de receitas, adulteração de documentos, indicação de valores a recolher divergentes dos valores escriturados, manutenção de duplicatas a pagar quando já foram quitadas (passivo fictício), saldo credor de caixa etc.

É tênue a linha divisória entre a *elisão* e a *evasão*, não se podendo cogitar de apego a aspectos subjetivos de conteúdo moral da norma, ou a intenção do legislador; porque, imperando o cânone da legalidade e a obediência dogmática aos preceitos normativos, é irrelevante adentrar no espírito ou nos sentimentos do contribuinte para poder avaliar a índole ou a natureza intrínseca dos seus atos.

Embora seja salutar a presença dos princípios morais nas atividades e nos negócios, o que importa é apurar sua licitude; porque, embora seja recomendável, não é necessário que o ordenamento jurídico consubstancie um estatuto moral ou pauta de valores éticos.

O planejamento tributário constitui procedimento legítimo, em que se opera minuciosa análise do ordenamento jurídico que acarrete comportamento (obviamente lícito), objetivando evitar ou reduzir a carga tributária, sem resvalar em nenhuma antijuridicidade, especialmente no que tange aos crimes tributários.

Apesar de a referida postura redundar em aparente prejuízo ao Erário, o certo é que a economia obtida (embasada na legislação) implicará benefício da própria coletividade, permitindo a continuidade da gestão empresarial, mantendo empregos, circulação de riquezas (fornecedores, clientes, entidades financeiras), e até possibilitando a realização de novos negócios sujeitos a novas imposições tributárias.

O princípio da moralidade tem destinatário único, isto é, o administrador público (art. 37 da CF). A este não basta observar os requisitos (formais e materiais) dos atos administrativos, para que possam ser providos de eficácia, pois, necessariamente, requer-se a observância de um *plus* constitucional, consistente no atendimento às normas morais que regem o ato público.

A imoralidade administrativa – nem sempre fácil de captar e precisar – encontra-se adstrita mais propriamente no âmbito do desvio do poder, isto é, a utilização de meios escusos ou mascarados para atingir objetivos da Administração, mesmo que todos os elementos componentes do ato público guardem consonância (ainda que formal) com a norma jurídica.

Trata-se de sucinta digressão sobre a moralidade restrita ao poder público, uma vez que a temática posta a debate concerne a procedimento do contribuinte, a quem cabe observar unicamente os diversos princípios tributários, como a estrita legalidade, a tipicidade etc., não lhe sendo cominada observância a preceito moral, de conformidade com o positivismo jurídico.

## 1.3 Interpretação econômica e planejamento tributário

Não tem cabimento cogitar da interpretação do direito tributário segundo o princípio da realidade econômica subjacente ao fato gerador, porque o sentido da norma deve ser compreendido consoante sistemática constitucional e conceitos eminentemente jurídicos.

A interpretação consiste em apurar o significado do dispositivo da lei, porque os preceitos nem sempre são claros e precisos, revelando ambiguidades, imperfeições, omissões e contradições entre diplomas vigentes, especialmente porque constituem resultado da atividade humana. A elaboração da norma é obra de políticos que nem sempre são afeitos à linguagem jurídica. Em que pese a depuração promovida pelas comissões técnicas das casas do Legislativo, o fruto da atividade legiferante pode ser traduzido em redação deficiente.

A produção normativa deve manter absoluta coerência com os preceitos válidos, eficazes, e obediência aos superiores princípios constitucionais, em plena compatibilização normativa (horizontal e vertical). O aplicador do direito deve sempre descobrir o sentido da regra jurídica e apreender o seu significado e extensão.

A atividade interpretativa não pode ser exercida de modo desordenado, precipitado, às pressas, impondo-se postura científica e observância aos postulados da hermenêutica, cujo objetivo é o estudo e a sistematização dos processos aplicáveis à interpretação.

O hermeneuta deve considerar o sentido da norma num contexto dinâmico, e sua permanente renovação e interação, uma atualização adaptada à realidade social. A mutabilidade dos acontecimentos e as transformações sociais obrigam a compreensão dos fenômenos sociais segundo a realidade, por ser cediço que os fatos e os conceitos (noções de bons costumes, ordem pública etc.) são passíveis de modificação.

Essa diretriz justifica o entendimento de que nada interessa a *mens legislatoris* (vontade do legislador), mas somente a *mens legis* (vontade da lei). A intenção do legislador e o seu desejo são elementos irrelevantes para captar o sentido jurídico da norma; porque, após ser editada, a norma rompe seu cordão umbilical com o legislador. Somente interessa o direito posto, sua sistematização e permanente revigoração, daí por que o perene aforismo "a lei é mais sábia do que o legislador".

Embora constituam diretrizes e esquemas úteis aos operadores do direito, os métodos de interpretação (histórico, gramatical, lógico, teleológico, sistemático) não têm cunho obrigatório, nem podem apresentar hierarquia. O intérprete é livre para utilizá-los, de modo isolado ou global, sucessivo ou simultâneo, sem que se possa conferir preeminência a quaisquer procedimentos aventados na legislação.

A interpretação compreende processo mental de conhecimento, integração e aplicação do discurso normativo, objetivando desentranhar o conteúdo do preceito, razão pela qual não há sentido jurídico algum em traçar limites para o hermeneuta, cerceando seu livre labor científico.

Assentadas as premissas básicas, cabe deslindar a questão pertinente à necessidade de leis interpretativas para comandar a tarefa do operador jurídico.

O direito tributário constitui elemento específico do direito público, integrado por princípios e normas cujo conteúdo básico é regular o comportamento das pessoas (públicas e privadas), tendo por objeto a prestação em dinheiro, em razão da ocorrência de determinados fatos, estados, situações. Esta característica não implica considerá-lo ramo autônomo, sujeito a critérios interpretativos distintos dos demais ramos do direito. Representa direito de superposição porque grava e incide sobre matérias concernentes a outros âmbitos jurídicos, sendo informado por comandos de natureza diversificada (constitucional, comercial, civil, administrativa etc.).

Objetivando compreender a norma jurídica tributária e a declaração do seu sentido de conformidade com o respectivo ordenamento, o intérprete somente deve utilizar o instrumento jurídico tendo em vista que os fatos (sociais, econômicos, contábeis etc.), foram captados pelo legislador (figura política) e juridicizados, em razão do que não pode servir-se de elementos pertinentes a outras ciências, nem considerar finalidades estranhas ao direito.

É incorreto pensar que, como o direito tributário tem por finalidade precípua a arrecadação de dinheiro dos particulares, importaria exclusivamente o conteúdo econômico da norma, e que o denominado fato gerador da obrigação sempre representaria um fato econômico (signo presuntivo de riqueza), a própria capacidade contributiva do sujeito passivo da mesma obrigação.

A doutrina que aceita a interpretação econômica do direito inspirou-se em disposições do Código Tributário da Alemanha (1919), assentando-se no postulado de que os fundamentos econômicos da lei tributária integram o seu conteúdo normativo, não podendo ser evitada ou diminuída mediante o abuso das formas, enfatizando a teoria da prevalência da realidade econômica, movida por mero interesse arrecadatório, negando a utilidade do direito.

O debate acadêmico acerca dos fundamentos da "interpretação econômica" decorre do desvirtuamento dos princípios e institutos de direito privado, num contexto de abuso de formas jurídicas, com o escopo de evitar, diminuir, ou suprimir o débito tributário, mediante a utilização de figuras artificiosas.

Pondero que o denominado "abuso de formas" não obriga, necessariamente, a adoção da interpretação econômica. Compreender o fenômeno jurídico para extrair o verdadeiro sentido do preceito legal não pode significar tarefa adstrita a elementos econômicos divorciados dos quadrantes do direito, cumprindo ao intérprete decompor a correta e adequada moldura jurídica, de conformidade com os institutos do direito; e, daí então, projetar (incidir) os efeitos tributários.

## 1.4 A desconsideração da personalidade jurídica no direito privado e no âmbito tributário

A classificação do direito tributário como ramo do direito público tem por finalidade apenas assinalar que suas normas contêm caráter obrigatório, insuscetíveis de serem alteradas ou suprimidas pela vontade dos particulares, em razão do que o vendedor de uma mercadoria não pode combinar com o comprador a desobrigação de emitir nota fiscal ainda que atue sob o pretexto de eliminar a incidência do imposto.

O direito tributário não possui autonomia porque seus preceitos mantêm permanente vinculação com os demais ramos do direito (conceito de propriedade; transmissão de bens e mercadorias; negócios relativos à prestação de serviços de transporte e de comunicação etc.), de conformidade com as diretrizes dos arts. 109 e 110 do CTN, conforme apontado anteriormente.

Conquanto exista controvérsia a respeito da autonomia ou vinculação do direito tributário, relativamente a outras searas jurídicas, os preceitos do CTN consagram a diretriz de que os institutos, conceitos e formas de direito privado não podem ser modificados pelo legislador tributário, no que concerne às competências tributárias (pautas constitucionais, compreendendo as matérias adstritas a cada poder público); e não podem interferir na definição dos efeitos tributários.

Assim, a legislação fiscal não pode deformar as materialidades tributárias, porque acabaria comprometendo ou desvirtuando as competências dos poderes públicos.

Entretanto, a CF outorga competência à lei complementar para estabelecer as normas gerais em matéria de legislação tributária, especialmente sobre contribuintes dos impostos (art. 146, III, "a"), em razão do que as normas de direito civil – por não serem qualificadas como leis complementares – não podem interferir no âmbito tributário.

Nesse sentido, para fins tributários, não seria tranquila a aplicação das regras previstas no Código Civil, a saber:
   a) se os bens da sociedade não lhes cobrirem as dívidas, respondem os sócios pelo saldo, na proporção das perdas sociais, salvo cláusula de responsabilidade solidária (art. 1.023);
   b) os bens dos sócios não podem ser executados por dívidas da sociedade, senão depois de executados os bens sociais (art. 1.024);
   c) os administradores respondem solidariamente perante a sociedade e os terceiros, por culpa no desempenho de suas funções (art. 1.016).

O art. 50 do Código Civil também dispôs que:

> em caso de abuso da personalidade jurídica, caracterizado pelo desvio de finalidade, ou pela confusão patrimonial, pode o juiz decidir, a requerimento da parte, ou do Ministério Público quando lhe couber intervir no processo, que os efeitos de certas e determinadas relações de obrigações sejam estendidas aos bens particulares dos administradores ou sócios da pessoa jurídica.

Para positivar-se a teoria do superamento da personalidade jurídica, não basta o mero descumprimento de uma obrigação, ou inadimplemento a um dever fiscal – até mesmo compreensível devido às gestões e dificuldades empresariais –, mas a caracterização do cometimento do ilícito pelo verdadeiro autor da fraude, de modo a não se tolerar a nociva simulação e o nefasto abuso do direito.

A teoria em causa não pode ter por irredutível escopo anular a personalidade jurídica de forma ampla, mas somente desconstituir a figura societária no que concerne às pessoas que a integram, mediante a declaração de ineficácia para efeitos certos e determinados.

Por conseguinte, as obrigações e o passivo da empresa não permitem a comunicabilidade com o patrimônio e os direitos dos sócios que as integravam, daí resultando o princípio da intocabilidade da pessoa jurídica, a plena separação patrimonial, defluindo a máxima "a sociedade não se confunde com o sócio".

A LC nº 104, de 10.1.2001, modificou o CTN ao estipular o seguinte:

> Parágrafo único. A autoridade administrativa poderá desconsiderar atos ou negócios jurídicos praticados com a finalidade de dissimular a ocorrência do fato gerador do tributo ou a natureza dos elementos constitutivos da obrigação tributária, observados os procedimentos a serem estabelecidos em lei ordinária.

A denominada *norma antielisão* não possui amparo no direito brasileiro, porque a Constituição Federal não possibilita às leis complementares (CTN, LC nº 104/2001) estabelecer limitações ou restrições aos direitos subjetivos dos contribuintes.

A criação de referida norma não se justifica de nenhum modo, porque o próprio direito privado fornece os instrumentos para descaracterizar o negócio aparente, e considerar o real negócio jurídico, positivando-se a utilização de forma (ou modelo jurídico) diversa do pactuado pelas partes contratantes.

A vantagem econômica (tributária) decorre da própria utilização de diversificadas formas jurídicas, não se vislumbrando nenhuma espécie de abuso de forma.

No caso (parágrafo único do art. 116 do CTN), torna-se indispensável a edição de lei ordinária específica, para estabelecer os procedimentos indispensáveis para permitir a desconsideração fazendária, observado o devido processo legal (respeito ao exercício da ampla defesa, contraditório, motivação das decisões, publicidade etc.).

No âmbito do Estado de São Paulo, os procedimentos relativos à desconsideração foram previstos na Lei nº 11.001, de 21.12.01 (inserindo o art. 84-A à Lei nº 6.374/89).

## 2 Caso prático

Empresa fabrica tubos industriais mediante encomenda específica do destinatário final, operação que constitui fatos geradores do IPI e do ICMS, calculados sobre o valor total da operação.

Objetivando racionalizar suas atividades e minorar a carga tributária, procedeu a desmembramento operacional, organizando empresa distinta com atividade de prestação de serviços de beneficiamento (revestimento de proteção), mediante a utilização de materiais e tubos recebidos das encomendantes e destinados a uso próprio (ativo permanente).

A empresa prestadora de serviço, embora instalada no mesmo terreno da empresa industrial, mantinha registros e inscrições fiscais próprias, quadro próprio de empregados, celebrando contratos específicos e utilizando documentação e escrituração fiscal relativa aos seus negócios.

As atividades – industrialização e prestação de serviços – sujeitaram-se a incidências tributárias distintas, ou seja, IPI e ICMS (operação do fabricante), e ISS (atividade da empresa de serviço).

Esta situação foi apreciada pelo Tribunal de Impostos e Taxas da Secretaria da Fazenda de São Paulo que – em quase uma centena de casos – decidiu (década de 1990) pela caracterização de caso típico de elisão fiscal, afastando qualquer eiva de simulação, e repelindo a exigência do ICMS sobre os valores correspondentes aos serviços.

Na situação em causa, o Fisco não poderia considerar a norma antielisiva (parágrafo único do art. 116 do CTN – LC nº 104/2001), sob o argumento de que o fracionamento das atividades operacionais teve por único escopo obter economia tributária.

Essa assertiva não se sustenta porque, na medida em que o referido grupo industrial viesse subcontratar a operação de revestimento (prestação de serviços) com terceira empresa, também somente seria devido o ISS sobre os mencionados serviços, o que resultaria numa menor carga tributária (diferença entre o montante de IPI-ICMS e o *quantum* de ISS). Nessa situação, não parece possível aplicar a norma antielisiva, o que violaria a plena liberdade contratual.

# REFERÊNCIAS

AKSELRAD, Moisés. ICM – IPI – Direito ao crédito – materiais refratários utilizados em siderurgia. *In*: AKSELRAD, Moisés. *Conceitos, estudos e prática de direito tributário*. São Paulo: LTr, 1980.

ALBUQUERQUE, Xavier. ICMS – Correção monetária de créditos acumulados. *Revista de Direito Tributário*, São Paulo, v. 59.

ALLORIO, Enrico. *Diritto processuale tributário*. 5. ed. Torino: Unione Tipográfico, 1969.

ALVARENGA, Christiane Alves; BRANDÃO, Salvador Cândido; PIAZZA, Beatriz Antunes; BOSSA, Gisele Barra. Computação na nuvem: modelos possíveis. *In*: PISCITELLI, Tathiane (Org.); BOSSA, Gisele Barra (Coord.). *Tributação na nuvem*. São Paulo: Thomson Reuters; Revista dos Tribunais, 2018.

AMARO, Luciano da Silva. *Direito tributário brasileiro*. 14. ed. São Paulo: Saraiva, 2008.

ANDRADE FILHO, Edmar Oliveira. Imunidades tributárias na Constituição Federal. *In*: PEIXOTO, Marcelo Magalhães; CARVALHO, Cristiano (Coord.). *Imunidade tributária*. São Paulo: MP Editora e APET, 2005.

ANGEIRAS, Luciana. Tributação dos provedores de acesso à internet. *In*: *XIV Congresso Brasileiro de Direito Tributário*. São Paulo: Instituto Geraldo Ataliba – Idepe, 2000.

ATALIBA, Geraldo. *Combustíveis (substituição tributária das operações interestaduais)*. São Paulo: Secretaria da Fazenda de São Paulo, 1994.

ATALIBA, Geraldo. Conflitos entre ICM-ISS-IPI. *Revista de Direito Tributário*, São Paulo, v. 7/8.

ATALIBA, Geraldo. *Hipótese de incidência tributária*. São Paulo: Malheiros, 1993.

ATALIBA, Geraldo. ICM – Abatimento constitucional – Princípio da não-cumulatividade. *Revista de Direito Tributário*, São Paulo, v. 29/30.

ATALIBA, Geraldo. ICM e IPI. Direito ao crédito, produção e mercadorias isentas ou sujeitas à alíquota zero. *Revista de Direito Tributário*, São Paulo, v. 46.

ATALIBA, Geraldo. ICMS. Incorporação ao ativo – Empresa que loca, oferece em 'leasing' seus produtos – Descabimento do ICMS. *Revista de Direito Tributário*, São Paulo, v. 52.

ATALIBA, Geraldo. ICMS. Semi-elaborados. *Revista de Direito Tributário*, São Paulo, v. 48.

ATALIBA, Geraldo. *Natureza jurídica da contribuição de melhoria*. São Paulo: RT, 1964.

ATALIBA, Geraldo. Relação Jurídica tributária e aspecto pessoal que a integra. *Revista de Direito Tributário*, São Paulo, v. 25.

ATALIBA, Geraldo. *Sistema constitucional tributário brasileiro*. São Paulo: RT, 1968.

ATALIBA, Geraldo; BARRETO, Aires. ISS – ICMS – Conflitos. *In*: *Curso de Especialização de Direito Tributário*. São Paulo: Resenha Tributária, 1983.

ATALIBA, Geraldo; BARRETO, Aires. Serviço tributável. *In*: *Curso de Especialização em Direito Tributário*. São Paulo: Resenha Tributária, 1983.

ATALIBA, Geraldo; BARRETO, Aires. Substituição e responsabilidade tributária. *Revista de Direito Tributário*, São Paulo, v. 49.

ATALIBA, Geraldo; GIARDINO, Cleber. Hipótese de incidência do IPI. *Revista de Direito Tributário*, São Paulo, v. 37.

ATALIBA, Geraldo; GIARDINO, Cleber. ICM – Diferimento – Estudo teórico-prático. *Estudos e Pareceres*, São Paulo, n. 1, 1980.

ATALIBA, Geraldo; GIARDINO, Cleber. Núcleo da definição constitucional do ICM. *Revista de Direito Tributário*, São Paulo, v. 25/26.

ATALIBA, Geraldo; GONÇALVES, José Artur Lima. Crédito-prêmio de IPI – Direito adquirido – Recebimento em dinheiro. *Revista de Direito Tributário*, São Paulo, v. 55.

AUGUSTO FILHO, João. *Isenções e exclusões tributárias*. São Paulo: José Bushatsky, 1979.

AZULAY NETO, Messod; LIMA, Antônio Roberto Pires de. *O novo cenário das telecomunicações no direito brasileiro*. Rio de Janeiro: Lumen Juris, 2000.

BALEEIRO, Aliomar. *Direito tributário brasileiro*. 10. ed. Rio de Janeiro: Forense, 1990.

BALEEIRO, Aliomar. ICM sobre importação de bens de capital para uso do importador. *Revista Forense*, Rio de Janeiro, v. 250.

BALEEIRO, Aliomar. ICM sobre importação de bens de capital. *In*: X Curso de Especialização de Direito Tributário. São Paulo: Resenha Tributária, 1983.

BALEEIRO, Aliomar. Isenção de impostos estaduais. *Revista de Direito Administrativo*, São Paulo, v. 61.

BALEEIRO, Aliomar. *Limitações constitucionais ao poder de tributar*. 4. ed. Rio de Janeiro: Forense, 1975.

BALEEIRO, Aliomar. *Limitações constitucionais ao poder de tributar*. 7. ed. Rio de Janeiro: Forense, 1999.

BANDEIRA DE MELLO, Celso Antônio. *Elementos de direito administrativo*. São Paulo: RT, 1980.

BANDEIRA DE MELLO, Celso Antônio. Ilícito tributário (notas frias). *Revista de Direito Tributário*, São Paulo, v. 62.

BANDEIRA DE MELLO, Celso Antônio. *Prestação de serviços públicos e Administração indireta*. 2. ed. São Paulo: RT, 1979.

BARBAGLO, Érica B. Aspectos de responsabilidade civil dos provedores de serviços na internet. *In*: LEMOS, Ronaldo; WASBERG, Ivo (Coord.). *Conflitos sobre nomes de domínios*. São Paulo: RT e FGV, 2002.

BARRETO FILHO, Oscar. *Teoria do estabelecimento comercial*. [s.l.]: [s.n.]: 1966.

BARRETO, Aires. *Base de cálculo, alíquota e princípios constitucionais*. São Paulo: RT, 1987.

BARRETO, Aires. ISS – Atividade-meio e serviço-fim. *Revista Dialética de Direito Tributário*, n. 5, 1996.

BARRETO, Aires. Tributos e indexação. *VI Congresso Brasileiro de Direito Tributário*, São Paulo, set. 1992. Separata da Revista de Direito Tributário.

BARRETO, Aires; ATALIBA, Geraldo. ISS – ICM. Conflitos. *In*: Curso de Especialização de Direito Tributário. São Paulo: Resenha Tributária, 1983.

BARRETO, Aires; ATALIBA, Geraldo. Serviço tributável. *In*: Curso de Especialização de Direito Tributário. São Paulo: Resenha Tributária, 1983.

BARRETO, Aires; ATALIBA, Geraldo. Substituição e responsabilidade tributária. *Revista de Direito Tributário*, São Paulo, v. 49.

BARROS, Zanon de Paula; VERÇOSA, Haroldo Duclerc. A recepção do "drop down" no direito brasileiro. *Revista de Direito Mercantil – Industrial, Econômico e Financeiro*, São Paulo, v. 41.

BECKER, Alfredo Augusto. *Teoria geral do direito tributário*. São Paulo: Saraiva, 1963.

BERGAMINI, Adolpho. *ICMS*. São Paulo: Fiscosoft Editora, 2012. Coleção Curso de Tributos Indiretos. v. I.

BERLIRI, Antonio. *Corso instituzionale di diritto tributário*. 9. ed. Milano: Giuffrè, 1974. v. 1.

BEVILAQUA, Clóvis. *Código Civil comentado*. Rio de Janeiro: Livraria Francisco Alves, 1943. v. IV.

BITTENCOURT, Bruno Chaves; PONS, Marcos Caleffi. A tributação do cloud computing pelo Imposto sobre Serviços: exame sob o enfoque da regra de competência do tributo. *In*: CORREA, Alessandra Costa Beber *et al*. *ISS* – Questões práticas – 10 anos da Lei Complementar n. 116/2003. Porto Alegre: Paixão Editores, 2013.

BONILHA, Paulo Celso Bergstrom. *IPI – ICM – Fundamentos da técnica não-cumulativa*. São Paulo: IBDT e Resenha Tributária, 1979.

BORGES, José Alfredo. Regime tributário do ouro. *Revista de Direito Tributário*, São Paulo, v. 55.

BORGES, José Souto Maior. *Combustíveis (substituição tributária das operações interestaduais)*. São Paulo: Secretaria da Fazenda de São Paulo, 1994.

BORGES, José Souto Maior. *Isenções tributárias*. São Paulo: Sugestões Literárias, 1969.

BORGES, José Souto Maior. *Lei complementar tributária*. São Paulo: RT, 1975.

BORGES, José Souto Maior. O fato gerador do ICM e os estabelecimentos autônomos. *Revista de Direito Administrativo*, São Paulo, v. 103.

BOSSA, Gisele Barra; BRANDÃO, Salvador Cândido; PIAZZA, Beatriz Antunes; LARA, Daniela Silveira; Alvarenga, Christiane Alves. Computação na nuvem: modelos possíveis. *In*: PISCITELLI, Tathiane (Org.); BOSSA, Gisele Barra (Coord.). *Tributação na nuvem*. São Paulo: Thomson Reuters; Revista dos Tribunais, 2018.

BOTTALLO, Eduardo Domingos. Base imponível do ICMS e operações realizadas por estabelecimentos equiparados a industriais. *Revista de Direito Tributário*, São Paulo, v. 55.

BOTTALLO, Eduardo Domingos. ICMS e serviços de comunicação internacional. *Revista Dialética de Direito Tributário*, São Paulo, n. 61.

BOTTALLO, Eduardo Domingos. Imunidade de instituições de educação e de assistência social e lei ordinária – Um intrincado confronto. *In*: ROCHA, Valdir de Oliveira (Coord.). *Imposto de renda* – Alterações fundamentais. São Paulo: Dialética, 1998. v. 2.

BOTTALLO, Eduardo Domingos. Linhas básicas do IPI. *Revista de Direito Tributário*, São Paulo, v. 13/14.

BOTTALLO, Eduardo Domingos; TURCZYN, Sidnei. A atividade de hospedagem de sites e seu regime tributário. *In*: TÔRRES, Heleno Taveira (Coord.). *Direito tributário das telecomunicações*. São Paulo: Abetel e Thomson IOB, 2004.

BRANDÃO, Salvador Cândido; PIAZZA, Beatriz Antunes; LARA, Daniela Silveira; ALVARENGA, Christiane Alves; BOSSA, Gisele Barra. Computação na nuvem: modelos possíveis. *In*: PISCITELLI, Tathiane (Org.); BOSSA, Gisele Barra (Coord.). *Tributação na nuvem*. São Paulo: Thomson Reuters; Revista dos Tribunais, 2018.

BRITO, Edvaldo. Lei de Responsabilidade Fiscal, competência tributária, arrecadação e renúncia. *In*: ROCHA, Valdir de Oliveira (Coord.). *Aspectos relevantes da Lei de Responsabilidade Fiscal*. São Paulo: Dialética, 2001.

BRITO, Edvaldo. Software: ICMS, ISS ou imunidade tributária. *Revista Dialética de Direito Tributário*, São Paulo, n. 5, 1996.

BROTEL, Sergio. *Fusões e aquisições*. São Paulo: Saraiva, 2012.

BULGARELLI, Waldírio. *Contratos mercantis*. 10. ed. São Paulo: Atlas, 2010.

CAMANO, Fernanda Donnabela. Incidência (ou não) das normas jurídicas tributárias do 'ICMS' sobre as atividades de telecomunicação exploradas pelas televisões de sinais abertos e TVs por assinatura. *In*: *XII Congresso Brasileiro de Direito Tributário*. São Paulo: Idepe, 1998.

CAMPOS, Carlos Alexandre de Azevedo. Exclusão do ICMS da base de cálculo dos tributos federais. *Revista Dialética de Direito Tributário*, São Paulo, n. 145, 2007.

CAMPOS, Roberto de Siqueira. Empreitada de construção civil com fornecimento fora do local da obra. Inconstitucionalidade e ilegalidade da incidência do ICM sobre o material. *Revista de Direito Tributário*, São Paulo, v. 45.

CAMPOS, Roberto de Siqueira. ICMS – Substituição tributária – Inconstitucionalidade. *Revista de Direito Tributário*, São Paulo, v. 52.

CAMPOS, Roberto de Siqueira. ICMS. Consignação mercantil. *Revista de Direito Tributário*, São Paulo, v. 57.

CAMPOS, Roberto de Siqueira. Não-incidência de ICMS nas importações amparadas em contratos de arrendamento mercantil. *Repertório IOB de Jurisprudência*, São Paulo, n. 5, 1994. Caderno 1.

CANTO, Gilberto de Ulhôa. Algumas considerações sobre a imunidade tributária dos entes públicos. *Revista de Direito Administrativo*, São Paulo, v. 52.

CANTO, Gilberto de Ulhôa. *Direito tributário aplicado*. Pareceres. Rio de Janeiro: Forense Universitária, 1992.

CANTO, Gilberto de Ulhôa. ICM. Não-cumulatividade – Abatimento constitucional. *Revista de Direito Tributário*, São Paulo, v. 29/30.

CANTO, Gilberto de Ulhôa. Imunidade tributária. Fundo de pensão. *Revista de Direito Tributário*, São Paulo, v. 61, 1991.

CANTO, Gilberto de Ulhôa. Princípios constitucionais tributários. *Caderno de Pesquisas Tributárias*, São Paulo, n. 18, 1993.

CANTO, Gilberto de Ulhôa. *Temas de direito tributário*. Rio de Janeiro: Alba, 1964. v. III.

CARDOSO, Alessandro Mendes. Venda de veículos via internet – a inconstitucionalidade do Convênio ICMS, n. 51/2000. *Revista Dialética de Direito Tributário*, São Paulo, n. 70.

CARDOSO, Lais Vieira. Imunidade e terceiro setor. *In*: PEIXOTO, Marcelo Magalhães; CARVALHO, Cristiano (Coord.). *Imunidade tributária*. São Paulo: MP Editora e APET, 2005.

CARLUCCI, José Lence. *Uma introdução ao direito aduaneiro*. 2. ed. São Paulo: Aduaneiras, 2001.

CARNEIRO, Daniel de Araujo. *Tributos e encargos do setor elétrico brasileiro*. Curitiba: Juruá, 2001.

CARNEIRO, Daniel Diz; MACHADO, Michele Viegas. Conceito de crédito do ICMS (financeiro vs. físico). A real extensão do art. 20, caput, da LC 87/96 e jurisprudência recente do STJ e STF. *In*: CARNEIRO, Daniel Diz; MATA, Juselder Cordeiro da; LOBATO, Valter de Souza (Coord.). *25 anos da Lei Kandir* – Questões controvertidas do ICMS. São Paulo: ABRADT, Arraes Editores, ABDF, 2021.

CARRAZZA, Roque Antonio. 20 Anos da tributação dos serviços de comunicação pelos estados – O incompreendido perfil constitucional do ICMS-comunicação – Questões conexas. *In*: SCHOUERI, Luis Eduardo (Coord.). *Direito tributário – Homenagem a Paulo de Barros Carvalho*. São Paulo: Quartier Latin, 2008.

CARRAZZA, Roque Antonio. *A imunidade tributária das empresas estatais delegatárias de serviços públicos*. São Paulo: Malheiros, 2004.

CARRAZZA, Roque Antonio. *Curso de direito constitucional tributário*. 13. ed. São Paulo: Malheiros, 1999.

CARRAZZA, Roque Antonio. *Curso de direito constitucional tributário*. 24. ed. São Paulo: RT, 2008.

CARRAZZA, Roque Antonio. *Curso de direito constitucional tributário*. 2. ed. São Paulo: RT, 1991.

CARRAZZA, Roque Antonio. ICMS – Aproveitamento de créditos – inconstitucionalidade da Lei Complementar 87/96. *Revista Dialética de Direito Tributário*, São Paulo, n. 25.

CARRAZZA, Roque Antonio. ICMS – Inconstitucionalidade da inclusão de seu valor, em sua própria base de cálculo. *Revista Dialética de Direito Tributário*, São Paulo, n. 23.

CARRAZZA, Roque Antonio. ICMS – Sua não-incidência sobre prestações de serviços de telecomunicações internacional (serviços de longa distância internacional), bem como sobre os serviços que os viabilizam (serviços auxiliares). *Revista Dialética de Direito Tributário*, São Paulo, n. 60.

CARRAZZA, Roque Antonio. *ICMS*. 13. ed. São Paulo: Malheiros, 2009.

CARRAZZA, Roque Antonio. *ICMS*. 6. ed. São Paulo: Malheiros, 1997.

CARRAZZA, Roque Antonio. Importação de bíblias em fitas – Sua imunidade – Exegese do art. 150, VI, d, da Constituição Federal. *Revista Dialética de Direito Tributário*, São Paulo, n. 26.

CARRAZZA, Roque Antonio. Mercosul e tributos estaduais, municipais e distritais. *Revista de Direito Tributário*, São Paulo, v. 64.

CARRAZZA, Roque Antonio. *Princípios constitucionais tributários e competência tributária*. São Paulo: RT, 1986.

CARVALHO, Osvaldo dos Santos. *A não cumulatividade do ICMS e o princípio da neutralidade tributária*. Tese (Doutorado) – Faculdade de Direito, Pontifícia Universidade Católica de São Paulo, São Paulo, 2012.

CARVALHO, Osvaldo dos Santos; MARTINES, Tatiana. Os impactos da Emenda Constitucional 87-15 e do Convênio ICMS 93-15 nas operações interestaduais e benefícios fiscais. *In*: CARVALHO, Paulo de Barros. *Direito tributário e novos horizontes do processo*. São Paulo: Noeses e IBET, 2015.

CARVALHO, Paulo de Barros. *Curso de direito tributário*. 24. ed. São Paulo: Saraiva, 2012.

CARVALHO, Paulo de Barros. Introdução ao estudo do Imposto sobre Produtos Industrializados. *Revista de Direito Público*, São Paulo, v. 11.

CARVALHO, Paulo de Barros. Limitações ao poder de tributar. *Revista de Direito Tributário*, São Paulo, v. 46.

CARVALHO, Paulo de Barros. Não-incidência do ICMS nas atividades dos provedores de acesso à internet. *Revista Dialética de Direito Tributário*, São Paulo, n. 73.

CARVALHO, Paulo de Barros. *Regra matriz do ICM*. Tese (Livre-Docência) – Faculdade de Direito, PUC-SP, 1981.

CARVALHO, Paulo de Barros. Sujeição passiva e responsáveis tributários. *Repertório IOB de Jurisprudência*, São Paulo, n. 11, 1996. Caderno 1.

CASELLA, Paulo Borba. *Mercosul*: exigência e perspectivas. São Paulo: LTr, 1996.

CHIESA, Clélio. A tributação dos serviços de 'internet' prestados pelos provedores: ICMS ou ISS. *Revista de Direito Tributário*, São Paulo, v. 74.

COELHO, Fabio de Ulhoa. *Manual de direito comercial*. 14. ed. São Paulo: Saraiva, 2003.

COÊLHO, Sacha Calmon Navarro. A substituição tributária por fato gerador futuro – Emenda nº 3 à Constituição de 1988. *Repertório IOB de Jurisprudência*, São Paulo, n. 18, 1994.

COÊLHO, Sacha Calmon Navarro. ICMS – A imunidade das operações interestaduais com petróleo e seus derivados, combustíveis líquidos e gasosos. A irrelevância na espécie do conceito de consumidor final. *In*: COÊLHO, Sacha Calmon Navarro; DERZI, Misabel Abreu Machado. *Direito tributário atual* – Pareceres. Rio de Janeiro: Forense, 1997.

COÊLHO, Sacha Calmon Navarro. Tratados internacionais em matéria tributária perante a Constituição Federal de 1988. *Revista de Direito Tributário*, São Paulo, v. 59.

COÊLHO, Sacha Calmon Navarro. Tributação na internet. *In*: MARTINS, Ives Gandra da Silva (Coord.). *Pesquisas tributárias* – Nova Série, n. 7 (Tributação na internet). São Paulo: RT, 2001.

COÊLHO, Sacha Calmon Navarro. Validade e extensão dos tratados internacionais em matéria tributária perante a Constituição Federal do Brasil de 1988. *In*: SANTOS, Ernane Fidelis dos (Coord.). *Atualidades jurídicas*. Belo Horizonte: Del Rey, 1993.

COÊLHO, Sacha Calmon Navarro; DERZI, Misabel Abreu Machado. A Emenda Constitucional nº 33/01 e os princípios da não-cumulatividade, da legalidade e da anterioridade. *In*: ROCHA, Valdir de Oliveira (Coord.). *O ICMS e a EC 33*. São Paulo: Dialética, 2002.

COMPARATO, Fabio. Contrato de leasing. *Revista Forense*, Rio de Janeiro, v. 250.

COSTA, Alcides Jorge. *ICM na Constituição e na lei complementar*. São Paulo: Resenha Tributária, 1978.

COSTA, Alcides Jorge. ICM. Substituição tributária – Responsabilidade por retenção e recolhimento por operações ainda não realizadas. *Revista de Direito Tributário*, São Paulo, v. 44.

COSTA, Alcides Jorge. Operações interestaduais com combustíveis líquidos e gasosos, e lubrificantes. *Repertório IOB de Jurisprudência*, n. 18, 1994. Caderno 1.

COSTA, Alcides Jorge. Tributação dos semi-elaborados. *Revista de Direito Tributário*, São Paulo, v. 47.

COSTA, Eliud José Pinto da. *ICMS mercantil*. São Paulo: Quartier Latin, 2008.

COSTA, Regina Helena. *Imunidades tributárias* – Teoria e análise da jurisprudência do STF. 2. ed. São Paulo: Malheiros, 2006.

CRUZ, Antonio Maurício. *O IPI* – Limites constitucionais. São Paulo: RT, 1984.

DENARI, Zelmo. Sujeito Ativo e Passivo da Relação Jurídica Tributária. *In*: MARTINS, Ives Gandra (Coord.). *Curso de direito tributário*. 3. ed. São Paulo: Cejup, [s.d.].

DERZI, Misabel Abreu Machado. A imunidade das instituições de educação ou de assistência social. *In*: ROCHA, Valdir de Oliveira (Coord.). *Imposto de Renda* – Alterações fundamentais. São Paulo: Dialética, 1988. v. 2.

DERZI, Misabel Abreu Machado. A imunidade recíproca, o princípio federal e a Emenda Constitucional nº 3, de 1993. *Revista de Direito Tributário*, São Paulo, v. 62.

DERZI, Misabel Abreu Machado. *Direito tributário, direito penal e tipo*. São Paulo: RT, 1988.

DERZI, Misabel Abreu Machado. ICMS – A imunidade das operações interestaduais com petróleo e seus derivados, combustíveis líquidos e gasosos. A irrelevância na espécie do conceito de consumidor final. *In*: COÊLHO, Sacha Calmon Navarro; DERZI, Misabel Abreu Machado. *Direito tributário atual* – Pareceres. Rio de Janeiro: Forense, 1997.

DERZI, Misabel Abreu Machado; COÊLHO, Sacha Calmon Navarro. A Emenda Constitucional nº 33/01 e os princípios da não-cumulatividade, da legalidade e da anterioridade. *In*: ROCHA, Valdir de Oliveira (Coord.). *O ICMS e a EC 33*. São Paulo: Dialética, 2002.

DINIZ, Maria Helena. *Curso de direito civil brasileiro*. São Paulo: Saraiva, [s.d.].

DINIZ, Maria Helena. *Tratado teórico e prático dos contratos*. 4. ed. São Paulo: Saraiva, 2002.

DINIZ, Maria Helena. *Tratado teórico e prático dos contratos*. São Paulo: Saraiva, 1996. v. 1.

DÓRIA, Antônio Roberto Sampaio. Empreitadas industriais e regime de apuração de lucros. *Revista de Direito Público*, São Paulo, v. 19.

EISELE, Andreas. *Crimes contra a ordem tributária*. 2. ed. São Paulo: Dialética, 2002.

EMERENCIANO, Adelmo da Silva. *Tributação no comércio eletrônico*. São Paulo: Síntese e Thomson IOB, 2003. Coleção de Estudos Tributários.

ENDRES, Silvana Bussab. *O Imposto de Importação na Constituição Federal de 1988*. Dissertação (Mestrado) – Pontifícia Universidade Católica de São Paulo, São Paulo, 1998.

ESCOBAR, J. C. Mariense. *O novo direito de telecomunicações*. Porto Alegre: Livraria do Advogado, 1999.

ESCOBAR, J. C. Mariense. *Serviços de telecomunicações* – Aspectos jurídicos e regulatórios. Porto Alegre: Livraria do Advogado, 2005.

FALCÃO, Amílcar de Araujo. Consignação. *In*: LARANJEIRA, Álvaro Reis. *Respostas da consultoria tributária*. São Paulo: LTr, 1984. v. 2.

FALCÃO, Amílcar de Araujo. *Introdução ao direito tributário*. Rio de Janeiro: Forense, 1976.

FERRAZ, Tercio Sampaio. *Interpretação e estudos na Constituição de 1988*. São Paulo: Atlas, 1990.

FERRAZ, Tercio Sampaio. *Teoria da norma jurídica*. 2. ed. Rio de Janeiro: Forense, 1986.

FERREIRA SOBRINHO, José Wilson. Perfil tributário do provedor da internet. *In*: *6º Simpósio Nacional IOB de Direito Tributário*. São Paulo: IOB, 1997.

FERREIRA, Aurélio Buarque de Holanda. *Novo Dicionário Aurélio da Língua Portuguesa*. 2. ed. Rio de Janeiro: Nova Fronteira, 1986.

FERREIRA, Pinto. *Princípios gerais de direito constitucional moderno*. 5. ed. São Paulo: RT, [s.d.]. v. 1.

FRANCO, Ademar. *Imposto de Renda das pessoas jurídicas*. São Paulo: Atlas, 1986.

FREITAS, Rodrigo; OYAMADA, Bruno Akio. Operações de cloud computing – SaaS, IaaS, PaaS, etc. ICMS x ISS. *In*: FARIA, Renato Vilela; SILVEIRA, Ricardo Maitto da; MONTEIRO, Alexandre Luz Moraes do Rêgo (Coord.). *Tributação da economia digital*. São Paulo: Saraiva Jur, 2018.

FRONTINI, Paulo Salvador. ICMS – Compra e venda mercantil (base de cálculo). *Revista de Direito Tributário*, São Paulo, v. 61.

GAEDE, Henrique; ROLIM, João Dácio. Diferencial de alíquota – Exigência quanto ao recolhimento após a edição da Lei Complementar nº 87/96. *In*: ROCHA, Valdir de Oliveira (Coord.). *ICMS, a LC 87/96 e questões jurídicas atuais*. São Paulo: Dialética, 1997.

GARCIA, Fátima Fernandes de Souza; OMORI, Maria Aurora Cardoso da Silva. Princípios constitucionais tributários. *Caderno de Pesquisas Tributárias*, São Paulo, n. 18, 1992.

GIARDINO, Cleber. Conflitos de competência entre ICM, ISS e IPI. *Curso de Direito Tributário III – PUC/SP*, *Revista de Direito Tributário*, São Paulo, v. 7/8.

GIARDINO, Cleber. ICM – Abatimento constitucional – Princípio da não-cumulatividade. *Revista de Direito Tributário*, São Paulo, v. 29/30.

GIARDINO, Cleber. ICM – Abatimento constitucional – Princípio da não-cumulatividade. *Revista de Direito Tributário*, São Paulo, v. 29/30.

GIARDINO, Cleber. ICM e IPI. Direito de crédito, produção e mercadorias isentas ou sujeitas à alíquota zero. *Revista de Direito Tributário*, São Paulo, v. 46.

GIARDINO, Cleber. ISS e IPI – Competências tributárias inconfundíveis. *Revista de Direito Tributário*, São Paulo, v. 6.

GIARDINO, Cleber. *Substituição e responsabilidade tributária*. São Paulo: RT, [s.d.].

GIARDINO, Cleber; ATALIBA, Geraldo. Hipótese de incidência do IPI. *Revista de Direito Tributário*, São Paulo, v. 37.

GIARDINO, Cleber; ATALIBA, Geraldo. ICM – Diferimento – Estudo teórico-prático. *Estudos e Pareceres*, São Paulo, n. 1, 1980.

GIARDINO, Cleber; ATALIBA, Geraldo. Núcleo da definição constitucional do ICM. *Revista de Direito Tributário*, São Paulo, v. 25/26.

GOMES, Mariângela Gama Magalhães. *O princípio da proporcionalidade no direito penal*. São Paulo: RT, 2003.

GOMES, Orlando. *A proteção jurídica do software*. Rio de Janeiro: Forense, 1985.

GOMES, Orlando. *Contratos*. Rio de Janeiro: Forense, 1984.

GONÇALVES, José Artur Lima; ATALIBA, Geraldo. Crédito-prêmio de IPI – Direito adquirido – Recebimento em dinheiro. *Revista de Direito Tributário*, São Paulo, v. 55.

GORDILLO, Agostin. *Introducción al derecho administrativo*. Buenos Aires: Abeledo Perrot, 1966. v. 1.

GRECO, Marco Aurélio. ICMS – Exigência em relação à extração do petróleo. *Revista Dialética de Direito Tributário*, São Paulo, n. 100.

GRECO, Marco Aurélio. ICMS. Base de cálculo – Atualização monetária do preço à vista não integra a base de cálculo do imposto – Interpretação do art. 6º do Convênio 66/88 – Inaplicabilidade da Súmula 533/STF – Taxa de permanência. *Revista dos Tribunais*, São Paulo, v. 5. Caderno de Direito Tributário.

GRECO, Marco Aurélio. Impossibilidade de cobrar ICMS em operações ocorridas no mar territorial e na zona econômica exclusiva. *Revista Dialética de Direito Tributário*, n. 133.

GRECO, Marco Aurélio. *Internet e direito*. São Paulo: Dialética, 2000.

GRECO, Marco Aurélio. *Substituição tributária*. São Paulo: IOB, [s.d.].

GRECO, Marco Aurélio; SOUZA, Hamilton Dias de. ICMS – Semi-elaborados. *Revista de Direito Tributário*, São Paulo, v. 47.

GRECO, Marco Aurélio; ZONARI, Anna Paula. ICMS. Materialidade e princípios constitucionais. *In*: MARTINS, Ives Gandra (Coord.). *Curso de direito tributário*. 2. ed. São Paulo: Cejup, 1993. v. 2.

GRUPENMACHER, Betina Treiger. Lei de Responsabilidade Fiscal, competência tributária, arrecadação e renúncia. *In*: ROCHA, Valdir de Oliveira (Coord.). *Aspectos relevantes da Lei de Responsabilidade Fiscal*. São Paulo: Dialética, 2001.

GRUPENMACHER, Betina Treiger. Responsabilidade tributária de grupos econômicos. *In*: QUEIROZ, Mary Elbe; BENÍCIO, Benedicto Celso (Coord.). *Responsabilidade de sócios e administradores nas autuações fiscais*. Focofiscal: São Paulo, 2014.

GRUPENMACHER, Betina Treiger. *Tratados internacionais em matéria tributária e ordem interna*. São Paulo: Dialética, 1999.

GRUPENMACHER, Betina Treiger. Tributação do streaming e serviços over-the-top. *In*: PISCITELLI, Tathiane; LARA, Daniela Silveira (Coord.). *Tributação da economia digital*. São Paulo: Thomson Reuters e Revista dos Tribunais, 2018.

HAMATI, Cecilia Maria Marcondes. Princípios constitucionais tributários. *Caderno de Pesquisas Tributárias*, São Paulo, n. 18, 1993.

HORVATH, Estevão. A Constituição e a Lei Complementar nº 101/2000 ('Lei de Responsabilidade Fiscal'). Algumas questões. *In*: ROCHA, Valdir de Oliveira (Coord.). *Aspectos relevantes da Lei de Responsabilidade Fiscal*. São Paulo: Dialética, 2001.

HOUAISS, Antônio. *Dicionário Houaiss da Língua Portuguesa*. Rio de Janeiro: Objetiva, 2001.

ICHIARA, Yoshiaki. *Imunidades tributárias*. São Paulo: Atlas, 2000.

JARACH, Dino. Aspectos da hipótese de incidência tributária. *Revista de Direito Público*, São Paulo, v. 17.

JUSTEN FILHO, Marçal. *O Imposto sobre Serviços na Constituição*. São Paulo: RT, 1985.

JUSTEN FILHO, Marçal. Princípios constitucionais tributários. *Caderno de Pesquisas Tributárias*, São Paulo, n. 18, 1993.

JUSTEN FILHO, Marçal. *Sujeição passiva tributária*. São Paulo: Cejup, 1986.

KELSEN, Hans. *Teoria pura do direito*. 4. ed. Tradução de João Batista Machado. Coimbra: Arménio Amado, 1976.

KNOPFELMACHER, Marcelo; NUNES, Renato. Receitas de roaming e as incidências da contribuição ao PIS e da Cofins. *In*: BORGES, Eduardo de Carvalho (Coord.). *Tributação nas telecomunicações*. São Paulo: Tributação Setorial, IPT e Quartier Latin, 2005.

LACOMBE, Américo. IPI – Sua estrutura normativa. *Revista de Direito Tributário*, São Paulo, v. 27/28.

LARA, Daniela Silveira; BRANDÃO, Salvador Cândido; PIAZZA, Beatriz Antunes; ALVARENGA, Christiane Alves; BOSSA, Gisele Barra. Computação na nuvem: modelos possíveis. *In*: PISCITELLI, Tathiane (Org.); BOSSA, Gisele Barra (Coord.). *Tributação na nuvem*. São Paulo: Thomson Reuters; Revista dos Tribunais, 2018.

LARANJEIRA, Álvaro Reis. *Respostas da consultoria tributária*. São Paulo: LTr, 1984. v. 2.

LATORRACA, Nilton. *Direito tributário* – Imposto de Renda das empresas. 13. ed. São Paulo: Atlas, 1992.

LAVIÉRI, João Vicente. Internet: incidência do ICMS ou ISS? *Revista Jurídica Consulex*, Brasília, v. 13.

LEAL, Vítor Nunes. Incidência do ISS, com exclusão do ICM, nos serviços de concretagem por empreitada. *Revista de Direito Tributário*, São Paulo, v. 7/8.

LIMA, Antonio Roberto Pires; AZULAY NETO, Messod. *O novo cenário das telecomunicações no direito brasileiro*. Rio de Janeiro: Lumen Juris, 2000.

LIMA, Pérsio de Oliveira. Hipótese de incidência do IPI. *Revista de Direito Tributário*, São Paulo, v. 7/8.

LIPPO, Luiz Francisco; MELO, José Eduardo Soares de. *A não-cumulatividade tributária (ICMS, IPI, ISS, PIS e Cofins)*. São Paulo: Dialética, 1998.

LIPPO, Luiz Francisco; MELO, José Eduardo Soares de. *A não-cumulatividade tributária (ICMS, IPI, ISS, PIS e Cofins)*. 2. ed. São Paulo: Dialética, 2004.

LUMMERTZ, Henry Gonçalves. Lei contraria perfil constitucional do ISS ao tributar áudio e vídeo na internet. *Conjur*, 14 jan. 2017. Disponível em: www.conjur.com.br. Acesso em: dez. 2017.

LUNARDELLI, Pedro Guilherme Accorsi. A não-cumulatividade do ICMS – Uma visão crítica da posição do STF. *Revista Dialética de Direito Tributário*, São Paulo, n. 103.

LUNARDELLI, Pedro Guilherme Accorsi. O ICMS e os serviços de transporte internacional. *Revista Dialética de Direito Tributário*, São Paulo, n. 109.

MACHADO, Hugo de Brito. *Aspectos fundamentais do ICMS*. São Paulo: Dialética, 1997.

MACHADO, Hugo de Brito. Execução fiscal: novos questionamentos. *In*: MARTINS, Ives Gandra da Silva (Coord.). *Execução fiscal*. Pesquisas tributárias, Nova Série 14. São Paulo: Centro de Extensão Universitária e RT, 2008.

MACHADO, Hugo de Brito. ICMS na exportação e o conceito de produto semi-elaborado. *Repertório IOB de Jurisprudência*, São Paulo, n. 5, 1996. Caderno 1.

MACHADO, Hugo de Brito. *Imunidade tributária do livro eletrônico*. São Paulo: IOB, 1998.

MACHADO, Hugo de Brito. O ICMS e a radiodifusão. *Revista Dialética de Direito Tributário*, São Paulo, n. 23.

MACHADO, Hugo de Brito. Operações interestaduais imunes ao ICMS. *Repertório IOB de Jurisprudência*, São Paulo, n. 21, 1994. Caderno 1.

MACHADO, Javam. Computação em nuvem: conceitos, tecnologias, aplicações e desafios. *II Escola Regional de Computação: Ceará, Maranhão e Piauí – ERCEMAPI*, 2009.

MACHADO, Michele Viegas; CARNEIRO, Daniel Dix. Conceito de crédito do ICMS (financeiro vs. físico). A real extensão do art. 20, caput, da LC 87/96 e jurisprudência recente do STJ e STF. *In*: CARNEIRO, Daniel Diz; MATA, Juselder Cordeiro da; LOBATO, Valter de Souza (Coord.). *25 anos da Lei Kandir* – Questões controvertidas do ICMS. São Paulo: ABRADT, Arraes Editores, ABDF, 2021.

MACHADO, Schubert de Farias. A não-incidência do ICMS nos leilões dos bens de massa falida. *Revista Dialética de Direito Tributário*, São Paulo, n. 122.

MARTINES, Tatiana; CARVALHO, Osvaldo Santos. Os impactos da Emenda Constitucional 87-15 e do Convênio ICMS 93-15 nas operações interestaduais e benefícios fiscais. *In*: CARVALHO, Paulo de Barros. *Direito tributário e novos horizontes do processo*. São Paulo: Noeses e IBET, 2015.

MARTINS, Ives Gandra da Silva. *A técnica do diferimento da incidência do ICM* – Constitucionalidade do princípio da não-cumulatividade quando de sua adoção. Parecer para a Procuradoria-Geral do Estado.

MARTINS, Ives Gandra da Silva. Alíquota. *In*: ALVIM, Teresa; ALVIM, Arruda (Coord.). *Repertório Enciclopédico Carvalho Santos*. São Paulo: RT, [s.d.].

MARTINS, Ives Gandra da Silva. ICM – Direito de creditar-se – Crédito escritural pretérito de ICM referente a operações isentas. *Revista de Direito Tributário*, São Paulo, v. 37.

MARTINS, Ives Gandra da Silva. Importação de matérias-primas com isenção de ICM – Direito ao crédito escritural – Nascimento da obrigação e exclusão do crédito tributário. *Suplemento Tributário LTr*, São Paulo, v. 67, 1982.

MARTINS, Ives Gandra da Silva. Imunidade constitucional de publicações – Interpretação teleológica da norma maior – Análise jurisprudencial. *Revista de Direito Tributário*, São Paulo, v. 41.

MARTINS, Ives Gandra da Silva. Incidência de ICMS sobre energia elétrica, utilizada pelos municípios para fornecer iluminação pública – Inconstitucionalidade por ferir o princípio da imunidade recíproca. *Revista Dialética de Direito Tributário*, São Paulo, n. 26.

MARTINS, Ives Gandra da Silva. Os serviços imunes e tributados da ECT. *Revista Dialética de Direito Tributário*, São Paulo, n. 78.

MARTINS, Ives Gandra da Silva. Princípio da não-cumulatividade para bens do ativo permanente em face da Lei Complementar nº 102/2000. *In*: ROCHA, Valdir de Oliveira (Coord.). *O ICMS e a LC 102*. São Paulo: Dialética, 2000.

MARTINS, Natanael. Tratados internacionais em matéria tributária. *Caderno de Direito Tributário e Finanças Públicas*, São Paulo, n. 12, jul./set. 1995.

MASSANET, Juan Ramallo. Hecho imponible y cuantificación de la prestación tributaria. *Revista de Direito Tributário*, São Paulo, v. 11/12.

MATTOS, Aroldo Gomes de. *ICMS* – Comentários à LC 87/96. São Paulo: Dialética, 1997.

MAXIMILIANO, Carlos. *Comentários à Constituição de 1946*. Rio de Janeiro: Freitas Bastos, 1954. v. 1.

MAZETO, Cristiano de Souza; RIBEIRO, Maria de Fátima. A imunidade dos partidos políticos e suas repercussões no contexto econômico social. *In*: PEIXOTO, Marcelo Magalhães; CARVALHO, Cristiano (Coord.). *Imunidade tributária*. São Paulo: MP Editora e APET, 2005.

MEIRELLES, Hely Lopes. *Direito administrativo brasileiro*. 18. ed. São Paulo: Malheiros, 1993.

MEIRELLES, Hely Lopes. *Direito de construir*. 2. ed. São Paulo: RT, 1965.

MEIRELLES, Hely Lopes. Imposto devido por serviços de concretagem. *Revista dos Tribunais*, São Paulo, v. 453.

MELL, Peter; GRANCE, Thimoty. *Computação em nuvem*. Modelos possíveis. [s.l.]: [s.n.], [s.d.].

MELO FILHO, Álvaro. *Teoria e prática dos incentivos fiscais*. Rio de Janeiro: Eldorado, 1976.

MELO, Eduardo Soares de. A convalidação de benefícios fiscais do ICMS na LC 160/17 e no Convênio ICMS 190/17. É o fim da Guerra Fiscal? *In*: ELALI, André; ZARANZA, Evandro; LUCENA JUNIOR, Fernando (Coord.). *Direito corporativo* – Temas atuais – 15 anos André Elali Advogados. São Paulo: Quartier Latin, 2021.

MELO, Eduardo Soares de. Criminalização do ICMS e a pendência do STF. *Valor*, 2-3 jun. 2021.

MELO, Fabio Soares de. Pagamento de tributo por intermédio de instituição financeira autorizada – Extinção do crédito tributário – Ausência de repasse dos recursos ao ente tributante – Configuração de fraude – Impossibilidade de exigência do adimplemento pelo contribuinte. *In*: PEIXOTO, Marcelo Magalhães; FERNANDES, Edison Carlos (Coord.). *Tributação, justiça e liberdade* – Homenagem a Ives Gandra da Silva Martins. Curitiba: APET e Juruá, 2005.

MELO, José Eduardo Soares de. 'Leasing' – ISS e ICMS? *In*: ROCHA, Valdir de Oliveira (Coord.). *ICMS, a LC 87/96 e questões jurídicas atuais*. São Paulo: Dialética, 1997.

MELO, José Eduardo Soares de. *Aspectos teóricos e práticos do ISS*. 3. ed. São Paulo: Dialética, 2003.

MELO, José Eduardo Soares de. *Contratos e tributação*: noções fundamentais. São Paulo: Malheiros, 2015.

MELO, José Eduardo Soares de. *Contribuições sociais no sistema tributário*. 7. ed. São Paulo: Malheiros, 2018.

MELO, José Eduardo Soares de. Créditos de ICMS após a Lei Complementar nº 87/96. *In*: *6º Simpósio Nacional IOB de Direito Tributário*. São Paulo: IOB, 1997.

MELO, José Eduardo Soares de. *Curso de direito tributário*. 11. ed. São Paulo: Quartier Latin, 2018.

MELO, José Eduardo Soares de. Direito tributário. Implicações com o ordenamento jurídico e a interdisciplinaridade. *In*: TAKANO, Caio Augusto; BARRETO, Simone Rodrigues Costa (Coord.). *Direito tributário e interdisciplinaridade*. Homenagem a Paulo Ayres Barreto. São Paulo: Noeses, 2021.

MELO, José Eduardo Soares de. Emenda Constitucional nº 87/2015 – ICMS – Diferencial de alíquota. Questões operacionais (não cumulatividade, incentivos fiscais, substituição tributária). *In*: SCHOUERI, Luis Eduardo; BIANCO, João Francisco (Coord.); CASTRO, Leonardo de Moraes e; DUARTE FILHO, Paulo César Teixeira (Org.). *Estudos de direito tributário em homenagem ao Professor Gerd Willi Rothman*. Quartier Latin, 2016.

MELO, José Eduardo Soares de. *Imposto sobre Serviço de Comunicação*. 2. ed. São Paulo: Malheiros, 2003.

MELO, José Eduardo Soares de. *ISS*: teoria e prática. 6. ed. São Paulo, Malheiros, 2017.

MELO, José Eduardo Soares de. *O Imposto sobre Produtos Industrializados (IPI) na Constituição de 1988*. São Paulo: RT, 1991.

MELO, José Eduardo Soares de; LIPPO, Luiz Francisco. *A não-cumulatividade tributária*. 2. ed. São Paulo: Dialética, 2004.

MENDONÇA, Carvalho de. *Tratado de direito comercial brasileiro*. 3. ed. Rio de Janeiro: Freitas Bastos, [s.d.]. v. V.

MINATO, Maki. *Guerra fiscal*: ICMS e comércio eletrônico. Dissertação (Mestrado) – Faculdade de Direito, Universidade de São Paulo, São Paulo, 2014.

MIRANDA, Pontes de. *Comentários à Constituição de 1946*. Rio de Janeiro: Forense, 1953. t. 2.

MIRANDA, Pontes de. *Comentários à Constituição Federal de 1967, com a Emenda nº 1 de 1969*. Rio de Janeiro: Forense, 1970. t. II.

MIRANDA, Pontes de. Consignação. *In*: LARANJEIRA, Álvaro Reis. *Respostas da consultoria tributária*. São Paulo: LTr, [s.d.]. v. 2.

MIRANDA, Pontes de. *Tratado de direito privado*. Rio de Janeiro: Borsoi, 1958. t. XLIV.

MONTEIRO, Antônio Carlos. ICMS sobre serviços de telecomunicação – Não-incidência relativamente à habilitação de potencial usuário do sistema móvel celular. *Revista Dialética de Direito Tributário*, São Paulo, n. 38.

MONTEIRO, Washington de Barros. *Curso de direito civil*. São Paulo: Saraiva, 1969.

MONTEIRO, Washington de Barros. *Direito das obrigações*. São Paulo: Saraiva, 1965.

MORAES, Bernardo Ribeiro de. *A imunidade tributária e seus novos aspectos; e imunidades tributárias*. Nova Série 4, São Paulo: Revista dos Tribunais e do Centro de Extensão Universitária, 1998.

MORAES, Bernardo Ribeiro de. *Doutrina e prática do ISS*. São Paulo: RT, 1984.

MORAES, Bernardo Ribeiro de. *Sistema tributário na Constituição de 1969*. São Paulo: RT, 1973.

MOREIRA, Leonardo; SOUZA, Flavio R. C.; MACHADO, Javam. Computação em nuvem: conceitos, tecnologias, aplicações e desafios. *II Escola Regional de Computação – Ceará, Maranhão e Piauí – ERCEMAPI*, 2009.

MOSQUERA, Roberto Quiroga. Princípios informadores do mercado financeiro de capitais. *In*: MOSQUERA, Roberto Quiroga (Coord.). *Aspectos atuais do mercado financeiro e de capitais*. Dialética: São Paulo, 1999.

NASRALLAH, Amal Ibrahim; NEME, Márcia de Freitas Castro. A tributação das operações envolvendo TV a cabo e 'direct-to-home', internet e 'paging' – ICMS x ISS. *Revista de Direito Tributário*, São Paulo, v. 73.

NEME, Márcia de Freitas Castro; NASRALLAH, Amal Ibrahim. A tributação das operações envolvendo TV a cabo e 'direct-to-home', internet e 'paging' – ICMS x ISS. *Revista de Direito Tributário*, São Paulo, v. 73.

NEVES, Fernando Crespo Queiroz. *O Imposto sobre a Prestação de Serviços de Comunicação e a Internet*. Dissertação (Mestrado) – Pontifícia Universidade Católica de São Paulo, São Paulo, 2002.

NOGUEIRA, Johnson Barbosa. Contribuinte substituto no ICM. *Revista de Direito Tributário*, São Paulo, v. 21/22.

NOGUEIRA, Ruy Barbosa. *Conceito de insumos e direito ao crédito de IPI* – Crédito físico e crédito financeiro. Fisco e contribuinte. [s.l.]: [s.n.], set. 1969.

NOGUEIRA, Ruy Barbosa. *Da interpretação e da aplicação das leis tributárias*. 2. ed. São Paulo: RT, 1965.

NOGUEIRA, Ruy Barbosa. Imposto sobre Circulação de Mercadorias e Serviços – Venda à vista – Atraso de pagamento – Correção monetária – Mora – Taxa ou comissão de permanência. *Revista Forense*, Rio de Janeiro, v. 320.

NOGUEIRA, Ruy Barbosa. Prestação de serviços e venda de mercadorias. *Revista de Direito Público*, São Paulo, v. 8.

NUNES, Renato; KNOPFELMACHER, Marcelo. Receitas de 'roaming' e as incidências da contribuição ao PIS e da Cofins. *In*: BORGES, Eduardo de Carvalho (Coord.). *Tributação nas telecomunicações*. São Paulo: Tributação Setorial, IPT e Quartier Latin, 2005.

OLIVEIRA, Júlio Maria de. *Internet e competência tributária*. São Paulo: Dialética, 2001.

OLIVEIRA, Ricardo Mariz de. *Fundamentos do Imposto de Renda*. São Paulo: Instituto Brasileiro de Direito Tributário, 2020. v. I.

OLIVEIRA, Ricardo Mariz de. Princípios constitucionais tributários. *Caderno de Pesquisas Tributárias*, São Paulo, n. 18, 1993.

OLIVEIRA, Yonne Dolácio de. *A tipicidade no direito tributário brasileiro*. São Paulo: Saraiva, 1980.

OMORI, Maria Aurora Cardoso da Silva; GARCIA, Fátima Fernandes de Souza. Princípios constitucionais tributários. *Caderno de Pesquisas Tributárias*, São Paulo, n. 18, 1993.

OYAMADA, Bruno Akio; FREITAS, Rodrigo – Operações de cloud computing – SaaS, IaaS, PaaS, etc. ICMS x ISS. *In*: FARIA, Renato Vilela; SILVEIRA, Ricardo Maitto da; MONTEIRO, Alexandre Luz Moraes do Rêgo (Coord.). *Tributação da economia digital*. São Paulo: Saraiva Jur, 2018.

PACHECO, Ângela Maria da Motta. *Sanções tributárias e sanções penais tributárias*. São Paulo: Max Limonad, 1997.

PEREIRA NETO, Miguel. Os documentos eletrônicos utilizados como meio de prova para a constituição de título executivo extrajudicial e judicial. *In*: SCHOUERI, Luís Eduardo (Org.). *Internet – O direito na era virtual*. Rio de Janeiro: Forense, 2001.

PIAZZA, Beatriz Antunes; BRANDÃO, Salvador Cândido; LARA, Daniela Silveira; ALVARENGA, Christiane Alves; BOSSA, Gisele Barra. Computação na nuvem: modelos possíveis. *In*: PISCITELLI, Tathiane (Org.); BOSSA, Gisele Barra (Coord.). *Tributação na nuvem*. São Paulo: Thomson Reuters; Revista dos Tribunais, 2018.

PINHEIRO, Pratícia Peck. Aspectos legais do cloud computing. *In*: PINHEIRO, Pratícia Peck. *Direito digital aplicado*. São Paulo – Intelligence, 2012.

PONS, Marcos Caleffi; BITTENCOURT, Bruno Chaves. A tributação do cloud computing pelo Imposto sobre Serviços: exame sob o enfoque da regra de competência do tributo. *In*: CORREA, Alessandra Costa Beber *et al*. *ISS* – Questões práticas – 10 anos da Lei Complementar n. 116/2003. Porto Alegre: Paixão Editores, 2013.

PONTES, Helenilson da Cunha. *O princípio da proporcionalidade e o direito tributário*. São Paulo: Dialética, 2000.

QUINTELLA, Thereza Maria Machado. *Teoria de integração econômica*. Brasília: Esaf, 1982.

RAMIRES, Eduardo A. de Oliveira. Regime jurídico da comercialização de capacidade de transmissão de telecomunicações. *In*: TÔRRES, Heleno Taveira (Coord.). *Direito tributário das telecomunicações*. São Paulo: Abetel e Thomson IOB, 2004.

REALE, Miguel. ICM – Semi-elaborados. *Revista de Direito Tributário*, São Paulo, v. 47.

REALE, Miguel. O sigilo bancário no direito brasileiro. *Ciclo de Estudos de Direito Econômico*, IBCB, 1993.

REQUIÃO, Rubens. *Curso de direito comercial*. 18. ed. São Paulo: Saraiva, 1988. v. 1.

RIBEIRO, Maria de Fátima; MAZETO, Cristiano de Souza. A imunidade dos partidos políticos e suas repercussões no contexto econômico e social. *In*: PEIXOTO, Marcelo Magalhães; CARVALHO, Cristiano (Coord.). *Imunidade tributária*. São Paulo: MP Editora e APET, 2005.

ROCHA, Valdir de Oliveira. IPI e base de cálculo do ICMS. *Direito Tributário Atual*, São Paulo, v. 11/12, 1992.

ROCHA, Valdir de Oliveira. *Lições preliminares de direito*. 13. ed. São Paulo: Saraiva, 1986.

ROCHA, Valdir de Oliveira. Tratados internacionais e vigência das isenções por eles concedidas, em face da Constituição de 1988. *Repertório IOB de Jurisprudência*, São Paulo, n. 8, 1ª quinz. mar. 1991. Caderno 1.

RODRIGUES PERDOMO, Matias; BASTÓN MAIO, Carlos. *Marco jurídico y formas de gestión en telecomunicaciones*. Montevideo: Fundación de Cultura Universitaria, 1991.

RODRIGUES, Marcelo de Carvalho. ICMS sobre provimento de capacidade de satélite. *In*: BORGES, Eduardo de Carvalho (Coord.). *Tributação nas telecomunicações*. São Paulo: Tributação Setorial, IPT e Quartier Latin, 2005.

RODRIGUES, Marcelo de Carvalho. Os serviços no ambiente internet e a Lei Complementar n. 116. *In*: MACHADO, Rodrigo Brunelli (Coord.). *ISS na Lei Complementar n. 116/2003*. São Paulo: Quartier Latin e IPT, 2004.

ROLIM, João Dácio; GAEDE, Henrique. Diferencial de alíquota – Exigência quanto ao recolhimento após a edição da Lei Complementar nº 87/96. *In*: ROCHA, Valdir de Oliveira (Coord.). *ICMS, a LC 87/96 e questões jurídicas atuais*. São Paulo: Dialética, 1997.

ROSA, Salvatore de la. *Eguaglianza tributária*. Milano: Esenzioni Fiscali, 1968.

ROSAS, Roberto. Do assento e do prejulgado à súmula do STF. *Revista dos Tribunais*, São Paulo, v. 404.

ROSSI, César Roberto. Interpretação ampliativa da vedação à instituição de impostos sobre livros, jornais e periódicos e o papel destinado à sua impressão. *Suplemento Tributário LTr*, São Paulo n. 11, 1993.

SAINZ DE BUJANDA, Fernando. *Hacienda y derecho*. Madrid: Instituto de Estudios Políticos, 1963. v. III.

SANTAELLA, Lúcia. *Cultura das mídias*. 2. ed. São Paulo: Experimento, 2000.

SANTOS FILHO, Walter Gazzano dos. *Tributação dos serviços de comunicação*. São Paulo: Cenofisco, 2004.

SARAIVA FILHO, Osvaldo Othon de. Os CD-ROMs e disquetes com programas gravados são imunes? *Revista Dialética de Direito Tributário*, São Paulo, n. 7.

SCHARLACK, José Rubens. ISS e cessões de direitos na LC 116/2003. *In*: PEIXOTO, Marcelo de Magalhães; MARTINS, Ives Gandra da Silva (Org.). *ISS* – Lei Complementar 116/2003. Curitiba e São Paulo – Juruá e APET, 2004.

SEABRA, Antonio Fernando. *Deslocamento do fato gerador*. São Paulo: José Bushatsky, 1982.

SILVA, De Plácido e. *Vocabulário jurídico*. Rio de Janeiro: Forense, [s.d.]. v. I.

SILVA, De Plácido e. *Vocabulário jurídico*. Rio de Janeiro: Forense, 1966. v. II.

SILVA, José Afonso da. *Aplicabilidade das normas constitucionais*. 3. ed. 3. tir. São Paulo: Malheiros, 1999.

SILVA, Rogério Pires. Guerra fiscal e represálias dos estados contra os contribuintes. *Repertório IOB de Jurisprudência*, n. 6, 2ª quinz. mar. 2000. Caderno 1.

SMITH, James K. Lawmaker's Guide State Taxation of Eletronic Comerce Executive: Summary. *Journal of State Taxation*, v. 17, 1998.

SOUSA, Rubens Gomes de. *Compêndio de legislação tributária*. São Paulo: Resenha Tributária, 1975. Edição Póstuma.

SOUSA, Rubens Gomes de. O ICM, o ISS, o IPI e a construção civil. *Revista de Direito Público*, São Paulo, v. 22.

SOUSA, Rubens Gomes de. O imposto de consumo, IPI e os produtos intermediários. *Revista de Direito Público*, São Paulo, v. 12.

SOUSA, Rubens Gomes de. *Pareceres I* – Imposto de Renda. São Paulo: Resenha Tributária, 1975.

SOUZA, Fátima Fernandes Rodrigues de. Execução fiscal. *In*: MARTINS, Ives Gandra da Silva (Coord.). *Execução fiscal*. Pesquisas tributárias, Nova Série 14. São Paulo: Centro de Extensão Universitária e RT, 2008.

SOUZA, Flavio R. C.; MOREIRA, Leonardo; MACHADO, Javam. Computação em nuvem: conceitos, tecnologias, aplicações e desafios. *II Escola Regional de Computação – Ceará, Maranhão e Piauí – ERCEMAPI*, 2009.

SOUZA, Hamilton Dias de. *Combustíveis (substituição tributária das operações interestaduais)*. São Paulo: Secretaria da Fazenda de São Paulo, 1994.

SOUZA, Hamilton Dias de; GRECO, Marco Aurélio. ICMS – Semi-elaborados. *Revista de Direito Tributário*, São Paulo, v. 47.

SOUZA, Leandro Marins de. *Tributação do terceiro setor no Brasil*. São Paulo: Dialética, 2004.

TAKANO, Caio Augusto; PITMAN, Arthur Leite da Cruz. A falsa gentileza do Regime Optativo de Tributação. *Conjur*, 30 abr. 2021.

TILBERY, Henry. *Direito tributário atual*. São Paulo: IBDT e Resenha Tributária, [s.d.]. v. 10.

TOME, Fabiana Del Padre. A natureza jurídica da não-cumulatividade da contribuição ao PIS-Pasep e da Cofins: consequências e aplicabilidade. *In*: PEIXOTO, Marcelo Magalhães; FISCHER, Octávio Campos (Coord.). *PIS-Cofins* – Questões atuais e polêmicas. São Paulo: Quartier Latin, 2005.

TORRES, Ricardo Lobo. *Normas de interpretação e integração do direito tributário*. Rio de Janeiro: Forense, 1991.

TORRES, Ricardo Lobo. O IPI e o princípio da seletividade. *Revista Dialética de Direito Tributário*, São Paulo, n. 98, 2003.

TORRES, Ricardo Lobo. O princípio da não-cumulatividade e o IVA no direito comparado. *In*: MARTINS, Ives Gandra da Silva (Coord.). *Pesquisas tributárias* – Nova Série, n. 10. São Paulo: Centro de Extensão Universitária e RT, 2004.

TUBINO, Rogério de Miranda. Implicações tributárias na aquisição de transponders para provimento de capacidade de satélite. *In*: BORGES, Eduardo de Carvalho (Coord.). *Tributação nas telecomunicações*. São Paulo: Tributação Setorial, IPT e Quartier Latin, 2005.

TURCZYN, Sidnei; BOTTALLO, Eduardo Domingos. A atividade de hospedagem de sites e seu regime tributário. *In*: TÔRRES, Heleno Taveira (Coord.). *Direito tributário das telecomunicações*. São Paulo: Abetel e Thomson IOB, 2004.

UTUMI, Ana Cláudia Akie. A tributação dos serviços internacionais de telecomunicações. *In*: BORGES, Eduardo de Carvalho (Coord.). *Tributação nas telecomunicações*. São Paulo: Tributação Setorial, IPT e Quartier Latin, 2005.

VENOSA, Silvio dos Santos. *Manual dos contratos e obrigações unilaterais de vontade*. São Paulo: Atlas, 1997.

VERAS, Manoel. *Computação em nuvem*. Rio de Janeiro: Brasport, 2015.

VERÇOSA, Haroldo Duclerc; BARROS, Zanon de Paula. A recepção do "drop down" no direito brasileiro. *Revista de Direito Mercantil – Industrial, Econômico e Financeiro*, São Paulo, v. 41.

VERGUEIRO, Guilherme Von Muller. Teoria constitucional da imunidade dos templos religiosos. *In*: PEIXOTO, Marcelo Magalhães; CARVALHO, Cristiano (Coord.). *Imunidade tributária*. São Paulo: MP Editora e APET, 2005.

VILLEGAS, Hector. *Curso de direito tributário*. São Paulo: RT, 1980.

VILLEGAS, Hector. *Curso de finanzas, derecho financiero y tributario*. 2. ed. Buenos Aires: Depalma, 1975.

WALD, Arnoldo. Base de cálculo para a cobrança do ICM, nas transferências de armazéns para filiais da mesma empresa. *Revista de Direito Público*, São Paulo, v. 19.

WALD, Arnoldo. O sigilo bancário no Projeto de Lei Complementar de Reforma do Sistema Financeiro e na Lei Complementar n. 70. *Caderno de Direito Tributário e Finanças Públicas*, São Paulo, n. 1, out./dez. 1992.

XAVIER, Alberto. *Conceito e natureza do lançamento tributário*. São Paulo: Juriscredi, 1972.

XAVIER, Alberto. *Direito tributário internacional do Brasil*. 2. ed. Rio de Janeiro: Forense, 1993.

XAVIER, Alberto. *Manual de direito fiscal*. Lisboa: Manuais da Faculdade de Direito de Lisboa, 1974. v. 1.

XAVIER, Helena de Araújo Lopes. A tributação da 'revenda' de serviços de telecomunicações. *In*: TÔRRES, Heleno Taveira (Coord.). *Direito tributário das telecomunicações*. São Paulo: Abetel e Thomson IOB, 2004.

XAVIER, Helena de Araújo Lopes. O conceito de comunicação e telecomunicação na hipótese de incidência do ICMS. *Revista Dialética de Direito Tributário*, n. 72, 2001.

YAMASHITA, Douglas. *ICMS – IVA – Princípios especiais*. São Paulo: IOB, 2000.

YAMASHITA, Fugimi. *Aspectos tributários da internet*. São Paulo: IOB, [s.d.]. Separata do 6º Simpósio Nacional IOB de Direito Tributário.

YAMASHITA, Fugimi. Sites na internet e a proteção jurídica de sua propriedade intelectual. Internet e tributação. São Paulo: IOB, 2000. Separata.

ZONARI, Anna Paula; GRECO, Marco Aurélio. ICMS. Materialidade e princípios constitucionais. *In*: MARTINS, Ives Gandra (Coord.). *Curso de direito tributário*. 2. ed. São Paulo: Cejup, 1993. v. 2.

Esta obra foi composta em fonte Palatino Linotype, corpo 10
e impressa em papel Offset 75g (miolo) e Supremo 250g (capa)
pela Forma Certa.